AUTHENTISCH ERFOLGREICH

Dein Schlüssel zu nachhaltigem
persönlichen und geschäftlichen Erfolg

Authentisch erfolgreich –
Dein Schlüssel zu nachhaltigem persönlichen und geschäftlichen Erfolg
Autor: René Greiner

1. Auflage | v2
© 2024 René Greiner
www.greinerteam.de · www.video4net.de

Alle Rechte, insbesondere das Recht der Vervielfältigung und Verbreitung sowie der Übersetzung, vorbehalten. Kein Teil des Werkes darf in irgendeiner Form (durch Fotokopie, Mikrofilm oder ein anderes Verfahren) ohne schriftliche Genehmigung des Autors reproduziert oder unter Verwendung elektronischer Systeme gespeichert, verarbeitet, vervielfältigt oder verbreitet werden.

Bibliografische Information der Deutschen Nationalbibliothek:
Die Deutsche Nationalbibliothek verzeichnet diese Publikation in der Deutschen Nationalbibliografie; detaillierte bibliografische Daten sind im Internet über http://dnb.dnb.de abrufbar.

Umschlaggestaltung: omini & R. Greiner
Satz: video4net GmbH, 94344 Wiesenfelden
Printed in Germany
ISBN 978-3-758-32420-8

Herstellung und Verlag: BoD – Books on Demand, Norderstedt

Disclaimer

Die in diesem Buch enthaltenen Ratschläge und Tipps basieren auf sorgfältiger Recherche und Überlegung. Trotzdem übernehmen weder ich noch der Verlag Verantwortung für die Anwendung der beschriebenen Methoden und Techniken. Die Ansichten und Meinungen, die ich hier präsentiere, sind meine eigenen und spiegeln nicht unbedingt die des Verlags wider. Meine Definition von Erfolg muss auch nicht deine sein. Ich empfehle dir, eigene Recherchen durchzuführen und bei Bedarf Fachleute zu konsultieren, bevor du auf Basis der Informationen in diesem Buch Handlungen vornimmst.

Weder ich noch der Verlag haften für direkte oder indirekte Schäden oder Folgen, die aus der Nutzung der Informationen in diesem Buch resultieren könnten. Es liegt in deiner Verantwortung, die Eignung und Anwendbarkeit der vorgestellten Methoden für deine eigenen Zwecke zu prüfen und gegebenenfalls zusätzliche Expertenmeinungen einzuholen.

In diesem Buch habe ich mich aus Gründen der Lesbarkeit und der grammatikalischen Korrektheit für eine traditionelle Schreibweise entschieden, die auf gendersensible Formulierungen verzichtet. Ich möchte betonen, dass diese Entscheidung in keiner Weise eine Diskriminierung irgendeines Geschlechts darstellen oder fördern soll.

Noch ein Hinweis: Trotz gründlicher Durchsicht hat sich in diesem Buch wahrscheinlich der eine oder andere Satz- oder Schreibfehler eingeschlichen. Diese und alle anderen Schwächen habe ich allein zu verantworten. Solltest du auf solch einen Fehler stoßen, sieh ihn bitte als Teil des menschlichen Aspekts dieses Werks. Sie sind wie die unerwarteten Gäste auf einer Party – nicht immer geplant, aber sie bringen oft eine zusätzliche Note ins Geschehen.

Viel Freude beim Lesen!
René Greiner

Über den Autor

Der Autor, René Greiner, Jahrgang 1963, ist ein vielseitiger Experte für Marketing und Kommunikation. Mit langjähriger Erfahrung als Senior Marketing Consultant verfügt er über ein fundiertes Fachwissen in der Branche.

Bereits 1994 gründete er die „Greiner marketing + consulting GmbH" – inzwischen „video4net GmbH" (video4net.de) und leitet sie bis heute als Geschäftsführer. Sein Unternehmen ist inzwischen spezialisiert auf die Produktion von Business-Videos.

Seine Karriere begann mit einer Ausbildung zum Mediengestalter, bevor er sich zum stellvertretenden Geschäftsführer in einem Druckvorstufenbetrieb hocharbeitete und dort erfolgreich Apple-Computer einführte um die Effektivität zu steigern. Neben seiner beruflichen Tätigkeit war er zeitweise Chefredakteur des Regionalblattes „Wochenblatt Extra" und absolvierte mit der jahrgangsbesten Diplomarbeit ein Public-Relations-Studium an der Bayerischen Akademie der Werbung.

Privat ist er seit vielen Jahren glücklich verheiratet und in einer Patchwork-Konstellation mit drei erwachsenen Kindern. Inzwischen zählen auch ebenso viele Enkel zu seinem Familienkreis. Er begeistert sich fürs Motorradfahren, für Outdoor-Aktivitäten und ist leidenschaftlicher Segler. Ehrenamtlich engagierte er sich als Co-Skipper auf der „Seefuchs", einem ehemaligen Fischkutter, der vor der Küste Libyens Flüchtlingen aus Seenot rettete.

Seine Faszination für Kreativität zeigt sich in fotografischen Ausstellungen und der langjährigen Mitgliedschaft in der Künstlergruppe „Kunstbaracke" in Gräfelfing sowie im aktuellen Betrieb des „Kunsthof Stadlberg" (stadlberghof.de) mit Atelier, Galerie, gelegentlichen Musikaufführungen und Weinvertrieb.

Als Autor, Berater und Kreativer inspiriert er durch ein breites Wissensspektrum und einen ganzheitlichen Marketing-Ansatz.

„Der wahre Maßstab des Erfolgs ist nicht materieller Besitz, sondern die Fähigkeit, jeden Tag mit Leidenschaft und Authentizität zu leben."

INHALTSVERZEICHNIS

    Disclaimer 3
    Über den Autor 4
    Vorwort 13

Einführung **15**
Yin und Yang im Unternehmen: Die Balance der Kräfte **24**
    Yang-Aspekte in Unternehmen 26
    Yin-Aspekte in Unternehmen. 26
    Die Bedeutung des Gleichgewichts 27
    Frauen und Männer – Yin und Yang 28
Das Modell der fünf Wandungsphasen **33**
    Ernährungszyklus. 34
    Verletzungszyklus. 36
    Kontrollzyklus 37
    Erschöpfungszyklus 38
Die Fünf Wandlungsphasen im Unternehmen erkennen **40**
    Lebenszyklus von Produkten und Dienstleistungen 40
    Kaufphasen von Kunden 42
    Die Fünf Wandlungsphasen im Tagesablauf 43
    Fünf Wandlungsphasen für Wachstum und Stabilität 45
    Die Assoziationen der Wandlungsphasen in der Übersicht. 46

Gnothi sautón – Erkenne dich selbst! **47**
Dein Potenzial. **66**
Werte – Orientierung für unser Handeln **73**
Den Bedürfnissen auf der Spur **80**
    Psychologische Grundbedürfnisse: Vom Selbstwert zur Selbstbestimmung 81
        Drei Pfeiler des Selbstwerts 81
Ziele formulieren und erreichen **85**
    SMART-Formel 88
    Ziele auf dem Prüfstand. 89
    Ein Ziel aufgeben. 90

Das Selbst zum Ausdruck bringen **92**
Körper, Seele und Geist. **92**
Körper. **96**
    Gesundheit 96
    Licht 99
    Bewegung 101
        Trainieren mit dem eigenen Körpergewicht 103

Intervalltraining nach Izumi Tabata 104
Kettlebell-Training 105
Den inneren Schweinehund überwinden 106
Survival – Überlebenswissen nicht nur für den Notfall 108
Sinnvolle Vorsicht oder unbegründete Angst? 110
Praktische Grundlagen des Überlebens in schwierigen Situationen 112
Naturentfremdung: Ein wachsendes Risiko 113
Physisches Grundbedürfnis – Luft 114
Atmung 115
Atemschutz im Krisen- und Brandfall 116
Physisches Grundbedürfnis – Schutz und Wärme 117
Tiny House: Ein Weg aus der Wohnungsnot? 118
Unabhängigkeit als „Digitaler Nomade" 119
In der Natur zu Hause 120
Feuer 120
Physisches Grundbedürfnis – Wasser 123
Wasserbeschaffung in der Stadt: Notfallquellen im urbanen Raum 126
Wasser finden in Outdoor-Situationen 127
Physisches Grundbedürfnis – Nahrung 128
Schnelle einfache Rezepte 131
Einfaches Essen in Krisensituationen 136
Fische fangen 138
Jagen 139
Pflanzennahrung 140
Psychisches Grundbedürfnis – Orientierung 141
Psychisches Grundbedürfnis – Selbstbehauptung und Selbstverteidigung 144
Krisenvorsorge 149
EDC-Kit 150
Überlebenswichtige Berufe und Fähigkeiten in Krisensituationen 151

Seele 155
Emotion und Ewigkeit: Die Facetten der menschlichen Seele 155
Menschliche Würde: Das unantastbare Gut 159
Was bedeutet Würde? 160
Das Würdemodell von Professor Harvey Chochinov 160
Würde in privaten und beruflichen Situationen 160
Die Gefahr von Hetze und Populismus für Demokratie und menschliche Würde . . 162
Die Würde und ihre Verletzung durch emotionale Erpressung 163
Psychopathen im privaten und beruflichen Umfeld 167

Die eigene Würde: Recht und Verpflichtung zugleich 168
Ruhe – Zeit für „Siesta" 170
  Power-Napping 172
  Freizeitstress. 172
  Meine persönliche Glücksformel 173
  Meditation für die Seele 174
Musik – Ausdruck der Seele 176
  Streifzug durch die Musik 177
  Selbst Musik machen 179
Die Magie der Kunst: Positive Auswirkungen auf die Seele 183
  Kreativer Ausdruck und Selbstentdeckung 183
  Eine Reise in die Welt der Kunst vom Wohnzimmer aus 184
    Eine Reise durch die Zeit: Bedeutende Kunstepochen und ihre Künstler 185
    Künstlerischer Ausdruck als Heilmittel für die Seele 186
    Wabi Sabi – vom Zauber schlichter Schönheit. 187
    Minimalismus für die Seele 190
  Die transformative Kraft des Lesens 191
  Schreiben für die Seele 194

Geist 195
Den Geist schulen 195
  Lebenslanges Lernen 195
  ZARR und KafFEe – Kurze Formeln für effizientes Lernen 198
  Affirmationen – Deine persönlichen Erfolgs-Mantras 199
    Der begrenzte Nutzen des Positiven Denkens 200
    Lernen aus der Tradition der Mantras 201
    Leitfaden zur Formulierung von Affirmationen 201
    Affirmationen praktisch anwenden 202
  Spielerisch zu mehr mentaler Fitness 203
  Der Geist im Zeitalter komplexer Systeme 204
  Die Kraft der Gewohnheiten und das Abenteuer des Neuen 207
    Vorstellungskraft entwickeln 208
    Mikroabenteuer – Der Schlüssel zur geistigen und persönlichen Entwicklung 212
    5-Uhr-Club 214
    Mit rhythmischer Wiederholung deinen Geist trainieren 215
    Konkret werden und Ideen umsetzen – Prokrastination überwinden 216
    Ernähren, Ruhen, Verbinden: Das Trio für geistige Entwicklung 217
    Die Macht der „Künstlichen Intelligenz" 219

Von der Selbsterkenntnis zur unternehmerischen Vision .225

Das Unternehmen gestalten. 226
Entwicklung deines Unternehmens und deines Geschäftsmodells 226
Das Unternehmen als Organismus 227
Energiefluss im Unternehmen. 230
Ganzheitliche Unternehmensgestaltung 232
Erfolgreiche Geschäftsmodelle entwickeln 236
   Die zentralen Dimensionen eines Geschäftsmodells. 238
   Die einzelnen Elemente deines Geschäftsmodells. 238
   Den Unternehmens-Motor zusammensetzen, starten und pflegen 252
Unternehmensorganisation mit den Fünf Wandlungsphasen 254

Wasser 259
Die Wandlungsphase „Wasser" im Unternehmenskontext. 260
  Wissen, Potenzial und IT –
  Der Lebensquell des Unternehmens | Wasser Yin (Ni). 261
   Die zentrale Rolle des Funktionsbereichs Informationstechnologie 264
   Aufbau des Funktionsbereichs „Wissen, Potenzial und IT" 266
   Symptome für einen dysfunktionalen Nieren-Meridian
   und analoge Symptome im Unternehmen. 268
  Finanzen, Buchhaltung und Controlling –
  Finanzielle Kontrolle und Stabilität | Wasser Yang (Bl) 269
   Aufbau des Funktionsbereichs „Finanzen, Buchhaltung und Controlling". 274
   Der Finanzbericht – Dein Tool fürs Business und nicht nur fürs Finanzamt 275
   Business Cockpit. 276
   Ansätze, um Unternehmen hochprofitabel zu machen. .280
   Symptome für einen dysfunktionalen Blasen-Meridian und
   analoge Symptome im Unternehmen. 291

Holz 293
Die Wandlungsphase „Holz" im Unternehmenskontext. 294
  Strategie – der General im Unternehmen | Holz Yin (Le). 295
   Aufbau des Funktionsbereichs „Strategie" 300
   Von klassischen Strategen lernen 301
   Symptome für einen dysfunktionalen Leber-Meridian
   und analoge Symptome im Unternehmen. 308
  Forschung und Entwicklung | Holz Yang (Gbl). 309
   Aufbau des Funktionsbereichs „Forschung und Entwicklung" 316
   Kreativitätstechniken 319

Symptome für einen dysfunktionalen Gallenblasen-Meridian
und analoge Symptome im Unternehmen 321

Feuer **323**
Die Wandlungsphase „Feuer" im Unternehmenskontext **324**
  Die Unternehmensführung | Feuer Yin (He) 325
    Aufbau des Funktionsbereichs „Unternehmensführung" 327
    Die Kunst der Führung 328
    Die Reise ins Innere als Basis inspirierender Führung. .329
    Deine Selbstsicherheit als Kompass des Unternehmens 330
    Führungsqualität entwickeln: Schlüsselansätze für nachhaltigen Erfolg 331
    Die unsichtbare Seite der Führung: Das Entdecken deiner blinden Flecken. 334
    Ein Geschäftsmann mit Leib und Seele 335
    Symptome für einen dysfunktionalen Herz-Meridian
    und analoge Symptome im Unternehmen 337
  Organisation und Logistik | Feuer Yin (Ks) 338
    Aufbau des Funktionsbereichs „Logistik". 340
    Integration von Technologie 341
    Logistik-Software. 342
    Symptome für einen dysfunktionalen Kreislauf-Meridian
    und analoge Symptome im Unternehmen 343
  Personalwesen | Feuer Yang (Dü). 344
    Aufbau des Funktionsbereichs „Personalwesen". 346
    Mitarbeiter gewinnen in Zeiten des Fachkräftemangels 347
    Mitarbeiter langfristig binden 350
    Software-Tools und Dienste für Personalwesen und -entwicklung 351
    Symptome für einen dysfunktionalen Dünndarm-Meridian
    und analoge Symptome im Unternehmen 352
  Vertrieb | Feuer Yang (3E) 353
    Aufbau des Funktionsbereichs „Vertrieb". 354
    Verkaufserfolg richtig planen 363
    Umgang mit Ablehnung 365
    Symptome für einen dysfunktionalen 3fach-Erwärmer Meridian
    und analoge Symptome im Unternehmen 367

Erde **369**
Die Wandlungsphase Erde im Unternehmenskontext **370**
  Produktion und Transformation | Erde Yin (Mi). 371
    Aufbau des Funktionsbereichs „Produktion und Transformation" 374
      Checkliste Produktion. 375

Symptome für einen dysfunktionalen Milz-Meridian
und analoge Symptome im Unternehmen 378
Einkauf und Lagerung | Erde Yang (Ma) 379
Aufbau des Funktionsbereichs „Einkauf und Lagerung". 380
   Beschaffungsstrategie 381
   Transparenz im Einkauf. 384
   Lagergestaltung 386
Symptome für einen dysfunktionalen Magen-Meridian
und analoge Symptome im Unternehmen 389

Metall 391
Die Wandlungsphase Metall in der Unternehmenswelt 392
Recht, Compliance und Sicherheit | Metall Yin (Lu) 393
Aufbau des Funktionsbereichs „Recht, Compliance und Sicherheit" 395
   Die richtige Rechtsform für dein Projekt 397
   Einführung eines Compliance-Management-Systems. 399
   Die wichtigsten Verträge und Vertragstexte für dein Unternehmen 401
   Die wichtigsten Versicherungsarten für Unternehmen und Unternehmer 402
   Nutzen unabhängiger Versicherungsmakler 403
   Der richtige Anwalt für dein Unternehmen 404
   Ganzheitliches Sicherheitskonzept 405
Symptome für einen dysfunktionalen Lungen-Meridian
und analoge Symptome im Unternehmen 406
Reinigung, Entsorgung, Recycling | Metall Yang (Di) 408
Aufbau des Funktionsbereichs „Reinigung, Entorgung und Recycling" 409
Die KonMari-Methode fürs Unternehmen 411
   Checkliste für Reinigung, Entsorgung und Recycling 413
Symptome für einen dysfunktionalen Dickdarm-Meridian
und analoge Symptome im Unternehmen 416
Pathogene Faktoren im Unternehmen 418
   Ansätze zur Regeneration von Funktionsbereichen. 420

Kommunikation 421
Die Kunst der Kommunikation. 422
Fünf Axiome für die Kommunikation 422
Die Bedeutung von Wertschätzung 424
Fünf Wandlungsphasen und Kommunikation 425
Durchsetzungsvermögen in der Kommunikation 430
   Cool bleiben bei Diskussionen mit Machtmenschen und Populisten 431

Marketing-Kommunikation 435
   Kriterien für gute Marketing-Kommunikation. 436
   Gute Texte als Grundlage 437
   Die Kunst des Storytellings 439
   Professionelle Fotos und Videos...441
      Der Weg zu Profi-Fotos. 442
      Realisierung von Firmenvideos. 443
      Ich mache lieber alles selbst – Fotos und Videos erstellen für Unternehmer 445
Interne Kommunikation (Yin) 451
   Der Wert einer guten internen Kommunikation in Unternehmen 451
      Erkennen von Kommunikationsproblemen 451
      Methoden zur Verbesserung der internen Kommunikation 452
      Umgang mit negativen Persönlichkeiten in Unternehmen 453
      Vermeintliche Sachzwänge und unethisches Verhalten in Unternehmen 456
      Bürokratie besiegen 460
Externe Kommunikation (Yang) 463
   Marketing – Erfolgreich und sich selber treu bleiben? 465
   Die ersten Schritte zur Erstellung eines Marketing-Plans 471
   Marketing-Briefing kompakt 473
   Killer-Argument „Bei uns läuft alles über Empfehlung" 478
   Turbo-Marketing-Plan. 482
   Der Marketing Funnel. 485
   Marketing-Inszenierung. 487
   Corporate Identity – So erhält dein Unternehmen ein einzigartiges Profil 490
      Schritt für Schritt zur positiven „Corporate Identity". 491
      Den richtigen Firmen- oder Markennamen wählen 495
      Farbwirkung verstehen: Ein Schlüssel zum erfolgreichen Branding 496
      Das Firmenlogo und seine Aufgabe 501
   Gedrucktes für dein Unternehmen..505
   Dialog per Brief. 518
      Die Dialogmethode von Professor Siegfried Vögele 520
   Das Buch als Marketinginstrument 524
   Fachartikel als Alternative zum eigenen Buch. 526
   Starke Wirkung mit Corporate Fashion 536
   Internet-Marketing 537
      Webseiten-Projektcheckliste. 537
      Webseiten mit Schubkraft 540
      Der Online-Shop – deine globale Verkaufsfiliale im Internet. 552
      E-Mail-Marketing – Die Kraft der direkten Kommunikation 556

Google Ads – Effektive Werbung mit überschaubarem Budget 559
Das Telefon als unverzichtbares Werkzeug. 560
Das Fax als Auslaufmodell 563
Anzeigen – Teure Kommunikation mit gezielter Zielgruppenansprache. 564
Kreative Außenwerbung. 567
Fernsehwerbung für einen direkten Zugang zu einer breiten Zielgruppe 570
Radiowerbung: Ein wirksames Marketinginstrument. 573
Kinowerbung – Möglichkeiten und Herausforderungen 574
Schaufenstergestaltung: Fasziniere Kunden mit kreativen Botschaften 576
POS-Marketing: Direkte Verkaufsförderung am Point of Sale. 577
Die Sinne – dein Fenster zur Welt 579
Events in der Unternehmenskommunikation. 581
Persönlicher Einsatz – Die Kraft hinter erfolgreichen Promotionen 585
Muster, Werbe- und Streuartikel – die kleinen Helfer 587
Kundenorientiertes Reklamationsmanagement. 589

Der dynamische Zyklus des Erfolgs. 591
Action > Discovery > Design 591

Schlussgedanken 593
Dank 594

Literaturverzeichnis. 595
KI-Tools 600

Vorwort

Herzlich willkommen zu diesem Buch! Auf den ersten Blick mag es wie eine Herausforderung erscheinen, besonders in einer Zeit, in der schnelle Schlagzeilen und kurze Tweets dominieren. Doch es ist mehr als nur ein fachliches Werk; es ist eine Einladung, tiefer zu blicken und sich inspirieren zu lassen. Unternehmer sind bekanntlich „Macher". Ein kurzer Blick ins Buch und ab damit ins Regal – oder?

Aber halt, ich lade dich ein, wirklich einzutauchen und dich inspirieren zu lassen. Vielleicht wird dieses Buch für dich zu einem wertvollen Begleiter, der neue Denkanstöße bietet, praktische Tipps bereithält und deine Perspektiven erweitert. Mein Ziel ist es, dir Anregungen und Hilfestellungen zu liefern, um sowohl dein persönliches Umfeld als auch dein Unternehmen erfolgreich zu gestalten.

Was du hier findest, basiert auf drei Jahrzehnten Erfahrung und unzähligen Büchern, die ich verschlungen habe. Es ist das Ergebnis einer langen Praxis als Marketingberater, in der ich viele Menschen, Techniken, Theorien und Modelle kennenlernen durfte. Manches habe ich adaptiert, anderes selbst entwickelt. Falls dir etwas bekannt vorkommt und die Quelle fehlt, entschuldige bitte. Ein Blick ins Literaturverzeichnis gibt dir Aufschluss über die Fundamente dieses Buches.

Ich ermutige dich: Such nicht nur nach bewährten Strategien, sondern lass dich inspirieren und anregen und öffne dich für neues Denken. Versuche, dich vom rein analytischen Denken zu lösen, betrachte die Dinge vernetzt, denk lateral und kombiniere unterschiedliche Perspektiven. Vertraue deinem Bauchgefühl.

Die Entstehung dieses Buches wurzelt in meinem eigenen Werdegang. Nach meiner Ausbildung und meinen ersten Schritten in der Arbeitswelt fühlte ich mich bereit, den Schritt in die Selbstständigkeit zu wagen. Doch dieser Schritt ließ mich oft vor einem Ozean aus unsortierten Aufgaben und unendlichen Informationen stehen. Was ich damals vermisste, war eine klare, handfeste Anleitung zur Selbstständigkeit – eine, die nicht nur erklärt, wie man ein Unternehmen leitet, sondern auch, wie man dabei authentisch bleibt. Und genau hier setzt der Kerngedanke dieses Buches an: Authentizität als Erfolgskomponente, ob im privaten Leben oder im Geschäftsalltag. Ich möchte dich dazu inspirieren, dir Zeit für dich selbst zu nehmen, in dich hineinzuhorchen und herauszufinden, was deine wahre Passion ist. Denn nur, wenn du wirklich weißt, was dich antreibt, kannst du wahrhaft authentisch agieren und dein volles Potenzial freisetzen.

Dieses Buch ist nicht nur für jene geschrieben, die bereits den Schritt in die Selbstständigkeit getan haben oder kurz davor stehen. Auch wenn du in einem festen Arbeitsverhältnis stehst, kannst du von den darin vermittelten Gedanken profitieren. Denn jeder von uns ist in gewisser Hinsicht ein Unternehmer in eigener Sache.

In den folgenden Kapiteln werde ich Konzepte und Prinzipien der Traditionellen Chinesischen Medizin (TCM) auf das Unternehmertum übertragen. Genau wie unser Körper als ein in sich harmonisches System funktionieren muss, um gesund zu bleiben, so muss auch ein Unternehmen in all seinen Facetten stimmig und ausgewogen sein. Dieses Buch soll dir helfen, diese Harmonie und Balance in deinem beruflichen Wirken zu finden und dabei authentisch und erfolgreich zu sein.

Meine Verbindung zur Traditionellen Chinesischen Medizin (TCM) verdanke ich dem Glück, Wolfgang Schröder (*16.06.1956 † 9.2.2018) kennengelernt zu haben. Als er gerade seine Software „Ming Men" für Traditionelle Chinesische Medizin entwickelte, tauchte ich in die Grundzüge der Traditionellen Chinesischen Medizin ein. Anfangs skeptisch, erkannte ich schließlich die faszinierende Tiefe und den Wert des Prinzips von Yin und Yang sowie des Konzeptes der „Fünf Wandlungsphasen" für das Erkennen und Lösen von Problemen.

Diese Begegnung führte mich zu einem neuen Verständnis von Unternehmen als komplexen, dynamischen Systemen. Dazu begegneten mir unter anderem die Ansätze von Frederic Vester, Professor Hans Haas zur Analogie von Unternehmen und Organismen und die Energo-Kybernetische Strategie (EKS) von Wolfgang Mewes welche bereits in vielen namhaften Unternehmen eingesetzt wurde. Auch die Ideen von Edward de Bono, Tony Buzan, Dr. Werner Siegert, Bernhard Langwald und vielen anderen prägten mich.

Dieses Buch reflektiert diese persönliche Reise und die mannigfaltigen Einflüsse, die mich prägen. Es ist mein Wunsch, dir diese Erkenntnisse nahezubringen, um dir Klarheit und Sicherheit auf deinem Weg in die Selbstständigkeit zu bieten. Ich bin überzeugt, dass du durch das Anwenden dieser Konzepte eine transformative Reise – persönlich wie auch unternehmerisch – beginnen wirst. Lass dich nicht irritieren, sondern nutze die Informationen und pass sie an deine individuellen Bedürfnisse an. Dein Feedback ist dabei mein Kompass für die Zukunft.

Betrachte dieses Buch als einen Wegbegleiter, der dir – natürlich ohne dir das Steuer aus der Hand nehmen zu wollen – hilft, den richtigen Kurs für dich und dein Unternehmen zu setzen, während du deiner Authentizität treu bleibst. Unsere gemeinsame Reise beginnt mit einer Bestandsaufnahme und legt das Fundament für deine erfolgreiche Selbstständigkeit.

Mit Freude und Dankbarkeit begleite ich dich dabei. Wir werden die Energie der Elemente nutzen, um frische Ideen sprudeln zu lassen und unsere Träume Wirklichkeit werden zu lassen. Ich danke dir von Herzen, dass du dich auf diese Reise mit mir begibst. Jedes Feedback, jede konstruktive Kritik, ist willkommen. Lass uns gemeinsam lernen und wachsen. Deine Reise zum authentischen Erfolg beginnt hier und jetzt. Auf geht's – lass uns anfangen!

Mit herzlichen Grüßen und der Hoffnung auf eine inspirierende gemeinsame Reise
Dein René Greiner

Einführung

In den vergangenen rund dreißig Jahren als Marketing- und Unternehmensberater habe ich viele Unternehmen unterschiedlicher Größe kennengelernt und mit ihnen eine Vielzahl an Maßnahmen konzipiert und umgesetzt. Die Ergebnisse waren so unterschiedlich, wie die Unternehmen selbst. Mal waren sie überwältigend, mal richtiggehend frustrierend. Die guten Ergebnisse nimmt man gerne wie selbstverständlich zur Kenntnis – man ist ja schließlich Profi. Bei den schlechten Ergebnissen sieht es da schon anders aus. Zweifel kommen auf. Was habe ich übersehen? Hätte es einen besseren Weg gegeben? Hätte man das Budget nicht anders einsetzen sollen? War es die richtige Idee?

Dazu die Enttäuschung, wenn sich der ersehnte Erfolg einer Maßnahme nicht einstellen wollte. Kein gutes Gefühl. Achselzucken und weiter? Ich wollte den Dingen auf den Grund gehen, wollte erkennen, woran es liegt, dass meine Arbeit so unterschiedliche Wirkungen erzielte. Was war da los? Wenig tröstlich, dass mir Kollegen von ähnlichen Erfahrungen berichteten. Ein wenig tröstlich aber, dass viele der Kunden, die zunächst die Werbeagentur wechselten, teils nach Jahren wieder zurückkamen. Manche hatten ihr ursprüngliches Unternehmen inzwischen geschlossen und stellten mir ihre neuen Ideen vor. Sie wollten, dass ich ihren neuen Unternehmensstart begleitete.

Aus gutem Grund arbeite ich vorwiegend mit inhabergeführten Unternehmen. Hier ist der Kontakt zur Unternehmensführung am engsten, sind die Entscheidungswege am kürzesten – und man verbringt nicht wertvolle Lebenszeit damit, in Meetings pseudodemokratische Entscheidungsprozesse zu begleiten, bei denen man als Externer gerne mal für politische Zwecke missbraucht wird.

Irgendwann nahm ich mir die Zeit und überprüfte einige der Konzepte der Vergangenheit. Ich sah mir die Voraussetzungen an, unter denen sie entstanden waren. Verglich die Marketingmaßnahmen und ihre Kosten. Dann sah ich mir die Werbung von Agenturen an, die einen sogenannten „Effi" – einen Preis für besonders effektive Werbung – erhalten hatten. Und gelegentlich fand ich dabei sogar einen Ansatz, den wir in Grundzügen bei einem unserer Kunden eingesetzt hatten. Natürlich fand ich bei uns auch Fehler. Dinge, die ich heute anders machen würde. So manche Maßnahme – wie zum Beispiel das Schalten von Anzeigen – macht kaum einen Sinn, wenn ein zu kleines Budget nur sporadische Präsenz zulässt. Das Geld kann man sich sparen. Und davon rate ich heute dann auch ab. Ich fand also Fehler. Konnte das die gewaltigen Unterschiede im Erfolg der Unternehmen erklären? Eher nicht. Vor allem, weil ich auch Schwachpunkte bei Kampagnen fand, die sehr erfolgreich waren.

Henry Fords „Tin Lizzy" verkaufte sich prächtig. Vor allem dank aufsehenerregender Werbung. Er wird oft mit dem Satz zitiert: „Ich weiß, die Hälfte meiner Werbung ist herausgeworfenes Geld. Ich weiß nur nicht, welche Hälfte."

Erfolg oder Misserfolg – was war die Ursache? Hellhörig wurde ich, als mir ein Freund, der als Therapeut große Heilungserfolge mit der „Ausgleichenden Punkt- und Meridian-Massage" erzielt, von ähnlichen Erfahrungen in seinem Bereich berichtete.

Einmal waren Patienten mit speziellen Symptomen nach wenigen Behandlungen schmerzfrei und glücklich und lobten ihn in den Himmel und dann gab es wenige andere, mit der gleichen Konstellation an Symptomen, bei denen mit der Behandlung „nichts ging". Patienten, die dann enttäuscht und wütend die Praxis verliessen. Das kam mir irgendwie bekannt vor. Gesundheit und Krankheit – Erfolg und Misserfolg. Heilung und unternehmerischer Erfolg. Der Mensch und das Unternehmen als Organismus? Ob das ein nützlicher Denkansatz wäre? Zunächst nur eine ver-rückte Idee, die ich in meinem Notizbuch festhielt.

> »*Erfolg ist etwas, was erfolgt – unabhängig von der Absicht. [...]*
> *Bevor etwas erfolgen kann, muss etwas vorausgehen. [...]*
> *Das Leben hat keine Möglichkeit nichts erfolgen zu lassen oder etwas anderes, als das, was der von mir gesetzten Ursache entspricht. [...]*
> *Jede Mühe zeigt nur, dass es anders leichter geht.*« Ron Smothermon

Aber meine Neugier war geweckt. Ich sammelte alles, was mir zum Thema „Erfolg" in die Finger kam. Ich recherchierte und las – meine Bücherregale füllten sich. Ich sah mir die Unternehmen, mit denen ich es zu tun hatte, genauer an: Gab es Übereinstimmungen der Erfolgreichen? Wie wirken die Unternehmer nach außen – strahlen sie Erfolg und Zuversicht aus? Wie engagiert sind die Mitarbeiter? Machen sie ihre Arbeit gerne? Wie sieht überhaupt das Unternehmen aus? Wirkt es gesund und frisch oder abgehalftert und schlaff? Jemand machte mich in diesem Zusammenhang auf das Thema „Business Feng Shui" aufmerksam. Zunächst hielt ich Feng Shui für eine ziemlich überspannte Art, seine Einrichtung mit chinesischem Kitsch zu verunstalten. Aber man möchte ja seinen Horizont erweitern und so besuchte ich einen Vortrag von Dr. Jes Lim zum Thema „Business Feng Shui" – schaden kann es ja nicht. Was dieser kleine quirlige Mann da erzählte, faszinierte mich. Um so mehr, als er seine Ausführungen mit hunderten von Beispieldias untermalte.

Schriftzeichen für „Feng-Shui" – Wind und Wasser

Einige der angesprochenen Themen waren mir auch früher schon aufgefallen. Wie ungünstig einige Leute ihren Schreibtisch positioniert hatten. Wie versteckt oder exponiert so mancher Unternehmenseingang lag. Oder wie unpassend oder unharmonisch viele Logos sind. Einiges davon ist für Außenstehende offensichtlich und wäre leicht zu ändern, blieb aber dennoch bestehen. Manchmal verursacht scheinbar allein der Gedanke an Veränderung genügend Unbehagen, um alles beim Alten zu lassen.

Diese Zusammenhänge wollte ich doch genauer kennen lernen und absolvierte eine Ausbildung zum „Feng Shui Berater" – zum einen bei Dr. Jes Lim und zusätzlich bei dem englischen Autor und Feng-Shui-Experten Derek Walters. Mein Fazit: Die Formen, Farben und Symbole mit denen wir uns umgeben, die Architektur der Gebäude in denen wir leben und arbeiten und natürlich auch die uns umgebende Natur oder Stadtlandschaft haben eine Wirkung. Diese Wirkung ist manchmal sehr subtil und manchmal deutlich spürbar. Und es ist einfach so, dass Menschen in einer förderlichen Umgebung zufriedener, gesünder und erfolgreicher sind. Wird Feng Shui eingesetzt, um in diesem Sinne positive Veränderungen herbeizuführen, so bietet es dafür ein hilfreiches Instrumentarium auf der Basis einer jahrtausende alten Erfahrung. Eine Erfahrung, die jedoch nicht allein im chinesischen Kulturkreis gemacht wurde. Das indische Vastu, die europäische Geomantie oder die anthroposophische Baulehre eines Rudolf Steiner – viele spüren den Gesetzmäßigkeiten für positiv wirkende Lebensumgebungen nach. Es gibt eine breite Tradition in der Beobachtung von unterstützenden und schädlichen Umgebungsbedingungen, deren Erkenntnisse wir ergänzend zur Stärkung des Unternehmenserfolges nutzen können. Vorsicht ist meiner Ansicht nach allerdings immer dann geboten, wenn sich Aberglaube einschleicht oder eine Schulrichtung für sich mit Vehemenz den Alleinvertretungsanspruch erhebt. Nicht wenige erzeugen mit ihren Analysen erst die Angst, die sie dann – natürlich gegen entsprechendes Honorar – wieder zu nehmen versprechen.

Die Umgebung wirkt also auf uns. Und umgekehrt ist unsere Umgebung Spiegelbild und Resonanzraum unseres Inneren. Das gilt im privaten wie im beruflichen Umfeld. Mit meinen Überlegungen an diesem Punkt angelangt, kam ich wieder auf die Verbindungen Krankheit/Misserfolg und Gesundheit/Erfolg. Da ich den Auftrag hatte, die Anwenderoberfläche einer Software für Traditionelle Chinesische Medizin kundenfreundlicher zu gestalten, lag es auf der Hand, mich intensiver mit dieser altehrwürdigen Heilkunst zu beschäftigen. Und je mehr ich dies tat, desto klarer wurde mir, dass man deren Prinzipien sehr gut auf das Management von Unternehmen übertragen kann. Ähnlich wie man die Strategien im „Gorin No Sho", dem „Buch der fünf Ringe" des Samurai Miyamoto Musashi, bereits erfolgreich auf Strategien für Wirtschaft und Projektmanagement adaptiert hat.

Das „Buch der Fünf Ringe" ist ein Klassiker im Bereich der strategischen Führung und bietet viele wertvolle Lektionen für Unternehmer. Hier sind einige Ideen, wie man dessen Prinzipien auf den Unternehmenserfolg anwenden kann:

Kenne deine Stärken und Schwächen: Musashi betonte die Bedeutung, die eigenen Stärken und Schwächen zu kennen, um effektiv zu kämpfen. So gilt es auch im Unternehmenskontext. Eine ehrliche Selbsteinschätzung kann helfen, die eigenen Stärken zu maximieren und Schwächen zu minimieren.

Wähle deine Schlachten: Musashi betonte auch, dass man nicht in jedem Kampf siegen kann und dass es wichtig ist, klug zu wählen, wo man kämpft. Im Geschäft bedeutet das, dass man die richtigen Chancen und Gelegenheiten auswählen sollte, um seine Ressourcen und Energie zu maximieren.

Verstehe deinen Markt: Musashi betonte die Bedeutung, den Gegner und seine Taktiken zu verstehen, um einen Sieg zu erringen. Im Geschäft bedeutet das, dass du deine Mitbewerber und Kunden verstehen musst, um erfolgreich zu sein.

Sei flexibel: Musashi betonte die Bedeutung, flexibel und anpassungsfähig zu sein, um auf Veränderungen im Kampf zu reagieren. Im Geschäft bedeutet das, dass man nicht starr an einer Strategie festhalten sollte, sondern bereit sein sollte, sich an neue Umstände anzupassen.

Meistere dein Handwerk: Musashi betonte, dass man sich auf sein Handwerk konzentrieren und es perfektionieren sollte, um ein Meister zu werden. Im Geschäft bedeutet das, dass man sein Geschäft verstehen und Beherrschung in seinem Bereich erlangen sollte, um erfolgreich zu sein.

Ein zentrales Modell in der chinesischen Medizin, wie auch im „Gorin No Sho" und im Feng Shui ist die Vorstellung von den „Fünf Wandlungsphasen" – oft auch vereinfachend die „Fünf Elemente" genannt. Dahinter verbirgt sich die Idee von fünf Grundprinzipien die im Wechselspiel auf den Fluss der Lebensenergie wirken. Eine Idee, die sich wie ein roter Faden durch die Kulturen und Zeiten spannt. In China nennt man diese Lebensenergie „Qi" oder „Ch'i" in Japan „Ki", in Indien „Prana" (Lebensatem), in Tibet „Lung", bei den Völkern Polynesiens „Mana" (spirituelle Energie) in der klassischen arabischen Sicht „Baraka" (Segenskraft) und in Europa „Odem", „Pneuma" oder „Geist". Wie die Worte für „Lebensenergie" unterscheiden sich in den verschiedenen Kulturkreisen ebenso die Zahl und die Bezeichnungen der über Erfahrung und Naturbeobachtung herausgearbeiteten Grundprinzipien. Doch wie ein Apfel immer ein Apfel bleibt, egal ob ich ihn in zwei, vier, fünf oder zwölf Stücke teile, so bleibt, auch wenn man eine unterschiedliche Anzahl an Grundprinzipien zur Betrachtung heranzieht, das Ganze erhalten.

Es sind lediglich andere Teilstücke des „Apfels", die ich betrachte. Es ist kein Widerspruch, wenn man von zwei (Yin/Yang), drei (Körper/Soma, Seele/Psyche, Geist/Logos), vier (Feuer, Erde, Wasser, Luft), fünf (Wasser, Holz, Feuer, Erde, Metall) oder, wie in den westlichen „Tierkreiszeichen", von zwölf Grundprinzipien ausgeht. Entscheidend ist, den Wirkmechanismen auf die Spur zu kommen und dabei ein Modell zu wählen, das so einfach wie möglich, aber so komplex wie nötig ist, um damit praktisch nutzbare Erkenntnisse zu gewinnen. Die moderne Wissenschaft neigt dazu, den Apfel in immer kleinere Teile zu zerteilen. So lange, bis man beim besten Willen nur noch Apfelmus erkennen kann und nicht mehr den Apfel.

Es ist natürlich nichts dagegen zu sagen, dass wir heute über immer mehr Teilbereiche des Lebens immer mehr Detailwissen haben, jedoch dürfen wir dabei nicht den Blick für das Ganze verlieren. Gerade wenn wir es mit so komplexen Gebilden wie Unternehmen zu tun haben, müssen wir darauf achten, uns nicht in Details zu verstricken sondern die Gesamtentwicklung des „Organismus Unternehmen" zu sehen.

Um zu verstehen, warum die Reduzierung der Alltagserscheinungen auf Grundprinzipien eine ziemlich elegante Art ist, mit komplexen Erscheinungen umzugehen, muss man sich mit einer für uns heute etwas ungewöhnlichen Art des Denkens auseinandersetzen. Dem „senkrechten Denken" in Analogien: Wenn man sich beispielsweise die Begriffsreihe „Amsel, Katze, Biene, Frosch, Maus, Tiger" ansieht, so wird jeder gleich den Oberbegriff „Tier" finden. Wir teilen die Wirklichkeit in Ebenen ein, indem wir für verschiedene Individualitäten mit gemeinsamen charakteristischen Eigenschaften Oberbegriffe finden (Menschen, Tiere, Pflanzen, Mineralien…).

Es gibt jedoch noch einen anderen Weg, die Vielfalt der Erscheinungsformen zu ordnen. Man bildet ein System, welches diese Vielfalt auf wenige Grundprinzipien oder Urqualitäten reduziert. Deren Zusammensetzungen, Mischungsverhältnisse und gegenseitige Wirkungen ergeben dann die Vielfalt der Wirklichkeit, deren Struktur man auf diese Weise besser verstehen kann.

Dazu gilt es, diese Grundprinzipien zu finden und dann auf jeder Ebene der Wirklichkeit Repräsentanten dieser Prinzipien – die Idee dahinter – zu erkennen. So wie kein Kunstwerk ohne die Idee des Künstlers existiert – gibt es auch nichts in der Wirklichkeit ohne dass zuvor dessen Existenz als Idee angelegt war. Davon weiß auch unser christliches Weisheitsbuch, die Bibel, zu berichten: „Am Anfang war das Wort."

Hat man die Grundideen erkannt und verstanden, so kann man durch Beobachtung einer Ebene analog auf andere schließen. Man kann also z.B. Beobachtungen im Verhalten von bestimmten Tieren auf das Verhalten von Personen in einem Meeting übertragen. Bereits vor Jahrzehnten hat die Arbeitsgemeinschaft der deutschen Schülervertretungen im „Besprechungszoo" mit Tierbildern die unterschiedlichen Charaktere von Besprechungsteilnehmern ganz treffend beschrieben (siehe auch www.prezi.com/z7pqrhiwq_ti/besprechungszoo)

Grundideen durchziehen also senkrecht alle Ebenen der Erscheinungsformen. Auf diese Weise entstehen Analogieketten, deren Glieder verschiedenen Ebenen angehören, aber dennoch alle Repräsentanten eines gemeinsamen Grundprinzips sind. Diese senkrechte Betrachtung der Welt („Wie oben, so unten") ist typisch für viele esoterischen Systeme und wohl einer der Hauptgründe, warum diese Art zu denken vielen zunächst einmal fremd erscheint. Interessant übrigens, wie viele Menschen auf Begriffe wie „Esoterik" reagieren. Die Gesichtszüge entgleisen, die innere Zugbrücke wird hochgezogen und man sieht quasi, wie eine geballte Ladung Vor-Urteile, basierend auf überzeugter Ahnungslosigkeit, auf einmal aktiv wird.

Zurück zum „senkrechten Weltbild". In unserem Sprachgebrauch ist dieses Denken bis heute präsent. Viele entsprechende Assoziationen sind wie selbstverständlich in unseren Sprachgebrauch und unser Denken übergegangen. So ist zum Beispiel der Ausdruck „flüssig sein" über „liquide Mittel verfügen" ein Hinweis auf das Grundprinzip „Wasser". Auch ist es kein Zufall, dass Leidenschaft (die „Heiße Braut"), Liebe, aber auch der „glühende" Zorn mit der Farbe Rot oder mit Hitze assoziiert werden, denn all das sind Repräsentanten des Grundprinzips „Feuer". Man sollte übrigens nicht den Fehler begehen, die Begriffe der Grundprinzipien (z.B. Feuer, Erde, Wasser, Holz, Metall) mit ihren konkreten Erscheinungsformen gleichzusetzen, obwohl diese natürlich Repräsentanten der jeweiligen Prinzipien sind. Das führt sonst leicht zu Missverständnissen.

Nutzen wir das senkrechte Denken als zusätzliche Möglichkeit, uns das Leben zu erleichtern. Pragmatisch angewandt kann es uns eine große Hilfe dabei sein die permanenten Veränderungen zu verstehen und zu bewältigen. Versuchen wir die Grundprinzipien kennenzulernen, ihre Wechselwirkungen zu verstehen, diese Prinzipien im Alltag – speziell im Unternehmensalltag – wiederzufinden und mit dem hinzugewonnenen Denken in Analogien leichter zu managen. Da die Prinzipien, wie erwähnt, nicht nur für Unternehmen gelten, sondern eben auch in allen anderen Lebensbereichen, bringt uns die Beschäftigung mit ihnen in allen Bereichen weiter. Du hältst hier eine Art Bedienungsanleitung in der Hand. Eine Fülle von Werkzeugen und Anregungen, verbunden mit einem System, wie du die Bauteile – angereichert natürlich mit deinen Erfahrungen – zu einem für dich individuell stimmigen Ganzen zusammensetzen kannst. Dadurch erweckst du es zum Leben und es wird dich und dein Unternehmen bereichern. Und das bringt Erfolg. Ganz „unesoterisch".

Ein Unternehmen steht und fällt mit der Unternehmerpersönlichkeit. Wer kennt nicht den treffenden Spruch „Der Fisch stinkt am Kopf". Finde also heraus, was deine ureigensten Wünsche, Talente und Fähigkeiten sind. Erkenne, was deine Berufung ist, was dich motiviert und welche Werte dir wichtig sind. Finde eine ertragreiche Aufgabe, die du mit deiner einzigartigen Kombination an Gaben erfüllen kannst und werde mit jedem Tag authentischer. Schaffe dir dafür ein unterstützendes positives Umfeld – und hab Spaß dabei! Es gibt kein Gesetz, dass Erfolg nur mühevoll erreicht werden kann.

Ich behaupte: Wenn Menschen, die authentisch ihre Berufung leben, zum Nutzen ihrer Kunden einen Unternehmensorganismus gestalten, dessen Organe in einer geeigneten Umgebung harmonisch zusammenwirken und der sich rasch und flexibel an wandelnde Rahmenbedingungen anpasst, so wird ein Unternehmen entstehen, das gesund und erfolgreich ist. Es wird nicht ins monströse wachsen – denn für jede Aufgabenstellung gibt es eine ideale Größe – und es wird auch nicht immer mehr Gewinn abwerfen – denn auch die Vorstellung des „immer mehr" ist völlig wider die Natur – aber es wird von stabiler Gesundheit sein.

Ich möchte dich nun einladen, ein System und seine Elemente kennenzulernen, das dir wertvolle Orientierung geben kann und dir dabei helfen wird, keinen wichtigen Teilbereich aus den Augen zu verlieren. Als Landkarte dafür eignet sich die Kreisgrafik auf der nächsten Seite, die sich unter anderem an den „Fünf Wandlungsphasen" orientiert. Einem seit Jahrtausenden bewährten Modell für das Verständnis komplexer dynamischer Systeme.

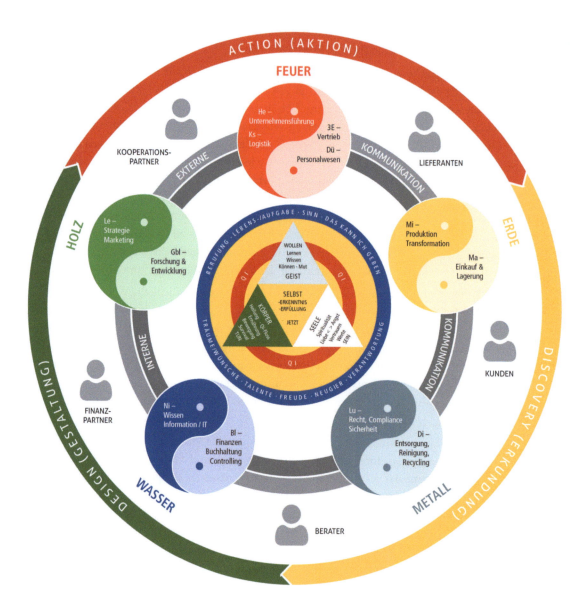

Ausgehend vom Selbst, dem Erkennen und den Stärken der eigenen Person schauen wir auf den Horizont und versuchen die persönliche Lebensvision, die Berufung zu erkennen. Wir schleifen den Diamanten unserer Persönlichkeit, indem wir seine Ausprägungen Körper, Seele und Geist stetig weiterentwickeln.

Mit dem Wissen um unsere persönliche Aufgabe und unser Potenzial gehen wir dann daran, den Unternehmensorganismus zu gestalten. Wir setzen die verschiedenen Bausteine mit Hilfe eines modifizierten „Business Model Canvas" zu einem funktionsfähigen Geschäftsmodell zusammen und orientieren uns am Modell der „Fünf Wandlungsphasen" um den Organismus und das Zusammenspiel seiner „Organe" gesund und im Fluss, zu halten.

Wir schauen dann auf die interne Kommunikation und mit der Öffnung nach außen kommt dann die externe Kommunikation ins Spiel. Da es heute für den Unternehmenserfolg ganz besonders wichtig ist, vom Markt rasch wahrgenommen zu werden – und natürlich auch, weil das seit vielen Jahren mein Metier ist – widme ich mich dem Thema Unternehmenskommunikation besonders ausführlich.

In der Praxis wird natürlich nicht alles brav Schritt für Schritt geschehen können, und viele Bausteine wirst du immer wieder verändern und an deine individuellen Bedürfnisse anpassen. Panta rhei – alles fließt. Doch du wirst sehen: Viele Grundelemente und -prinzipien bleiben bestehen. Das Erkennen dieser Schlüsselelemente und ihres Wirkungsgefüges zu erleichtern, ist mein Ziel. Ich biete dir dazu ein Modell und freue mich sehr, wenn du mit deinem Wissen und deinen Erfahrungen weit darüber hinausgehst. Greif dir heraus, was dir geeignet erscheint, lass liegen, was dir derzeit weniger nützlich erscheint und vor allem: Viel Spaß dabei!

Yin und Yang im Unternehmen: Die Balance der Kräfte

Das Prinzip von Yin und Yang ist ein zentrales Konzept aus der chinesischen Philosophie und Symbolik. Es beschreibt die Wechselwirkung und das Gleichgewicht der gegensätzlichen Kräfte oder Prinzipien in der Welt und in allem, was existiert. Yin und Yang sind keine statischen Zustände, sondern dynamische Kräfte, die sich gegenseitig beeinflussen und ergänzen.

Yin repräsentiert das weibliche, passive, empfangende und ruhige Prinzip. Es steht für Dunkelheit, Kälte, Ruhe, Intuition und Nachgeben. Yin wird oft mit der Erde, dem Mond und dem Schatten assoziiert. Yang hingegen repräsentiert das männliche, aktive, durchsetzungsfähige und energetische Prinzip. Es steht für Helligkeit, Wärme, Aktivität, Logik und Durchsetzungskraft. Yang wird oft mit dem Himmel, der Sonne und dem Licht in Verbindung gebracht.

Das Konzept von Yin und Yang basiert auf der Vorstellung, dass diese beiden Kräfte nicht voneinander getrennt existieren, sondern in einem ständigen Wechselspiel stehen. Sie sind komplementär und bilden eine Einheit, in der sie sich ergänzen und transformieren. Yin enthält einen Keim von Yang und Yang enthält einen Keim von Yin. Es gibt kein absolutes Yin oder Yang, sondern immer eine relative Abstufung der Kräfte.

Das Prinzip von Yin und Yang findet Anwendung in vielen Bereichen des Lebens, von der Medizin über die Psychologie bis hin zur Wirtschaft. Es soll ein Bewusstsein für die Notwendigkeit des Gleichgewichts und der Harmonie zwischen entgegengesetzten Kräften schaffen, um ein optimales Funktionieren und Wachstum zu erreichen.

Yin und Yang sollten nicht als binäre Geschlechterkategorien betrachtet werden, sondern als symbolische Darstellung von Polaritäten und Prinzipien. Sie helfen dabei, die Dualität und das Zusammenspiel der Kräfte in der Welt zu verstehen und ein holistisches Verständnis zu entwickeln. Wenn es darum geht, grundlegende Prinzipien im Unternehmen zu erarbeiten, ist es naheliegend, mit Gegensätzen zu beginnen. Alles in der Welt besitzt Pole und besteht aus Gegensatzpaaren. Beispiele hierfür sind Frau und Mann, Leben und Tod, Erfolg und Misserfolg. Die Theorie von Yin und Yang ist keine Wertung an sich, sondern basiert auf der Vorstellung von zwei polaren Gegensätzen, die sich dynamisch ineinander verwandeln, einander erschaffen und kontrollieren. Yin und Yang sind keine Elemente im westlichen Sinne und auch kein esoterisch-mythisches Konzept. Stattdessen werden sie als praktische Bezeichnungen verwendet, um die dynamischen Beziehungen zwischen den Dingen zu beschreiben – zwei Gegensätze, die zusammen ein Ganzes bilden.

Yin kann beispielsweise mit kaltem oder trübem Wetter assoziiert werden, einem wolkenverhangenen Himmel oder dem Inneren eines Raumes. Yang hingegen könnte in Verbindung gebracht werden mit Sonnenschein, Wärme oder einem prasselnden Feuer. Zu jedem Yin-Aspekt gibt es einen gegenpoligen Yang-Aspekt. Yin und Yang verdeutlichen den

Zyklus des Wandels. Ihr Symbol, das „Taijitu", ist mittlerweile weithin bekannt. Weniger bekannt ist jedoch, dass dieses Symbol schon bei den Kelten, Etruskern und Römern verbreitet war. Nils Bohr entwarf sein eigenes Wappen, das ein Symbol von Yin und Yang und das lateinische Motto „contraria sunt complementa" enthielt – „Gegensätze ergänzen sich". Auch Bohrs Büste an der Universität Kopenhagen trägt das Yin/Yang-Symbol.

Taiji – Ein Symbol für Yin und Yang

Wenn das Yang seinen Höhepunkt erreicht hat, zieht es sich zugunsten des Yin zurück. Gleichzeitig zieht sich das Yin zugunsten des Yangs zurück, wenn es seine stärkste Ausprägung erreicht hat. Auf diese Weise können zwei polar entgegengesetzte Positionen in einem Ganzen existieren, ohne dass sie sich gegenseitig aufgeben oder zerstören müssen. Während es für eine westlich geprägte Person eine Frage von „richtig" oder „falsch" sein kann, kann ein Denker, der vom Yin-Yang-Konzept geprägt ist, Gegensätze als gleichwertig anerkennen. Wenn sich zwei chinesische Philosophen über einen Standpunkt streiten und einen Weisen um Rat bitten, kann es durchaus vorkommen, dass dieser intensiv über die widersprüchlichen Gesichtspunkte nachdenkt und beiden recht gibt.

> »*Der Weise betrachtet die Vielfalt der Meinungen,*
> *erkennt ihre Widersprüche und findet in ihnen*
> *den gemeinsamen Kern der Wahrheit.*«

Das Erstaunliche daran ist: Die beiden Kontrahenten sind oft mit dem Schiedsspruch einverstanden. Sie haben kein Problem damit, unterschiedliche Sichtweisen gleichwertig nebeneinander stehen zu lassen. Basierend auf dem Konzept von Yin und Yang und der Vorstellung, dass im tiefsten Yin bereits der Keim des Yang enthalten ist, leitete bereits Laotzu in seinem Tao-Te-Ching eine Strategie ab, um Ziele zu erreichen: „Wer etwas erreichen will, soll mit dem Gegenteil beginnen. Um zu verkleinern, muss man zuerst erweitern. Um zu schwächen, muss man zuerst stärken. Um niederzuwerfen, muss man zuerst erhöhen. Um zu nehmen, muss man zuerst geben. Das nennt man subtile Weisheit." Es ist eine Weisheit des „Loslassen-Könnens", die auch mit vermeintlichen Widersprüchen gut umgehen kann: „Sei gebogen und du wirst gerade bleiben. Sei leer und du wirst voll bleiben. Sei abgenutzt und du wirst neu bleiben."

Das Konzept von Yin und Yang aus der chinesischen Philosophie findet nicht nur bei der Betrachtung der Natur Anwendung, sondern lässt sich auch auf den Unternehmensbereich übertragen. Yin und Yang repräsentieren zwei gegensätzliche, dennoch miteinander verbundene Aspekte, die eine Balance und Harmonie schaffen. Nun werden wir untersuchen, welche Rolle Yin- und Yang-Aspekte in Unternehmen spielen und wie sie zum Erfolg und zur Effizienz der Organisation beitragen können.

Yang-Aspekte in Unternehmen

Yang steht für Aktivität, Stärke und Durchsetzungskraft. In Unternehmen verkörpern Yang-Aspekte eine klare Führung, mutige Entscheidungen und eine starke strategische Ausrichtung. Yang steht aber auch für Wettbewerb und Leistung. Unternehmen brauchen einen gesunden Wettbewerb, um sich weiterzuentwickeln und Spitzenleistungen zu erzielen.

Yang-Aspekte fördern den Ehrgeiz, die Zielorientierung und den Drang nach Fortschritt Und Yang repräsentiert den Impuls zur Veränderung und zur Innovation. Unternehmen, die erfolgreich sein möchten, müssen sich an neue Entwicklungen anpassen und ständig nach Verbesserungen suchen. Yang-Aspekte treiben den Innovationsprozess voran und fördern die Bereitschaft, Risiken einzugehen.

Yin-Aspekte in Unternehmen

Yin steht für Ruhe, Empathie und Kooperation. In Unternehmen sind Yin-Aspekte wichtig, um eine harmonische Zusammenarbeit und ein starkes Teamgefühl zu fördern. Durch eine Kultur des Miteinanders können Mitarbeiter ihr volles Potenzial entfalten und erfolgreich zusammenarbeiten.

Yin repräsentiert auch Flexibilität und Anpassungsfähigkeit. Unternehmen müssen in der Lage sein, sich auf veränderte Marktbedingungen einzustellen und flexibel zu reagieren. Yin-Aspekte fördern die Fähigkeit, sich anzupassen, neue Wege zu finden und auf verschiedene Situationen angemessen zu reagieren. Yin-Aspekte betonen die Wichtigkeit einer ausgewogenen Work-Life-Balance. Unternehmen sollten sicherstellen, dass ihre Mitarbeiter genügend Zeit für Erholung und persönliche Interessen haben. Die Förderung von Wohlbefinden und Achtsamkeit am Arbeitsplatz trägt zu einer gesunden Unternehmenskultur bei.

Die Bedeutung des Gleichgewichts

Es ist wichtig zu betonen, dass das Gleichgewicht zwischen Yin und Yang entscheidend ist, um das volle Potenzial eines Unternehmens auszuschöpfen. Ein überwiegender Fokus auf Yang-Aspekte könnte zu einem aggressiven und wettbewerbsorientierten Umfeld führen, das die Mitarbeiter überlastet und Stress verursacht. Auf der anderen Seite könnte ein überwiegender Fokus auf Yin-Aspekten zu einem Mangel an Dynamik und Innovationskraft führen.

Die Kunst besteht darin, Yin und Yang in einer ausgewogenen und harmonischen Weise in das Unternehmensleben zu integrieren. Unternehmen sollten ein Bewusstsein für die Bedeutung von Yin- und Yang-Aspekten schaffen und die Mitarbeiter ermutigen, diese Kräfte in ihrer Arbeit zu erkennen und zu schätzen.

Unterschiedliche Perspektiven und Arbeitsstile sind wichtige Komponenten für ein ausgewogenes Yin-Yang-Verhältnis. Unternehmen sollten die Vielfalt in ihrem Team fördern und sicherstellen, dass alle Stimmen gehört und geschätzt werden. Eine integrative Führungskultur, die sowohl Yang- als auch Yin-Aspekte berücksichtigt, ist entscheidend. Führungskräfte sollten in der Lage sein, klare Entscheidungen zu treffen und gleichzeitig die Bedürfnisse und Beiträge der Teammitglieder zu berücksichtigen.

Eine Kultur der Zusammenarbeit und des Teamworks ermöglicht es den Mitarbeitern, ihre individuellen Stärken einzubringen und gemeinsam Lösungen zu finden. Durch die Schaffung eines unterstützenden Umfelds können Yin- und Yang-Aspekte effektiv zusammenwirken.

Unternehmen sollten die Fähigkeit zur Anpassung und Flexibilität fördern, um auf Veränderungen in der Geschäftswelt zu reagieren. Dies erfordert eine offene Haltung gegenüber neuen Ideen und die Bereitschaft, herkömmliche Denkmuster herauszufordern.

Indem wir die Ausgewogenheit von Yin und Yang anstreben und diese Kräfte erkennen und wertschätzen, können wir eine harmonische und produktive Arbeitsumgebung schaffen, in der sowohl das individuelle Wachstum als auch der gemeinsame Erfolg gefördert werden.

Frauen und Männer – Yin und Yang

Beim Thema Yin und Yang ist es in Unternehmen nur logisch, ein ganz spezielles Thema anzusprechen: Die Geschlechtergleichstellung zwischen Frauen und Männern. Diese beiden natürlichen Pole der menschlichen Existenz sind zwar unterschiedlich, aber dennoch gleichwertig. Es ist an der Zeit, die immer noch bestehende Praxis zu beenden, dass Frauen für die gleiche Arbeit weniger verdienen! Wie sieht es in deinem Unternehmen damit aus? Werden Frauen und Männer bei dir tatsächlich gleich behandelt und haben die gleichen Aufstiegschancen? Werden sie in Diskussionen gleichwertig gehört? Haben Frauen in deinem Unternehmen die Möglichkeit, ihre Leistungsgrenzen auszutesten, so wie es Männer können? Oder werden sie häufig unterschätzt, weil Führungskräfte glauben, dass sie es ohnehin nicht schaffen können?

Wie wird die Wertschätzung von Frauen in deinem Unternehmen umgesetzt? Werden Betreuungsmöglichkeiten angeboten, um alleinerziehenden Müttern und Vätern dabei zu helfen, die Betreuung ihrer Kinder mit der Arbeit in Einklang zu bringen?

So wie es aus meiner Sicht grober Unfug ist, dass in manchen Unternehmen immer noch stark patriarchische Strukturen herrschen, ist es auch Quatsch, dass sich Männer in den letzten Jahren vor lauter Political Correctness oft mundtot machen ließen.

Weder Frauen noch Männer sind per se die „besseren" Menschen. Mobbing ist beispielsweise ein ernstes Problem, das Menschen unabhängig von ihrem Geschlecht betrifft. Es ist interessant, sich Mobbing-Statistiken anzuschauen, in denen Frauen zwar häufiger Opfer sind, jedoch werden etwa 40 % der Mobbingfälle von Frauen und 30 % von Frauen und Männern gleichermaßen begangen. Neid und starre Hierarchien im Arbeitsumfeld sind dabei oft die Hauptursachen.

Unternehmen müssen unbedingt Maßnahmen gegen Mobbing ergreifen und eine Kultur der Wertschätzung und des Respekts fördern. Wie sieht es da in deinem Unternehmen aus? Welche Maßnahmen werden ergriffen, um Mobbing vorzubeugen und dagegen anzugehen?

Zum Thema „besserer Mensch": Gewalt in Partnerschaften wird auch nicht ausschließlich von Männern ausgeübt, sondern auch Frauen können in manchen Fällen gewalttätig sein. Es gibt neuere Erkenntnisse zu diesem Thema. Laut einer großen Studie im Auftrag des Bundesfamilienministeriums aus dem Jahr 2006 hatte etwa jeder Vierte der befragten Männer Gewalt von einer Partnerin erfahren. Jeder Sechste wurde mehrfach von seiner Partnerin wütend geschubst. Etwa fünf bis zehn Prozent der Männer berichteten von Ohrfeigen, Bissen, Kratzern oder Tritten. Mindestens fünf Prozent erlitten mindestens eine Verletzung. Es ist jedoch wichtig anzumerken, dass diese Zahlen auf einer älteren Studie basieren und neuere Daten notwendig sind, um ein umfassendes Bild der Situation zu erhalten.

Es gibt auch Hinweise darauf, dass Männer seltener die Polizei rufen und dies einer der Gründe ist, warum Gewalt von Frauen seltener in offiziellen Statistiken erfasst wird. Die

Zahl der männlichen Opfer von Partnerschaftsgewalt ist jedoch gestiegen. Im Jahr 2017 wurden laut der Statistik des Bundeskriminalamts (BKA) 24.100 männliche Opfer gezählt, im Vergleich zu 19.971 im Jahr 2012 – ein Anstieg von rund 20 Prozent.

Man sollte auch erwähnen, dass es in Deutschland aktuell 13 Männerschutzeinrichtungen mit insgesamt 45 Plätzen gibt, im Vergleich zu rund 400 Frauenhäusern und über 40 Schutz- oder Zufluchtswohnungen für gewaltbetroffene Frauen und ihre Kinder mit mehr als 6000 Plätzen gibt. Die Verfügbarkeit von Unterstützungseinrichtungen für männliche Opfer von Gewalt ist ein Thema, das weiterer Aufmerksamkeit bedarf.

Gewalt in Partnerschaften umfasst nicht nur physische Gewalt wie Schlagen, Kratzen, Beißen oder Würgen, sondern auch psychische Gewalt. Dazu gehören permanente Abwertung, verdeckte Kränkungen als „Witze", ständige Schuldzuweisungen, Kritik, Einschüchterung, bewusstes Ignorieren, Kontrolle, emotionale Erpressung, Essensentzug, Verurteilungen, absichtliches Leugnen von Taten oder Worten, Verdrehung von Tatsachen, bewusstes Kränken oder Beleidigen, Anschreien und Demütigen. Soziale Gewalt umfasst Aspekte wie Isolation durch Kontrolle oder Sabotage sozialer Kontakte, das „Vergraulen" von Familienangehörigen oder Freunden, Missachtung der Privatsphäre (z.B. das Überwachen von E-Mails, Handys, Telefonaten) sowie die Verbreitung von Gerüchten und Lügen.

Es ist schwer zu glauben, aber der Anteil von Frauen in der rechtsextremen Szene liegt mittlerweile bei etwa 20 Prozent (Quelle: Bundeszentrale für politische Bildung). Laut dem Forschungsnetzwerk Frauen und Rechtsextremismus ist etwa jede Zehnte von ihnen gewalttätig oder gewaltbereit. Das soll aber nicht darüber hinwegtäuschen, dass die Mehrzahl der Gewalttäter Männer sind. Schlimm genug.

Frauenfeindlichkeit ist leider immer noch weit verbreitet. Ob es in Religionen ist, die es Mädchen und Frauen verbieten, religiöse Führungspositionen einzunehmen oder in der Tatsache, dass herausragende Frauen im Geschichtsunterricht kaum Beachtung finden. Auch Belästigung auf der Straße oder das Tragen von Verschleierung sind bedauerliche Beispiele dafür. Diese Formen der Diskriminierung dürfen meiner Ansicht nach nicht toleriert werden.

Dennoch sollte das Pendel nicht aus reiner Ideologie zu stark zur anderen Seite ausschlagen. Es ist interessant, einmal eine durchschnittliche Werbesequenz im Fernsehen objektiv zu betrachten. Männliche Figuren werden oft entweder als veraltete Versicherungsvertreter, muskelbepackte Stereotype, mitleidig belächelte Wehleider oder ahnungslose ungeschickte Väter dargestellt. Wie oft sehen wir in solchen Szenen, dass Frauen z.B. ihren Männern das Baby aus der Hand nehmen, wenn es um das Wickeln geht, mit der Begründung, dass „Männer so etwas nicht können"?

Eine ausgewogene Darstellung von Geschlechterrollen und -fähigkeiten in den Medien wäre hilfreich. Stereotype sollten vermieden werden, und Männer und Frauen sollten gleichermaßen in ihren Fähigkeiten und Verantwortlichkeiten respektiert werden. Frauenquote? Aus meiner Sicht eine Beleidigung für alle engagierten intelligenten weiblichen Wesen. Führungskraft per Quote ist diskriminierend. Wer in eine Führungsposition will, der muss sich das erkämpfen, völlig unabhängig davon ob Mann oder Frau. Es sind Know-how und Können, das sich durchsetzen sollte.

Sollen die per Quotenregelung aufgestiegenen Frauen wirklich täglich Zweifel an ihren Fähigkeiten haben müssen und fragen, ob sie ihre Position aufgrund ihres Geschlechts oder ihrer tatsächlichen Fähigkeiten erreicht haben? Eine solche Unsicherheit kann die Achtung von männlichen Kollegen nicht fördern und ihre Bereitschaft, von Frauen geführt zu werden, nicht steigern. Frauenquoten werden oft als verniedlichte Form der Diskriminierung betrachtet und können als bloßes Deckmäntelchen dienen, um politische Verantwortungsträger davon abzulenken, echte Möglichkeiten zur Vereinbarkeit von Familie und Beruf für Frauen und Männer zu schaffen.

Es ist wichtig, dass echte Chancengleichheit geschaffen wird, damit sowohl Frauen als auch Männer ihre beruflichen Ambitionen mit ihren familiären Verpflichtungen vereinbaren können. Gleichzeitig sollte es ein Appell an männliche Führungskräfte sein, den Frauen endlich zuzutrauen, Verantwortung zu übernehmen. Statt anzunehmen, wo ihre Grenzen liegen könnten, sollten Führungskräfte offen mit den Frauen sprechen und sie nach ihren eigenen Einschätzungen fragen.

Es ist eine gemeinsame Aufgabe, eine Arbeitsumgebung zu schaffen, in der Frauen und Männer gleiche Möglichkeiten und Anerkennung haben, um ihre Potenziale voll auszuschöpfen.

Ein weiteres kontroverses Thema sind die Gleichstellungsstellen. Es wäre kein Problem, wenn es diese Stellen sowohl für Frauen als auch für Männer gäbe. Gemäß dem Bundesgleichstellungsgesetz (§ 19 BGleiG, Abs. 4) kann aber nur eine Frau Gleichstellungsbeauftragte werden und nur Frauen dürfen sie wählen, obwohl ihre Aufgabe (zumindest theoretisch) für beide Geschlechter gilt. Wirft das Fragen nach Gerechtigkeit auf? Aber sicher! In diesem Zusammenhang spielt oft Ideologie eine Rolle, ähnlich wie beim Thema Sorgerecht, bei dem es selten wirklich „gleichgestellt" zugeht. In den meisten Fällen haben getrennte Männer vor Gericht nur minimale Chancen, mehr als nur ein Wochenendpapa zu sein, wenn dies gegen den Willen der Mutter geht. Nach Schätzungen des Familiengerichtstages ist in rund 95 % der strittigen Fälle der Lebensmittelpunkt eines Kindes bei der Mutter zu verorten. Selbst das aktuelle Unterhaltsrecht basiert immer noch auf dem traditionellen Familienernährer-Modell. Es spielt für die finanziellen Verpflichtungen des Vaters gegenüber der Mutter in der Regel auch keine Rolle, ob ein Vater seine Kinder nur alle zwei Wochen sieht oder sie mehrere Tage pro Woche bei sich hat.

Es ist an der Zeit, das Yin- und Yang-Thema von ideologischen Motiven zu befreien. Begonnen hat es wohl in den 1960er-Jahren mit dem Schrägstrich: Feministinnen verwendeten ihn, um Frauen in der Sprache sichtbarer zu machen. Seit dem 1. Januar 2019 müssen in Deutschland Stellenanzeigen nun zudem für „divers", also gendernneutral ausgeschrieben werden. Doch wird eine Stelle durch eine sprachliche Neuregelung tatsächlich mehr oder weniger „gendernneutral" vergeben? Das halte ich für sehr unwahrscheinlich.

Nach wissenschaftlichen Schätzungen gibt es in Deutschland 0,02 bis 1,7 Prozent der Personen mit nicht klar definiertem Geschlecht – die Schwankung beruht darauf, wie viele Formen von Intergeschlechtlichkeit berücksichtigt werden. Bis Mitte 2022 haben in Berlin lediglich 106 Personen von rund 3,7 Millionen Einwohnern die Möglichkeit genutzt, ihren Geschlechtseintrag von männlich oder weiblich auf „divers" zu ändern. Das entspricht einem Anteil von 0,003 Prozent der Berliner Bevölkerung. Angesichts dieser Zahlen stellt sich die Frage, ob das Thema angemessen in Bezug auf die Realität behandelt wird. Eine zusätzliche Herausforderung in der Diskussion ist, dass Personen, die das Gendern ablehnen, häufig pauschal als politisch rechts angesehen werden.

Eine repräsentative Umfrage von infratest dimap von Anfang 2023 ergab, dass knapp 70% der Befragten beispielsweise das „Gender-Gap" ablehnen. In diesem Buch wird daher nicht gegendert, jedoch ist dies keineswegs als mangelnde Wertschätzung gegenüber Frauen oder transidenten Menschen zu verstehen. Und erst recht nicht als rechtskonservative Gesinnung. Wertschätzende Sprache, wo immer möglich Nennung beider Geschlechter, aber bitte Schluss mit diesem künstlichen Gender-Unfug. Ich schreibe natürlich aus der Perspektive des Yang-Aspekts heraus, und selbstverständlich sind meine Ansichten weder politisch korrekt noch objektiv...

Genug aber von diesem Exkurs. Jetzt werden wir im nächsten Schritt einen Blick auf die Fünf Wandlungsphasen werfen, die das Konzept von Yin und Yang in sich tragen und durch ihre bildhaften Beziehungen zueinander auch das systemische Denken anregen.

Übungen zu Yin und Yang

Hier sind einige praktische Übungen für dich als Unternehmer, um Yin- und Yang-Aspekte in deinem Unternehmen zu erkennen und die Harmonisierung zu verbessern:

Schaue dich um und betrachte deine Umgebung unter Yin- und Yang-Aspekten. Identifiziert Bereiche mit hoher Aktivität und Energie (Yang) sowie Bereiche der Ruhe und Entspannung (Yin). Diskutiere vielleicht mit Mitarbeitern, wie diese Aspekte das Arbeitsumfeld beeinflussen und wie sie bewusst genutzt werden können, um ein ausgewogenes Arbeitsumfeld zu schaffen.

Nimm dir Zeit, um deinen eigenen Tagesablauf zu analysieren. Identifiziere die Yin- und Yang-Aspekte, die in deinem Arbeitsalltag überwiegen. Überlege, wie dies deine Produktivität, Kreativität und dein Wohlbefinden beeinflusst. Finde Möglichkeiten, um einen Ausgleich herzustellen und Yin- und Yang-Aspekte bewusst in deinen Tagesablauf zu integrieren.

Untersuche verschiedene Lebens- und Berufsbereiche, um festzustellen, wo du Optimismus, Energie und Positivität (Yang) verspürst und wo du Pessimismus, Zweifel und mangelnde Kraft (Yin) empfindest. Überlege, wie du einen Ausgleich schaffen kannst, indem du bewusst positive und energiegeladene Aktivitäten in den Yin-Bereichen einbringst und umgekehrt.

Reflektiere die Gleichberechtigung von Frau und Mann im Unternehmen. Überprüfe, ob es Bereiche gibt, in denen ein Ungleichgewicht besteht und wie du dies verbessern kannst. Schaffe eine Kultur der Gleichberechtigung, in der sowohl männliche als auch weibliche Mitarbeiter gleiche Chancen und Anerkennung erhalten. Betrachte auch die Gleichberechtigung von Yin und Yang in anderen Bereichen des Unternehmens und finde Möglichkeiten, um ein ausgewogenes Verhältnis zu fördern.

Ermutige deine Mitarbeiter, die Kommunikation im Unternehmen zu analysieren und nach Yin- und Yang-Aspekten zu suchen. Identifiziere sowohl harmonische, empathische und unterstützende Kommunikation (Yin) als auch klare, direkte und ergebnisorientierte Kommunikation (Yang). Ermutige ein ausgewogenes Verhältnis dieser Elemente und fördere eine offene, respektvolle Kommunikationskultur.

Beobachte die Interaktionen und Dynamiken in deinem Team. Identifiziere, welche Teammitglieder eher Yin-Aspekte verkörpern, indem sie einfühlsam, unterstützend und kooperativ sind, und welche eher Yang-Aspekte verkörpern, indem sie zielgerichtet, durchsetzungsfähig und energiegeladen sind. Ermutige eine ausgewogene Balance von Yin und Yang im Team, um sowohl Kooperation als auch Ergebnisorientierung zu fördern.

Betrachte die Art und Weise, wie Entscheidungen in deinem Unternehmen getroffen werden. Identifiziere, ob Entscheidungen eher auf analytischen Faktoren (Yang) basieren oder auf intuitiven, ganzheitlichen Überlegungen (Yin). Strebe danach, eine ausgewogene Mischung dieser Ansätze zu nutzen und sowohl rationale als auch intuitive Aspekte in den Entscheidungsprozess einzubeziehen.

Analysiere die bestehende Unternehmenskultur und stelle fest, ob sie eher Yin- oder Yang-orientiert ist. Ermutige eine Kultur des Ausgleichs, in der sowohl Ruhe, Reflexion und Zusammenarbeit (Yin) als auch Aktivität, Leistung und Wettbewerb (Yang) geschätzt werden. Schaffe Räume und Gelegenheiten, in denen Mitarbeiter sowohl Yin- als auch Yang-Aspekte ausdrücken und entwickeln können.

Organisiere Schulungen und Workshops für Mitarbeiter, um das Bewusstsein für Yin- und Yang-Aspekte im Arbeitsumfeld zu erweitern. Diskutiere die Bedeutung einer ausgewogenen Balance und biete praktische Übungen an, um die Integration von Yin und Yang im täglichen Arbeitsleben zu fördern.

Diese Übungen zielen darauf ab, Bewusstsein für Yin und Yang im Unternehmen zu schaffen, um Harmonie und Balance zu fördern. So können Unternehmer ein Arbeitsumfeld gestalten, das individuelles Wachstum und Unternehmenserfolg unterstützt.

Das Modell der fünf Wandungsphasen

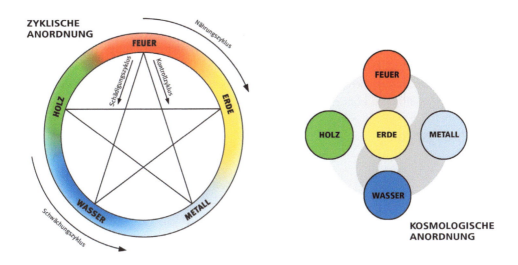

Nix ist fix. Alles ist im Wandel, alles ist im Fluss. Ovid fand in seinen Metamorphosen: „Es gibt nichts Beständiges im Universum. Alles ist Ebbe und Flut. Jede Gestalt, die geboren wird, trägt in ihrem Schoß den Keim des Wandels". Kein Zustand bleibt bestehen. Alles hat Auswirkungen und ist durch seine Auswirkungen miteinander verbunden. Auf der Grundlage des Konzeptes von Yin und Yang entstand das Modell der „Fünf Wandlungsphasen" um das System sensibler Rückkopplungsmechanismen zwischen den menschlichen Organen und ihren Funktionen anschaulich zu beschreiben.

Das Fünf-Wandlungsphasen-Modell basiert auf systemischem Denken, das besagt, dass alles miteinander und mit dem gesamten System verbunden ist. Im Gegensatz zum klassischen griechischen System der Grundelemente, wie es von Empedokles von Akragas (ca. 504-433 v. Chr.) formuliert wurde (Feuer, Erde, Wasser, Luft), die als Bausteine der Materie betrachtet wurden, beschreiben die Fünf Wandlungsphasen eher dynamische Abläufe. Das Modell zeigt daher mehr Ähnlichkeit mit den indianischen vier Schilden, bei denen die vier Richtungen für die Jahreszeiten oder bestimmte Lebensabschnitte und Initiationsschritte stehen. In den Fünf Wandlungsphasen steht „Holz" für das ungestüme Wachstum des Frühjahrs, „Feuer" für die Phase der höchsten Aktivität (des höchsten Yang) im Sommer, „Erde" für die Zeit der Ernte im Spätsommer, „Metall" für die Zeit des Herbstes und „Wasser" für die Zeit der niedrigsten Aktivität (des stärksten Yin), den Winter. Das Modell wird somit vor allem der Beschreibung von Prozessen und Beziehungen gerecht.

Die Fünf Wandlungsphasen stehen in vielfältigen Beziehungen zueinander, um ein Gleichgewicht aufrechtzuerhalten. Sie erzeugen sich gegenseitig und begrenzen sich gleichzeitig. Um ein stabiles System zu gewährleisten, ist es notwendig, diese grundlegenden Prinzipien in einem ausgeglichenen Zustand zu halten. Ein Ungleichgewicht entsteht, wenn das nährende Prinzip erschöpft ist oder das kontrollierende Prinzip auf Widerstand stößt.

Die vier Zyklen der Wandlungsphasen (Ernährungs- oder Fütterungszyklus, Erschöpfungszyklus, Kontrollzyklus und Verletzungszyklus), die in den folgenden Darstellungen veranschaulicht werden, zeigen die Verbindungen zwischen den Elementen und wie sie sich gegenseitig beeinflussen können.

Ernährungszyklus.

Ernährungszyklus – Wasser lässt das Holz wachsen / Holz nährt das Feuer / Feuer verbrennt zu Asche und nährt so die Erde / Die Erde bringt das Metall hervor / Am Metall kondensiert das Wasser

Der **Ernährungszyklus** ist einer der vier Zyklen im Konzept der Fünf Wandlungsphasen. Dieser Zyklus beschreibt die nährende und unterstützende Beziehung zwischen den Elementen. Im Ernährungszyklus gibt es eine Reihenfolge, in der die Elemente einander nähren und stärken. Diese Reihenfolge ist wie folgt: Holz nährt Feuer, Feuer nährt Erde, Erde nährt Metall, Metall nährt Wasser und Wasser nährt wiederum Holz. Durch diese nährende Beziehung wird das Gleichgewicht zwischen den Elementen aufrechterhalten und ihre harmonische Interaktion gefördert. Jedes Element gibt seine Energie und Ressourcen an das nächste weiter, um dessen Wachstum und Funktion zu unterstützen. Der Ernährungszyklus im Konzept der Fünf Wandlungsphasen kann auch auf Unternehmensabläufe angewendet werden. Hier ist eine Verbindung zwischen dem Ernährungszyklus und verschiedenen Aspekten des Unternehmens zu erkennen:

Finanzielle Mittel und Know-how (Wasser): Finanzielle Ressourcen und Fachkenntnisse bilden die Grundlage für den Unternehmensbetrieb. Sie ermöglichen die Produktentwicklung und sind wie das Wasser im Ernährungszyklus.

Produktentwicklung (Holz): Durch den Einsatz von finanziellen Mitteln und Wissen wachsen neue Ideen und Produkte heran. Ähnlich wie das Holz im Ernährungszyklus, das vom Wasser genährt wird, wird die Produktentwicklung durch die vorhandenen Ressourcen unterstützt.

Begeisterung der Unternehmensführung (Feuer): Die Leidenschaft und Begeisterung der Führungskräfte für die entwickelten Produkte entspricht dem Feuer im Ernährungszyklus. Sie treibt die Motivation, das Engagement und den Verkauf voran.

Produktion (Erde): Aufgrund der Begeisterung und des Engagements der Unternehmensführung wird die Produktion angeregt. Ähnlich wie die Erde im Ernährungszyklus, die vom Feuer genährt wird, wird die Produktion durch die Unterstützung der Führungskräfte vorangetrieben. In der kosmologischen Darstellung der Fünf Wandlungsphasen steht die Erde – also die Produktion – und damit der Nutzen für den Kunden im Zentrum.

Vertragsabschluss (Metall): Die hergestellten Produkte werden durch den Vertragsabschluß an den Kunden übergeben, ähnlich wie das Metall im Ernährungszyklus, das seine Form und Funktion erhält. Der Vertragsabschluß sorgt dafür, dass die Produkte an die Kunden gelangen können und Umsatz generiert wird.

Ertrag (wieder Wasser): Der erzielte Ertrag fließt wieder in die Finanzen des Unternehmens zurück, ähnlich wie im Ernährungszyklus, wo das Wasser wieder zum Ausgangspunkt zurückkehrt.

Diese Verbindung zwischen dem Ernährungszyklus und den Unternehmensabläufen illustriert, wie verschiedene Elemente und Aktivitäten innerhalb eines Unternehmens zusammenwirken und sich gegenseitig unterstützen, um ein erfolgreiches und nachhaltiges Geschäftsumfeld zu schaffen.

Andererseits kann ein Funktionsbereich auch in einem Leerezustand sein und wird von einem anderen Element über den Verletzungszyklus beeinträchtigt. Ein Funktionsbereich in Leere kann sein „Kind" nicht richtig ernähren. Das sehen wir im Folgenden genauer.

Verletzungszyklus

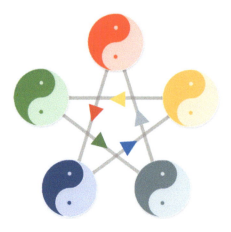

Verletzungszyklus: Holz stumpft Metall ab / Metall entzieht dem Feuer die Hitze / Feuer verdampft Wasser / Wasser weicht die Erde auf / Erde erstickt das Holz

Der **Verletzungszyklus** ist einer der vier Zyklen im Rahmen der Fünf Wandlungsphasen. Er beschreibt eine dynamische Beziehung, bei der ein Funktionsbereich in einem Leerzustand ist und von einem anderen Element beeinträchtigt wird.

Im Verletzungszyklus kann ein Funktionsbereich nicht richtig arbeiten oder seine Aufgaben erfüllen. Dies kann dazu führen, dass ein anderes Element, das normalerweise von diesem Funktionsbereich genährt oder unterstützt wird, nicht ausreichend versorgt wird. Es entsteht eine Art Ungleichgewicht oder „Verletzung".

Ein Beispiel dafür wäre ein Funktionsbereich, der für die Produktentwicklung zuständig ist, aber aufgrund von Ressourcenmangel oder anderen Faktoren in einem Leerzustand ist. In diesem Fall kann das Element, das von der Produktentwicklung genährt werden sollte (z.B. der Vertrieb), nicht ausreichend mit neuen Produkten versorgt werden. Es entsteht eine Beeinträchtigung des normalen Ablaufs und eine Störung im System.

Der Verletzungszyklus zeigt, dass ein Leerzustand in einem Funktionsbereich Auswirkungen auf andere Elemente haben kann, die normalerweise von diesem Bereich abhängig sind. Um ein stabiles System aufrechtzuerhalten, ist es wichtig, solche Verletzungen zu erkennen und geeignete Maßnahmen zu ergreifen, um das Gleichgewicht und die harmonische Interaktion zwischen den Elementen wiederherzustellen.

Betrachtet man nun den Energiefluss, so kann man zwischen Fülle- und Leerezuständen unterscheiden. Wenn ein Funktionsbereich in Fülle ist, beeinträchtigt das möglicherweise einen anderen über den Kontrollzyklus.

Kontrollzyklus

Kontrollzyklus: Holz durchdringt die Erde / Erde nimmt das Wasser auf / Wasser löscht das Feuer / Feuer schmilzt das Metall / Metall schneidet das Holz

Der **Kontrollzyklus** beschreibt die Beziehung zwischen Elementen, bei der ein Funktionsbereich, der in einem Füllezustand ist, möglicherweise einen anderen Bereich über den Kontrollzyklus beeinflusst. Wenn ein Funktionsbereich im Füllezustand ist, bedeutet dies, dass er übermäßige Ressourcen oder Energie besitzt. In dieser Situation kann es dazu kommen, dass dieser Bereich einen anderen Bereich kontrolliert oder reguliert, der möglicherweise einen Mangel an Ressourcen oder Energie hat.

Beispielsweise kann der Funktionsbereich Unternehmensführung, der über einen großen Überschuss an finanziellen Mitteln verfügt, möglicherweise den Vertriebsbereich über den Kontrollzyklus beeinflussen. Dies kann bedeuten, dass der reiche Funktionsbereich bestimmt, wie viel Budget dem Vertrieb zur Verfügung steht oder welche Vertriebsaktivitäten durchgeführt werden sollen, auch wenn das nicht zu den gestellten Aufgaben passt.

Der Kontrollzyklus verdeutlicht die Interaktion zwischen verschiedenen Funktionsbereichen und wie ein Bereich, der in Fülle ist, die Kontrolle über einen anderen Bereich übernehmen kann.

Erschöpfungszyklus

Erschöpfungszyklus: Erde erstickt Feuer/ Feuer verbrennt Holz / Metall entzieht der Erde Mineralien / Wasser rostet Metall / Holz saugt das Wasser auf

Im **Erschöpfungszyklus** wird der „Mutter" zu viel Energie entzogen. Der Erschöpfungszyklus ist einer der vier Zyklen im Rahmen der Fünf Wandlungsphasen und beschreibt eine dynamische Beziehung zwischen Elementen, bei der das kontrollierte Element der „Mutter" zu viel Energie entzieht.

Im Erschöpfungszyklus kann das „Kind" (das kontrollierte Element) übermäßig viel Energie oder Ressourcen von der „Mutter" (der kontrollierenden Einheit) beanspruchen. Dies führt dazu, dass die „Mutter" erschöpft wird und ihre eigenen Reserven aufgebraucht werden.

Ein Beispiel dafür wäre, wenn ein Abteilungsbereich in einem Unternehmen zu viele Aufgaben oder Verantwortlichkeiten von einer anderen Abteilung übernimmt, die als „Mutter" fungiert. Das „Kind" entzieht der „Mutter" zu viel Energie, was zu einer Überlastung und Erschöpfung führen kann. Dadurch kann die „Mutter" ihre eigenen Aufgaben nicht mehr effektiv erfüllen oder ihre Ressourcen werden überstrapaziert.

Um ein ausgewogenes Funktionieren des Systems sicherzustellen, ist es wichtig, das Verhältnis von Geben und Nehmen zwischen den Elementen zu beachten. Im Falle des Erschöpfungszyklus sollte das „Kind" seine Energie oder Ressourcen angemessen verteilen, um die „Mutter" nicht zu überlasten.

Das Verständnis des Erschöpfungszyklus hilft dabei sicherzustellen, dass keine Überbeanspruchung oder Erschöpfung auftritt, was zu einer ungünstigen Funktionsweise des Systems führt.

Ist ja ganz lustig, aber was bedeutet das für ein Unternehmen? Um ein aus dem Gleichgewicht geratenes System wieder in Balance zu bringen, stehen verschiedene Ansätze zur Verfügung. Das übergeordnete Ziel besteht darin, die Harmonie zwischen Yin und Yang wiederherzustellen. Eine Möglichkeit hierfür besteht darin, den Ernährungszyklus zu nutzen, um Leere zu beheben und die Stärke des „Mutter"-Aspekts zu erhöhen, sodass er das „Kind" besser nährt.

Ein weiterer Ansatz ist der Kontrollzyklus: Bei Neuentwicklungen (Holz) werden spezielle Anforderungen an die Produktion gestellt (da Holz die Erde durchdringt). Die Produktion wiederum benötigt Rohstoffe, Werkzeuge, Energie und somit finanzielle Mittel (Erde nimmt das Wasser auf). Der Vertrieb (Metall) informiert über Kundenwünsche und beeinflusst dadurch wiederum Neuentwicklungen (Metall schneidet das Holz).

Durch die Anwendung dieser Ansätze wird angestrebt, die gegenseitige Beeinflussung der Wandlungsphasen zu nutzen und das System wieder in Harmonie und Balance zu bringen. Es wird eine effektive Interaktion zwischen den verschiedenen Aspekten des Unternehmens gefördert, um eine optimale Funktionsweise und Entwicklung zu erreichen.

Die Fünf Wandlungsphasen im Unternehmen erkennen

Lebenszyklus von Produkten und Dienstleistungen

Betrachte einmal den Lebenszyklus eines deiner Produkte oder einer deiner Dienstleistungen und bringe ihn in Verbindung mit den Phasen: Einführung (Wasser), Wachstum (Holz), Sättigung (Feuer), Reifung (Erde) und Rückgang (Metall).

Der Lebenszyklus von Produkten und Dienstleistungen ist geprägt von Veränderungen und Entwicklungen, die sich mit den grundlegenden Prinzipien der Fünf Wandlungsphasen – Wasser, Holz, Feuer, Erde und Metall – in Verbindung setzen lassen. Jede Phase repräsentiert einen bestimmten Zustand des Produkts oder der Dienstleistung und bietet einzigartige Herausforderungen sowie Möglichkeiten für Unternehmen, um erfolgreich zu agieren. In diesem Artikel werfen wir einen Blick auf den Lebenszyklus aus der Perspektive der Fünf Wandlungsphasen und erkunden die Merkmale und Implikationen jeder Phase.

Einführung (Wasser)

In der Einführungsphase befindet sich das Produkt oder die Dienstleistung in einem frühen Stadium. Es ist neu auf dem Markt und muss erst die Aufmerksamkeit und das Interesse der Zielgruppe wecken. In dieser Phase geht es darum, die Grundlagen zu schaffen, das Potenzial zu erkennen und das Produkt zu positionieren. Es kann erforderlich sein, gezielte Marketing- und Werbestrategien einzusetzen, um das Bewusstsein zu schaffen und potenzielle Kunden anzusprechen.

Wachstum (Holz)

In der Wachstumsphase nimmt das Produkt oder die Dienstleistung an Fahrt auf. Die Kundennachfrage steigt und es besteht ein deutliches Wachstumspotenzial. In dieser Phase geht es darum, das Wachstum zu unterstützen, indem Ressourcen, Prozesse und Kapazitäten erweitert werden. Das Unternehmen muss in der Lage sein, mit steigender Nachfrage umzugehen und gleichzeitig die Qualität aufrechtzuerhalten.

Sättigung (Feuer)

Die Sättigungsphase tritt ein, wenn der Markt gesättigt ist und das Wachstum sich verlangsamt. Die Konkurrenz wird intensiver und es wird schwieriger, neue Kunden zu gewinnen. In dieser Phase ist es wichtig, sich von Mitbewerbern abzuheben und durch Innovation, differenzierte Marketingstrategien oder verbesserte Kundenerlebnisse neue Impulse zu setzen.

Reifung (Erde)

In der Reifungsphase hat das Produkt oder die Dienstleistung einen stabilen Marktanteil erreicht. Die Kundenzufriedenheit ist hoch und das Unternehmen hat eine etablierte Position im Markt. In dieser Phase geht es darum, die Stabilität zu erhalten und die Kundenbindung zu stärken. Das Unternehmen kann seine Ressourcen auf die Verbesserung von Kundenservice, Produktqualität und Prozessoptimierung konzentrieren.

Rückgang (Metall)

Die Phase des Rückgangs tritt ein, wenn die Nachfrage nach dem Produkt oder der Dienstleistung abnimmt. Es kann verschiedene Gründe dafür geben, wie sich ändernde Kundenbedürfnisse, technologische Weiterentwicklungen oder das Auftreten neuer Mitbewerber. In dieser Phase ist es wichtig, die Situation anzuerkennen und entsprechend zu reagieren. Das Unternehmen kann alternative Strategien wie Produktdiversifikation, Marktaustritt oder Neupositionierung in Betracht ziehen.

Der Lebenszyklus von Produkten und Dienstleistungen kann durch das Konzept der Fünf Wandlungsphasen – Wasser, Holz, Feuer, Erde und Metall – auf interessante Weise betrachtet werden. Jede Phase hat ihre eigenen Merkmale und stellt Unternehmen vor unterschiedliche Herausforderungen. Es ist wichtig, den Lebenszyklus zu verstehen und angemessen darauf zu reagieren, um den Erfolg und die Effizienz des Unternehmens zu gewährleisten.

Durch die Betrachtung des Lebenszyklus aus der Perspektive der Fünf Wandlungsphasen können Unternehmen ihre Strategien und Aktivitäten anpassen. In der Einführungsphase geht es darum, das Potenzial zu erkennen und das Produkt erfolgreich zu positionieren. In der Wachstumsphase müssen Unternehmen expandieren und ihre Kapazitäten erweitern, um mit der steigenden Nachfrage Schritt zu halten. In der Sättigungsphase sind Differenzierung und Kundenerlebnis entscheidend, um sich von der Konkurrenz abzuheben.

In der Reifungsphase liegt der Fokus auf der Stabilisierung der Position im Markt und der Pflege der Kundenbindung. Schließlich erfordert die Phase des Rückgangs eine strategische Anpassung, um sich an veränderte Marktbedingungen anzupassen oder neue Möglichkeiten zu erkunden.

Durch das Verständnis der Wandlungsphasen können Unternehmen ihre Handlungen besser ausrichten und Chancen nutzen, um erfolgreich zu sein. Die Fünf Wandlungsphasen bieten eine nützliche Perspektive, um den Lebenszyklus von Produkten und Dienstleistungen zu betrachten und die richtigen Maßnahmen zur Harmonisierung und Optimierung des Unternehmenswachstums zu ergreifen.

Kaufphasen von Kunden

Betrachte das Kaufverhalten deiner Kunden unter dem Gesichtspunkt der Fünf Wandlungsphasen. Interesse (Wasser), Bekannt werden (Holz), Überzeugung (Feuer), Leistungserbringung (Erde) und Bezahlung (Metall). Dein Kundenverhalten ist ein komplexer Prozess, der von verschiedenen Faktoren beeinflusst wird. Eine interessante Perspektive, um dein Kaufverhalten zu betrachten, ist die Anwendung des Konzepts der Fünf Wandlungsphasen – Wasser, Holz, Feuer, Erde und Metall. Jede Phase repräsentiert einen bestimmten Aspekt des Kaufprozesses und liefert Einblicke in die Denkweise und das Verhalten des Kunden. Schauen wir uns doch einmal das Kaufverhalten aus der Perspektive der Fünf Wandlungsphasen an und erkunden die einzelnen Phasen. Indem du die Bedürfnisse deiner Kunden erkennst und gezielt ansprichst, kannst du sie gezielt durch die verschiedenen Phasen des Kaufprozesses führen. Dieser Ansatz hilft dir, den Kaufprozess aus einer ganzheitlichen Perspektive zu betrachten und deine Marketing- und Verkaufsstrategien entsprechend anzupassen.

Bedürfnis erkennen (Wasser)

Diese Phase stellt den Ursprung des Kaufprozesses dar. Wasser symbolisiert das innere Potenzial und den tiefen Wunsch des Kunden. Hier geht es darum, das zugrunde liegende Bedürfnis des Kunden zu erkennen und anzusprechen. Indem du auf das innere Bedürfnis deiner Kunden eingehst, legst du den Grundstein für eine tiefe Verbindung zwischen deinem Angebot und ihren Wünschen.

Bekannt werden und Interesse wecken (Holz)

Nachdem das Bedürfnis identifiziert ist, geht es darum, dein Angebot bekannt zu machen und das Interesse potenzieller Kunden zu wecken. Holz symbolisiert Wachstum und Entwicklung. Nutze Marketingaktivitäten, um Aufmerksamkeit zu erregen und zu zeigen, wie dein Produkt oder deine Dienstleistung das Bedürfnis des Kunden erfüllen kann.

Überzeugung (Feuer)

In der Überzeugungsphase kommt es darauf an, den Kunden von den Vorteilen deines Angebots zu überzeugen. Feuer repräsentiert Energie und Dynamik. Hier werden Emotionen und rationale Argumente eingesetzt, um das Interesse der Kunden zu intensivieren, Vertrauen aufzubauen und den Kaufabschluss zu erzielen.

Leistungserbringung (Erde)

Nachdem sich der Kunde für den Kauf entschieden hat, ist es wichtig, das Versprechen deines Produkts oder deiner Dienstleistung zu erfüllen. Erde steht für Nährung und Stabilität. Konzentriere dich auf eine qualitativ hochwertige Leistungserbringung, um die Bedürfnisse und Erwartungen deiner Kunden zu erfüllen.

Bezahlung (Metall)

Diese Phase schließt den Kaufprozess ab. Metall symbolisiert Klarheit und Präzision. Ein reibungsloser Zahlungsprozess und transparente Abwicklung sind entscheidend, um die Kundenzufriedenheit zu sichern.

Indem Unternehmen das Kaufverhalten aus der Perspektive der Fünf Wandlungsphasen betrachten, können sie ihre Marketing- und Verkaufsstrategien gezielter gestalten und die Bedürfnisse ihrer Kunden besser erfüllen. Eine umfassende Berücksichtigung dieser Phasen ermöglicht es Unternehmen, eine langfristige Kundenbindung aufzubauen und den Erfolg ihres Geschäfts zu fördern.

Die Fünf Wandlungsphasen im Tagesablauf

Betrachten wir einmal den Tagesablauf im Unternehmen unter dem Gesichtspunkt der Fünf Wandlungsphasen. Zu welcher Zeit herrscht welche Aktivität vor – welche Schlüsse ziehst du daraus? Der Tagesablauf in einem Unternehmen ist geprägt von verschiedenen Aktivitäten, Meetings, Projekten und Aufgaben. Interessanterweise lässt sich dieser Tagesablauf auch aus der Perspektive der Fünf Wandlungsphasen betrachten. Werfen wir einmal einen Blick auf den typischen Tagesablauf in einem Unternehmen und analysieren, welche Aktivitäten zu welcher Phase gehören und welche Schlüsse daraus gezogen werden können. Darüber hinaus betrachten wir Möglichkeiten, wie die Aktivitäten optimal organisiert werden können, um dem natürlichen Ablauf und den Bedürfnissen der Mitarbeiter im Tagesablauf gerecht werden zu können.

Morgen (Wasser)

Der Morgen symbolisiert die Phase des Wassers, in der Ruhe, Erneuerung und Vorbereitung eine wichtige Rolle spielen. In dieser Phase finden oft Morgenrituale, Teammeetings oder Zeit für Reflexion und Planung statt. Die Mitarbeiter können ihre Energiereserven auftanken und sich auf den bevorstehenden Tag vorbereiten. Es ist wichtig, in dieser Phase genügend Zeit für persönliche Entwicklung, Teambuilding-Aktivitäten oder kreative Denkprozesse einzuplanen.

Vormittag (Holz)

Der Vormittag repräsentiert die Phase des Holzes, die mit Wachstum, Dynamik und Aktivität verbunden ist. In dieser Phase konzentrieren sich die Mitarbeiter auf ihre Projekte, Aufgaben und Deadlines. Teamarbeit, Kommunikation und Innovation stehen im Vordergrund. Meetings zur Planung, Koordination und Abstimmung finden oft in dieser Phase statt. Es ist wichtig, dass genügend Raum für konzentrierte Arbeit, Ideenaustausch und kreative Prozesse geschaffen wird.

Mittag (Feuer)

Das Feuer symbolisiert die Mittagszeit, die Phase der Aktivität, des Austauschs und des sozialen Miteinanders. In dieser Phase finden häufig Teammittagessen, informelle Gespräche oder kurze Pausen statt. Es ist eine Gelegenheit für Mitarbeiter, sich zu vernetzen, Beziehungen aufzubauen und die Gemeinschaft im Unternehmen zu stärken. Das Feuer kann am frühen Nachmittag auch für Präsentationen, Kundengespräche oder andere formelle Aktivitäten genutzt werden, die einen aktiven Austausch erfordern.

Nachmittag (Erde)

Der Nachmittag steht für die Phase der Erde, die mit Stabilität, Produktivität und Organisation in Verbindung gebracht wird. In dieser Phase werden oft konzentrierte Arbeit, Projektfortschritte und Ergebnisorientierung angestrebt. Mitarbeiter können ihre Aufgaben abschließen, Feedback geben oder erhalten und sich auf die Umsetzung von Plänen und Strategien konzentrieren. Effiziente Arbeitsabläufe, klare Kommunikation und Zeitmanagement sind entscheidend, um die Produktivität in dieser Phase zu maximieren.

Abend (Metall)

Die Zeit vor dem Arbeitsende ist die Phase des Metalls, die mit Abschluss, Reflexion und Vorbereitung auf den nächsten Tag verbunden ist. In dieser Phase können Mitarbeiter ihre Arbeit reflektieren, Feedback geben oder dokumentieren und sich auf die Optimierung von Prozessen und Arbeitsabläufen konzentrieren. Es ist auch eine gute Zeit, um To-Do-Listen zu erstellen, Prioritäten zu setzen und den nächsten Tag zu planen. Mitarbeiter können ihre Arbeit abschließen, Dateien organisieren und den Tag mit einem Gefühl der Vollendung beenden. Zudem ist es wichtig, in dieser Phase Raum für Entspannung, Entschleunigung und den Ausgleich von Arbeits- und Privatleben zu schaffen.

Der Tagesablauf in einem Unternehmen kann also auf vielfältige Weise betrachtet werden, und die Einordnung in die Fünf Wandlungsphasen ermöglicht es uns, den natürlichen Rhythmus und die Bedürfnisse der Mitarbeiter besser zu verstehen. Indem Unternehmen den Tagesablauf bewusst in die verschiedenen Phasen strukturieren, können sie den Mitarbeitern helfen, ihre Energie optimal zu nutzen, kreatives Denken zu fördern und ein ausgewogenes Arbeitsumfeld zu schaffen. Eine bewusste Berücksichtigung der Fünf Wandlungsphasen im Tagesablauf kann zu einer verbesserten Arbeitszufriedenheit, Produktivität und Effizienz führen. Unternehmen können flexiblere Arbeitsmodelle, Zeiträume für persönliche Entwicklung und Teambuilding-Aktivitäten implementieren, um den natürlichen Bedürfnissen der Mitarbeiter gerecht zu werden. Indem wir den Tagesablauf im Einklang mit den Fünf Wandlungsphasen organisieren, können wir ein harmonisches Arbeitsumfeld schaffen, das sowohl die individuelle Leistung als auch das Wohlbefinden der Mitarbeiter fördert.

Fünf Wandlungsphasen für Wachstum und Stabilität

Betrachte einmal die Zusammenhänge zwischen Finanzen und Mitteln (Wasser), Entwicklung (Holz), Unternehmensführung (Feuer), Produktion (Erde) und Abschluss (Metall) aus Sicht der Fünf Wandlungsphasen – welche Schlüsse ziehst du daraus? Hier sind einige einfache Vorschläge, wie du die einzelnen Wandlungsphasen stärken kannst.

Wachstum (Holz)
Veranstalte einen Kreativitätsworkshop, in dem du und deine Mitarbeiter Ideen zur Weiterentwicklung des Unternehmens und zur Innovation einbringen. Fördere den Austausch von frischen Perspektiven und ermutige zur kreativen Zusammenarbeit.

Leidenschaft (Feuer)
Gestalte eine Veranstaltung oder ein Meeting, um dein Team zu motivieren und die Leidenschaft für eure gemeinsamen Ziele zu entfachen. Teilt inspirierende Geschichten, gebt Raum für persönliche Erfolge und schafft eine positive Atmosphäre, um das Feuer der Motivation zu entfachen.

Stabilität (Erde)
Analysiere deine Geschäftsprozesse und identifiziere Bereiche, in denen Stabilität und Effizienz verbessert werden können. Entwickle klare Strukturen, Arbeitsabläufe und Kommunikationswege, um die Stabilität und Produktivität in deinem Unternehmen zu fördern.

Klarheit (Metall)
Setze klare Ziele für dein Unternehmen und überprüfe regelmäßig den Fortschritt. Entwickle ein System zur Bewertung und Rückmeldung der erreichten Ziele, um eine klare Ausrichtung und Klarheit in Bezug auf die Unternehmensleistung zu gewährleisten.

Anpassungsfähigkeit (Wasser)
Lade dein Team ein, über mögliche zukünftige Herausforderungen und Veränderungen nachzudenken. Fördere die Offenheit für Veränderungen und die Bereitschaft, sich anzupassen. Identifiziere neue Ansätze, um flexibel auf sich ändernde Marktbedingungen zu reagieren und dein Unternehmen zukunftsfähig zu machen.

Durch diese Übungen kannst du die Prinzipien der Wandlungsphasen Holz, Feuer, Erde, Metall und Wasser in deine Unternehmensführung integrieren und die jeweiligen Qualitäten und Energien fördern, um eine ausgewogene und harmonische Entwicklung deines Unternehmens zu unterstützen.

Die Assoziationen der Wandlungsphasen in der Übersicht

	Wasser	Holz	Feuer	Erde	Metall
Yin/Yang-Zuordnung:	Grosses Yin	Kleines Yang	Grosses Yang	ausgeglichen	Kleines Yin
Planet:	Merkur	Jupiter	Mars	Saturn	Venus
Himmelsrichtung:	Norden	Osten	Süden	Zentrum	Westen
Aktion	Zusammenhalten, bergen, befeuchten, stöhnen, hören	aufsteigen, heben, eindringen	zerstreuen, verteilen, erfreuen	ausgleichen, zentrieren, transportieren, extrahieren	absteigend, absenkend, erwärmend
Jahreszeit	Winter	Frühling	Sommer	Übergangszeiten, Erntezeit	Herbst
Klima	Kälte, Frost, Schnee	Wind, Föhn	Wärme, Hitze	Feuchtigkeit, Regen, Nebel	Trockenheit, Dürre
Tageszeit	21-1 Uhr	3-7 Uhr	9-13 Uhr	1-3 Uhr, 7-9 Uhr, 13-15 Uhr, 19-21 Uhr	15-19 Uhr
Farben	schwarz, mitternachtsblau, purpurrot	dunkelgrün, blau, hellgrün, türkis	violett, lila, rot, orange	braun, gold, gelb	grau, silber, transparent
Organe beim Menschen	Niere, Blase	Leber, Gallenblase	Herz, Kreislauf/Herzbeutel, Dünndarm, Dreifacher Erwärmer	Magen, Milz	Lunge, Dickdarm
Schädigung beim Menschen	zu viel Stehen	zu viel Laufen	zu viel Lesen	zu viel Sitzen	zu viel Liegen
Denken	Metaphorisches Denken, methodisch, pragmatisch, sichtbar machen, in die Tiefe gehen	Hypothese, Vermutung, Annahme, anschauliches Denken, Bildersprache, Fragen nach Motivation, Absicht und Sinn	Denken in Vernetzungen, Assoziatives Denken, Zeitorientiertes Denken, Betrachten von Unterschieden und Gemeinsamkeiten	Analoges Denken, analysierend, ordnend, rationalisierend, strukturierend, irrationale Fragestellungen (Koan)	Symbolisches Denken, denken über Ursache und Wirkung, Konsequenzen bedenken
Emotion	Angst und Schock	Zorn	Freude, Begeisterung	Grübeln und Sorgen	Traurigkeit
Potential	Innere Antrieb, Ausdauer und Willenskraft Zugang zu den eigenen Ressourcen, Kräften und Fähigkeiten Umgang mit Unsicherheit und die Angst überwinden Schöpferkraft entdecken	Wege bahnen, Grenzen überschreiten Dinge in Bewegung bringen und Engagement zeigen Visionen, Pläne und Ziele entwickeln Entfaltung und Kreativität fördern Umgang mit Widerstand	Führung und Überblick bewahren Bewusstsein und Präsenz zeigen Wärme und Lebensfreude aktivieren Motivation und Begeisterung vermitteln Kommunikation nach innen und nach aussen	Zuwendung, Sicherheit und Stabilität geben Gemeinschaft fördern, Harmonie, und Sozialkompetenz zeigen Zusammengehörigkeits- und Wir-Gefühl Fürsorglich sein, helfen und heilen Pragmatisch Handeln	Klarheit, Struktur, Verfeinerung Prozesse optimieren Raum für Neues entstehen lassen Potential sehen und fördern Prioritäten setzen, Unwichtiges loslassen
Unternehmen	Wissens-/Potenzial-Management, IT Finanzbuchhaltung, Controlling, Rechnungswesen	Strategie, Vision, Kreativität Forschung, Entwicklung	Führung Logistik Vertrieb Personalwesen	Produktion, Transformation Einkauf, Lagerung	Recht / Compliance Sicherheit Reinigung, Entsorgung, Recycling

Gnothi sautón – Erkenne dich selbst!

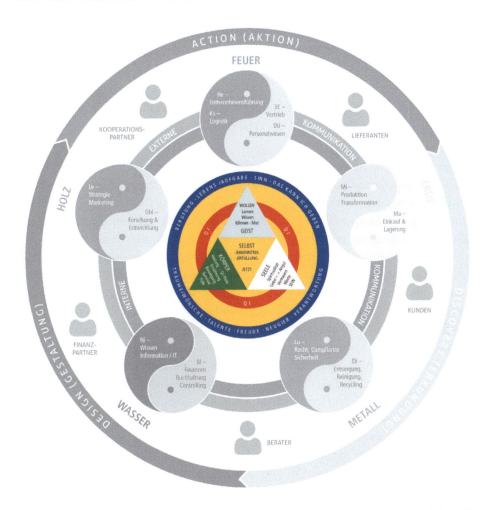

Sich selbst zu erkennen ist eine Forderung, die bereits von den altgriechischen Philosophen erhoben wurde und sich im antiken Denken verankerte. So besagt das „Gnothi sauton" im Größen Alkibiades, einem Platon zugeschriebenen Dialog, dass du dich als das erkennen sollst, was du bist: Eine deinen Körper bewohnende und nutzende unsterbliche, gottähnliche Seele. Doch die Forderung nach der Selbsterkenntnis ist nicht nur philosophischer, sondern auch ganz praktischer Natur, denn im Zentrum deines Unternehmens stehst du mit deiner Persönlichkeit. Je klarer du selbst bist, desto eindeutiger deine Kommunikation und desto größer auch dein Erfolg. Es gilt, deinen inneren Diamanten zu schleifen und dazu steht im Vordergrund die Frage: Wer bin ich? Was macht mich als Person aus?

Ein japanischer Zen-Meister würde über die Frage vielleicht lauthals lachen und sagen, dass die Vorstellung eines eigenständigen „Ich" eine Illusion ist und nur der Verstand diese Illusion hervorbringt. Durch viele Jahre der Meditation und Innenschau und nach dem Lösen paradoxer, scheinbar unlösbarer Rätsel, der Koans, hat er vielleicht die wahre Natur des Selbst erfahren.

> »Erkenne, wer du im Kern deines Wesens bist, und dann werde es.«
> Pindaros (518 v. Chr- 445 n. Chr), griechischer Dichter

Doch wenn das „Ich" im tieferen Sinne womöglich eine Illusion ist, so sind wir doch mit dieser Illusion ins Leben gestellt und haben die Aufgabe, es zu gestalten. Das erfordert, sich selbst in der Tiefe zu erkennen, um so eine Orientierung für sein Handeln und seine Entscheidungen zu haben und vielleicht am Ende des Lebens sagen zu können, dass es geglückt ist und es sinnvoll, produktiv und reich an Erfahrungen war. Seinem wahren Selbst zu entsprechen, bedeutet authentisch zu sein. Alles dafür zu tun, dass sich Handeln, Wahrnehmung und wahres Sein in Übereinstimmung befinden und nicht wie Wetterfähnchen vor allem durch externe Einflüsse bestimmt werden. Was ist aber unser Wesen, was der Kern unserer Existenz und welche Möglichkeiten haben wir, das herauszufinden? Einfach ist das nicht, denn unsere Wahrnehmung wird beeinflusst durch Muster, Gedanken und all die Einstellungen und Vorstellungen, die wir im Laufe unseres Lebens angesammelt haben. Manche sind uns bewusst, doch viele sind uns so zur Gewohnheit geworden, dass wir sie nicht mehr hinterfragen und sie uns automatisch re-agieren lassen. Wie wirkt sich das aus? Es ist z.B. so, dass man in der Regel nur das richtig wahrnimmt, was man sucht oder für das man sich gerade interessiert. Für alles Andere scheint man blind zu sein. Wer sich gerade für ein Auto einer bestimmten Marke interessiert, wird feststellen, dass es auf einmal von diesen Fahrzeugen nur so wimmelt. Man erlebt nur das, worauf man seine Aufmerksamkeit richtet. Und das, worauf man seine Aufmerksamkeit konzentriert, erhält Kraft und Einfluss auf unser Leben.

> »Wer andere kennt, ist klug.
> Wer sich selber kennt, ist erleuchtet.«
> Laotse – Dao-de-dsching, Übersetzung Victor von Strauss, 1870

Der Verstand ist ein guter Diener, aber ein ziemlich schlechter Herr. Unser Gehirn kümmert sich wenig darum, ob etwas Realität oder Einbildung ist. Daher muss unser höheres oder wahres Selbst, diese Aufgabe übernehmen. Doch wie erkennst du dich selbst, wenn dein Verstand so wenig vertrauenswürdig ist? Wie überprüft man sein Eigenbild?

Es gibt einige Werkzeuge dazu. Verschiedene psychologische Testverfahren versuchen mit geschickt gestellten Fragen hinter die Fassade zu schauen und daraus ein möglichst objektives Persönlichkeitsprofil zu zeichnen. Probiere einige aus und schau dir die Ergebnisse an. Aber tappe nicht in die Falle zu glauben, dass das, was da als Ergebnis herauskommt, nun das unabänderliche Ergebnis ist. Nimm die Auswertungen nicht allzu ernst, sondern sieh sie als erste Hinweise an. Viel wichtiger ist, dass du selbst dich in den Ergebnissen wiedererkennst und so ein Puzzleteil auf dem Weg zu einem möglichst vollständigen Bild der Selbsterkenntnis gewinnst.

Zum Gesamtbild gehören:
- Dein **Wertesystem,**
- Deine **Bedürfnisse,**
- Deine sich daraus ergebenden **Ansichten** und **Einstellungen,**
- die dazu führen, dass du bestimmte **Prioritäten** setzt,
- was zu bestimmten **Verhaltens- und Handlungsweisen,**
- einer bestimmten Art der **Kommunikation**
- und auch zu einer bestimmten körperlichen **Gesamtausstrahlung** führt.

Welche Wege und Methoden gibt es also, sich selbst besser kennenzulernen? Einige möchte ich dir auf den folgenden Seiten kurz vorstellen. Am besten legst du dir ein Notizbuch an und schreibst da deine jeweiligen Erkenntnisse hinein.

»*Alles, was uns an anderen irritiert, kann uns zu einem Verständnis über uns selbst führen.*« Carl Jung

Big Five Persönlichkeitstest

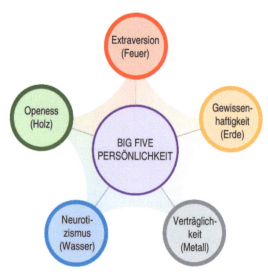

Der von Dr. Lars Satow entwickelte Persönlichkeitstest ist ein psychologischer Test, der zur Messung der fünf Hauptdimensionen der menschlichen Persönlichkeit verwendet wird. Er ist einer der am häufigsten eingesetzten psychologischen Persönlichkeitstests. Er kann für nichtkommerzielle Forschungszwecke und für Unterrichtszwecke kostenlos verwendet werden. In seiner aktuellen Version misst der Big-Five-Test die fünf Persönlichkeitsdimensionen Neurotizismus, Offenheit, Extraversion, Gewissenhaftigkeit und Verträglichkeit – und zusätzlich die drei Grundmotive „Bedürfnis nach Anerkennung und Leistung", „Bedürfnis nach Einfluss und Macht" und „Bedürfnis nach Sicherheit und Ruhe". Der Test wird oft in der psychologischen Forschung, in der Personalentwicklung und auch im Bereich der Partnerschaftsvermittlung eingesetzt. Eine Alternative zu den Big Five ist das HEXACO-Modell bei dem noch der Faktor „Ehrlichkeit-Bescheidenheit" hinzugefügt wird, der bei den Big Five unter „Verträglichkeit" gemessen wird.

Persönlichkeitsdimension	Entsprechung bei den 5 Wandlungsphasen etwa
Neurotizismus	Wasser – (z.B. Willenskraft, Motivation)
Offenheit	Holz – (z.B. Pioniergeist, Engagement)
Extraversion	Feuer – (z.B. Führungskraft, Begeisterung)
Gewissenhaftigkeit	Erde – (z.B. Pragmatismus, Stabilität)
Verträglichkeit	Metall – (z.B. Klarheit, Nicht-Bewertung)

Online findet man den Test derzeit hier: www.typentest.de

Enneagramm

Das Enneagramm (griechisch: ennea = neun; gramma = Buchstabe, Punkt) ist ein uraltes spirituelles und psychologisches System, das neun verschiedene Persönlichkeitstypen beschreibt. Diese neun Typen werden auf einem Kreis dargestellt, der in neun Punkte unterteilt ist. Jeder Punkt repräsentiert einen einzigartigen Persönlichkeitstyp mit spezifischen Eigenschaften, Motivationen, Ängsten und Verhaltensweisen. Durch die Erkenntnis, wie sich die Grundmuster in positiven wie negativen Situationen verändern, zeigt es zugleich Möglichkeiten zur persönlichen Weiterentwicklung auf. Die genauen Ursprünge des Enneagramms sind nicht eindeutig. Es gibt Hinweise darauf, dass es in verschiedenen Formen und Traditionen seit der Antike existiert, von den Sufis im Mittleren Osten bis zu den Wüstenvätern im frühen Christentum. Im 20. Jahrhundert wurde es durch den bolivianischen Psychologen Oscar Ichazo und den chilenischen Psychiater Claudio Naranjo in den Westen gebracht und weiterentwickelt.

Nach dem Enneagramm hat jedes Persönlichkeitsmuster eine bestimmte Sicht auf die Welt und betrachtet sie durch seinen Filter. So lässt sich erklären, warum sich Menschen auf eine bestimmte Weise verhalten. Diese Persönlichkeitsmuster werden oft als Zahlen 1 bis 9 dargestellt. Das Enneagramm ist ein sehr tiefgründiges und vielschichtiges Modell, das Menschen helfen kann, sich selbst besser zu verstehen und ihre Beziehungen zu anderen zu verbessern. Es wird oft in der Psychologie, Spiritualität und Personalentwicklung eingesetzt. Nach der Enneagramm-Typologie verfügt jede Person über drei Intelligenzzentren: Kopf (Verstand, Ratio), Herz (Emotionen) und Bauch (Instinkt).

Die neun Typen des Enneagramms repräsentieren ein breites Spektrum an menschlichen Persönlichkeiten, wobei jeder Typ seine eigenen charakteristischen Merkmale, Stärken und Herausforderungen aufweist. Durch die tiefe Analyse der Persönlichkeitstypen kann das Enneagramm Menschen helfen, nicht nur sich selbst besser zu verstehen, sondern auch ihre Beziehungen zu anderen zu verbessern, indem es Einblicke in die unterschiedlichen Sichtweisen und Verhaltensweisen bietet, die durch die individuellen Persönlichkeitsmuster geprägt sind. Das Enneagramm dient somit nicht nur als Werkzeug zur Selbstreflexion, sondern auch als Leitfaden für persönliches Wachstum und Transformation. Durch die Integration der drei Intelligenzzentren können Menschen ein ausgewogeneres und erfüllteres Leben führen, indem sie ihre Fähigkeiten nutzen, um besser mit den Herausforderungen des Alltags umzugehen und ihr volles Potenzial zu entfalten.

1. Der Perfektionist / Reformer
Strebend nach Integrität und Verbesserung, zeichnen sich Perfektionisten durch ihr Verlangen nach Ordnung, Perfektion und hohen ethischen Standards aus. Sie sind oft gewissenhaft und verantwortungsbewusst, können aber auch kritisch und perfektionistisch gegenüber sich selbst und anderen sein.

2. Der Helfer / Geber

Helfer sind fürsorglich, empathisch und großzügig, immer bestrebt, die Bedürfnisse anderer zu erfüllen. Sie neigen dazu, Beziehungen zu priorisieren, können aber auch Schwierigkeiten haben, ihre eigenen Bedürfnisse anzuerkennen und neigen zu Abhängigkeit.

3. Der Erfolgreiche / Macher

Erfolgreiche sind anpassungsfähig, effizient und zielstrebig. Sie streben nach Erfolg und Anerkennung und sind sehr leistungsorientiert, laufen jedoch Gefahr, ihr wahres Selbst für das Image zu opfern, das sie präsentieren wollen.

4. Der Romantiker / Künstler / Individualist

Individualisten sind kreativ, sensibel und einzigartig. Sie suchen Tiefe und Authentizität in ihren persönlichen Ausdrucksformen und Beziehungen, fühlen sich aber oft missverstanden und neigen zur Melancholie.

5. Der Beobachter / Denker

Beobachter sind introspektiv, neugierig und analytisch. Sie schätzen Wissen und Unabhängigkeit, tendieren jedoch dazu, sich von emotionalen und sozialen Engagements zurückzuziehen, um ihre Privatsphäre und Autonomie zu schützen.

6. Der Ängstliche / Skeptiker / Loyalist

Loyalisten sind verantwortungsbewusst, zuverlässig und sicherheitsbewusst. Sie suchen nach Stabilität und Loyalität, aber ihre Sorge um Sicherheit kann in Angst und Zweifel umschlagen.

7. Der Optimist / Hedonist / Enthusiast

Enthusiasten sind vielseitig, optimistisch und spontan, immer auf der Suche nach neuen Erfahrungen und Vergnügen. Sie meiden Schmerz und Unbehagen, was dazu führen kann, dass sie sich verzetteln und Verpflichtungen vermeiden.

8. Der Boss / Herausforderer / Führer

Herausforderer sind selbstbewusst, stark und entschlossen, ihre Umwelt zu kontrollieren und zu schützen. Sie sind direkte und dominante Persönlichkeiten, können aber auch einschüchternd wirken und Konflikte provozieren.

9. Der Vermittelnde / Friedensstifter

Friedensstifter sind geduldig, freundlich und unterstützend, bemüht, Harmonie und Frieden zu bewahren. Sie neigen dazu, Konflikte und unangenehme Situationen zu vermeiden, was dazu führen kann, dass sie eigene Bedürfnisse unterdrücken und Schwierigkeiten haben, Entscheidungen zu treffen.

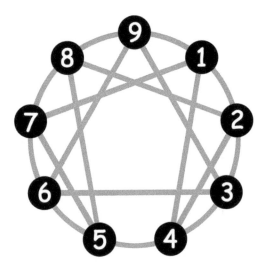

Jeder Typ hat einzigartige Pfade für persönliches Wachstum und Herausforderungen, die überwunden werden können, um ein ausgeglicheneres und erfüllteres Leben zu führen.

Indem man seinen Typ im Enneagramm erkennt, kann man seine tiefsten Wünsche, Ängste und Motivationen besser verstehen. Dieses Wissen kann dazu beitragen, selbstauferlegte Grenzen zu überwinden, zwischenmenschliche Beziehungen zu verbessern und ein erfüllteres Leben zu führen. Das Enneagramm wird sowohl in therapeutischen als auch in spirituellen Kontexten eingesetzt und hat sich als nützlich für Einzelpersonen und Gruppen erwiesen, einschließlich Paaren, Teams und Organisationen.

Es existiert derzeit kein allgemein anerkannter Enneagramm-Test, aber es gibt viele Online-Enneagramm-Tests, die kostenlos (z.B. www.bioenergetisch.ch/Test/enneagramm.php) oder gegen eine Gebühr angeboten werden. Diese Tests können dir helfen, deinen Enneagramm-Typ zu identifizieren und mehr über deine Persönlichkeit und Verhaltensmuster zu erfahren. Einige der bekanntesten Tests sind der „Eclectic Energies Enneagram Test", der „Enneagram Institute RHETI Test" und der „Truity Enneagram Test". Es ist jedoch wichtig zu beachten, dass diese Tests nur als ergänzendes Werkzeug der Selbsterkenntnis dienen sollten. Wer tiefer einsteigen will, kann umfassende Enneagramm-Analyse von einem qualifizierten Enneagramm-Coach oder -Therapeuten machen lassen.

Das Enneagramm kann im Unternehmenskontext in vielfacher Weise genutzt werden, um sowohl individuelle als auch kollektive Entwicklungsprozesse zu unterstützen. Hier sind einige mögliche Anwendungen:

- *Teamentwicklung:* Das Verstehen der Enneagramm-Typen innerhalb eines Teams kann helfen, Kommunikationsbarrieren abzubauen, das Verständnis füreinander zu vertiefen und einen effektiveren Arbeitsfluss zu fördern. Es kann auch helfen, Konflikte zu minimieren und, wenn sie auftreten, sie produktiver zu bewältigen.

- *Führungskräfte-Coaching:* Führungskräfte können das Enneagramm nutzen, um ihre eigenen Stärken und Schwächen besser zu verstehen. Dies kann ihnen helfen, authentischer zu führen, ihre Interaktionen mit anderen zu verbessern und effektivere Strategien für das Management ihrer Teams zu entwickeln.
- *Persönliche und berufliche Entwicklung:* Indem Mitarbeiter ihre Enneagramm-Typen erkennen, können sie spezifische Bereiche der persönlichen und beruflichen Entwicklung identifizieren. Dies kann in der Ausarbeitung individueller Entwicklungspläne oder in Trainings- und Weiterbildungsprogrammen nützlich sein.
- *Konfliktlösung:* Das Enneagramm kann helfen, die Wurzeln von Konflikten aufzudecken, indem es die Motivationen und Ängste der beteiligten Personen beleuchtet. Mit diesem Verständnis können Mediatoren oder Manager effektivere Lösungen und Kompromisse finden.
- *Rekrutierung und Onboarding:* Obwohl das Enneagramm nicht unbedingt als primäres Auswahlwerkzeug verwendet werden sollte, kann es dennoch wertvolle Einblicke in die Art und Weise bieten, wie ein Kandidat oder neuer Mitarbeiter in einem Team arbeiten könnte. Es kann auch helfen, die Integration und das Onboarding neuer Mitarbeiter zu erleichtern.
- *Organisationskultur und Werte:* Das Enneagramm kann dazu beitragen, die vorherrschenden Typen und damit verbundenen Werte und Verhaltensweisen innerhalb einer Organisation zu erkennen. Dies kann wertvolle Einblicke in die Organisationskultur bieten und mögliche Bereiche für Veränderungen oder Verbesserungen aufzeigen.

Das Enneagramm sollte auf jeden Fall mit Sensibilität und Ethik verwendet werden. Die Typisierung von Mitarbeitern muss freiwillig sein, und es sollte darauf geachtet werden, dass das System nicht stigmatisiert oder Menschen in Schubladen steckt. Ein angemessenes Training und Verständnis des Enneagramms sind entscheidend, um seine volle Kraft im Unternehmenskontext zu nutzen.

HBDI® – Wie bunt ist dein Denken?

Das Herrmann Brain Dominance Instrument (HBDI®) lernte ich über einen langjährigen Kunden, den Münchner Steuerberater und Wirtschaftsprüfer Hans-Georg Geist kennen, der vor Jahren die Rechte für Deutschland erwarb. Es ist ein Instrument zur Messung der individuellen Denkpräferenzen und -stile und wurde von Ned Herrmann, dem ehemaligen Leiter der Manager-Ausbildung von General Electric, entwickelt. Es basiert auf der Theorie, dass das menschliche Gehirn in vier Hauptbereiche unterteilt werden kann: den analytischen Bereich, den praktischen Bereich, den zwischenmenschlichen Bereich und den experimentellen Bereich. Mit einer Reihe von Fragen werden die individuellen Denkstile und -präferenzen einer Person ermittelt. Es kann verwendet werden, um Teams zusammenzustellen, um die Kommunikation und Zusammenarbeit zwischen den Mitgliedern zu verbessern, sowie um individuelle Fähigkeiten und Stärken zu identifizieren. Das HBDI® wird auch oft im Coaching und in der Organisationsentwicklung eingesetzt.

Wertvoll ist das HBDI®-Profil und das von diesem Konzept abgeleitete „Whole Brain Thinking®" insbesondere für die Kommunikation im Unternehmen. Führt man z.B. die Einzelprofile eines Teams zu einem Teamprofil zusammen und bespricht das Ergebnis wertneutral, so liegt eine große Chance darin, die Verschiedenheit der Personen und ihren individuellen Beitrag zu einem kompletten funktionsfähigen Ganzen zu erkennen und schätzen zu lernen. Das Modell wird bei Unternehmen wie Bayer, BMW, IBM, Johnson & Johnson, Siemens und Swisscom bereits seit Jahren erfolgreich eingesetzt.

Ned Herrmann entwickelte auf Grundlage seiner Forschung einen sehr umfassenden Fragebogen, mit dem man die Dominanz der Denkstile der Teilnehmer messen kann und stellte die Ergebnisse dann anschaulich in vier Quadranten dar.
Die Denkstile werden dazu vier unterschiedlichen Gehirnregionen zugeordnet:
- die linke zerebrale Hemisphäre
- sequentiell, ordentlich, Zahlen, Daten, Fakten
- die rechte Hemisphäre: parallel, chaotisch, Bilder
- cerebral (denken), also den Bereich des Neocortex
- limbisch (fühlen), also in das „Reptiliengehirn"

Nach Herrmann bevorzugt jeder Mensch diese vier Denkstile in unterschiedlicher Weise. Je nachdem, welcher Denkstil überwiegt, passt man zu einer oder mehreren der vier Gruppen, die auch unterschiedliches intro- bzw. extravertiertes Verhalten zeigen:

A
Das vorwiegend rationale Ich – Der „Analytiker"
Introvertiert: ruhig, ernsthaft, konzentriert
Extravertiert: debattierend, bohrend, der Sache auf den Grund gehend

B
Das vorwiegend sicherheitsbedürftige Ich – Der „Organisator"
Introvertiert: kontrolliert, bleibt gern für sich allein
Extravertiert: dominant, organisiert Menschen und Ereignisse
C
Das vorwiegend fühlende Ich – Der „Emotionale"
Introvertiert: drückt sich nonverbal aus, ist mitmenschlich orientiert auf stille Art
Extravertiert: gesprächig, vereint, teilt sich anderen mit
D
Das vorwiegend experimentelle Ich – Der „Visionär"
Introvertiert: „Weggetreten", lebt in seiner eigenen Welt
Extravertiert: experimentiert, sprudelt vor Ideen

Das HBDI® beruht darauf, dass der Fragebogen von den Teilnehmern selbst ausgefüllt wird, rein auf deren Selbsteinschätzung, was sowohl Vor- als auch Nachteile mit sich bringt. Hier sind einige Überlegungen zu den beiden Seiten dieses Ansatzes:

Vorteile der Selbsteinschätzung im HBDI®
Da die Einschätzung auf den eigenen Wahrnehmungen und Gedanken basiert, können sich die meisten Menschen leichter mit den Ergebnissen identifizieren. Das kann dazu führen, dass die Ergebnisse eher akzeptiert und in die Praxis umgesetzt werden.

Die Selbsteinschätzung eliminiert die Möglichkeit, dass die Einschätzung von den Vorurteilen oder Missverständnissen anderer Personen beeinflusst wird. Das Ausfüllen des Fragebogens kann für den Einzelnen auch eine Gelegenheit zur Selbstreflexion sein. Dies kann wertvolle Einsichten in das eigene Verhalten und die eigenen Denkmuster bieten.

Menschen können sich oft am besten einschätzen, wenn sie ihre eigenen Erfahrungen, Gefühle und Denkmuster berücksichtigen. Das macht die Selbsteinschätzung in vielen Fällen genauer als externe Bewertungen.

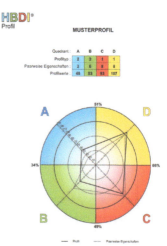

Nachteile der Selbsteinschätzung im HBDI®
Menschen neigen dazu, sich selbst in einem positiveren Licht zu sehen oder ihre Schwächen nicht vollständig zu erkennen. Dies könnte zu einer Verzerrung der Ergebnisse führen.

Während die Selbsteinschätzung interne Wahrnehmungen und Gefühle berücksichtigt, fehlt die Perspektive von Kollegen, Vorgesetzten oder anderen Personen, die einen anderen Blickwinkel bieten könnten.

Die Selbsteinschätzung kann durch temporäre Gefühle, Stimmungen oder Ereignisse beeinflusst werden, die möglicherweise nicht repräsentativ für das übliche Denken oder Verhalten der Person sind.

Manchmal sind Menschen sich bestimmter Verhaltensweisen oder Denkmuster nicht bewusst, bis sie von anderen darauf hingewiesen werden.

Wenn du das HBDI® einsetzt, solltest du sowohl die Stärken als auch die Grenzen dieses Ansatzes erkennen und gegebenenfalls ergänzende Bewertungen oder Feedbackmechanismen in Betracht ziehen, um ein vollständigeres Profil zu erhalten. Aufgrund der Vielzahl der bisher bereits ausgewerteten Fragebögen, ist das Analyseinstrument aus meiner Sicht allerdings sehr hilfreich, um gerade die generelle berufliche Ausrichtung zu prüfen.

In Deutschland kann man die (kostenpflichtige) Auswertung bei Herrmann International Deutschland (www.hbdi.de) oder einem der zertifizierten Trainer bestellen. Man beantwortet online einen Fragebogen und erhält kurz darauf die Auswertung. Die Interpretation übernehmen auf Wunsch ebenfalls zertifizierte Trainer.

Im Grunde ist das HBDI®, wie auch das DISG®-Modell nach William Marston, verwandt mit traditionellen 4-Elemente-Modellen, etwa nach Empedokles (495–435 v. Chr.), Hippokrates (ca. 460-370 v. Chr.) und Galen (2. Jh. n. Chr.). Das erkennt man recht schnell, wenn man sich die Zuordnungen genauer ansieht. Es sind im HBDI®-Schaubild lediglich die Seiten „vertauscht".

HBDI®-Modell	Denkstil A	Denkstil B	Denkstil C	Denkstil D
	Analytiker	Organisator	Emotionaler	Visionär
	Fakten	Prozesse	Beziehungen	Ideen
DISG®	stetig (S)	gewissenhaft (G)	dominant (D)	initiativ (I)
4-Elemente-Lehre	Wasser	Erde	Feuer	Luft
	Norden	Westen	Süden	Osten
	Phlegmatiker	Melancholiker	Choleriker	Sanguiniker
	Wissen	Tun	Fühlen	Träumen
	Verantwortung	Verlässlichkeit	Initiative	Vorstellungskraft

Das menschliche Gehirn ist komplex und facettenreich, und genau diese Vielfalt spiegelt sich auch in unserer Arbeitswelt wider. Viele Unternehmen sind auf der Suche nach innovativen Wegen, um die Produktivität und Zusammenarbeit in ihren Teams zu steigern. Ein Ansatz hierfür ist das Herrmann Brain Dominance Instrument (HBDI®). Das Potenzial dieses Instruments zeigt sich besonders deutlich, wenn man die Einzelprofile eines Teams zu einem Gesamtprofil zusammenführt. Diese kollektive Betrachtung kann dazu beitragen, die Vielfalt und Einzigartigkeit jedes Teammitglieds zu schätzen und das Verständnis innerhalb des Teams zu vertiefen. Es hilft auch, die Kommunikation und Zusammenarbeit innerhalb des Teams zu optimieren. Ein Hauptvorteil des HBDI® besteht darin, dass es die Vielfalt der Denkstile hervorhebt und diese als Stärke betrachtet. Teams können durch das Modell lernen, Unterschiede nicht als Schwäche, sondern als Chance zu sehen. Dies kann dazu beitragen, Konflikte zu minimieren und eine stärkere und produktivere Teamdynamik zu schaffen. Ein weiterer Nutzen liegt in der Selbstreflexion. Da das HBDI® auf der Selbsteinschätzung basiert, bietet es den Teilnehmern die Möglichkeit, sich selbst besser zu verstehen und ihre Stärken und Schwächen zu erkennen. Das Herrmann Brain Dominance Instrument bietet sowohl Teams als auch Einzelpersonen eine tiefere Einsicht in ihre eigenen Denkpräferenzen und wie diese die Zusammenarbeit beeinflussen können. Unternehmen, die das HBDI® nutzen, haben die Möglichkeit, ihre Teams effizienter zu gestalten, die Kommunikation zu verbessern und letztlich eine positivere Arbeitsatmosphäre zu schaffen.

Klausur zur Selbsterkenntnis

Doch es gibt noch andere Wege, sich besser zu erkennen. So zum Beispiel gab es viele Jahre lang die 5-tägige Klausur zum Thema „Beruf, Berufung, Lebenserfüllung" vom Münchner Coach und Lebensberater Bernhard Langwald (www.langwald.com), in der man den verschiedenen Aspekten seiner Persönlichkeit nachspürt, bis man zu einer recht konkreten Aussage in den einzelnen Lebensbereichen und zur schriftlichen Fixierung eines Projektes kommt. Ein vergleichbares Angebot konnte ich bislang nicht finden.

Vier Ebenen von Erfahrung wurden in dieser Klausur miteinander vernetzt: persönlicher Lebenssinn, emotionaler Antrieb, analytischer Verstand und der Wille zu handeln. Als Methoden kamen unter anderem Tiefenentspannung, geführte Innenschau, schriftliche Übungen zur Fokussierung, Impulsreferate, Einzelunterstützung, Kleingruppenarbeit, Körperübungen, Zeremonien und Zeiten der Stille zum Einsatz.

Im aktuellen Seminar „Auf der Spur zum Wesentlichen" von Bernhard Langwald, lädt er insbesondere ehemalige Teilnehmer seiner früheren Klausuren zur Reflexion darüber ein, wie sie Lebenserfüllung in beruflichen und weiteren Lebensbereichen fördern oder behindern können, und rundet damit seine beeindruckende, über 40 Jahre währende Seminartätigkeit ab.

Kloster auf Zeit

Ein anderer Ansatz mag sein, sich auf Zeit in ein Kloster zu begeben, um dort zur Ruhe und in Einklang mit sich zu kommen. Exerzitien, Einzelretreats oder Einkehrtage – sind Bezeichnungen für solche Zeiten, in denen sich Einzelne oder Gruppen intensiv der Besinnung und ihrer Spiritualität widmen. Viele Klöster bieten Exerzitien, den zeitweisen Aufenthalt oder einfach nur das Mitleben in ihrer Gemeinschaft an. Ein Aufenthalt in einem Kloster auf Zeit kann viele Vorteile bieten, wie zum Beispiel:

Das Klosterleben bietet dir oft eine ruhige und friedliche Umgebung, die es dir ermöglicht, dich zu entspannen und den Stress des Alltags hinter dir zu lassen. Viele Klöster lehren spirituelle Praktiken wie Meditation, Yoga, Gebet und Reflexion. Durch diese Praktiken kannst du deine spirituelle Seite stärken und eine tiefere Verbindung zu dir selbst und deinem Glauben finden.

Einige Klöster bieten die Möglichkeit, Teil ihrer Gemeinschaft zu sein und mit anderen Menschen zu interagieren. Dies kann dazu beitragen, Einsamkeit zu überwinden und neue Freundschaften zu schließen. Ein Aufenthalt in einem Kloster kann auch dazu beitragen, deine Persönlichkeit zu entwickeln und deine Denkweise zu erweitern. Du kannst neue Fähigkeiten erlernen, deine Kreativität fördern und deine geistige und emotionale Gesundheit verbessern.

Ein Kloster kann dir aber auch die Möglichkeit geben, dich zurückzuziehen und dich auf dich selbst zu konzentrieren. Du kannst dir die Zeit geben, um deine Gedanken zu sortieren, deine Ziele zu überdenken und neue Perspektiven zu gewinnen.

Natürlich hängt der Nutzen eines Klosteraufenthalts auch von deinen persönlichen Bedürfnissen und Zielen ab. Wenn du nach einem Ort suchst, um dich zu entspannen, zu meditieren oder einen spirituellen Pfad zu finden, könnte ein Klosteraufenthalt eine großartige Erfahrung für dich sein.

Evangelische Klöster findest du auf der Website www.ekd.de („Kloster auf Zeit"), andere in der Broschüre „Atem holen", die du auf der Website der Deutschen Ordensobernkonferenz (www.orden.de) bestellen kannst. Auch buddhistische Einrichtungen bieten gelegentlich ein Klosterleben auf Zeit an. So das „Wat Puttabenjapon" in Langenselbold (www.wat-p.de). Die Website „Buddhismus in Deutschland" (www.dharma.de) informiert über die verschiedenen buddhistischen Gemeinschaften und deren Angebot. Auch Klöster, die der islamischen Tradition zugehörig sind, gibt es, die einen Aufenthalt auf Zeit anbieten. So das der Ordensgemeinschaft der Mevlevi-Derwische in Trebbus (www.mevlevi.de).

Hier ist eine Liste von Klöstern in Deutschland, die Exerzitien, Einzelretreats oder Einkehrtage anbieten (Quelle: www.klosterportal.org):

- *Haus Delbrêl*, betrieben von den Steyler Missionsschwestern in Frankfurt. Sie bieten eine offene Gemeinschaft für verschiedene soziale und pastorale Projekte an.

- *Geistliches Zentrum San Damiano*, geleitet von den Waldbreitbacher Franziskanerinnen. Das Zentrum wurde speziell für Menschen eingerichtet, die Exerzitien machen möchten oder einfach nur zur Ruhe kommen wollen.

- *Franziskaner-Minoritenkloster Schwarzenberg*, welches Angebote zur franziskanischen Spiritualität, biblischen Kursen und Fastenseminaren anbietet. Sie bieten auch Orientierungstage für Schulklassen und Jugendgruppen an.

- *Pallottinische Exerzitien*, die kontemplative Exerzitien mit Impulsen aus der Spiritualität Vinzenz Pallottis anbieten. Sie bieten auch christliche Meditation, geistliche Impulse und Gebetszeiten an.

- *Exerzitienhaus der Immakulataschwestern vom Seraphischen Apostolat*, welches Exerzitien und Besinnungstage anbietet, um Menschen Raum und Zeit zu bieten, um sich über ihre persönliche Verbundenheit mit Gott klar zu werden.

- *Exerzitienhaus Maria-Hilf in Cham*, welches Angebote für Jugendliche, Erwachsene und Senioren bereitstellt, um zur Ruhe zu kommen, geistliche Impulse zu erhalten und neue Wege zu finden.

- *Benediktinerinnenabtei Kloster Engelthal*, die zur Teilnahme an ihren Exerzitien- und Kontemplationskursen einlädt. Ein wesentliches Element dieser Angebote ist durchgehendes Schweigen.

- Die *Zukunftswerkstatt SJ* ist ein konfessionsübergreifendes Angebot der Jesuiten in Deutschland, das sich auf die persönliche und spirituelle Entwicklung von Männern und Frauen im Alter von 17 bis 30 Jahren konzentriert, die ihre Berufung und ihren Platz im Leben suchen, und bietet ihnen Unterstützung und Werkzeuge auf Basis der christlich-ignatianischen Spiritualität

Bitte beachte, dass die spezifischen Angebote und Verfügbarkeiten von Exerzitien und Retreats von der jeweiligen Ordensgemeinschaft und den aktuellen Umständen abhängen können. Es ist ratsam, die jeweiligen Klöster oder Organisationen direkt zu kontaktieren, um genaue und aktuelle Informationen zu erhalten.

Vision Quest – die Visionssuche

Es gibt viele verschiedene Initiationsrituale in indigenen Kulturen auf der ganzen Welt, die oft auf die Übergangsphasen im Leben, wie z.B. die Pubertät, die Ehe oder den Tod, ausgerichtet sind. Hier sind einige Beispiele:

Beschneidungsrituale werden in vielen afrikanischen, australischen und südamerikanischen Kulturen praktiziert. Sie beinhalten die Beschneidung von jungen Männern, um sie in die Erwachsenenwelt einzuführen. In Deutschland ist die Beschneidung aus religiösen Gründen strafbar. Besonders grausam ist die teilweise praktizierte weibliche Genitalverstümmelung.

Tätowierungen und Körperbemalung: Dies sind Initiationsrituale, die in vielen Kulturen auf der ganzen Welt praktiziert werden. Sie können verwendet werden, um eine Person als Mitglied einer bestimmten Gruppe oder Gemeinschaft zu markieren oder um bestimmte spirituelle oder kulturelle Bedeutungen auszudrücken. Heute lassen sich Menschen vor allem tätowieren, um ihre Individualität und Einzigartigkeit zum Ausdruck zu bringen.

Schwitzhüttenzeremonie: Ein Ritual, das von vielen nordamerikanischen indianischen Völkern bis heute praktiziert wird und auch bei uns zahlreiche Anhänger hat. Eine Kuppel aus Weidengeflecht wird lichtdicht bedeckt. In der Mitte der Kuppel, in einem Erdloch, sorgen im Feuer erhitzte, glühend heiße Steine für hohe Temperaturen. Die Teilnehmer gehen unbekleidet in die Schwitzhütte. Eine erfahrene Person leitet das Ritual und der Feuerverantwortliche kümmert sich um das Feuer und legt immer wieder neue glühende Steine nach, um das Schwitzen und die spirituelle Reinigung zu fördern. Einfühlsame Schwitzhüttenerfahrungen bietet beispielsweise Arthur Dorsch an (innernature.de).

Dies sind nur drei Beispiele. Es gibt noch viele andere Initiationsrituale, die je nach Kultur und Region ganz unterschiedlich sein können.

Ein intensiver Weg zur Selbsterkenntnis ist die Visionssuche (Vision Quest). Ein Ritual, das von vielen indigenen Völkern praktiziert wird. Es beinhaltet normalerweise eine Zeit des Fastens und der Isolation in der Wildnis, um eine Vision oder einen Traum zu empfangen, der einem helfen kann, seinen Lebensweg zu finden. Es handelt sich um ein Übergangsritual, dem sich in vielen Kulturen meist junge Männer unterziehen und das den Abschied von der Kindheit markiert. Von Erwachsenen werden Visionssuchen auch unternommen, um Heilung für sich oder andere zu erwirken, Lösungen für eine persönliche Frage oder ein Problem zu finden oder auch, um einen Lebensabschnitt zu beenden oder zu beginnen.

Da in unserer westlichen Gesellschaft Visionssuchen nicht mehr selbstverständlich ins Leben integriert sind, haben sich Angebote entwickelt, die dieses Ritual auf unsere heutige Zeit adaptieren. Dabei werden im besten Fall nicht einfach indigene Rituale nachgestellt, sondern die zentralen, weltweit vorkommenden Elemente herausgearbeitet: So das Fasten, das Alleinsein, das der Wildnis ausgesetzt sein und manchmal auch der Schlafentzug. Der Teilnehmer findet seine Erkenntnisse durch tiefe Innenschau. Er weiht sich demnach selbst ein. Viel diskutiert wird heute das Thema „kulturelle Aneignung". Aber war es nicht schon immer so, dass der Mensch hilfreiches Wissen und kulturelle Elemente übernommen hat? Wie wäre sonst überhaupt eine Entwicklung möglich?

Eine Visionssuche ist jedenfalls eine intensive spirituelle Erfahrung und sollte nicht ohne Vorbereitung und Anleitung durchgeführt werden. Wie läuft eine Visionssuche praktisch ab? Hier sind einige Schritte, die normalerweise durchgeführt werden:

Vorbereitung: Die Vorbereitung kann mehrere Wochen oder sogar Monate dauern. Du kannst dich darauf vorbereiten, indem du fastest, meditierst und deine Absichten für die Visionssuche klärst.

Ankommen am Ort: Es wird ein möglichst ungestörter Ort in der Natur gewählt. Traditionell werden dafür gerne Hügel und Anhöhen ausgesucht. Normalerweise wird die Visionssuche an einem abgelegenen Ort in der Natur durchgeführt. Du solltest dir Zeit nehmen, um den Ort kennenzulernen und dich mit der Natur zu verbinden.

Errichtung eines Schutzraums: Die meisten Vision Quests verwenden einen Schutzraum, wie z.B. eine Hütte oder einen Kreis aus Steinen, um sich vor äußeren Einflüssen zu schützen. Dann beginnt man mit einer Reinigung des Körpers und der Kleidung.

Fasten: Während der Visionssuche, die einige Stunden oder aber auch Tage dauern kann, fastet man und verbringt die Zeit mit Meditation um zu sich zu kommen und seinen Geist zu klären.

Einsamkeit: Eine Visionssuche findet normalerweise in Einsamkeit statt, um eine tiefere Verbindung mit sich selbst und der Natur zu finden. Man achtet auf den Wind, die Tiere, die Pflanzen und die Steine und versucht, sich für Botschaften der Elemente und deren Hinweise und Symbole zu öffnen.

Vision und Rückkehr: Die ersehnte Vision offenbart sich in der Regel erst nach einigen Tagen plötzlich und unerwartet und in individuell unterschiedlicher Form. Während des Vision Quest wird man vielleicht eine Vision oder einen Traum empfangen, der helfen kann, seinen Lebensweg zu finden. Nachdem die Vision erhalten wurde, kehrt man normalerweise zurück in die Gemeinschaft und teilt seine Erfahrung. Wer mit einer Vision heimkehrt, feiert das Ereignis mit seinen Verwandten und Freunden. Die empfangene Vision ist ein Geschenk, das in das Leben integriert werden muss und die Verpflichtung mit sich bringt, auch entsprechend der neuen Einsichten zu handeln.

Eine Visionssuche ist eine sehr intensive Erfahrung und sollte von einem qualifizierten Lehrer oder Führer begleitet werden. Suche bitte nach einem seriösen Begleiter, der dir helfen kann, dich sicher auf diese Erfahrung vorzubereiten und sie durchzuführen. Kontakte für Visionssuchen findest du beispielsweise unter www.visionssuche.net

Jakobsweg

Wer zeitlich flexibel ist und etwa einen Monat Zeit hat, für den kann der Jakobsweg ein guter Weg zur Selbsterkenntnis sein. Der Jakobsweg ist ein alter Pilgerweg, der quer durch ganz Europa zum Grab des Apostels Jakobus im spanischen Santiago de Compostela führt. Im Grunde kannst du dich von jedem beliebigen Ort aus auf Pilgerschaft begeben. Aber wer heute vom „Camino de Santiago" spricht, meint in erster Linie den Camino Francés, die hochmittelalterliche Hauptverkehrsachse Nordspaniens, die von den Pyrenäen zum Jakobsgrab reicht und dabei die Königsstädte Jaca, Pamplona, Estella, Burgos und León miteinander verbindet. Die geschichtsträchtige Route führt durch Nordspanien und ist eng verwoben mit der Geschichte der Tempelritter. Bei ihrer Gründung im Jahr 1118 verpflichteten sich die Ritter des Templerordens in einem Gelübde, Pilger auf ihren Wegen zu schützen. An manchen Etappen des Camino findest du heute noch historische Gebäude, die einmal den Tempelrittern gehört haben.

Mit der Pilgerreise zum Jakobsweg begibst du dich auf eine der legendärsten und spirituellsten Routen der Welt. Diese Reise ist weit mehr als nur ein Wandertrip; sie ist eine innere Reise zur Selbstfindung, die physische Ausdauer ebenso fordert wie sie emotional bereichert. Erwarte beeindruckende Landschaften, die von den grünen Hügeln Galiziens über die kargen Weiten der Meseta bis hin zu den steilen Pässen der Pyrenäen reichen. Jeder Schritt auf diesem Weg bietet dir eine neue Perspektive auf die Schönheit der Natur und lässt dich die Einfachheit des Lebens neu entdecken.

Auf dem Jakobsweg begegnest du Pilgern aus aller Welt, die wie du auf der Suche nach Antworten, Frieden oder einfach nur einem Abenteuer sind. Die Gemeinschaft auf dem Weg ist einzigartig; hier teilt man Essen, Geschichten und Unterstützung auf eine Weise, die du vielleicht noch nie zuvor erlebt hast. Diese Begegnungen sind oft so bereichernd wie die Reise selbst und führen zu langanhaltenden Freundschaften. Unabhängig von deiner religiösen Überzeugung findest du hier einen Raum für Reflexion und Meditation. Die zahlreichen Kirchen, Klöster und heiligen Stätten entlang des Weges bieten Orte der Ruhe und des Gebets. Sie laden dich ein, innezuhalten und über dein Leben, deine Ziele und deine Wünsche nachzudenken.

Du wirst erleben, dass der Jakobsweg dich verändert. Viele berichten von einer tiefgreifenden persönlichen Transformation. Die Kombination aus körperlicher Anstrengung, spiritueller Besinnung und der Gemeinschaft mit anderen schafft eine einzigartige Umgebung für persönliches Wachstum. Du wirst vielleicht mit Fragen aufbrechen, aber du wirst mit neuen Einsichten, Erkenntnissen und einer gestärkten Seele zurückkehren.

Eine Pilgerreise zum Jakobsweg ist eine Einladung, das Leben aus einer neuen Perspektive zu betrachten, sich selbst herauszufordern und über den Horizont hinauszublicken. Es ist eine Reise, die nicht nur deinen Körper, sondern auch deinen Geist und deine Seele nährt.

Jährlich pilgern über 400.000 Menschen auf dem Jakobsweg nach Santiago de Compostela. Sie suchen religiöse, mystische oder auch ganz persönliche Erfahrungen. Hier auf dem Jakobsweg hast du viel Zeit zum Nachdenken. Zeit, dich neu zu sortieren. In den etwa vier Wochen, die du zu Fuß unterwegs bist, verbringst du viel Zeit mit dir allein und kannst deinem wahren Selbst nachspüren. Wenn du Tagebuch führst, wirst du dich später besser an deine Erlebnisse erinnern und dem Geist des Camino auch später wieder nachspüren können. Manches wirst du vielleicht auch erst im Nachhinein richtig einordnen können. Finde deinen eigenen Rhythmus beim Gehen! Gehe nach Möglichkeit alleine. Du wirst sehen, wie angenehm es ist, wenn du dich nicht nach anderen richten musst.

Der Camino ist kein Weg wie jeder andere. Das spürst du sehr schnell. Obwohl es inzwischen so viele sind, werden die Pilger auf dem Camino geschätzt und mit oft guten Wünschen bedacht. Etwa 800 km zu Fuß zu gehen und dabei ein ganzes Land zu durchqueren, mag dir zunächst unglaublich erscheinen, doch du kannst es tatsächlich schaffen. Was du dazu benötigst, sind vor allem Zeit, Willen und Ausdauer, dranzubleiben. Wenn du erst einmal unterwegs bist, wirst du sehr schnell merken, dass es gar nicht so schwer ist. Auf der Karte kannst du täglich deinen Fortschritt auf der Reise verfolgen. Seit dem Mittelalter gingen diesen Weg bereits einige Millionen Menschen. Das verbindet. Dieser Weg, so seltsam es klingt, trägt und unterstützt dich mit seiner Kraft. Und viele traditionelle Kraftorte machen die Pilgerschaft leichter.

Aber du wirst natürlich auch auf Herausforderungen treffen. Sie heißen Regen, Kälte oder Hitze. Oder es sind körperliche Beschwerden, Blasen an den Füßen, Krämpfe in den Beinen. Hunger oder Durst können ebenso quälen wie unangenehme Geister der Vergangenheit. Unerledigte Aufgaben sitzen dir im Genick und fordern Aufmerksamkeit. Aus eigener Erfahrung kann ich dir nur empfehlen, möglichst vorher alles zu erledigen, was dich auf der Pilgerreise ablenken könnte, und dir die Zeit komplett von allen Pflichten freizuhalten. Je leichter auch der seelische Ballast und je weniger erreichbar du bist, desto besser.

Dies ist überhaupt der wohl wertvollste Tipp für den Jakobsweg, den du beachten solltest: Nimm möglichst wenig mit! Ein 10-kg-Rucksack ist das absolute Maximum. Viele Tipps zum leichten Reisen findest du z.B. in „Trekking ultraleicht" von Stefan Dapprich und Stefan Kuhn. Schau dir auf jeden Fall jedes Teil, das du einpacken möchtest, ganz genau an und frage es eindringlich: „Werde ich dich wirklich brauchen?" Und meistens wird es sagen: „Lass mich da." Es gibt auch auf dem Camino alles Notwendige zu kaufen. Auf meiner eigenen Pilgerreise genügte mir ein kleiner Tagesrucksack mit kaum mehr als sechs Kilo Gewicht und er hätte gerne noch leichter sein dürfen. In den Herbergen kannst du problemlos benutzte Kleidung per Hand waschen und über Nacht trocknen.

Als Reiseführer kann ich dir die Outdoor-Wanderführer von Dr. Raimund Joos aus dem Conrad Stein Verlag empfehlen. Gute Tipps für die Ausrüstung findest du zudem auf der Website http://jakobsweg-coaching.de/jakobsweg.

Sorgen um eine Übernachtungsmöglichkeit musst du dir kaum machen. Auf dem Camino ist im Laufe der Jahre ein enges Netz an Herbergen entstanden, die meist etwa 8-10 km voneinander entfernt liegen. In den Herbergen kannst du als Pilger günstig oder gar auf Spendenbasis übernachten. Voraussetzung dafür ist der Pilgerpass. Er weist dich als Pilgerin oder Pilger aus und berechtigt dich dazu, in den Pilgerherbergen nach einem Übernachtungsplatz zu fragen. Bedingung ist, dass du zu Fuß, per Fahrrad oder zu Pferd unterwegs bist. Du erhältst ihn in einer der ersten Herbergen oder bei den deutschen Jakobsgesellschaften (deutsche-jakobus-gesellschaft.de/pilgerausweis). In Santiago kannst du am Ende des Weges im Pilgerbüro gegen Vorweisen des Pilgerpasses die „Compostela" erhalten. Das ist die traditionelle Urkunde, die bestätigt, dass jemand aus religiösen oder spirituellen Motiven („pietatis causa") nach Santiago gepilgert ist.

Als Tagesdistanz sind je nach Kondition und Wetter 20 bis 25 Kilometer empfehlenswert. Meist ging ich ganz in der Früh los und hatte gegen Mittag mein Tagesziel erreicht. Nach den Tagesetappen kann man auch in etwa die Dauer berechnen. Wer den ganzen Camino Francés mit seinen rund 800 Kilometern gehen möchte, startet in Saint-Jean-Pied-de-Port und kommt nach etwa 30 Tagesetappen in Santiago de Compostela an.

Camino-Gepäck

Hier eine Packliste als Anregung: Wähle einen leichten Rucksack mit integriertem Regenschutz und guter Belüftung. Ein ultraleichter Schlafsack mit kleinem Packmaß, geeignet für die Temperaturen, die du erwarten kannst. Eine leichte, aufblasbare Isomatte. Wasserbeutel mit Trinkschlauch für einfacheren Zugang beim Gehen. Ein Regenponcho, der auch den Rucksack abdeckt. Ein Feuerzeug sowie ein Multitool oder ein Schweizer Taschenmesser mit den notwendigsten Funktionen. Gut eingelaufene, leichte Wanderschuhe und ein Paar Sandalen oder Slipper für die Herberge. Wechselunterwäsche, zwei Shirts, eine leichte lange Hose, eine kurze Hose, eine Fleecejacke und eine leichte, wasserdichte Regenjacke. Hut oder Kappe und Sonnencreme. Waschbeutel, Flüssigwaschmittel, ein schnelltrocknendes, ultraleichtes Handtuch. Mehrere wasserdichte Beutel statt eines großen zur Organisation und Trockenhaltung deiner Ausrüstung. Digitalisiere Reiseführer auf einem leichten eBook-Reader oder Smartphone. Hüfttasche für wichtige Dokumente und Geld. Smartphone als Kamera. Notfallapotheke mit Grundausstattung wie Pflaster, eine kleine Tube antiseptischer Creme, Schmerzmittel, ein paar Sicherheitsnadeln und eine Minirolle medizinisches Tape, Zeckenzange und Desinfektionsmittel. Eine Trillerpfeife für Notsignale, Pfefferspray gegen unfreundliche Lebewesen.

Dein Potenzial

Manche Menschen haben es leicht. Sie wissen schon von Kind an, was ihre Berufung ist. Für sie stellt sich allenfalls die Frage: „Wie schaffe ich es, das zu verwirklichen?" Für andere ist allein das Finden der Berufung eine Lebensaufgabe. Die Zahl der Möglichkeiten scheint unendlich. Man kann alles, aber nichts richtig. Man ist ewig auf der Suche nach dem richtigen Betätigungsfeld. Entscheidet sich, begeistert und engagiert sich und bekommt auch positive Rückmeldungen. Und dennoch: Es bleibt irgendwie ein fader Beigeschmack. Das unbestimmte Gefühl: Das ist es noch nicht. Doch keine Sorge. Es gibt auch für Menschen mit einer Vielfalt an Interessen und einer großen Bandbreite an Talenten befriedigende Betätigungsfelder.

Barbara Sher empfiehlt in ihrem Buch „Du musst dich nicht entscheiden, wenn du tausend Träume hast" ein Projektbuch zu führen, in dem man alle Ideen, all die Richtungen, in die es einen zieht, festhält. Mit der Zeit wird sich ein übergeordnetes Berufsbild herauskristallisieren, wenn man sich die Ideen genauer ansieht und kombiniert, die auch für andere Menschen von Nutzen sein könnten. Um unserer Berufung auf die Spur zu kommen, müssen wir die Spreu vom Weizen trennen. Also auf der einen Seite das, was wirklich zu uns passt, was mit unserem tiefsten Selbst in Resonanz ist, und auf der anderen Seite das, was wir eben tun, weil wir es immer schon getan haben oder was wir tun, weil uns andere – allen voran vielleicht die Eltern – dazu gedrängt haben.

> »Der Spaß ist ein Indikator für das Vorhandensein einer Begabung. Er ist das erste Leuchtsignal eines Talents.« Barbara Sher

Hier sind einige der Strategien und Übungen, die in Barbara Shers Buch vorgestellt werden:

Der „Scanner"-Ansatz: Sher beschreibt die Idee des „Scanners", jemanden mit vielen Interessen und Talenten. Sie ermutigt die Leser, ihre Neugier und Vielseitigkeit zu akzeptieren und als Stärke zu betrachten, anstatt es als Schwäche zu betrachten, sich nicht auf eine einzige Sache festzulegen.

Die „Berufs-Detektiv"-Übung: Diese Übung soll helfen, verborgene Talente und Leidenschaften zu entdecken. Sie fordert die Leser auf, eine Liste von Dingen zu erstellen, die sie gerne tun, und nach Gemeinsamkeiten oder Mustern zu suchen. Dies kann dabei helfen, verschiedene berufliche Möglichkeiten zu erkennen.

Das „Erfinder-Brainstorming": Diese Methode beinhaltet das Brainstorming von verschiedenen Möglichkeiten, wie man verschiedene Interessen und Talente kombinieren kann, um kreative und einzigartige Karrierewege zu finden. Es geht darum, kreative Verbindungen zwischen verschiedenen Bereichen herzustellen und neue Wege zu entdecken, um die eigenen Fähigkeiten einzusetzen.

Das „Türöffner"-Konzept: Sher betont die Bedeutung von Netzwerken und den Kontakt zu Menschen, die in den Bereichen arbeiten, die einen interessieren. Sie ermutigt die Leser, offene Gespräche zu führen, Fragen zu stellen und von anderen zu lernen, um neue berufliche Möglichkeiten zu entdecken.

Die „Experimente": Sher ermutigt die Leser, kleine Experimente durchzuführen, um verschiedene Interessen auszuprobieren und herauszufinden, was ihnen wirklich liegt. Dies könnte bedeuten, Workshops oder Kurse zu besuchen, Praktika zu machen oder Freiwilligenarbeit zu leisten, um praktische Erfahrungen zu sammeln.

Das „Erfolgsteam": Sher schlägt auch vor, ein „Erfolgsteam" zu gründen, bestehend aus Gleichgesinnten oder unterstützenden Menschen. Diese Gruppe kann dazu dienen, sich gegenseitig zu motivieren, Ideen auszutauschen und Unterstützung auf dem Weg zu erhalten. Ein Anhaltspunkt sind auch die eigenen Erfolge. Erfolge, die aus dem Normalen herausragen – wo du deutlich über dem Durchschnitt liegst. Der zweite ist das, was dir besonders leicht fällt – hier findet sich der Hinweis auf deine wahren Talente.

Der Schweizer Unternehmensberater Hans-Peter Zimmermann hat mich auf zwei Schlüsselaussagen aufmerksam gemacht. Mit ihnen kannst du deiner Berufung besonders gut auf die Spur kommen. Erstelle zwei Listen oder nutze die auf der nächsten Seite. Eine trägt die Überschrift „Das kann ich". Schreibe hier einfach alles auf, was du gut bis sehr gut kannst. Das ist deine persönliche Schatzkammer. In die zweite Liste mit der Überschrift „Das mag ich" kommen alle Tätigkeiten, die dir Freude bereiten. Das, was du mit großer Freude ausübst, ist der eigentliche Schlüssel! Das, was du gerne tust, dafür bist du auch begabt. Probiere dich aus und mache vielfältige Erfahrungen. Besuche neue Themenwelten (z.B. durch Gespräche, Seminare, Kurse, Kongresse etc.) und achte auf deine Reaktion, wenn du Dinge tust. Dein Spaß ist dein innerer Kompass! Führst du diese Listen über ein paar Tage und schreibst wirklich alles auf, was dir einfällt, so hast du die ersten grundlegenden Bausteine deiner Berufung zusammen. In der Kombination dieser scheinbar einfachen Listen stecken die Chancen deines persönlichen Erfolgs.

Wo steckt dein Potenzial?
Schreibe doch einmal auf, was du alles richtig gut kannst. Wo liegen deine besonderen Talente? Höre nicht zu früh auf, jede noch so kleine Stärke ist eine Chance. Es gibt niemanden, der gar nichts kann! Am besten schreibst du immer nutzenorientierte Funktionen auf, in einer Kombination aus Substantiv und Verb („Auto fahren", „Motoren konstruieren", „Bilder malen"). Wer mehr darüber erfahren möchte, warum gerade diese Form sinnvoll ist, liest das Buch „Funktionenanalyse – der Schlüssel zu erfolgreichen Produkten und Dienstleistungen" von Kaneo Akiyama. Also leg am besten gleich los.

Und schreibe zwei lange Listen:
1) Das kann ich

___

___

___

___

___

___

___

___

___

2) Das mag ich (das macht mir Freude)!

___

___

___

___

___

___

___

___

___

___

___

> *»Wähle einen Beruf, den du liebst, und du brauchst keinen Tag in deinem Leben mehr zu arbeiten.«* Konfuzius (551-479 v. Chr.)

Was waren deine größten bisherigen Erfolge?
Sich an vergangene Erfolge zu erinnern, ist eine starke Motivationsquelle. Das Anknüpfen an die Erfolgserlebnisse der Vergangenheit gibt deutliche Hinweise auf deine Talente und dein spezielles Potenzial. Schreibe einfach nieder, auf was du so richtig stolz bist. Werde konkret und schildere die Minute des Erfolgserlebens ganz detailliert. Schwelge in der positiven Erinnerung – das gibt zudem Kraft für Neues (mindestens 10 Erfolge notieren).

Was fällt dir besonders leicht?
Durch entsprechende Erziehung wurde vielen von uns antrainiert, vor allem das wertzuschätzen, was man unter Mühen erworben hat – das, wofür man sich „durchgebissen" hat. Die Vorstellung, dass man nur dann Erfolg hat, wenn man besonders hart arbeitet, ist natürlich sehr praktisch – vor allem für die, die von dieser Arbeit profitieren. Viel zu wenig wird das geachtet, was einem leichtfällt. Warum aber sollte es ein Naturgesetz sein, dass nur Anstrengung zum Erfolg führt?

> *»Leicht ist richtig. Beginne richtig und es ist leicht. Mache mit Leichtigkeit weiter, und du bist richtig.«* Chuangtse

Welche sind deine Ressourcen?
Schreibe nun bitte auf, über welche Mittel du verfügst, die dir dabei helfen könnten, Dinge zu realisieren. Das mögen finanzielle Mittel, Räume, Vorräte, Werkzeuge, Maschinen, Computer, technische Geräte und Software – aber auch Kontakte, Zielgruppen-Know-how, Freunde, Verwandte und Mitarbeiter sein. Liste bitte hier auf, welche Ressourcen dir zur Verfügung stehen und – idealerweise – in einer zweiten Spalte, welche Nutzenfunktionen sie erfüllen können (wieder Substantiv + Verb).

> *»Wenn du jedes Etwas genannt hast, was deiner Meinung nach du sein könntest, ist das, was übrig bleibt und was du nicht benennen kannst, das, was dein Leben mit allem, was es enthält, erzeugt hat.«*
> Ron Smothermon, „Winning Through Enlightenment"

Was sind eigentlich deine Träume?
Nimm dir einmal ein wenig ungestörte Zeit ganz für dich. Höre entspannende Musik, meditiere oder komm auf andere Weise zur Ruhe. Träume genussvoll. Was gibt dir Kraft? Mit welchen Themen beschäftigst du dich gerne und welche Menschen hast du gerne um dich?

Worin wärst du gerne richtig gut? Welche Reisen möchtest du noch machen? Wie würdest du idealerweise leben? Was würdest du tun, wenn Geld keine Rolle spielt und du keine negativen Konsequenzen befürchten müsstest? Schreibe auf, was deine größten Träume und Wünsche sind.

> »Menschen, die das machen, was sie wirklich, wirklich wollen, brauchen keine Work-Life-Balance.« Frithjof Bergmann, „Neue Arbeit, neue Kultur"

Was davon könnte auch andere interessieren – wie kannst du Nutzen bieten?
Versetze dich jetzt gedanklich in mögliche „Kunden". Gibt es bei den Themen, die du aufgeschrieben hast, Ansätze für eine Geschäftsidee? Gibt es Menschen/Unternehmen, die damit bereits Geld verdienen? Recherchiere einmal: Wofür sind Menschen schon jetzt in deinem Themenfeld bereit, Geld auszugeben (Dienstleistung, Produkt, Mitgliedschaft...)?

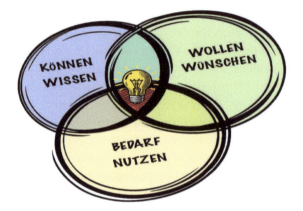

Deine Chancen daraus …
Aus der Kombination deiner vorangegangenen Notizen ergeben sich Ideen
  – für den privaten Bereich
  – für erfolgversprechende Geschäfts-/Betätigungsfelder
  – für erfolgversprechende Zielgruppen – oder Probleme, die du lösen kannst

In diesen Chancen steckt aber auch eine Aufgabe. Eine Handlungsaufforderung. Das nur für dich im stillen Kämmerchen aufzuschreiben bringt nichts. Jetzt geht es daran, auf der Basis deiner Wertvorstellungen deine Ziele klar zu formulieren, Voraussetzungen und Mittel zu prüfen, die einzelnen Zwischenschritte zur Zielerreichung festzulegen und dann natürlich loszulegen!

> »Wenn Geld keine Rolle spielt und Erfolg garantiert ist, was würdest du tun? Mach das.« Deepak Chopra

Wem das zu theoretisch klingt oder wer gerade so gar keine Idee hat in welche Richtung er gehen soll, der kann tatsächlich auch künstliche Intelligenz bemühen (chat.openai.com). Später noch mehr zu diesem Thema. Hier habe ich der KI einmal drei sehr kurze Listen vorgegeben – und man erhält schon mal ganz gute Ansätze, oder?

Prompt (Anweisung an ChatGPT): *Kombiniere aus der in Klammern folgenden Liste von Tätigkeiten, die jemand mag (Menschen interviewen, mit Menschen sprechen, Menschen beraten, Texte schreiben, fotografieren, reisen, beraten) und der folgenden Liste von Dingen, die jemand kann (Grafikprogramme bedienen, Auto fahren, Texte schreiben, Porträts fotografieren, Websites programmieren, Werbecoaching durchführen, Marketingkonzepte erstellen, Schwachstellen in der Unternehmenskommunikation finden) sowie einer Liste von Ressourcen (Auto, Büro, Fachbücher, Videoausrüstung, Fotoausrüstung, Computer, Videostudio, Fotostudio) kreativ möglichst viele erfolgversprechende Berufs- und Geschäftsfelder und beschreibe, welche Kundenbedürfnisse die Berufs- und Geschäftsfelder jeweils befriedigen.*

Antwort der KI: *Aus der Kombination Ihrer angegebenen Tätigkeiten, Fähigkeiten und Ressourcen lassen sich mehrere interessante Berufs- und Geschäftsfelder ableiten. Diese Berufs- und Geschäftsfelder nutzen Ihre Stärken und Interessen optimal und bieten vielfältige Möglichkeiten, um auf Bedürfnisse verschiedener Kundengruppen einzugehen:*

- *Reisejournalist/Reisefotograf* – *Tätigkeiten: Reisen, Fotografieren, Texte schreiben. Fähigkeiten: Texte schreiben, Porträts fotografieren, Grafikprogramme bedienen. Ressourcen: Fotoausrüstung, Computer. Kundenbedürfnisse: Bereitstellung von inspirierenden Reiseberichten und -fotografien für Reisemagazine, Blogs und Tourismus-Websites.*

- *Marketingberater für Kleinunternehmen* – *Tätigkeiten: Beraten, mit Menschen sprechen. Fähigkeiten: Marketingkonzepte erstellen, Werbecoaching durchführen. Ressourcen: Büro, Fachbücher, Computer. Kundenbedürfnisse: Unterstützung kleiner Unternehmen bei der Entwicklung und Umsetzung effektiver Marketingstrategien.*

- *Unternehmenskommunikations-Coach* – *Tätigkeiten: Menschen beraten, mit Menschen sprechen. Fähigkeiten: Schwachstellen in der Unternehmenskommunikation finden, Marketingkonzepte erstellen. Ressourcen: Büro, Fachbücher. Kundenbedürfnisse: Beratung von Unternehmen zur Verbesserung ihrer internen und externen Kommunikationsstrategien.*

- *Freiberuflicher Content-Ersteller und Grafikdesigner* – *Tätigkeiten: Texte schreiben, fotografieren. Fähigkeiten: Grafikprogramme bedienen, Porträts fotografieren, Websites programmieren. Ressourcen: Computer, Fotoausrüstung, Grafikprogramme. Kundenbedürfnisse: Erstellung von visuellen und schriftlichen Inhalten für Websites, Social Media und Printmedien.*

- *Videoproduzent für Werbe- und Informationsfilme* – *Tätigkeiten: Fotografieren, Texte schreiben, mit Menschen sprechen. Fähigkeiten: Videoausrüstung bedienen, Skripte schreiben,*

Regie führen. Ressourcen: Videoausrüstung, Videostudio, Computer. Kundenbedürfnisse: Produktion von Werbe- und Informationsfilmen für Unternehmen, NGOs oder Bildungseinrichtungen.

- ***Interviewer und Podcaster** – Tätigkeiten: Menschen interviewen, mit Menschen sprechen. Fähigkeiten: Texte schreiben, Audioaufnahmen bearbeiten. Ressourcen: Audioausrüstung, Computer. Kundenbedürfnisse: Erstellung von Podcasts und Interviews für Online-Medien, Bildungskanäle oder Unternehmenswebsites.*

Die Nutzung von Künstlicher Intelligenz (KI) als Werkzeug, um aus deinen persönlichen Vorlieben, Fähigkeiten und verfügbaren Ressourcen potenzielle Berufs- und Geschäftsfelder zu erschließen, kann dir neue, maßgeschneiderte Wege aufzeigen. Die Authentizität und Passgenauigkeit der KI-Empfehlungen hängen natürlich stark von der Genauigkeit und Tiefe der Informationen ab, die du eingibst. Je ehrlicher und detaillierter deine Angaben sind, desto relevanter und persönlicher sind die Vorschläge, die du erhältst.

Die Möglichkeit, diese Empfehlungen in die Realität umzusetzen, wird von deiner Flexibilität und der Bereitschaft, neue Fähigkeiten zu erlernen oder Risiken einzugehen, bestimmt. Es ist eine Chance, unentdeckte Bereiche zu erkunden, erfordert aber auch von dir, aktiv zu werden und dich weiterzuentwickeln.

Allerdings hat künstliche Intelligenz ihre Grenzen. Sie kann Daten analysieren und Muster erkennen, aber die Nuancen menschlicher Leidenschaften, Emotionen, Wünsche, Träume und zwischenmenschlicher Beziehungen vollständig zu verstehen, das bleibt glücklicherweise noch eine Herausforderung. Daher sollten die von der KI generierten Vorschläge lediglich als ergänzende Inspiration betrachtet werden. Es liegt an dir, diese Informationen zu bewerten und zu entscheiden, ob und wie du sie einsetzen möchtest.

Kombiniere deine Erkenntnisse aus KI-gestützten Analysen mit deinem persönlichen Urteilsvermögen und deiner Intuition, um sicherzustellen, dass die gewählten Wege sowohl erfolgversprechend als auch erfüllend sind.

Werte – Orientierung für unser Handeln

Du hast das „Was" inzwischen festgelegt. Für ein authentisches Lebens- und Unternehmenskonzept ist noch das „Wie" entscheidend. Wie willst du, wie soll dein Unternehmen mit Kunden, Mitarbeitern und Ressourcen umgehen? Vor dem Hintergrund welchen Wertesystems sollen Entscheidungen getroffen werden? Eine Vision, die du von deinem wahren Selbst hast, ist ja meist sehr persönlicher Natur und du wirst nur selten die Gelegenheit und oft gar keine Lust haben, mit Mitarbeitern, Geschäftspartnern, Lieferanten oder Kunden darüber zu diskutieren.

Ein hilfreiches Transportmittel für die Kommunikation sind ausformulierte Werte. Sie geben Visionen Ausdruck und sind klare Orientierung für unser Handeln. Allerdings nur dann, wenn sie nicht nur auf dem Papier stehen. Wer sich z.B. ernsthaft dem Wert „Qualität" verpflichtet fühlt, wird als Inhaber einer Großbäckerei kaum Ungeziefer und Reinigungsrückstände in seinen Backwaren dulden – wie es vor einer Weile bei einer Münchner Großbäckerei der Fall war. Hier stand in der Liste der Prioritäten der Wert „Profit" sehr wahrscheinlich ganz weit oben. Für wen „Familie" wirklich Bedeutung hat, der wird von Mitarbeitern mit Familie kaum Arbeitszeiten, Reisetätigkeiten und periodische Umzüge verlangen, die jedes Familiengefüge an die Grenze des Zerbrechens bringen müssen.

> *»Handle so, dass die Maxime deines Willens jederzeit zugleich als Prinzip einer allgemeinen Gesetzgebung gelten könne.«*
>
> Immanuel Kant, Kategorischer Imperativ

Hier geht es nicht um „Schönwetter-Werte". Eine echte Entscheidung für Werte zieht Konsequenzen nach sich und beeinflusst unweigerlich das wirtschaftliche Ergebnis, allerdings nicht zwangsläufig negativ. Ein permanentes Wachstum ist jedoch mit den meisten Wertesystemen unvereinbar. Dies berührt heute oft ein Tabu, denn die Wertegruppe „Profit, Wachstum, Konsum" hat sich in unserer Gesellschaft so tief verankert, dass es beinahe als Ketzerei erscheint, deren oberste Priorität in Frage zu stellen.

Aber wie blind kann man sein? Wie oft hat die reine Konzentration auf „mehr Gewinn" Unternehmen in den Abgrund gerissen – und deren Mitarbeiter ebenfalls? Zahlreiche Konkurse von Großbanken haben bereits gezeigt, wohin Profitgier führen kann. Beispiele hierfür sind die Insolvenz der Lehman Brothers im Jahr 2008, die auf riskante Finanzpraktiken und eine Überhebelung zurückzuführen war, sowie der Zusammenbruch der Barings Bank im Jahr 1995, der durch unautorisierte Spekulationsgeschäfte eines einzelnen Händlers verursacht wurde. Wie wirkt sich (um beim Beispiel der Großbäckerei zu bleiben) die Gier auf den Ertrag aus, wenn Missstände nicht mehr vertuscht werden können? Wenn die Mitarbeiter den Spagat zwischen Gewissen und Existenzangst nicht mehr aushalten und zum

„Whistleblower" werden? Wenn dann ein Unternehmen in die Schlagzeilen gerät, wenn Produktionen stillgelegt werden und ein Imageschaden entsteht, der vielleicht nie wieder gut zu machen ist. In welcher Bilanz stehen diese Schäden und welche Folgen haben sie für zukünftige Entscheidungen? Wie sehr sorgt derzeit die Unterordnung aller Werte unter die Gewinnmaximierung bei einer überschaubaren Zahl globaler Finanzzocker dafür, dass bereits ganze Staaten am existenziellen Abgrund stehen?

Die Wahl unserer Werte hat also direkt Auswirkung auf unsere Entscheidungen und damit unser Handeln – egal ob diese Werte positiv oder negativ sind und egal ob diese Wahl bewusst oder unbewusst erfolgt. Und damit stehen die Wahl und die Priorität unserer Werte ganz im Zentrum unserer Verantwortung. Wer bewusst bestimmte Werte vertritt, fühlt sich auch mit Menschen und Organisationen verbunden, die diese ebenfalls Werte verkörpern. Trittst du mit ihnen in engeren Kontakt, so prägen deren Rückmeldungen auch wieder die Wahrnehmung deiner Identität. So verstärken sich Auffassungen und Glaubenssätze, die wieder unser Verhalten beeinflussen. Umgekehrt prägen auch wir mit unseren Einstellungen, unserem Denken und Handeln unsere Umgebung. Dies kann zu einer Spirale geistigen Wachstums werden – oder zum Teufelskreis. Grund genug, immer wieder Abstand zu nehmen und unsere Werte auf den Prüfstand zu stellen.

Januskopf, Quelle: commons.wikimedia.org

Manche Werte stehen untereinander in Konkurrenz. So ist der Wert des Wohlstands mit dem Wert der Nachhaltigkeit oft nicht vereinbar. Manchmal können auch Werte miteinander in Konflikt treten, die auf einer abstrakten Ebene erst einmal vereinbar zu sein scheinen. Bei Wertekonflikten ist es nicht möglich, sich so zu verhalten, dass man allen Werten gleichzeitig gerecht wird. Hier hilft eine Rangfolge, um auch in solchen Fällen eine Orientierung zu haben. Auseinandersetzungen um Werte sind in der Regel schwer zu lösen, weil Werte weder belegt noch widerlegt werden können. Verdrängt man Wertekonflikte in Unternehmen, so wirken sie allerdings wie ein zerstörerischer kaum fassbarer Schwelbrand. Es hilft nichts: Wertekonflikte müssen unbedingt aufgeklärt und gelöst werden.

> *„Zwei Seelen wohnen, ach, in meiner Brust, die eine will sich von der anderen trennen..."* Johann Wolfgang von Goethe, Faust I

Wie kann man nun ganz praktisch aus der riesigen Palette an Wertebegriffen eine individuelle Rangfolge bestimmen? Ein guter Indikator hierfür ist der eigene Blutdruck: Situationen, Missstände oder Schlagzeilen, die emotionale Reaktionen hervorrufen, können darauf hinweisen, dass wichtige persönliche Werte berührt werden. In solchen Fällen lohnt es sich, genauer hinzusehen. Welcher Wert ist betroffen? Hat die Reaktion wirklich etwas mit dir persönlich zu tun, oder handelt es sich um eine übernommene Vorstellung? Das Führen eines Tagebuchs kann da helfen, Klarheit zu gewinnen. Auch in Gruppen lässt sich durch die Betrachtung unerwünschter Zustände ein gemeinsames Werteverständnis entwickeln. Beispielsweise könnte für jemanden, der sich an ungleichen Löhnen stört, der Wert der Gerechtigkeit von zentraler Bedeutung sein.

Die Bestimmung einer persönlichen Wertehierarchie kann herausfordernd sein, doch gibt es mehrere Schritte, die man unternehmen kann, um diese Aufgabe zu bewältigen. Einige praktische Tipps: Reflektiere über bedeutsame Erfahrungen in deinem Leben und die Werte, die in diesen Situationen entscheidend für dich waren. Identifiziere die Werte, die dein Leben und deine Entscheidungen am stärksten beeinflussen. Erstelle eine Liste von Wertebegriffen und wähle die für dich relevantesten aus. Nachdem du diese Werte identifiziert hast, beginne mit der Priorisierung. Überlege, welche Werte dir am allerwichtigsten sind und welche eine weniger große Rolle spielen. Sobald du deine Kernwerte und deren Reihenfolge festgelegt hast, solltest du auch entsprechend handeln. Versuche, Entscheidungen zu treffen, die mit deinen höchsten Werten in Einklang stehen, und lasse diese Werte dein Leben und deine Beziehungen prägen.

Es kann auch hilfreich sein, mit einem Coach oder Therapeuten zusammenzuarbeiten, um bei der Identifizierung deiner Kernwerte und bei der Entwicklung eines Plans zur Umsetzung dieser Werte in deinem Leben zu helfen. Um die Suche zu vereinfachen, lassen sich Werte in Kategorien zusammenfassen. Die amerikanische Psychologen, Peterson und Seligman, haben in ihrem Werk „Character strengths and virtues" (Peterson, C. & Seligman, M.E.P., 2004, Character strengths and virtues: A handbook and classification. Oxford University Press, www.viastrengths.org) 24 spezifische Stärken unter sechs ausgedehnten Tugenden gruppiert, die durchwegs über Geschichte und Kultur auftauchen: Weisheit, Mut, Menschlichkeit, Gerechtigkeit, Mässigung und Transzendenz. Man kann diese 24 Begriffe durchaus als Werte betrachten. In einer Wiener Arbeitsgruppe wurde dieses Modell noch einmal überarbeitet und ergänzt. Daraus ergaben sich dann nach Harald Hutterer (Zuhören, Werte, Haltungen, Bedürfnisse) folgende Wertekategorien:

Selbstbestimmung (unabhängiges Denken und Handeln) – Freiheit, Kreativität, eigene Ziele wählen, Neugierde, Selbstrespekt

Anregung (Verlangen nach Abwechslung und Stimulation) – Abenteuer, aufregendes und abwechslungsreiches Leben

Genuss (Freude und sinnliche Befriedigung)

Erfolg (persönlicher Erfolg) – Können, Intelligenz

Macht (Dominanz über Menschen und Ressourcen) – Besitz, Autorität, Image, soziale Anerkennung

Sicherheit (Sicherheit und Stabilität der Gesellschaft, der Beziehungen und des eigenen Selbst)

Konformität (Unterdrückung von Handlungen die andere verletzen) – Gehorsam, Selbst-/Disziplin, Eltern und Ältere in Ehren halten, Höflichkeit

Tradition (Respekt und Verpflichtung gegenüber kulturellen oder religiösen Bräuchen und Ideen) – Hingabe, Bescheidenheit, Mäßigkeit

Güte (Erhaltung und Förderung des Wohlergehens anderer) Hilfsbereitschaft, Verantwortungsbewusstsein, Vergebung, Ehrlichkeit, Loyalität, reife Liebe, Freundschaft

Ganzheitlichkeit (Verständnis, Toleranz und Schutz für das Wohlbefinden aller Menschen und der Natur) – Spiritualität, Gleichheit, Weisheit, Einssein, Schönheit, Gerechtigkeit

In meinen Beratungen setze ich gerne einen Stapel Karten ein, wobei jede Karte einen Wertebegriff repräsentiert. Zunächst wählt der Klient sieben der verdeckt liegenden Karten aus. Dann ordnet er sie: Die Karte, die ihn am besten beschreibt, platziert er an erster Stelle und die am wenigsten zutreffende an letzter. In jeder Runde werden die letzten beiden Karten beiseitegelegt, um schlussendlich zu fünf Kernbegriffen zu gelangen, mit denen der Klient sich vollständig identifizieren kann. Besonders aufschlussreich ist die erste Reaktion beim Aufdecken der Karten: Manche möchte man schnell ablegen, andere hingegen möchte man ungern loswerden.

> *»Füg dir und anderen keinen Schaden zu.«*
> Walter Kauffmann

Welches sind nun deine Kernwerte?

Eine weitere praktische Übung, um dir deiner wichtigsten inneren Werte bewusst zu werden, ist die Werteklärung. Hier sind die Schritte, um diese Übung durchzuführen:

- Sammle Hinweise auf deine Wertvorstellungen. Das können Begriffe, Bilder, Schlagzeilen oder auch Zitate und Aphorismen sein. Denke dabei an verschiedene Lebensbereiche wie Familie, Freundschaft, Karriere, persönliches Wachstum, Gesundheit, soziales Engagement usw. Schreibe einfach alles auf, was dir wichtig erscheint. Nehme dir dann ein wenig Zeit und bringe das Gesammelte in eine Ordnung. Fasse zusammen, was zusammengehört, und finde geeignete Oberbegriffe.
- Setze dich an einen ruhigen Ort, an dem du ungestört bist, und nimm dir Zeit, um über deine grundlegenden Überzeugungen und Werte nachzudenken. Was ist dir im Leben wirklich wichtig? Was sind die Prinzipien, nach denen du handeln möchtest?
- Gehe deine Werteliste durch und markiere oder kreise die Werte ein, die dir am wichtigsten sind. Oder schreibe die Begriffe auf kleine Karteikärtchen oder Zettel und sortiere sie so lange, bis du eine Rangfolge gefunden hast, die dir entspricht. Versuche, deine Liste auf die fünf bis zehn wesentlichsten Werte zu beschränken. Dies erfordert möglicherweise einige Überlegungen und Abwägungen.
- Nimm dir für jeden deiner prioritären Werte einzeln Zeit und stelle dir folgende Fragen: Warum ist dir dieser Wert wichtig? Wie manifestiert sich dieser Wert in deinem Leben? In welchen Situationen hast du bereits danach gehandelt oder möchtest in Zukunft danach handeln? Was bedeutet dieser Wert für deine Beziehungen, Entscheidungen und Ziele?
- Überlege, ob deine aktuellen Lebensentscheidungen und Handlungen mit deinen priorisierten Werten übereinstimmen. Gibt es Bereiche, in denen du von deinen Werten abweichst? Wenn ja, wie könntest du diese Bereiche anpassen, um eine größere Übereinstimmung zu erreichen?
- Erstelle eine visuelle Darstellung deiner priorisierten Werte, indem du sie in einer Mindmap, einer Liste oder einer anderen Form festhältst. Platziere diese Darstellung an einem Ort, an dem du regelmäßig darauf schauen kannst, um dich an deine wichtigsten Werte zu erinnern.
- Nutze deine identifizierten Werte als Leitfaden für deine Entscheidungen und Handlungen im Alltag. Überprüfe regelmäßig, ob deine Handlungen mit deinen Werten übereinstimmen, und stelle gegebenenfalls Anpassungen vor.

Diese Übung zur Klärung deiner Werte hilft dir, ein tieferes Bewusstsein für deine wichtigsten inneren Werte zu entwickeln. Wenn du deine Werte genau kennst und entsprechend handelst, ermöglichst du dir ein sinnvolles und erfüllendes Leben, das in Einklang mit deinen tiefsten Überzeugungen steht.

Supermarkt der Werte

Willkommen im „Supermarkt der Werte". Vielleicht ist dir bei der vorherigen Übung nicht wirklich etwas eingefallen. Daher findest du hier eine vielfältige Auswahl an klassischen Wertebegriffen (ohne Anspruch auf Vollständigkeit), aus denen du selbstverständlich frei wählen kannst:

Abenteuerlust, Abgeklärtheit, Abwechslung, Achtsamkeit, Achtung, Ahnung, Akribie, Aktivität, Akzeptanz, Anerkennung, Angemessenheit, Anpassungsfähigkeit, Anstand, Anwendbarkeit, Anziehungskraft, Ästhetik, Aufgeschlossenheit, Aufmerksamkeit, Aufopferung, Aufrichtigkeit, Ausbildung, Ausdauer, Ausdrucksfähigkeit, Ausgeglichenheit, Ausgelassenheit, Austausch, Autonomie

Balance, Barmherzigkeit, Bedachtsamkeit, Befreiung, Begeisterung, Begierde, Beharrlichkeit, Beherrschung, Behutsamkeit, Beliebtheit, Bereitwilligkeit, Berühmtheit, Bescheidenheit, Besinnung, Besonnenheit, Beständigkeit, Bestätigung, Beweglichkeit, Bewusstheit, Bindung, Bissigkeit, Brauchbarkeit, Brillanz

Chancengleichheit, Charakterstärke, Charisma, Charme, Co-Creation, Coolness, Courage

Dankbarkeit, Daseinsfreude, Demokratie, Demut, Denkvermögen, Dialogfähigkeit, Dienst, Dienstbereitschaft, Digitalisierung, Direktheit, Diskretion, Disziplin, Diversität, Dominanz, Durchblick, Durchhaltevermögen, Durchlässigkeit, Durchsetzungskraft, Dynamik

Echtheit, Edelmut, Effektivität, Effizienz, Ehre, Ehrfurcht, Ehrgeiz, Ehrlichkeit, Eifer, Eigenständigkeit, Einfachheit, Einfallsreichtum, Einfluss, Einfühlungsvermögen, Einheit, Einsamkeit, Einsicht, Einssein, Einzigartigkeit, Ekstase, Eleganz, Emanzipation, Empathie, Energie, Engagement, Entdeckung, Enthusiasmus, Entschlossenheit, Entspannung, Entwicklung, Erfahrung, Erfindungsgabe, Erfolg, Erhabenheit, Erholung, Erkenntnis, Ernsthaftigkeit, Erwartung, Expertise, Extravaganz, Exzellenz

Fairness, Familie, Faszination, Finanzielle Unabhängigkeit, Findigkeit, Fitness, Fleiß, Flexibilität, Flow, Fokus, Freiheit, Freiheitsdrang, Freizügigkeit, Freude, Freundlichkeit, Freundschaft, Frieden, Friedfertigkeit, Fröhlichkeit, Frohsinn, Frömmigkeit, Führung, Fülle, Furchtlosigkeit

Gastfreundschaft, Geben, Geborgenheit, Geduld, Gehorsam, Gelassenheit, Gemeinschaft, Gemütlichkeit, Genauigkeit, Genialität, Genügsamkeit, Genuss, Gerechtigkeit, Geschicklichkeit, Geschwindigkeit, Geselligkeit, Gesundheit, Gewandtheit, Gewinnen, Gewissheit, Glanz, Glaube, Glaubwürdigkeit, Gleichberechtigung, Gleichmut, Glück, Großzügigkeit, Gründlichkeit, Güte, Gutmütigkeit

Harmonie, Hartnäckigkeit, Häuslichkeit, Heimat, Heiterkeit, Heldentum, Herausforderung, Herkunft, Herzlichkeit, Hilfsbereitschaft, Hingabe, Hoffnung, Höflichkeit, Humanität, Humor

Innovation, Innovationsfreude, Inspiration, Integration, Integrität, Integritätsbewusstsein, Intelligenz, Intensität, Intimität, Intuition

Jenseitigkeit, Jovialität, Jugendförderung, Jugendlichkeit, Jüngerschaft, Jungfräulichkeit, Justiz

Kameradschaft, Klarheit, Klugheit, Komfort, Kommunikation, Kompetenz, Kongruenz, Können, Konsensfähigkeit, Kontinuität, Kontrolle, Konzentration, Kooperation, Korrektheit, Kraft, Kreativität, Kritikfähigkeit, Kühnheit, Kultur

Lachen, Langlebigkeit, Lebendigkeit, Lebensfreude, Lebenskraft, Lebenslust, Lebhaftigkeit, Leichtigkeit, Leidenschaft, Leistung, Lernbereitschaft, Lernen, Liebe, List, Logik, Loyalität, Lust

Macht, Mäßigung, Menschlichkeit, Milde, Mitarbeiterführung, Mitbenutzung, Mitgefühl, Mitmenschlichkeit, Mitwirkung, Mode, Motivation, Mumm, Mündigkeit, Mut

Nachhaltigkeit, Nachsicht, Nächstenliebe, Nähe, Natur, Natürlichkeit, Neuanfang, Neugierde, Nützlichkeit

Objektivität, Offenheit, Offenherzigkeit, Optimismus, Ordnung, Ordnungsliebe, Organisation, Originalität

Perfektion, Pflicht, Phantasie, Philanthrophie, Pietät, Pioniergeist, Potenz, Pragmatismus, Präsenz, Präzision, Prinzipientreue, Proaktivität, Professionalität, Pünktlichkeit

Qi, Qualität, Quantität, Querdenken (Anm.: das Streben nach unkonventionellem Denken)

Raffinesse, Realismus, Reflexion, Reichhaltigkeit, Reichtum, Reife, Reinheit, Reinlichkeit, Religiosität, Resilienz, Respekt, Revolution, Risikobereitschaft, Rücksicht, Ruhe, Ruhm

Sauberkeit, Scharfsinn, Schlauheit, Schönheit, Schutz, Seele, Selbstbeherrschung, Selbstbestimmung, Selbstlosigkeit, Selbstvertrauen, Seltsamkeit, Sensitivität, Sexualität, sicheres Auftreten, Sicherheit, Sieg, Sinn, Sinnlichkeit, Sittsamkeit, Solidarität, Sorgfalt, Souveränität, Spannung, Sparsamkeit, Spaß, Spielen, Spiritualität, Spontanität, Sportlichkeit, Sprachkompetenz, Stabilität, Stärke, Stille, Strategie, Strebsamkeit, Strenge, Struktur, Sympathie, Synergie

Taktgefühl, Tapferkeit, Teamwork, Tiefe, Toleranz, Tradition, Transparenz, Transzendenz, Träumen, Treue, Tugend

Überfluss, Überleben, Überlegenheit, Überzeugung, Umgänglichkeit, Umsicht, Unabhängigkeit, Unerschrockenheit, Unerschütterlichkeit, Unterhaltung, Unterstützung, Unversehrtheit, Unvoreingenommenheit, Urteilsfähigkeit

Veränderung, Verantwortung, Verbindlichkeit, Verbindung, Verbundenheit, Vergebung, Vergnügen, Verlässlichkeit, Vermögen, Vernetzung, Vernunft, Verspieltheit, Verständnis, Vertrauen, Vertrauenswürdigkeit, Verwegenheit, Vielfalt, Vielseitigkeit, Vision, Vitalität, Vollendung, Vorfreude, Vorsatz, Vorsorge

Wachsamkeit, Wachstum, Wagemut, Wahrheit, Wahrnehmungsvermögen, Wandel, Wärme, Weisheit, Weitblick, Weiterentwicklung, Weitsicht, Weltbürger sein, Wertschätzung, Widerstandsfähigkeit, Wildheit, Wirtschaft, Wissen, Witzigkeit, Wohlstand, Wortgewandtheit, Wunder, Würde

Xenophilie (Freundlichkeit gegenüber Fremden)

Yoga (im übertragenen Sinne für Balance und innere Ruhe)

Zärtlichkeit, Zeitlosigkeit, Zivilcourage, Zufriedenheit, Zugänglichkeit, Zugehörigkeit, Zukunftsplanung, Zuneigung, Zuverlässigkeit, Zuversicht

Bitte notiere nun hier deine 5 wichtigsten Werte:

1. _____

2. _____

3. _____

4. _____

5. _____

Den Bedürfnissen auf der Spur

Nachdem wir die Bedeutung der Werte betrachtet haben, geht es nun darum, die eigenen Bedürfnisse besser zu erkennen. Das sorgt dafür, dass wir nicht blind Ziele verfolgen, die gar nicht dazu geeignet sind, unsere wahren Bedürfnisse zu erfüllen.

Der amerikanische Psychologe Abraham Maslow (1908-1970) stellte fest, dass menschliche Bedürfnisse einer klaren Hierarchie folgen. Bereits bei den physiologischen Grundbedürfnissen wie Essen, Trinken und Atmen gibt es eine deutliche Rangordnung: Ohne Luft überlebt man nur wenige Minuten, ohne Wasser kommt man immerhin einige Tage aus, und ohne Nahrung kann man zur Not wenige Wochen durchhalten. Maslow unterteilte die Bedürfnisse in fünf Kategorien, beginnend bei den grundlegenden körperlichen Bedürfnissen wie Essen und Trinken bis hin zu höheren Bedürfnissen nach Selbstverwirklichung und persönlicher Entfaltung. Er hat daraus die bekannte Maslowsche Bedürfnispyramide abgeleitet. Obwohl sie eine starke Vereinfachung darstellt und vorrangig auf den westlich-industriellen Kontext zugeschnitten sein mag, hilft sie uns zu verstehen, welche Bedürfnisse für ein erfülltes Leben befriedigt werden müssen. Von den grundlegenden physiologischen Bedürfnissen, bis hin zum höheren Streben nach Selbstverwirklichung. Die Pyramide gibt uns eine Vorstellung davon, was uns gerade antreibt und wie wir uns schrittweise selbst verwirklichen können. Egal, ob du deine eigenen Bedürfnisse oder die deiner Kunden besser verstehen möchtest, dieses Modell erweist sich dafür als recht praktisch und hilfreich.

Bedürfnispyramide nach Abraham Harold Maslow (1908 - 1970)

Auf der untersten Ebene dieser Pyramide rangieren die physiologischen Grundbedürfnisse. Das sind jene, die der Körper selbst reguliert. Sind diese Bedürfnisse weitestgehend befriedigt, so wird eine neue Reihe an Bedürfnissen relevant: die Sicherheitsbedürfnisse. Sind die ersten beiden Bedürfnisebenen weitgehend befriedigt, so wird meist der Drang nach sozialen Bindungen wach. Die sozialen Bedürfnisse nach Nähe, Liebe und Freundschaft werden wichtig. Man wird menschliche Wärme suchen und den Wunsch verspüren, einen Platz in einer sozialen Gruppe einzunehmen. Sind auch diese Bedürfnisse erfüllt, so folgt die Gruppe der Individualbedürfnisse (Ich-Bedürfnisse) das sind einerseits der Wunsch nach selbst empfundener mentaler bzw. körperlicher Stärke sowie nach Erfolg, Unabhängigkeit und Freiheit und andererseits der von anderen Menschen abhängige Wunsch nach Ansehen, Wertschätzung und Achtung. Kurz vor seinem Tod hat Maslow dann sein Modell noch um die Stufe „Transzendenz" erweitert also die Suche nach einer das eigene Selbst überschreitenden Dimension. Welches sind nun deine wesentlichen Bedürfnisse?

Es gibt verschiedene Methoden und Techniken, um die eigenen innersten Bedürfnisse herauszufinden. Eine Möglichkeit ist es, eine Art Tagebuch zu führen, in dem man regelmäßig seine Gedanken und Gefühle festhält. Hierbei kann man sich fragen, was einen glücklich macht, was einem wichtig ist und was man in seinem Leben erreichen möchte. Eine andere Möglichkeit ist es, sich bewusst Zeit für sich selbst zu nehmen und sich zu fragen, was einem am Herzen liegt, was einen motiviert und was einen erfüllt. Eine weitere Möglichkeit ist natürlich, sich von einem Coach beraten zu lassen, um gemeinsam an der Erkenntnis zu arbeiten.

> »*Man sollte in der Lage sein von allen Wegen hören zu können und dabei umso mehr im Einklang mit seinem eigenen Weg zu stehen.*«
> Tsunetomo Yamamoto (1659–1719), Hagakure

Psychologische Grundbedürfnisse: Vom Selbstwert zur Selbstbestimmung

Nachdem wir die Maslowsche Bedürfnishierarchie betrachtet haben, wollen wir das Thema nun aus einer weiteren Perspektive untersuchen, indem wir uns mit den psychologischen Grundbedürfnissen nach Ryan und Deci befassen. Diese Theorie ist zentral für unser Verständnis von mentalem Wohlbefinden und Selbstwert.

Drei Pfeiler des Selbstwerts

Es sind drei Grundbedürfnisse, die als Fundament unseres Selbstwerts gelten:

- **Bindung:** Der Mensch sehnt sich nach emotionaler Nähe und Verbundenheit.
- **Kompetenz und Anerkennung:** Wir möchten in dem, was wir tun, kompetent sein und dafür Anerkennung erhalten.
- **Selbstbestimmung:** Jeder Mensch hat das Bedürfnis, autonom Entscheidungen treffen zu können und nicht ständig von anderen bestimmt zu werden.

Obwohl jedes dieser Bedürfnisse für sich alleine wichtig ist, ist ihre kombinierte Erfüllung der Schlüssel zu einem robusten Selbstwert. Die Gewichtung dieser Bedürfnisse ist von Person zu Person ganz unterschiedlich.

Das Bindungsbedürfnis: Verbindung und Geborgenheit

Denke an die Momente, in denen du dich geliebt und geschätzt fühltest. Die Bindung zu anderen Menschen, sei es durch Familie, Freundschaft oder Partnerschaft, bietet Schutz, Geborgenheit und Halt. In Zeiten der Krise, wie z.B. während der Corona Pandemie, haben wir gesehen, wie wichtig diese Bindungen sind. Ohne sie fühlen wir uns isoliert, wertlos und unsicher.

Das Kompetenzbedürfnis: Erfolg und Anerkennung

Warst du schon einmal so richtig stolz auf dich? Wenn ja, dann hast du dein Kompetenzbedürfnis erfüllt. Die Bestätigung, dass wir in etwas gut sind, sei es durch eigene Einsicht oder durch das Lob von anderen, hebt unser Selbstwertgefühl. Im Gegensatz dazu kann das Fehlen dieser Anerkennung jedoch schädlich sein, indem es unser Selbstwertgefühl erodiert und Unsicherheit und Selbstzweifel verursacht.

Das Selbstbestimmungsbedürfnis: Autonomie und Entscheidungsfreiheit

Jeder Mensch möchte das Gefühl haben, Herr seiner eigenen Entscheidungen zu sein. Denk an die Freude, die du empfindest, wenn du etwas aus eigenem Antrieb heraus tust, im Gegensatz zu einer Aufgabe, die dir aufgezwungen wurde. Wenn wir ständig das Gefühl haben, dass unsere Entscheidungen und Handlungen von anderen bestimmt werden, leidet unser Selbstwert darunter, und wir fühlen uns eingeschränkt und entmündigt. Dein Selbstwert wird also maßgeblich von der Erfüllung dieser drei psychologischen Grundbedürfnisse beeinflusst. Und obwohl sie vielleicht nicht so offensichtlich lebensnotwendig sind wie Nahrung oder Wasser, spielen sie doch eine entscheidende Rolle für dein mentales Wohlbefinden. Indem du verstehst, wie diese Bedürfnisse in deinem Leben funktionieren und was du tun kannst, um sie zu erfüllen, bist du auf dem besten Weg, einen stabilen und gesunden Selbstwert aufzubauen.

Reflektiere deine Bedürfnisse: Eine praktische Übung

Diese Übung unterstützt dich dabei, deine eigenen Bedürfnisse genauer zu erkennen und zu verstehen, welche davon in deinem Leben erfüllt werden und welche möglicherweise bisher vernachlässigt wurden. Dieser Bewusstseinsprozess kann helfen, gezielte Schritte zu unternehmen, um das Wohlbefinden zu steigern und den eigenen Selbstwert zu stärken.

Vorbereitung
- Wähle einen ruhigen und gemütlichen Ort, an dem du dich wohl fühlst.
- Halte Stift und Papier oder dein Tagebuch bereit.
- Schalte, falls möglich, alle Ablenkungen aus, damit du dich voll und ganz auf dich konzentrieren kannst.

Ablauf
- Rückblick auf glückliche Momente: Denke an die zehn schönsten Stunden, Minuten oder Augenblicke in deinem bisherigen Leben zurück. Versetze dich erneut in diese Momente hinein und fühle nach, was du damals empfunden hast.
- Schreibe deine Gedanken und Gefühle aus diesen Momenten in wörtlicher Rede auf.
- Lasse deine Notizen für ein bis zwei Stunden ruhen.
- Lies deine Aufzeichnungen erneut durch und überlege, welche deiner Grundbedürfnisse in diesen glücklichen Momenten erfüllt wurden.

Betrachte das Ende des Lebens
- Frage dich: „Was würde ich in der Stunde meines Todes wirklich bereuen, nicht versucht, getan oder erreicht zu haben?"
- Schreibe spontan und ohne Zensur alle Antworten auf, die dir dazu einfallen.

Analyse deiner Lebensbereiche
- Betrachte verschiedene Lebensbereiche wie Gesundheit/Wohlbefinden, Familie/Beziehung, Beruf/Berufung, Wohnsituation, Freizeit, finanzielle Situation, Wissen/Können.
- Notiere, was du in diesen Bereichen definitiv NICHT mehr erleben oder haben möchtest.
- Überlege, was du stattdessen in jedem dieser Bereiche möchtest. Manchmal kann es das genaue Gegenteil sein, manchmal braucht es tieferes Nachdenken.

Nachdem du die Übung abgeschlossen hast, setze dich mit deinen Ergebnissen auseinander. Wo siehst du Überschneidungen zwischen deinen Grundbedürfnissen und den Dingen, die du in der Übung erkannt hast? Welche Bedürfnisse stehen im Vordergrund? Wo könntest du in deinem Leben Veränderungen vornehmen, um diese Bedürfnisse besser zu erfüllen?

Um diese Erkenntnisse zu vertiefen, empfehle ich dir, den nachfolgenden „Persönlichen Energiekreis" auszufüllen. Er kann dir helfen, noch gezielter Erfahrungen in deinem Leben aufzusuchen, die zu deinem Wohlbefinden und zur Stärkung deines Selbstwerts beitragen.

Die regelmäßige Auseinandersetzung mit deinen Bedürfnissen hilft dir, Klarheit über deine Wünsche und Ziele zu gewinnen. Indem du erkennst, was dir wirklich wichtig ist, kannst du bewusst Entscheidungen treffen, die deinem wahren Ich entsprechen und zu einem erfüllteren Leben führen.

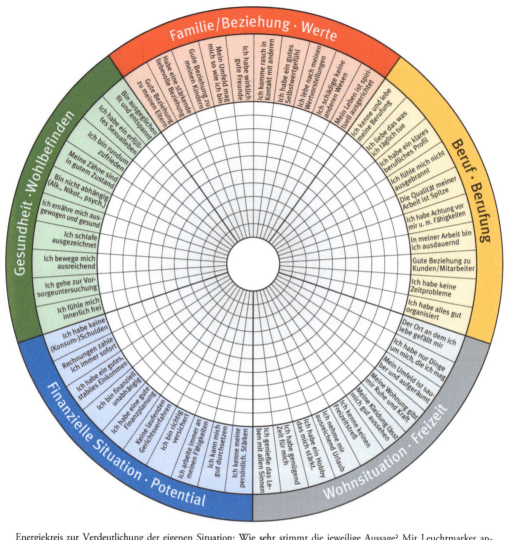

Energiekreis zur Verdeutlichung der eigenen Situation: Wie sehr stimmt die jeweilige Aussage? Mit Leuchtmarker anstreichen: Ganz gefüllt: Aussage trifft voll zu. Nicht gefüllt: Aussage trifft nicht zu. Verbleibende Felder dunkel ausfüllen.

Meine 5 wichtigsten Bedürfnisse:

1. _____

2. _____

3. _____

4. _____

5. _____

Ziele formulieren und erreichen

Wer etwas erreichen will, muss ein Ziel vor Augen haben, um seinem Handeln eine Ausrichtung zu geben. Ein Ziel, das ihn motiviert und inspiriert. Doch sich nur auf seine Ziele zu konzentrieren und so in der Zukunft zu leben, entwertet automatisch die Gegenwart. Denn da ist ja immer das Gefühl: „Ich hab es ja noch nicht geschafft" – sonst hätte ich das Ziel ja bereits erreicht und durch ein neues ersetzt – und deshalb darf ich mich heute nicht gut fühlen. Das ist natürlich Quatsch. Die Arbeit mit Zielen ist dann absolut sinnvoll, wenn gleichzeitig das Bewusstsein für das bisher bereits Erreichte präsent ist. Wenn man das Selbst-Vertrauen hat, die Dinge zu schaffen und wenn die Bereitschaft besteht, das Ziel zwischendurch auch mal zu vergessen und dankbar auf das zu sehen, was bereits da ist und die Dinge anzupacken die jetzt gerade anstehen.

Selbst-Vertrauen gewinnt man vor allem dadurch, dass man Vereinbarungen mit sich selbst einhält. Man sich also selbst über den Weg trauen kann. Trifft man also mit sich beispielsweise die Vereinbarung „ich gehe, sofern ich nicht krank bin, jede Woche einmal zum Schwimmen" so ist es wichtig, diese Vereinbarung mit sich selbst auch tatsächlich einzuhalten. Sonst wird die gebrochene Vereinbarung zum Beweis dafür, wie wenig Selbst-Vertrauen man haben kann ...

> *»Verfolge dein Ziel als ob du es nicht hättest.*
> *Und tue das was du tust so gut du es heute kannst.*
> *Präzise und schnell.«* Jens Corssen, Der Selbst-Entwickler

Wie aber kommst du zu lohnenswerten Zielen? Wofür lohnt es sich, morgens aufzustehen? Das sind wichtige Fragen, die sich viele Menschen stellen. Lohnenswerte Ziele sind sehr individuell und hängen von den persönlichen Werten und Bedürfnissen ab. Einen ersten Schritt, um herauszufinden, wofür es sich lohnt aufzustehen und Ziele zu verfolgen, hast du auf den vorherigen Seiten schon gemacht. Du bist dir über deine eigenen Werte und Bedürfnisse im Klaren. Wenn du weißt, was dir wichtig ist, kannst du dir Ziele setzen, die damit in Einklang stehen. Es ist auch hilfreich, sich realistische Ziele zu setzen. Ziele die man erreichen kann und die einem ein Gefühl der Zufriedenheit und Erfüllung geben. Zudem sollten Ziele individuell sein und nicht von äußeren Einflüssen abhängen. Wenn man sich auf seine eigenen Ziele konzentriert, ist man motivierter und kann schneller Fortschritte machen. Ein Coach oder Psychologe kann dabei helfen, sich realistische und lohnenswerte Ziele zu setzen oder große Ziele in Teilschritte zu zerlegen. Earl Nightingale, ein amerikanischer Radio-Moderator und Motivationstrainer meinte ein lohnenswertes Ziel sei etwas, „wofür wir bereitwillig unser Leben eintauschen" würden. Tatsächlich tauschen wir täglich unsere Lebenszeit für Ziele ein. Nur oft genug ist es uns nicht bewusst – und oft genug sind es nicht unsere eigenen Ziele für die wir uns einsetzen.

Es ist wichtig zu wissen, was dein ultimatives Ziel ist. Wenn man 100 Menschen fragen würde, was sie wollen, würden die meisten wahrscheinlich etwas sagen wie: „Ich möchte beruflichen Erfolg", „Ich möchte eine erfüllte Liebesbeziehung" oder „Ich möchte körperlich fit sein". Das sind durchaus würdige Ziele, die du anstreben solltest. Allerdings glaube ich, dass du spezifischer sein musst, um diese Ziele tatsächlich zu erreichen. Du musst wissen, wie du dorthin gelangst und wie du die Hindernisse überwindest, die sich zwangsläufig ergeben werden. Wenn du jedoch kristallklar und sehr fokussiert bist, was du erreichen möchtest, kannst du diese Barrieren durchbrechen. Es reicht nicht aus zu sagen: „Ich möchte beruflichen Erfolg". Du könntest stattdessen sagen: „Ich möchte in den nächsten fünf Jahren eine Führungsposition in meinem Unternehmen erreichen". Es reicht nicht aus zu sagen: „Ich möchte eine erfüllte Liebesbeziehung". Du könntest stattdessen sagen: „Ich möchte eine Partnerschaft aufbauen, in der wir uns gegenseitig unterstützen und unsere gemeinsamen Ziele verwirklichen". Es reicht nicht aus zu sagen: „Ich möchte körperlich fit sein". Du könntest stattdessen sagen: „Ich möchte einen Marathon laufen und meine persönliche Bestzeit verbessern".

Der Unterschied liegt darin, dass du genau weißt, was du willst und wie es aussehen soll. Indem du klare und konkrete Ziele formulierst, kannst du eine klare Richtung für dich selbst schaffen. Du bekommst das Selbstvertrauen, dass du in der Lage bist, diese Ziele zu erreichen. Du kannst gezielt an den erforderlichen Schritten arbeiten und Hindernisse überwinden, die sich dir in den Weg stellen. Wenn du weißt, was du willst, sei es beruflicher Erfolg, eine erfüllte Liebesbeziehung, körperliche Fitness oder finanzielle Unabhängigkeit, dann kannst du diese Hindernisse überwinden. Du kannst die nötigen Anstrengungen unternehmen, um deine Ziele zu erreichen, und auf die Ressourcen zurückgreifen, die du benötigst.

Also frage dich selbst: „Was genau willst du? Ist dein Ziel spezifisch? Ist es klar definiert? Ist es so klar, dass es jeder verstehen könnte, selbst ein Kind?" Wenn nicht, dann bist du möglicherweise nicht klar genug darüber, was du wirklich willst, und das wird dich letztendlich daran hindern, es zu erreichen. Daher ist es entscheidend, zu wissen, was du willst.

Fragst du dich bei jedem größeren Ziel: Will ich das wirklich – wirklich wirklich? Wenn die Antwort „JA!" lautet, dann visualisierst du das Ziel abends vor dem Schlafengehen und lädst es mit allen positiven Emotionen auf, als hättest du das Ziel bereits erreicht. Und am nächsten Tag tust du einfach, was getan werden muss. Unverkrampft, nicht verbissen, gehst du einfach Schritt für Schritt voran. Das tiefe Selbstvertrauen, dass du dein Ziel erreichen willst, baust du auf, indem du dich immer wieder zu kleinen Schritten auf dem Weg zu deinem Ziel verpflichtest und diese Selbstverpflichtungen auch einhältst. Jeder auf diese Weise eingehaltene kleine Vertrag mit dir selbst zeigt dir dann ganz praktisch: Ich kann mir vertrauen. Irgendwer hat einmal gesagt: „Ein Ziel ist ein Traum mit Ultimatum". Erst wenn zu einer Traumvorstellung eine persönliche Verpflichtung hinzukommt, „wird es ernst". Auf einmal wird aus der nebulösen Vorstellung „Ich schreibe mal ein Buch", „Ich werde später Tiermediziner", „ich träume davon, ein berühmter Konzertpianist zu werden" oder „ich gründe ein erfolgreiches Handelsunternehmen" ein überprüfbarer Plan mit klaren Teilschritten. Damit das möglichst gut klappt, empfehle ich dir, bei der Formulierung deiner Ziele besonders sorgfältig vorzugehen:

- Dein Ziel sollte dir auch wirklich wichtig sein und die richtige Größe haben. Es sollte realistisch sein – nicht zu groß und damit vielleicht unerreichbar, aber auch nicht zu unbedeutend. Ein großes Ziel lässt sich natürlich in machbare Teilziele zerlegen. Der Grund, warum viele Zielvereinbarungen scheitern, ist, dass dem, der die Arbeit damit hat, das Ziel nicht wirklich etwas bedeutet.

- Deine Ziele sollten möglichst nicht von anderen Personen abhängen. Denn es nutzt nichts, sich Ziele zu setzen, bei denen andere Menschen der bestimmende Faktor für deinen Erfolg sind. Da du darauf keinen Einfluss hast, wäre das eher ein Wunsch.

- Ziele sollten immer gehirngerecht formuliert sein, also positiv und in der Gegenwartsform formuliert sein. Unser Unterbewusstsein hat es gerne bildhaft, einfach und es versteht keine Verneinungen. Beschreibe so viele Details wie möglich, schreibe auch deine Motivation zu dem jeweiligen Ziel auf und formuliere immer auch, was du behalten möchtest.

- Die Messbarkeit eines Ziels ist wesentlich dafür, dass du überprüfen kannst, ob und wann du ein Ziel tatsächlich erreichst. Formuliere dein Ziel so, dass du es konkret messen oder testen kannst, und nenne einen konkreten Zeitpunkt bzw. Zeitraum (täglich, im Januar).

- Die ersten Schritte – Schreibe zu jedem Ziel immer auch die ersten Schritte auf, die du unternehmen willst, um es zu erreichen. Erst durch konkrete Handlungen in Richtung auf dein Ziel bekommt es richtig Schwung.

- Unternimm sofort etwas, das dich dem Ziel näher bringt. Das erhöht die Wahrrscheinlichkeit der Zielerreichung deutlich

ICH WILL!
ICH KANN!
ICH VERDIENE ES!

SMART-Formel

Die SMART-Formel ist eine Methode, um Ziele zu setzen und umzusetzen. Die Kriterien zur Zielformulierung lassen sich ganz smart merken, denn die Abkürzung steht für:

S   Spezifisch: Das Ziel sollte klar, konkret und positiv formuliert sein.

M   Messbar: Das Ziel sollte quantifizierbar sein, also dass man Fortschritte messen und den Erfolg überprüfen kann.

A   Akzeptiert: Das Ziel sollte wirklich gewollt sein. Es soll realistisch und mit den verfügbaren Mitteln und Einflussmöglichkeiten erreichbar sein

R   Relevant: Das Ziel sollte wichtig und relevant für einen selbst sein.

T   Terminiert: Das Ziel sollte mit einem konkreten Termin versehen sein, um eine Deadline zu haben.

Indem man diese fünf Kriterien beachtet, kann man sicherstellen, dass man realistische und erreichbare Ziele setzt und diese auch erfolgreich umsetzt. Es ist auch wichtig, sich daran zu erinnern, dass es normalerweise keinen geraden Weg zum Erfolg gibt und dass es Rückschläge geben wird. Aber lassen dich davon nicht entmutigen – bleib motiviert und konzentriere dich darauf, was du erreichen willst.

Hier noch mal die wichtigsten Tipps zur Zielerreichung kurz zusammengefasst:

- *Setze dir klare und spezifische Ziele nach der SMART-Regel:* Es ist wichtig, ein klares Bild davon zu haben, was du erreichen willst. Mach dir ein inneres Bild vom erreichten Ziel.

- *Zerlege dein Ziel in kleinere Schritte:* Wenn dein Ziel zu groß erscheint, kann es überwältigend sein. Teile es in kleinere Teilschritte auf, damit du das Ziel einfacher erreichen kannst.

- *Verfolge deine Fortschritte:* Halte fest, was du bereits erreicht hast und was noch zu tun ist. Dies hilft dir motiviert zu bleiben und dich auf das Ziel zu konzentrieren.

- *Sei flexibel:* Es kann Rückschläge geben oder sich Umstände ändern. Passe deine Strategie an, wenn es notwendig ist.

- *Belohne dich selbst:* Wenn du einen Schritt auf dem Weg zu deinem Ziel erreicht hast, feiere es und belohne dich selbst. Das wird dir helfen, motiviert zu bleiben und dich auf dein Ziel zu konzentrieren.

Ziele auf dem Prüfstand

Sammle 5-10 kleinere oder größere Projektideen und formuliere daraus klare Ziele, die den SMART-Kriterien entsprechen (spezifisch, messbar, akzeptiert, relevant, terminiert).

1. Stelle dir für jedes der Projekte die folgenden Fragen:
- Will ich das wirklich, wirklich, wirklich? Überprüfe deine Motivation und stelle sicher, dass das Ziel tief in dir verwurzelt ist.
- Welche Ressourcen benötigst du, um dieses Ziel zu erreichen? Mache eine Liste der erforderlichen Ressourcen, sei es Zeit, Geld, Wissen oder Unterstützung von anderen.
- Wie erhältst du Zugang zu diesen Ressourcen? Überlege dir konkrete Schritte, um die benötigten Ressourcen zu erlangen oder Zugang dazu zu bekommen.
- Welche Opfer musst du bringen und wo musst du deine Komfortzone verlassen, um dieses Ziel zu erreichen? Sei dir bewusst, dass das Erreichen von Zielen oft Veränderungen und Kompromisse erfordert. Frage dich, ob du bereit bist, diese Opfer zu bringen und aus deiner Komfortzone auszubrechen.
- Was passiert, wenn du das Ziel erreicht hast? Denke über die Auswirkungen und Konsequenzen nach, die das Erreichen des Ziels mit sich bringt.
- Was könntest du tun oder unterlassen, um die Zielerreichung erfolgreich zu verhindern? Identifiziere mögliche Hindernisse oder Selbstsabotage-Muster und überlege dir Strategien, um ihnen entgegenzuwirken.

2. Wenn ein Ziel diese Fragen erfolgreich „überlebt" hat, identifiziere die Teilziele und Teilaufgaben, die auf dem Weg zur Zielerreichung bewältigt werden müssen.

3. Werde aktiv und widme jedem dieser Ziele für genau eine Stunde deine volle Aufmerksamkeit und Energie. Nutze diese Zeit, um alles zu tun, was erforderlich ist, um dem Ziel näherzukommen.

4. Achte auf dein inneres Gefühl: Wenn es sich nach dieser Stunde immer noch stimmig und erfüllend anfühlt, gratuliere dir! Du hast echte, von dir selbstbestimmte Ziele definiert, die du nicht innerlich boykottieren wirst.

Diese Übung ermöglicht es dir, deine Ziele kritisch zu hinterfragen, deine Motivation zu prüfen und sicherzustellen, dass du dich auf Ziele fokussierst, die wirklich mit deinen inneren Wünschen und Bedürfnissen im Einklang stehen. Indem du die erforderlichen Schritte planst und aktiv handelst, kannst du deine Ziele effektiver verfolgen und eine größere Erfüllung und Erfolg in deinem Leben erreichen.

Ein Ziel aufgeben

Es kann gute Gründe geben, warum du ein Ziel aufgeben könntest. Vielleicht hast du festgestellt, dass das Ziel nicht mehr realistisch oder erreichbar ist, oder dass sich deine Prioritäten geändert haben. Es könnte auch sein, dass das Ziel nicht mehr zu deinen Werten oder Interessen passt. In solchen Fällen kann es sinnvoll sein, das Ziel aufzugeben und dich auf etwas Neues zu konzentrieren. Dies ermöglicht es dir, Ressourcen freizumachen, die du in erfolgversprechendere Vorhaben investieren kannst.

Es ist jedoch wichtig, sich daran zu erinnern, dass das Aufgeben eines Ziels nicht bedeutet, dass du versagt hast. Es ist ein Teil des Wachstumsprozesses und kann sogar dazu beitragen, dass du stärker wirst, indem du dich auf neue Möglichkeiten konzentrierst und aus deinen Erfahrungen lernst. Das Loslassen veralteter Ziele ermöglicht es dir, Anpassungsfähigkeit zu üben und deine Strategien zu verfeinern, was langfristig zu größerem Erfolg führen kann.

Ein bekanntes Zitat in diesem Zusammenhang lautet: „Wenn man entdeckt, dass man ein totes Pferd reitet, sollte man absteigen." Dieses Zitat wird oft verwendet, um auszudrücken, dass es sinnlos ist, an etwas festzuhalten, das nicht mehr funktioniert oder keine Aussicht auf Erfolg hat. In solchen Fällen ist es besser, die Situation zu akzeptieren, zu lernen und sich auf neue Möglichkeiten zu konzentrieren.

Kurz gesagt, es ist wichtig, realistisch zu sein und zu erkennen, wann es Zeit ist, ein Ziel aufzugeben. Das bedeutet nicht unbedingt Schwäche, sondern kann auch Stärke zeigen, indem du dich auf neue Möglichkeiten konzentrierst. Das Erkennen und Akzeptieren, wann ein Ziel nicht mehr dienlich ist, zeugt von emotionaler Intelligenz und strategischem Denken – Schlüsselfähigkeiten für nachhaltigen Erfolg und persönliche Zufriedenheit.

*„Niemand braucht sich für zu gering zu halten,
um etwas zu verändern"* Rüdiger Nehberg

Deine Erkenntnisse

Wähle eine oder mehrere der vorgeschlagenen Möglichkeiten der Selbsterkenntnis, um mehr über dich zu erfahren. Fasse kurz deine bisherigen Erkenntnisse zusammen:

Welche Tools hast du genutzt?

_____

_____

_____

Welche Ergebnisse kamen dabei heraus?

_____

_____

Welches Selbstbild ergibt sich aus der Summe der Ergebnisse?

_____

_____

Was ist dein größtes Potenzial?

_____

_____

Was sind deine wichtigsten Werte?

_____

_____

Was sind deine zentralen Bedürfnisse?

_____

_____

Welche konkreten Ziele ergeben sich daraus persönlich?

_____

_____

Welche konkreten Ziele ergeben sich daraus für die berufliche Tätigkeit?

_____

_____

Das Selbst zum Ausdruck bringen
Körper, Seele und Geist

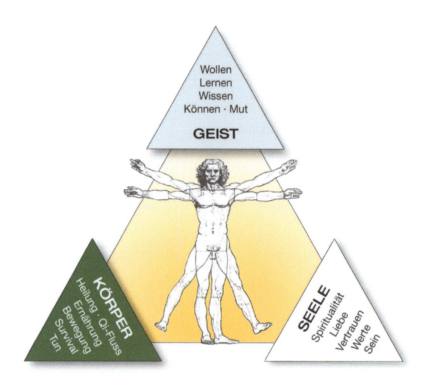

Wer sein wahres Selbst möglichst vollständig zum Ausdruck bringen möchte, kommt nicht umhin, sich mit der Dreiheit – Körper, Seele und Geist – zu beschäftigen und jeden der drei Bereiche immer weiterzuentwickeln. Körper, Seele und Geist sind die Dimensionen, die den Raum unserer Entwicklung umspannen. Eine vierte Dimension ist die Zeit, die uns dafür gegeben ist.

Das Dreiersystem durchdringt zahlreiche Aspekte unseres Lebens und unserer Welt, was nicht nur in Technik und Wissenschaft evident wird. Während farbige Bildschirme und Computer-Displays die Welt in den drei Primärfarben Rot, Grün und Blau darstellen, verwenden Kristallgitter und 3-D-Darstellungen drei Grundvektoren zur Definition von Formen und Strukturen. Wir kennen die Dreifaltigkeit von Vater, Sohn und Heiligem Geist, und in der Philosophie reflektieren Gedankenmodelle wie die Hegelsche Dialektik von These, Antithese und Synthese das Prinzip der Trinität. Im Alltag stoßen wir auf die drei Hauptmahlzeiten: Frühstück, Mittag- und Abendessen. Auch das berühmte Sprichwort „Aller guten Dinge sind drei" unterstreicht die besondere Stellung der Drei in unserem kulturellen Bewusstsein. In der Technik finden wir Beispiele wie die dreipolige Elektrizität mit Phase, Nullleiter und Erde. Es ist bemerkenswert, wie das Dreiersystem sich in so vielfältiger Weise manifestiert und unterschiedlichste Bereiche unseres Daseins beeinflusst.

Die Dreiheit von Körper, Seele und Geist spielt in vielen kulturellen, religiösen und philosophischen Traditionen eine zentrale Rolle und bietet einen ganzheitlichen Ansatz zur Selbstentwicklung und Selbsterkenntnis. In der christlichen Religion ist es die Dreifaltigkeit (Trinität) aus Gott Vater, Jesus Christus und Heiligem Geist. Im Sanskrit setzt sich die Urmaterie (Prakriti) aus den drei Gunas Tamas (Trägheit, Dunkelheit, Chaos), Rajas (Rastlosigkeit, Bewegung, Energie) und Sattva (Klarheit, Güte, Harmonie) zusammen – sie werden in der hinduistischen Tradition dann zu Brahma, dem Schöpfer, Vishnu, dem Erhalter und Shiva, dem Zerstörer personifiziert.

Wenn wir es schaffen, Körper, Seele und Geist miteinander in Einklang zu bringen und aufeinander abzustimmen, kann dies zu innerer Harmonie führen. Der Körper repräsentiert unsere physische Existenz, die Seele unsere emotionalen und psychischen Erfahrungen, und der Geist steht für unsere intellektuelle Seite. Indem wir ganz bewusst danach streben, diese drei Dimensionen in Balance zu halten, öffnen sich uns Möglichkeiten für eine tiefere Selbsterkenntnis.

Durch Achtsamkeit gegenüber unseren körperlichen Empfindungen, emotionalen Zuständen und Gedankenmustern können wir mehr über uns selbst erfahren. Dieses Verständnis hilft uns, unsere Stärken und Schwächen zu erkennen, unsere Bedürfnisse zu verstehen und letztendlich ein erfüllteres Leben zu führen.

Die Integration von Körper, Seele und Geist ermöglicht es uns auch, eine höhere Lebensqualität zu erreichen. Wenn wir unseren Körper gut pflegen, indem wir auf unsere Gesundheit achten und uns ausreichend bewegen, fühlen wir uns oft vitaler und energiegeladener. Die Pflege unserer emotionalen und mentalen Gesundheit hilft uns, mit Stress und Herausforderungen besser umzugehen, was wiederum zu einer positiveren Einstellung und einem inneren Gleichgewicht führen kann.

Die Harmonisierung von Körper, Seele und Geist kann uns zu einem Zustand innerer Ruhe und Gelassenheit führen. Wir werden in der Lage sein, uns auf den gegenwärtigen Moment zu konzentrieren, ohne von äußeren Einflüssen übermäßig beeinflusst zu werden. Dies kann uns nicht nur dazu befähigen, bessere Entscheidungen zu treffen, sondern auch zu einem tieferen Verständnis der Welt um uns herum und unserer Rolle darin führen.

Insgesamt bietet die bewusste Integration von Körper, Seele und Geist die Möglichkeit, ein erfüllteres, reicheres und bedeutungsvolleres Leben zu führen, in dem wir uns selbst und die Welt um uns herum besser verstehen.

Körper

Der Körper ist unser physisches Gefäß, das uns ermöglicht, in der Welt zu agieren und zu reagieren. Ein gesunder und ausgeglichener Körper unterstützt mentale Klarheit und emotionales Wohlbefinden. Erste praktische Übungen dazu, bevor wir tiefer einsteigen:

- *Bewegung:* Regelmäßige körperliche Aktivität, sei es durch Sport, Tanz oder Spaziergänge, hält den Körper fit.
- *Ernährung:* Eine ausgewogene Ernährung sorgt dafür, dass der Körper die notwendigen Nährstoffe erhält. Das Bewusstsein für das, was man isst, und die Dankbarkeit für die Nahrung können die Verbindung zum Körper stärken.
- *Entspannung:* Techniken wie progressive Muskelentspannung oder Tiefenatmung können helfen, körperlichen Stress abzubauen.

Seele

Die Seele repräsentiert unsere Emotionen, Wünsche und tiefsten Sehnsüchte. Durch das Verständnis und die Integration unserer emotionalen Welt können wir echten inneren Frieden und Zufriedenheit finden. Erste praktische Übungen dazu:

- *Tagebuch schreiben:* Das Festhalten von Gedanken und Gefühlen kann helfen, Emotionen zu verarbeiten und die Selbstreflexion zu fördern.
- *Kunst und Kreativität:* Malen, Musik oder jede Form kreativen Ausdrucks können eine tiefe Verbindung zur eigenen Seele herstellen.
- *Meditation:* Regelmäßige Meditation kann helfen, die Seele zu beruhigen und einen inneren Raum der Stille und Reflexion zu schaffen.

Geist

Der Geist steht für unser Denken, unsere Vorstellungen und unsere Fähigkeit zur introspektiven Reflexion. Ein geschärfter, fokussierter und offener Geist ermöglicht es uns, tiefer in die Wahrheiten des Lebens einzudringen. Erste praktische Übungen dazu:

- *Lesen, Lernen, Spielen und Rätseln:* Das Streben nach Wissen und Weisheit kann den Geist erweitern. Auch spielerisch können wir einiges für unseren Geist tun.
- *Achtsamkeitsübungen:* Speziell auf Konzentration ausgerichtete Achtsamkeitstechniken können helfen, den Geist zu schärfen.
- *Diskussion und Reflexion:* Der Austausch mit anderen über philosophische und spirituelle Themen kann die geistige Entwicklung fördern.

Zusätzlich zu den oben genannten Übungen kann das Erforschen von Konzepten und Symbolen, die in verschiedenen Kulturen und Religionen mit der Dreiheit assoziiert sind – wie etwa die Trinität im Christentum oder die drei Gunas im Hinduismus –, dazu beitragen, einen tieferen Einblick in die Natur und Bedeutung der Dreiheit von Körper, Seele und Geist zu erlangen.

Indem man sich immer wieder einmal ein wenig Zeit nimmt, jeden dieser drei Aspekte zu betrachten und die Beziehungen zwischen ihnen zu erforschen, kann man eine tiefere Selbstkenntnis und ein umfassenderes Verständnis für das eigene Sein und den eigenen Platz in der Welt entwickeln. Auf den folgenden Seiten werde ich mich eingehend mit diesen drei Dimensionen des Seins beschäftigen. Ich möchte dir vielseitige und in der Praxis erprobte Ansätze zur Entwicklung dieser Dimensionen vorstellen. Es gibt unzählige Möglichkeiten; ich habe einige ausgewählt, die mir besonders sinnvoll erscheinen. Lass dich inspirieren, wähle aus, was dir persönlich nützlich erscheint, und finde die richtige Balance.

In einer Zeit, in der Selbstoptimierung oft als höchstes Gut angesehen wird, vergessen viele den wahren Kern des Lebens. Der ständige Drang nach Perfektion kann dazu führen, dass andere wichtige Lebensaspekte vernachlässigt werden und man sich selbst unrealistische Maßstäbe setzt. Diese Überforderung manifestiert sich oft in Form von Burnout und anderen stressbedingten Erkrankungen. Es ist entscheidend, die Motivation hinter deinem Streben nach Optimierung regelmäßig zu hinterfragen. Frag dich: Tue ich das für mich selbst oder aufgrund äußerer Einflüsse?

Leider wird durch diesen Optimierungswahn oft das Wesentliche vernachlässigt: Das echte Glücksgefühl. Viele versprechen sich durch Selbstoptimierungsmethoden mehr Zufriedenheit, doch die ständige Konzentration auf Verbesserung kann das genaue Gegenteil bewirken. Dabei zeigen Studien, dass gerade bei jüngeren Menschen vermehrt Depressionen oder Angststörungen auftreten.

Es ist unerlässlich, sich Momente der Achtsamkeit zu gönnen: auf den Körper hören, Gefühle zulassen und Gedanken reflektieren. Inmitten des rasanten Optimierungstreibens braucht dein Sein einen Rhythmus der Ruhe – einen bewussten Rückzug, etwa in Form eines „Digital Detox", oder eine Auszeit vom hektischen Alltag.

Denk daran: Es geht nicht darum, jeden vorgeschlagenen Ansatz blindlings zu verfolgen. Das gilt selbstverständlich auch für die Vorschläge in diesem Buch. Vielmehr geht es um ein harmonisches Zusammenspiel von Körper, Seele und Geist. Manchmal kannst du alle drei Aspekte in einer einzigen Aktivität verbinden. Ein Beispiel dafür ist Aikido. In dieser von Ueshiba Morihei begründeten Kampfkunst werden neben dem Körper auch Konzentration, Wachsamkeit und ästhetisches Empfinden vor dem Hintergrund einer am Zen-Buddhismus orientierten Philosophie geschult. Letztlich ist es an dir, den Weg zu gehen, der dir ein ausgeglichenes und erfülltes Leben ermöglicht.

Körper

Gesundheit

Was ist eigentlich Gesundheit? Nach einer Definition der Weltgesundheitsorganisation ist Gesundheit „ein Zustand des vollständigen körperlichen, geistigen und sozialen Wohlergehens und nicht nur das Fehlen von Krankheit oder Gebrechen". Wie können wir einen solchen Zustand erreichen und möglichst lange erhalten?

> *»Wenn die Axt stumpf geworden ist, weil ihr Benutzer sie nicht geschliffen hat, muss er sich doppelt anstrengen. Der Kluge hält sein Werkzeug in Ordnung.«* Prediger 10, 10

Es gibt eine Reihe von Faktoren, die der Gesundheit zuträglich sind:
- Gesunde Chromosomen und Gene – an denen können wir kaum etwas ändern.
- Eine ausgewogene Kost, die reich an Vitaminen, Spurenelementen und Mineralien ist, unterstützt die körperliche Gesundheit
- Eine gesunde, unbelastete natürliche Umwelt
- Ein gesichertes persönliches Umfeld: Wärme, Unterkunft, Hygiene, Kleidung, Geborgenheit, Schutz vor Gefahren, Zuwendung, Fürsorge, etc.
- Intakte und unterstützende Beziehungen, wie eine harmonische Partnerschaft, gute familiäre Bindungen, ein stärkender Freundeskreis und positive Beziehungen zu Arbeitskollegen
- Eine erfüllende Sexualität
- Regelmäßige Entspannung und das Streben nach emotionaler Ausgeglichenheit
- Selbstbestimmte ausgewogene körperliche Bewegung und Betätigung
- Ausreichend Schlaf und ein Wechsel zwischen Phasen der Anspannung und Entspannung
- Gesundheitsförderliche Bedingungen am Arbeitsplatz, die Stress minimieren und physisches wie psychisches Wohlbefinden unterstützen

Der Markt der Meinungen im Bereich der Gesundheit ist übersättigt. Um nicht von all den unterschiedlichen Empfehlungen hin und her geworfen zu werden, sollten wir dieses wichtige Thema selbst in die Hand nehmen und ausgehend von weitgehend gesicherten Erkenntnissen unsere persönliche Gesundheitsstrategie erarbeiten.

> *»Der Körper ist ein physischer Ort, von dem aus die Welt beobachtet werden kann. ... Er ist vollkommen und vollständig, ungeachtet dessen, was Ihr Verstand diesbezüglich denkt. ... Er ist ein Geschenk, das Sie sich selbst gaben um zu genießen und zu sein.«* Ron Smothermon

Was können wir wirklich als gesichert betrachten? Wie finden oder erkennen wir das Richtige für uns? Oft stützen wir uns dabei auf wissenschaftliche Erkenntnisse, obwohl auch diese nicht vor Fehleinschätzungen schützen. Was heute als ultimative Lösung gefeiert wird, könnte morgen schon als überholt gelten. Die Wissenschaft nutzt methodische Verfahren, um sichere und allgemein anwendbare Einsichten zu gewinnen. Dabei bringt sie kontinuierlich neue Ergebnisse hervor, was auch ihrem Wesen entspricht. Ihre Irrtümer, wie fehlerhafte Prognosen zur Harmlosigkeit von Medikamenten und Chemikalien (z.B. DDT) oder zur Gefährlichkeit von Krankheitserregern (Vogelgrippe) nehmen wir meist mit einem Achselzucken hin. Die Wissenschaft hat sich verselbständigt und wächst exponentiell.. Überblick und Kontrolle haben wir längst verloren und in vielen Bereichen unterwerfen wir uns ihrem Urteil ohne Widerstand. In unserer heutigen Kultur gilt oft nur das als real, was wissenschaftlich belegt werden kann. Wissenschaft ist zur ungeprüften Selbstverständlichkeit geworden. Doch der vermeintlich sichere Boden der Wissenschaft schwankt häufig. So war der Aderlass seit der Antike ein bekanntes und bis ins 19. Jahrhundert weit verbreitetes Heilverfahren. Dabei wird dem Patienten eine teilweise nicht unerhebliche Menge Blut entnommen. Heute ist belegt, dass der Aderlass nur bei ganz wenigen Krankheitsbildern z.B. zum Senken des Eisengehaltes im Körper eine positive Wirkung hat. Wenn schon nicht der Wissenschaft, können wir dann zumindest unserer eigenen Intuition vertrauen? Hilft eigenes Nachempfinden wirklich weiter, wenn wir doch durch Programmierungen aus der Kindheit und die Beeinflussungen der Werbung recht manipulationsgefährdet sind. Was nützt es uns darüber nachzudenken, wie wir möglichst viele Vitamine mit unserer Nahrung aufnehmen, wenn sich dann herausstellt, dass wir ohnehin überversorgt sind?
Manche leugnen wissenschaftliche Erkenntnisse komplett und sehen sich nach einfacheren Lösungen. Ein Schutzmechanismus, der uns vor einer unliebsamen oder beängstigenden Realität schützt, indem das zugrunde liegende Problem einfach weggeschoben wird.

Wir können möglicherweise wertvolle Erkenntnisse für ein gesundes Leben gewinnen, indem wir Lebewesen beobachten, die über Jahrmillionen hinweg ihr Verhalten erfolgreich beibehalten haben und die uns genetisch sehr ähnlich sind. Es erscheint plausibel, dass Lebensweisen, die sich über lange Zeiträume bewährt haben, effektiv sind. Sie wären für uns die natürlichste und potenziell gesündeste Option.

Unter den Lebewesen sind insbesondere Primaten für uns von Interesse. Laut Prof. Dr. Colin P. Groves von der Australian National University in Canberra sind Schimpansen unsere nächsten Verwandten, gefolgt von Gorillas, Orang-Utans und Gibbons. Die menschliche Entwicklung vollzog sich äußerst langsam, aber kontinuierlich – beginnend bei Einzellern über einfachere Tiere bis hin zu Primaten und schließlich zum Menschen. Wir sind das Ergebnis dieser langen evolutionären Geschichte und tragen die genetischen Erfahrungen unserer Vorfahren in uns. Anpassungen an neue Lebensbedingungen erfolgen allerdings viel langsamer, als wir es oft wahrnehmen. Die schnelle Entwicklung unserer

Zivilisation hat kaum Raum für evolutionäre Anpassungen gelassen. Das bedeutet, dass wir heute oft Verhaltensweisen an den Tag legen, für die wir biologisch nicht optimiert sind und denen wir uns noch nicht anpassen konnten. Unser Körper mag kurzfristig in der Lage sein, ungewohnte Lebensweisen zu kompensieren, aber eine vollständige genetische und körperliche Anpassung an unsere moderne Welt hat in der zur Verfügung stehenden Zeit nicht stattfinden können.

Es scheint daher wahrscheinlich, dass eine möglichst naturkonforme Lebensweise, wie sie frei lebende Primaten – insbesondere Schimpansen – führen, zu weniger Krankheiten führen könnte. Unser Körper verfügt über eine bemerkenswerte Regenerationsfähigkeit, die viele Gesundheitsprobleme selbst lösen könnte, wenn wir uns an Verhaltensweisen halten, die unserer evolutionären Vergangenheit entsprechen.

Der Tod markiert das Ende unserer Existenz in der uns bekannten physischen Form. Es ist unsere Aufgabe, unsere Gesundheit so weit wie möglich zu bewahren und dieses Ende so weit wie möglich hinauszuzögern. Der Selbsterhaltungstrieb, der Wunsch, zu überleben, treibt uns als Lebewesen an, unsere Lebensbedingungen zu optimieren, uns gegen Angriffe zu verteidigen oder zu fliehen. Der englische Begriff „Survival" fasst dieses Konzept zusammen. Schauen wir uns doch an, was wir daraus lernen können.

Was kannst du neben einer gesunden Lebensweise noch tun?

Eine Garantie für Gesundheit gibt es natürlich nicht. Eine gesunde Lebensweise macht sie nur wahrscheinlicher. Natürlich gibt es äußere Einflüsse, die sich negativ auf deinen Körper auswirken können. Nicht immer bist du mit deinen inneren Abwehrkräften in der Lage, sie zu kompensieren. Du wirst krank und benötigst vielleicht Hilfe.

Welchen Arzt ziehst du zu Rate? Kannst du den „Göttern in Weiß" noch vertrauen, oder sind viele Schulmediziner bereits so in ein System aus Standesdünkel, finanziellen Zwängen, Pharmahörigkeit und mechanistischem Denken verstrickt, dass der Blick für den Menschen hinter der Krankheit verloren gegangen ist? Ich hoffe nicht. Der Ausbildungsweg von Medizinern trägt oft dazu bei, dass abweichende, alternative Ansichten nur hinter vorgehaltener Hand geäußert werden können. Zu beneiden sind die Ärzte jedenfalls nicht, insbesondere wenn man bedenkt, unter welchen Bedingungen Assistenzärzte in Krankenhäusern teils bis zur völligen Erschöpfung arbeiten, und das für ein vergleichsweise geringes Gehalt. Es ist eine Herausforderung, jene medizinischen Edelsteine zu finden, die trotz der rigiden Ausbildungsstrukturen ihr Herz und ihren Verstand bewahrt haben.

Wer schon einmal erlebt hat, wie er von einem medizinischen Spezialisten zum nächsten gereicht wurde und einer Untersuchung nach der anderen folgte, ohne eine klare Diagnose zu erhalten, mag am Gesundheitssystem zweifeln. Generalisten, die Symptome im systematischen Zusammenhang sehen, sind rar. Häufig konzentrieren sich Ärzte aus Zeitgründen nur auf die Themen ihres Spezialgebiets, während andere Beschwerden unbeachtet bleiben.

Patienten, die komplexe Symptome schildern, werden im besten Fall nur freundlich belächelt. Selten findet sich jemand, der sich ernsthaft damit auseinandersetzt. Das ist bedauerlich und ein guter Grund, dich selbst bestmöglich zu informieren. „Was nicht noch alles", magst du jetzt denken. Doch es geht um das vielleicht Wichtigste in deinem Leben: deine Gesundheit! Selbstverantwortung ist hierbei der Schlüssel.

Es ist empfehlenswert, deine Erste-Hilfe-Kenntnisse regelmäßig aufzufrischen und dir zumindest grundlegende Heilkenntnisse anzueignen, etwa über Hausmittel und Kräutertherapie. In diesem Zusammenhang sei das Buch „Die Meisterkräutertherapie – Die 24 kostbaren Kräuter aus Europa und ihr Nutzen in der Volksheilkunde" von Wolfgang Schröder und Monika Müller-Lochner empfohlen. Es bietet Therapeuten und auch interessierten Laien vielfältige Ansätze zur Verbesserung ihrer gesundheitlichen Situation.

Zusätzlich ist es wichtig, regelmäßige Vorsorgeuntersuchungen nicht zu vernachlässigen. Vorsorge kann viele Krankheiten frühzeitig erkennen oder sogar verhindern. Jährliche Check-ups, Impfungen und Screening-Tests spielen eine entscheidende Rolle, um langfristig gesund zu bleiben. Informiere dich bei deinem Arzt über individuell empfohlene Vorsorgemaßnahmen, die auf dein Alter, dein Geschlecht und deine persönliche Gesundheitsgeschichte abgestimmt sind. Durch proaktive Vorsorge und die Anwendung natürlicher Heilmethoden kannst du einen umfassenden Ansatz zur Erhaltung deiner Gesundheit verfolgen.

Licht

Licht steuert die Zyklen der Natur und unseren Tagesrhythmus. Es wird sowohl über die Augen als auch über die Haut aufgenommen. An einem sonnigen Sommertag fühlen wir uns meist fröhlicher und aktiver als an trüben Herbsttagen. Viele Menschen verbringen jedoch den Großteil ihres Tages in Gebäuden unter künstlichem Licht, was besonders im Herbst und im Winter zu Müdigkeit und Konzentrationsschwäche führt. Ärzte der Antike erkannten bereits den Zusammenhang zwischen Licht und Gemütslage und nutzten Licht als Therapie. Doch erst seit etwa 20 Jahren ist die Winterdepression – auch saisonal abhängige Depression (SAD) genannt – als Krankheitsbild anerkannt und wird wissenschaftlich erforscht.

In Skandinavien, wo solche Depressionen häufiger auftreten, unterstützt eine Kultur des Gesundheitsbewusstseins und der Bewegung die Stimmung und wirkt saisonalen Depressionen entgegen. Auch in Deutschland leiden etwa neun Prozent der Bevölkerung unter Winterdepressionen, wobei Frauen dreimal häufiger betroffen sind als Männer. Lange haben Architekten den Einfluss von Tageslicht in Büro- und Gewerbebauten unterschätzt, doch Studien zeigen, dass mangelndes Tageslicht am Arbeitsplatz zu verschiedenen Befindlichkeitsstörungen führt. Heute ist bekannt, dass optimales Tageslicht die Leistungsfähigkeit am Arbeitsplatz steigert.

Tageslicht unterscheidet sich in vielen Eigenschaften von künstlichem Licht. Die Sonne erzeugt im Freien Beleuchtungsstärken von etwa 5.000 Lux an trüben Wintertagen bis über 100.000 Lux an klaren Sommertagen. Künstliche Lichtquellen erreichen hingegen typischerweise nur eine Beleuchtungsstärke von 100 bis 1.500 Lux. Im Gegensatz zu künstlichem Licht, das eine gleichbleibende Intensität hat, bietet Tageslicht aufgrund seiner unterschiedlichen Helligkeitsstufen eine variierende Stimulierung. Um das Tageslicht in Wohnungen oder Büros optimal zu nutzen, empfiehlt sich der Einsatz von farbneutralem, unbeschichtetem Glas für Fenster. Zudem gibt es für Büros moderne Beleuchtungssysteme, die Tageslicht imitieren, um ähnliche positive Effekte wie natürliches Licht zu erzielen.

Lichttherapie ist ein inzwischen auch von der wissenschaftlichen Medizin anerkanntes Verfahren zur Behandlung verschiedener Erkrankungen, vor allem von Depressionen und den damit oft verbundenen Schlafstörungen. Dazu schaut der Patient für etwa 20 bis 60 Minuten in eine helle Tageslichtquelle (z.B. Lichttherapie-Lampe Innosol „Mesa"). Wird die Lichttherapie unmittelbar nach dem morgendlichen Aufwachen angewandt, also möglichst früh am Tag, so wird die Produktion von Melatonin beendet bzw. Melatonin wird abgebaut und es kommt zu einem positiven Stimmungsumschwung. Für die Lichttherapie ist das natürliche Sonnenlicht oder ein dem Sonnenlicht nachempfundenes helles Licht einer Lampe am besten geeignet.

Wie sorgen wir also in Sachen Licht möglichst gut für unsere Gesundheit? Eigentlich ganz einfach: Natürliches Licht bewusst genießen, das übliche künstliche Licht wo immer es geht durch tageslichtähnliche Beleuchtung ersetzen und möglichst früh auch an bedeckten Tagen ins Freie gehen. Je mehr unserer Haut Licht bekommt, um so besser.

Handlungsempfehlung
- Suche dir an einem sonnigen, aber nicht zu heißen Tag einen Platz in der Natur. Setze dich, schließe die Augen, wende dein Gesicht (ohne direkt in die Sonne zu sehen) zur Sonne und genieße die Wärme auf deiner Haut. Atme tief ein und aus, entspanne dich und lasse beim Ausatmen alle Sorgen los. Stelle dir vor, wie das Sonnenlicht deinen Körper reinigt und stärkt. Bleibe so entspannt für mindestens fünf Minuten.
- Versuche, morgens nach dem Aufwachen so viel Tageslicht wie möglich zu absorbieren – setze dich ans Fenster, gehe nach draußen oder mache einen Spaziergang. Dies hilft, deinen Tag-Nacht-Rhythmus zu regulieren und fördert die Wachheit, indem es die Melatoninproduktion verringert.
- Unternimm täglich einen Spaziergang im Freien, idealerweise zur sonnenreichsten Zeit. Die Kombination aus Bewegung und natürlichem Licht kann deine Stimmung verbessern und dir mehr Energie verleihen.

Bewegung

Es klingt reichlich paradox, wenn wir uns einerseits durch die ganze Welt bewegen, dabei aber gleichzeitig unter Bewegungsmangel leiden. Nichts dominiert unseren Alltag so sehr wie das Sitzen: Wir sitzen morgens am Frühstückstisch, sitzen im Büro, im Auto und wenn wir abends nach Hause kommen vor dem Fernseher. Wenn wir sitzen, bewegen sich unsere Muskeln nicht, wir verbrennen keine Energie und der Stoffwechsel wird behindert. Ständiges Sitzen und die eingeschränkte Körperhaltung beim Arbeiten am Computer verursachen Verspannungen und Schmerzen. Nach über einem Vierteljahrhundert Computertätigkeit spreche ich da aus leidvoller Erfahrung. „Wer rastet, der rostet." – nichts Neues, aber dennoch wahr.

Rein körperlich entsprechen wir immer noch dem Typus des Jägers und Sammlers, bei dem regelmäßige Bewegung ganz normal war. Unsere frühen Vorfahren legten auf ihren Sammel- und Jagdtouren täglich rund 15 Kilometer zurück. Dabei haben sie sich ganz unterschiedlich bewegt: vom strammen Laufen, um ein Ziel zu erreichen, über das vorsichtige Anschleichen bis zum kurzen Sprint oder zum Kampf. Eine häufig gehörte Empfehlung, täglich 10.000 Schritte zu gehen, stammt aus Japan und geht auf eine Marketingkampagne der 1960er Jahre zurück. Der japanische Hersteller von Schrittzählern, Yamasa Tokei, entwickelte damals eine Schrittzähleruhr namens „Manpo-Kei", was übersetzt so viel wie „10.000-Schritte-Uhr" bedeutet. Der Name wurde gewählt, um die Idee zu fördern, dass Menschen täglich 10.000 Schritte gehen sollten, um gesund zu bleiben. Der heutige Büromensch bringt es allerdings meist auf nicht einmal einen Kilometer...

Nun könnte man mit einer gewissen Berechtigung sagen: Na und? Tiere treiben doch auch keinen Sport. Warum sollten wir das tun? Eigentlich ist ja in der Natur alles darauf ausgelegt, Energie zu sparen und möglichst effizient einzusetzen. Warum soll das für uns nicht gelten? Warum ist der Mensch da so anders, wenn er doch Teil der Natur ist? Je natürlicher die eigene Lebensweise, umso weniger ist Sport ein Thema. Die wenigsten Naturvölker treiben Sport, um fit zu bleiben – höchstens, um sich im Wettbewerb zu messen. Sonst verbringen sie die Zeit auch sehr gerne mit Entspannen und Nichtstun. Doch unsere „zivilisierte" Lebensweise zwingt die meisten zum Stillsitzen oder zu einseitiger körperlicher Tätigkeit. Da ist nichts mit Bewegungsvielfalt. Entweder man ändert seine Tätigkeit oder findet einen Ausgleich.

Es geht also darum, sich mehr und öfter zu bewegen. Und das möglichst auch während der Arbeitszeit. Es macht nicht zuletzt für Unternehmer Sinn, bereits bei der Planung eines Büros darüber nachzudenken, wie man die Beweglichkeit der Menschen im Arbeitsablauf fördern kann, ohne dass die Arbeitseffizienz darunter leidet. Gesundheitsfördernde Maßnahmen sowie die Beweglichkeit fördernde Arbeitsbedingungen erhöhen nicht nur die Leistungsbereitschaft, sondern wirken sich auch positiv auf das Betriebsklima aus. „Ein gesunder

Körper ist die beste Grundlage für einen gesunden Geist" – getreu diesem Motto setzt auch SAP auf ein möglichst breites Bewegungsangebot für die Mitarbeiter. Dazu gehören umfangreiche Angebote wie Fitnesskurse, Sportvereine und spezielle Veranstaltungen, die auf die körperliche Gesundheit abzielen. Auch die ergonomische Gestaltung der Arbeitsplätze wird großgeschrieben, um eine gesunde Arbeitsumgebung zu fördern.

Eine Studie von Adams Consulting für Plantronics zeigt, dass man als Büroangestellter täglich etwa zwei Stunden für das Schreiben von E-Mails aufwendet. Dabei verbrennt man rund 150 kcal. Wenn man jedoch vermehrt Telefonate über ein schnurloses Headset führt und sich dabei bewegt, kann man nicht nur die Anzahl der E-Mails reduzieren, sondern auch Entscheidungsprozesse beschleunigen, den Stresspegel senken und zusätzliche Kalorien verbrennen.

Wie wäre es mit einem Stehpult, an dem du einige Aufgaben ausführst? Oftmals fällt konzeptionelle Arbeit handschriftlich leichter. Fördere deine Kreativität und schone deinen Rücken, indem du zwischendurch stehend arbeitest. Freiheit im Büro bedeutet auch Bewegungsfreiheit. Das heißt aufzustehen, zu gehen und zu stehen – und dennoch produktiv zu sein.

Sport um jeden Preis? Nein. Das Ziel ist, deinem Körper durch angemessene Bewegung zu mehr Gesundheit zu verhelfen, und nicht unbedingt, Höchstleistungen zu erzielen. Wenn du regelmäßig und entspannt trainierst, wirst du schon bald eine Leistungsfähigkeit erreichen, die du dir früher nicht vorstellen konntest. Allerdings können zu schnelle Fortschritte im Ausdauertraining auch Risiken bergen. Während Muskeln und Organe sich schnell anpassen, tun das Knochen, Sehnen und Bänder langsamer. Daher könntest du nach einigen Trainingswochen Verletzungen riskieren. Hier Tipps, um das zu verhindern:

- Überfordere dich nicht. Das ideale Training lässt dich mit dem Gefühl zurück, dass du noch weitermachen könntest.

- Wärme dich zuerst gut auf, bevor du dich dehnst und das eigentliche Training startest.

- Variiere im Ausdauertraining zwischen verschiedenen Sportarten wie Laufen, Walken, Wandern, Schwimmen, Radfahren und Ballspielen.

- Bei Übergewicht solltest du zu Beginn nicht zu viel laufen, um deine Gelenke zu schonen. Starte lieber mit Schwimmen und Radfahren.

- Nimm Schmerzen ernst. Besonders geeignet sind Laufen, Schwimmen, Radfahren und harmonische Übungen wie Tai Chi oder Qi Gong.

- Und auch regelmäßiger Sex kann sich positiv auf deine Gesundheit auswirken. Er belebt nicht nur, sondern wirkt auch blutdrucksenkend. Studien zeigen, dass allein das Streicheln den Cortisol-Spiegel bei Frauen senken kann, was den Blutdruck positiv beeinflusst. Laut Forschern der Universität Edinburgh kann regelmäßiger Sex sogar das äußere Erscheinungsbild alterungsbedingt mindern, da das Herz dabei mehr Blut und Sauerstoff pumpt, wodurch das Gewebe besser mit Nährstoffen versorgt wird.

Trainieren mit dem eigenen Körpergewicht

Selbstständiges Training mit dem eigenen Körpergewicht ist eine effektive Möglichkeit, die Fitness zu verbessern. Hier sind fünf Übungen, die du ohne zusätzliche Ausrüstung durchführen kannst:

- **Kniebeugen** sind eine effektive Übung für die Beinmuskulatur, insbesondere die Oberschenkel und den Po. Stelle deine Füße schulterbreit auseinander und senke deinen Körper ab, als ob du dich auf einen unsichtbaren Stuhl setzen würdest. Achte darauf, dass deine Knie nicht über deine Zehenspitzen hinausragen. Drücke dich dann wieder nach oben, um in die Ausgangsposition zurückzukehren. Wiederhole die Bewegung mehrmals.
- Der **Unterarmstütz (Plank)** ist eine gute Übung, um Bauchmuskulatur und Rumpfstabilität zu stärken. Du stützt dich so auf deine Unterarme, dass sich deine Ellenbogen genau unter deinen Schultern befinden. Außer deinen Unterarmen haben nur noch deine Fußballen und Zehen Kontakt zum Boden. Deine Beine, dein Rücken und dein Hals bilden eine gerade Linie. Die Füße stehen eng zusammen. Spanne Bauch- und Gesäßmuskeln an. Halte diese Position so lange wie möglich und steigere nach und nach die Haltezeit.
- **Liegestütze** eignen sich besonders zur Stärkung der Brustmuskulatur, der Schultern und der Arme. Beginne in der hohen Plank-Position. In dieser Position stützt du dich auf deine Hände, die direkt unter deinen Schultern platziert sind, während deine Füße zusammen auf den Zehenspitzen stehen. Senke deinen Körper kontrolliert ab, bis deine Brust fast den Boden berührt, und drücke dich dann wieder nach oben. Führe so viele Wiederholungen durch, wie du schaffst, um deine Oberkörperkraft zu verbessern.
- **Ausfallschritte** zielen auf die Oberschenkelmuskulatur, den Po und die Waden ab. Stehe aufrecht und mache mit einem Bein einen großen Schritt nach vorne. Beuge beide Knie, bis das vordere Knie im rechten Winkel steht und das hintere Knie fast den Boden berührt. Drücke dich dann mit der vorderen Ferse ab und bringe das hintere Bein wieder nach vorne. Wechsle die Beine ab und wiederhole die Bewegung.
- **Liegestützsprünge (Burpees)** sind eine intensive Ganzkörperübung, die Kniebeuge, Liegestütz und Strecksprung kombiniert. Sie verbessern Ausdauer, Kraft und Koordination. Beginne in einer hüftbreiten Standposition mit nach vorne zeigenden Zehen. Gehe in die Hocke und stütze dich mit schulterbreit auseinanderliegenden Händen auf dem Boden ab. Springe zurück in die Liegestützposition und führe einen Liegestütz aus. Spring dann mit den Füßen wieder nach vorn in die Hocke und beende die Übung mit einem ex-

plosiven Sprung nach oben, die Arme über dem Kopf ausgestreckt. Lande hüftbreit und wiederhole die Bewegung in einem fließenden Ablauf.

Diese fünf Übungen bieten eine gute Grundlage, um die Fitness mit dem eigenen Körpergewicht zu verbessern. Achte darauf, dass du die Übungen korrekt ausführst und deine Grenzen respektierst. Beginne mit einer Anzahl von Wiederholungen oder einer Zeit, die für dich angemessen ist – dazu ist auch das Buch „Fit ohne Geräte" von Mark Lauren sehr empfehlenswert.

Weitere effiziente Möglichkeiten, um fit zu werden oder zu bleiben, ganz ohne teures Fitnessstudio und mit wenig Zeitaufwand:

Intervalltraining nach Izumi Tabata

1996 verglich der japanische Wissenschaftler Dr. Izumi Tabata sechs Wochen lang zwei Sportlergruppen. Ein führte fünf Mal die Woche eine Stunde lang ein Ausdauertraining durch. Die andere trainierte fünf Mal die Woche ein spezielles Intervalltraining über acht Sprints von je 20 Sekunden mit 10 Sekunden Pause. Die Gruppe, die das Intervalltraining absolvierte, hatte eine 14%ige Zunahme der aeroben und eine 28%ige Zunahme der anaeroben Sauerstoffkapazität. Deutlich mehr als die Vergleichsgruppe (9%/0%).

Das war die Geburt des Tabata-Trainings oder auch High-Intensity-Interval-Trainings (HITT). Es wurde vor allem entwickelt, um die Leistung von Olympia-Speedskatern zu verbessern. Als Ergebnis des regelmäßigen intensiven Intervall-Trainings stellten unterschiedliche Forschungsgruppen eine rasch verbesserte Leistungsfähigkeit fest. Voraussetzung für den Erfolg ist, sich in den 20-Sekunden-Intervallen voll auszupowern. Das ist für viele allerdings schwierig umzusetzen, weil man sich am eigenen Limit bewegt. Es gibt übrigens spezielle Apps (Interval-Timer bzw. HIIT-Timer) um den zeitlichen Ablauf akustisch anzeigen zu lassen.

Das Hauptmerkmal des Tabata-Trainings ist sein intensiver und kurzer Ansatz, der darauf abzielt, sowohl die aerobe als auch die anaerobe Leistungsfähigkeit zu steigern.

Hier ist der grundlegende Ablauf eines Tabata-Workouts:

1. *Aufwärmen:* Beginne mit einem moderaten Aufwärmen von 5-10 Minuten, um deinen Körper auf die bevorstehende Intensität vorzubereiten.
2. *Arbeitsintervall:* Führe die gewählte Übung (z.B. Seilspringen, Kniebeugen, Liegestütze, Klimmzüge z.B. an Tischplatte, Sprint) mit maximaler Intensität für 20 Sekunden aus. Dies bedeutet, dass du während dieser Zeit alles gibst, was du hast, um so viele Wiederholungen wie möglich zu erreichen.
3. *Ruheintervall:* Ruhe für 10 Sekunden. Diese kurze Ruhephase ist ein charakteristisches Merkmal des Tabata-Trainings.

4. *Wiederholungen:* Wiederhole die Arbeits- und Ruheintervalle insgesamt 8 Mal, sodass ein kompletter Tabata-Zyklus 4 Minuten dauert.
5. *Abkühlen:* Beende dein Training mit einem 2 Minuten Abkühlen und Dehnen. Geh aber erst mal langsam vor und beobachte deinen Puls! Die maximale Pulsfrequenz sollte 220 minus dein Lebensalter nicht überschreiten (wenn du also 53 Jahre alt bist, sollte dein Puls beim Training maximal 167 erreichen).

Das Tabata-Training ist sehr intensiv und nicht für jeden geeignet, insbesondere nicht für Anfänger oder Personen mit gesundheitlichen Bedenken. Die Übungen können variieren – von Kniebeugen, Burpees und Liegestützen bis hin zu Sprinten und Radfahren – solange sie mit hoher Intensität ausgeführt werden können.

Wenn du planst, Tabata oder ein anderes High-Intensity-Interval-Training auszuprobieren, konsultiere am besten einen Fitnessexperten oder deinen Arzt, um sicherzustellen, dass es für dich sicher ist.

Kettlebell-Training

Wer wenig Zeit fürs Training hat und nur eine einzige Übung machen möchte, sollte den „Kettlebell Swing" ausprobieren. Diese Übung ist eine dynamische Ganzkörperbewegung, die Kraft, Ausdauer und Koordination trainiert. Hier ist eine Beschreibung, wie man den Kettlebell Swing richtig ausführt:

- Beginne mit einer Kettlebell auf dem Boden vor dir. Stelle dich mit den Füßen etwas weiter als schulterbreit auseinander hin und beuge die Knie leicht.
- Greife die Kettlebell mit beiden Händen und halte sie fest. Die Hände sollten ungefähr schulterbreit auseinander sein und die Handflächen sollten zum Körper zeigen.
- Gehe in die Ausgangsposition, indem du deine Hüfte nach hinten schiebst, deinen Oberkörper leicht nach vorne neigst und deine Arme zwischen den Beinen hältst. Deine Knie sollten leicht gebeugt sein.
- Mit einem explosiven Schub aus den Hüften und dem unteren Rücken, schwingst du die Kettlebell nach vorne, während du deine Hüfte nach vorne schiebst. Achte darauf, dass der Schwung hauptsächlich aus der Hüfte kommt und nicht aus den Armen.
- Wenn die Kettlebell auf dem Höhepunkt des Schwungs ist, spanne deine Gesäß und Bauchmuskeln an und halte deinen Körper in einer aufrechten Position.
- Lasse die Kettlebell zurück zwischen deine Beine schwingen und gehe nahtlos in die nächste Wiederholung.

Es ist wichtig, während der Ausführung des Kettlebell Swings auf die richtige Technik zu achten:

- Halte deinen Rücken gerade und vermeide ein übermäßiges Runden oder Hohlkreuzen.

- Vermeide, dass deine Arme während des Schwungs übermäßig gestreckt oder gebeugt werden.
- Fokussiere dich auf das Anspannen der Gesäß- und Bauchmuskeln, um eine stabile Körperhaltung zu gewährleisten.
- Arbeite mit einem Gewicht, das du kontrolliert bewegen kannst, um Verletzungen zu vermeiden.

Der Kettlebell Swing ist eine dynamische Übung, die viele Muskelgruppen, einschließlich der Hüft-, Gesäß-, Oberschenkel- und Rückenmuskulatur, anspricht. Es ist wichtig, diese Übung mit der richtigen Technik zu erlernen und zu praktizieren, um maximale Effektivität und Sicherheit zu gewährleisten.

Den inneren Schweinehund überwinden

Ich will ganz ehrlich sein: Ich mag keinen Sport. Ich mag die damit verbundene Anstrengung nicht. Ich mag den Zeitaufwand nicht. Ich mag die vermeintlich unproduktive Energieverschwendung nicht. Es ist meiner Meinung nach auch völlig in Ordnung, so zu empfinden – nicht jeder ist ein Sportfan. Aber ich sehe ein, dass Bewegung sinnvoll ist und der Gesundheit dient. Vielleicht geht es dir auch so? Was tun? Wie kann man den eigenen Schweinehund überwinden?

Es ist hilfreich, wenn man die positiven Seiten von Bewegung anerkennt und nach Möglichkeiten sucht, sich dennoch zu bewegen. Hier einige Tipps, wie du deinen inneren Schweinehund überwinden und Bewegung in deinen Alltag integrieren kannst:

- Anstatt dich mit einer Stunde intensivem Training zu überfordern, beginne mit kurzen Aktivitätseinheiten. Selbst 5-10 Minuten tägliche Bewegung können einen Unterschied machen.
- Wenn du keine Zeit für eine lange Trainingseinheit hast, teile sie in kleinere Einheiten auf den Tag verteilt.
- Alltagsaktivitäten als Training: Nutze die Treppe statt des Aufzugs. Gehe zu Fuß oder fahre mit dem Fahrrad zu nahegelegenen Zielen. Parke weiter weg von deinem Ziel, um ein paar Schritte mehr zu gehen.
- Finde Aktivitäten, die du magst. Handwerken, Tanzen, Gartenarbeit oder Spaziergänge können auch als Bewegung gelten. Werde aktiver – weg vom Schreibtisch…
- Treffe dich mit Freunden zu gemeinsamen Ausflügen oder Aktivitäten. Das soziale Element kann motivierend sein und macht Spaß.
- Setze dir kleine, erreichbare Ziele und belohne dich, wenn du sie erreichst.
- Schreibe in dein Tagebuch, wann und wie du dich bewegt hast. Das kann helfen, Fortschritte zu sehen und dich zu motivieren.
- Bewegung in den Alltag integrieren: Nutze Stehpulte oder geh während Telefongesprächen spazieren.

- Für mehr Bewegung im Alltag kannst du Fitness-Apps und Fitnesstracker (Wearables) nutzen. Sie erinnern dich regelmäßig daran, aktiv zu sein und geben dir Rückmeldung über deine Fortschritte.
- Oft ist die Verpflichtung zu einem bezahlten Kurs oder einer Gruppenaktivität eine starke Motivation.
- Kaufe dir bequeme Sportkleidung oder gute Sportschuhe, die du gerne trägst. Manchmal kann eine neue Ausrüstung motivieren.
- Wenn du dich nicht motiviert fühlst, erinnere dich daran, warum du angefangen hast. Denk an die gesundheitlichen Vorteile und wie gut du dich nach der Bewegung fühlst.

Schlussendlich ist es wichtig, zu erkennen, dass Bewegung nicht gleich intensiver Sport ist. Es geht darum, einen Weg zu finden, sich regelmäßig zu bewegen, der zu deinem Lebensstil und deinen Vorlieben passt. Mit der Zeit wird es zur Gewohnheit, und du wirst vielleicht sogar beginnen, es zu genießen!

Nachdem wir uns grundsätzlich mit dem Thema Gesundheit auseinandergesetzt haben und uns verschiedene Möglichkeiten angeschaut haben, wie man seinem Körper etwas Gutes tun und mehr Bewegung in den Alltag integrieren kann, wenden wir uns nun einem Thema zu, das auf den ersten Blick vielleicht extrem erscheint: dem Survival.

Die Fähigkeiten, die wir im Sport erlernen – wie Ausdauer, Kraft und Koordination – sind auch grundlegend für das Überleben in Notsituationen. Survival beschäftigt sich darüber hinaus mit der Befriedigung grundlegender physischer Bedürfnisse, die über die alltägliche Fitness hinausgehen. Dazu zählen nicht nur die Sicherstellung von Luft, Schutz und Wärme, sondern auch der Zugang zu sauberem Wasser und Nahrung, die Fähigkeit zur Orientierung in unbekanntem Terrain, die Selbstbehauptung gegenüber Gefahren sowie effektive Selbstverteidigungstechniken und die Vorsorge für unvorhergesehene Ereignisse.

Diese Fertigkeiten sind in extremen Situationen lebensrettend, können aber auch im Alltag unsere Resilienz und Selbstsicherheit stärken. Im folgenden Kapitel werden wir deshalb erkunden, wie man diese essenziellen Survivaltechniken erlernen und anwenden kann, um in jeder Situation gut vorbereitet zu sein.

„The 7 P's – Proper Prior Planning Prevents Piss Poor Performance«
Merksatz, den Pferdeprofi Bernd Hackl (berndhackl.de) gern zitiert

Survival – Überlebenswissen nicht nur für den Notfall

Während die Medizin im Idealfall darauf abzielt, die Selbstheilungskräfte unseres Körpers zu stärken und körperliches Training für grundlegende Fitness sorgt, ist die „Kunst zu überleben" das, was hilft, wenn es wirklich ernst wird. Survival – was hat das mit Lebens- und Unternehmensführung zu tun? Benötigt man so ein Wissen heute überhaupt? Ist das nicht eher etwas für Spinner? Meiner Meinung nach ganz und gar nicht. Es gehört zum sorgfältigen Umgang mit seinem Körper dazu, sich auch in Situationen außerhalb der Komfortzone zurechtzufinden. Und hilfreich ist es allemal, denn jeder Wanderer kann von einem Gewitter oder anderen Unwägbarkeiten im Freien überrascht werden. Leicht hat man eine Tagesetappe unterschätzt, und das geplante Ziel kann nicht mehr erreicht werden. Wenn es draußen in der Natur regnet, regnet es eben. Da kann man nicht im Smartphone nach einer Lösung suchen, sondern muss mit den zur Verfügung stehenden Mitteln zurechtkommen. Hier sind Improvisationstalent und Know-how gefragt.

Und auch für Menschen, die sich eher selten in der Natur bewegen, kann es hilfreich sein, auf Katastrophen wie Hochwasser und Sturm oder auch einen industriellen Störfall ein wenig vorbereitet zu sein. Dass so etwas schnell passieren kann, haben uns Tschernobyl, das Oderhochwasser, die Explosion der Düngemittel-Fabrik in Toulouse und der Zusammenbruch des Stromnetzes in Europa im November 2006 deutlich gezeigt. Wer heute die Flüchtlingsströme sieht, weiß, was alles geschehen kann. Vorsorge und Survival-Know-how als Lebensversicherung. Aktuelle Beispiele sind die „Jahrhunderthochwasser" im Sommer 2021 und Frühsommer 2024, die zahlreiche Orte überschwemmten, stark beschädigten und wieder die Relevanz guter Vorbereitung und schneller Reaktion deutlich machten.

> *»Realität ist das, was nicht verschwindet,*
> *wenn du aufhörst daran zu glauben.«* Philip Kindred Dick

Survivaltechniken können in vielen realen Krisensituationen äußerst hilfreich sein, um das Überleben zu sichern und die Chancen auf Rettung zu erhöhen. Hier sind einige Beispiele:

Personen, die sich in unbekanntem Terrain verirrt haben und ohne Nahrung, Wasser und Schutzmittel feststecken, könnten von Survivaltechniken wie dem Bau eines Unterschlupfs, dem Finden und Reinigen von Wasserquellen, dem Entzünden von Feuer für Wärme und Kochen sowie dem Identifizieren essbarer Pflanzen und Insekten profitieren, um zu überleben, bis Hilfe eintrifft.

Bei Naturkatastrophen wie Erdbeben, Überschwemmungen oder Stürmen können Infrastrukturen zerstört werden, wodurch Menschen von der Zivilisation abgeschnitten sind. Hier könnten Überlebensfähigkeiten wie Erste Hilfe, der Bau temporärer Notunterkünfte und die Kenntnis der besten Routen zur Sicherheit überlebenswichtig sein.

Menschen, die in entlegenen Gebieten nach einem Autounfall gestrandet sind, könnten Survivaltechniken anwenden, um Wasser zu finden, ein Signalfeuer zu entzünden, sich gegen Witterungseinflüsse zu schützen und Nahrung zu finden, bis Rettungskräfte eintreffen.

Auch in städtischen Gebieten können Katastrophen wie lange Stromausfälle, Überschwemmungen oder Brände Menschen von den üblichen Versorgungsmitteln abschneiden. Hier könnten Survivaltechniken wie Wasseraufbereitung, Notfallverpflegung, Sicherung des Wohnraums und Selbstverteidigung hilfreich sein.

Diese Beispiele verdeutlichen, dass Survivaltechniken in verschieden Krisensituationen überlebenswichtig sein können, unabhängig davon, ob sie in der Wildnis oder in zivilisierten Gebieten auftreten. Die Kenntnis grundlegender Survivaltechniken kann einen entscheidenden Unterschied zwischen Leben und Tod machen und die Chancen auf eine sichere Rückkehr nach Hause erhöhen.

Es gibt also überzeugende Argumente dafür, dass Survivaltraining und -wissen auch in der heutigen zivilisierten Gesellschaft wertvoll sein können:

- *Unvorhergesehene Situationen:* Man kann nie sicher wissen, wann man in eine unerwartete Überlebenssituation geraten könnte. Dies kann aufgrund von Naturkatastrophen, Verirren in der Wildnis oder anderen unerwarteten Ereignissen geschehen. Grundkenntnisse in Überlebenstechniken können in solchen Fällen lebensrettend sein.
- *Persönliche Entwicklung:* Das Erlernen von Überlebenstechniken kann das Selbstbewusstsein und die Fähigkeit stärken, in stressigen Situationen ruhig zu bleiben und logisch zu denken.
- *Verbindung zur Natur:* Überlebenstraining kann auch dazu beitragen, ein tieferes Verständnis und eine Wertschätzung für die Natur zu entwickeln. Das Überlebenstraining lehrt uns, wie man natürliche Ressourcen nutzt und schätzt.
- *Physische und mentale Fitness:* Das Training kann eine hervorragende Möglichkeit sein, fit zu bleiben, sowohl physisch als auch mental. Die Aktivitäten sind oft herausfordernd und verlangen, körperlich aktiv zu sein und kritisch zu denken.
- *Vorbereitung auf Notfälle:* In Zeiten politischer Instabilität, Naturkatastrophen oder sogar globaler Pandemien kann das Wissen um grundlegende Überlebensfertigkeiten von unschätzbarem Wert sein.
- *Reisen und Outdoor-Aktivitäten:* Für Menschen, die gerne wandern, campen oder andere Outdoor-Aktivitäten unternehmen, kann Survivaltraining nützlich sein, um sicherzustellen, dass sie auf unerwartete Situationen vorbereitet sind.
- *Pädagogischer Wert:* Überlebenstraining kann gerade jungen Menschen wichtige Lebensfähigkeiten vermitteln, einschließlich Problemlösung, Teamarbeit und Durchhaltevermögen.

Survivalkenntnisse können für kritische Situationen im Leben hilfreich sein. Aber bringen sie auch etwas als Unternehmer und Führungskraft? Nun, laut einer Kienbaum-Studie von

1995 sind es Kernkompetenzen wie Mut und Risikobereitschaft, Begeisterungsfähigkeit und Kooperationsfähigkeit, geistige Flexibilität und Kreativität, die über den Führungserfolg von Managern entscheiden. Alles Kompetenzen, die beim Survivaltraining gefördert werden. Wer auf extreme Situationen gelassener reagieren kann, wer in schwierigen Lagen mit einfachen Mitteln Auswege findet, der hat auch die Selbstsicherheit, die es manchmal braucht, um im Bürodschungel als Führungskraft zu überleben.

In Survivaltrainings ist oft Teamarbeit gefragt, wobei die Teilnehmer gemeinsam Strategien entwickeln und Probleme lösen müssen. In solch einer Umgebung haben einige natürliche Führungseigenschaften die Möglichkeit, sich zu entfalten. Durch die Übernahme von Verantwortung für bestimmte Aufgaben oder Situationen entwickeln die Teilnehmer Führungsqualitäten wie Entscheidungsfähigkeit, Kommunikationsgeschick und das Talent, andere zu motivieren. Diese Erfahrungen formen nicht nur gute Teamspieler, sondern auch charismatische und effektive Führungspersönlichkeiten.

Die Konfrontation mit den Grenzen der eigenen Komfortzone verschafft einem einen enormen Vorteil, sollte man tatsächlich einmal in Bedrängnis geraten. Indem man Situationen meistert, die man zuvor für unüberwindbar hielt, entwickelt man ein gestärktes Selbstbewusstsein und Selbstvertrauen. Die Überwindung von Ängsten und Hindernissen fördert ein tieferes Verständnis der eigenen Fähigkeiten und Grenzen. Dieses gewonnene Selbstvertrauen überträgt sich auch auf den Alltag, da man ein neues Gefühl der Entschlossenheit und Unabhängigkeit entwickelt.

Oft haben Menschen Talente und Fähigkeiten, die sie selbst nicht erkennen oder nicht genug nutzen. Das Survivaltraining fördert die Entdeckung verborgener Potenziale. Wenn Trainingsteilnehmer mit Herausforderungen konfrontiert sind, müssen sie kreativ und innovativ denken, um Lösungen zu finden. Dies kann zu überraschenden Erkenntnissen führen und unentdeckte Fähigkeiten offenbaren. Diese Erkenntnisse können nicht nur das Selbstbewusstsein stärken, sondern auch die berufliche und persönliche Entwicklung beflügeln.

Sinnvolle Vorsicht oder unbegründete Angst?

Häufig wird Menschen, die sich mit Survivaltechniken oder Prepping beschäftigen, vorgeworfen, paranoid zu sein. Doch kann man durchaus zwischen sinnvoller Vorsorge und irrationaler Furcht unterscheiden. Einige Schlüsselmerkmale, können helfen, sie voneinander zu unterscheiden:

- Sinnvolle Vorsicht basiert auf einer realistischen Einschätzung von Risiken. Es beruht auf fundierten Informationen und Fakten, die darauf hinweisen, dass eine bestimmte Situation ein gewisses Risiko birgt. Irrationale Angst hingegen beruht oft auf übertriebenen oder unbegründeten Ängsten, die nicht auf objektiven Beweisen oder Erfahrungen beruhen.

- Sinnvolle Vorsicht beeinflusst in angemessener Weise Entscheidungen und Verhaltensweisen, um potenzielle Risiken zu minimieren. Es führt dazu, dass man sich vernünftig schützt, Sicherheitsvorkehrungen trifft oder vorsichtige Maßnahmen ergreift. Irrationale Angst hingegen kann das tägliche Leben stark einschränken, indem sie zu übertriebenem Vermeidungsverhalten führt, das irrational und belastend ist.

- Sinnvolle Vorsicht kann auf klaren und nachvollziehbaren Quellen der Angst beruhen, wie beispielsweise auf Erfahrungen, Statistiken oder Expertenmeinungen. Irrationale Angst hingegen kann aus diffusen oder unbegründeten Quellen stammen, wie unrealistischen Ängsten, Phobien oder unbegründeten Annahmen.

- Sinnvolle Vorsicht kann ein gewisses Maß an Unbehagen oder Sorge verursachen, bleibt aber in einem akzeptablen Rahmen, der das emotionale Wohlbefinden nicht übermäßig beeinträchtigt. Irrationale Angst hingegen kann zu intensivem Stress, Panikattacken oder starken emotionalen Belastungen führen, die das normale Funktionieren beeinträchtigen.

Diese Unterscheidungen sind nicht immer eindeutig und können von Person zu Person variieren. Wenn du unsicher bist, ob deine Ängste rational sind, kann es hilfreich sein, mit einer Vertrauensperson oder einem Therapeuten zu sprechen, um eine professionelle Einschätzung und Unterstützung zu erhalten. Indem wir uns unseren Ängsten stellen und sie aktiv angehen, erkennen wir oft, dass die Situation vielleicht gar nicht so schlimm ist, wie wir befürchtet haben, oder dass wir sie trotz ihrer Schwierigkeit meistern konnten. Diese Erfahrungen helfen uns, Ängste zu überwinden und unser Selbstvertrauen zu stärken.

Viele Menschen fühlen sich schwach und passiv, weil ihnen das Selbstvertrauen fehlt. Selbstvertrauen ist jedoch nicht angeboren, sondern muss aktiv entwickelt werden. Wahres Selbstvertrauen wird durch das Erwerben von Können und Wissen verdient und durch das Bewusstsein der eigenen Fähigkeiten gestärkt.

Wenn wir voller Selbstvertrauen und unserer selbst bewusst sind, können wir uns kritischen Situationen stellen und das Notwendige tun. Zu viele Menschen tun nichts, verfallen in Schockstarre oder ziehen sich zurück, weil ihnen genau das fehlt. Sie geraten in Panik und sind nicht in der Lage, sich Herausforderungen mutig zu stellen und ihre Fähigkeiten voll auszuschöpfen. Daher ist es entscheidend, den Mut aufzubringen, unsere Ängste zu überwinden. Erst wenn wir uns unserer Fähigkeiten bewusst sind, können wir unsere volle Stärke entfalten und in schwierigen Situationen erfolgreich handeln. Wir übernehmen Verantwortung für unsere Handlungen und Entscheidungen, bleiben gelassen und mutig und stehen zu unserer eigenen Meinung. So können wir unsere Energie nutzen, um uns und anderen zu helfen und gleichzeitig vorsichtig genug sein, um echte Risiken zu vermeiden.

Praktische Grundlagen des Überlebens in schwierigen Situationen

Beim Survival geht es zuallererst darum, die körperlichen Grundbedürfnisse zu befriedigen: Schlaf, Wasser, Wärme und Nahrung – also die unterste Stufe der Maslowschen Bedürfnispyramide, die wir ja schon kennen.

Die erweiterte „Dreierregel zum Überleben" besagt, dass man überleben kann ...
- Drei Sekunden ohne Hoffnung (Panik ist tödlich)
- Drei Minuten ohne Sauerstoff
- Drei Stunden ohne Schutz (Wärme)
- Drei Tage ohne Wasser
- Drei Wochen ohne Nahrung
- Drei Monate ohne Liebe

Auf den folgenden Seiten widmen wir uns dem facettenreichen Thema Survival. Dabei erweitern wir den Blick über das reine Überleben in der Natur hinaus und beleuchten auch die grundlegenden Bedürfnisse des täglichen Lebens. Wie so oft liegt die Wahrheit jenseits der Theorie, und das trifft besonders auf das Erlernen von Survivaltechniken zu. Theoretisches Wissen ist wertvoll, aber praktische Erfahrung unersetzlich. Wer noch nie eigenhändig ein Feuer entfacht hat, wird feststellen, dass es anfangs trotz aller Vorbereitung nicht ganz einfach ist. Nutze vielleicht deinen nächsten Urlaub, um in einem Seminar praktische Survival-Fähigkeiten zu erlernen. Du musst diese Disziplin ja nicht auf die Spitze treiben, wie „Sir Vival" Rüdiger Nehberg (1935–2020), der sich noch mit Anfang siebzig im Dschungel aus dem Hubschrauber abseilte, um sich dann nahezu ohne Hilfsmittel seinen Weg durchs Unterholz zu bahnen. Ein Spinner? Nein! Er macht seine Aktionen nicht nur aus reiner Abenteuerlust, sondern engagiert sich unter anderem für die Menschenrechte (www.target-nehberg.de) und gegen weibliche Genitalverstümmelung. Ich durfte diesen beeindruckenden Menschenrechtsaktivisten noch bei einem seiner Vorträge persönlich kennenlernen.

Es gibt eine ganze Reihe an Anbietern von Survival-Kursen und Naturerfahrungen. So z.B. trackerschool.com (Tom Brown jr.), www.wildnis.at, wildnistraining-westerwald.de, innernature.de, waldhandwerk.de, anton-lennartz.com, earthtrail.de, natur-survival.de, survival-coaching.com, ueberlebenskunst.at (Videokurse), wildnisschule-lupus.de, weltenwandler-wildnis.de

Bitte beachte, dass die Qualität und der Umfang der Survivaltrainings von Anbieter zu Anbieter stark variieren können. Leider bieten auch rechtsextreme Gruppen „Survival-Trainings" an, oft im Kontext mit Panikmache und Verschwörungstheorien. Es ist daher sehr ratsam, die Angebote ganz genau zu prüfen, Bewertungen zu lesen und sich über die Kursinhalte sowie die Philosophie und Erfahrung der Trainer zu informieren, bevor du dich für ein Angebot entscheidest.

Aus eigener Erfahrung weiß ich nur zu gut: Wissen allein reicht nicht aus. Du kannst ein Buch lesen aber nicht automatisch davon ausgehen, dass du das Gelernte effektiv in deinem Leben anwenden kannst. Du musst echte praktische Fähigkeiten und aktiv abrufbares Wissen erwerben – das bringt dich weiter.

Naturentfremdung: Ein wachsendes Risiko

Die wachsende Entfremdung von der Natur durch eine immer weiter fortschreitende Technisierung des Alltags ist beunruhigend. Dieser Wandel birgt nicht nur Risiken für das Umweltbewusstsein, sondern auch für die psychische Gesundheit. Wie steht es um deine Verbindung zur Natur? Bist du dir der Veränderungen bewusst, die um dich herum stattfinden?

Natursoziologie.de bringt es auf den Punkt: „Offenbar befindet sich die Menschheit bereits mitten in einem revolutionären Übergang von ihrem ursprünglich arteigenen Biotop zu einem selbstgeschaffenen Technotop." Insbesondere bei der jüngeren Generation wird dieser Übergang deutlich. Viele Jugendliche ziehen sich aus der natürlichen Realität zurück und übernehmen eine technisierte Weltanschauung. Diese Entwicklungen sollten dazu anregen, über die eigene Naturverbundenheit nachzudenken.

Ein Blick auf die Ergebnisse des Jugendreports Natur 2021 von Hubert Koll und Dr. Rainer Brämer veranschaulicht das Problem: Nur ein Drittel der Befragten konnte die Richtung des Sonnenaufgangs richtig benennen. Die Zahl derer, die nicht wissen, wo die Sonne aufgeht, hat sich seit 2010 mehr als verdreifacht. Ist das nicht alarmierend? Die Studie zeigt auch, dass viele Jugendliche nur wenig Kontakt zur Natur haben. 42 % sagen aus, dass ihre Eltern nur selten und weitere 8 % nie in die Natur gehen. Gleichzeitig verbringen 88 % der befragten Kinder und Jugendlichen ihre Zeit täglich vor Handys, Laptops etc. Für ein Drittel sind Computerspiele oder soziale Netzwerke unverzichtbar geworden.

Diese Entwicklung hat Konsequenzen. Eine geringe Naturerfahrung kann dazu führen, dass die Wahrnehmung der natürlichen Welt auf Haustiere oder ähnlich begrenzte Erfahrungen reduziert wird. Der Mangel an Naturkontakt kann das Verständnis für die Bedeutung von Biodiversität und ökologischen Prozessen stark reduzieren. Was kannst du also tun? Fördere deine eigene Naturverbundenheit. Ob es darum geht, regelmäßige Spaziergänge im Freien zu unternehmen, sich ehrenamtlich für Umweltschutzprojekte zu engagieren oder einfach bewusst die Schönheit der Natur zu erleben – jede Aktion zählt.

Reflektiere über deine täglichen Gewohnheiten: Wie oft bist du draußen in der Natur? Welche Rolle spielen technologische Geräte in deinem Leben? Indem du dir dieser Aspekte bewusst wirst, kannst du beginnen, Veränderungen herbeizuführen, die nicht nur dein eigenes Wohlbefinden, sondern auch das der Umwelt verbessern. Der Weg zurück zur Natur ist nicht nur ein nostalgischer Wunsch, sondern eine notwendige Maßnahme für unsere psychische und ökologische Resilienz.

Physisches Grundbedürfnis – Luft

Saubere, natürliche Luft ist lebensnotwendig für Pflanzen, Tiere und natürlich auch für uns Menschen. Hier haben wir in der Regel keinen direkten Einfluss auf die Qualität. Wir können jedoch versuchen, so oft wie möglich frische Luft zu genießen. Ausgehend vom Prinzip der Natürlichkeit findest du die sauberste Luft wahrscheinlich am frühen Morgen oder nach einem Gewitter im Wald. Es ist eine wahre Freude, in guter Luft bewusst und tief zu atmen. Stehe einmal vor dem Morgengrauen auf, kleide dich an und mache einen kleinen Morgenspaziergang im Freien. Selbst in der Stadt wirst du eine völlig andere, klarere Luft atmen können. Genieße sie. Wenn möglich, schlafe bei offenem Fenster. Und natürlich ist es sinnvoll, möglichst nicht zu rauchen und verrauchte Räume zu meiden.

Luftfeuchtigkeit und Temperatur haben ebenfalls einen großen Einfluss auf das Wohlbefinden. Zu trockene Luft am Arbeitsplatz wird laut Ergebnissen des Proklima-Projektes 2003 von 80 % der Bürobeschäftigten als störend empfunden. Neuere Studien zeigen, dass trockene Luft erhebliche Auswirkungen auf die Gesundheit und das Wohlbefinden von Mitarbeitern haben kann. Forscher des MIT und der Yale University haben festgestellt, dass eine ideale relative Luftfeuchtigkeit zwischen 40 % und 60 % bei einer Zimmertemperatur von 20 °C das Risiko für gesundheitliche Probleme senken kann. Der negative Einfluss zu geringer Luftfeuchtigkeit auf die Gesundheit ist weitreichend; insbesondere in den Wintermonaten sind Infektionen der Atemwege, Schluckbeschwerden, Halsschmerzen und brennende Augen häufige Symptome.

Zu hohe Luftfeuchtigkeit kann ebenfalls unangenehm sein, da sie die Wärmeabgabe des Körpers erschwert. Der Schweiß rinnt herab, verdunstet jedoch nicht, und die Luft wird als schwül empfunden. Steigt die Feuchtigkeit auf über 70 %, wird das Wachstum von Schimmel und Bakterien gefördert, was ebenfalls gesundheitsschädlich sein kann. Die Aufrechterhaltung eines optimalen Feuchtigkeits- und Temperaturniveaus ist daher für das physische und emotionale Wohlbefinden essenziell. Durch richtiges Lüften und Heizen kannst du dies regulieren.

Du kannst leicht erkennen, wo falsch gelüftet wird. Du siehst es an den stundenlang schräg gestellten Fensterflügeln und an den vielen Gegenständen, die auf den Fensterbänken abgestellt sind und das Öffnen der Fensterflügel verhindern. Wie lange solltest du lüften? Das hängt von der Außentemperatur ab. Je wärmer es draußen ist, desto länger kannst du die Fenster offen lassen. Bei Frost solltest du 2-3 Minuten lüften, bei 5-10 °C nicht länger als etwa 10 Minuten, da der höhere Wärmedruck in beheizten Räumen sonst dazu führt, dass kontinuierlich Luftfeuchtigkeit an die Außenluft abgegeben wird. Bei Temperaturen ab etwa 10 °C ist es ratsam, die Fenster etwa eine Viertelstunde offen zu halten. Da kühlere Räume, wie zum Beispiel Schlafzimmer, schimmelanfälliger sind, solltest du diese auch tagsüber temperieren und lüften. Kellerräume hingegen neigen vor allem im Sommer bei warmer, feuchter Luft (ab ca. 20°C) schnell zum Schimmeln. Wenn du sie nicht heizen kannst oder möchtest, solltest du hier möglichst nicht lüften.

Atmung

Die Art deiner Atmung beeinflusst deinen Körper auf vielfältige Weise. Die Bauchatmung, auch bekannt als die gesündeste Form der Atmung, setzt du oft unbewusst in entspannten Situationen wie beim Sitzen oder Schlafen ein. Aber es gibt auch bewusste Anwendungen: Gute Sänger nutzen sie als Atemstütze und viele asiatische Kampfkünste machen sie zu einem wichtigen Bestandteil. Im Vergleich zur Brustatmung wird bei der Bauchatmung nur ein kleiner Anteil der Atemmuskulatur aktiviert, was zu einem geringeren Energieverbrauch führt. Gleichzeitig werden der Blutdruck gesenkt und die Verdauung durch die sanfte Massage der Eingeweide gefördert. Darüber hinaus fördert der Unterdruck im Bauchraum den venösen Rückstrom, da er sich bis zur unteren Hohlvene fortsetzt. Eine Atmung, die deinen Körper auf vielen Ebenen unterstützt.

Eine richtige Bauchatmung ist einfacher als gedacht. Beim Einatmen wölbt sich dein Bauch nach außen und füllt sich mit Luft, dann folgt die Brust. Beim Ausatmen senkt sich zunächst die Brust, dann der Bauch. Konzentriere dich auf diesen Ablauf und spüre, wie sich dein Körper mit Sauerstoff füllt.

Spüre deine innere Mitte und finde deine Ruhe mit der richtigen Bauchatmung. Lege deine Hände auf deinen Bauch. Atme ruhig und gleichmäßig ein, ohne zu forcieren. Spüre, wie sich dein Bauch sanft ausdehnt und dann auch deine Brust sich füllt. Beim Ausatmen lass zuerst deine Brust und dann deinen Bauch wieder locker werden und spüre dabei, wie sich dein Bauch nach innen bewegt. Zur Unterstützung kannst du dabei einen Ton erzeugen oder einen F-Laut ausströmen lassen. Warte mit dem Einatmen, bis du einen natürlichen Reflex dazu spürst. Atme dann ruhig durch die Nase ein und genieße die wohltuende Wirkung deiner bewussten Atmung. Lasse dabei deinen Kiefer locker und entspanne dich voll und ganz. Wenn dir zu Beginn schwindlig wird, bedeutet das nur, dass du deinem Körper vermehrt Sauerstoff zuführst. Keine Sorge, das wird sich schnell normalisieren. Diese Art der Atmung ist im Grunde dieselbe wie die, die im Kapitel über Meditation beschrieben wird. Hier sind weitere kurze Übungen aus der Atemtherapie:

- Die *4-7-8-Atmung*: Setz dich aufrecht hin und entspanne deine Schultern. Atme durch die Nase ein und zähle dabei innerlich bis vier. Halte den Atem für sieben Zählungen an. Atme dann durch den Mund aus und zähle dabei bis acht. Wiederhole diesen Atemrhythmus mehrmals hintereinander. Diese Technik hilft dir, deinen Körper zu beruhigen, Stress abzubauen und kann dir auch beim Einschlafen helfen.
- Die *atemfokussierte Meditation*: Setz dich in eine bequeme Position und schließe deine Augen. Konzentriere dich ganz auf deine Atmung, ohne sie zu beeinflussen. Spüre, wie die Luft durch deine Nasenlöcher strömt, deine Lungen füllt und wieder austritt. Wenn

deine Gedanken abschweifen, kehre sanft zur Beobachtung deines Atems zurück. Die atemfokussierte Meditation hilft dir dabei, deinen Geist zu beruhigen, Achtsamkeit zu fördern und Stress abzubauen.
- Die *Zwerchfellatmung* oder „diaphragmatische Atmung": Stehe aufrecht oder setz dich mit aufrechter Wirbelsäule hin. Deine Schultern sollten entspannt sein. Lege eine Hand auf deine Brust und die andere auf deinen Bauch. Atme durch die Nase ein und spüre, wie sich dein Zwerchfell nach unten bewegt und deine Bauchdecke sich ausdehnt. Die Hand auf deinem Bauch sollte sich deutlich heben, während sich die Hand auf deiner Brust nur minimal bewegt. Atme durch den Mund langsam und kontrolliert aus, während du sanft die Bauchdecke nach innen ziehst, um die Luft aus den Lungen zu pressen. Konzentriere dich darauf, dass deine Atmung tief und gleichmäßig ist. Vermeide flache, hektische Atemzüge, die zu Spannung und Stress führen können.

Diese Übungen kannst du praktizieren, um deine Atmung zu verbessern, die Sauerstoffaufnahme zu optimieren und dein allgemeines Wohlbefinden zu steigern.

Atemschutz im Krisen- und Brandfall

Der Atemschutz ist in Krisensituationen wichtig, wenn du Gefahrstoffe über die Atemwege aufnehmen könntest. Zu Hause gibt es verschiedene Möglichkeiten für den Atemschutz im Brand- oder Krisenfall, um dich und deine Familie zu schützen. Hier sind einige Maßnahmen, die du ergreifen kannst:
- *Brandschutzmaßahmen:* Ergreife präventive Maßnahmen wie den richtigen Umgang mit Feuerquellen und Sicherheitsvorkehrungen bei Elektronik (z.B. Lithium-Ionen-Akkus).
- *Rauchmelder:* Installiere Rauchmelder in deinem Zuhause, um frühzeitig vor einem Brand gewarnt zu werden. In Deutschland sind Rauchmelder in vielen Bundesländern durch die jeweiligen Landesbauordnungen vorgeschrieben. Die genauen Vorschriften und Fristen zur Installation können von Bundesland zu Bundesland variieren.
- *Feuerlöscher:* Halte Feuerlöscher in deinem Zuhause bereit und sorge dafür, dass du weißt, wie man sie benutzt.
- *Notrufnummern:* Stelle sicher, dass alle Familienmitglieder die Notrufnummern kennen.
- *Fluchtwegplanung:* Entwickle einen Fluchtwegplan und übe ihn mit deiner Familie. Stelle sicher, dass alle wissen, wie sie das Haus sicher und schnell verlassen können.
- *Fluchthauben:* Es gibt spezielle Fluchthauben (auch: Brandfluchthauben), die im Brandfall vor giftigen Rauchgasen schützen und eine begrenzte Zeit Sauerstoff liefern können.
- *Atemschutzmasken:* Stelle sicher, dass du hochwertige Atemschutzmasken mit Schutz gegen Rauch, Partikel und giftige Gase hast. Vollmasken, die das gesamte Gesicht abdecken und eine gute Abdichtung bieten, sind in solchen Situationen besonders effektiv. Überprüfe regelmäßig die Funktionstüchtigkeit der Masken und tausche die Filter gemäß den Herstellerangaben aus. Es ist wichtig, auf das richtige Filtermaterial zu achten und für

regelmäßigen Austausch zu sorgen. Atemschutzvollmasken mit Schraubgewinde sind zu empfehlen. Einfache Atemschutz-Halbmasken schützen nur vor festen Partikeln, nicht aber vor gasförmigen Giftstoffen. Beachte spezielle Filterkriterien bei extremen Situationen wie einem Brand.
- *Vorsorgepaket:* Erstelle ein Notfallkit mit wichtigen Überlebensutensilien, inklusive Atemschutzmasken, Taschenlampe, Batterien, Erste-Hilfe-Set, Wasser und Lebensmitteln.

Es ist wichtig, dass du und deine Familie gut vorbereitet seid, um im Brand- oder Krisenfall schnell und sicher handeln zu können. Regelmäßige Übungen und das Wissen über den richtigen Atemschutz können das Risiko minimieren und die Sicherheit erhöhen.

Physisches Grundbedürfnis – Schutz und Wärme

Egal, in welcher Umgebung du dich befindest: Dein Bedürfnis nach Unterschlupf musst du unbedingt stillen. Du brauchst einen sicheren Platz zum Schlafen und während des Schlafens muss dein Körper ausreichend warm gehalten werden. Warum ist das so wichtig? In unserer Zivilisation scheint es doch selbstverständlich zu sein, eine Unterkunft zu haben. Doch in Ausnahmesituationen sind ein fehlender Unterschlupf und in der Folge das Erfrieren die Haupttodesursache. So sterben jedes Jahr auch bei uns zahlreiche Obdachlose, weil es ihnen genau daran mangelt. Nach Auskunft der Bundesarbeitsgemeinschaft Wohnungslosenhilfe e.V. (bagw.de/de) leben mindestens 35.000 Menschen auf der Straße. Im Winter 2020/2021 starben wieder 23 Obdachlose. Die Dunkelziffer ist vermutlich deutlich höher.

Der Absturz in die Obdachlosigkeit kann sehr rasch erfolgen: Arbeitslosigkeit aufgrund von Umstrukturierungsmaßnahmen, Kündigungen wegen Eigenbedarfs in Zeiten eines extrem knappen Mietwohnungsangebots oder finanzielle Probleme nach einer Scheidung mit hohen Unterhaltsforderungen – die Bandbreite der Gründe, warum Menschen aus ihrem scheinbar sicheren Umfeld fallen können, ist groß.

Finanzielle Schwierigkeiten wie der Verlust des Arbeitsplatzes, zu niedriges Einkommen und Schulden stellen erhebliche Risiken dar. Hinzu kommt die allgemeine Wohnungsnot, gekennzeichnet durch einen Mangel an bezahlbarem Wohnraum und laufend steigende Mieten, die die Wohnungssuche erschweren. Gesundheitliche Probleme, sei es durch körperliche oder geistige Erkrankungen oder Suchtprobleme, können ebenfalls den Zugang zu stabilen Wohnverhältnissen verwehren. Familienprobleme wie Scheidung, Trennung oder Konflikte mit Familienmitgliedern oder Freunden sind weitere häufige Ursachen. Zudem können auch mangelnde Unterstützung von Amtsseite oder Wohltätigkeitsorganisationen und fehlende soziale Netzwerke zu Obdachlosigkeit führen.

Auch im Alter ist der eigene Wohnraum nicht immer sicher: Viele Menschen haben – aus unterschiedlichsten Gründen – für das Alter nicht ausreichend vorgesorgt und können sich mit der zu erwartenden Rente ihre bisherige Wohnung nicht mehr leisten. Was dann? Es etablieren sich langsam alternative Wohnformen wie Senioren-Wohngemeinschaften oder Siedlungsgemeinschaften. Informationen zu gemeinschaftlichen Wohnformen bietet das Forum Gemeinschaftliches Wohnen e.V. (fgw-ev.de). Manche verlegen ihren Alterswohnsitz in andere Länder mit günstigeren Rahmenbedingungen. Zu den beliebtesten Ländern dafür zählen Costa Rica, Portugal, Mexiko, Panama und Spanien.

Was auf die Schnelle tun, wenn der gewohnte Wohnraum plötzlich weg ist? Wenn du Geld hast, wirst du dir vielleicht übergangsweise ein Hotelzimmer oder – etwas günstiger – ein Pensionszimmer oder eine Ferienwohnung mieten. Wenn du keine Ersparnisse hast, musst du dir kreative und günstigere Alternativen suchen. Das kann ein Dauercampingplatz sein, auf dem du einen Wohnwagen stellst. Es gibt in Deutschland sogar etwa 100 Wagenplätze (wagendorf.net, eurotopia.de). Das sind Wohnsiedlungen aus mobilen Fahrzeugen, oft Bauwägen, in denen häufig Handwerker, Künstler oder Musiker leben. Vielleicht findest du auch erst mal auf einem Boot eine Wohnmöglichkeit? Auf den Kanälen in Frankreich trafen wir bei einer Hausbootreise einige englische Pensionäre, die auf eigenen, recht betagten Hausbooten ihren Lebensabend verbringen. Eine Übergangsmöglichkeit ist manchmal auch das Homesitting. Du passt – eventuell sogar gegen Bezahlung – auf Wohnraum auf, während die Besitzer nicht da sind. Da hier ein guter Leumund erforderlich ist, empfiehlt sich allerdings eine rechtzeitige Vorbereitung. Deinen Hausrat kannst du in einem angemieteten trockenen „Self Storage" Lagerraum erst einmal zwischenlagern (z.B. myplace.de, zeitlager.de). Da ist es praktisch, wenn du generell eher „mit leichtem Gepäck" unterwegs bist.

Tiny House: Ein Weg aus der Wohnungsnot?

Die Tiny-House-Bewegung hat weltweit an Popularität gewonnen und wird oft als potenzielle Lösung für die zunehmende Wohnraumknappheit angepriesen. Doch ist das Konzept wirklich ein Ausweg aus der Wohnungsnot? Einerseits verkörpern Tiny Houses einen minimalistischen Lebensstil, der durch geringeren Ressourcenverbrauch und eine reduzierte Wohnfläche besticht. In Bayerns erster Tiny-House-Siedlung beispielsweise leben Menschen auf engem Raum, was zu Einsparungen führen kann. Tiny Houses werden auch oft als Ausdruck von Selbstverantwortung und Selbstverwirklichung gesehen. Doch es gibt einige Bedenken hinsichtlich der Praktikabilität und Nachhaltigkeit von Tiny Houses. Experten weisen darauf hin, dass sie nicht genügend Platz und Rückzugsmöglichkeiten für Familien bieten und daher nicht als universelle Lösung für die Wohnraumkrise dienen können. Zusätzlich wird argumentiert, dass das Wohnen in einem Tiny House nicht zwangsläufig nachhaltiger ist, da beispielsweise die Dämmung und die Einhaltung von Baugenehmigungen eine Rolle spielen. Tiny Houses sind zwar eine innovative Alternative im Wohnungsmarkt, sollten jedoch nicht als alleinige Lösung für die Wohnungsnot angesehen werden. Sie bieten eine Möglichkeit für einen bestimmten Lebensstil und können in bestimmten Fällen eine sinnvolle Option sein, aber die Herausforderungen der Wohnraumkrise erfordern vielfältigere und umfassendere Ansätze.

Unabhängigkeit als „Digitaler Nomade"

Für manche ist das Leben als „Digitaler Nomade" ein Weg, sich schnell vom aktuellen Arbeitsplatz und Wohnraum unabhängig zu machen, besonders wenn man durch Arbeitslosigkeit, den Verlust des Partners oder der Partnerin und der Wohnung dazu gezwungen ist oder freiwillig so leben möchte. Die folgenden Schritte können dir dabei helfen, dich schnell unabhängig zu machen und kurz- oder langfristig ein Leben als digitaler Nomade zu führen. Dies erfordert Planung, Anpassungsfähigkeit und Entschlossenheit, kann aber eine erfüllende und freie Lebensweise ermöglichen.

1. Reflektiere deine Fähigkeiten, Interessen und beruflichen Qualifikationen. Setze klare Ziele und definiere, welche Art von Arbeit du ausüben möchtest.
2. Identifiziere Berufe oder Tätigkeiten, die sich für dich eignen. Oft sind Remote-Arbeiten sinnvoll, wie Online-Marketing, Webdesign, Schreiben oder Programmierung. Erweitere deine beruflichen Fähigkeiten und Fertigkeiten, wenn nötig.
3. Recherchiere nach Co-Working-Spaces in deiner aktuellen Region oder in günstigen Ländern/Regionen, in denen du leben möchtest. Miete einen Schreibtisch in einem Co-Working-Space, um eine professionelle Arbeitsumgebung zu haben.
4. Erwäge das Leben auf einem Campingplatz oder in günstigeren Ländern/Regionen, um Wohnkosten zu sparen. Suche nach günstigen Unterkünften wie Hostels, Airbnb oder Mietwohnungen in kostengünstigen Gegenden.
5. Erstelle einen Finanzplan und budgetiere sorgfältig, um mit minimalen Ressourcen auszukommen. Behalte deine Ausgaben im Auge und spare, wo immer möglich.
6. Beginne mit der Suche nach Freelance-Jobs oder Remote-Arbeitsmöglichkeiten. Baue Einkommensströme auf, die es dir ermöglichen, deinen Lebensunterhalt zu verdienen.
7. Nutze soziale Medien und Online-Netzwerke, um Kontakte aufrechtzuerhalten oder neue Kontakte in deiner Branche zu knüpfen.
8. Sei bereit, deine Lebensweise an unterschiedliche Orte und Arbeitsanforderungen anzupassen. Plane deine Reisen und Arbeitsaufenthalte sorgfältig.
9. Behalte einen Notgroschen für unerwartete Ausgaben. Denke über eine Rückkehr oder alternative Lebensweisen nach, falls deine Pläne sich ändern.
10. Nutze die Flexibilität des digitalen Nomadentums, um die Welt zu erkunden und deinen neuen Lebensstil zu genießen.

In der Natur zu Hause

Wer nicht in der Zivilisation, sondern in der freien Natur mit dem Zelt unterwegs ist, der hat sein Biwak dabei und muss nur noch einen geeigneten sicheren Platz dafür finden. Doch mit einem Zelt alleine ist es nicht getan. Es hält einfach nicht ausreichend warm. Zum ruhigen Schlaf gehört dann mindestens noch ein warmer Schlafsack. In unseren Breiten sollte der schon bis -15 °C warm halten.

Und wenn selbst Zelt und Schlafsack fehlen? Dann muss der Unterschlupf auf jeden Fall trocken und warm sein und Schutz vor Wind bieten. Um eine einzelne Nacht zu überleben, reicht möglicherweise ein trockener Platz. Doch auf längere Sicht müssen alle drei Anforderungen erfüllt sein.

Der Survivallehrer Jürgen Gerzabek (survival.at) zeigt in seinen Seminaren eine sehr einfache aber sehr funktionale Bauform für ein Biwak: Zwei Astgabeln bilden gegeneinander gestellt den Eingang. Darüber kommt ein längerer Ast als Firststange und dann werden seitlich entsprechend lange Äste angelegt. Insgesamt ist die Konstruktion etwas länger als der eigene Körper. Die seitlichen Äste, die nicht über den First hinausstehen sollten, bilden das Dach. Die Konstruktion wird mit natürlichem Isoliermaterial (Laub, Gräser, Reisig) mindestens 80 cm hoch bedeckt. Auch der Boden wird gut bedeckt und der Eingang entweder mit dem eigenen Rucksack verschlossen oder mit einer improvisierten Türe aus zwei aus Ästen geflochtenen quadratischen Gittern. Die werden jeweils mit Moos bedeckt und dazwischen mit einer dicken Lage Laub isoliert und zuletzt mit Schnüren aus Pflanzenfasern verbunden.

Eine Notunterkunft, ein Biwak lässt sich aus Naturmaterialien herstellen.

Feuer

Dein Körper funktioniert nur bei einer Temperatur um die 37° Celsius wirklich optimal. Bereits wenige Grad mehr oder weniger können kritisch sein. Deshalb gehört die Kunst des Feuermachens zu den wesentlichen Kulturtechniken des Menschen. Mit Feuer stillst du wichtige physiologische Grundbedürfnisse nach Wärme, Licht und Schutz. Daher solltest du die Fähigkeit besitzen, Feuer zu machen, etwas über Brennstoffe und die physikalischen Voraussetzungen des Feuermachens wissen und auch, wie man es schützt.

Auch die besten Vorräte an Brennstoff helfen dir nichts, wenn du kein Feuer entfachen kannst. Hast du Streichhölzer oder ein Feuerzeug, ist das Feuermachen in der Regel kein Problem. Doch was tust du, wenn du keines von beiden hast oder es zu Versorgungsengpässen kommt? Du kannst dich in einer Ausnahmesituation nicht den ganzen Tag bewegen, damit dir warm wird. Denn dabei verbrauchst du viel zu viel Energie. Wird mehr Energie benötigt, muss wiederum mehr Nahrung beschafft werden. Durch die Wärme des Feuers kannst du deinem Körper einen Teil der benötigten Energie zuführen. Deshalb kann man nur raten, das Feuermachen so lange zu üben, bis du es unter allen erdenklichen Umständen schaffst. Es ist extrem wichtig. Ohne Feuer wirst du dich nie richtig wohlfühlen. Dein Überleben bleibt ein Kampf. Hast du jedoch ein Feuer, kannst du entspannen. Du kannst es dir gemütlich machen. Feuer bietet dir Wärme und Licht, ermöglicht es dir, Wasser abzukochen und so trinkbar zu machen, sowie Nahrung leichter verdaulich zu gestalten. Zudem sparst du Energie, indem du warme Speisen und Getränke wie Tee zu dir nimmst; der Körper muss diese nicht erst auf Körpertemperatur erwärmen. Im Winter wird das noch deutlicher als im Sommer. Aber auch in der warmen Jahreszeit ist es wichtig, dass du das Feuermachen beherrschst. Trage immer ein Feuerzeug bei dir. Es kann dir das Feuermachen selbst dann erleichtern, wenn es leer ist. Du kannst damit immer noch Funken erzeugen. Je nachdem, was du vorhast, wird dein Feuerzeug vielleicht auch einmal nicht mehr funktionieren. Du kannst es auch verlieren oder es wird dir gestohlen. Wenn du ohne Streichhölzer ein Feuer machen willst, empfehle ich dir den Feuerbohrer. Er ist die bewährte Methode und du kannst ihn fast überall anwenden.

Basis für das Feuermachen ist immer der Zunder – leicht brennbares Material, meist feine trockene Gräser, sehr feine Birkenrinde, Baumwollwatte, Distelsamen oder Ähnliches. Hier hinein gibst du die durch entsprechende Techniken erzeugte kleine Glut oder die Funken, um aus dem Glimmen ein Feuer zu machen. Damit dir nach dem Entfachen des Zunders das Brennmaterial nicht ausgeht, solltest du vorher genügend Brennholz gesammelt und auch ausreichend dünnes dürres Material vorbereitet haben.

Zum Feuerbohren (Bow Drill) brauchst du: Einen Bogen (Länge etwa Ellenbogen bis Fingerspitzen) mit einer Sehne (kräftigere Schnur, Reepschnur oder Ähnliches, zur Not zusammengedrehte Pflanzenfasern wie z.B. Brennnesselfasern, ein Druckstück, um Druck auf den Bohrer auszuüben, ohne dir die Finger zu verbrennen (Stein oder Holz mit Vertiefung, am besten eingefettet), eine Bohrspindel (gerader runder Ast aus nicht zu hartem, sehr trockenem Holz, ca. 2 cm Durchmesser, etwa 20 cm lang an beiden Enden verjüngt geschnitzt), ein Bohrbrett (trockenes Holz z.B. Pappel, Linde, Weide, Lärche oder Föhre) mit einem konischen Loch, ca. 2 cm vom Rand und einer tortenförmigen Einkerbung vom Rand zum Loch – hier sammelt sich dann das glühende Holzmehl. Nun legst du die Sehne des Bogens um die Bohrspindel, setzt die Bohrspindel in das Loch des Bohrbrettes ein, übst mit dem Druckstück etwas Druck auf die Bohrspindel aus und bewegst nun gleichmäßig den Bogen, bis sich rauchender schwarzer Abrieb bildet. Sanft anblasen und sobald echte Glut zu sehen ist, mit einem Holzspan in das vorbereitete Zundernest legen – sehr sanft anblasen bis es brennt...

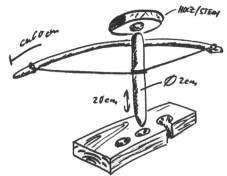

Als weitere Techniken zum Feuermachen in Notsituationen kommen in Frage:
- Sonnenlicht und Lupe/konvexer Spiegel: Sonnenstrahlen so lange auf einen Punkt im Zunder fokussieren, bis er brennt.
- Stahl und Feuerstein/Pyrit: Gegeneinander schlagen um Funken zu erzeugen.
- Handbohrer (Hand Drill): Ein langer, dünner Stock wird zwischen den Handflächen hin und her gerollt, während er auf ein Basisbrett gedrückt wird, um durch Reibung Hitze zu erzeugen. Eine sehr mühsame Technik, die eher selten gelingt.
- Feuerplough: Ein Stock wird in eine Rille in einem anderen Stück Holz gedrückt und vor und zurück bewegt, um durch Reibung ein Glutnest zu erzeugen (mühsam).
- Mit Magnesium-Feuerstab und Stahl Funken schlagen.
- Zigarettenanzünder: Ein einfaches Hilfsmittel wenn man ein Auto hat.
- Kurzschließen von Batterien mit Stahlwolle oder Autobatterien mit einem Draht.
- Schmalen Streifen Aluminiumfolie so falten, dass die Enden breiter sind. Berühre mit den Enden des Alustreifens die beiden Pole einer Batterie bis der Mittelteil glüht.
- Aufgedröselten Tampon mit etwas Asche bestreuen, zusammenrollen und zwischen zwei trockenen Holzflächen kräftig und rasch reiben bis das Innere zu Glühen anfängt.
- Magnesiumblock und Stahl: Erzeugen Funken, auch bei Feuchtigkeit.
- Etwas Kaliumpermanganat-Pulver (starkes Oxidationsmittel, das häufig in Erste-Hilfe-Sets für die Wasserreinigung enthalten ist) mit ein paar Tropfen Glycerin (oft in Hautpflegeprodukten) mischen.
- Natriumchlorat (Unkrautvernichtungsmittel) mit Zucker im Verhältnis 1:1 mischen. Zum Entzünden ein paar Tropfen Schwefelsäure (Autobatterie) dazugeben. Achtung: Heftige Verbrennung, starke Hitze sowie giftige Gase.
- Konzentriertes Wasserstoffperoxid (Desinfektionsmittel) mit einer kleinen Menge Kaliumiodid (aus Jodtabletten) mischen. Vorsicht – diese Reaktion kann sehr heftig sein.

Die Basis für jedes Feuer ist der Zunder. Hier einige Quellen: Angekohlte Baumwolle, Baumharz, Baumwolltampon aufgedröselt, Bienenwachs, Birkenrinde, Distelsamen, Eichenlaub, Fichten- oder Kiefernnadeln, Flusen aus Föhn/Trockner/Staubsauger, Fusseln, Gräser, Gummierte Etiketten, Haare, Kaffeefilter, Kienspan, Lärchenzapfen, Mikrofasertücher, Naturmaterialien, Papier, Pappelflaum, Rohrkolben, Rohrkolben, Seidenpapier, Stoffreste, Teppichflausch, Trockene Blätter und dünne Zweige, Trockene Fasern, Trockenes Moos, Trockenes Schilf, Vaseline-getränkte Baumwollbällchen, Verbandsmaterial, Wattepads, Zeitungspapier in dünnen Streifen, Zigarettenfilter, Zunderschwamm.

Physisches Grundbedürfnis – Wasser

Du kannst etwa einen Monat ohne Nahrung überleben, aber nur drei bis sieben Tage, ohne etwas zu trinken. Zwar kannst du Wassermangel bis zu einem gewissen Maß durch Konzentrationsprozesse ausgleichen, doch dann schadet der Flüssigkeitsmangel deinem Körper. Dehydration ist ein schleichender Tod. Besonders im Winter ist das Durstgefühl oft nicht sehr groß. Trinke regelmäßig. Je mehr du dich anstrengst, desto mehr Wasser benötigst du. Bedenke, dass dein Körper zum Großteil aus Wasser besteht. Wenn du ausreichend Flüssigkeit zu dir nimmst, bleibst du leistungsfähiger. Iss nichts, wenn du nicht auch etwas zu trinken hast. Das Wasser hat zudem die Aufgabe, Schadstoffe aus deinem Körper zu transportieren. Es verdünnt dein Blut und so kann dein gesamter Kreislauf besser in Schwung bleiben. Bei Wassermangel machen sich leicht Schwindel, Kopfschmerzen, Schwäche, Kälte, Übelkeit, Mundtrockenheit und Appetitlosigkeit bemerkbar.

Zum Thema Trinken gibt es die unterschiedlichsten Empfehlungen. So hat bereits im Jahre 1945 das Food and Nutrition Board (Institute of Medicine – IOM) empfohlen, pro kcal an Nahrung einen Milliliter Wasser zu sich zu nehmen. Bei einer Nahrungsaufnahme von 2000 kcal entspräche das dann etwa den oft empfohlenen zwei Litern. Was dabei häufig übersehen wurde: Wir nehmen bereits mit unserer festen Nahrung täglich etwa 700 Milliliter Flüssigkeit auf. Auch hängt der tatsächliche Flüssigkeitsbedarf stark vom Gesundheitszustand, der Außentemperatur, der Luftfeuchtigkeit und von der Bewegung ab. Was bleibt dir also? Vor allem das Vertrauen auf dein eigenes Durstgefühl. Und dabei vielleicht im Hinterkopf zu haben, dass du etwa fünf Gläser (je 0,3 Liter) Flüssigkeit zu dir nehmen solltest. Wer wenig flüssigkeitsreiches Obst und Gemüse zu sich nimmt, sollte die Menge etwas erhöhen. Trinke also vor allem immer, wenn du durstig bist. Da bei manchen im Alter das Durstgefühl etwas schwächer wird, solltest du dann etwas mehr darauf achten. Im Zweifelsfall sind Menge und Färbung deines eigenen Urins ein recht guter Indikator.

Und was solltest du trinken? Nun, wenn du dich auch da von dem Gedanken an die größtmögliche Natürlichkeit leiten lässt, wäre wohl die beste Flüssigkeit, die du aufnehmen kannst, frisches klares Quellwasser. Je näher ein Getränk diesem Ideal kommt, desto besser ist es für uns geeignet. Doch frisches Quellwasser steht uns nur ganz selten zur Verfügung. Am naheliegendsten ist da vielleicht unser Trinkwasser. Wir haben in Deutschland das große Glück, dass es bei uns in besonders hoher Qualität frei Haus geliefert wird. Natürlich ist die Qualität dessen, was da bei uns aus dem Wasserhahn sprudelt, auch abhängig von den Wasserleitungen im Haus. Es hilft ja nichts, wenn zwar die Stadtwerke astreines Trinkwasser liefern, aber die Hausleitungen es mit unerwünschten Stoffen anreichern. Da wäre es vielleicht ratsam, gelegentlich eine Probe davon untersuchen zu lassen (Kosten je nach Umfang 40-100 EUR).

Stilles Mineralwasser aus Kunststoffflaschen ist sicher auch keine Lösung, denn egal welcher Kunststoff verwendet wird: Kleinste Spuren an Weichmachern etc. werden auf dem Weg von der Quelle bis zum Öffnen der Flasche an das Wasser übertragen. Da Glas kaum im Verdacht steht, Stoffe an die darin transportierten Flüssigkeiten abzugeben, liegt es nahe, besser auf Glasflaschen auszuweichen.

Es gibt eine Reihe von Hinweisen darauf, dass Wasser nicht nur geniales Lösungsmittel, sondern auch Informationsträger ist. Laut Viktor Gutmann, Professor für Anorganische Chemie an der Technischen Universität Wien, überträgt sich die Schwingung der gelösten Teilchen auf das Wassercluster. Dabei wären die hydrophilen Stoffe für die Strukturprägung und die hydrophoben Stoffe für die Bewahrung der Strukturinformation verantwortlich. Der heute wahrscheinlich bekannteste Vertreter der Theorie der Informationsspeicherung in Wasser ist der Japaner Masaru Emoto. Er geht davon aus, dass Wasser z.B. durch Musik vermittelte Emotionen speichern kann und man das an den Strukturen von Schnee- und Eiskristallen erkennen könne. Seine Thesen sind allerdings umstritten. Wassercluster seien sehr instabil und keine fest gefügten Molekülverbände. Eine tatsächlich im Wasserstoffbrückennetzwerk gespeicherte Information würde nur winzige Bruchteile von Sekunden erhalten bleiben.

»Irgendwann wird eine Flasche mit reinem Wasser mehr kosten als eine Flasche Wein.« Viktor Schauberge

Wer sich schon früh intensiv mit dem Thema Wasser und da speziell mit Quellwasser beschäftigt hat, ist der Österreicher Viktor Schauberger (1885-1958). Als Förster beobachtete er jahrzehntelang die Natur, um herauszufinden, wie die Natur funktioniert. Er entwickelte unter anderem Verfahren zur Wasser- und Bodenverbesserung, zur Wachstums- und Qualitätssteigerung von Nutzpflanzen und zur Renaturierung von Flüssen und Wäldern. Ich könnte mir vorstellen, dass eine quellenähnliche Wasserverwirbelung nach Schauberger die Qualität des Trinkwassers erhöhen kann. Wer hier in die Tiefe gehen will, sollte sich möglichst an die Originaltexte Schaubergers halten (z.B.: Das Wesen des Wassers: Originaltexte / Autor Viktor Schauberger / herausgegeben von seinem Enkel Jörg Schauberger, AT-Verlag). Es gibt eine Reihe von Geräten am Markt, die sich auf ihn berufen, ihre Wirksamkeit und Qualität zu beurteilen steht mir nicht zu. Unlogisch erscheint mir jedenfalls, wenn solches Wasser dann in Flaschen abgefüllt zum Verkauf angeboten wird. Bis es bei uns daheim angekommen ist, wird vom Effekt der Verwirbelung wohl nicht mehr viel übrig sein.

Doch wir können es uns auch leicht machen und die Sache auf einen einfachen Nenner bringen: Wir trinken immer dann wenn wir Durst haben, das Beste was an klarem Wasser verfügbar ist. Mindestens etwa 1,5 Liter. Viel spricht auch dafür, dass es der Gesundheit zuträglich ist, heißes Wasser zu trinken (vielleicht mit Ingwer) – das empfiehlt die indische Gesundheitslehre Ayurveda, das machen der Dalai Lama und viele Yogis mit ihm. Und wenn wir etwas älter sind, trinken wir einfach einen über den Durst – Prost ;-)

> »Alles ist aus dem Wasser entsprungen und alles wird durch Wasser erhalten. Ozean, gönn uns dein ewiges Walten!«
>
> Johann Wolfgang von Goethe, Felsbuchten des Ägäischen Meers

In Ausnahmesituationen – und die können schneller entstehen als man denkt – ist nichts mehr selbstverständlich. Trinkwasser, das man ohne Aufbereitung trinken kann, ist auf unserer Erde in vielen Regionen knapp geworden. Vorratshaltung steht auch beim Wasser als Überlebenstechnik an erster Stelle. Ein Vorrat von 1,5 bis 2,5 Litern Wasser pro Tag und Person reicht in der Regel aus. Lernen Sie möglichst viele Techniken zum Wasserfinden und Aufbereiten. Da offenes Wasser fast überall sehr verschmutzt ist und die Kontamination mit Krankheitserregern über das Wasser quasi überall und schnell stattfindet, ist es dringend empfehlenswert, einen Wasserfilter zu haben. Auch das Abkochen oder Entkeimen mit entsprechenden Tabletten ist oft ratsam. Zum Filtern eignen sich – in gewissen Grenzen – geschichtete Kombinationsfilter aus Kies, Sand, Pflanzenfasern und Holzkohle. Pathogene Keime werden von Ersatzfiltern allerdings nur bedingt zurückgehalten.

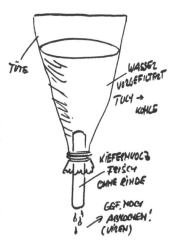

Du kannst zum Filtern auch die Xylem-Filtermethode nutzen. Sie ist benannt nach dem holzigen Leitgewebe, mit dem die Pflanzen Wasser von der Wurzel in die Äste und Blätter transportieren. Je höher der Druck, desto größer die Durchflussmenge. Viren werden allerdings auch hier nicht ausgefiltert!
Um Trinkwasser zu gewinnen, kann man z.B. auch unbeachtete Reserven nutzen, wie das verbliebene Wasser in Rohrleitungen oder das im Spülkasten der Toilette. Anregungen für Wasserquellen sind:

Wasserbeschaffung in der Stadt: Notfallquellen im urbanen Raum

- Toilettenspülkästen: Das Wasser in den Spülkästen (nicht der Schüssel) ist in der Regel sauber und trinkbar, solange keine Reinigungsmittel hinzugefügt wurden.
- Wassertanks auf Gebäuden: Viele Gebäude, insbesondere in wärmeren Klimazonen, haben Wassertanks auf ihren Dächern. Diese können eine gute Wasserquelle darstellen.
- Haushalts-Wasser-Heizgeräte: Diese enthalten oft sauberes Wasser.
- Feuerhydranten: Sie können eine Quelle für Trinkwasser sein, aber Vorsicht ist geboten, da das Wasser verunreinigt sein kann.
- Zierbrunnen: In städtischen Parks oder auf öffentlichen Plätzen können Zierbrunnen eine Wasserquelle darstellen. Auch hier ist eine Desinfektion notwendig.
- Getränkeautomaten in Büros, Bahnhöfen oder anderen öffentlichen Plätzen könnten noch nicht verkaufte Wasserflaschen enthalten.
- Wassertanks: Viele Gebäude haben Wassertanks auf ihren Dächern oder in Kellern. Diese dienen oft als Reserve oder zur Druckregulierung.
- Warmwasserbereiter: Fast jedes Gebäude mit einer Wasserversorgung besitzt einen Warmwasserbereiter oder Boiler, der eine bestimmte Menge sauberen Wassers speichert.
- Klimaanlagen: Viele Klimaanlagen produzieren Kondenswasser, welches aufgefangen und genutzt werden kann, nachdem es behandelt wurde.
- Unterirdische Parkhäuser: Manchmal sammelt sich in tiefer gelegenen Bereichen von Parkhäusern Regen- oder Grundwasser.
- Regenwasser: Das Sammeln von Regenwasser mit Eimern, Planen oder anderen Behältnissen kann eine effektive Möglichkeit sein, Trinkwasser zu gewinnen.
- Schwimmbäder: Das Wasser ist zwar chloriert, kann aber in einem Notfall nach einer entsprechenden Behandlung (z.B. Abkochen und Absetzen lassen) getrunken werden.
- Lebensmittelgeschäfte: Viele Supermärkte haben Wasservorräte in Flaschen oder anderen Behältern, die im Notfall beschafft werden können.
- Regenrinnen: Diese können Regenwasser sammeln, welches mit geeigneten Behandlungsmethoden trinkbar gemacht werden kann.
- In vielen städtischen Gebäuden wird Regenwasser durch Dachwasserabläufe gesammelt, das bei sauberer Sammlung als Notwasserreserve dienen kann.
- Prozesswasser aus Industrieanlagen: Muss vor der Nutzung unbedingt behandelt werden!
- Öffentliche Brunnen und Wasserspiele: Vorher filtern und abkochen.
- Feuerwachen haben oft eigene Wasserreservoirs oder Zugang zu Hydranten, die in Notfällen genutzt werden können.
- Regenwasser-Sammelsysteme: Einige moderne Gebäude und Häuser verfügen über Systeme zur Regenwassersammlung, die in Krisenzeiten verwendet werden können.

Wasser finden in Outdoor-Situationen

- Tau-Falle: Eine Grube graben und ein Gefäß in der Mitte platzieren. Eine Folie darüber spannen, sodass der Tau in das Gefäß tropft.
- Solardestillation: Grabe ein Loch und fülle es mit Wasser oder feuchter Vegetation. Spanne eine Plastikfolie über die Öffnung und platziere einen kleinen Stein in die Mitte der Folie, sodass sie leicht nach innen gewölbt ist. Stelle ein Gefäß unter den tiefsten Punkt, um das durch die Sonnenwärme verdunstete und kondensierte Wasser aufzufangen.
- Pflanzen-Transpiration: Eine Plastiktüte um einen Ast mit vielen Blättern binden. Die Pflanze wird Wasser absondern, das sich in der Tüte sammelt.
- Beobachte Tiere, insbesondere Vögel, am frühen Morgen oder am späten Nachmittag. Sie können dich zu Wasserquellen führen.
- Verdunstungstropfen-Technik: Lege ein saugfähiges Tuch in eine Pfütze oder auf feuchten Boden und hänge seine Enden über zwei Stäbe. Das Wasser wird durch den Stoff nach oben gezogen und beginnt von den Enden zu tropfen.
- Riesenbambus (Dendrocalamus giganteus) und Gemeiner Bambus (Bambusa vulgaris) speichern Wasser.
- Felsenkondensation: Ein Tuch oder Hemd auf einem warmen Felsen in der Nacht ausbreiten, um Kondenswasser zu sammeln.
- Seewasser-Destillation: Wasser kochen und den Dampf kondensieren lassen.
- Oberflächenwasser/Pfützen nutzen (filtern, abkochen)
- Schmelzwasser aus Schnee, Gletschern oder Schneefeldern kann durch Filterung trinkbar gemacht werden. Auch geschmolzener Schnee kann verwendet werden. Achtung:
- Sickerwasser im Fels, vor allem im Kalkgestein. In Gebieten mit feuchtem Boden kann Sickerwasser gesammelt werden, indem Gruben gegraben werden, in die Wasser einsickert und gesammelt werden kann.
- Nach Grundwasser graben. Die tiefste Stelle (Talsohle) sowie üppige Vegetation oder Steilhang sind erfolgversprechend. Grabe im Sand oder in der Erde einen improvisierten Notfallbrunnen, um Grundwasser zu erreichen.
- Pflanzen anzapfen: Birken im Frühjahr sind ideal. Schräger Schnitt oder Loch in den Stamm bohren, tief genug, um an das wasserführende Gewebe zu gelangen, aber die Pflanze nicht zu stark beschädigen. Flüssigkeit mit Schlauch oder Röhrchen in ein Gefäß leiten.
- Trockene Bachläufe aufgraben

Denke daran, dass jede Wasserquelle potenzielle Verunreinigungen enthalten kann. Es ist wichtig, das Wasser so gut wie möglich zu filtern und zu desinfizieren, z.B. durch Abkochen, bevor man es trinkt. Es gibt auch tragbare Wasserfilter und -reinigungstabletten, die in einem Überlebenskit nützlich sein können. In Schmelzwasser und destilliertem Wasser sind keine Mineralsalze enthalten.

Physisches Grundbedürfnis – Nahrung

Besucht man heute einen Supermarkt, so sind wohl die meisten Nahrungsmittel dort industriell gefertigt und enthalten chemische Stoffe, die noch zu Zeiten unserer Großeltern in Speisen nicht zu finden waren. Landwirte erzielen in der konventionellen Erzeugungskette heute für ihre Produkte nur noch Spottpreise und werden von marktmächtigen Einkäufern zur Gewinnmaximierung so lange unter Druck gesetzt, bis sie am Rande ihrer wirtschaftlichen Überlebensfähigkeit stehen. Wenn die Gier in der Nahrungsherstellung regiert, dann wird auch gerne mal getrickst, um den Ertrag zu steigern. Rumänisches Pferdefleisch in der Lasagne, falsch deklarierte Bioeier, Gammelfleisch in Würsten – die Serie der Lebensmittelskandale reißt nicht ab und die Lebensmittelkontrolleure stehen meist politisch gewollt auf verlorenem Posten.

Wenn wir dem ungenießbaren Ergebnis dieser Gierspirale entgehen und dauerhaft gesunden Genuss beim Essen haben wollen, kommen wir nicht darum herum, ganz genau hinzusehen. Wir müssen auf nachhaltige Erzeugungsmethoden achten, auf einen verantwortungsvollen Umgang mit Tier und Natur. Qualität muss Vorrang vor Quantität haben. Ziel sollte eine artgerechte Ernährung sein, die respektvoll und achtsam mit unseren natürlichen Ressourcen umgeht.

> »Niemand würde einfach in den Tank seines Autos pinkeln und erwarten, dass der Motor damit ordentlich läuft.
> Und doch verfahren die meisten Menschen nach genau diesem Schema wenn es um's Essen geht.« *Felix Olschewski, urgeschmack.de*

Wie setzt sich aber eine artgerechte Nahrung für uns Menschen zusammen? Was sagen denn, ganz praktisch, unsere Sinne dazu? Kommt ein Kind, das noch nichts vom Schlachten gehört hat, von sich aus beim Betrachten eines Lamms auf die Idee: Das gäbe einen guten Leckerbissen? Die erste Reaktion wird wohl doch eher der Wunsch sein, es zu streicheln, als zu essen. Die meisten von uns würden wahrscheinlich sehr rasch zum Vegetarier, wenn sie das Tier, dessen Fleisch sie essen, selbst töten und ausnehmen müssten. Nur wenn wir den Weg vom lebendigen Tier bis zum Braten weitgehend ausblenden, können wir Fleisch mit Genuss verzehren. Unsere Sinne empfinden das Töten als abschreckend und das frische Fleisch behagt weder unserem Geruchssinn noch unserem Auge. Könnte das für uns ein Hinweis sein? Das menschliche Gebiss ähnelt sehr stark dem der Menschenaffen. Die Mehrzahl der Affenarten ist vorrangig Pflanzenfresser. Früchte stellen vielfach den Hauptbestandteil der Nahrung dar, ergänzt werden sie durch Blätter, Blüten, Knollen, Pilze, Samen, Nüsse, Baumsäfte und andere Pflanzenteile. Einige Arten sind jedoch, das soll hier nicht verschwiegen werden, Allesfresser, die neben pflanzlicher auch tierische Nahrung zu sich nehmen, insbesondere Insekten, Spinnen, Vogeleier und kleine Wirbeltiere.

Ein natürlicher und dabei zivilisationsverträglicher Speiseplan sollte also wahrscheinlich überwiegend Obst, vor allem saisonales und einheimisches, enthalten. Dazu frisches buntes Gemüse, Salate, Kräuter, Pilze, Samen und Nüsse – ergänzt vielleicht durch hochwertige Tierprodukte aus artgerechter Haltung von verantwortungsvollen Erzeugern. Und wie sieht es mit dem Kochen aus? „Lasst die Nahrung so natürlich wie möglich" meint der Ernährungsforscher Dr. Werner Georg Kollath. Die Wahrscheinlichkeit, dass Nahrung noch alle wichtigen Bestandteile enthält, je weniger behandelt sie ist klingt logisch. Entspricht denn dann das Kochen überhaupt einer natürlichen Lebensweise? Die amerikanischen Anthropologen Richard Wrangham und Nancy Lou Conklin-Brittain verweisen dazu auf prähistorische Fundstätten in Europa und im Nahen Osten, die belegen, dass das Kochen seit mindestens 250 000 Jahren praktiziert wird. Das Kochen hatte für unsere Vorfahren eine ganze Reihe von Vorteilen. Die harten Strukturen von Pflanzen- und Fleischfasern werden durch Hitze aufgeschlossen. So sparten sie sich Zeit und Energie für aufwändige Kau- und Verdauungsvorgänge. Gleichzeitig fügten sie dem Körper mit der warmen Nahrung Energie zu. Das Kochen von Rohkost zerlegte Pflanzenfasern in verdauliche Kohlenhydrate und erleichterte die Verwertung von Proteinen. Durch die Zeit- und Energieersparnis, die das Kochen in Bezug auf Nahrungsbeschaffung, Essen und Verdauung ermöglichte, konnten mehr Nahrungsquellen erschlossen werden. Paviane beispielsweise verbringen die Hälfte ihrer Wachzeit mit Fressen und die andere Hälfte mit dem Aufsuchen von Futterquellen und Schlafplätzen. Durch das Kochen beschränkte sich die Nahrungsaufnahme unserer Vorfahren auf wenige Stunden. Das ließ ihnen Zeit für andere Tätigkeiten und erlaubte es ihnen, die menschliche Kultur zu begründen. Es erscheint mir daher sehr wahrscheinlich, dass es für uns zu einer natürlichen Lebensweise gehören kann, gekochte Nahrung zu uns zu nehmen.

»*Sage mir, wie du isst, und ich sage dir, was du bist.*«

Jean Anthelme Brillat-Savarin

Unter der Bezeichnung „Paleo Diät" oder Steinzeiternährung ist inzwischen eine Ernährungsform bekannt geworden, die versucht, sich an der Ernährung unserer jagenden und sammelnden Vorfahren zu orientieren. Auf dem Speiseplan stehen daher vor allem Fleisch, Meeresfrüchte, Fisch, Wurzelgemüse, Obst und natürlich Nüsse. Vermieden werden Milch- und Getreideprodukte ebenso wie Zucker und industriell gefertigte Nahrungsmittel. Viele Anhänger dieser Diät sind überdurchschnittlich gesund, schlank und leistungsfähig bis ins hohe Alter. Wer sein Essen dann noch gründlich kaut und das Essen zur Genusszeit macht, indem er für eine angenehme, ästhetische und harmonische Tischatmosphäre sorgt und gelegentlich auch mal einen oder mehrere Fastentage einlegt, der ist in Sachen Ernährung vermutlich auf dem richtigen Weg. Der deutsch-niederländische Wissenschaftsautor Bas Kast hat tausende Ernährungsstudien ausgewertet und die Ergebnisse in seinem sehr empfehlenswerten Buch „Ernährungskompass" zusammengefasst. Kast weiß, wie man komplizierte Zusammenhänge anschaulich darstellt. Ernährungsempfehlungen in Kürze:

Gesundheitsfördernde Lebensmittel: Obst, Vollkornprodukte, Hülsenfrüchte, Nüsse, Samen und fermentierte Milchprodukte wie Joghurt und Käse sollten in die Ernährung integriert werden.

Ungesunde Lebensmittel: Rotes und verarbeitetes Fleisch sowie Schweinefleisch sollten selten gegessen werden.

Neutrale Lebensmittel: Tee, Kaffee, Wein, Milch, nicht fermentierte Milchprodukte, Gemüse, Eier, Geflügel, Fisch und süße Getränke sind weitgehend neutral, solange sie in Maßen konsumiert werden.

Verarbeitete Lebensmittel sind schädlich, da sie proteinarm sind und häufig wichtige Nährstoffe mit billigem Zucker oder Fett verdünnen.

Proteine sind wichtig und sollten in ausreichender Menge konsumiert werden, da sie sättigend wirken.

Pflanzliche Eiweißquellen sind gesünder als tierische. Hülsenfrüchte wie Linsen, Kichererbsen, Bohnen (schwarze Bohnen, Kidneybohnen, Limabohnen, etc.), Erbsen und Sojabohnen, Quinoa, Tofu und Tempeh, Nüsse und Samen (Mandeln, Walnüsse, Cashewnüsse, Chiasamen, Leinsamen und Hanfsamen), Haferflocken, Buchweizen, Weizeneiweiß (Seitan), Grünkohl, Spinat, Brokkoli und Spirulina

Zucker ist ein gesundheitsschädliches Kohlenhydrat und sollte reduziert werden.

Flüssigkeitszufuhr: Es wird empfohlen, weniger Milch und Alkohol, dafür mehr Wasser, Tee und Filterkaffee zu trinken.

Transfette (gesättigte Fettsäuren) sollten vermieden werden. Sie sind z.B. häufig enthalten in industriell hergestellten Backwaren, frittierten Lebensmitteln, einigen Margarinen, Snacks, Chips, Fertiggerichten, Kaffeesahne und Kaffeeweißer.

Ungesättigte Fettsäuren sind gesunde Fette, die in verschiedenen Lebensmitteln vorkommen: Nüsse und Samen (Mandeln, Walnüsse, Cashewnüsse, Chiasamen, Leinsamen und Hanfsamen), Avocado, extra natives Olivenöl, fettiger Fisch (Lachs, Makrele, Thunfisch und Sardinen), Chiasamen.

Polyphenolhaltige Lebensmittel sind gesund: Beeren wie Heidelbeeren, Himbeeren, Erdbeeren und Brombeeren, hochwertige dunkle Schokolade, grüner Tee, Kurkuma und Rotwein.

Individuelle Unterschiede: Menschen reagieren unterschiedlich auf Fett und Kohlenhydrate. Einige profitieren von einer fettarmen Ernährung, während andere von einer kohlenhydratarmen Ernährung profitieren, um Gewicht zu verlieren.

Fetthaltiger Fisch: Der Verzehr von fettem Fisch, der reich an Omega-3-Fettsäuren ist, wird empfohlen, da diese dazu beitragen, Gehirn und Zellen geschmeidig zu halten und Entzündungen im Körper zu reduzieren.
Vitaminpillen: Vitamin D3 und B12 sind sinnvoll, insbesondere für Vegetarier. Ansonsten lohnt sich der Verzehr von natürlichen Nahrungsquellen.
Zeitliche Begrenzung der Nahrungsaufnahme: Eine begrenzte Zeit für die Nahrungsaufnahme sowie regelmäßige Fastenphasen (Intervallfasten) können vorteilhaft sein. Die häufigste Form des Intervallfastens ist das sogenannte 16:8-Fasten. Dabei wird das Tagesfenster in 16 Stunden Fastenzeit und 8 Stunden Essenszeit aufgeteilt, wobei das Frühstück übersprungen wird und die erste Mahlzeit erst am späten Vormittag oder am Mittag eingenommen wird. Während der Fastenzeit können Wasser, ungesüßter Tee oder Kaffee ohne Milch oder Zucker konsumiert werden.
Diese Empfehlungen dienen als allgemeine Richtlinien für eine gesunde Ernährung, sollten jedoch individuell angepasst und in Absprache mit einem Fachmann oder einer Fachfrau für Ernährung umgesetzt werden. Iss, was du bisher gegessen hast – aber bewusst und mit allen Sinnen. Was ändert sich für dich? Hast du das Gefühl, genau das Richtige und mit Genuss zu speisen?

Schnelle einfache Rezepte

Gesunde Ernährung ist oft leichter gesagt als getan. Besonders, wenn man alleine lebt und keine Inspiration hat. Tatsächlich sind 24 % aller im Privathaushalt lebenden Menschen in Deutschland Singles. Aber es gibt eine Lösung: Der persönliche Wochenplan. Mit nur einem Einkauf kann man sich eine ganze Woche lang mit gesunden und köstlichen Mahlzeiten versorgen. Say goodbye to Fast Food und hello to healthy living! Kein Überlegen mehr im Supermarkt! Mit der richtigen Technik kann man eine Einkaufsliste zusammenstellen, die einen durch die Woche bringt. Lieblingsgerichte auswählen, Zutaten in eine Exceltabelle einfügen und sortieren. Doppelte Einträge entfernen und fertig ist die Einkaufsliste für die ganze Woche! Oder eine App wie Mealtime oder Lifesum nutzen.
Hier schon mal eine Einkaufsliste für die nachfolgenden Rezepte:
Gemüse: Aubergine, Blattspinat, Champignons, Cherrytomaten, Erbsen (frisch oder gefroren), Ingwer, Karotten, Kartoffeln, Knoblauch, Koriander, Petersilie, Zucchini, Zwiebel, Zwiebel, rot, Paprika | *Fleisch/Fisch:* Hähnchenbrust, Lachsfilet, Salami, Schinken | *Getreide:* Couscous, Mehl Typ 00, Reis, Spaghetti | *Öl:* Rapsöl, Olivenöl, Sesamöl | *Gewürze:* Garam Masala, Gemüsebrühe, Kreuzkümmel, Oregano getrocknet, Pfeffer, Salz, Pfefferflocken rot, Sojasauce, Sesampaste (Tahini), Paprikapulver, Zucker, Kurkuma, Zitronensaft | *Käse:* Mozzarella, Pizzakäse | *Konserven:* Kichererbsen, Kokosmilch, Tomaten gehackt oder in Stücken, Tomatensauce | *Sonstiges:* Brot, Milch, Butter, Hefe/Trockenhefe, Eier, Honig – und natürlich ergänzen nach Wahl…

Rezept für gebratenen Reis mit Gemüse

Zutaten (für eine Person): 1 Tasse ungekochter weisser Reis, 2 Tassen Wasser, 1 Esslöffel Öl (z.B. Rapsöl), 1/2 Tasse Erbsen (frisch oder gefroren), 1/2 Tasse Karotten (in kleine Würfel geschnitten), 1/2 Tasse Paprika (in kleine Würfel geschnitten), 2 Eier (optional), 2 Esslöffel Sojasauce, Salz und Pfeffer nach Geschmack

Anleitung:

1. Den Reis waschen und in einem Topf mit 2 Tassen Wasser zum Kochen bringen. Abdecken und auf niedriger Stufe köcheln lassen, bis der Reis weich ist und das Wasser vollständig aufgenommen hat (ca. 18-20 Minuten).

2. In der Zwischenzeit das Gemüse waschen und schneiden.

3. In einer Pfanne das Öl erhitzen und das Gemüse darin anbraten, bis es weich ist (ca. 5-7 Minuten).

4. Optional: In einer separaten Pfanne die Eier aufschlagen und zu Rühreiern braten.

5. Sobald der Reis fertig ist, füge ihn zur Pfanne mit dem Gemüse hinzu und brate alles zusammen für weitere 2-3 Minuten an.

6. Wenn du Eier verwendest, füge sie jetzt hinzu und mische alles gut durch.

7. Füge Sojasauce hinzu und würze mit Salz und Pfeffer nach Geschmack.

8. Sofort servieren und genießen!

»*If you can read, you can cook.*«
Laurie Colwin

Rezept für Spaghetti Aglio e Olio

Zutaten (für eine Person): 100 g Spaghetti, mindestens 2 Esslöffel Olivenöl, 2 Knoblauchzehen, gehackt, 1/2 Teelöffel rote Pfeffer- oder Chiliflocken (optional), Salz und Pfeffer nach Geschmack, 1/4 Tasse Petersilie, gehackt, Parmesankäse zum Servieren

Anleitung:

1. Koche die Spaghetti in einem Topf mit Salzwasser nach Packungsanweisung, bis sie al dente sind, also noch etwas Biss haben. Abgiessen und beiseite stellen.

2. In einer Pfanne das Olivenöl bei mittlerer Hitze erhitzen.

3. Knoblauch und Pfeffer- oder Chiliflocken hinzufügen und für ca. 1 Minute anbraten, bis sie duften.

4. Die gekochten Spaghetti zur Pfanne geben und gut vermengen.

5. Mit Salz und Pfeffer abschmecken.

6. Die gehackte Petersilie über die Spaghetti streuen und alles nochmals gut vermengen.

7. Sofort servieren und mit Parmesankäse garnieren.

Rezept für Teriyaki-Lachs

Zutaten (für eine Person): 1 Lachsfilet, 1 Esslöffel Sojasauce, 1 Esslöffel Honig, 1 Knoblauchzehe, gehackt, 1 Teelöffel Ingwer, gerieben, 1 Teelöffel Sesamöl, 1/4 Tasse Wasser, 1/2 Tasse Gemüse nach Wahl (z.B. Karotten, Pilze, Spinat), 1 Esslöffel Öl (z.B. Rapsöl), Salz und Pfeffer nach Geschmack, Optional: Reis zum Servieren

Anleitung:

1. In einer Schale die Sojasauce, Honig, Knoblauch, Ingwer, Sesamöl und Wasser vermischen.
2. Den Lachs in die Schale legen und gut mit der Soßenmischung bedecken. Mindestens 30 Minuten (oder bis zu 2 Stunden) marinieren lassen.
3. In einer Pfanne das Öl erhitzen und das Gemüse darin anbraten, bis es weich ist (ca. 5-7 Minuten).
4. Den Lachs aus der Marinade nehmen und in derselben Pfanne anbraten, bis er auf beiden Seiten gebräunt und durchgegart ist (ca. 3-4 Minuten pro Seite).
5. Die restliche Marinade in die Pfanne geben und den Lachs damit übergießen.
6. Gut umrühren und die Soße aufkochen lassen, bis sie etwas eingedickt ist.
7. Mit Salz und Pfeffer abschmecken.
8. Optional: Serviere den Lachs auf Reis.

Rezept für Hummus mit gebratenem Gemüse und Kräutern

Zutaten für den Hummus (für eine Person): 1 Dose Kichererbsen, abgetropft und gespült, 2 Knoblauchzehen, gehackt, 2 Esslöffel Tahini (Sesampaste), 1/4 Tasse Zitronensaft, 2 Esslöffel Olivenöl, Salz und Pfeffer nach Geschmack, Wasser

Zutaten für das gebratene Gemüse (für eine Person): 1/2 Tasse Paprika, in kleine Würfel geschnitten, 1/2 Tasse Zucchini, in kleine Würfel geschnitten, 1/2 Tasse Aubergine, in kleine Würfel geschnitten, 1 Esslöffel Olivenöl, Salz und Pfeffer nach Geschmack, 1/4 Tasse Petersilie, gehackt

Anleitung:

1. Für den Hummus alle Zutaten in einem Mixer oder einer Küchenmaschine vermengen, bis eine glatte Masse entsteht. Falls der Hummus zu dick ist, füge nach und nach Wasser hinzu, bis er die gewünschte Konsistenz hat.
2. Für das gebratene Gemüse das Olivenöl in einer Pfanne erhitzen.
3. Gemüse in die Pfanne geben und bei mittlerer Hitze braten, bis es weich ist (5-7 Min.).
4. Mit Salz und Pfeffer abschmecken.
5. Den Hummus in eine Schale geben und das gebratene Gemüse darauf anrichten.
6. Mit gehackter Petersilie garnieren.

Rezept für Chicken Curry mit Gemüse

Zutaten (für eine Person): 1 Hähnchenbrust, in kleine Stücke geschnitten, 1 Esslöffel Öl (z.B. Rapsöl), 1 Zwiebel, gehackt, 2 Knoblauchzehen, gehackt, 1 Teelöffel Ingwer, gerieben, 1 Teelöffel Kurkuma, 1 Teelöffel Kreuzkümmel, 1 Teelöffel Paprika, 1 Teelöffel Garam Masala, 1 Dose gehackte Tomaten, 1/2 Tasse Gemüse nach Wahl (z.B. Karotten, Kartoffeln, Paprika), 1/2 Tasse Erbsen (frisch oder gefroren), 1/4 Tasse Kokosmilch (optional), Salz und Pfeffer nach Geschmack, optional: Reis zum Servieren

Anleitung:

1. In einer Pfanne das Öl erhitzen und die Zwiebel darin anbraten, bis sie weich ist (ca. 3-4 Minuten).
2. Knoblauch, Ingwer, Kurkuma, Kreuzkümmel, Paprika und Garam Masala hinzufügen und für weitere 1-2 Minuten anbraten, bis alles duftet.
3. Die Hähnchenbrust hinzufügen und braten, bis sie auf allen Seiten leicht gebräunt ist (ca. 5-7 Minuten).
4. Füge das Gemüse hinzu und brate es für weitere 3-5 Minuten an.
5. Füge die gehackten Tomaten hinzu und lass alles für ca. 10-15 Minuten köcheln, bis das Huhn gar ist und das Gemüse weich ist.
6. Wenn du Kokosmilch verwenden möchtest, füge sie jetzt hinzu und rühre gut um.
7. Mit Salz und Pfeffer abschmecken.
8. Optional: Serviere das Chicken Curry auf Reis.

Rezept für Couscous mit Gemüse

Zutaten (für eine Person): 1 Tasse Couscous, 1 Tasse Wasser oder Gemüsebrühe, 1 Esslöffel Öl (z.B. Olivenöl), 1 Zwiebel, gehackt, 2 Knoblauchzehen, gehackt, 1/2 Tasse Karotten, in kleine Würfel geschnitten, 1/2 Tasse Zucchini, in kleine Würfel geschnitten, 1/2 Tasse Paprika, in kleine Würfel geschnitten, 1/2 Tasse Erbsen (frisch oder gefroren), 1 Teelöffel Kreuzkümmel, 1 Teelöffel Paprika, 1 Teelöffel Kurkuma, Salz und Pfeffer nach Geschmack, Optional: frische Kräuter (z.B. Petersilie, Koriander)

Anleitung:

1. In einem Topf das Wasser oder die Gemüsebrühe zum Kochen bringen.
2. Couscous in eine Schüssel geben und das heiße Wasser oder die Gemüsebrühe darüber gießen. Abdecken und 5 Minuten quellen lassen.
3. In einer Pfanne das Öl erhitzen und die Zwiebel darin anbraten, bis sie weich ist (ca. 3-4 Minuten).
4. Knoblauch, Karotten, Zucchini, Paprika und Erbsen hinzufügen und für weitere 5-7 Minuten anbraten, bis das Gemüse weich ist.
5. Füge die Gewürze hinzu und rühre gut um.
6. Den Couscous in die Pfanne geben und alles gut vermischen.

7. Mit Salz und Pfeffer abschmecken.
8. Optional: Mit frischen Kräutern garnieren.

Italienische Pizza selbst gemacht

Zutaten: 150 g Pizzateig, 2 EL Tomatensauce, 30 g geriebener Mozzarella, 2-3 Cherrytomaten, 1/4 Paprika, 1/4 rote Zwiebel, 1/4 TL getrockneter Oregano, Olivenöl, Salz und Pfeffer
Anleitung:
1. Den Ofen auf 220°C vorheizen.
2. Den Pizzateig ausrollen und auf ein Backblech legen.
3. Die Tomatensauce auf dem Teig verteilen, dabei einen kleinen Rand frei lassen.
4. Den geriebenen Mozzarella auf der Tomatensauce verteilen.
5. Die Cherrytomaten halbieren und auf der Pizza verteilen.
6. Die Paprika und die Zwiebel in dünne Scheiben schneiden und auf der Pizza verteilen.
7. Mit Oregano, Salz und Pfeffer würzen.
8. Einen Teelöffel Olivenöl über die Pizza träufeln.
9. Die Pizza für 10-12 Minuten backen, bis der Käse geschmolzen und der Teig knusprig ist.

Pizzateig

Wer den Pizzateig selbst machen möchte – hier kommt auch dafür das Rezept
Zutaten: 500 g Mehl Typ 00, 1 Päckchen Trockenhefe, 1/2 TL Zucker, 1/2 TL Salz, 350 ml warmes Wasser, 2 EL Olivenöl
Anleitung:
1. In einer großen Schüssel das Mehl, den Zucker und das Salz vermengen.
2. Die Trockenhefe in das warme Wasser geben und ein paar Minuten stehen lassen, bis die Hefe aktiviert ist.
3. Das Hefewasser und das Olivenöl zum Mehl geben und alles gut miteinander vermengen.
4. Den Teig auf eine bemehlte Arbeitsfläche legen und ca. 10 Minuten kneten, bis er elastisch und geschmeidig ist.
5. Den Teig in eine saubere Schüssel legen und mit einem feuchten Tuch abdecken.
6. Die Schüssel an einem warmen Ort (ca. 30° C) 1-2 Stunden lang gehen lassen, bis sich das Volumen verdoppelt hat.
7. Den Teig erneut kneten und auf eine bemehlte Arbeitsfläche legen.
8. Den Teig in die gewünschte Größe und Form ausrollen und mit den gewünschten Zutaten belegen.

Flammkuchen – die „Pizza" aus dem Elsass

Für den Teig von 6 Flammkuchen benötigst du: 500 g Mehl, 250 ml Wasser, 1/2 TL Salz, 4 TL Öl. Vermische das Mehl mit dem Salz in einer großen Schüssel. Füge das Wasser und das Öl hinzu und vermenge die Zutaten mit einer Küchenmaschine (Knethaken) oder mit den Händen zu einem gleichmäßigen, glatten und geschmeidigen Teig.

Belag: 100 g Schmand, 100 g Crème Fraîche, etwas groben Pfeffer, frisch geriebene Muskatnuss, etwas Salz, eine Prise Zucker werden zu einer Creme vermengt und dünn auf die Teigfladen gestrichen. Darauf kommen dann in dünne Ringe geschnitte Zwiebeln und Speckwürfel. Garnieren kann man mit frischem Schnittlauch oder Frühlingszwiebeln

Jeden Flammkuchen für etwa 8-10 Minuten im auf 250 °C (Ober-/Unterhitze) vorgeheizten Ofen (am besten natürlich im Flammkuchenofen) backen, bis der Rand goldbraun und knusprig ist. Und dann genießen! Eine einfache, aber köstliche Mahlzeit, die beweist, dass die besten Dinge oft aus den einfachsten Zutaten entstehen.

Einfaches Essen in Krisensituationen

In Kriegs- und Notzeiten haben die Menschen oft kreative Wege gefunden, um mit begrenzten Nahrungsmitteln auszukommen und ihre Rationen zu sparen. Hier sind einige Rezeptideen aus solchen Zeiten:

- *Rüben-Eintopf* – Zutaten: Rüben, Kartoffeln, Zwiebeln, Wasser, Salz und Pfeffer – Zubereitung: Rüben, Kartoffeln und Zwiebeln schälen und in Würfel schneiden. In einem Topf Wasser zum Kochen bringen und das Gemüse hinzufügen. Mit Salz und Pfeffer würzen und köcheln lassen, bis das Gemüse weich ist. Den Eintopf heiß servieren.
- *Kartoffel-Pfannkuchen* – Zutaten: Kartoffeln, Mehl, Eier, Salz und Pfeffer, Öl zum Braten – Zubereitung: Kartoffeln schälen und grob raspeln. Die geriebenen Kartoffeln in ein Sieb geben und das überschüssige Wasser ausdrücken. Kartoffeln mit Mehl, Eiern, Salz und Pfeffer vermischen. In einer Pfanne etwas Öl erhitzen und den Teig portionsweise zu Pfannkuchen formen. Von beiden Seiten goldbraun braten.
- *Haferflockenbrot* – Zutaten: Haferflocken, Wasser, Salz – Zubereitung: Haferflocken mit kochendem Wasser übergießen und quellen lassen. Die Mischung zu einem Teig formen und mit Salz würzen. Den Teig auf ein mit Backpapier ausgelegtes Backblech geben und glattstreichen. Im vorgeheizten Ofen bei mittlerer Hitze backen, bis das Brot fest und goldbraun ist.
- *Ersatzkaffee aus gerösteten Wurzeln* – Zutaten: Geröstete Zichorienwurzeln (Wegwarte), geröstete Eicheln, heißes Wasser – Zubereitung: Die gerösteten Zichorienwurzeln und Eicheln zu einem grob gemahlenen Pulver zerkleinern. Einen Esslöffel dieser Mischung mit heißem Wasser übergießen und ziehen lassen. Den Ersatzkaffee nach Geschmack süßen und servieren.
- *Gemüsesuppe mit Knochenbrühe* – Zutaten: Knochenreste (z.B. von Geflügel oder Rind), Gemüse (wie Karotten, Sellerie, Lauch), Wasser, Salz und Gewürze – Zubereitung: Die Knochenreste in einem großen Topf mit Wasser bedecken und zum Kochen bringen. Die

Hitze reduzieren und die Brühe köcheln lassen, um den Geschmack aus den Knochen zu extrahieren. Das Gemüse hinzufügen und weiterköcheln lassen, bis es weich ist. Mit Salz und Gewürzen abschmecken und servieren.
- *Arme Ritter* – Zutaten: Altbackenes Brot, Milch, Eier, Zucker, Zimt – Zubereitung: Das Brot in Milch einweichen und anschließend in verquirlte Eier tauchen. In einer Pfanne mit etwas Fett goldbraun braten. Mit Zucker und Zimt bestreuen und warm servieren.
- *Kartoffelsuppe* – Zutaten: Kartoffeln, Zwiebeln, Wasser, Gemüsebrühe, Salz, Pfeffer – Zubereitung: Kartoffeln und Zwiebeln schälen und würfeln. In einem Topf Wasser zum Kochen bringen und Kartoffeln und Zwiebeln hinzufügen. Gemüsebrühe, Salz und Pfeffer hinzufügen und köcheln lassen, bis die Kartoffeln weich sind. Die Suppe pürieren oder leicht zerstampfen und heiß servieren.
- *Eintopf aus Hülsenfrüchten* – Zutaten: Getrocknete Hülsenfrüchte (wie Bohnen, Linsen, Erbsen), Zwiebeln, Karotten, Sellerie, Wasser, Salz, Gewürze – Zubereitung: Die getrockneten Hülsenfrüchte über Nacht in Wasser einweichen. Am nächsten Tag das Einweichwasser abgießen und die Hülsenfrüchte in einen großen Topf geben. Zwiebeln, Karotten und Sellerie hinzufügen und mit Wasser bedecken. Zum Kochen bringen und dann die Hitze reduzieren. Den Eintopf köcheln lassen, bis die Hülsenfrüchte weich sind. Mit Salz und Gewürzen abschmecken.
- *Rüblikuchen* – Zutaten: Karotten, Mehl, Zucker, Öl, Eier, Backpulver, Zimt, Salz, Puderzucker (optional) – Zubereitung: Karotten fein raspeln. In einer Schüssel Mehl, Zucker, Öl, Eier, Backpulver, Zimt und Salz vermischen. Die geraspelten Karotten hinzufügen und zu einem Teig verrühren. Den Teig in eine gefettete Backform geben und im vorgeheizten Ofen bei mittlerer Hitze backen, bis der Kuchen fest ist. Optional mit Puderzucker bestäuben.
- *Porridge* – Zutaten: Haferflocken, Wasser oder Milch, Zucker oder Honig (optional) – Zubereitung: Haferflocken mit Wasser oder Milch in einem Topf zum Kochen bringen. Die Hitze reduzieren und den Porridge köcheln lassen, bis er die gewünschte Konsistenz erreicht hat. Mit Zucker oder Honig süßen und nach Belieben mit Früchten oder Nüssen garnieren.

Diese Rezepte basieren auf einfachen und erschwinglichen Zutaten, die in Krisenzeiten oft verfügbar sind. Sie sind meist einfach zuzubereiten und du kannst sie an deine persönlichen Vorlieben anpassen. Bitte beachte, dass die genauen Mengen und Zubereitungsschritte je nach den verfügbaren Zutaten und deinen Kochmöglichkeiten variieren können.

Vorratshaltung für Krisenzeiten und Überlebenssituationen

Oft hörst du vielleicht, dass Essen nicht so wichtig sei, weil man ja bis zu drei Wochen ohne Nahrung auskommen kann. Hast du schon mal ein paar Tage gefastet? Dabei warst du wahrscheinlich in einer Umgebung, in der alle anderen Grundbedürfnisse leicht zu stillen waren. Versuch das Gleiche einmal in einer Ausnahmesituation, in der du dich auch körperlich anstrengen musst. Du wirst schnell merken, wie schon nach kurzer Zeit deine Kräfte schwinden.

Der Mensch benötigt in völliger Ruhe einen Grundumsatz von etwa 1500-1700 kcal pro Tag. In Krisen- und Überlebenssituationen kann man allerdings von einem deutlich höheren Bedarf ausgehen. Um Energieverluste auszugleichen, muss dem Körper täglich diese Energie per Nahrung zugeführt werden. Andernfalls kommt es bei normalgewichtigen Menschen nach etwa 50 bis 80 Tagen bei immer schnellerem Kräfteverfall zum Hungertod.

Die Vorratshaltung als einfachste Überlebenstechnik zielt darauf ab, diese Energiezufuhr auch dann aufrecht zu erhalten, wenn es aufgrund eines Schadensereignisses oder einer Katastrophe keine Nahrungsmittel mehr zu kaufen gibt. Das Bundesamt für Bevölkerungsschutz und Katastrophenhilfe rät einen Vorrat für 14 Tage anzulegen, wobei es einen täglichen Leistungsumsatz von 2000 kcal annimmt. Sind die Vorräte aufgebraucht, muss durch Jagen und Sammeln oder langfristig durch Ackerbau und Viehzucht der Nahrungsbedarf gesichert werden.

Fische fangen

Es schadet nicht, einen Angelschein zu machen und so die Grundkenntnisse – und die Erlaubnis – für das Angeln zu erwerben. Eine einfache Technik neben Reusen, Netz oder Fischfallen um in regionalen deutschen Gewässern Fische zu fangen, ist das Spinnfischen. Hier ist eine Schritt-für-Schritt-Anleitung:

- Besorge eine leichte Spinnrute (ca. 2,40 bis 3,00 Meter) und eine passende Spinnrolle. Wähle eine monofile Angelschnur mit einer Stärke von 0,20 bis 0,25 mm. Montiere einen Kunstköder, wie beispielsweise einen Blinker oder Twister, auf deine Schnur.
- Recherchiere lokale Angelgewässer, Seen, Flüsse oder Teiche in deiner Region, die für das Spinnfischen geeignet sind. Informiere dich über die aktuellen Angelbestimmungen und benötigten Angelkarten.
- Suche nach Stellen am Gewässer, an denen sich Fische aufhalten könnten, wie Uferbereiche, Untiefen, Strömungsbereiche oder vegetationsreiche Abschnitte.
- Werfe den Kunstköder mit leichtem Köderschwung oder Überschwung in das Wasser. Lasse den Köder absinken und beginne mit langsamen Einholbewegungen.
- Einholen und Köderführung: Kurbel den Köder langsam ein und simuliere die Bewegung eines Beutefisches. Variiere die Geschwindigkeit und Intervalle, um die Aufmerksamkeit der Fische zu erregen.
- Achte auf mögliche Bisse, die sich durch ein Zucken oder Rucken der Rute bemerkbar machen. Wenn du einen Biss spürst, schlage vorsichtig an, indem du die Rute leicht nach oben ziehst.

- Bringe den gefangenen Fisch behutsam ans Ufer oder ins Boot und verwende einen Kescher, um ihn sicher zu landen. Beachte die lokalen Bestimmungen für Mindestmaße und Schonzeiten und handle entsprechend.
- Je nach Größe und Art des Fisches entscheidest du, ob du ihn behältst oder wieder aussetzt. Falls du den Fisch behalten möchtest, bereite ihn gemäß den geltenden Vorschriften vor.

Diese Technik eignet sich gut für das Angeln in regionalen deutschen Gewässern und ist besonders für Anfänger geeignet. Es ist wichtig, die örtlichen Angelvorschriften und Schonzeiten zu beachten und umweltfreundliches Angeln zu praktizieren. Hat man dann einen Fisch gefangen, muss er auch noch verzehrfertig gemacht werden. Etwas, das heute auch nicht jeder kann. Das sind die einzelnen Schritte:

Wasche den Fisch gründlich von außen unter fließendem Wasser. Lege den Fisch mit dem Bauch nach oben und schneide vorsichtig entlang des Bauches von der Afterflosse bis zum Kopf. Öffne den Bauch des Fisches und entferne die Eingeweide, zu denen auch die Gallenblase gehört. Achte darauf, die Gallenblase nicht zu beschädigen, da sie einen bitteren Geschmack hinterlassen kann. Spüle den Fisch erneut gründlich von innen und außen unter kaltem Wasser, um alle Rückstände zu entfernen. Lasse den Fisch abtropfen und tupfe ihn mit Küchenpapier trocken, um überschüssiges Wasser zu entfernen. Nun ist der Fisch ausgenommen und bereit für die weitere Zubereitung, sei es das Braten, Grillen oder Kochen nach deinem Rezept.

Jagen

Das Jagen ist in Deutschland streng reglementiert. Hier ist eine kurze Schritt-für-Schritt-Anleitung für den schnellsten Weg, um in Deutschland einen Jagdschein zu machen:
- Stelle sicher, dass du die erforderlichen Voraussetzungen erfüllst, um einen Jagdschein in Deutschland zu erwerben. Dazu gehören in der Regel ein Mindestalter von 16 Jahren und die körperliche und geistige Eignung.
- Suche nach einer Jagdschule oder einem Anbieter, der einen Intensivkurs für die Jägerprüfung (z.B. www.jagdschulzentrum-bayern.de/jagdkurse/kompaktkurs) anbietet. Diese Kurse sind oft der schnellste Weg, um sich auf die Prüfung vorzubereiten.
- Melde dich zur Jägerprüfung bei der zuständigen Behörde an. Dies kann je nach Bundesland unterschiedlich sein. Informiere dich über die örtlichen Bestimmungen.
- Absolviere den Intensivkurs, der sowohl theoretische als auch praktische Kenntnisse vermittelt. Dieser Kurs kann mehrere Wochen dauern und beinhaltet Themen wie Wildbiologie, Jagdrecht und Schießtraining.
- Nimm an der Jägerprüfung teil, die aus einem schriftlichen und einem mündlichen Teil besteht. Bestehe die Prüfung, um deinen Jagdschein zu erhalten.

- Nach erfolgreichem Abschluss der Jägerprüfung kannst du eine Waffenbesitzkarte beantragen, um legal Jagdwaffen zu besitzen.
- Sammle praktische Erfahrung, indem du als Jungjäger an Jagdausübungen und -veranstaltungen teilnimmst.
- Beachte, dass der Jagdschein in der Regel befristet ist. Achte darauf, die erforderlichen Fortbildungen und Erneuerungen rechtzeitig durchzuführen.
- Übe die Jagd verantwortungsvoll und respektvoll gegenüber der Natur und den Tieren aus.

Bitte beachte, dass die genauen Anforderungen und Abläufe je nach Bundesland variieren können. Es ist wichtig, die örtlichen Jagdgesetze und Vorschriften zu beachten und dich bei Bedarf bei der örtlichen Jagdbehörde zu informieren.

Pflanzennahrung

Hier eine Liste von Wildpflanzen in Mitteleuropa, die (nicht nur) in Survival-Situationen gegessen werden können:

- *Brennnessel* (Urtica dioica): Inhalt: Reich an Vitaminen (A, C und K), Eisen, Kalzium und Proteinen. Anwendung: Kann in verschiedenen Gerichten wie Suppen, Smoothies oder gedünstetem Gemüse verwendet werden.
- *Löwenzahn* (Taraxacum officinale): Inhalt: Enthält Vitamin A, C und K, sowie Mineralstoffe wie Eisen und Kalium. Anwendung: Die jungen Blätter können roh in Salaten oder gedünstet gegessen werden. Die Wurzeln können geröstet und als Kaffee-Ersatz verwendet werden.
- *Giersch* (Aegopodium podagraria): Inhalt: Enthält Vitamin C, Eisen und Kalzium. Anwendung: Die Blätter können roh oder gekocht in Salaten, Suppen oder Eintöpfen verwendet werden.
- *Schafgarbe* (Achillea millefolium): Inhalt: Enthält Vitamin A, C und E, sowie Mineralstoffe. Anwendung: Die Blätter können roh oder gekocht in Salaten, Suppen oder als Gewürz verwendet werden. Sie hat auch heilende Eigenschaften.
- *Vogelmiere* (Stellaria media): Inhalt: Reich an Vitaminen (C und E), Mineralstoffen und Omega-3-Fettsäuren. Anwendung: Kann roh in Salaten oder als Zutat in Suppen und Eintöpfen verwendet werden.
- *Spitzwegerich* (Plantago lanceolata): Inhalt: Enthält Vitamine (A und C), Eisen und Calcium. Anwendung: Die Blätter können roh in Salaten oder gedünstet als Gemüse gegessen werden. Zudem haben sie heilende Eigenschaften für kleine Verletzungen oder Insektenstiche.

- *Gänseblümchen* (Bellis perennis): Inhalt: Enthält Vitamin C und Mineralstoffe. Anwendung: Die Blüten und Blätter können roh in Salaten oder als essbare Dekoration verwendet werden.
- *Hagebutte* (Rosa canina): Inhalt: Reich an Vitamin C, Antioxidantien und Ballaststoffen. Anwendung: Kann zu Tee, Marmelade oder Saft verarbeitet werden.
- *Sauerampfer* (Rumex acetosa): Inhalt: Enthält Vitamin C, Eisen und Kalzium. Anwendung: Die Blätter können roh oder gekocht in Salaten, Suppen oder als Gewürz verwendet werden.
- *Taubnessel* (Lamium spp.): Inhalt: Enthält Vitamine (C und A), Mineralstoffe und Flavonoide. Anwendung: Die Blätter können roh in Salaten oder als Zutat in Suppen und Eintöpfen verwendet werden.
- *Wiesenknopf* (Sanguisorba officinalis): Inhalt: Enthält Vitamin C, Eisen und Gerbstoffe. Anwendung: Die jungen Blätter können roh oder gekocht in Salaten oder Suppen verwendet werden.
- *Waldmeister* (Galium odoratum): Inhalt: Enthält ätherische Öle und Bitterstoffe. Anwendung: Kann zur Aromatisierung von Getränken wie Tee oder Limonade verwendet werden.
- *Holunder* (Sambucus nigra): Inhalt: Enthält Vitamin C, Antioxidantien und Flavonoide. Anwendung: Holunderbeeren können zu Saft, Sirup, Gelee oder Marmelade verarbeitet werden.
- *Wald- und Wiesenpilze* (achte unbedingt auf die richtige Bestimmung): Inhalt: Enthalten Proteine, Ballaststoffe, Vitamine und Mineralstoffe. Anwendung: Können gekocht oder gebraten als Nahrungsmittel verwendet werden. Achte darauf, dass du nur essbare Pilze sammelst und dir bei der Bestimmung ganz sicher bist.

Bitte mache dich unbedingt mit der Pflanzenbestimmung und -verarbeitung vertraut, bevor du Wildpflanzen aus der Natur isst.

Psychisches Grundbedürfnis – Orientierung

Heute ist es üblich, dass man sich auf GPS-Navigation im Auto oder den Handy-Routenplaner verlässt, um sich zu orientieren. So bequem das ist: Was tun, wenn diese Hilfsmittel plötzlich versagen? Dann ist es nützlich, wenn man über eine Karte (Maßstab mindestens 1:200.000 besser aber 1:50.000) der Region verfügt in der man sich gerade bewegt. Auch Bescheid zu sagen wohin man will und wann man anzukommen gedenkt ist eine gute Idee um möglichen Helfern die Suche zu erleichtern. Zumindest sollte man immer eine grobe Vorstellung davon haben, auf welcher Route man unterwegs ist und in welche Richtung man sich bewegen sollte um den nächsten Ort zu erreichen. Hat man diese nicht, dann wird die erste Aufgabe sein, einen Ort zu finden, von dem aus man sich durchfragen kann, wenn man nicht zur Entscheidung kommt, dass man gesucht wird und man daher besser an der Stelle bleibt, an der man die Orientierung verloren hat. Diese Stelle sollte man unbedingt markieren und durch einen Richtungspfeil markieren wohin man geht. Bei Wegen kann man sich zur Not vielleicht daran orientieren, immer den nächstgrößeren zu wählen – bis man zur nächsten Ansiedlung kommt. Auch kleine Bäche fließen meist in größere und irgendwann kommt man fast zwangsläufig zu einem Ort. Doch ob der Weg durch unbekanntes Gebiet sinnvoll und begehbar ist? Wer sich nicht vorab die Gegend eingeprägt hat, wird auf sein Glück angewiesen sein.

Unabhängig davon sollte man jedoch zumindest ein paar grundlegende Orientierungsmöglichkeiten kennen. Wenn du dich auf der Nordhalbkugel verirrt hast, gibt es mehrere Methoden, um dich zu orientieren:

Verwende eine Karte und einen Kompass: Idealerweise solltest du eine detaillierte Karte der Region bei dir haben. Mit Hilfe eines Kompasses kannst du die Himmelsrichtungen bestimmen und dich anhand von markanten Gelände- oder Landmarken auf der Karte orientieren.

Orientiere dich an Sonne und Mond: Sie gehen im Osten auf und im Westen unter. So kannst du grob die Himmelsrichtungen bestimmen. Beobachte die Sonne und den Schatten, den ein Objekt wirft, um die Himmelsrichtung zu bestimmen.

Nutze den Polarstern: In der Nähe des Nordpols befindet sich der Polarstern (auch bekannt als Nordstern oder Polaris), der relativ konstant in Richtung Norden zeigt. So kann man ihn finden: Suchen Sie am Nachthimmel nach dem Ursa Major (bei uns „Großer Wagen"). Er ist ein bekanntes und leicht erkennbares Sternbild, das aus sieben Hauptsternen besteht und eine charakteristische Wagenform bildet. Die vier Sterne des Wagenkorpus bilden normalerweise ein Rechteck oder einen Wagen. Nimm die beiden äußersten Sterne dieses Rechtecks und denk dir eine Linie, die sie verbindet. Die Linie, die du verlängerst, sollte etwas mehr als das Fünffache des Abstands zwischen diesen beiden Sternen betragen. Der Polarstern ist der hellste Stern in der Nähe des Endes dieser verlängerten Linie. Er liegt nicht genau auf der Verlängerungslinie, sondern etwas daneben, aber er ist relativ leicht zu erkennen. Der Polarstern bildet die Spitze des kleinen Sternbilds des Kleinen Wagens (Ursa Minor).

Suche nach natürlichen Hinweisen: Beobachte die Umgebung nach Hinweisen, die dir bei der Orientierung helfen können. Orientiere dich an Flussläufen, Bergketten, Straßen oder anderen markanten Geländeformationen, die auf deiner Karte verzeichnet sind.

Moose und Flechten wachsen oft auf der Nordseite von Bäumen, da sie mehr Feuchtigkeit bevorzugen.

Sonnenblumen: Ihre Blütenköpfe drehen sich im Laufe des Tages so, dass sie der Sonne folgen. Wenn du mehrere Sonnenblumenblüten beobachtest, kannst du anhand ihrer Ausrichtung die Himmelsrichtungen bestimmen.

Der *Schattenkompass* ist eine Methode, um sich grob anhand des Sonnenschattens zu orientieren. Hier ist eine einfache Anleitung, wie du den Schattenkompass verwenden kannst:

Suche einen länglichen Gegenstand, wie zum Beispiel einen Stock oder einen Stift, den du senkrecht in den Boden stecken kannst. Dies wird dein Schattenwerfer sein. Warte, bis die Sonne hoch am Himmel steht, idealerweise um die Mittagszeit. Dies ist der Zeitpunkt, an dem der Schatten am kürzesten ist. Platziere den Schattenwerfer senkrecht im Boden, so dass er einen gut sichtbaren Schatten wirft. Markiere die Spitze des Schattens mit einem kleinen Stein oder einer Markierung. Warte etwa 10 bis 15 Minuten und markiere erneut die Spitze des Schattens. Ziehe eine gerade Linie zwischen den beiden Markierungen. Dies ist deine West-Ost-Linie. Stelle dich so, dass du mit Blick auf den Schattenwerfer stehst. Der Schatten liegt nun auf der Westseite von dir und die entgegengesetzte Richtung ist Osten.

Es ist wichtig zu beachten, dass der Schattenkompass nur eine grobe Orientierung bietet und dass die Genauigkeit von verschiedenen Faktoren wie der geografischen Breite, der Jahreszeit und der Tageszeit abhängt.

Hat man zumindest eine funktionierende und richtig gehende Uhr, gibt es noch eine andere Methode, sich mit Hilfe der Sonne zu orientieren:

Mit einer *Uhr und dem Sonnenstand* kannst du eine einfache Methode verwenden, um dich grob zu orientieren. Hier ist eine Anleitung, wie du dies tun kannst: Halte deine Uhr horizontal, so dass der Stundenzeiger (kleiner Zeiger) direkt auf die Sonne zeigt. Teile den Winkel zwischen dem Stundenzeiger und der 12-Uhr-Position in der Hälfte. Der Winkelhalbierende zeigt in Richtung Süden. Orientiere dich jetzt: Norden ist genau gegenüber Süden. Osten befindet sich auf der rechten Seite und Westen auf der linken Seite. Es ist wichtig zu beachten, dass diese Methode auf der Annahme basiert, dass es keine Sommerzeit gibt und deine Uhr auf die wahre Ortszeit eingestellt ist. Außerdem funktioniert diese Methode am besten, wenn die Sonne hoch am Himmel steht, etwa zwischen 9:00 Uhr und 15:00 Uhr.

Doch auch die Zivilisation selbst bietet viele Hinweise auf die Richtung: Terrassen an Einfamilienhäusern werden in der Regel zur Südseite hin ausgerichtet sein. Satellitenschüsseln orientieren sich, zumindest in Deutschland, nach Süden.

Wer einen *Vermessungspunkt*, einen trigonometrischen Punkt findet, ist fein raus. In Deutschland tragen die Granitpfeiler oder Stahlplatten auf der Nordseite in der Regel ein Dreieck und auf der Südseite die Bezeichnung „TP". In Österreich und Ungarn sowie einigen anderen Ländern findet sich auf der Nordseite die Beschriftung „KT" für „Katastertriangulierung".

Auch alte *Kirchen* können Dir. Orientierung bieten. Meist sind sie in Ost-West-Richtung erbaut, wobei der Altar auf der Ost- und der Kirchturm auf der Westseite steht.

Es ist wichtig, ruhig zu bleiben und nicht in Panik zu geraten, wenn du dich verirrst. Versuche, dich auf klare Anhaltspunkte zu konzentrieren und nicht weiterzugehen, bis du eine bessere Orientierung hast. Falls möglich, versuche, Hilfe zu rufen oder den nächsten Wegpunkt oder Ausgangspunkt auf deiner Karte zu identifizieren.

Psychisches Grundbedürfnis – Selbstbehauptung und Selbstverteidigung

Selbst der Friedfertigste unter uns ist vor einem körperlichen Angriff nicht sicher. Situationen, in denen man sich vor den Angriffen aggressiver Menschen schützen muss, sind zwar erfreulich selten, es sei denn man gehört zur Gruppe der jungen Männer zwischen 15 und 25, die überdurchschnittlich oft in Auseinandersetzungen verwickelt sind. Oder man hat einen Beruf als Polizeibeamter, als Pfleger in einer psychiatrischen Einrichtung oder als Mitarbeiter im Sicherheitsbereich. Sieht man sich die Polizeistatistik an, so nimmt insgesamt die Gewaltkriminalität erfreulicherweise leicht ab. Doch das hilft dem einzelnen Opfer relativ wenig. Zumal die Zahlen im Bereich der vorsätzlichen leichten Körperverletzung ansteigen. Wir leben auf jeden Fall sicherer, als die Berichterstattung in den Medien vermuten lässt. Es ist aber dennoch ein gutes Gefühl und stärkt das Selbstbewusstsein, wenn man weiß, dass man sich seiner Haut wehren und sich und andere schützen und verteidigen kann.

Umfragen besagen, dass vergleichsweise viele Menschen Angst haben, Opfer einer Gewalttat zu werden. Diese Angst kann die Lebensqualität eines Menschen erheblich beschränken. Manche Ängste sind begründet und lassen sich nicht wegdiskutieren. Wer in einer unsicheren Gegend wohnt, nachts auf die Straße muss oder häufig in U- und S-Bahnen unterwegs ist, wird durch Angst zu vorsichtigem und vernünftigem Verhalten angeregt. Und so mancher lächerliche Streit um einen Parkplatz hat schon böse Folgen gehabt. Grundkenntnisse in Selbstverteidigung sorgen dafür, dass reale Ängste auf einem gesunden Niveau bleiben.

> *„Der Sieg gehört immer dem, der sogar vor der Schlacht nicht an sich selbst denkt, sondern in der Leere des Größen Ursprungs ruht und aufgeht."* Bruce Lee (1940–1973)

Wir lernen ja auch vorsorglich schwimmen, obwohl wir uns meistens im Trockenen aufhalten. Und sollten wir einmal unfreiwillig in tiefes Wasser geraten, brauchen wir nicht gleich zu befürchten, zu ertrinken. Sich verteidigen zu lernen ist eine sinnvolle Vorsorge und verleiht Selbstsicherheit.

Als ich zur Schule ging, war ich – Brillenträger, groß, schlaksig und nicht gerade ein Sport-Ass – nicht selten Drohungen, Hohn, Spott und Aggressionen ausgesetzt. Das Gefühl der Ohnmacht war erdrückend und die Angst, auf dem Schulweg in eine körperliche Auseinandersetzung zu geraten, schnürte mir oft genug die Kehle zu. Mein Selbstvertrauen sank ins Bodenlose. Dann kam ich gemeinsam mit einem Freund auf die Idee, beim örtlichen Sportverein Kampfsport zu lernen. Das Angebot der Techniken war vielfältig. Wir übten fleißig Jiu-Jitsu und Karate. Und was mir zunächst kaum auffiel: Die Zeit der Hänseleien und Prügeleien war plötzlich vorbei. Keine Drohungen und keine Beleidigungen mehr. Und das kaum ein paar Wochen, nachdem ich mit dem Training angefangen hatte. Das lag aber keineswegs daran, dass ich selbst auf einmal anderen gegenüber aggressiv war. Auch war ich nicht über Nacht zum Bruce Lee mutiert. Mein praktisches Können rangierte immer noch auf Greenhorn-Niveau und über mein neues Hobby habe ich in der Schule kein Wort verloren. Es hatte sich lediglich meine Einstellung geändert. Die Opferhaltung war verschwunden und bot anderen keine Projektionsfläche mehr.

Opfermentalität nimmt viele Erscheinungsformen an. Opfer sind machtlos. Unterschwellige Angst lähmt und mindert die Lebensqualität. Menschen mit einer Opfermentalität geben anderen die Schuld für ihre Probleme. Sie übernehmen keine Verantwortung für ihr eigenes Handeln und ihre Entscheidungen. Sie fühlen sich machtlos und glauben, dass sie keine Kontrolle über ihr Leben haben. Sie handeln nicht aktiv, um ihre Situation zu verbessern, sondern warten darauf, dass andere ihnen helfen.

Wenn wir Selbstverteidigung erlernen, übernehmen wir die Verantwortung dafür, wie wir damit umgehen, was uns im Leben widerfährt. Die Fähigkeit zur Selbstbehauptung gehört aus meiner Sicht zu den wichtigsten Führungsqualitäten. Wer heute ein Unternehmen oder eine Abteilung führt, steht einer Unzahl an Anforderungen gegenüber:
- Komplexe Situationen verlangen rasche, intuitive Entscheidungen und geistige Flexibilität
- viele Situationen erfordern persönliches Durchsetzungsvermögen
- Außenkontakte setzen ein sicheres, gelassenes Auftreten voraus
- Wer Personal- und Entscheidungsverantwortung trägt, braucht ein gutes Maß an Selbstbewusstsein
- Permanente geistige und einseitige körperliche Belastungen setzen geistige und körperliche Fitness voraus
- Zu führen bedeutet: Sicherheit, Klarheit und Selbstbewusstsein auszustrahlen.

Daher ist das Erlernen von Selbstverteidigungstechniken für Führungskräfte nicht nur eine körperliche Bereicherung, sondern dient auch als mentale Übung, die Sicherheit, Entscheidungsfähigkeit und Durchsetzungsvermögen stärkt – Schlüsselqualitäten für erfolgreiches Führen in jeder Situation.

Welche der zahlreichen Kampfkunstformen sollte man dann üben? Jede Kampfkunst hat ihre Berechtigung und es ziemlich müßig, darüber zu diskutieren, welche die „bessere" ist. Es kommt darauf an, welchen Schwerpunkt man setzt. Eine praxisorientierte Selbstverteidigung, versetzt einen in die Lage, gefährliche Situationen zu meistern, Nerven und die Übersicht zu bewahren und schnelle instinktive Entscheidungen konsequent in Aktion umzusetzen. Die Auswahl ist groß. Wem es um asiatische Philosophie, Schönheit und Eleganz geht, der wird sich vielleicht dem Aikido zuwenden. Wer gerne zupackt, wählt vielleicht das Ringen oder Judo. Wer auch an Wettkämpfen teilnehmen will, für den mögen Karate oder Taekwondo das Richtige sein. Boxen oder andere Vollkontakt-Sportarten haben den Vorteil, dass hier das Körpergedächtnis nicht falsch konditioniert wird. Denn wer darauf trainiert ist, auch im heftigsten Wettkampf seinen Gegner nicht wirklich zu verletzten, hat das so verinnerlicht, dass er – bei einem echten Angriff – einem untrainierten Straßenschläger gegenüber meist hoffnungslos im Nachteil ist. Der Straßenkampf-Experte Marc „Animal" MacYoung hält daher die meisten Kampfkunstexperten für „Tänzer" und Straßenschlägern für unterlegen.

Wer schon mal grundlose Gewalt erfahren hat, kennt die Reaktionen: Schockstarre, sogar der Fluchtreflex setzt aus. Es folgt eine unkontrollierte, unbeholfene Abwehr. In unserer zivilisierten Gesellschaft sind wir (glücklicherweise) nicht mehr gewohnt, Konflikte handgreiflich zu lösen. Durch richtiges Training sensibilisiert man seine Sinne, das Adrenalin wird kanalisiert, statt den Körper zu überschwemmen, und man lernt, seinen Instinkten zu vertrauen und sie zu nutzen.

Wenn es darum geht, in möglichst kurzer Zeit wirksame Selbstverteidigung zu lernen, so kann man ein Training in Krav Maga empfehlen. Das ist eine moderne, sehr effektive Art der Selbstverteidigung, die auf den 1910 in Budapest geborenen Imrich Lichtenfeld zurückgeht. Er wuchs in Pressburg/Bratislava auf und lehrte dort in den dreißiger Jahren seine Kampfmethode, um die dort lebenden Juden gegen antisemitische Übergriffe zu unterstützen. Nach Gründung des Staates Israel wurde Lichtenfeld Nahkampfausbilder in der israelischen Armee.

Krav Maga kann, da es vorwiegend auf natürlichen Reflexen aufbaut und die Techniken sehr einfach gehalten sind, in sehr kurzer Zeit von nahezu jedem (unabhängig von Alter, Geschlecht oder Körperkraft) erlernt werden. Es ist pragmatische, zweckorientierte Selbstverteidigung ohne Wettkämpfe, Regeln oder stilisierte Kämpfe gegen imaginäre Gegner.

Im deutschsprachigen Raum gibt es mittlerweile eine ganze Reihe an Krav Maga Ausbildungsstätten, die sich in ihrem Training an Privatpersonen richten. Es werden ganz unterschiedliche Techniken und Methoden trainiert. Dazu zählen: Wege zur verbalen Deeskalation, Rollenspiele, Bewegungslehre, 360-Grad-Abwehr, Innenabwehr, Fausttechniken, Handballentechniken, Hammerschläge, Ellbogentechniken, Tritttechniken, Knietechniken, der Einsatz von Alltagsgegenständen zur Selbstverteidigung, Waffenabwehr, Stressdrills, Situationstraining, Training mit Vollkontaktschutz. Info dazu gibt es z.B. hier www.krav-maga-muenchen.de oder hier www.ikmf-kravmaga.de.

Was aber, wenn man keine Lust und keine Zeit hat, Kampfsport zu trainieren? Es gibt darüber hinaus eine Vielzahl von Möglichkeiten zur Selbstverteidigung, die effektiv und legal sind. Hier sind einige Optionen:

- Pfefferspray ist ein nicht-tödliches Mittel zur Selbstverteidigung und kann helfen, den Angreifer vorübergehend auszuschalten und Zeit zu gewinnen, um zu fliehen.

- An fast einem Drittel der Tage im Jahr regnet es – warum nicht einen Schirm mitnehmen, der auch als Selbstverteidigungsinstrument dienen kann? Dafür gibt es besonders stabile Schirme, die auch noch gut aussehen.
- Es gibt eine Vielzahl von Alarmsystemen, die speziell für die persönliche Sicherheit entwickelt wurden, wie z.B. persönliche Alarme, die einen lauten Ton ausstoßen, um Aufmerksamkeit zu erregen.
- Ein Tactical Pen ist einerseits ein unauffälliger Kugelschreiber und gleichzeitig Werkzeug und Waffe. Du kannst den Stift zur Not als Glasbrecher einsetzen oder dich, wenn du belästigt wirst, wirksam wehren (selbstverteidigung-beherrschen.de/tactical-pen).

In § 32 StGB heißt es: *„Wer eine Tat begeht, die durch Notwehr geboten ist, handelt nicht rechtswidrig."* und *„Notwehr ist die Verteidigung, die erforderlich ist, um einen gegenwärtigen rechtswidrigen Angriff von sich oder einem anderen abzuwenden."* In der Praxis ist es allerdings oft schwer, das vor Gericht zu beweisen. In den meisten Fällen ist es besser, eine Konfrontation zu vermeiden und die Situation zu deeskalieren, bevor es zu körperlichen Auseinandersetzungen kommt. Gewalt sollte möglichst vermieden werden. Folgende Tipps können zur Deeskalation beitragen:

- Bleib ruhig und versuche nicht, den Angreifer anzugreifen oder zu provozieren.
- Wenn man von einem körperlichen Angriff überrascht wird, kann man manchmal durch den Anstieg von Adrenalin in eine Schockstarre geraten. Fokussiere dich auf das, was gerade um dich herum passiert und versuche, im Moment zu bleiben.
- Versuche ruhig und tief zu atmen, um deine Herzfrequenz zu senken und dich zu beruhigen.
- Sei bereit: Wenn du weißt, dass du in eine Gefahrensituation geraten könntest, kann es hilfreich sein, sich mental darauf vorzubereiten.
- Versuche, die Situation zu beruhigen und den Angreifer davon zu überzeugen, dass du keine Bedrohung darstellst.
- Sprich in einem ruhigen Ton und vermeide es, laute und aggressive Gesten zu machen.
- Zeige Verständnis für den Angreifer und versuche, seine Gefühle zu beruhigen.
- Vermeide den Angreifer direkt anzusehen, da er das als Bedrohung auffassen könnte. Ruhig seitlich wegschauen. So merkt er aber, dass du ihn wahrgenommen hast.
- Vermeide es, den Angreifer zu bedrohen oder zu beleidigen.
- Versuche, dich aus der Situation zu entfernen, indem du ruhig und langsam weggehst.

Diese Tipps können zwar helfen, eine Situation zu deeskalieren, reichen jedoch in einigen Fällen möglicherweise nicht aus. Es gibt leider Gestalten, die Deeskalation nicht zulassen. In solchen Fällen wäre es natürlich am besten sich in Sicherheit zu bringen und die Polizei zu kontaktieren. Wenn das nicht geht, bleibt nur sich mit allen zur Verfügung stehenden Mitteln zu verteidigen.

> *»Es ist nutzlos für die Schafe eine Resolution über den Fleischverzicht*
> *zu erlassen, solange die Wölfe anderer Meinung sind«*
> Zitiert von Marc „Animal" MacYoung

Am besten ist es allerdings, gar nicht erst in eine gefährliche Situation zu geraten. Leider sind viele Menschen so in sich selbst vertieft, oft vor allem mit ihren Smartphones beschäftigt, dass sie ihre Umgebung völlig aus den Augen verlieren und dadurch Gefahren nicht erkennen. Da hilft es, aufmerksam zu sein und Muster zu erkennen. Ralf Bongartz, ein ehemaliger Kriminalhauptkommissar und Experte für Konfliktmanagement und Körpersprache, erklärt, dass Eskalationen oft vier aufeinanderfolgende Phasen durchlaufen: die visuelle Phase, in der Täter Blickkontakt aufnehmen und potenzielle Opfer abchecken; die verbale Phase, in der Kontakt aufgenommen wird; die territoriale Phase, in der der Täter näher kommt und schließlich die Phase körperlicher Gewalt.

Du solltest dir eine Art innere Warnampel zulegen: Die meisten Ereignisse fallen in die Kategorie „Grün" und haben nichts mit dir zu tun. Dann gibt es „Orange"-Ereignisse, die dich betreffen, aber entweder unbeabsichtigt sind oder keine echte Bedrohung darstellen. Auch Ereignisse allgemeiner Art, von denen du weißt, dass sie ein Gefahrenpotenzial bergen, gehören in diese Kategorie. Wenn du Kinder am Straßenrand Ballspielen siehst, ein Hund sich von der Leine reißt, wenn du verrutschte Ladung an einem vorausfahrenden Fahrzeug bemerkst, beim Geldabheben am EC-Automaten oder wenn du unbekannte Personen in deiner Wohngegend bemerkst, die sich irgendwie auffällig verhalten, – das wären Fälle für erhöhte Wachsamkeit. Und schließlich gibt es die seltenen Ereignisse, bei denen deine Warnlampe auf „Rot" springen sollte. Wenn jemand auf deinem Weg herumlungert und wiederholt nervös in deine Richtung schaut, wenn jemand starr blickt, schneller atmet und seine Fäuste ballt oder wenn etwas zu gut klingt, um wahr zu sein – das sind Muster, bei denen dir deine Intuition sagen sollte: Vorsicht! Da stimmt was nicht, das könnte eine Falle sein. So kannst du oft reagieren, noch bevor etwas passiert ist.

Krisenvorsorge

Denkst du, Krisenvorsorge sei nur etwas für Paranoiker? Oder dass du in einer sicheren Gegend wohnst und deshalb nichts befürchten musst? Die traurige Wahrheit ist, dass eine Krise oder Katastrophe jederzeit eintreten kann – ob durch Naturkatastrophen, Stromausfälle, Epidemien oder andere unvorhergesehene Ereignisse. Wenn du unvorbereitet bist, kann dies schnell zu einer Katastrophe für dich und deine Familie werden.

Durch die richtigen Vorbereitungen kannst du deine Familie und dich selbst besser schützen und versorgen. Das Bundesamt für Bevölkerungsschutz und Katastrophenhilfe liefert beispielsweise in seinem „Ratgeber für Notfallvorsorge und richtiges Handeln in Notsituationen" Infos, um dich auf Krisensituationen vorzubereiten. Das tun jedoch die Wenigsten. Nur etwa 1 % der Bevölkerung hat für die wichtigsten Risikobereiche vorgesorgt. Den meisten sind vermutlich Risiken wie Unfall, Brand, der Ausfall der Energie-, Wasser- und Lebensmittelversorgung, Pandemien, Naturkatastrophen, militärische Konflikte oder Terroranschläge viel zu abstrakt oder sie verlassen sich auf staatliche Vorsorgen. Was für drastische Auswirkungen bereits ein Ausfall der Stromversorgung von ein paar Tagen haben kann, beschreibt Marc Elsberg in seinem ausgezeichnet recherchierten Roman „Blackout". Bereits nach kürzester Zeit brechen Wasserversorgung, Telekommunikation, die elektrischen Pumpen der Tankstellen, die Lebensmittelversorgung etc. zusammen. Sobald es um die Existenz geht, bröckelt die dünne zivilisatorische Fassade rasch und es kommt zu Zuständen in denen, wie Thomas Hobbes meint, „der Mensch [...] dem Menschen ein Wolf [ist]". Es schadet also keineswegs, vorzusorgen. Es gibt viele Dinge, die man zuhause haben sollte, um für eine Krisensituation vorbereitet zu sein. Hier sind einige Empfehlungen:

- Ein vollständiges Erste-Hilfe-Set
- Persönlich wichtige Medikamente für mindestens 2 Wochen
- Toilettenpapier, Seife, Zahnpasta und andere Hygieneartikel
- Gut ausgestattetes Werkzeugset für notwendige Reparaturen
- Wärmequellen wie z.B. Ein Holz-, Petroleum- oder Gasofen mit ausreichend Brennstoff sowie Decken und Schlafsäcke um im Notfall warm zu bleiben.
- Batteriebetriebenes Radio/Kurbel-Radio um wichtige Informationen zu empfangen
- Bargeld um fehlende Dinge kaufen zu können auch wenn EC-Automaten streiken

Es ist wichtig, regelmäßig zu überprüfen, ob alles im Vorrat noch haltbar ist und gegebenenfalls auszutauschen. Außerdem ist es sinnvoll, auch einen Notfallplan für die Familie zu haben, so dass jeder weiß, was im Notfall zu tun ist.

Nahrungsmittel-Notvorrat für 2 Personen für 4 Wochen

- *Getreide und Kohlenhydrate:* Reis: 4-6 kg, Nudeln: 4-6 kg, Haferflocken: 2-3 kg, Mehl: 4-6 kg, Brot: 4-6 Laibe (in Scheiben eingefroren oder in Dosen)

- *Hülsenfrüchte:* Konserven von Bohnen (verschiedene Sorten): 10-12 Dosen, Linsen: 2-3 kg, Erbsen (getrocknet oder konserviert): 1-2 kg
- *Konserven und haltbare Lebensmittel:* Gemüse (Mais, grüne Bohnen, Erbsen, Karotten): 10-12 Dosen, Obst (Ananas, Pfirsiche, Birnen): 10-12 Dosen, Tomatenprodukte (passierte Tomaten, stückige Tomaten): 8-10 Dosen, Fisch (Thunfisch, Sardinen): 10-12 Dosen, Fleisch (Huhn, Rind, Schwein): 8-10 Dosen, Suppen und Eintöpfe: 10-12 Dosen, Marmelade oder Gelee: 2-3 Gläser, Kondensmilch: 4-6 Dosen, Trockenfrüchte und Nüsse: 1-2 kg
- *Milchprodukte und Eier:* Trockenmilch oder haltbare Milch: ausreichend für 4 Wochen, Käse (hart oder in Konserven): 4-6 Packungen oder Dosen, Eipulver oder Eier ausreichend für 4 Wochen
- *Fette/Öle:* 2-3 Liter Pflanzenöl (z.B. Olivenöl, Sonnenblumenöl), 2-3 Packungen Butter
- *Gewürze und Konservierungsmittel:* Salz und Pfeffer ausreichend für 4 Wochen, Gewürze (Knoblauchpulver, Zwiebelpulver, Paprika, etc.) nach Bedarf, 1-2 Flaschen Essig
- *Snacks und Trockenprodukte:* 10-12 Energieriegel, 2-3 Gläser Nussbutter, 1-2 kg Trockenfrüchte, 4-6 Packungen Crackers, nach Bedarf Trockenfleisch
- *Wasser und Getränke:* 60-100 Liter Wasser in Flaschen (ausreichend für 4 Wochen), Teebeutel oder löslicher Tee: Ausreichend für 4 Wochen, Kaffee oder löslicher Kaffee ausreichend für 4 Wochen, 10 Flaschen oder Packungen haltbare Fruchtsäfte

EDC-Kit

Das Mindeste was man zur Vorsorge tun sollte, ist, sich ein EDC-Kit (Everyday Carry Kit) zuzulegen. Das ist ein kleines Set nützlicher Gegenstände, das man immer (!) bei sich trägt, um im Alltag oder in Notfallsituationen vorbereitet zu sein, wie zum Beispiel:
- Schweizer Taschenmesser oder Multitool (z.B. Leatherman Super Tool 300)
- Stirnlampe oder kleine leistungsstarke LED-Taschenlampe
- Einweg-Feuerzeug
- Kleines Erste-Hilfe-Kit und Handdesinfektionsmittel, ggf. Mund-Nasen-Schutz
- Taschentücher oder Feuchttücher
- Smartphone mit aufgeladenem Akku und zusätzlicher Powerbank, USB-Ladekabel
- Wetterschutz (Regenponcho, Mütze, Schal, Handschuhe) je nach Jahreszeit
- Wasserflasche und Energieriegel oder Snacks
- Geld, Ausweis, Führerschein, Schreibgerät, Block, ggf. Dokumente auf USB-Stick
- Notfallkontaktinformationen auf Papier, inklusive medizinischer Informationen
- Stadtplan oder Offline-Karten-App auf dem Smartphone, Taschenkompass

Je nach persönlichen Bedürfnissen und Vorlieben kann ein EDC-Kit auch weitere nützliche Gegenstände enthalten.

Handlungsempfehlung
- Lade dir unter bbk.bund.de den Vorsorge-Ratgeber herunter und handle entsprechend.
- Stelle dir ein individuelles EDC-Kit zusammen, das du immer mit dir führst. Anregungen dazu findest du z.B. hier: everydaycarry.com
- Stelle zusätzlich einen Notfallrucksack für daheim zusammen: Tagesrucksack, Wasser in PET-Flasche/n, Energieriegel bzw. Nahrung, persönliche Medikamente, Arbeitshandschuhe, Kopfbedeckung, strapazierfähige warme Kleidung, Unterwäsche, Strümpfe, Hygieneartikel, Toilettenpapier, Tampons, Taschenmesser, Multitool, Bindedraht, Nylonschnur, Nähset, Radio mit Dynamo (Kurbelradio), Wanderkarte und Kompass, Kurbellampe, Feuerzeug, kleinen Kocher, Edelstahltasse, Plane oder Regenponcho für Notunterkunft, 6 m Paracord, Isomatte, Schlafsack, Erste-Hilfe-Set, Schutzmaske, Kopien von Ausweis, Reisepass, Geburtsurkunde, Besitzurkunden.
- Mache einen Erste-Hilfe-Kurs, wenn du das Gefühl hast, dass dein Know-how in dem Bereich eine Auffrischung vertragen kann.
- Sensibilisiere auch Familienangehörige, Freunde und Mitarbeiter für das Thema Krisenvorsorge
- Gehe die Risikofaktoren für dein Unternehmen und deine Mitarbeiter durch und stelle einen Notfallplan für die wichtigsten Krisenszenarien auf.
- Beauftrage einen unabhängigen (!) Versicherungsmakler damit, deine privaten und unternehmerischen Risiken abzuklären und Vorschläge zur Absicherung zu machen.

Überlebenswichtige Berufe und Fähigkeiten in Krisensituationen

In Zeiten von Krisen, Notlagen und Kriegen zeigt sich, wie wertvoll bestimmte Berufe und Fähigkeiten sind. Aber es geht nicht nur um offizielle Ausbildungen und Berufstitel. Oft sind es die selbst erworbenen Kenntnisse und praktischen Erfahrungen, die in solchen Situationen von unschätzbarem Wert sind. Jeder kann seinen Teil beitragen, und oft ist es die Kombination unterschiedlicher Talente, die über Leben und Tod entscheiden kann.

Gesundheit

Berufe: Ärzte, Krankenschwestern und medizinische Fachangestellte werden in Krisenzeiten essenziell. Ihre Fähigkeit, Krankheiten zu behandeln und Verletzungen zu versorgen, wird lebensrettend. Apotheker besitzen Kenntnisse über Medikamente und deren Ersatzstoffe.
Seelische Belastungen werden in Krisenzeiten zunehmen. Menschen mit Kenntnissen in Psychologie können helfen, traumatische Erlebnisse zu verarbeiten.
Selbsterworbene Fähigkeiten: Nutze Kurse oder Bücher und lerne Erste-Hilfe-Maßnahmen. Erkunde heimische Pflanzen und ihre heilenden Eigenschaften. Meditation und Achtsamkeit können helfen, psychischen Stress zu bewältigen.

Ernährung und Nahrungsbeschaffung

Berufe: Landwirte haben das Know-how, um Lebensmittel anzubauen und Vieh zu züchten, auch unter suboptimalen Bedingungen. Jäger und Fischer sind Experten in der Nahrungsbeschaffung aus der Natur. Kräuterkundler haben Kenntnisse über essbare Wildpflanzen und deren medizinische Anwendung.

Selbsterworbene Fähigkeiten: Baue einen kleinen Garten an oder informiere dich über Permakultur. Besuche nach Möglichkeit Kurse zum Jagen und Fischen und praktiziere regelmäßig. Nutze Bestimmungsbücher und lerne mehr über Wildpflanzen.

Energie:

Berufe: Elektriker können Generatoren instand halten und alternative Energiequellen einrichten. Ingenieure, vor allem Bau- und Maschinenbauingenieure können helfen, Strukturen zu reparieren oder neue zu errichten

Selbsterworbene Fähigkeiten: Erwerbe dir Grundkenntnisse der Energiegewinnung mit einfachen Mitteln, z.B. Solarkits für ein „Balkonkraftwerk". Versuche dich an DIY-Projekten und entwickel so technisches Geschick.

Handwerk und Bau:

Berufe: Schreiner, Zimmerleute, Schlosser, Maurer und andere Handwerker werden benötigt, um beschädigte Gebäude zu reparieren oder neue Unterstände zu bauen. Installateure sind wichtig für die Wasserinfrastruktur.

Selbsterworbene Fähigkeiten: Starte mit einfachen Heimwerker-Projekten oder besuche Workshops um handwerkliche Techniken zu erlernen. Lerne durch Online-Tutorials oder Fachbücher die Grundlagen der Wasser- und Abwasserversorgung zumindest für deine Wohnung oder dein Haus.

Kommunikation:

Berufe: Radiooperatoren: In einem Zeitalter, in dem moderne Kommunikation versagen könnte, sind Menschen mit Kenntnissen im Betrieb von Funkgeräten unverzichtbar.

Selbsterworbene Fähigkeiten: Kaufe dir ein Kurbel-Radio sowie ein Walkie Talkie und lerne, es zu bedienen. Vereinbare mit deinen Angehörigen und engsten Freunden eine Kontaktmöglichkeit für Notfallsituationen.

Musik & Unterhaltung:

Berufe: In harten Zeiten wird Unterhaltung nicht nur zur Zerstreuung benötigt, Musiker und Geschichtenerzähler stärken auch die Moral der Gemeinschaft.

Selbsterworbene Fähigkeiten: Lerne ein Instrument oder singe, um dir und deiner Gemeinschaft Freude zu bereiten.

Bildung:
Berufe: Bildung muss weitergegeben werden, besonders in Krisenzeiten sind daher Lehrer wichtig.
Selbsterworbene Fähigkeiten: Gib dein Wissen und deine Erfahrungen interessierten Angehörigen und Freunden oder in Workshops der Gemeinschaft weiter.

Verteidigung:
Berufe: Militär- und Polizeiausbilder können Gemeinschaften beibringen, sich selbst zu verteidigen.
Selbsterworbene Fähigkeiten: Lerne Selbstverteidigungstechniken und sichere dein Haus.

Wasser und Hygiene:
Berufe: Brunnenbauer wissen, wie man Wasser gewinnt. Hygiene ist entscheidend, um Krankheiten zu vermeiden, daher sind auch Seifenhersteller und Sanitärtechniker in Krisenzeiten wichtig.
Selbsterworbene Fähigkeiten: Informiere dich über Methoden der Wasserreinigung und setze sie in die Praxis um. Lerne selbst Seife und Reinigungsmittel herzustellen.

Transport:
Berufe: Mechaniker die Fahrzeuge und Maschinen reparieren können, sind in einer zerbrochenen Welt von unschätzbarem Wert.
Selbsterworbene Fähigkeiten: Erlange Grundkenntnisse in der Reparatur von Fahrzeugen – zumindest deiner eigenen.

In Krisenzeiten wird der Wert von Gemeinschaft und Zusammenarbeit oft erst richtig erkannt. Während manche der oben genannten Berufe heutzutage als weniger „wichtig" angesehen werden könnten, sind sie in Krisensituationen essenziell. Die Fähigkeit, sich kontinuierlich weiterzubilden und sich an veränderte Umstände anzupassen, kann den Unterschied zwischen Überleben und Scheitern ausmachen. Jeder kann dazu beitragen, die Gemeinschaft zu stärken, indem er seine Fähigkeiten teilt und erweitert. Natürlich kann nicht jeder alles können. Am besten sucht man sich Themen heraus, die sich auch gut als Hobby eignen. Es liegt auf jeden Fall in deiner Hand, dich bestmöglich vorzubereiten und einen Unterschied zu machen.

Wir haben uns nun eingehend mit den Prinzipien einer gesunden Lebensweise und den Methoden zur Förderung des körperlichen Wohlbefindens befasst. Obwohl diese Ansätze die Wahrscheinlichkeit für eine optimale physische Gesundheit steigern können, sind wir dennoch nicht vollständig vor externen Einflüssen gefeit, die unseren Körper belasten könnten. Es gibt Momente, in denen unsere inneren Verteidigungssysteme den äußeren Herausforderungen nicht standhalten. In solchen Zeiten kann es vorkommen, dass du dich unwohl fühlst und nach Unterstützung suchst. Es ist ein Zeichen von Stärke und Selbstbewusstsein, in solchen Momenten Hilfe anzunehmen. Niemand sollte erwarten, stets alle Herausforderungen allein bewältigen zu können. Es ist absolut legitim und wichtig, zu erkennen, wann man Unterstützung benötigt, und diese dann auch aktiv zu suchen.

Dein Körper ist jedoch nur ein Aspekt deines gesamten Seins. Der römische Satiriker Juvenal formulierte es treffend: „Orandum est ut sit mens sana in corpore sano" – „Man sollte beten, dass ein gesunder Geist in einem gesunden Körper wohnt". Dieses Zitat erinnert uns daran, dass neben der körperlichen Gesundheit auch die Pflege deines geistigen und seelischen Wohlbefindens von entscheidender Bedeutung ist.

Im nächsten Abschnitt deiner Reise widmen wir uns daher diesen Aspekten. Es ist essentiell für dich, ein ausgewogenes Verhältnis zwischen deinem physischen, spirituellen und mentalen Selbst zu etablieren. Die Kultivierung deines Geistes und die Pflege deiner Seele sind ebenso wichtig wie die körperliche Fitness.

Die Harmonie zwischen Körper, Seele und Geist ist ausschlaggebend für dein allgemeines Wohlergehen. Im folgenden Kapitel wirst du Empfehlungen finden, wie du deine seelischen und geistigen Kapazitäten durch gezielte Maßnahmen schärfen kannst.

> »*Der Schlüssel zu einem gesunden Leben*
> *ist das Gleichgewicht von Körper, Geist und Seele.*
> *Wenn das Herz friedvoll und glücklich ist,*
> *fühlt sich auch der Körper wohl.*« Dalai Lama

Seele

Emotion und Ewigkeit: Die Facetten der menschlichen Seele

Nachdem wir uns ausführlich dem Thema „Körper" gewidmet haben, wenden wir uns nun dem zweiten Bereich der Trinität von Körper, Seele und Geist zu – der Seele. Die Existenz der Seele ist ein lang diskutiertes Thema, für das es keine endgültige Antwort gibt. Verschiedene Philosophien und Religionen glauben an die Existenz einer Seele, die unser Wesen und unsere Persönlichkeit ausmacht, während andere davon ausgehen, dass unser Denken, Fühlen und Handeln auf rein biologischen und neurologischen Prozessen beruhen. Der Begriff „Seele" kann von jedem individuell interpretiert werden, und es existieren viele verschiedene Ansätze, um diesen Begriff zu verstehen.

Einige betrachten die Seele als einen Sammelbegriff für die unbewussten und emotionalen Aspekte unseres Wesens. Sie sehen die Seele als das immaterielle Element, das unsere Gefühle, Emotionen und tiefen Sehnsüchte umfasst. Dabei wird die Seele als etwas betrachtet, das unsere Individualität und Einzigartigkeit ausmacht.

Auf der anderen Seite gibt es Jene, die die Seele als etwas Unsterbliches und Spirituelles ansehen. Sie glauben, dass die Seele über den physischen Tod hinaus besteht und eine Verbindung zu höheren oder transzendenten Ebenen hat. In dieser Sichtweise wird die Seele als der Kern unseres wahren Selbst betrachtet, der sich über die materielle Welt hinaus erstreckt.

Es ist wichtig zu betonen, dass die Konzeption der Seele stark von persönlichen Überzeugungen, kulturellen Hintergründen und religiösen Traditionen geprägt ist. Jeder Mensch kann eine einzigartige Vorstellung von der Seele haben, die auf seinen individuellen Erfahrungen und Weltanschauungen basiert.

Unabhängig von den unterschiedlichen Ansichten und Definitionen der Seele ist es von Bedeutung, dass wir uns um unsere seelische Gesundheit kümmern. Dies beinhaltet das Eintauchen in emotionale Introspektion, die Pflege unserer Beziehungen, das Finden von Bedeutung und Zweck in unserem Leben sowie die Suche nach spiritueller Erfüllung, wenn dies für uns relevant ist.

Die Seele ist ein faszinierendes und tiefgründiges Konzept, das uns dazu einlädt, uns mit unserem inneren Selbst zu verbinden und unsere geistige und emotionale Reise zu erkunden. Während wir uns mit der Seele beschäftigen, können wir neue Wege des Verstehens und Wachsens entdecken, die uns zu einem ganzheitlichen Wohlbefinden führen können.

Die Seele – ist sie möglicherweise das, was von uns nach dem Tod weiter existiert? Wiegt sie rund 21 Gramm, wie der amerikanische Arzt Duncan MacDougall 1907 in einem Experiment, bei dem er auf einer feinen Waage das Gewicht von Menschen kurz vor und nach ihrem Tode untersuchte, herausgefunden haben will? Oder lag diesem Experiment ein

Messfehler zugrunde und es entwich lediglich Wasserdampf, wie der Lehrer Harry LaVerne Twining in einem späteren Experiment vermutete? Es ist jedenfalls interessant, dass in den verschiedenen Kulturen der Begriff der Seele existiert. Dabei geht es nicht immer um eine unsterbliche Existenz, sondern meistens um das Konzept einer Verbundenheit mit einer Schöpferkraft, die jeweils unterschiedliche Namen trägt.

Wie erkennt man, ob etwas eine Seele hat? Mir scheint, dass die Seele oft Schaden nimmt, wenn allein der rationale Verstand herrscht. Der offensichtliche Unterschied zwischen Fast-Food und einem liebevoll zubereiteten Menü verdeutlicht dies. Auch der Unterschied zwischen Wohnsilos und Industrieanlagen im Vergleich zu einer Villa à la Pippi Langstrumpf und der Werkstatt eines Geigenbauers lässt sich spüren. Hier scheint der entscheidende Unterschied darin zu liegen, dass der Klang der Seele eine materielle Form gefunden hat.

Es ist eine faszinierende Betrachtung, wie unsere Umgebung und unsere Handlungen die Seele beeinflussen können. Vielleicht ist es an der Zeit, der Seele mehr Aufmerksamkeit zu schenken und nach Wegen zu suchen, wie wir ihre Bedürfnisse in unserer hektischen und rationalen Welt besser erfüllen können.

Traditionell ist es Aufgabe der Religionen, sich mit dem Thema der Seele auseinanderzusetzen. Insbesondere die vier großen Weltreligionen – Buddhismus, Christentum, Hinduismus und Islam – nehmen hier eine herausragende Stellung ein. Während es gerechtfertigt ist, fundamentalistische Vertreter und organisierte Formen der Religionen abzulehnen, haben doch alle Religionen einen Ursprung und einen natürlichen Kern, der geeignet ist, der Seele Nahrung zu bieten und Trost zu spenden. Die Religionen bieten spirituelle Lehren, Rituale und Praktiken, die uns helfen können, eine tiefere Verbindung mit unserer Seele herzustellen. Sie können uns dabei unterstützen, Sinn und Bedeutung im Leben zu finden, uns mit einer höheren Macht oder dem Göttlichen zu verbinden und eine Quelle der Inspiration und des Trostes zu finden.

Im Buddhismus beispielsweise wird gelehrt, dass die Seele durch die Praxis der Achtsamkeit und des Mitgefühls gestärkt wird. Durch Meditation und das Streben nach Erleuchtung können wir unsere wahre Natur erkennen und unser Leiden überwinden.

Das Christentum betont die Liebe Gottes und die Erlösung durch Jesus Christus. Es bietet Gebete, Sakramente und die Gemeinschaft der Gläubigen als Quellen der spirituellen Nahrung für die Seele.

Im Hinduismus wird die Seele als unsterblich und göttlich betrachtet. Durch Yoga, Meditation, Hingabe und das Erforschen der Veden kann man die Verbindung zur eigenen inneren Göttlichkeit stärken.

Im Islam spielt der Glaube an Allah, den einen Gott, eine zentrale Rolle. Das Gebet, die Hingabe an Gott und die Befolgung der religiösen Gebote dienen dazu, die Seele zu reinigen und eine tiefere Verbindung zur göttlichen Quelle herzustellen.

Obwohl es Unterschiede zwischen den verschiedenen Weltreligionen gibt, gibt es auch Gemeinsamkeiten in den grundlegenden Überzeugungen und Praktiken. Einige der gemeinsamen Elemente der Weltreligionen sind:

- Glaube an eine höhere Macht oder einen Schöpfer
- Beten, meditieren oder rituelle Kommunikation mit dieser höheren Macht
- Glaube an ein Leben nach dem Tod oder eine andere Form der Existenz nach dem Tod
- Betonung von Moral und Ethik, wie z.B. das Gebot, anderen nicht zu schaden und für soziale Gerechtigkeit zu arbeiten
- Verbindung zwischen Spirituellem und Materiellem, wie z.B. der Glaube an die Verbindung zwischen Körper, Seele und Geist
- Akzeptanz von religiösen Schriften oder heiligen Texten als Quelle der göttlichen Offenbarung oder Inspiration
- Beteiligung an rituellen oder spirituellen Praktiken, wie z.B. Fasten, Gebet, Meditation oder Pilgerfahrten.

Diese gemeinsamen Elemente können in unterschiedlicher Ausprägung in den verschiedenen Religionen zu finden sein, aber sie zeigen, dass es viele Gemeinsamkeiten zwischen den Glaubensrichtungen gibt.

Oft präsentieren Religionen eine Vision eines großartigen und erstrebenswerten Ziels und bieten einen Weg, dieses Ziel zu erreichen. Dabei werden Verhaltensweisen, Regeln und Rituale festgelegt, die befolgt werden müssen. Die jeweiligen Religionsführer und ihre Beauftragten dienen als Wegweiser, Lehrer oder irdische Vertreter. Ob sie allerdings den richtigen Weg weisen, ist fraglich. Angesichts der zahlreichen Greueltaten, die im Namen der vermeintlich „einzigen wahren" Religion begangen wurden und noch immer begangen werden, darf dies stark angezweifelt werden. Ebenso werfen der Umgang mit Missbrauchsopfern und die Vertuschung von Missbrauchsfällen durch Kirchenvertreter kein gutes Licht auf das „göttliche Bodenpersonal".

Es ist untragbar, dass im Laufe der Geschichte und bis in die Gegenwart hinein Religionen oft als Rechtfertigung für Gewalt, Unterdrückung und Machtmanipulation verwendet wurden. Die ursprünglichen Botschaften der Liebe, des Mitgefühls und der spirituellen Entwicklung können durch menschliche Fehler und den Missbrauch von Macht verfälscht werden. Dies stellt eine große Herausforderung für das Vertrauen in religiöse Institutionen und ihre Vertreter dar.

Die Taten einzelner Menschen spiegeln natürlich nicht die gesamte Religion oder ihren Kern wider. Es gibt unzählige Gläubige und viele religiöse Führer, die sich für Frieden, Gerechtigkeit und das Wohl aller Menschen einsetzen. Dennoch ist es erforderlich, kritisch zu hinterfragen, ob die Lehren und Praktiken einer Religion tatsächlich im Einklang mit Werten wie Liebe, Mitgefühl, Toleranz und Respekt stehen.

Wir sollten uns nicht blind der Autorität und Macht religiöser Führer unterwerfen, sondern unsere eigene spirituelle Reise gehen und nach dem suchen, was unserem eigenen Gewissen und unserer inneren Wahrheit entspricht. Es gilt, den Wert von Religionen und ihren Lehren zu schätzen, dabei jedoch kritisch zu reflektieren und universelle Prinzipien von Menschlichkeit und ethischem Handeln zu beachten, die über alle religiösen Grenzen hinweg gelten sollten. Zudem sind Religionen nicht die einzige Quelle zum Nähren der Seele. Andere Wege, wie Naturverbundenheit, Kunst, Musik, Philosophie oder persönliche spirituelle Praktiken, können ebenso unsere Verbindung zur Seele stärken..

Unabhängig von den konkreten religiösen Überzeugungen lässt sich erkennen, dass die Suche nach Nahrung für die Seele ein wesentlicher Aspekt des menschlichen Daseins ist. Es liegt an uns, die Wege zu finden, die unserer individuellen spirituellen Reise entsprechen und uns helfen, unsere Seele zu nähren und zu erfüllen. Im Folgenden schauen wir uns an, wie wir selbst unsere Seele stärken können. Was tut unserer Seele gut? Letztendlich werden die Bedürfnisse und Wege, um die Seele zu pflegen und zu nähren, von Mensch zu Mensch unterschiedlich sein. Es empfiehlt sich, auf die Bedürfnisse und das innere Wissen unserer eigenen Seele zu hören und die Dinge zu tun, die uns persönlich am meisten zugutekommen. Das Stärken der eigenen Seele ist ein individueller Prozess und kann für jeden unterschiedlich aussehen. Hier sind jedoch einige Möglichkeiten, die unterstützen können:

- *Meditation oder Gebet:* Durch regelmäßige Meditation oder Gebet kann man sich mit seinem inneren Selbst verbinden und eine tiefere spirituelle Verbindung herstellen.
- *Achtsamkeit:* Sich bewusst auf den gegenwärtigen Moment zu konzentrieren, kann helfen, den Geist zu beruhigen und Angstzustände zu reduzieren.
- *Selbstreflexion:* Zeit für Selbstreflexion zu nehmen, kann helfen, die eigene Identität und Werte zu klären und die Perspektive auf das Leben zu erweitern.
- *Gemeinschaft:* Eine Gemeinschaft von Menschen mit ähnlichen Überzeugungen und Werten kann helfen, ein Gefühl der Zugehörigkeit und Unterstützung zu schaffen.
- *Positive Einstellung und Dankbarkeit:* Eine positive Einstellung zu pflegen und Dankbarkeit für das Leben zu empfinden, kann helfen, den Geist und die Seele zu stärken und das Wohlbefinden zu verbessern.

Die Seele der meisten Menschen schöpft auch Kraft, wenn sie in direkten Kontakt mit der Natur treten. Viele von uns spüren, wie wohltuend der Aufenthalt in der Natur ist. Wir knüpfen dadurch an unseren Ursprung an. Aus evolutionärer Sicht ist es erst eine sehr kurze Zeit her, dass wir uns hauptsächlich in Häusern aufhalten. Unsere Vorfahren verbrachten die meiste Zeit im Freien. Die erholsame Wirkung von Pflanzen, frischer Luft und Sonnenlicht ist tief in uns verwurzelt.

Wenn wir voller Achtsamkeit auf das Meer, die Berge, Wälder oder Landschaften blicken, kann uns das erden und uns bewusst machen, was für uns wirklich zählt. Wir fühlen uns wieder eins mit der Schöpfung. Doch der reine Aufenthalt in der Natur wirkt nicht immer entspannend, wie man leicht an den Gesichtsausdrücken der Menschen erkennen kann, die hektisch rennend oder radelnd mehr Blick für ihre Fitnessuhr haben als für die Umgebung. Erschreckend ist für mich, wenn ich von jungen Leuten höre, dass sie „mit Natur nichts anfangen können". Was für eine Art von Gehirnwäsche ist da geschehen, wenn der eigene Ursprung verleugnet wird? Wir müssen diesem Trend entgegentreten!

> *»Wir sind spirituelle Wesen, die eine menschliche Erfahrung machen.«*
> Teilhard de Chardin

Menschliche Würde: Das unantastbare Gut

Der erste Artikel der Allgemeinen Erklärung der Menschenrechte von 1948 besagt, dass alle Menschen frei und gleich an Würde und Rechten geboren sind. Dieses Prinzip der Würde des Menschen ist auch im Grundgesetz verankert, welches betont, dass die Würde des Menschen das höchste Gut ist und unabhängig von Geschlecht, Rasse, Nationalität, Religion oder sozialer Stellung geschützt werden muss. Dieser Grundsatz ist eine Reaktion auf die Verletzung der Menschenrechte und die Missachtung der Würde des Menschen während des Zweiten Weltkriegs und hat das Ziel, die Freiheit und die Menschenrechte zu schützen. „Die Würde des Menschen ist unantastbar" ist ein wichtiger Grundsatz, der dafür sorgt, dass jeder Mensch in seiner Freiheit und Individualität respektiert und geschützt wird. Man ist sofort versucht auszurufen: „Schön wäre es!"

Jeder Mensch hat einen unschätzbaren Wert und verdient es, als einzigartiges Individuum respektiert und geschätzt zu werden. Die Würde eines Menschen ist unabhängig von seinen Eigenschaften oder Leistungen und umfasst das Recht auf Respekt und Anerkennung seiner Grundrechte sowie seiner Autonomie. Kurzum: Würde ist unveräußerlich und muss von jedem respektiert werden.

> *»Der sittliche Mensch hat Würde, aber keinen Stolz;*
> *der gewöhnliche hat Stolz, aber keine Würde.«*
> Konfuzius (551–479 v. Chr.), chinesischer Philosoph

Die menschliche Würde, oft als der innerste Kern unseres Selbstwertgefühls bezeichnet, ist ein entscheidendes Konzept, das sowohl unser Selbstverständnis als auch unsere Interaktionen mit anderen beeinflusst. In vielerlei Hinsicht ist die Würde das Band, das uns alle miteinander verbindet – ein Band, das die Erkenntnis widerspiegelt, dass jeder Mensch einen intrinsischen Wert hat.

Was bedeutet Würde?

Würde kann als der innere Wert oder der Respekt definiert werden, den man für sich selbst hat und den man von anderen erwartet. Wie Konfuzius bemerkte, unterscheidet Würde sich von Stolz. Während Stolz oft von äußeren Anerkennungen oder der Überlegenheit gegenüber anderen abhängig ist, ist Würde ein tieferer und beständigerer Zustand des Selbstrespekts und des Respekts für andere, unabhängig von äußeren Umständen.

Das Würdemodell von Professor Harvey Chochinov

Der kanadische Psychiater Professor Harvey Chochinov hat sich intensiv mit dem Konzept der Würde, insbesondere im Kontext der Pflege am Ende des Lebens, beschäftigt. Sein Würdemodell betont, die eigene Identität zu bewahren, indem man sich selbst treu bleibt und seine Werte und Überzeugungen beibehält, ohne sich von äußeren Kräften oder Meinungen beeinflussen zu lassen. Außerdem spielt das soziale Umfeld eine Rolle. Die Art und Weise, wie andere uns behandeln, beeinflusst unsere Wahrnehmung von Würde. Ein unterstützendes soziales Netzwerk, das uns Respekt und Anerkennung entgegenbringt, kann unser Gefühl von Würde stärken. Zudem können physische oder psychische Beschwerden unser Empfinden von Würde beeinträchtigen, weshalb es wesentlich ist, diese Beschwerden sorgfältig im Auge zu behalten und zu behandeln.

Würde in privaten und beruflichen Situationen

Es ist wichtig, regelmäßig über unsere Werte, Überzeugungen und Ziele zu reflektieren, um uns selbst treu zu bleiben, besonders in herausfordernden Zeiten. Ebenso entscheidend ist es, klare Grenzen im Privat- und Berufsleben zu setzen und diese zu kommunizieren. Dies zeigt nicht nur Selbstrespekt, sondern fordert auch Respekt von anderen. Durch konstruktive Gespräche und das Äußern von Bedenken kann man Situationen klären, in denen die eigene Würde bedroht sein könnte. Schließlich ist es von entscheidender Bedeutung, sich mit Menschen zu umgeben, die unsere Würde respektieren und unterstützen, sei es im Privat- oder im Berufsleben.

Würde ist ein grundlegender Aspekt der menschlichen Erfahrung. Es liegt in unserer Verantwortung, sowohl unsere eigene Würde als auch die Würde anderer zu respektieren und zu schützen. Das Zitat von Konfuzius erinnert uns daran, dass wahre Würde aus dem

Inneren kommt und nicht von äußeren Umständen abhängig ist. In jeder Interaktion und Entscheidung sollten wir danach streben, dieses tiefe Gefühl von Respekt und Selbstwert zu pflegen und zu bewahren.

Doch nicht nur der Mensch besitzt Würde, auch Tiere sind fühlende Wesen mit einem eigenen inneren Wert und Anspruch auf ein artgerechtes Leben. In der Massentierhaltung wird diese Würde jedoch oft gravierend missachtet. Ein besonders drastisches Beispiel hierfür sind Hühner in der Legeindustrie. Erreichen diese Tiere nicht mehr die gewünschte Legeleistung, werden sie „ausgestallt", was in vielen Fällen nichts anderes bedeutet, als dass sie getötet werden. Statt sie als lebendige Wesen mit eigenen Bedürfnissen und einem Recht auf Leben zu respektieren, werden sie auf bloße Produktionsmittel reduziert – ein deutlicher Verstoß gegen ihre inhärente Würde.

Es gibt viele Bereiche, in denen die Würde heute oft verletzt wird. Einige Beispiele sind:
- Diskriminierung aufgrund von Geschlecht, Rasse, Religion oder sexueller Orientierung: Wenn Menschen aufgrund von Eigenschaften diskriminiert werden, die sie nicht kontrollieren können, wird ihre Würde verletzt.
- Wenn Menschen durch Armut nicht in der Lage sind, ihre Grundbedürfnisse zu erfüllen oder keinen Zugang zu Chancen und Ressourcen haben, die für ein erfülltes Leben notwendig sind, wird ihre Würde verletzt.
- Kriege und Konflikte können zu massiven Verletzungen der Würde führen, indem sie zu Verlust von Leben, Verletzungen, Vertreibung und Zerstörung von Eigentum führen.
- Wenn Menschen Opfer von Missbrauch und Gewalt sind, wird ihre Würde verletzt, da sie keine Kontrolle über ihre eigene Sicherheit und ihr Wohlbefinden haben.

Es fällt leicht, sich Szenarien vorzustellen, in denen durch staatliche Eingriffe die Würde von Menschen verletzt wird. Wie würdevoll ist es z.B. Bürgergeld-Beziehern bei „Pflichtverletzungen" Leistungen unter das Existenzminimum zu kürzen? So verhungerte ein 20-jähriger Arbeitsloser in Speyer, weil ihm von der „Gesellschaft für Arbeitsmarktintegration" (GfA) das Arbeitslosengeld gestrichen worden war. Die Behörden wiesen natürlich alle Schuld von sich. Wenn Fürsorge durch bürokratische Verwaltung und gnadenlose Sachzwanglogik ersetzt wird, wird die Würde des Menschen verhöhnt. Wer jemanden, aus welchem Grund auch immer, unter das Existenzminimum setzt, nimmt logischerweise das Ende seiner Existenz billigend in Kauf. Wo bleibt die Ahndung dieser Tat? Wo die persönliche Verantwortung? Die Handelnden können sich meist darauf berufen, „nach dem Gesetz" entschieden zu haben. Doch das ist moralisch absolut untragbar!

Oder stell dir vor: Du bist aus deinem Heimatland geflohen und suchst Schutz und eine neue Chance. Doch was du findest, ist eine „Willkommenskultur", die dich in eine überfüllte Baracke steckt, dir das Arbeiten verbietet und dich in einem Zustand der Hoffnungslosigkeit und Entmündigung hält. Stell dir weiter vor, dass derselbe Staat, der diese Praktik unterstützt, heimlich deine E-Mails durchstöbert und jeden deiner Schritte überwacht. Als wäre das nicht schon entwürdigend genug, finanzieren manche Länder kriminelle Banden, die sich als Küstenwachen ausgeben, nur um Flüchtlinge vom Erreichen ihrer Grenzen abzuhalten. Wo bleibt da die menschliche Würde?

„Der Zivilisationsgrad eines Landes lässt sich daran ablesen, wie es mit Flüchtlingen umgeht", meint Giusi Nicolini, Bürgermeisterin der Inseln Lampedusa und Linosa. Wenn es danach geht, ist es um die Zivilisation in Europa nicht besonders gut bestellt. Wie peinlich das Gezerre um die Verteilung der Flüchtlinge auf die europäischen Länder.

Was ist mit der Würde im Alter? Wenn Pflege und Gesundheitsversorgung in unserer Gesellschaft dem freien Markt überlassen und von den unbarmherzigen Gesetzen des Marktes beherrscht werden, bleibt die Würde auf der Strecke. Die Art und Weise, wie eine Gesellschaft bei solch kritischen Themen entscheidet, offenbart ihre bestehenden Werte – und zeigt deutlich, wie traurig es um die Würde bestellt ist.

Die Gefahr von Hetze und Populismus für Demokratie und menschliche Würde

Hetze und Populismus bedrohen nicht nur die Demokratie, sondern auch die menschliche Würde. Sie untergraben die Grundprinzipien der Demokratie, manipulieren die öffentliche Meinung und greifen Institutionen an, die die Gewaltenteilung und Rechtsstaatlichkeit schützen. Diese Phänomene schwächen die demokratischen Fundamente und gefährden den Rechtsstaat.

Durch polarisierende Rhetorik spalten Hetze und Populismus die Gesellschaft, schüren Hass und Vorurteile und führen zu sozialer Fragmentierung, Gewalt und Unruhen. Ein Trump verbreitet Lügen und Hetze, die zu einer gespaltenen Gesellschaft und dem Sturm auf das Kapitol führten. Putin nutzt Propaganda, um seine Macht zu festigen und demokratische Prozesse zu sabotieren. Politiker wie Le Pen, Wagenknecht und Maaßen bedienen sich populistischer Rhetorik, die Vorurteile und Misstrauen sät. Populistische Bewegungen verbreiten Hassbotschaften und diskriminierende Rhetorik, die die menschliche Würde verletzen und eine Atmosphäre der Angst und Unsicherheit schaffen.

Populismus untergräbt das Vertrauen in politische Institutionen und Prozesse und diese giftige Saat fällt leider auf fruchtbaren Boden, wenn Entscheidungen im Elfenbeinturm getroffen werden und Politik vom Alltag der Bürger entrückt ist. Wenn politische Kalküle Vorrang vor sinnvollen Maßnahmen haben, gewinnen Populisten leichtes Spiel.

Es ist entscheidend, die Gefahren von Hetze und Populismus zu erkennen und aktiv dagegen vorzugehen. Politische Bildung, Förderung kritischen Denkens und Stärkung demokratischer Institutionen sind unerlässlich. Nur so können wir Demokratie und menschliche Würde schützen und bewahren.

Die Bedrohung durch Populismus und Hetze erfordert nicht nur politische Maßnahmen, sondern auch das Engagement jedes Einzelnen. Hier sind praktische Schritte, die du persönlich unternehmen kannst, um die Demokratie zu stärken:

Bildung ist der Schlüssel! Unterstütze Bildungsprogramme und -initiativen, die demokratisches Denken und kritisches Denken fördern. Informiere dich über politische Themen, die dich interessieren, und recherchiere unabhängige Quellen, um Fakten von Fiktion zu unterscheiden. Hinterfrage Informationen kritisch und sei skeptisch gegenüber extremistischen Aussagen. Überlege, wie gut eine Quelle ist, bevor du sie akzeptierst. Entwickle Medienkompetenz, um Fehlinformationen zu erkennen und Medien kritisch zu hinterfragen.

Engagiere dich in konstruktiven Diskussionen mit Menschen unterschiedlicher Meinungen. Das fördert Verständnis und Toleranz. Stehe auf gegen Diskriminierung und Hass. Wenn du Zeuge von Hetze oder Ungerechtigkeit wirst, ergreife mutig Partei und melde Vorfälle. Informiere dich über die Positionen von Politikern und Parteien und wähle aufgrund ihrer Überzeugungen und nicht aufgrund populistischer Versprechen.

Engagiere dich in zivilgesellschaftlichen Organisationen, die für Demokratie und Menschenrechte eintreten. Du kannst durch Freiwilligenarbeit und Spenden unterstützen. Akzeptiere kulturelle Vielfalt und respektiere die Rechte aller Menschen, unabhängig von ihrer Herkunft oder Überzeugung.

Sei ein Vorbild für andere in deinem Engagement für eine starke Demokratie und gegen Hass und Hetze. Jeder Einzelne kann einen Unterschied machen, wenn es darum geht, Populismus und Hetze zu bekämpfen und unsere Demokratie zu stärken. Gemeinsam können wir eine positive Veränderung bewirken und eine gerechtere Gesellschaft aufbauen.

Die Würde und ihre Verletzung durch emotionale Erpressung

Emotionale Erpressung ist eine subtile und doch zerstörerische Form der Manipulation, die das Selbstwertgefühl des Opfers untergräbt und seine Würde verletzt. Diese Art von Erpressung kann in verschiedenen Formen auftreten, aber das gemeinsame Element ist immer die Kontrolle und Macht über das Opfer. Emotionale Erpresser nutzen oft einen Mix aus Angst, Pflicht und Schuld, um ihre Opfer zu kontrollieren. Dieser „Nebel" verwirrt und lähmt das Opfer, so dass es ihm schwer fällt, klar zu sehen und sich zu wehren.

Typen emotionaler Erpresser

Jeder der folgenden Typen hat seine eigenen Taktiken und Methoden, aber das gemeinsame Ziel bleibt dasselbe: Kontrolle und Manipulation des Opfers für den eigenen Vorteil. Es ist wichtig, solche Verhaltensmuster zu erkennen, um sich vor solchen Manipulationen zu schützen.

- Der *Bestrafer* verwendet offensichtliche Manipulationen und setzt Drohungen ein, um sein Opfer zu kontrollieren. Diese Drohungen können verbal, physisch oder emotional sein. Direkte Drohungen sind klare Warnungen oder Ankündigungen von unerwünschten Handlungen, sollte das Opfer nicht nach dem Willen des Bestrafers handeln, wie „Wenn du das tust, werde ich dich verlassen." Im Gegensatz dazu sind indirekte Drohungen verdeckter und subtiler, wie „Es wäre schade, wenn durch dein Verhalten jemand verletzt werden würde." Der Bestrafer spielt mit der Furcht und den Ängsten des Opfers, um über dieses Kontrolle und Macht zu erlangen.

- Der *Selbstbestrafer* nutzt emotionale Erpressung und droht damit, sich selbst zu schaden oder in einer leidenden Weise aufzutreten. Dabei können es extreme Drohungen wie Suizidankündigungen sein oder weniger drastische Formen wie „Wenn du das machst, werde ich nicht essen." Weiterhin verwendet der Selbstbestrafer Selbstmitleid und beklagt fortwährend sein eigenes Schicksal und Befinden, um das Opfer emotional zu fesseln und zur Handlung zu bewegen. Er setzt das Mitgefühl und die Sorgen des Opfers gezielt als Mittel der Manipulation ein.

- Der *Leider* ist geschickt darin, das Opfer mittels Schuldgefühlen in Schach zu halten. Er bedient sich häufig der Schuldzuweisung, indem er stetige Vorwürfe macht und angebliche Fehltritte des Opfers betont, etwa mit Aussagen wie „Wegen dir bin ich unglücklich." Eine weitere Taktik ist die manipulative Emotionalität: Er zeigt übermäßig emotionale Reaktionen, oft überzogen, um das Opfer emotional zu beeinflussen. Dieser Erpressertyp zieht das Pflichtgefühl und die Schuldgefühle des Opfers heran, um es nach seinem Willen zu steuern.

- Der *Verführer* agiert oft im Verborgenen, da er durch positive Verstärkung manipuliert. Er setzt Belohnungen als Lockmittel ein und verspricht dem Opfer etwa materielle Vorteile, Anerkennung oder Zuneigung, sofern es seinen Vorstellungen folgt. Eine weitere Methode ist die Zuckerbrot-und-Peitsche-Technik: Hierbei schwenkt der Verführer geschickt zwischen der Position des Belohners und des Bestrafers hin und her, je nachdem welche Rolle gerade effizienter zu sein scheint. Dabei zielt er darauf ab, die Sehnsüchte und Bedürfnisse des Opfers für seine Zwecke zu nutzen und es mit dem zu ködern, was es am meisten ersehnt.

Die Mittel der Erpresser
- Wahrheit verdrehen: Durch geschickte Manipulation der Realität wird das Opfer verunsichert.
- Pathologisieren: Das Opfer wird als „krank" oder „unnormal" dargestellt.
- Einsatz von Verbündeten: Andere werden in die Manipulation miteinbezogen, um das Opfer zu isolieren.
- Negatives Vergleichen: Das Opfer wird mit anderen verglichen, um sein Selbstwertgefühl zu untergraben.

- Das „Opfer"-Spiel: Erpresser stellen sich oft selbst als Opfer dar, um Mitleid zu erregen. Dies kann dazu führen, dass das eigentliche Opfer sich schuldig fühlt und nachgibt.
- Verwirrung stiften: Durch bewusste Desinformation oder das Zurückhalten von Informationen wird das Opfer verunsichert und abhängig gemacht.
- Gaslighting: Hierbei wird das Opfer dazu gebracht, an seiner eigenen Wahrnehmung oder Erinnerung zu zweifeln. Erpresser leugnen beispielsweise, etwas Bestimmtes gesagt oder getan zu haben.
- Ständige Kritik: Durch ständige Abwertungen und Kritik wird das Selbstwertgefühl des Opfers systematisch untergraben, sodass es leichter zu kontrollieren ist.
- Kontrolle über Ressourcen: Emotionale Erpresser können versuchen, Kontrolle über wichtige Ressourcen des Opfers zu erlangen, sei es Geld, Zeit oder soziale Kontakte, um das Opfer von sich abhängig zu machen.
- Drohungen mit Selbstverletzung: In einigen Fällen drohen Erpresser mit Selbstmord oder Selbstverletzung, um das Opfer zu emotionaler Compliance zu zwingen.
- Schweigen und Ignoranz: Das bewusste Ignorieren oder das „stille" Behandeln des Opfers kann ebenfalls eine Taktik sein, um Schuldgefühle oder Unsicherheit zu erzeugen.
- Verstärkung durch Belohnung und Bestrafung: Hierbei werden positive Verhaltensweisen (die dem Erpresser nutzen) belohnt, während unerwünschte Verhaltensweisen bestraft werden. Diese Art der Konditionierung kann sehr mächtig sein.
- Vorhersagbare Unberechenbarkeit: Manchmal agieren emotionale Erpresser in Mustern von Gutsein und plötzlicher Aggression, sodass das Opfer ständig auf der Hut ist und versucht, die Aggression zu verhindern, oft auf Kosten der eigenen Bedürfnisse.
- Bindung durch Geheimnisse: Erpresser können das Opfer in ein Geheimnis einweihen oder gemeinsam ein Geheimnis teilen, um eine „besondere" Verbindung herzustellen und das Opfer gefügig zu machen.

Es ist zu betonen, dass nicht jeder, der eine dieser Taktiken anwendet, notwendigerweise ein emotionaler Erpresser ist. Es kommt immer auf den Kontext und die Absicht dahinter an. Jedoch sind das Bewusstsein und das Verständnis für diese Taktiken ein erster Schritt, um sich vor emotionalem Missbrauch zu schützen.

Wie bekämpft man emotionale Erpressung?
- Erkenne das Problem und nimm kleine, aber stetige Schritte zur Veränderung.
- Unterwerfungsverhalten auflösen: Hinterfrage die Motive und Absichten des Erpressers, um dein eigenes Verhalten anzupassen.
- Innehalten und beobachten: Nehme dir Zeit, das Verhalten des Erpressers zu analysieren und zu verstehen.
- Erarbeite einen Plan, um dem Erpresser entgegenzuwirken, sei es durch Grenzziehung oder durch den Rückzug aus toxischen Beziehungen.

- Lerne, effektiv und ohne Angriffsfläche zu bieten zu kommunizieren. Dies beinhaltet, auf Anschuldigungen oder Provokationen nicht emotional zu reagieren, sondern sachlich zu bleiben.
- Je sicherer du dir über deine eigenen Werte, Bedürfnisse und Grenzen bist, desto schwieriger wird es für jemanden, dich emotional zu erpressen. Übungen zur Selbstakzeptanz und -liebe können helfen, dein Selbstbewusstsein zu stärken.
- Wissen ist Macht. Lies Bücher oder nehme an Seminaren und Workshops zum Thema emotionale Erpressung teil. Durch das Verstehen der Taktiken und das Erkennen von Mustern kannst du dich besser schützen.
- Es kann unglaublich hilfreich sein, mit einem Therapeuten oder Berater über das Erlebte zu sprechen. Professionelle Unterstützung kann dir dabei helfen, die Situation zu verarbeiten und Lösungsansätze zu entwickeln.
- Lerne „Nein" zu sagen, ohne dich schuldig zu fühlen. Klare Grenzen sind essenziell, um dich vor emotionaler Erpressung zu schützen.
- Ein Unterstützungsnetzwerk aus Freunden, Familie und Kollegen kann dir helfen, dich sicherer zu fühlen und emotionalen Erpressern standzuhalten.
- Versuche, dich emotional von der erpresserischen Person zu distanzieren. Dies kann bedeuten, dass du weniger Zeit mit ihr verbringst oder in extremen Fällen den Kontakt ganz abbrichst.
- Ändere deine Perspektive auf die Situation. Anstatt dich als Opfer zu sehen, betrachte dich als jemanden, der wächst und lernt. Dieser „Reframe" kann dir helfen, dich stärker und handlungsfähiger zu fühlen.
- Sport und Bewegung können helfen, Stress und negative Emotionen abzubauen. Wenn du dich körperlich gut fühlst, bist du auch emotional widerstandsfähiger.
- Achtsamkeit und Meditation können dir helfen, deine Emotionen besser zu regulieren und dich geerdeter und fokussierter zu fühlen.
- Tagebuch schreiben: Halte fest, wann und wie du dich emotional erpresst fühlst. Das Aufschreiben kann nicht nur therapeutisch wirken, sondern auch dabei helfen, Muster und Trigger zu erkennen.

Jeder Mensch hat das Recht auf ein Leben frei von Manipulation und emotionaler Erpressung. Durch das Bewusstsein für das Problem und das aktive Arbeiten an Lösungsstrategien kannst du dich schützen und dein Leben nach deinen eigenen Vorstellungen gestalten.

Die Bewahrung unserer eigenen Würde und die Achtung der Würde anderer ist essenziell für ein erfülltes Leben. Emotionale Erpressung stellt eine ernsthafte Bedrohung für diese Würde dar. Es ist daher unerlässlich, die Mechanismen und Strategien dieser Form der Manipulation zu verstehen und sich dagegen zu wappnen. Es ist ein Zeichen von Stärke und Selbstachtung, sich gegen emotionale Erpressung zur Wehr zu setzen und die eigene Würde zu verteidigen.

Psychopathen im privaten und beruflichen Umfeld

Psychopathen können charismatisch, charmant und äußerst manipulativ sein. Während sie oft raffinierte Verhaltensweisen an den Tag legen, fehlt es ihnen grundsätzlich an Respekt vor anderen Menschen, was dazu führt, dass sie die Würde anderer missachten. Diese Einstellung kann es ihnen ermöglichen, in deinem sozialen und beruflichen Umfeld zu gedeihen, besonders in Positionen der Macht und Kontrolle.

Merkmale von Psychopathen

Ein zentrales Merkmal der Psychopathie ist das Fehlen von Empathie. Es bedeutet nicht zwangsläufig, dass sie emotionslos sind, aber sie haben Schwierigkeiten, die Gefühle anderer zu verstehen oder sich in sie hineinzuversetzen. Du solltest dir bewusst sein, dass es eine Unterscheidung zwischen authentischen Emotionen und mit kalter Überlegung vorgespielten oder manipulierenden Emotionen – gibt. Ein weiteres Merkmal ist ihre „Null-Toleranz-Politik". Psychopathen können extrem intolerant gegenüber Kritik oder Opposition sein. Sie suchen oft nach Fehlern bei anderen und nutzen diese, um Kontrolle und Dominanz auszuüben.

Vorteile der Psychopathie

Obwohl es schwer vorstellbar ist, sind nicht alle Merkmale der Psychopathie zwangsläufig negativ. Ihre Furchtlosigkeit und ihr kalter Kalkül können in bestimmten Situationen von Vorteil sein. In Krisensituationen sind sie oft in der Lage, schnell zu handeln, ohne von Angst oder Emotionen überwältigt zu werden. Sie sind zielstrebig und verfügen oft über eine beeindruckende mentale Härte.

Ihre Fähigkeit, charmant und überzeugend zu sein, kann sie in Verhandlungssituationen oder in Führungspositionen besonders erfolgreich machen. Die Skrupellosigkeit einiger Psychopathen kann in bestimmten Geschäftssituationen als Vorteil angesehen werden, weil sie bereit sind, Entscheidungen zu treffen, vor denen andere zurückweichen würden.

Schutz vor Menschen mit Psychopathie

Es ist wichtig zu verstehen, dass nicht jeder, der einige dieser Merkmale zeigt, ein Psychopath ist. Wenn du jedoch Bedenken hast, solltest du klare Grenzen setzen. Ein typisches Verhalten von Psychopathen besteht darin, Grenzen zu testen und zu überschreiten. Es ist auch wesentlich, deinem Bauchgefühl zu vertrauen; wenn etwas für dich nicht stimmig erscheint, höre auf diese Intuition. Bei Unsicherheiten ist es hilfreich, eine zweite Meinung von vertrauenswürdigen Freunden oder Familienmitgliedern einzuholen. Bei Verdacht, dass jemand in deinem Leben diese Tendenzen zeigt, ist es ratsam, emotionalen Abstand zu wahren und Bindungen zu vermeiden. In Situationen, in denen du dich hinsichtlich deiner Sicherheit oder deines Wohlbefindens bedroht fühlst, zögere nicht, professionelle Hilfe in Anspruch zu nehmen.

Es ist wahr, dass Psychopathie oft mit negativen Assoziationen verbunden ist. Doch in bestimmten Kontexten können einige Aspekte vorteilhaft sein. Dennoch ist es von größter Bedeutung, wachsam zu bleiben und entsprechende Schutzmaßnahmen im Umgang mit Menschen, die diese Tendenzen zeigen, zu ergreifen.

Die eigene Würde: Recht und Verpflichtung zugleich

Während Gesellschaften und Rechtssysteme die unveräußerlichen Rechte des Menschen festlegen, liegt es letztlich in der Verantwortung jedes Einzelnen, sich seiner Würde bewusst zu sein und diese zu schützen. In diesem Sinne ist die Würde nicht nur ein passives Recht, das uns von außen gewährt wird, sondern ein aktiver Wert, den wir pflegen und verteidigen müssen. Dieses Selbstverständnis fordert Mut, Selbstreflexion und eine tiefe Achtung vor dem eigenen Sein. Benjamin Franklin, einer der Gründerväter Amerikas und ein Mann vielfältiger Talente, brachte diese Verpflichtung gegenüber der eigenen Würde treffend zum Ausdruck: „Ein wahrhaft großer Mann wird weder einen Wurm zertreten noch vor dem Kaiser kriechen." Seine Worte sind eine kraftvolle Erinnerung daran, dass wahre Größe in der Anerkennung der eigenen Würde und der Würde anderer liegt – unabhängig von Macht, Status oder Umständen. Es ist eine Einladung an uns alle, in jedem Moment unseres Lebens aufrecht zu stehen, unsere Würde zu erkennen und sie mutig zu verteidigen. Nur durch diese individuelle Verpflichtung kann die Würde zu einem universellen Wert werden, der tief in den Herzen und Taten jedes Einzelnen verwurzelt ist.

Wahrung der Würde im Privaten

Die Intimität unseres privaten Lebens, fernab der Augen der Öffentlichkeit, mag uns den Eindruck vermitteln, dass unsere Würde hier automatisch gewahrt bleibt. Aber gerade im engsten Kreis – mit Familie und Freunden – werden Grenzen oft unabsichtlich überschritten. Hier beginnt die Arbeit an der eigenen Würde: indem man lernt, nein zu sagen. Das Nein ist ein Zeichen der Selbstachtung und des Selbstschutzes. Es zeigt anderen, dass man seine eigenen Werte kennt und danach handelt.

Doch die Wahrung der Würde bedeutet nicht nur das Setzen von Grenzen, sondern auch die Anerkennung des eigenen Wertes. Die Selbstliebe ist hierbei ein Schlüssel. Man sollte sich regelmäßig Zeit für sich selbst nehmen, um sich mit seinen eigenen Gefühlen, Bedürfnissen und Wünschen auseinanderzusetzen. Im privaten Bereich bedeutet dies, die eigenen Bedürfnisse zu kommunizieren und sich nicht für andere aufzuopfern.

Wahrung der Würde im Beruflichen

Im beruflichen Umfeld kann die Wahrung der eigenen Würde besonders herausfordernd sein, insbesondere in einer Welt, in der Effizienz und Produktivität oft Vorrang vor menschlichen Werten haben. Doch die Grundprinzipien bleiben die gleichen: Grenzen setzen und Selbstachtung pflegen.

In beruflichen Situationen ist es wichtig, klare Linien zu ziehen, was akzeptabel ist und was nicht. Wenn man das Gefühl hat, ungerecht behandelt zu werden, sollte man dies ansprechen, egal ob gegenüber Kollegen, Vorgesetzten oder Untergebenen. Ein professionelles Umfeld sollte auch ein respektvolles Umfeld sein.

Parallel dazu sollte man sich seiner eigenen Fähigkeiten und des eigenen Wertes bewusst sein. Das heißt nicht, arrogant oder überheblich zu sein, sondern sich seiner eigenen Stärken bewusst zu sein und diese anzuerkennen. Ein weiterer Aspekt ist die Weiterentwicklung. Indem man sich stetig weiterbildet und neue Fähigkeiten erlernt, stärkt man nicht nur das Selbstvertrauen, sondern auch die eigene Position im Berufsfeld.

Die Wahrung der eigenen Würde, sei es im privaten oder beruflichen Umfeld, erfordert stetige Aufmerksamkeit und Arbeit an sich selbst. Friedrich Schiller brachte es auf den Punkt: Die Beherrschung der Triebe durch die moralische Kraft ist der Schlüssel. Es geht darum, im Einklang mit seinen eigenen Werten und Überzeugungen zu leben, sich selbst zu respektieren und zu schätzen und von anderen den gleichen Respekt und die gleiche Wertschätzung zu erwarten. Es mag herausfordernd sein, aber die Belohnung – ein Leben in Würde – ist jeden Aufwand wert.

Nun haben wir uns intensiv mit den vielfältigen Facetten der menschlichen Seele auseinandergesetzt. Dabei lag unser Augenmerk insbesondere auf der Gesundung und den Herausforderungen, die es zu meistern gilt, um ein inneres Gleichgewicht und Wohlbefinden zu erlangen. Im nächsten Schritt möchten wir uns nun einem Thema zuwenden, das auf den ersten Blick vielleicht einfach erscheinen mag, jedoch eine wichtige Rolle für die Erhaltung unserer seelischen Gesundheit spielt: der Ruhe.

Ruhe ist nicht lediglich die Abwesenheit von Aktivität oder Lärm; sie ist vielmehr eine Bedingung für die Regeneration, die Reflexion und das Wachstum unseres innersten Selbst. In einer Welt, die oft von Hektik und ständiger Erreichbarkeit geprägt ist, wird die bewusste Suche nach Ruhe zu einem Akt der Selbstfürsorge und der Resilienz.

Die Ruhe bietet uns einen geschützten Raum, in dem die Seele atmen und sich von den täglichen Belastungen erholen kann. Sie ermöglicht es uns, in einen Dialog mit unserem Inneren zu treten, unsere tiefsten Gedanken und Empfindungen zu erforschen und so ein tieferes Verständnis für uns selbst zu entwickeln. In der Stille offenbaren sich oft Antworten auf Fragen, die im Lärm des Alltags ungehört bleiben. Ruhe ist daher nicht nur ein Zustand der Entspannung, sondern auch eine Quelle der Erkenntnis und der Inspiration.

Ruhe – Zeit für „Siesta"

Ruhe und Erholung sind lebensnotwendig. Doch bei vielen Berufstätigen verstärkt sich immer mehr das Gefühl, dass Urlaub und Wochenenden zur Regeneration nicht mehr ausreichen. Woran liegt das? Halten wir einfach nichts mehr aus? Die Arbeitszeiten waren doch früher deutlich länger und doch ist heute das Thema Burnout brandaktuell. Verantwortlich ist wohl nicht allein die Länge der Arbeitszeit, sondern die Veränderungen in der Arbeitswelt selbst. In einer Umfrage des Nürnberger Marktforschungsunternehmens GfK klagte fast jeder Zweite der 30- bis 39-Jährigen über ständigen Termin- und Zeitdruck. Das allein kann schon krank machen. Durch die Smartphone-Kultur und ständige Erreichbarkeit greift der Beruf immer mehr auch in die Freizeit ein. So ist die „offizielle" Arbeitszeit zwar gesunken, für viele ist das Thema Arbeit allerdings nach Büroschluss noch lange nicht zu Ende. Unter den Beschäftigten mit Arbeitszeiten von über 60 Stunden leiden nach eigener Aussage etwa 25 % unter Schlafbeschwerden, unter den Vollzeitbeschäftigten sind es immer noch rund 20 %.

Es sind vor allem pflichtbewusste Menschen, die Ihre Arbeit mögen und vielleicht einen gewissen Hang zum Perfektionismus haben. Menschen die keinen enttäuschen wollen. Mitarbeiter, die Verlässlichkeit vorleben, selbst wenn es zu ihrem eigenen Schaden ist. Viele spüren ihre Grenzen zwar, aber sie gehen einfach darüber hinweg.

In Japan nennt man das Phänomen „Karoshi". Ein Begriff, der sich auf Todesfälle aufgrund von Überarbeitung bezieht. Es ist eine ernsthafte Gesundheitsproblematik, die in Japan und anderen Ländern weit verbreitet ist, in denen lange Arbeitszeiten üblich sind und eine Kultur der Überarbeitung herrscht. Karoshi kann aufgrund von Herzinfarkten, Schlaganfällen und anderen gesundheitlichen Problemen auftreten, die auf Stress und Erschöpfung zurückzuführen sind. Die frühen Symptome von Karoshi können Müdigkeit, Schlafstörungen, Kopfschmerzen, Depressionen und Angstzustände umfassen.

Es ist nicht der Stress an sich, der den Leuten zu schaffen macht. Biologisch ist der Mensch durch die Evolution bestens an Überlastung angepasst. Der Homo sapiens ist geradezu dazu da, Erregung zu empfinden. Ist uns langweilig, gieren wir nach Neuem, nach Informationen, die uns anregen könnten. Kinder erlernen auf diese Weise den Umgang mit der Welt. Sind sie müde, ziehen sie sich von allein zur Erholung zurück. Auch das akute Stressverhalten, jenes, das Psychologen und Biologen als Kampf-oder-Flucht-Reaktion bezeichnen, dient dem Überleben. Die Wahrnehmung einer gefährlichen Situation aktiviert die sogenannte HPA-Stress-Achse. Ausgehend vom Gehirn, werden im Körper Stresshormone frei, so etwa das Corticosteron oder das Adrenalin. Diese verhelfen dem Organismus dazu, Leistungen zu erbringen, die das normale Niveau deutlich übersteigen. Bei der Jagd, bei Kämpfen oder der Flucht war dies für den Homo sapiens stets von Vorteil. Das körpereigene Doping lässt Blutdruck, Puls und die Leistungsfähigkeit der Muskeln ansteigen. Die

Reaktionszeiten sowie die Konzentration verbessern sich, die Schmerzempfindlichkeit sinkt. Der Mensch achtet nicht mehr auf sich selbst, sondern ist ganz auf sein Ziel fixiert. Ist die Beute erlegt und der Gegner besiegt, geht die Konzentration der Stresshormone wieder nach unten. Der Körper kehrt in seinen Normalzustand zurück. Auf die Anspannung folgt die Entspannung. So jedenfalls lautet der Rhythmus, den die Natur vorgesehen hat. Doch das archaische Wechselspiel zwischen Stress und Erholung, Neugier und Muße – es scheint in der Schnelligkeit des 21. Jahrhunderts immer weniger zu funktionieren. Auf Anspannung folgt Anspannung – und erneute Anspannung. Die Konzentration der Stresshormone bleibt hoch, was „langfristig desaströse Folgen hat", kommentiert Stressforscher Landgraf. In der dauernden Erregung sterben Nervenzellen ab, das Gedächtnis leidet. Gleichzeitig verändert sich die Wahrnehmung.

Die ununterbrochene Belastung unseres Alltags führt zu einer spürbaren Abstumpfung der Gefühlswelt. Das Dasein wird zunehmend als eine monotone Reihe bedeutungsloser Ereignisse wahrgenommen, was bei den Betroffenen häufig zu einer Neigung zur Depression führt. Infolgedessen nimmt nicht nur die psychische Belastbarkeit ab, sondern es zeigen sich auch körperliche Auswirkungen: Die Fruchtbarkeit leidet, das Immunsystem sowie das Herz-Kreislauf-System werden geschwächt. Der Körper, der sich auf permanente Abwehr einstellt, zehrt letztlich an seinen eigenen Reserven.

Um diesen zerstörerischen Kreislauf zu durchbrechen, ist es entscheidend, sich die menschliche Natur zu vergegenwärtigen: ein Wesen, das zu Fehlern neigt, nicht allmächtig ist, Grenzen hat und nicht alles meistern kann. Es ist vollkommen in Ordnung, Erwartungen nicht immer zu erfüllen, Aufträge abzulehnen oder Aufgaben unvollendet zu lassen. Sich selbst die Erlaubnis zu geben, Dinge zu unterlassen, zu denen keine Motivation besteht, mag einfach erscheinen; doch das wirkliche Verstehen und Annehmen dieser Tatsache kann Wochen, wenn nicht gar Jahre in Anspruch nehmen.

»Ist ein Teich aufgewühlt, so kann man seinen Grund nicht erkennen.
Doch sobald sich das Wasser beruhigt hat, ist es ganz leicht.«
(Nach dem buddhistischen Pâli-Kanon)

Es existieren jedoch bewährte Methoden, um die Fähigkeit zur Entspannung neu zu erlernen. Einfache Maßnahmen wie das Gewähren von Ruhepausen für die Augen mehrmals täglich können erheblich zur Erholung beitragen. Es ist hilfreich, erzwungene Pausen nicht als Ärgernis, sondern als Chance zur Regeneration zu nutzen. Die Praxis des Yoga oder das in Therapeuten- und Patientenkreisen geschätzte MBSR-Programm (Mindfulness Based Stress Reduction, entwickelt von Jon Kabat-Zinn), das dazu anleitet, auf den eigenen Atemrhythmus zu achten und auftauchende Gedanken bewusst wahrzunehmen und zu verarbeiten, legt den Grundstein für eine Achtsamkeit, die sich unterstützend auf diverse

Lebensbereiche auswirkt. Wer auf seine Befindlichkeit achtet und die Signale seiner Umwelt wahrnimmt – sei es der Duft der Luft, der Geschmack der Nahrung oder das Zwitschern der Vögel – findet Freude in diesen Momenten. Wahre, positive Erlebnisse entstehen nicht durch das Klingeln des Mobiltelefons oder das Signal einer neuen E-Mail, sondern durch echte Begegnungen und Erfahrungen in der Gemeinschaft.

Power-Napping

Teste doch einmal, welche Wirkung das „Power-Napping" auf dich hat. Power-Napping ist eine kurze Schlafeinheit von etwa 10 bis 20 Minuten, die dazu dient, Energie und Konzentration zu steigern und Müdigkeit zu reduzieren. Es ist wichtig, dass der Schlaf nicht länger als 20 Minuten dauert, da du sonst in eine Tiefschlafphase gelangst, aus der es schwer ist, wieder aufzuwachen und du dich danach möglicherweise noch müder fühlst.

Für ein Power-Napping solltest du einen ruhigen und bequemen Ort finden, an dem du dich entspannen und von äußeren Reizen abschirmen kannst. Mit einer Decke und einer Iso- bzw. Yogamatte lässt sich das fast überall einrichten. Manche nutzen auch eine Schlafmaske und Ohrenstöpsel, um störende Geräusche und Licht auszuschließen. Nach 10-20 Minuten wirst du merken, dass du dich erfrischt und wieder voller Energie fühlst.

Nimm dir am besten drei Monate lang mindestens dreimal in der Woche die Zeit für das Power-Napping – du wirst es nicht mehr missen wollen. Du meinst, du hast keine Zeit dafür? Dann findest du hier die wichtigsten Argumente der Harverd-Psychologin Dr. Sara Mednick für das Power-Napping: Es verbessert die Aufmerksamkeit, steigert die körperliche Leistungsfähigkeit, erhöht die Genauigkeit in der Arbeit, verbessert die Qualität von Entscheidungen, optimiert die Wahrnehmungsfähigkeit, verbessert Arbeits- und Lernergebnisse, bewahrt jugendliches Aussehen, verbessert das Sexualleben, hilft bei der Gewichtsreduzierung, reduziert die Gefahr von Herzinfarkt und Schlaganfall, reduziert die Gefahr von Zuckerkrankheit, verbessert das Durchhaltevermögen, hebt die Stimmung, verbessert die eigene Kreativität, verstärkt die Gedächtnisleistung, reduziert die Wahrscheinlichkeit der Abhängigkeit von Suchtmitteln, verbessert die Gesundheit, verbessert die Qualität des nächtlichen Schlafes und es fühlt sich einfach gut an...

Freizeitstress

Kennst du das Gefühl von Freizeitstress? Er entsteht, wenn du dir in deiner Freizeit zu viele Aktivitäten vornimmst und dadurch das Gefühl hast, nicht genügend Freizeit für dich selbst oder für all deine Verpflichtungen zu haben. Dies kann zu einem Gefühl von Überforderung, Stress und Burnout führen.

Nimm dir bewusst Zeit für dich selbst und erlaube dir, auch einmal Nichtstun zu dürfen. Eine Möglichkeit, Freizeitstress abzubauen, ist es, Prioritäten zu setzen und dich auf die wichtigsten Aktivitäten zu konzentrieren.

Es ist auch hilfreich, eine Balance zwischen Arbeit und Freizeit zu finden und dir Zeit für Hobbys und Entspannung zu nehmen. Eine weitere Möglichkeit ist es, dir Unterstützung von Freunden oder der Familie zu suchen, um Aufgaben zu teilen und sich gegenseitig zu entlasten.

Also: Hast du manchmal das dringende Bedürfnis nach mehr Zeit für dich, nach unverplanter, unstrukturierter Zeit? Dann wird es höchste Zeit dafür. Wie sorgst du in Zukunft dafür, dass du Zeit für dich gewinnst? Nimm dir einmal pro Woche ein paar Stunden nur für dich – vielleicht am nächsten Wochenende schon?

Meine persönliche Glücksformel

$$\frac{\text{Lebenslage}}{\text{Erwartung}} \times \frac{\text{Zeit (selbstbestimmt)}}{\text{Zeit (fremdbestimmt)}} \times \text{Gesundheit}^2$$

Für mich persönlich habe ich eine Glücksformel entwickelt, die sich als Wegweiser bewährt hat. Für mich ist wahres Lebensglück, wenn meine aktuelle Lebenslage meine persönlichen Erwartungen übersteigt. Das ist um so mehr der Fall, je kleiner meine Erwartungen sind. Das wird verstärkt wenn meine selbstbestimmte Zeit die Oberhand über die fremdbestimmte Zeit hat, was mir Raum für persönliche Entfaltung und Ruhe lässt. Ein weiterer Pfeiler der Glücksformel ist physische und psychische Gesundheit – ich stelle mir das gerne als „Gesundheit zum Quadrat" vor, um zu unterstreichen, wie grundlegend sie ist. Probiere die Formel doch mal aus und setze für jeden Aspekt eine Zahl zwischen 1 (nicht erfüllt) und 10 (voll erfüllt) ein – und schau dir das Ergebnis an.

Natürlich ist mir klar, dass diese Formel eine starke Vereinfachung darstellt und das Glück ein vielschichtiges, individuell unterschiedliches Erlebnis ist. Doch in dieser Vereinfachung finde ich Orientierung. Ich bin neugierig, welche Überlegungen und Elemente deine eigene Glücksformel prägen. Wie könnte deine Glücksformel lauten? Welche Faktoren sind es, die dazu beitragen, dass du glücklich bist?

> »*Glück ist, wenn das, was du denkst, was du sagst, und was du tust, in Harmonie sind.*« Mahatma Gandhi

Meditation für die Seele

In einer Welt, die sich ständig im Wandel befindet und uns häufig mit stressigen Situationen konfrontiert, kann Meditation eine Quelle der Ruhe und des inneren Friedens sein. Sie bietet einen sicheren Hafen inmitten des Sturms und einen Pfad zur Erkenntnis unserer wahren Natur. Meditation ist ein Werkzeug zur Pflege und Heilung unserer Seele.

- Meditation hilft uns, uns von der Hektik des Alltags zu distanzieren und in einen Zustand tiefer Ruhe einzutauchen. Durch die Beruhigung des Geistes können wir Zugang zu einer Quelle von Frieden und Stabilität finden, die immer in uns vorhanden ist.
- Meditation fördert das Selbstbewusstsein und hilft uns, uns selbst besser zu verstehen. Sie ermöglicht es uns, tief in unsere inneren Welten einzutauchen und unsere Gedanken, Gefühle und Wünsche klarer zu sehen. Diese Selbsterkenntnis kann zu einem besseren Selbstverständnis und einer größeren Akzeptanz von uns selbst führen.
- Meditation kann uns ein tieferes Gefühl der Verbundenheit mit anderen und der Welt um uns herum vermitteln. Sie öffnet unser Herz und ermöglicht es uns, Mitgefühl und Verständnis für die Erfahrungen und das Leid anderer zu entwickeln.
- Meditation kann auch ein Weg zur Heilung sein. Sie hilft uns, alte Wunden zu heilen und negative Muster zu durchbrechen. Durch regelmäßige Praxis können wir lernen, unseren Geist zu beruhigen, mit schwierigen Emotionen umzugehen und inneren Frieden zu finden. Darüber hinaus hat Meditation viele positive Auswirkungen auf unsere körperliche und geistige Gesundheit. Sie verbessert den Schlaf, steigert das Wohlbefinden und die positiven Emotionen, reduziert Stress und Angstzustände, verbessert die Konzentration und Kreativität sowie senkt den Blutdruck und die Herzfrequenz.

Es gibt viele verschiedene Arten von Meditation und verschiedene Ansätze, um sie zu lernen. Eine der bekanntesten ist wahrscheinlich die klassische Meditation im Sitzen. Hier sind einige Schritte, die du befolgen kannst, um mit der Meditation zu beginnen. Du kannst sofort mit dieser einfachen Übung beginnen, um wie Siddhartha Gautama, der historische Buddha, vor rund 2.600 Jahren den Weg zur Erleuchtung zu beschreiten:

- Wähle einen ruhigen und bequemen Ort, an dem du ungestört bist, wie zum Beispiel ein ruhiges Zimmer oder einen Platz im Freien. Stelle fürs Erste einen Kurzzeitwecker oder dein Handy auf 10 Minuten. Das reicht erst einmal sicher.
- Setze dich in eine aufrechte Position mit gekreuzten Beinen auf den Boden oder ein Sitzkissen oder auch auf einen Stuhl und lockere deine Kleidung, bis nichts einengt und drückt. Versuche gerade zu sitzen. Richte deine Wirbelsäule auf. Stelle dir vor, dass an deiner Kopfspitze eine unsichtbare Schnur befestigt wäre, die dich sanft nach oben zieht. Die Hände ruhen einfach auf dem Schoss oder auf den Knien. Manchen hilft es, die Augen zu

schließen, das ist aber nicht erforderlich. Manchen fällt es leichter, auf einen Gegenstand oder eine Kerze zu blicken.
- Sitze einfach nur da. Aufrecht und still, in dir selbst ruhend. Mache nichts. Einfach mal gar nichts machen. Wenn du das noch nie probiert hast, wirst du rasch feststellen: Das ist gar nicht so einfach, wenn man doch gewohnt ist, ständig etwas zu tun. Kaum hast du mal einen Augenblick der Muße, schaust du aufs Handy – man könnte ja etwas verpassen…
- Atme tief durch die Nase aus, warte ein wenig – etwa so lange wie du brauchst, um bis fünf zu zählen – und atme dann schnell und tief ein, damit dein Blut mit Sauerstoff angereichert wird. Atme dabei nicht so stark, dass dir schwindlig wird, aber kräftig genug, um deinen Körper zu spüren! Das kräftige Atmen behältst du für etwa 2-3 Minuten bei. Konzentriere dich auf das Gefühl des Atems. Wenn deine Gedanken abschweifen, bringe deine Aufmerksamkeit sanft zurück zum Atem. Beobachte einfach deinen Atem, wie er sanft ein und ausströmt, ohne etwas zu „machen". Einfach nur den Atem beobachten. Einatmen, die Luft etwas anhalten und wieder ausatmen. Sonst gibt es nichts weiter zu tun. Atme und beobachte deinen Atem. Du wirst feststellen, dass deine Gedanken abdriften. Es fallen dir tausend Dinge ein. Es wird langweilig sein. Was dann? Einfach zum Atem zurückkehren und ihn beobachten. Betrachte deine Gedanken einfach wie Meeresrauschen oder als Radio, das du hörst, während du etwas anderes tust. Du hörst etwas, aber du lässt dich nicht ablenken. Bleibe für 10 Minuten beim Atem. Sei sanft mit dir. Kritisiere dich nicht für abschweifende Gedanken. Einfach locker bleiben, du kannst nichts „falsch" machen.

Beginne mit ein paar Minuten Meditation pro Tag und erhöhe allmählich die Zeit, bis du in der Lage bist, länger zu meditieren. Wenn du ein Notizbuch neben dich legst, kannst du im Anschluss an die Meditation das, was dir durch den Kopf gegangen ist, aufschreiben. Du wirst sehen, mit der Zeit kommst du der Selbsterkenntnis Schritt für Schritt näher.

»Ein wahrhaft ganzheitlicher Mann sollte ein Künstler, ein Krieger und ein Philosoph sein.« Benvenuto Cellini

Musik – Ausdruck der Seele

Musik hat eine erstaunliche Wirkung auf unsere Seele und kann uns auf viele verschiedene Arten positiv stimulieren. Zum einen können bestimmte Musikgenres oder -stücke uns dabei helfen, uns zu entspannen und Stress abzubauen. Langsame und ruhige Musik kann uns beruhigen und uns helfen, unseren Puls und Blutdruck zu senken. Zum anderen kann Musik auch unsere Stimmung und Emotionen beeinflussen. Fröhliche und lebhafte Musik kann uns glücklicher und energiegeladener machen, während traurige oder melancholische Musik uns dabei helfen kann, unsere Trauer oder Nostalgie auszudrücken und zu verarbeiten. Musik kann auch Erinnerungen und Gefühle hervorrufen, die mit bestimmten Ereignissen oder Personen in unserem Leben verbunden sind. Insgesamt kann Musik uns helfen, uns zu entspannen, uns zu motivieren und uns positiv zu stimulieren.

Mit ihrem Rhythmus bringt Musik den Aspekt der Zeit hinein und spricht unsere tiefsten Gefühle an. Musik ist in Klänge und Töne gegossene menschliche Erfahrung. Vor allem klassische Werke unterliegen Kompositions-Regeln, in denen sich universelle Ordnungen widerspiegeln. Auffordernder Beginn, sich entwickelnde Themen in Durchführung und Wiederholung, die zu gewinnende Essenz. In den unerschöpflichen Variationen finden wir unsere eigene Entwicklung aufgezeichnet. Diese Formen und Strukturen bieten Halt, Schutz und Verlässlichkeit in einer Qualität, die weit über die individuelle Erfahrung hinausgeht. (Quelle www.musik-fuer-die-seele.de)

Gönn dir doch gelegentlich eine musikalische Erlebnisreise! Du brauchst dafür auch keinen Urlaub zu nehmen. Eine musikalische Erlebnisreise zu Hause kann sehr einfach und unterhaltsam sein. Hier sind einige Ideen:
- Wähle einen Musikstil oder ein Thema, das dich interessiert, zum Beispiel Jazz, Klassik, Pop oder Musik aus einem bestimmten Land oder Jahrzehnt.
- Stelle eine Playlist mit verschiedenen Songs und Künstlern zusammen, die zu diesem Thema passen. Du kannst auf Spotify oder YouTube nach Playlists suchen oder deine eigenen Songs aus deiner Musiksammlung hinzufügen.
- Schaffe eine Atmosphäre, die zu deiner musikalischen Erlebnisreise passt, indem du beispielsweise eine Kerze anzündest oder eine bestimmte Beleuchtung einschaltest.
- Bereite ein Getränk oder eine Mahlzeit vor, die zu deiner musikalischen Reise passt, zum Beispiel einen Cocktail oder Snacks aus dem entsprechenden Land.
- Nimm dir Zeit, um deine musikalische Reise zu genießen und dich auf die Musik und die Stimmung einzulassen. Du kannst auch über die Hintergründe der Künstler und Songs recherchieren, um dein Verständnis und deine Wertschätzung zu vertiefen.

Ich hoffe, diese Tipps helfen dir dabei, eine unterhaltsame musikalische Erlebnisreise zu Hause zu gestalten! Achte darauf, wie die Musik auf dich wirkt. Welche Bilder tauchen auf? Welche Gefühle regt die Musik bei dir an? Werden Erinnerungen wach oder Phantasien und Vorstellungen? Ist die Musik verklungen, so wäre es besonders hilfreich, wenn du deine Eindrücke in deinem Tagebuch notierst oder vielleicht in einer Zeichnung, einem Bild, einer Collage oder auf andere Weise ausdrückst.

Streifzug durch die Musik

Es existiert eine Vielzahl von Musikrichtungen, die im Verlauf der Zeit entstanden sind. Hier sind einige der bedeutendsten und bekanntesten Genres als Inspirationsquelle und Ausgangspunkt für persönliche Entdeckungen. Es ist äußerst bereichernd für die eigene musikalische Entwicklung, über den eigenen Musikgeschmack hinauszublicken und einmal Klangwelten zu erkunden, die einem vielleicht bisher verborgen blieben.

Klassische Musik: Eine europäische Musiktradition, die im 9. Jahrhundert begann und bis zum 20. Jahrhundert reicht. Einige herausragende Musiker und Komponisten der klassischen Musik sind Johann Sebastian Bach, Wolfgang Amadeus Mozart, Ludwig van Beethoven, Franz Schubert, Johann Strauss II, Pyotr Ilyich Tchaikovsky, Frederic Chopin, Franz Joseph Haydn, Antonio Vivaldi, Claude Debussy, Richard Wagner, Johann Pachelbel, George Frideric Handel, Franz Liszt, Igor Stravinsky, Johannes Brahms, Richard Strauss, Giuseppe Verdi, Gustav Mahler und Sergei Rachmaninoff.

Folk-Musik: Sie ist Ausdruck der kulturellen Traditionen der jeweiligen Regionen. Hier nur einige Repräsentanten: Irish Folk (The Dubliners, The Chieftains, Planxty, Christy Moore), Scottish Folk (Dougie MacLean, Runrig, Julie Fowlis), Fado (Amália Rodrigues, Ana Moura, Mariza), Spanish Folk (Paco de Lucía, Camarón de la Isla, Rosalía), Indianische Musik (Robbie Robertson und Buffy Sainte-Marie, R. Carlos Nakai), bayerische und österreichische Musik (Biermösl Blosn, Zither Manä, EAV, Haindling, Ringsgwandl, Ludwig Hirsch, Wolfgang Ambros, Konstantin Wecker, Couplet-AG, Die Seer)

Blues: Eine Musikrichtung, die es mir besonders angetan hat und die ihre Wurzeln in der afroamerikanischen Kultur hat. Der Blues entwickelte sich im späten 19. Jahrhundert und beeinflusste viele andere Musikgenres wie Rock, Jazz und Soul. Hier sind einige inspirierende Musiker des Blues: Robert Johnson, B. B. King, Muddy Waters, John Lee Hooker, Howlin' Wolf, Eric Clapton, Stevie Ray Vaughan, Buddy Guy, Etta James, Lead Belly, T-Bone Walker, Albert King, Freddie King, Koko Taylor, Willie Dixon, Son House, Taj Mahal, Bonnie Raitt, Keb' Mo' und Joe Bonamassa.

Rhythm and Blues: R&B hat afroamerikanische Wurzeln und vereint Elemente von Blues, Jazz und Gospel. R&B ist oft von soulvollen Gesangsstilen und rhythmischen Grooves geprägt. Wichtige Künstler sind da: Aretha Franklin, Stevie Wonder, Marvin Gaye, Whitney Houston, Michael Jackson, Beyoncé, Prince, Alicia Keys, Mary J. Blige, Usher, Janet Jackson, Luther Vandross, Diana Ross, James Brown, Sam Cooke, Ray Charles, Bruno Mars, Rihanna, The Weeknd und John Legend.

Rockmusik: Eine populäre Musikrichtung, die in den 1950er Jahren entstand und durch Gitarrenriffs, Schlagzeug und Bass geprägt ist. Subgenres wie Classic Rock, Hard Rock, Punk Rock und Alternative Rock sind ebenfalls beliebt. Einflussreiche Künstler der Rockmusik sind beispielsweise The Beatles, Led Zeppelin, Queen, Pink Floyd, The Rolling Stones, Jimi Hendrix, The Who, AC/DC, Deep Purple, Aerosmith, Black Sabbath, The Doors, Fleetwood Mac, Lynyrd Skynyrd, Dire Straits, Eric Clapton, David Bowie, Bruce Springsteen, The Eagles und Creedence Clearwater Revival.

Popmusik: Eine kommerzielle Musikrichtung, die sich seit den 1950er Jahren entwickelt hat. Sie zeichnet sich durch eingängige Melodien, einfache Songstrukturen und breiten Massenappeal aus. Hier einige Vertreter: Michael Jackson, Madonna, Taylor Swift, Beyoncé, Justin Bieber, Rihanna, Adele, Katy Perry, Bruno Mars, Lady Gaga, Mariah Carey, Ed Sheeran, Britney Spears, Justin Timberlake, Ariana Grande, The Beatles, Whitney Houston, Elton John, Prince und David Bowie.

Jazz: Eine improvisationsorientierte Musikrichtung, die zu Beginn des 20. Jahrhunderts in den USA entstand. Es gibt verschiedene Stile wie Swing, Bebop, Cool Jazz und Fusion. Bekannte Künstler aus dem Genre Jazz sind: Louis Armstrong, Miles Davis, John Coltrane, Duke Ellington, Ella Fitzgerald, Billie Holiday, Charlie Parker, Thelonious Monk, Dizzy Gillespie, Nat King Cole, Dave Brubeck, Herbie Hancock, Stan Getz, Sarah Vaughan, Oscar Peterson, Chick Corea, Charles Mingus, Count Basie, Art Blakey, Wynton Marsalis.

Country-Musik: Eine Musikrichtung, die ihren Ursprung in den ländlichen Regionen der USA hat. Country-Musik zeichnet sich durch akustische Instrumente wie Gitarre, Banjo und Geige sowie durch erzählerische Songtexte aus. Hier Musiker, die einen großen Beitrag zur Country-Musik geleistet haben: Johnny Cash, Dolly Parton, Willie Nelson, Patsy Cline, Hank Williams, George Jones, Loretta Lynn, Merle Haggard, Garth Brooks, Shania Twain, Kenny Rogers, Tammy Wynette, Alan Jackson, Reba McEntire, Waylon Jennings, Glen Campbell, Carrie Underwood, Brad Paisley, Vince Gill und Faith Hill.

Reggae: Der Reggae entstand in Jamaika in den späten 1960er Jahren und wird oft mit sozialen und politischen Botschaften assoziiert und ist bekannt für seinen charakteristischen Offbeat-Rhythmus. Hier einige bekannte Reggae-Musiker: Bob Marley, Peter Tosh, Jimmy Cliff, Toots and the Maytals, Burning Spear, Lee „Scratch" Perry, Dennis Brown, Gregory Isaacs, Bunny Wailer, Desmond Dekker, Max Romeo, Jacob Miller, Ziggy Marley, Damian Marley, Sean Paul, Shaggy, Steel Pulse, Inner Circle, UB40, Jan Delay und Jamaram.

Hip-Hop: Eine kulturelle Bewegung, die in den 1970er Jahren in den USA entstand und Musik, Tanz, Graffiti und DJing umfasst. Hip-Hop-Musik zeichnet sich durch rhythmische Sprechgesangstechniken (Rap), Sampling und Beats aus. Hier einige Künstler dieser Richtung: Tupac Shakur, The Notorious B.I.G., Jay-Z, Nas, Eminem, Kanye West, Kendrick Lamar, J. Cole, OutKast, Wu-Tang Clan, Public Enemy, Run-D.M.C., N.W.A, Lauryn Hill, Missy Elliott, Snoop Dogg, Dr. Dre, A Tribe Called Quest, Common, Lil' Kim.

Elektronische Musik: Eine Musikrichtung, bei der elektronische Klangerzeugung und -verarbeitung im Vordergrund stehen. Subgenres wie House, Techno, Trance und Drum and Bass sind Teil der elektronischen Musik. Hier sind einige wichtige Musiker der elektronischen Musik: Kraftwerk, Daft Punk, Aphex Twin, Jean-Michel Jarre, The Prodigy, Tiesto, Carl Cox, David Guetta, Armin van Buuren, Fatboy Slim, Deadmau5, Skrillex, Paul Oakenfold, Chemical Brothers, Moby, Richie Hawtin, Underworld, Avicii und Disclosure.

Es gibt natürlich noch sehr viele weitere Musikrichtungen, aber diese Liste gibt dir einen Überblick über einige der wichtigsten und einflussreichsten Genres.

Selbst Musik machen

Das Hören von Musik kann Balsam für die Seele sein. Ihre wahre Kraft entfaltet sie allerdings dann, wenn man selbst Musik macht. Jeder kann Musik machen! Natürlich kann nicht jeder aus dem Stand ein Klavierkonzert von Tschaikowski spielen. Es ist auch nicht immer erforderlich, dass man für andere spielt. Aber jeder kann eines der Ur-Instrumente (z.B. Trommel, Rassel, Schwirrholz, Flöte) zur Hand nehmen und spielerisch Töne erzeugen. Wer einmal erlebt hat, wie rasch sich ein Kreis vermeintlich unmusikalischer Menschen beim Trommeln zu einem Rhythmus vereint, wie sich der Rhythmus verändert, die Trommeln in ihrer Intensität an- und abschwellen und sich so ein einzigartiges Gesamtwerk ergibt, ist überzeugt: Jeder kann Musik machen und sich von den Tönen tragen lassen. Und jeder hat eine Stimme, mit der man Töne erzeugen kann. Einige der am einfachsten zu erlernenden Instrumente sind vermutlich die Ukulele, das Keyboard, die Mundharmonika und das Xylophon.

Es gibt durchaus Möglichkeiten, Musikinstrumente intuitiv zu erlernen, ohne sich mit allzu viel Theorie auseinandersetzen zu müssen. Hier sind einige Ideen für dich:

Lernen durch Nachahmung: Hör dir die Musik an, die du spielen möchtest und versuch, die Melodie oder das Rhythmusmuster auf deinem Instrument nachzuspielen. Dies kann ein sehr schöner Weg sein, um ein Gefühl für das Instrument und seine Klangmöglichkeiten zu entwickeln.

Experimentieren: Probier verschiedene Techniken und Spielweisen aus, um herauszufinden, welche Klänge und Effekte du erzeugen kannst. Dies wird auch dazu beitragen, deine Kreativität und Improvisationsfähigkeit zu fördern.

Spielen mit anderen: Triff dich mit anderen und jammt zusammen. Dies kann dir helfen, neue Stile und Techniken zu entdecken und auszuprobieren und es macht Spaß!

Online-Tutorials: Es gibt viele kostenlose Online-Tutorials, die dir helfen können, dein Instrument intuitiv zu erlernen. Diese Tutorials zeigen dir Schritt für Schritt, wie du bestimmte Songs oder Techniken spielen kannst, ohne dass du dich mit zu viel Theorie befassen musst.

Finde einfach eine Methode, die für dich funktioniert und die es dir ermöglicht, auf deine eigene Art und Weise zu lernen und zu wachsen.

Du bist vielleicht viel zu sehr darauf fixiert, etwas Bekanntes, von anderen Komponiertes, schön nachzuspielen und setzt dich möglicherweise zu früh dem Urteil anderer aus. Vielleicht hast du ständig die Aufnahmen der musikalischen Stars im Ohr und denkst: So muss das klingen. Es muss perfekt sein. Und wenn es nicht so klingt, ist es schlecht. Damit könntest du dich selbst klein machen. Schluss damit. Einfach loslegen! Wie sagt Altrocker Udo Lindenberg: „Mach dein Ding, egal was die anderen sagen …" Viel Spaß beim Musizieren!

Ukulele

Die Ukulele ist im Vergleich zu anderen Saiteninstrumenten wie der Gitarre oder dem Banjo ein relativ leicht zu erlernendes Instrument. Sie hat nur vier Saiten, und die Griffe sind recht einfach zu erlernen. Zudem ist die Ukulele kleiner als eine Gitarre, wodurch sie für viele bequemer zu halten und zu spielen ist. Wenn du noch nie ein Saiteninstrument gespielt hast, wird es natürlich etwas dauern, die Fingerpositionen und das Greifen der Saiten zu koordinieren. Aber mit ein bisschen Geduld wirst du schnell Fortschritte machen. Das Schöne an der Ukulele ist, dass sie, obwohl sie einfach zu spielen ist, trotzdem einen sehr schönen Klang hat. Sie ist ein tolles Instrument für Anfänger und Menschen jeden Alters. Warum probierst du es nicht selbst aus und schaust, ob die Ukulele etwas für dich ist?

»Everyone should have and play a ‚Uke'. It's so simple to carry with you and it is one instrument you can't play and not laugh!« George Harrison

Rigk Sauer (www.ukulele.de) hat auf YouTube ein Video veröffentlicht, in dem er zeigt, wie man bereits in knapp 10 Minuten lernt, Ukulele zu spielen (youtu.be/APYXhN8yUg0):

1. Ukulele beschaffen (ab ca. 75 Euro zu haben)
2. Ein elektronisches Stimmgerät besorgen (gibt es im Internet ab 5 Euro – oder als kostenlose App für das Smartphone)
3. Damit die vier Seiten der Ukulele auf G / C / E / A stimmen
4. Ukulele etwa in die rechte Armbeuge legen und mit dem rechten Zeigefinger locker und gleichmäßig aus dem Handgelenk heraus nach unten anschlagen
5. Mit dem Ringfinger der linken Hand die höchste Saite zwischen den 2. und 3. Bundsteg drücken (dort wo der erste Punkt auf dem Steg der Ukulele zu sehen ist). Schon hat man den ersten „C-Akkord" und kann ein Lied wie Frère Jacques begleiten.
6. Der nächste Akkord ist der „F-Akkord": Mittelfinger auf der tiefsten Saite (G) zwischen erstem und zweitem Bundsteg, Zeigefinger zwei Saiten weiter vor den 1. Bundsteg. Durch den Wechsel zwischen C- und F-Akkord ergeben sich schon neue Sound-Möglichkeiten. So z.B. lassen sich damit die Songs Jambalaya, Paperback Writer oder He's Got the Whole World in His Hands begleiten.

7. Der „G-Akkord" eröffnet dann eine ganze Welt musikalischer Möglichkeiten. Man übt dann den Wechsel von G- zu C- wieder zu G-, dann zu F- und wieder zu G-Akkord. Mit diesen drei Akkorden lässt sich bereits eine Menge anstellen. Und los geht's ...

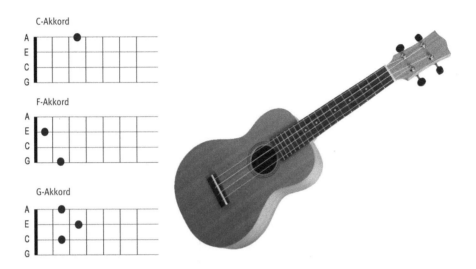

Als „Notenlegastheniker" wie ich es einer bin, muten Anleitungen zur Musik oft wie die Sprache eines Geheimbundes an. Selbst Werke für Anfänger setzen vieles als selbstverständlich voraus. Man sieht sich das an und denkt verzweifelt: „Das verstehe ich nie!" Dabei sind es oft die kleinen Infos, die dafür sorgen, dass einem ein Licht aufgeht. Ich danke innerlich meinen Gitarrenlehrern Gregory Haase und Andy Ruppert, dass sie mit so viel Geduld Wege finden, selbst mir diese Geheimsprache etwas näher zu bringen...

Es fängt ja schon bei den Notenbezeichnungen an: C D E F G A H C. Da muss dann natürlich ein „H" stehen, wo man ein „B" vermuten würde. Das ist jedoch nur in deutschsprachigen Ländern so. In andern Ländern verwendet man da ein „B", was schon verständlicher wirkt: C D E F G A B C. Ein Licht ging mir auch auf, als ich begriff, was mit der 1., 4. und 5. Stufe gemeint ist (natürlich I., IV. und V. geschrieben, damit es nicht so offensichtlich ist...). Es sind harmonisch klingende Intervalle (Tonabstände), die von einem beliebigen Grundton (Tonika) ausgehen. Vom Ton C aus ist das F die vierte Stufe (Subdominante) und das G die fünfte Stufe (Dominante). Unzählige Stücke sind genau darauf aufgebaut. Wenn man ein Lied in A begleiten möchte, verwendet man die Akkorde A, D und E. Und so erschließt sich eine ganze musikalische Welt.

Einfachheit und Wiedererkennbarkeit von Melodien, Harmonien und Songtexten sind oft der Schlüssel zum gemeinsamen Musizieren. Wie viel Freude bereitet es doch, gemeinsam am Lagerfeuer Musik zu machen! Diese Musik schafft eine warme und einladende

Atmosphäre, die jeden dazu ermutigt, sich einzubringen. Vielleicht fühlst du dich inspiriert, mitzusingen, im Takt zu klatschen oder einfach nur, umgeben von Freunden, den Klängen zu lauschen. Das gemeinsame Musizieren, Lachen und Teilen von Geschichten stärkt die Bindungen untereinander und hinterlässt bleibende Erinnerungen. Viele populäre Lagerfeuerlieder setzen auf einfache Akkordfolgen, die leicht zu erlernen und besonders auf der Gitarre ohne großen Aufwand spielbar sind. Im Folgenden findest du einige der häufigsten Akkordfolgen, die du in der Liedbegleitung antreffen wirst:

G-D-Em-C: Diese Akkordfolge ist eine der beliebtesten und vielseitigsten. Sie wird in zahlreichen Songs verwendet und eignet sich hervorragend für Anfänger. Die Mischung aus Dur- und Mollakkorden bietet eine emotionale Vielfalt, die zu vielen Liedern passt.

C-G-Am-F: Diese Akkordfolge ist oft in der Popmusik zu finden und wird auch als „Vier-Chord-Song"-Progression bezeichnet. Viele bekannte Songs basieren auf diesen vier Akkorden, was sie zu einer beliebten Wahl für Songwriter macht.

D-A-Bm-G: Diese Akkordfolge bringt einen etwas anderen Klang mit sich, da sie den Mollakkord Bm enthält, der eine tiefere emotionale Wirkung bietet. Sie ist immer noch relativ einfach zu greifen und bietet eine schöne Variation zu den üblicheren Dur-Akkordfolgen.

Em-C-G-D: Diese Variation der G-D-Em-C Progression beginnt mit dem Mollakkord Em, was den Liedern einen melancholischeren oder nachdenklicheren Start verleiht, bevor sie in die helleren Dur-Akkorde übergeht..

Diese Akkordfolgen sind deshalb so beliebt, weil sie nicht nur leicht zu lernen und zu spielen sind, sondern auch eine breite Palette an Emotionen abdecken. Weitere beliebte Akkordfolgen sind (ausgehend vom C-Akkord) Dm-G-C, C-F-G, Am-F-C-G, C-Am-F-G.

Die Entwicklung deiner Musikalität ist ein Prozess, der Zeit, Geduld und Leidenschaft braucht. Bleib offen und neugierig und entwickle deine Musikalität auf deine eigene Weise. Lass dir deine Musikalität nicht kleinreden. Spüre der Urkraft der Musik nach.

Wenn du ein klassisches Instrument lernen möchtest, suche dir einen Lehrer, der es versteht, dir neben der musikalischen Theorie und Technik vor allem die Freude an der Musik zu vermitteln. Wenn du nicht mit einem Lächeln im Gesicht aus dem Unterricht gehst, ist es wahrscheinlich nicht der Richtige. Das ist viel wichtiger, als sich in Details zu verlieren. Wähle ein Instrument, das dich begeistert und das du problemlos beschaffen oder auch erst einmal leihen kannst. Du wirst zahlreiche gute YouTube-Tutorials finden, die dir den Einstieg erleichtern. Versuche es doch einmal mit 1-2 Übungseinheiten pro Woche für mindestens drei Monate, um herauszufinden, ob dir das Musizieren Spaß macht. Hab Geduld und genieße es!

Die Magie der Kunst: Positive Auswirkungen auf die Seele

Es ist kein Geheimnis, dass Kunst eine tiefe, universelle Sprache spricht, die in der Lage ist, Menschen auf der ganzen Welt zu verbinden. Von der Höhlenmalerei bis zur modernen digitalen Kunst, von der klassischen Musik bis zum Hip-Hop, von Shakespeare bis Murakami – Kunst hat stets die Fähigkeit, uns auf einer tieferen, emotionalen Ebene zu berühren und uns dabei zu helfen, uns selbst und die Welt um uns herum besser zu verstehen. Aber wie genau wirkt sich die Beschäftigung mit Kunst positiv auf unsere Seele aus? Tauchen wir ein in diese faszinierende Reise.

Kreativer Ausdruck und Selbstentdeckung

Das Schaffen und Erfahren von Kunst ermöglicht es uns, Gedanken, Gefühle und Emotionen auf eine Weise auszudrücken, die jenseits der Grenzen der konventionellen Sprache liegt. Sie bietet einen sicheren Raum zur Selbstentdeckung, in dem wir unseren inneren Ängsten, Hoffnungen, Träumen und Wünschen begegnen können. Dieser Prozess der Selbstreflexion und Selbstentdeckung kann zu einem gesteigerten Selbstbewusstsein und zu einem besseren Verständnis unserer eigenen Identität führen.

Kunst bietet eine kathartische Erfahrung, die uns dabei helfen kann, emotionale Blockaden zu lösen und Stress abzubauen. Ob durch das Malen eines Bildes, das Schreiben eines Gedichts oder durch das Tanzen zur Musik: Kunst ermöglicht es uns, unsere Emotionen in eine produktive Aktivität umzuwandeln und so eine Form der emotionalen Entlastung zu erfahren. Studien haben gezeigt, dass solche kreativen Tätigkeiten das Niveau von Stresshormonen im Körper reduzieren können und zu einem allgemeinen Gefühl des Wohlbefindens beitragen.

Kunst kann uns in andere Welten versetzen, uns in die Schuhe anderer Menschen schlüpfen lassen und uns so eine Perspektive bieten, die weit über unsere eigenen Erfahrungen hinausgeht. Sie kann uns helfen, Empathie zu entwickeln und Vorurteile abzubauen, indem sie uns mit den Erfahrungen, Emotionen und Gedanken anderer konfrontiert. Auf diese Weise fördert Kunst ein tieferes Verständnis für die Vielfalt und Komplexität der menschlichen Erfahrung.

Die Beschäftigung mit Kunst kann auch dabei helfen, unsere mentale Widerstandsfähigkeit zu stärken. Sie lehrt uns, geduldig zu sein, Probleme kreativ zu lösen und Ausdauer zu zeigen. Diese Fähigkeiten können uns in Zeiten von Schwierigkeiten und Herausforderungen helfen und uns dabei unterstützen, mit Stress und Unsicherheit umzugehen.

Sie kann uns dazu bringen, die Schönheit in der Welt um uns herum zu schätzen, uns dazu inspirieren, kreativ zu denken und zu handeln, und uns dazu ermutigen, Neues zu entdecken und zu erforschen. Kunst kann uns dazu einladen, das Wunder des menschlichen Geistes zu erkennen und zu feiern und uns daran erinnern, dass wir alle Teil dieses wundervollen, kreativen Prozesses sind. Sie kann uns mit einem Gefühl der Freude und Erfüllung erfüllen und uns dazu anregen, unser eigenes Leben als ein Kunstwerk zu betrachten und zu gestalten.

Kunst schafft auch einen Raum für soziale Interaktion und Gemeinschaft. Sei es durch gemeinsame Ausstellungsbesuche, Kunstworkshops oder Diskussionen über Literatur. Kunst ermöglicht es uns, uns mit anderen zu verbinden und gemeinsame Erfahrungen zu teilen. Sie kann Brücken zwischen Menschen unterschiedlicher Kulturen, Generationen und Hintergründen bauen und so zu einem Gefühl von Zugehörigkeit und Gemeinschaft beitragen.

Die Auseinandersetzung mit Kunst stimuliert unser Gehirn, fördert die Konzentration und das Gedächtnis und hält unseren Geist aktiv und wachsam. Sie fordert uns dazu heraus, kritisch zu denken, verschiedene Perspektiven zu berücksichtigen und komplexe Ideen und Konzepte zu verstehen. Dies kann dazu beitragen, unsere kognitiven Fähigkeiten zu verbessern und unser geistiges Wohlbefinden zu fördern.

Kunst ist ein unglaublich vielseitiges und mächtiges Werkzeug für die menschliche Seele. Sie ermöglicht uns nicht nur, uns selbst besser zu verstehen und uns mit anderen zu verbinden, sondern bietet uns auch einen Weg zur emotionalen Entlastung und Heilung, fördert unsere mentale Widerstandsfähigkeit und bereichert unser Leben mit Freude, Wunder und Inspiration. Sie erinnert uns daran, dass wir mehr sind als nur rationale Wesen und lädt uns ein, die Tiefe und Vielfalt der menschlichen Erfahrung zu erkunden und zu feiern. In einer Welt, die oft von Rationalität und Effizienz beherrscht wird, bietet Kunst einen notwendigen Raum für Emotion, Kreativität und Menschlichkeit. Und das ist vielleicht ihre wertvollste Gabe an die menschliche Seele.

Eine Reise in die Welt der Kunst vom Wohnzimmer aus

Du musst nicht immer physisch reisen, um neue Erfahrungen zu machen und die Welt zu entdecken. Hier ist ein Vorschlag für eine künstlerische Erlebnisreise, die du bequem von zu Hause aus machen kannst:

Tag 1: Virtuelle Museumstour – Beginne deine Reise mit einer virtuellen Tour durch einige der bekanntesten Kunstmuseen der Welt. Viele Museen bieten jetzt virtuelle Rundgänge an, so dass du Meisterwerke der Kunst aus der ganzen Welt bewundern kannst, ohne dein Wohnzimmer zu verlassen. Einige Optionen könnten das Louvre in Paris, die Uffizien in Florenz oder das Metropolitan Museum of Art in New York sein.

Tag 2: Kunstfilme und Dokumentationen – Verbringe den zweiten Tag damit, einige inspirierende Filme und Dokumentationen über Künstler und Kunstwerke zu sehen. Einige Beispiele könnten „Loving Vincent", ein animierter Film, der komplett in Öl gemalt wurde, oder „The Art of the Steal", eine Dokumentation über den Kampf um die Kontrolle über die Barnes-Sammlung, eine der bedeutendsten Sammlungen moderner und impressionistischer

Kunst, sein. Es gibt auch Online-Kunstvorträge an, die mehr sind als nur ein Durchgang durch die verschiedenen Kunststile. In seinen „KunstGeschichten" (www.florianheine.de) führt dich beispielsweise Florian Heine, ein Münchner Fotograf, Autor und Kunsthistoriker durch die Geschichte der Kunst und die Geschichten der Künstler.

Tag 3: Kunstbücher und -zeitschriften – Nutze den dritten Tag, um in die Welt der Kunstbücher und -zeitschriften einzutauchen. Lies Biografien von Künstlern, Studien über bestimmte Kunstbewegungen oder aktuelle Kunstzeitschriften, um einen Einblick in die neuesten Trends und Debatten in der Kunstwelt zu bekommen.

Tag 4: Kunstworkshops und Kurse – Verbringe den vierten Tag damit, selbst kreativ zu werden. Es gibt viele Online-Kunstkurse und -Workshops, die eine Vielzahl von Techniken und Stilen abdecken, von Aquarellmalerei über digitale Kunst bis hin zu Skulptur. Wähle etwas, das dich interessiert, und genieße den Prozess des Schaffens.

Tag 5: Virtuelle Kunstgalerien und Ausstellungen – Besuche am fünften Tag einige virtuelle Kunstgalerien und Ausstellungen. Viele Galerien und Kunstfestivals bieten jetzt Online-Plattformen an, auf denen du die Arbeiten von aufstrebenden und etablierten Künstlern aus der ganzen Welt entdecken kannst. Tag 6: Kunst und Musik – Schließlich, verbringe den letzten Tag damit, die Verbindung zwischen Kunst und Musik zu erkunden. Höre Musik, die von Kunstwerken inspiriert wurde, oder betrachte Kunstwerke, die von Musik inspiriert wurden. Du könntest auch versuchen, deine eigene Kunst zu schaffen, während du Musik hörst, und sehen, wie die Musik deine Kreativität beeinflusst.

Diese heimische Kunsterfahrung ermöglicht es dir, in die Welt der Kunst einzutauchen und eine Vielzahl von künstlerischen Ausdrucksformen zu entdecken und zu schätzen. Sie ist eine Erinnerung daran, dass Kunst überall ist und dass wir nicht weit reisen müssen, um sie zu erleben.

Eine Reise durch die Zeit: Bedeutende Kunstepochen und ihre Künstler

Die folgende Übersicht soll dir Anregung und Einladung sein, eigene Entdeckungen im weiten Reich der Kunst zu machen. Tauche ein in die verschiedenen Kunstepochen, von der Renaissance bis zur zeitgenössischen Kunst, und erkunde die Werke einiger der bedeutendsten Künstler, die die Geschichte geprägt haben. Lass dich inspirieren, erweitere deinen Horizont und genieße die Vielfalt der künstlerischen Ausdrucksformen. Mach dich bereit für eine Reise durch die Jahrhunderte und lass deiner Neugier freien Lauf.

Im *16. Jahrhundert* erlebte die Renaissance ihre Blütezeit, eine Epoche, die von künstlerischem Wiedererwachen und Humanismus geprägt war. Zu den prominenten Künstlern dieser Zeit zählen Leonardo da Vinci, Michelangelo und Raffael.

Im *17. Jahrhundert* war der Barockstil vorherrschend, der für seine prachtvolle und dramatische Darstellung bekannt war. Künstler wie Caravaggio, Peter Paul Rubens und Rembrandt van Rijn prägten diese Epoche.

Das *18. Jahrhundert* war von der Aufklärung geprägt, einer intellektuellen Bewegung, die Vernunft und Rationalität betonte. In der Kunst dominierten Künstler wie Jean-Antoine Watteau, Thomas Gainsborough und Francisco de Goya.

Im *19. Jahrhundert* entwickelte sich die Romantik, eine künstlerische Strömung, die Emotionen, Natur und das Übernatürliche betonte. Künstler wie Caspar David Friedrich, Eugene Delacroix und William Turner verkörperten die romantische Ästhetik.

Das *20. Jahrhundert* war eine Zeit des künstlerischen Experimentierens und des Aufbrechens traditioneller Konventionen. Vertreter des Expressionismus wie Edvard Munch und Ernst Ludwig Kirchner, des Kubismus wie Pablo Picasso und Georges Braque, des Surrealismus wie Salvador Dalí und René Magritte sowie des abstrakten Expressionismus wie Jackson Pollock und Mark Rothko prägten diese Ära.

Im *21. Jahrhundert* spiegeln sich Vielfalt und Globalisierung in der Kunst wider. Spotten manche „Ist das Kunst oder kann das weg?" so haben Künstler wie Ai Weiwei, Banksy, Yayoi Kusama und Marina Abramović mit ihren Werken und ihrer künstlerischen Ausdrucksweise dennoch neue Maßstäbe gesetzt und die zeitgenössische Kunstszene geprägt.

Künstlerischer Ausdruck als Heilmittel für die Seele

„Was soll denn das sein?" – Diese Frage haben viele von uns in ihrer Kindheit gehört, wenn sie ihre künstlerischen Fähigkeiten ausprobierten. Solche Kritik kann prägen: Viele Erwachsene sagen heute „Ich kann nicht malen oder zeichnen" und zweifeln an ihrem kreativen Potenzial. Doch es ist Zeit, mutig zu sein und sich die Freiheit zu nehmen, kreativ zu denken und zu handeln, egal was man bisher geglaubt hat.

Die gute Nachricht ist: Jeder von uns kann malen und zeichnen. Es muss ja nicht immer gegenständlich sein. Kreativität ist ein universelles Werkzeug, das nicht nur unser Bewusstsein erweitert, sondern auch unserer Seele Ausdruck verleiht. Es ist eine heilsame Praxis, die neue Wege zur Selbstverständigung eröffnen kann.

Ein spielerischer Zugang ist dabei oft am besten. Mit ein paar Acrylfarben und einer einfachen Leinwand kann jeder beginnen. Die Grundfarben Rot, Gelb und Blau sowie Schwarz und Weiß reichen aus, um eine unbegrenzte Palette von Farben zu mischen und die Vielfalt der Nuancen zu entdecken. Warum nicht mit einem Sonnenuntergang in leuchtenden Tönen oder einem abstrakten Bild voller dynamischer Formen und Linien starten? Die Nass-in-Nass-Technik für Farbverläufe oder das Malen von Blumen- oder Meeresmotiven bieten ebenfalls wunderbare Möglichkeiten, frei zu experimentieren. Der Schlüssel ist, den inneren Leistungsdruck zu mindern und den Prozess zu genießen.

Für diejenigen, die lieber mit dem Zeichnen beginnen möchten, können schon ein einfaches Skizzenbuch und ein paar Bleistifte (Härtegrade HB und B2) oder ein Fineliner den Einstieg markieren. Techniken wie Sketchnoting – das schnelle Visualisieren von Inhalten – sind nicht nur künstlerisch, sondern auch praktische Fertigkeiten, die jeder lernen kann, um Inhalte besser zu verstehen und die Kreativität zu fördern.

Joseph Beuys proklamierte, inspiriert von Novalis: „Jeder Mensch ist ein Künstler." Diese Aufforderung betont das kreative Potenzial, das in jedem von uns schlummert. Indem wir unsere Gefühle durch Kunst darstellen, können wir tiefere Einblicke in unser eigenes Sein gewinnen und lernen, unsere innere Welt besser zu verstehen und zu heilen.

Die Botschaft ist klar: Hab Mut und probiere es einfach aus. Du könntest überrascht sein, wie viel du eigentlich kannst und wie wohltuend es für deine Seele ist. Wie Betty Edwards in ihrem Buch „Garantiert zeichnen lernen: Die Befreiung unserer schöpferischen Gestaltungskräfte" empfiehlt: Jeder kann seine kreativen Fähigkeiten entdecken und entwickeln. Gib dir selbst das Zeichen, dein Leben kreativer zu gestalten. Es ist eine Bereicherung für den Geist und eine Therapie für die Seele.

Wabi Sabi – vom Zauber schlichter Schönheit

Wabi Sabi ist ein japanisches Konzept, das die Schönheit der Unvollkommenheit, Vergänglichkeit und Einfachheit hervorhebt. Es bezieht sich auf die Ästhetik, die in alten oder beschädigten Dingen sowie in den natürlichen Prozessen von Veränderung und Verfall zu finden ist. Wabi Sabi lehrt uns, die Vollkommenheit im Unvollkommenen zu erkennen und zu akzeptieren, dass nichts dauerhaft perfekt oder unverändert bleibt.

Das Konzept des Wabi Sabi findet sich in vielen Bereichen des japanischen Lebens, darunter Kunst, Design, Architektur, Gartenbau und Teezeremonie. Es ist ein Konzept, das uns daran erinnert, die Schönheit im Einfachen und Natürlichen zu suchen und uns von der Vorstellung zu lösen, dass alles perfekt sein muss. Es lehrt uns, dass es in der Unvollkommenheit und Vergänglichkeit eine besondere Art von Schönheit und Wertschätzung gibt.

Im sechzehnten Jahrhundert führte der japanische Teemeister und Zen-Mönch Sen no Rikyu den Begriff Wabi Sabi ein. Die folgende kleine Anekdote ist von ihm bekannt: „Sen no Rikyu wollte den Weg des Tees lernen und so suchte er den Teemeister Takeno Joo auf. Joo befahl Rikyu, den Garten zu säubern und Rikyu machte sich sofort eifrig an die Arbeit. Er rechte den Garten, bis der Boden in perfekter Ordnung war. Als er fertig war, betrachtete er seine Arbeit. Dann schüttelte er den Kirschbaum, so dass ein paar Blüten wie zufällig zu Boden fielen. Der Teemeister Joo nahm Rikyu in seine Schule auf."

Was bringt uns aber das Konzept des Wabi Sabi? Nun, wir stehen heute oft unter dem Druck der Perfektion. Alles, was nicht fehlerfrei ist, wird abgewertet. Und man kann natürlich immer einen Makel finden. Dabei ist etwas Perfektes gleichzeitig oft auch kalt, seelenlos und unpersönlich. Zu viel Perfektion führt in der Regel zum Tod von Kreativität und

Natürlichkeit. Die Haltung des Wabi Sabi geht dagegen davon aus, dass erst der Makel ein Objekt „perfekt" macht. So als wäre es gerade der Makel, der die Schönheit erst wirklich zur Geltung bringt.

Wabi Sabi ist für mich ein inspirierendes Konzept, das uns daran erinnert, die Perfektion loszulassen und die Einzigartigkeit im Unvollkommenen zu erkennen. In unserer hektischen und von Fortschritt getriebenen Welt sehnen wir uns oft nach makellosen Oberflächen, glänzendem Äußeren und immerwährender Jugend. Doch das Konzept des Wabi Sabi erinnert uns daran, dass es in der Vergänglichkeit und den Spuren der Zeit eine ganz besondere Schönheit gibt.

Ich denke an einen alten, von der Sonne gebleichten Holztisch, der viele Jahre lang treue Dienste geleistet hat. Die Oberfläche weist Kratzer, Flecken und unregelmäßige Muster auf, aber genau diese Merkmale machen ihn einzigartig. Sie erzählen eine Geschichte von gemeinsamen Mahlzeiten, lachenden Gästen und lebendigen Unterhaltungen. Anstatt diese Spuren zu verbergen oder zu korrigieren, betrachte ich sie mit Wertschätzung und erkenne ihre Schönheit an. Es ist, als würde der Tisch seine eigene Persönlichkeit ausstrahlen, die sich im Laufe der Zeit entwickelt hat.

Das Konzept des Wabi Sabi findet auch in meinem Alltag Anwendung. Wenn ich meine Umgebung betrachte, suche ich bewusst nach den kleinen Details, die einen gewissen Charme ausstrahlen. Ein Riss in einer Vase, der ihr Charakter verleiht, oder eine verblasste Fotografie, die eine Erinnerung an vergangene Zeiten bewahrt. Diese Unvollkommenheiten erinnern mich daran, dass nichts von Dauer ist und dass jede Erfahrung und jeder Moment kostbar sind.

In unserer schnelllebigen Welt kann das Prinzip des Wabi Sabi uns helfen, innezuhalten und den Moment zu schätzen. Es ermutigt uns, uns nicht ausschließlich auf das Ergebnis zu konzentrieren, sondern auch den Prozess zu würdigen und von der Vorstellung loszulassen, dass alles perfekt sein muss. Stattdessen finden wir Schönheit in der Einfachheit und Natürlichkeit.

Wabi Sabi zeigt uns, dass wahre Schönheit oft subtil und unauffällig ist. Sie verbirgt sich nicht in überladenen Designs oder der Jagd nach materiellem Luxus, sondern in der Wertschätzung des Alltäglichen. Ein von der Natur inspiriertes Gemälde oder ein minimalistisch gestaltetes Zimmer können oft eine tiefere Wirkung haben als aufwendig gestaltete Objekte.

In einer von Perfektionismus und dem Streben nach makellosen Oberflächen geprägten Welt bietet Wabi Sabi eine erfrischende Perspektive. Es erlaubt uns, unsere eigenen Unvollkommenheiten zu akzeptieren und zu erkennen, dass sie uns einzigartig machen. Es ermutigt uns, die Schönheit im Verfall zu sehen und die Vergänglichkeit als natürlichen Teil des Lebens zu akzeptieren. Letztendlich erinnert uns Wabi Sabi daran, dass nicht Perfektion, sondern die kleinen Makel und die Vergänglichkeit wahre Schönheit und Bedeutung verleihen.

Könnte das nicht auch für uns eine heilsame Haltung sein? Tatsächlich empfinden viele Menschen den ständigen Druck, immer schön oder zumindest attraktiv zu sein, als Qual. Besonders in der zweiten Lebenshälfte werden wir zwangsläufig damit konfrontiert, dass unser Aussehen nicht unseren eigenen Wünschen entspricht oder dem, was wir für attraktiv halten. Früher oder später – machen wir uns nichts vor – zählen wir zu den „Unsichtbaren", die im Spiel um Schönheit und Partnerwahl außen vor bleiben. Doch ist es wirklich erstrebenswert, „schön" zu sein? Stehen nicht Menschen, die perfekt aussehen, unter größerem Druck, diesen Status zu bewahren? Ein Kampf gegen die Zeit, den sie nie gewinnen können.

Könnte es sein, dass besonders schöne Menschen zwar unbestreitbar Vorteile in vielen Lebenssituationen haben, aber gerade deshalb wenig Alternativstrategien entwickeln? Sind nicht oft gerade attraktive Menschen einsam, weil sie andere entweder einschüchtern oder – im Bewusstsein ihrer anziehenden Wirkung – immer neue Beziehungen eingehen auf der Suche nach dem „Jackpot"? Dabei übersehen sie möglicherweise den idealen Lebenspartner.

Steig einfach aus diesem Wettbewerb um perfekte Schönheit aus. Hör auf, wie Beute zu wirken, dann wirst du nicht mehr gejagt und kannst dich deinem authentischen Leben widmen. „Spieglein, Spieglein an der Wand, wer ist die Schönste im ganzen Land?" fragt die böse Stiefmutter in Schneewittchen den Spiegel, und die ehrliche, aber unangenehme Antwort führt zu Neid und Bosheit, die sie letztendlich zerstört. Hör auf, dich zu vergleichen, und frag den Spiegel erst gar nicht. Und was für dich selbst gilt, kann auch für deine Umgebung gelten: Nicht alles muss „perfekt" sein – wichtiger ist, dass die Dinge um dich herum authentisch sind und zu dir passen.

Akzeptiere das Vergängliche: Sehe das Altern und Vergehen als natürliche Aspekte des Lebens und akzeptiere, dass nichts ewig unverändert oder perfekt bleibt.
- *Schätze das Unvollkommene:* Finde Schönheit in Dingen, die Gebrauchsspuren zeigen oder beschädigt sind, und erkenne die Einzigartigkeit, die aus dieser Unvollkommenheit entsteht.
- *Finde Schönheit im Einfachen:* Würdige das Alltägliche und vermeide Überflüssiges. Schätze Gegenstände, die einfach und funktional sind.
- *Lebe achtsam:* Sei dir deiner Umgebung und der feinen Details, die oft übersehen werden, bewusst. Dies fördert eine tiefere Wahrnehmung und Wertschätzung des Augenblicks.
- *Verwende natürliche Materialien:* Nutze Materialien wie Holz, Stein und Papier, die mit der Zeit eine eigene Patina entwickeln und so ihre Schönheit entfalten.
- *Vereinfache dein Leben:* Reduziere deinen Besitz auf das Wesentliche und schaffe Raum für Freiheit und Leichtigkeit in deinem Alltag.

In diesem Zusammenhang bietet auch die KonMari-Methode von Marie Kondo, bekannt aus ihren Büchern und der Netflix-Serie „Aufräumen mit Marie Kondo", wertvolle Anregungen. Kondo empfiehlt, nur die Dinge zu behalten, die Freude bereiten. Dieser Ansatz hilft, unnötigen Ballast abzuwerfen und sich auf das Wesentliche zu konzentrieren. Indem du jeden Gegenstand in die Hand nimmst und dich fragst, ob er Freude bereitet, lernst du, bewusst Entscheidungen zu treffen und dich von dem zu trennen, was dir nicht länger dient. Sowohl Wabi Sabi als auch die KonMari-Methode unterstreichen die Wichtigkeit, sich von der Vorstellung zu lösen, dass Glück von äußeren Umständen oder materiellem Besitz abhängt. Sie ermutigen uns, die Schönheit im Hier und Jetzt zu erkennen und ein bewussteres, auf das Wesentliche konzentriertes Leben zu führen. Diese Philosophien bieten uns Werkzeuge, um ein einfacheres, erfüllteres und authentischeres Leben zu führen und die Schönheit in der Unvollkommenheit zu schätzen.

Minimalismus für die Seele

Wir schleppen oft mehr mit uns herum, als uns lieb ist, und das gilt nicht nur für unsere materiellen Besitztümer. Redewendungen wie „Das schlägt mir auf den Magen" oder „Das sitzt mir im Nacken" zeugen davon, wie sehr seelischer Ballast auch unseren Körper beeinflussen kann. Besser also, wir befreien unsere Seele von unnötigem Gewicht.

Minimalismus beginnt mit der bewussten Entscheidung, sich nicht länger über materielle Dinge zu definieren, sondern die eigene Selbstachtung zu stärken. Dieser Lebensstil ist nicht nur eine Frage des Ausmistens von Gegenständen, sondern auch eine Form der Selbstfürsorge. Es geht darum, sich auf wenige, aber bedeutungsvolle und werthaltige Dinge zu konzentrieren und dadurch eine innere Leichtigkeit zu erlangen.

Jedes ausgemistete Teil kann als ein Schritt zur Befreiung gesehen werden. Denn hinter dem Wunsch, auszumisten, verbergen sich tiefere Bedürfnisse: das Streben nach Freiheit, das Loslassen von altem Kummer und die Sehnsucht nach innerer Klarheit. Die Räume, in denen wir leben, spiegeln oft das Chaos in unserem Inneren wider. Durch Entrümpeln gelangen wir zu wichtigen Erkenntnissen über uns selbst und unser Konsumverhalten. Doch in einer Welt, die materiellen Reichtum oft mit Glück gleichsetzt, erfordert dies Mut.

Ordnung im Äußeren kann auch im Inneren befreiend wirken. Dazu gehört, die Vergangenheit loszulassen sowie Sorgen und toxische Beziehungen hinter sich zu lassen. Denn wahres Glück ist unabhängig von unserem Besitz.

Minimalismus fordert uns auf, uns zu fragen: Welcher Mensch will ich sein? Was ist mir wirklich wichtig? Wie definiere ich Erfolg? Diese Fragen helfen, materiellen und geistigen Ballast abzuwerfen und sowohl innen als auch außen Klarheit zu schaffen. Durch diese Reduktion auf das Wesentliche schaffen wir Raum für das, was uns wahrhaft erfüllt und glücklich macht. So wird Minimalismus zu einem Weg, authentischer und zufriedener zu leben.

Die transformative Kraft des Lesens

Es ist kein Geheimnis, dass Lesen eine einzigartige Fähigkeit besitzt, Menschen auf der ganzen Welt zu verzaubern und zu bereichern. Von den uralten Texten der Antike bis hin zu zeitgenössischen Meisterwerken reicht das Spektrum der Literatur, das die Menschheit über die Jahrhunderte hinweg begleitet hat. Doch wie genau wirkt sich das Lesen positiv auf unsere Seele aus? Lassen Sie uns eintauchen in die wunderbare Welt des Lesens und seine transformative Wirkung auf unser inneres Wesen erkunden.

Das Lesen ermöglicht es uns, aus unserem Alltag zu entfliehen und in andere Welten einzutauchen. Durch die Seiten eines Buches können wir uns an ferne Orte träumen, in vergangene Epochen eintauchen und uns in die Gedanken und Gefühle fiktiver Charaktere vertiefen. Diese Flucht aus der Realität bietet unserer Seele eine dringend benötigte Auszeit, in der wir unsere Sorgen und Ängste vergessen und uns stattdessen von der Schönheit der Sprache und der Kraft der Vorstellungskraft verzaubern lassen können.

Darüber hinaus ermöglicht uns das Lesen, uns mit den Erfahrungen anderer Menschen zu identifizieren und unsere Empathie zu stärken. Indem wir uns in die Geschichten und Lebenswege verschiedener Charaktere hineinversetzen, erweitern wir unseren Horizont und entwickeln ein tieferes Verständnis für die Vielfalt der menschlichen Erfahrung. Diese Erweiterung unserer Perspektive trägt dazu bei, Mitgefühl und Toleranz gegenüber anderen zu fördern und uns zu barmherzigeren und mitfühlenderen Individuen zu machen.

Des Weiteren kann das Lesen eine Quelle der Inspiration und des Trostes in schwierigen Zeiten sein. Durch die Begegnung mit den Gedanken und Ideen großer Denker und Schriftsteller können wir Trost und Ermutigung finden, wenn wir mit Herausforderungen und Krisen konfrontiert sind. Die Worte eines geliebten Autors können uns Hoffnung schenken, uns daran erinnern, dass wir nicht allein sind, und uns dazu ermutigen, weiterhin nach Wegen zu suchen, unser Leben zum Besseren zu verändern.

Insgesamt ist das Lesen nicht nur eine Form der Unterhaltung, sondern auch eine Quelle der Erleuchtung, Inspiration und inneren Heilung. Durch die Beschäftigung mit Literatur können wir unsere Seele nähren, unsere Gedanken erweitern und unsere Verbindung zur Welt um uns herum vertiefen. In einer Zeit, in der die Welt oft hektisch und chaotisch erscheint, kann das Lesen uns einen kostbaren Moment der Ruhe und Reflexion schenken, in dem wir die Magie der Worte und die Schönheit der menschlichen Phantasie feiern können.

Welche Bücher sollte man lesen? Einerseits kann man einfach seinen persönlichen Neigungen folgen und in der nächsten Buchhandlung nach dem greifen, was einen anspricht. Der Haken dabei: Man wird kaum über den Tellerrand hinausschauen und sich vor allem auf seiner persönlichen geistigen Insel bewegen. Doch natürlich ist dagegen nichts einzuwenden. Schließlich soll das Lesen Spaß machen! Es gibt jedoch eine Reihe von Büchern, die von vielen als Meisterwerke der Weltliteratur betrachtet werden und die auch heute noch einen großen Einfluss auf die Literaturgeschichte hatten. Hier ist eine recht subjektive Auswahl von etwa 100 Büchern, die dich vielleicht inspirieren können. Ob das für dich wirklich relevant ist, hängt stark von deinen persönlichen Vorlieben ab. Vielleicht gibst du aber einigen dieser Werke eine Chance?

Homer „Die Ilias und Die Odyssee", Sophokles „Antigone", Herodot „Historien", Platon „Dialoge (z.B. „Der Staat", „Symposion"), Aristoteles „Poetik", Vergil „Aeneis", Ovid „Metamorphosen", Dante Alighieri „Die Göttliche Komödie", Geoffrey Chaucer „Die Canterbury-Erzählungen", William Shakespeare „Gesammelte Werke (z.B. „Hamlet", „Romeo und Julia", „Othello"), Miguel de Cervantes „Don Quijote", John Milton „Das verlorene Paradies", Daniel Defoe „Robinson Crusoe", Jonathan Swift „Gullivers Reisen", Voltaire „Candide", Johann Wolfgang von Goethe „Faust", Mary Shelley „Frankenstein", Jane Austen „Stolz und Vorurteil", Gustave Flaubert „Madame Bovary", Charles Dickens „Große Erwartungen", Fjodor Dostojewski „Verbrechen und Strafe", Leo Tolstoi „Krieg und Frieden", Gustave Flaubert „Die Erziehung der Gefühle", Emily Brontë „Sturmhöhe", Herman Melville „Moby Dick", Nathaniel Hawthorne „Der scharlachrote Buchstabe", Edgar Allan Poes Kurzgeschichten (z.B. „Der Rabe", „Die Maske des Roten Todes"), Mark Twain „Die Abenteuer des Huckleberry Finn", Charles Baudelaire „Die Blumen des Bösen", Henrik Ibsen „Nora oder Ein Puppenheim", Fjodor Dostojewski „Die Brüder Karamasow", Gustave Flaubert „Salammbô", Thomas Hardy „Tess von den d'Urbervilles", Émile Zola „Germinal", Lewis Carroll „Alice im Wunderland", Oscar Wilde „Das Bildnis des Dorian Gray", Henry James „Die Drehung der Schraube", Robert Louis Stevenson „Der seltsame Fall des Dr. Jekyll und Mr. Hyde", H.G. Wells „Die Zeitmaschine", Anton Tschechow „Die Möwe", Marcel Proust „Auf der Suche nach der verlorenen Zeit", Joseph Conrad „Herz der Finsternis", Franz Kafka „Die Verwandlung", W.B. Yeats „Gedichte", James Joyce „Ulysses", Marcel Proust „Im Schatten junger Mädchenblüte", Virginia Woolf „Mrs. Dalloway", F. Scott Fitzgerald „Der große Gatsby", T.S. Eliot „The Waste Land", William Faulkner „Der Lärm und die Wut", Bertolt Brecht „Mutter Courage und ihre Kinder", Jorge Luis Borges „Fiktionen", Albert Camus „Der Fremde", George Orwell „1984", Albert Camus „Die Pest", George Orwell „Farm der Tiere", Jean-Paul Sartre „Das Sein und das Nichts", Samuel Beckett „Warten auf Godot", Gabriel García Márquez „Hundert Jahre Einsamkeit", Chinua Achebe „Alles zerfällt", Vladimir Nabokov „Lolita", Jack Kerouac „On the Road", J.D. Salinger „Der Fänger im Roggen", Yukio Mishima „Der Seemann, der die Zehen zählt", Boris Pasternak „Doktor Schiwago", Günter Grass „Die Blechtrommel", Kenzaburō Ōe „Eine persönliche Angelegenheit", Salman Rushdie „Mitternachtskinder", Milan Kundera „Die unerträgliche Leichtigkeit des Seins", Isabel Allende „Das Geisterhaus", Toni Morrison „Geliebte", Don DeLillo „Unterwelt", Haruki Murakami „Kafka am Strand", Orhan Pamuk „Schnee", Gabriel García Márquez „Die Liebe in den Zeiten der Cholera", Arundhati Roy „Der Gott der kleinen Dinge", Miyiamoto Musashi „Das

Buch der fünf Ringe", Roberto Bolaño „2666", J.K. Rowling „Harry Potter Serie", Khaled Hosseini „Drachenläufer", Chimamanda Ngozi Adichie „Eine halbe gelbe Sonne", Elena Ferrante „Neapolitanische Saga", Yuval Noah Harari „Eine kurze Geschichte der Menschheit", Hilary Mantel „Wolf Hall", David Foster Wallace „Unendlicher Spaß", Zadie Smith „Weißezähne", Karl Ove Knausgård „Sterben", Elena Ferrante „Die Geschichte eines neuen Namens", Ta-Nehisi Coates „Zwischen mir und der Welt", Han Kang „Die Vegetarierin", Colson Whitehead „Untergrundbahn", Arundhati Roy „Das Ministerium des äußersten Glücks", Sally Rooney „Gespräche mit Freunden", Ocean Vuong „Auf Erden sind wir kurz grandios", Bernardine Evaristo „Mädchen, Frau usw.", Madeline Miller „Circe", Tommy Orange „Dort Dort", Ocean Vuong „Erde Kind 2068", Olga Tokarczuk „Unrast", Damon Galgut „Der Impostor.

Diese Liste der Bücher der Weltliteratur ist keineswegs erschöpfend und kann je nach persönlicher Perspektive und literarischen Vorlieben variieren. Ein weiterer wichtiger Punkt ist die Vielfalt der literarischen Traditionen und Kulturen auf der ganzen Welt. Diese Liste konzentriert sich hauptsächlich auf westliche Literaturtraditionen, aber es gibt unzählige Meisterwerke aus anderen Kulturen und Sprachen, die ebenso bedeutend sind. Werke aus der afrikanischen, asiatischen, lateinamerikanischen und anderen literarischen Traditionen tragen ebenfalls wesentlich zum Reichtum der Weltliteratur bei und verdienen es, erkundet zu werden. Die Bedeutung eines literarischen Werks hängt auch von seiner Fähigkeit ab, dich als Leser auf persönlicher Ebene zu berühren und zu inspirieren. Ein Buch kann für einen Leser lebensverändernd sein, während es für einen anderen vielleicht weniger Bedeutung hat. Lass dich daher von deiner Neugier und Leidenschaft leiten, um die Werke zu finden, die für dich persönlich bedeutsam sind.

Das Lesen kann aber auch seine Schattenseiten haben kann. Es gibt Bücher, die die Seele verletzen. Persönlich habe ich leider auch Bücher gelesen, die mich nachhaltig verstörten, Bücher, bei denen ich das Gefühl hatte, dass das Böse in Schriftform gegossen wurde. Diese Erlebnisse sind Warnungen, dass nicht jede Lektüre automatisch der persönlichen Entwicklung oder dem Wohlgefühl dient. Lesen kann auch eine Flucht vor der Realität sein. Zu viel in Bücher vertieft zu sein, kann dazu führen, dass man sich von den tatsächlichen Anforderungen des Lebens distanziert. Während die literarische Welt einen Rückzugsort bieten kann, ist es wichtig, ein Gleichgewicht zu finden und sich nicht hinter gedruckten Seiten vor den Herausforderungen des echten Lebens zu verstecken.

Bücher können sowohl Fenster als auch Spiegel sein – sie können uns neue Welten zeigen oder tiefere Einblicke in unser Inneres gewähren. Doch die Wahl der Bücher, die wir lesen, sollte sorgfältig überlegt sein, um unsere Seele zu bereichern und ihr nicht unbeabsichtigt Schaden zuzufügen.

Schreiben für die Seele

Schreiben ist nicht nur eine Form der Kommunikation, sondern auch eine wunderbare Methode, um deiner Seele Heilung zu bringen und dein inneres Gleichgewicht wiederzufinden. Schauen wir einmal, wie das Schreiben dir helfen kann, dein seelisches Wohlbefinden zu fördern.

Der Psychologieprofessor James Pennebaker hat herausgefunden, dass expressives Schreiben – das freie und ununterbrochene Niederschreiben deiner Gedanken und Gefühle – eine effektive Methode ist, um emotionale Belastungen zu verarbeiten. Er hat bewiesen, dass Menschen, die sich auf diese Weise ausdrücken, oft eine spürbare Verbesserung ihres emotionalen und körperlichen Zustands erleben.

Einer der Gründe, warum Schreiben heilt, ist seine Fähigkeit, Ordnung in das emotionale Chaos zu bringen. Wenn du schreibst, ordnest und strukturierst du deine Gedanken. Dies hilft dir nicht nur, deine Erlebnisse zu verarbeiten, sondern auch Einsichten zu gewinnen, die dir sonst verborgen geblieben wären. Schreiben ermöglicht es dir, Belastendes zu externalisieren. Statt allein mit deinen Sorgen zu bleiben, gibst du ihnen durch das Schreiben eine Form und einen Ort außerhalb deiner selbst. Dieser Prozess des Freilassens kann sehr befreiend sein und dir helfen, dich weniger überwältigt zu fühlen.

Außerdem stärkt regelmäßiges Schreiben deine Resilienz. Durch die Selbstreflexion, die das Schreiben fördert, verbesserst du deine Fähigkeit, mit zukünftigen Herausforderungen umzugehen. Dies ist besonders nützlich in Zeiten der Überforderung und des emotionalen Stresses.

Pennebakers Studien haben gezeigt, dass selbst kurze Schreibübungen über drei bis fünf Tage, in denen täglich etwa 20 bis 30 Minuten an einem ungestörten Ort kontinuierlich geschrieben wird, ohne Unterbrechung und ohne sich um Form, Rechtschreibung, Grammatik oder Stil zu kümmern, signifikant positive Auswirkungen auf die psychische Gesundheit haben können. Diese Erkenntnisse unterstreichen, wie schnell und effektiv Schreiben deiner Seele Erleichterung bringen kann. Schreibe über Ereignisse, die starke Emotionen in dir wecken, und sei dabei ehrlich zu dir selbst. Eine detaillierte Anleitung dazu findest du im Buch „Opening up by writing it down" von James W. Pennebaker und Joshua M. Smyth.

Denke bitte daran, dass Schreiben Grenzen hat. Es sollte nicht als Ersatz für professionelle Hilfe gesehen werden. Und benutze das Schreiben nicht dazu, passives Grübeln zu verstärken oder dich in Selbstmitleid zu suhlen.

Schreiben kann ein einfaches, aber sehr kraftvolles Werkzeug sein, um dein seelisches Wohlbefinden zu verbessern. Es ermöglicht dir, deine innere Welt zu ordnen, Stress abzubauen und ein reicheres, bewussteres Leben zu führen. Nutze die heilende Kraft des Schreibens, um nicht nur deine Gedanken zu klären, sondern auch deine Seele zu beruhigen.

Geist

Den Geist schulen

Nun tauchen wir in die Kunst ein, den Geist zu formen und zu stärken, damit du ein erfülltes und authentisches Leben führen kannst. Die Pflege deiner geistigen Gesundheit ist genauso wichtig wie die Pflege deines Körpers und deiner Seele, und es gibt zahlreiche Wege, dies zu tun. Beginnen wir mit der Erkundung einiger Methoden, die dir helfen können, deinen Geist zu schulen und Stress abzubauen.

Die *Meditation* haben wir ja bereits kennengelernt. Sie steht an der Spitze der Werkzeuge für geistige Gesundheit und Wohlbefinden.

Achtsamkeitsübungen sind eng verwandt mit der Meditation und fordern dich auf, im gegenwärtigen Moment präsent zu sein und dich voll und ganz auf deine aktuelle Sinneserfahrung zu konzentrieren. Achtsamkeit lehrt, jeden Moment zu schätzen, was dein allgemeines Glücksempfinden erhöhen kann.

Yoga verbindet körperliche Bewegung mit geistiger Disziplin und ist eine gute Methode, um Geist und Körper in Einklang zu bringen. Durch die Praxis des Yogas kannst du nicht nur deinen Körper stärken und flexibler machen, sondern auch lernen, deinen Geist zu beruhigen und deine Konzentrationsfähigkeit zu verbessern.

Die *kognitive Verhaltenstherapie* ist ein weiteres mächtiges Werkzeug in deinem Arsenal zur Pflege der geistigen Gesundheit. Sie hilft, schädliche Gedankenmuster zu erkennen und zu verändern, und kann ein wirksamer Weg sein, um mit Depressionen, Ängsten und anderen psychischen Herausforderungen umzugehen.

Zu guter Letzt ist auch das *Lesen* nicht nur eine Quelle des Vergnügens, sondern auch eine Methode, um deinen Geist zu trainieren und wachzuhalten.

Jeder dieser Ansätze bietet dir die Möglichkeit, deine geistige Gesundheit zu pflegen und dein Leben mit einer tieferen Sinnhaftigkeit und Authentizität zu bereichern.

Lebenslanges Lernen

Eine Forderung, die von Politikern und Arbeitgebern gerne gestellt wird. Allerdings ist dieser Wunsch oft auf Wissen begrenzt, das im Wirtschaftsprozess verwertbar ist. Aber du kennst sicherlich Beispiele, bei denen du mit viel Aufwand Spezialwissen erworben hast, das sich in einem anderen Unternehmen als nutzlos herausstellt. Deshalb plädiere ich dafür, dass du dir dein Wissen so aneignest, wie es für dich persönlich richtig ist. Ohne große Rücksicht auf Zertifikate und Diplome. Abgesehen von einigen wenigen Berufszweigen gibt es heute fast immer einen Weg, sich im gewünschten Themenfeld zu betätigen, ohne einen speziellen Abschluss zu besitzen. Das insbesondere vor dem Hintergrund des aktuellen Arbeitskräftemangels. Gerade wenn du selbstständig bist, musst du kaum jemandem

Rechenschaft über deine Zeugnisse ablegen. Du bist erfolgreich, wenn du die brennenden Probleme deiner Zielgruppe löst. Sicherlich mag man einwenden, dass gerade in Deutschland viel Wert auf Zeugnisse und Nachweise gelegt wird. Doch wer sagt, dass du dich auf Deutschland konzentrieren musst? Warum nicht den Umweg über ein Land mit weniger Restriktionen wählen? Nicht immer ist es der scheinbar geradeste Weg, der zum Ziel führt. Eigne dir das Wissen und die Fähigkeiten an, die zu dir passen und erwerbe dir damit einen einzigartigen Ruf. Das ist besser als alle Diplome zusammen.

Deine Lernziele sollten von deiner Vision eines gelungenen Lebens getragen werden. Wenn du dich danach ausrichtest, findest du Lern- und Wissensziele leichter. Wer sich auf der Grundlage seiner Vision Klarheit über seine wahren Interessen verschafft hat, verbessert seine Lernmotivation deutlich, stärkt sein Durchhaltevermögen und tut sich leichter damit, äußere Widerstände und den inneren Schweinehund zu überwinden.

Freies, selbstbestimmtes Lernen – wie sieht das aus? Lernen aus erster Hand ist besonders lebendig. Wenn du die Wahl hast, wähle den unkonventionellen Weg. Reduziere die täglichen Routinen und mache die Dinge öfter mal anders. Vermeide die Trampelpfade des Alltags. So hast du ja zum Beispiel meist deine persönlichen Lieblingswege, wenn du mit dem Auto fährst. Hast du ein Navigationsgerät und dein täglicher Heimweg vom Büro führt dich durch eine größere Stadt? Dann schalte es doch einfach mal irgendwo zwischendrin auf „kürzester Weg". Du wirst sehen, dass es Wege gibt, die du bislang noch kaum kennengelernt hast. Folge deinen eigenen Impulsen und Leidenschaften bei der Auswahl dessen, was du lernen willst. Lass dich von deiner eigenen Neugier treiben und packe auch mal komplizierte Rätsel an. Wenn dir in einem Text ein unbekannter Begriff begegnet, lies nicht einfach darüber hinweg, sondern schlage nach und forsche nach dem Ursprung und der Bedeutung des Begriffs.

Gehe mit Leidenschaft und Intuition auf die Suche nach neuen Wissensquellen. Durchforste wie ein Scout den Dschungel der Informationen nach dem, was dich interessiert. Buchläden, Bibliotheken, Museen und Ausstellungen sind fast überall zu finden. Das Internet ist eine gigantische Sammlung von Materialien. Dabei musst du dir aber nicht alles merken, was dir beim Stöbern begegnet. Lass es einfach auf dich wirken. Sieh es als Ressource an, auf die du zurückgreifen kannst, wenn du etwas Wichtiges lernen oder ein bestimmtes Problem lösen musst. Folge dem Wissen wie einer Spur. Jede Erkenntnis führt zu neuen Erkenntnissen. Schlage ein Buch zu deinem Thema auf, schau dir das Literaturverzeichnis und die Quellen an, greife dir die interessantesten heraus und schau dir diese Quellen im Original an – und so weiter – und wenn du nicht aufpasst, ergießt sich rasch ein Sturzbach an Informationen zu deinem Thema über dich.

Greife die Ideen anderer auf und spinne sie weiter. Tritt in den Dialog mit denen, die sich auch für das interessieren, was dich beschäftigt. Aber sei wachsam, wenn dir Dogmatiker und vermeintliche Koryphäen begegnen, die auf Fragen mit Machtargumenten entgegnen:

„Weil Professor XY das dort und dort geschrieben hat", „weil wir das immer schon so machen und es funktioniert", „weil ich der Chef bin..." Doch auch deine eigenen Überzeugungen solltest du erkennen und hinterfragen. Stelle dein Wissen in Frage und betrachte die Dinge mal aus der Sicht deiner größten Kritiker oder aus der Sicht derer, die in deinem Fachgebiet als Außenseiter verschmäht werden. Hier finden sich oft Ansätze für wirklich kreative neue Sichtweisen und Lösungen. Freue dich, wenn du auf ein Problem triffst. Besonders dann, wenn es ein anderer hat. Nicht aus Schadenfreude wohlgemerkt, sondern als Chance. Jedes Problem ist ein potenzielles Geschäftsfeld. Suche dir authentische Probleme, also solche, die dich wirklich beschäftigen und nicht solche, die dir einfach vorgesetzt werden.

Mache Experimente. Denn über die Erfahrung aus deinen eigenen Studien kommst du in viel engeren Kontakt mit dem Gegenstand deines Themas als über reines Bücher- und Quellenstudium. Bilde dich selbst, um dich dauerhaft zu verändern. Sei nicht ein Schaf in einer Herde von Lernschafen, sondern eher wie ein Delphin, der gemeinsam mit anderen Delphinen auf die Jagd geht: Mit Spaß, Effizienz und Eleganz.

Lernen muss nicht zwangsläufig mit hohen Kosten verbunden sein, dank einer Vielzahl an Online-Plattformen, die qualitativ hochwertige Bildungsressourcen kostenlos oder zu geringen Kosten anbieten. Neben der bekannten Khan Academy, die personalisierte Lernmaterialien durch interaktive Videos und Übungen bietet, stehen zahlreiche weitere Ressourcen zur Verfügung.

YouTube zum Beispiel bietet eine riesige Auswahl an Tutorials in oft überraschend hoher Qualität. Udemy deckt eine breite Palette von Themen ab, von Technologie bis zu persönlicher Entwicklung, erstellt von Experten weltweit. LinkedIn Learning, früher als Lynda.com bekannt, fokussiert sich auf professionelle Weiterbildung mit Kursen in Geschäftsfähigkeiten, Technologie und kreativen Fähigkeiten. Coursera bietet in Zusammenarbeit mit Universitäten Kurse und Spezialisierungen in vielen Fachbereichen an, oft mit der Möglichkeit, ein Zertifikat zu erwerben. Udacity ist bekannt für seine „Nanodegree"-Programme in Datenwissenschaft, Programmierung und künstlicher Intelligenz, die darauf abzielen, jobrelevante Fähigkeiten zu vermitteln. Skillshare bietet vor allem kreative Kurse wie Zeichnen, Fotografie und Videoproduktion, geleitet von Fachleuten und Kreativen. Diese Plattformen bieten nicht nur eine flexible Lernumgebung, sondern auch die Möglichkeit, den Lernfortschritt individuell zu verfolgen und Zugang zu einer Gemeinschaft von Lernenden und Experten zu erhalten. Egal, ob es um akademische Bildung oder das Erlernen neuer Hobbys geht: Das Internet hat die Türen zu lebenslangem Lernen weit geöffnet.

ZARR und KafFEe – Kurze Formeln für effizientes Lernen

Lernen kann eine entmutigende Aufgabe sein. Wie eine gewaltige Bergkette, die sich vor uns auftürmt, kann das Wissen, das wir aufnehmen wollen, oft unüberwindbar erscheinen. Aber mit der richtigen Strategie kann man diese Bergkette in überschaubare Etappen erklimmen. Tim Ferriss, ein amerikanischer Autor, Unternehmer, Investor und Podcaster, vermittelt in seinem Buch „Der 4-Stunden Küchen Chef" zwei Methoden, um Dinge möglichst effektiv zu lernen: ZARR und KafFEe. Bei Ferriss stehen die Begriffe ZARR für Zerlegung, Auswahl, Reihenfolge, Risiko und KafFEe für Kompression, Frequenz und Encoding.

Der erste Schritt in diesem Ansatz ist die *Zerlegung*, das Aufbrechen von komplexen Fähigkeiten in kleinere, überschaubare Teile um die essentiellen Bestandteile einer Fähigkeit schnell zu identifizieren und gezielt zu lernen. Für die Zerlegung stehen dir verschiedene Werkzeuge zur Verfügung: Überlege, auf welche Kernelemente sich der Lerninhalt reduzieren lässt und was die wesentlichen Punkte sind, die du verstehen musst. Suche mithilfe von Google nach Experten in deinem Themengebiet, nimm Kontakt auf, stelle den Kontext deines Interesses klar und stelle gezielte Fragen. Betrachte das Thema auch einmal aus einem anderen Blickwinkel und frage dich, ob man es auch anders angehen kann, wie erfolgreiche Außenseiter vorgehen. Insbesondere beim Sprachenlernen können Schlüsselsätze hilfreich sein; versuche, diese in die neue Sprache zu übersetzen.

Anschließend erfolgt die *Auswahl*. Konzentriere dich möglichst auf die 20 % der Inhalte, die 80 % der Ergebnisse liefern. Diese Technik, die auf dem Pareto-Prinzip basiert, benannt nach dem italienischen Ökonomen und Soziologen Vilfredo Pareto, hilft, deine Lernbemühungen auf das Wesentliche zu reduzieren und dabei maximale Effekte zu erzielen.

Nach der Auswahl ist die *Reihenfolge* entscheidend. Die optimale Anordnung der Lerninhalte unterstützt ein effizientes und logisches Lernverhalten. Dies fördert ein tieferes Verständnis der Materie und eine schnellere Aneignung der Fähigkeiten. *Risiko* bezieht sich auf die Evaluierung möglicher Fehlschläge und deren Auswirkungen auf den Lernprozess. Durch das frühzeitige Erkennen und Minimieren von Risiken kannst du Rückschläge vermeiden und dein Lernziel sicher erreichen.

Die *Kompression* fasst das Gelernte in einfache Heuristiken und Formeln zusammen. Dieser Schritt ist entscheidend, um umfangreiche Informationen effizient zu speichern und abzurufen. *Frequenz* bezieht sich auf die Häufigkeit der Lerneinheiten. Die Bestimmung der optimalen Frequenz, wie oft du dich mit dem Material beschäftigst, ist für die Konsolidierung des Gelernten entscheidend. *Encoding* beinhaltet Techniken, die das Gelernte besser im Gedächtnis verankern. Eselsbrücken oder Mnemonics sind hierbei besonders nützlich. Diese können beispielsweise durch Assoziationen geschaffen werden, indem du neue Informationen mit Bekanntem verbindest. Um dir Einsteins Formel $E = mc^2$ zu merken, könntest du bildhaft vorstellen, dass „E" für „Energiedrink" steht, „m" für „Masse", assoziiert mit Hanteln aus dem Gewichtstraining und „c^2" könntest du mit einer in Quadrate geteilten Schokolade verbinden.

Akronyme sind ebenfalls hilfreich. Ein Beispiel wäre „KLAPS". Es steht für Klammer, Punkt, Strich (erst die Klammer berechnen, dann den Punkt und zum Schluss den Strich). Ein weiteres Beispiel ist die AIDA-Formel, die für Attention, Interest, Desire und Action steht und im Marketing häufig verwendet wird. Reime und Lieder erleichtern das Merken durch ihren Rhythmus. Bildliche Vorstellungen verstärken die Erinnerung, indem du dir zum Beispiel eine Geschichte über die Planeten unseres Sonnensystems ausmalst. Die Platz-Methode (Loci-Methode) hilft dir, Informationen an Orte in einer dir vertrauten Umgebung zu knüpfen, sodass du diese Orte mental abgehen, um die Informationen abzurufen.

Nicht jede Methode funktioniert für jeden gleichermaßen. Probiere daher verschiedene Methoden aus um zu sehen, welche für dich am besten sind. Mit Übung und Geduld wirst du feststellen, dass du in der Lage bist, Wissen viel leichter aufzunehmen. Denke daran: Lernen ist kein Sprint, sondern ein Marathon. Mit den richtigen Methoden kannst du mehr schaffen als du für möglich hältst.

Affirmationen – Deine persönlichen Erfolgs-Mantras

Hast du dich jemals gefragt, warum manche Menschen trotz aller Widrigkeiten erfolgreich zu sein scheinen? Die Antwort könnte einfacher sein, als du denkst: Affirmationen. Diese kraftvollen Aussagen sind mehr als nur Worte; sie sind Werkzeuge, die deinen Geist neu programmieren und dir helfen, Deine tiefsten Glaubenssätze zu transformieren. Lass uns erforschen, wie du Affirmationen als deine persönlichen Erfolgs-Mantras nutzen kannst.
Unser Denken wird oft von unsichtbaren Ketten gefesselt – den limitierenden Glaubenssätzen. Diese Sätze sind tief verwurzelte Sätze, die uns suggerieren, dass wir nicht gut genug sind, dass Erfolg für uns unerreichbar ist oder dass wir es nicht verdient haben, glücklich zu sein. Solche Glaubenssätze beschränken nicht nur unser Denken, sondern auch unser Potenzial, zu wachsen und erfolgreich zu sein.

Limitierende Glaubenssätze sind mächtige Hindernisse für unser Wohlbefinden und unseren Erfolg. Sie beschränken nicht nur unser Denken, sondern zählen auch zu den stärksten Wachstumsbremsen – besonders auch für Unternehmer. Diese Glaubenssätze sind mehr als nur negative Gedanken; sie sind Überzeugungen, die uns einreden, dass wir nicht gut genug sind. Sie hindern uns daran, unser volles Potenzial auszuschöpfen, beschränken unsere Kraft und liefern uns oftmals Ausreden, bestimmte Herausforderungen nicht anzugehen, ganz nach dem Motto: „Ich schaffe das ja doch nicht".

Diese limitierenden Glaubenssätze entwickeln wir oft schon in der Kindheit, geprägt durch die Erfahrungen, die wir mit unseren Eltern, Großeltern oder anderen wichtigen Bezugspersonen machen. Zunächst scheinen sie uns sogar zu helfen, bieten Schutz und

Orientierung. Doch mit der Zeit können sie zu echten Problemen führen. Wenn Eltern beispielsweise bei der geringsten Schwierigkeit eingreifen, um zu helfen, ist dies sicherlich wohlmeinend und fürsorglich. Jedoch kann dadurch bei dem Kind der limitierende Glaubenssatz entstehen: „Ich schaffe das nicht allein."

Diese frühen Prägungen setzen sich tief in unser Selbstbild und beeinflussen unbewusst unsere Entscheidungen und Handlungen im Erwachsenenleben. Sie zu erkennen und zu überwinden ist ein wichtiger Schritt auf dem Weg zur persönlichen und beruflichen Entfaltung. Durch das Aufdecken und Infragestellen dieser alten Muster können wir beginnen, sie durch förderlichere Überzeugungen zu ersetzen. Dies ermöglicht uns, unser volles Potenzial zu entfalten und Barrieren zu überwinden, die uns von unserem wahren Erfolg abhalten.

Der begrenzte Nutzen des Positiven Denkens

Positives Denken wird oft als Allheilmittel angesehen. Viele sehen es als die ideale Strategie, um sich aus ungünstigen Lebenslagen zu befreien oder ambitionierte Ziele zu erreichen – ganz nach dem Vorbild von Baron Münchhausen, der sich angeblich am eigenen Schopf aus dem Sumpf zog. Doch die Realität ist komplexer, und positives Denken allein reicht selten aus, um tiefgreifende Änderungen im Leben herbeizuführen.

Die tief verwurzelten negativen Überzeugungen, die viele von uns tragen, stehen häufig in direktem Widerspruch zu den positiven Affirmationen, die wir uns vornehmen. Wenn die positiven Aussagen nicht mit unseren tatsächlichen Überzeugungen übereinstimmen, besteht ein innerer Konflikt. Dieser Konflikt kann dazu führen, dass die positiven Gedanken das genaue Gegenteil bewirken – sie verstärken die negativen Überzeugungen, statt sie zu überwinden.

Ein weiteres Problem des Positiven Denkens ist der mögliche Realitätsverlust. Wenn Menschen kritische Selbstreflexion vermeiden und stattdessen ihre Schwächen leugnen, entfernen sie sich weiter von der Realität. Jeder Mensch ist unterschiedlich, mit eigenen Stärken und Schwächen. Ignoriert man diese individuellen Unterschiede und behandelt alle Herausforderungen mit unreflektiertem Optimismus, kann das zu großen Enttäuschungen führen. Insbesondere wird es problematisch, wenn Menschen anfangen zu glauben, dass jegliches Unglück oder Leid ausschließlich selbst verschuldet ist. Diese Haltung kann zu Schuldgefühlen und Selbstvorwürfen führen, anstatt zu echter Selbstverbesserung.

Positives Denken ist oft wie ein Pflaster, das in einer Notsituation hervorgeholt wird, um den Schaden kurzfristig zu kitten. Es kann helfen, eine positive Haltung kurzzeitig aufrechtzuerhalten, doch es heilt die tiefer liegenden Probleme nicht. Diese metaphorischen Pflaster bieten nur oberflächlichen Schutz und tragen wenig zur langfristigen Regeneration bei. Wahre Heilung erfordert eine Auseinandersetzung mit den tatsächlichen Ursachen der Probleme.

Lernen aus der Tradition der Mantras

In der Tradition des Hinduismus und Buddhismus dienen Mantras als heilige Formeln, die den Geist transformieren und schützen können, wenn sie regelmäßig praktiziert werden. Diese Mantras sind mehr als nur Worte; sie sind kraftvolle Werkzeuge, die das Potenzial haben, tiefgreifende geistige Veränderungen zu bewirken. Sie lehren uns, dass Wiederholung und Glaube entscheidende Komponenten auf dem Weg zur Selbstverwirklichung sind.

In religiösen Kontexten wie im Hinduismus und Buddhismus handelt es sich bei Mantras weniger um persönliche Affirmationen, sondern um heilige Formeln mit einer ähnlich positiven Wirkung. Der Begriff „mantra" vereint nach Jan Gonda in „The Indian Mantra" (Oriens. 16. ISSN 0078-6527) die Sanskrit-Wurzeln *manas* (Geist) und *tram* (Schutz oder Instrument). Folglich ist die wörtliche Bedeutung von Mantra „Schutz des Geistes" oder „Instrument des Geistes". Ein Mantra ist eine „heilige Silbe", eine Wahrheit, die wieder und wieder ausgesprochen, durchdacht und durchlebt wird – so lange, bis sie zur gelebten Wahrheit wird und es leichtfällt, entsprechend zu leben.

Affirmationen sind unsere eigenen, persönlichen Mantras. Sie werden speziell so formuliert, dass sie echte und erreichbare Ziele widerspiegeln. Das Erstellen einer wirksamen Affirmation erfordert mehr als nur positive Worte; sie muss auf realistischen und nachweisbaren Aussagen basieren. Beispielsweise sollte „Ich bin erfolgreich" eher zu „Durch meine weisen Entscheidungen werde ich erfolgreicher" umgeformt werden.

> »Ein Mantra ist ein Werkzeug des Geistes, das durch Wiederholung eine tiefere Schicht des Bewusstseins erreicht. Es bringt uns in Kontakt mit unserem inneren Selbst und fördert spirituelles Wachstum.«
> *Deepak Chopra*

Leitfaden zur Formulierung von Affirmationen

1. Nimm dir nicht zu viel vor. Wähle aus deinen Zielen die absolut wichtigsten aus. Es ist effektiver, sich auf einige wenige, aber wesentliche Ziele zu konzentrieren, als sich mit zu vielen Vorhaben zu überfordern.

2. Affirmationen sollten immer positiv formuliert sein. Konzentriere dich darauf, was erreicht werden soll, nicht darauf, was vermieden werden soll. Statt „Ich werde nicht mehr nervös sein" verwende „Ich fühle mich ruhig und sicher". Positive Formulierungen lenken das Unterbewusstsein effektiv in die gewünschte Richtung.

3. Formuliere Affirmationen in der Gegenwart und in der ersten Person, um eine direkte und persönliche Verbindung zu schaffen. Beispiel: „Ich fühle mich stark und fokussiert".

4. Eine knappe und einprägsame Formulierung erleichtert das regelmäßige Wiederholen und Merken. Reime oder rhythmische Muster können dabei helfen, die Affirmation im Gedächtnis zu verankern.
5. Stärke die Wirkung deiner Affirmationen durch das Integrieren von Bildern oder Metaphern. Beispiel: „Ich stehe fest wie ein Baum". Visualisierungen können die emotionale Resonanz der Affirmationen erhöhen.
6. Stell sicher, dass deine Affirmationen realistisch und wahrheitsgetreu sind. Anstatt zu sagen „Ich bin stark", wähle eine Formulierung, die deinen Fortschritt betont: „Durch mein Training werde ich immer stärker".

Affirmationen praktisch anwenden

Die regelmäßige Wiederholung von Affirmationen ist entscheidend, um ihre volle Wirkung zu entfalten. Um Affirmationen effektiv in deinen Alltag zu integrieren, kannst du feste Routinen etablieren, indem du deinen Tag mit positiven Affirmationen beginnst oder ihn mit einer ruhigen Reflexion vor dem Schlafengehen beendest. Diese Rituale helfen dir, deinen Geist auf positive Ziele auszurichten und entweder motiviert in den Tag zu starten oder ihn beruhigt zu beenden.

Glaube wirklich an die Worte, die du wiederholst, denn Zweifel werden die Wirksamkeit deiner Affirmationen erheblich mindern. Affirmationen erfordern Geduld und Ausdauer, da Veränderungen nicht über Nacht geschehen. Du musst bereit sein, alte Glaubenssätze zu überwinden und sie durch neue, ermächtigende Überzeugungen zu ersetzen, wobei jeder kleine Schritt dich deinen Zielen näherbringt.

Um deine Affirmationen häufiger zu wiederholen und sie tiefer in deinem Unterbewusstsein zu verankern, solltest du sie mehrmals täglich wiederholen. Du kannst auch kreativ werden und deine Affirmationen aufschreiben und sie an Orten platzieren, wo du sie regelmäßig sehen kannst, oder ein Journal führen, in dem du deine Fortschritte und Gefühle festhältst.

Kombiniere deine Affirmationen mit Visualisierungen. Versuche dir vorzustellen, wie du die Zustände, die du durch die Affirmationen erreichen möchtest, bereits erlebst. Dies verstärkt die emotionale Resonanz und kann die Effektivität der Affirmationen steigern. Indem du diese Praktiken anwendest, kannst du die transformative Kraft der Affirmationen voll ausschöpfen und positive Veränderungen in deinem Leben fördern. Denke immer daran, dass der Schlüssel zur erfolgreichen Anwendung von Affirmationen in der Beständigkeit liegt. Bleib dran, auch wenn die Ergebnisse sich nicht sofort zeigen.

Affirmationen sind mächtige Werkzeuge, die dir helfen können, Deine Welt von innen heraus zu verändern. Indem du sie zu deinen persönlichen Erfolgs-Mantras machst, kannst du nicht nur dein Selbstbild verbessern, sondern auch Deine Realität aktiv gestalten.

Spielerisch zu mehr mentaler Fitness

Genau wie körperliche Aktivität deine Muskeln stärkt, kann mentales Training deine geistigen Fähigkeiten schärfen. Dies geschieht durch die Stimulation deiner Nervenzellen, die sich besser vernetzen und ihre Verbindungen festigen – ein Prozess, der als Verbesserung der Gehirnplastizität bekannt ist. Tatsächlich wird dadurch auch deine „kognitive Reserve" aufgebaut, was dein Gehirn widerstandsfähiger gegenüber Alterungsprozessen macht und deine kognitive Leistungsfähigkeit verbessert.

Wissenschaftliche Studien zeigen, dass regelmäßige körperliche Bewegung nicht nur deinen Körper, sondern auch dein Gehirn in Topform hält. Aber es gibt auch spezielle geistige Übungen, die deine mentale Fitness entscheidend steigern können. Wie ein Muskel benötigt auch dein Gehirn regelmäßiges Training und die richtigen Nährstoffe, um optimal zu funktionieren. Und vergiss nicht: Ausreichend zu trinken ist ebenso wichtig, denn Wasser ist lebenswichtig für die Gesundheit deiner grauen Zellen.

Eine klassische Methode, um dein Gedächtnis zu trainieren, ist das Auswendiglernen. Warum versuchst du nicht, ein Gedicht oder Vokabeln einer neuen Sprache zu lernen? Dies verbessert nicht nur deine Merkfähigkeit, sondern auch deine Sprachkompetenz. Rechne zudem mehr im Kopf und trainiere dein logisches Denkvermögen sowie deine Kombinationsgabe mit Sudoku- oder Str8ts-Rätseln. Auch Spiele wie Memory oder Scrabble sind nicht nur unterhaltsam, sondern auch geistig herausfordernd. Sie fördern deine kognitive Flexibilität und verbessern deine Problemlösungsfähigkeiten.

Kreuzworträtsel, Quizrunden und Ratespiele – ob allein oder in Gruppen, auch online – bieten dir Gehirnjogging auf hohem Niveau. Nicht zu vergessen sind Strategiespiele wie Schach und Go, die seit Jahrhunderten als geistige Disziplinen gelten. Diese Spiele fördern strategisches Denken, Vorausplanung und Problemlösungsfähigkeiten. Go, das älteste Brettspiel der Welt, ist besonders dafür bekannt, logisches Denken und geistige Fitness zu verbessern. Es ist einfach zu lernen, kann von Jung und Alt gespielt werden und bietet tiefgreifende strategische Tiefe.

Kochen ist ebenfalls eine ausgezeichnete Übung für dein Gehirn. Das Koordinieren von Zubereitungs- und Garzeiten, speziell bei einem mehrgängigen Menü, erfordert genaue Planung und zeitliche Abstimmung. Wenn du neue Rezepte ausprobierst, werden nicht nur deine Sinne stimuliert, sondern auch neue synaptische Verbindungen gefördert, die für deine Gedächtnisleistung entscheidend sind. Auch handwerkliche Tätigkeiten halten dich geistig fit.

Indem du regelmäßig sowohl deinen Körper als auch deinen Geist forderst, kannst du nicht nur deine Lebensqualität verbessern, sondern auch deine geistige Gesundheit langfristig stärken. Bau dir spielerisch dein mentales Fitnessstudio auf – dein Gehirn wird es dir danken!

Der Geist im Zeitalter komplexer Systeme

Die Entwicklung des menschlichen Geistes hat uns im Laufe der Geschichte immer wieder neue Werkzeuge, Methoden und Einsichten in die Welt um uns herum gebracht. Doch in der heutigen Zeit stehen wir vor einer besonders heftigen Herausforderung: Dem Erkennen und Verstehen komplexer dynamischer Systeme.

Unser Gehirn ist evolutionär darauf ausgerichtet, direkte Ursache-Wirkungs-Zusammenhänge zu erkennen und zu verarbeiten. In der Prähistorie war dies von immensem Vorteil, wenn es darum ging, rasch auf direkte Bedrohungen oder Chancen zu reagieren. Doch die heutigen Probleme lassen sich nicht mehr allein durch diese linearen Denkmuster bewältigen. Wir stehen vor Systemen, in denen eine Änderung an einer Stelle zu weitreichenden und oft unerwarteten Veränderungen im gesamten System führen kann. Diese Nichtlinearität und Vernetzung überfordert oft unsere intuitive Verständnisweise.

Mit der Zunahme von Globalisierung, Technologie und Vernetzung steigt auch die Komplexität unserer Umwelt. Ob es um Klimaveränderungen, die Dynamik globaler Wirtschaftssysteme oder die Verbreitung von Krankheiten geht. Wir stehen vor Problemen, die nicht isoliert oder mit simplen Ursache-Wirkungs-Modellen gelöst werden können. Um diese Systeme zu verstehen und effektiv zu beeinflussen, ist es entscheidend, ihre Strukturen, Beziehungen und Wechselwirkungen zu erkennen.

Komplexe dynamische Systeme zeichnen sich durch eine Vielzahl von miteinander verbundenen Elementen und deren Wechselwirkungen aus. In solchen Systemen können kleine Veränderungen zu großen Auswirkungen führen, und die Vorhersage der Folgen von Eingriffen kann eine Herausforderung darstellen. Menschen haben oft Schwierigkeiten, komplexe Zusammenhänge zu erfassen und angemessen darauf zu reagieren. Dies liegt unter anderem an der begrenzten Kapazität des menschlichen Verstandes und der Schwierigkeit, die vielen variablen Faktoren und Wechselwirkungen zu berücksichtigen.

Der Papiercomputer als Werkzeug zur Analyse komplexer dynamischer Systeme:
Frederic Vester war ein renommierter deutscher Biochemiker, Umweltexperte und führender Pionier im Bereich des vernetzten Denkens. Er war nicht nur Wissenschaftler, sondern auch ein Autor und Dozent, der es verstand, komplexe Sachverhalte einem breiten Publikum zugänglich zu machen. Vesters Arbeit fokussierte sich insbesondere auf die Anwendung systemtheoretischer Konzepte auf ökologische, ökonomische und soziale Systeme. Mit seiner Entwicklung des „Papiercomputers" leistete er einen wertvollen Beitrag zur Analyse komplexer dynamischer Systeme.

Der „Papiercomputer", ist ein Werkzeug zur Netzwerkanalyse, das die Visualisierung von Systemelementen und ihren Beziehungen ermöglicht. Dieses einfache, aber tiefgreifende Analyseinstrument hilft Anwendern, die vielfältigen Verflechtungen innerhalb eines Systems zu erkennen und zu verstehen. Es bietet die Möglichkeit, Feedbackschleifen, Verstärker und Dämpfer zu identifizieren und deren potenzielle Auswirkungen auf das System abzuschätzen. Indem es die komplexe Realität in einer zugänglichen und anschaulichen Form darstellt, erlaubt der Papiercomputer den Nutzern, „Was-wäre-wenn"-Szenarien durchzuspielen und somit potenzielle Konsequenzen verschiedener Entscheidungen zu simulieren.

Für Unternehmen und Organisationen ist der Papiercomputer ein sehr praktisches Instrument. Mit der Möglichkeit, bis zu 100 Variablen zu berücksichtigen, können tiefgehende Einblicke in die Beziehungen zwischen unterschiedlichen Systemelementen gewonnen werden. Variablen wie Mitarbeiterzufriedenheit, Selbstorganisation, Digitalisierung, Servicequalität und Produktivität lassen sich untersuchen, um die Wechselwirkungen im Gesamtsystem zu verstehen. Durch die Darstellung geschätzter Einflussstärken zwischen den Variablen werden Verbindungen sichtbar gemacht, die es ermöglichen, zentrale Treiber und Abhängigkeiten innerhalb des Systems zu identifizieren. Dies unterstützt Unternehmen dabei, optimale Planungen und Umsetzungen von Maßnahmen und Veränderungen vorzunehmen.

Der Papiercomputer zeichnet sich durch seine Praktikabilität und den ganzheitlichen Blick auf Systeme aus. Mit seiner zweidimensionalen Matrix ermöglicht er ein spielerisches Erfassen jedes Details des Systems. Anstelle von isolierten Faktoren bietet er einen umfassenden Überblick über Wechselwirkungen und Verbindungen. Frederic Vesters Erfindung ist somit nicht nur ein Zeugnis seines innovativen Geistes, sondern auch ein unverzichtbares Werkzeug für alle, die sich mit der Analyse und Gestaltung komplexer Systeme beschäftigen. Der Papiercomputer gibt dir die Struktur, die du brauchst, um komplexe Probleme zu lösen:

1. ***Definition von Variablen:*** Zunächst werden alle relevanten Variablen oder Faktoren, die das untersuchte System beeinflussen, identifiziert und aufgelistet.
2. ***Aufbau der Matrix:*** Die Variablen werden sowohl horizontal als auch vertikal in einer Matrix angeordnet. Die Kreuzungspunkte in der Matrix repräsentieren die Beziehungen zwischen den einzelnen Variablen.
3. ***Analyse der Beziehungen:*** Für jeden Kreuzungspunkt wird bewertet, wie die horizontale Variable die vertikale

Wirkung von	Wirkung auf								Auswertung	
	F1	F2	F3	F4	F5	F6	F7	F8	AS	V
F1	-	0	0	0	0	0	0	0	0	0
F2	0	-	0	0	0	0	0	0	0	0
F3	0	0	-	0	0	0	0	0	0	0
F4	0	0	0	-	0	0	0	0	0	0
F5	0	0	0	0	-	0	0	0	0	0
F6	0	0	0	0	0	-	0	0	0	0
F7	0	0	0	0	0	0	-	0	0	0
F8	0	0	0	0	0	0	0	-	0	0
PS	0	0	0	0	0	0	0	0		
A	0	0	0	0	0	0	0	0		

Papiercomputer mit 8 Faktoren
(hier noch ohne Daten)

Variable beeinflusst (und umgekehrt). Hierbei werden verschiedene Grade der Beeinflussung verwendet, z.B.: 1 keine Wirkung, 2 schwache Wirkung, 3 starke Wirkung.

4. *Auswertung:* Nachdem alle Wechselwirkungen bewertet wurden, kann die Matrix ausgewertet werden. Dabei wird analysiert, welche Variablen Schlüsselrollen im System spielen, welche Rückkopplungsschleifen existieren und wo möglicherweise Interventionspunkte liegen, um das System zu beeinflussen.

Berechnung der Aktivsumme (AS): Gehe jede Zeile von links nach rechts durch. Addiere die Werte in jeder Zeile. Die Aktivsumme gibt an, wie stark ein Faktor (Zeile) auf andere Faktoren (Spalten) wirkt. Berechnung der Passivsumme (PS): Gehe jede Spalte von oben nach unten durch. Addiere die Werte in jeder Spalte. Die Passivsumme zeigt, wie stark ein Faktor (Spalte) von anderen Faktoren (Zeilen) beeinflusst wird.

Berechnung von Produkt P und Quotient Q: Für jeden Faktor: Berechne das Produkt P, indem du die Aktivsumme und die Passivsumme multiplizierst. Berechne den Quotienten Q, indem du die Aktivsumme durch die Passivsumme teilst.

Analyse der Rollenverteilung: Aktive Elemente haben einen großen Q-Wert. Sie beeinflussen andere Faktoren stark, werden aber selbst weniger beeinflusst. Passive Elemente haben einen kleinen Q-Wert. Sie werden stark von anderen Faktoren beeinflusst, wirken aber selbst weniger auf andere. Kritische Elemente haben einen großen P-Wert. Sie sind sowohl stark beeinflussende als auch stark beeinflusste Faktoren. Träge Elemente haben einen kleinen P-Wert. Sie beeinflussen andere Faktoren wenig und werden auch selbst wenig beeinflusst.

Nutze die berechneten Werte, um zu verstehen, wie die verschiedenen Faktoren in deinem System interagieren. Diese Erkenntnisse sind wertvoll für die strategische Planung und das Management. Die Methode eröffnet einen ganzheitlichen Blick auf komplexe Systeme und enthüllt, welche Elemente wirklich entscheidend sind. Der Papiercomputer verleiht dir ein tiefgehendes Verständnis für Probleme und Systeme, fernab von oberflächlichen Einzelbetrachtungen. Er fördert vernetztes Denken und enthüllt die verborgenen Verbindungen zwischen den einzelnen Elementen.

Die Kraft der Gewohnheiten und das Abenteuer des Neuen

Die Komfortzone ist wie eine kuschelige Decke, die uns wärmt und in Sicherheit wiegt. Doch besteht bei jeder Decke die Gefahr, dass sie uns einengt und unsere Entwicklung hindert. Befassen wir uns nun mit den Vor- und Nachteilen von Gewohnheiten und finden heraus, warum es so wichtig ist, über den Tellerrand zu schauen und die Komfortzone zu verlassen. Gewohnheiten sind allgegenwärtig in unserem Leben. Sie geben uns Struktur und Stabilität, können uns jedoch auch einschränken, wenn wir uns zu sehr an sie klammern.

Es ist oft einfacher, im Gewohnten zu verharren, als sich Neuem zu öffnen. Gewohnheiten können zwar bequem, aber auch hinderlich sein, indem sie den Zugang zu neuen Erfahrungen blockieren. Sie stehen der Vorstellungskraft gegenüber, welche durch festgefahrene Muster und Ideen eingeschränkt wird. Ohne neue Anreize gerätst du in einen Zyklus aus Routine, der es dir schwer macht, dich weiterzuentwickeln.

Die Gewohnheiten, die deine Komfortzone formen, können dein Potenzial begrenzen. Indem du alte Denkmuster überwindest und dich für neue Möglichkeiten öffnest, gewinnst du Mut und Entschlossenheit, unbekannte Wege zu erkunden. Das Verlassen der Komfortzone ist oft der Schlüssel zu persönlichem Wachstum und Erfolg.

Wenn du dich kontinuierlich auf bekannte Pfade beschränkst, entgehen dir Chancen zur Weiterentwicklung und zum Erlernen neuer Fähigkeiten. Du bleibst in einer Blase, unfähig, dich an neue Herausforderungen anzupassen, was langfristig zu Frustration und unerreichten Zielen führen kann.

Doch wie kannst du der Falle der Routine entkommen? Der erste Schritt ist, deine Denkweise zu ändern und dich aktiv für das Unbekannte zu öffnen. Regelmäßiges Reflektieren über deine Gewohnheiten hilft dir zu erkennen, welche dich voranbringen und welche dich zurückhalten. Es ist nicht erforderlich, alle Gewohnheiten gleichzeitig zu ändern. Beginne stattdessen mit kleinen Anpassungen, um dich schrittweise an das Neue zu gewöhnen.

Sei offen für neue Ideen und Perspektiven. Die Suche nach Herausforderungen, die dich aus deiner Komfortzone herausführen, kann neue berufliche oder private Wege eröffnen. Indem du dich neuen Situationen stellst, entdeckst du ungeahnte Fähigkeiten.

Visualisiere deine Ziele und Träume. Stelle dir lebhaft vor, wie du sie erreichst. Dies hilft, motiviert zu bleiben und den Mut zu finden, gewohnte Pfade zu verlassen. Durch das Überwinden gewohnter Muster und das Eintauchen ins Unbekannte kannst du deine Vorstellungskraft beleben und deinen Horizont erweitern.

Darüber hinaus eröffnet das Durchbrechen alter Gewohnheiten neue Perspektiven und Ideen. Du wirst kreativer, innovativer und flexibler im Umgang mit Veränderungen. Es geht nicht darum, Gewohnheiten grundsätzlich abzulehnen, sondern zu erkennen, wann sie dich einschränken.

Indem du dich neuen Erfahrungen öffnest, kannst du dich selbst überraschen und Bereiche erkunden, die du dir zuvor nicht vorstellen konntest. Es erfordert Mut, aber die Belohnungen sind ein erfülltes Leben und persönliches Wachstum. Also, wage den Schritt über den Tellerrand, lasse alte Gewohnheiten hinter dir und öffne dich für das Abenteuer des Neuen. Du wirst erstaunt sein, was du erreichen kannst, wenn du dich neuen Möglichkeiten öffnest und deine Träume mit Begeisterung verfolgst.

Vorstellungskraft entwickeln

Manchmal sagst du vielleicht: „Ich kann mir das nicht vorstellen" oder „Wie soll ich das schaffen?" Solche Aussagen klingen oft nach Ausreden, besonders für diejenigen, die ihre Ziele bereits erreicht haben. Aber eine fehlende Vorstellungskraft kann dich wirklich davon abhalten, Neues zu wagen und zu wachsen. Statt dir vorzustellen, wie es sein könnte, bleibst du in der aktuellen Realität stecken.

Deine Vorstellungskraft ist ein mächtiges Werkzeug, das es dir ermöglicht, das Unerreichbare zu sehen und deine Träume zu visualisieren. Mit ihr kannst du deine Kreativität verbessern und deine Träume in die Realität umsetzen. Vorstellungskraft ist mehr als nur Tagträumen; sie ist die Fähigkeit, etwas Neues zu erschaffen, indem du vorhandenes Wissen, Erfahrungen und Ideen kombinierst.

Der Neurobiologe Gerald Hüther sagt, dass du Vorstellungskraft lernen kannst. Eine Veränderung auf einer Ebene – sei es körperlich oder geistig – kann dir helfen, zu spüren, wie sich Veränderung auf allen Ebenen anfühlt. Es geht darum, deinen Horizont zu erweitern.

Du kannst deine Vorstellungskraft verbessern, um deine Ziele zu erreichen. Versuche, mentale Bilder von dem zu schaffen, was du erreichen willst. Nutze Metaphern, um deine Gedanken zu visualisieren, und stell dir vor, wie es sich anfühlt, deine Ziele bereits erreicht zu haben. Meditiere, um dich auf deine inneren Visionen zu konzentrieren, und trau dich, Neues außerhalb deiner Komfortzone zu erkunden. Sei positiv und kritisiere dich nicht selbst – erlaube deiner Vorstellungskraft, frei zu fließen. So kannst du neue Wege finden, um deine Ziele zu erreichen.

Übung zur Lockerung fester Muster

Manchmal stecken wir in Automatismen fest, die unsere Sichtweise einschränken. Diese Übung soll helfen, feste Muster aufzulockern und alternative Möglichkeiten zu erkennen:

1. Identifiziere ein wiederkehrendes Muster oder eine Automatik in deinem Alltag. Zum Beispiel könnte es eine bestimmte Essensgewohnheit, eine Interaktion mit einer Person oder eine Routine-Aktivität sein.
2. Überlege, wie du dieses Muster aufbrechen könntest, um neue Möglichkeiten zu sehen. Finde eine kleine Veränderung, die du vornehmen könntest, um die Situation anders zu

gestalten. Es kann eine Änderung in deiner Einstellung, deinem Verhalten oder deiner Herangehensweise sein.

3. Setze die Veränderung in die Praxis um. Wenn du beispielsweise immer Erdbeerjoghurt zum Frühstück isst, probiere stattdessen Haselnussjoghurt aus. Wenn du dich von Angehörigen nerven lässt, nimm dir vor, kontra zu geben oder die Interaktion anders anzugehen. Wenn die Laufstrecke zu weit erscheint, gehe das erste Stück im Gehschritt oder verkürze die Strecke, um das Gefühl des Versagens zu vermeiden.

4. Beachte, wie sich deine Perspektive verändert, indem du das Muster aufbrichst und eine minimale Änderung vornimmst. Achte auf die neuen Möglichkeiten, die sich eröffnen und die Kraft, die du aus der Vorstellungskraft schöpfst.

Diese Übung zeigt, dass schon eine kleine Veränderung ausreichen kann, um eine Situation anders aussehen zu lassen und neue Perspektiven zu entdecken. Es ist erstaunlich, wie eine minimale Änderung positive Veränderungen in Gang setzen kann.

Übung: Wie sieht es aus? Wie fühlt es sich an?

Diese Übung zielt darauf ab, die Vorstellungskraft zu trainieren, indem man sich detailliert und facettenreich verschiedene Objekte oder Zustände vorstellt:

1. Wähle ein Objekt oder einen Zustand aus, an dem du interessiert bist. Es kann ein Gegenstand, eine Situation oder ein Ereignis sein, das du dir genauer vorstellen möchtest.

2. Schließe die Augen und visualisiere das gewählte Objekt oder den Zustand so lebhaft wie möglich. Stelle dir alle Einzelheiten vor und achte auf visuelle, auditive, olfaktorische und haptische Aspekte. Überlege, wie es aussieht, klingt, riecht und sich anfühlt.

3. Gehe in die Tiefe der Vorstellung und erweitere sie um alle erdenklichen Facetten. Wenn du zum Beispiel einen Hund visualisierst, denke über die Farbe seines Fells, den Klang seines Bells, seine Bewegungen, sein Verhalten und andere Merkmale nach. Lasse deiner Fantasie freien Lauf und erschaffe eine lebendige Vorstellung.

4. Wiederhole diese Übung mit verschiedenen Objekten oder Zuständen, die dich interessieren. Je mehr du deine Vorstellungskraft herausforderst und erweiterst, desto besser.

Durch regelmäßige Übung dieser visualen Vorstellungskraft wirst du feststellen, dass es dir leichter fällt, positive Veränderungen vorzustellen und daraus die notwendige Motivation zu gewinnen. Diese Fähigkeit kann dir helfen, dich auf zukünftige Situationen besser vorzubereiten und neue Möglichkeiten zu erkennen.

Warum? Oder: Die Kraft des Hinterfragens
Für diese Übung benötigst du ein Foto. Es kann eine Aufnahme einer Person, eines Gebäudes oder eine Urlaubserinnerung sein. Idealerweise verwendest du ein unbekanntes Foto aus der Internet-Bildersuche. Hier ist die leicht modifizierte Übung:
1. Wähle ein Foto aus und betrachte es aufmerksam. Stelle dir einfache Fragen, um den Moment des Fotos zu erfassen. Warum könnte genau zu dieser Uhrzeit etwas geschehen sein? Wer könnte beteiligt gewesen sein?
2. Tauche tiefer in die Details ein und fokussiere dich auf ein besonders interessantes Element des Fotos. Frage dich, warum die abgebildeten Personen lächeln oder warum sie es gerade nicht tun. Betrachte ihre Beziehungen zueinander. Überlege, warum sie überhaupt an diesem Ort sind.
3. Stelle weitergehende Fragen, um die Situation und Zusammenhänge besser zu verstehen. Fordere deine Vorstellungskraft heraus und suche nach möglichen Antworten. Oftmals liegen die Lösungen näher als gedacht und können in dir selbst gefunden werden.

Diese Übung ermutigt dich, Situationen und Zusammenhänge durch gezieltes Hinterfragen zu erkunden. Indem du deine Vorstellungskraft aktivierst, kannst du verflochtene und komplexe Situationen besser verstehen und Lösungswege finden. Die Antworten können überraschend naheliegend sein und aus deinem eigenen Inneren aufsteigen. Durch das kritische Betrachten und Hinterfragen des Fotos trainierst du deine Vorstellungskraft und entwickelst ein tieferes Verständnis für die vielfältigen Aspekte einer Situation.

Übung zur Achtsamkeit in der Bewegung
Achtsamkeit ermöglicht es uns, uns bewusst mit uns selbst auseinanderzusetzen, auch in Gewohnheiten und Routinen. Diese Übung konzentriert sich auf die Achtsamkeit während des Sports. Hier ist die Übung:
1. Wähle eine sportliche Aktivität, die du gerne ausübst, sei es Laufen, Radfahren oder eine andere Form des Trainings.
2. Beginne deine Sporteinheit wie gewohnt, aber dieses Mal mit dem Fokus auf Achtsamkeit. Nimm dir bewusst Zeit, um deine körperlichen Empfindungen wahrzunehmen, ohne sie sofort zu bewerten. Beachte, wie sich dein Körper anfühlt und welche Veränderungen du während der Aktivität bemerkst.
3. Richte deine Aufmerksamkeit auf deinen Atem. Spüre, wie er sich während des Trainings verändert, wenn dein Puls steigt und deine Atmung intensiver wird. Achte auch auf die Schweißbildung und darauf, wie sich dein Körper auf die Belastung einstellt.
4. Nimm auch deine körperlichen Grenzen und Erschöpfung wahr, ohne sie zu verurteilen. Akzeptiere, dass Erschöpfung ein natürlicher Teil des Trainingsprozesses ist und dass du dich dabei weiterentwickelst.

5. Lasse ein Erfolgsgefühl in dir aufkommen, während du die Aktivität ausübst. Spüre die Freude daran, deinen Körper zu bewegen und deine Ziele zu erreichen. Stelle dir vor, wie du dich bereits erfolgreich fühlst, auch wenn der Puls erst gerade ansteigt.

Diese Übung fördert die Achtsamkeit während des Sports und ermöglicht es dir, eine tiefere Verbindung zwischen Körper und Geist herzustellen. Durch bewusste Wahrnehmung und Vorstellungskraft lernst du deinen Körper besser kennen und kannst frühzeitig ein Erfolgsgefühl entwickeln. Indem du achtsam trainierst, kannst du die Freude an der Bewegung und die Erfüllung des Trainingsprozesses intensivieren.

Kopfkino-Übung für visuelle Vorstellungskraft

Vorstellung findet in unserem Inneren statt. Genau dort müssen wir unsere Vorstellungskraft trainieren. Diese Übung baut auf den Prinzipien der Achtsamkeit, der Visualisierung und des Hinterfragens auf. Hier ist die veränderte Übung:

1. Definiere einen klaren Ausgangspunkt (Ist-Zustand) und ein konkretes Ziel. Zum Beispiel: „Ich schaffe es nicht, meine Laufstrecke bis zum Ende zu bringen, aber ich will es schaffen."
2. Beginne mit dem Kopfkino, indem du den gesamten Kontext visualisierst. Stelle dir vor, wie du dich auf der Laufstrecke befindest. Überlege, ob es vor dem Lauf hilfreich wäre, einen Sport-Shake zu trinken oder eine SMS zu schreiben, um einen klaren Kopf zu haben. Visualisiere den gesamten Ablauf, angefangen beim Anziehen bis zum Start des Laufs.
3. Achte auf die Details während des Kopfkinos. Überlege, wie das Wetter ist und wie sich dein Körper beim Laufen anfühlt. Beachte deine Emotionen und Empfindungen an verschiedenen Abschnitten der Strecke. Nimm wahr, ob sich bestimmte Orte anders anfühlen als sonst oder ob sie sich immer gleich anfühlen.
4. Richte deine Aufmerksamkeit auf das verflixte letzte Stück der Laufstrecke. Frage dich, wie es dir in diesem Moment geht. Halte das Ziel, deine eigene Haustür, klar vor Augen. Fordere dich selbst auf, durchzuhalten und weiterzumachen. Stelle dir vor, wie es sich anfühlen wird, das Ziel zu erreichen.
5. Wiederhole diese Visualisierung regelmäßig, um ganze Szenarien in deiner Vorstellung realistisch und greifbar durchzuspielen. Vertraue darauf, dass deine Vorstellungskraft den Weg für die Realität bereitet. Es ist nur eine Frage der Zeit, bis es genau so kommt, wie du es im Kopfkino visualisiert hast.

Diese Übung ermöglicht es dir, mithilfe der Vorstellungskraft den gesamten Ablauf einer Situation realistisch zu durchspielen. Indem du dich in deinem Kopf auf den Erfolg vorbereitest, stärkst du deine mentale Ausrichtung und schaffst eine positive Grundlage für das tatsächliche Erreichen deiner Ziele.

Mikroabenteuer – Der Schlüssel zur geistigen und persönlichen Entwicklung

Mikroabenteuer bieten eine Möglichkeit, den bequemen Kokon der Komfortzone zu durchbrechen und neues Territorium zu erkunden, ohne weit reisen oder viel Geld ausgeben zu müssen. Geprägt durch den britischen Abenteurer und Schriftsteller Alastair Humphreys, beschreiben Mikroabenteuer Erlebnisse, die jeder im Alltag und in seiner Umgebung erleben kann. Es sind kurze Ausflüge aus unserer Routine, die uns die Chance geben, unsere Umgebung mit neuen Augen zu sehen und etwas Neues zu wagen.

Einige Vorschläge für Mikroabenteuer

- 24-Stunden-Abenteuer: Setz dich morgens in den Zug oder ins Auto ohne festes Ziel. Steige aus, wo es dich hinzieht, und erkunde den Ort. Abends kehrst du zurück.
- Wildes Campen: Schnapp dir ein Zelt und übernachte eine Nacht in der Natur – vielleicht in einem nahegelegenen Wald oder an einem einsamen See.
- Tageswanderungen: Entdecke neue Pfade oder Wege in deiner Umgebung, die du noch nicht erkundet hast.
- Städtische Expeditionen: Erkunde deine Stadt zu Fuß, besuche unbekannte Orte oder nimm an geführten Touren zu unbekannten Sehenswürdigkeiten teil.
- Lerne eine neue Fähigkeit: Belege einen Kurs in deiner Nähe, etwa Bogenschießen, Töpfern oder Vogelbeobachtung.
- Sternenbeobachtung: Fahre nachts raus, um Sterne zu beobachten, und lerne die Konstellationen kennen.
- Fotografie-Safari: Nimm deine Kamera oder dein Smartphone und suche in deiner Stadt oder in der Natur nach interessanten Motiven.
- Selbstgemachtes Floß: Bau mit einfachen Materialien ein kleines Floß und lass es auf einem nahegelegenen Fluss oder See schwimmen.
- Essen aus der Wildnis: Sammle Wildkräuter, Beeren oder Pilze und bereite daraus ein Mahl zu. (Vorsicht! Informiere dich gut darüber, was essbar ist.)
- Historische Spurensuche: Recherchiere historische Orte in deiner Nähe und besuche sie. Vielleicht entdeckst du alte Burgen, Ruinen oder verlassene Plätze.
- Geocaching: Mach dich auf eine moderne Schatzsuche! Mit einem GPS-Gerät oder einer App suchst du nach „Schätzen", die andere Teilnehmer versteckt haben.
- Mitternachtsspaziergang: Erkunde deine Stadt oder deinen Ort in der Stille der Nacht. Die Atmosphäre ist oft ganz anders als am Tag.
- Strand- oder Flussreinigung: Mach einen Ausflug zum nächsten Strand oder Fluss und sammle Müll. So verbindest du Abenteuer mit einem guten Zweck.
- Ein Buch im Freien lesen: Such dir einen ruhigen, idyllischen Ort in der Natur und verbring den Tag damit, in einem Buch zu schmökern.

- Tagebuch der Sinne: Geh raus und notiere alles, was du hörst, riechst, fühlst, siehst und schmeckst.
- Garten-Camping: Wenn du einen Garten oder einen Balkon hast, zelte dort über Nacht.
- Lokale Delikatessen: Suche nach lokalen Spezialitäten, die du noch nie probiert hast, und koste sie.
- Fahrradexpedition: Plane eine Fahrradroute durch deine Region und entdecke neue Wege. Nimm Proviant mit und mach unterwegs ein Picknick.
- Kunst im Freien: Nimm Mal- oder Zeichenutensilien mit und such dir ein schönes Plätzchen, um deine Umgebung künstlerisch festzuhalten.
- Nachtwandern: Wander bei Vollmond oder mit Taschenlampen durch den Wald oder über Felder.

Die Welt der Mikroabenteuer ist grenzenlos. Es geht darum, deine Neugier und Kreativität zu nutzen, um deinen Alltag zu bereichern.

Vorbereitung, Ausrüstung und Voraussetzungen für Mikroabenteuer
In der Welt der Mikroabenteuer hilft das Prinzip des Minimalismus. Sich auf das Wesentliche zu konzentrieren, nur mit dem Nötigsten auszukommen und das volle Erlebnis der Umgebung zu genießen. Schon bei der Vorbereitung steht eine klare Planung im Vordergrund. Man sollte sich fragen: Was ist das Hauptziel dieses Ausflugs und welche Ausrüstungsgegenstände sind wirklich unverzichtbar? Hierbei kann das Motto lauten: Weniger ist mehr. Jedes mitgenommene Stück sollte idealerweise mehrere Funktionen erfüllen. Zu den Essentials gehören oft ein leichtes Zelt, ein Schlafsack oder ein Biwaksack für Übernachtungen im Freien, ein kleiner Kocher sowie Nahrung, die wenig oder gar keine Zubereitung erfordert. Ein leichter Rucksack bietet sich an, um das Gepäck zu tragen, während die Kleidung so gewählt werden sollte, dass sie den vorherrschenden Wetterbedingungen entspricht und auf dem Schichtenprinzip basiert. Nutze einfach die Dinge, die du bereits beim Thema Survival zurechtgelegt hast.

Sicherheit ist ein Aspekt, bei dem du nicht sparen solltest, selbst wenn Minimalismus im Vordergrund steht. Informiere dich gründlich über die lokalen Bedingungen und potenziellen Gefahren und stelle sicher, dass du zumindest eine grundlegende Notfallausrüstung dabei hast. Dazu zählen Wetterschutz, ein Erste-Hilfe-Set, ein Handy für Notfälle, eine gefüllte Trinkflasche oder ein Wasserfilter sowie konzentrierte Nahrung, beispielsweise in Form von Energieriegeln.

Zusätzlich zur materiellen Vorbereitung ist die mentale Einstellung entscheidend. Sei bereit, Komfort zu opfern, zeige Flexibilität und sei offen für spontane Änderungen. Ein Ultralight-Mikroabenteuer stellt nicht nur physische, sondern auch mentale Herausforderungen dar – es bietet eine hervorragende Chance zur Selbstreflexion und dazu, sich auf das Wesentliche im Leben zu konzentrieren.

Für ein erfolgreiches Mikroabenteuer ist neben einer gewissen Planung auch eine aufgeschlossene Haltung wichtig. Diese Offenheit, gepaart mit Neugier und der Bereitschaft, aus der Komfortzone auszubrechen, erlaubt es dir, die Umgebung mit frischen Augen zu erkunden. Flexibilität ist ebenfalls essenziell, da solche Abenteuer oft spontane Entscheidungen und Anpassungen erfordern.

Mikroabenteuer bieten eine ideale Gelegenheit, über den eigenen Schatten zu springen und sich sowohl geistig als auch persönlich weiterzuentwickeln. Es geht nicht um radikale Veränderungen oder Extremaktivitäten, sondern vielmehr darum, den Alltag bewusst zu durchbrechen und die kleinen Wunder zu erkunden, die unmittelbar vor unserer Haustür beginnen.

5-Uhr-Club

Der „5-Uhr-Club" ist eine Methode, entwickelt von Bestsellerautor Robin Sharma, die darauf abzielt, deinen Tag produktiver und stressfreier zu gestalten. Indem du früh morgens um 5 Uhr aufstehst und spezifische Rituale in deine Morgenroutine integrierst, kannst du deine Produktivität steigern und Prokrastination überwinden. Diese Methode basiert auf wissenschaftlichen Erkenntnissen über die Bedeutung eines strukturierten und produktiven Morgenrituals.

Beispiel einer Morgenroutine im 5-Uhr-Club:
- 5:00–5:15 Uhr Beginne den Tag mit Meditation, Atemübungen oder Yoga, um innere Gelassenheit zu fördern.
- 5:15–5:45 Uhr: Nutze die morgendliche Ruhe, um kreativ zu sein. Schreibe Tagebuch bei einer Tasse Tee oder Kaffee, zeichne oder arbeite an einem kreativen Projekt.
- 5:45–6:00 Uhr: Aktiviere deinen Körper mit Sport oder einer kurzen Fitnessroutine.
- 6:00–6:20 Uhr: Kümmere dich um deine Körperpflege – dusche und pflege Haut und Zähne, um dich frisch und energiegeladen zu fühlen.
- 6:20–6:45 Uhr: Lies inspirierende Bücher oder höre motivierende Podcasts, während du ein gesundes Frühstück zubereitest und genießt.

Alternative Morgenroutine:
- 5:00–5:20 Uhr: Beginne den Tag mit einer 20-minütigen Meditation, um deinen Geist zu beruhigen.
- 5:20–5:40 Uhr: Plane den Tag, visualisiere deine Ziele und erstelle eine To-Do-Liste.
- 5:40–6:00 Uhr: Führe Bewegungsübungen wie Yoga, Stretching oder einen kurzen Spaziergang durch.
- 6:00–6:20 Uhr: Widme dich der Körperpflege, dusche und pflege deine Haut und Zähne.
- 6:20–6:45 Uhr: Bereite ein nahrhaftes gesundes Frühstück zu und nimm dir Zeit, es in Ruhe zu genießen.

Beide Routinen bieten einen strukturierten und energetischen Start in den Tag, der nicht nur deine Produktivität, sondern auch dein Wohlbefinden verbessern kann. Entscheidend ist, dass du eine Routine wählst, die zu deinen persönlichen Bedürfnissen passt. Notiere, was dir wichtig ist, und setze es um, um jeden Tag optimal zu beginnen..

Mit rhythmischer Wiederholung deinen Geist trainieren

Du kennst das bestimmt: Wenn du ein Wort, wie den Nachnamen eines Kunden, nicht aussprechen kannst, wiederholst du es immer wieder, bis es plötzlich ganz natürlich klingt. Oder wenn du etwas Wichtiges, wie den Hausschlüssel, nicht vergessen willst, sagst du dir immer wieder: „Schlüssel nicht vergessen". Das ist die Macht der rhythmischen Wiederholung. Sie hilft dir, neue Fähigkeiten zu entwickeln oder dein Verhalten zu ändern.

Steter Tropfen höhlt den Stein. Ständiger Druck auf eine Stelle des menschlichen Körpers führt zu Schmerz, Lärm zu Reizung. Die monotone und anhaltende rhythmische Wiederholung eines Tones kann den Menschen zum Wahnsinn treiben. In manchen Fällen soll das sogar zu Folterzwecken genutzt worden sein. Mittlerweile hat die Forschung aber auch die positiven Aspekte dieser rhythmischen Wiederholung erkannt. Bei richtiger Anwendung lässt sie sich nämlich zum eigenen Vorteil nutzen.

Amerikanische Studien zeigen, dass ein fünf Mal wiederholtes Wort um 245 Prozent besser erinnert wird als ohne Wiederholung. Hast du schon einmal etwas gekauft, ohne es wirklich zu wollen? Vielleicht warst du einem Verkäufer begegnet, der die Wirkung rhythmischer Wiederholungen kannte und die Vorteile des Produkts mehrmals betonte.

Betrachte dein Gehirn als einen Muskel, den du trainieren kannst. Selbst im hohen Alter ist es möglich, Neues zu lernen. Forschungen zeigen, dass Gedächtnisleistungen unterschiedlich auf Wiederholungen reagieren: Bei 24 Wiederholungen an einem einzigen Tag erreicht die Erinnerungsleistung etwa 40 Prozent, während sie bei zwei Wiederholungen, verteilt über zwölf Tage, auf 90 Prozent steigt. Dies verdeutlicht, dass sich das Gedächtnis effektiver trainieren lässt, wenn die Wiederholungen über einen längeren Zeitraum verteilt werden, wodurch sich der tägliche Aufwand reduziert. Diese Methode eignet sich besonders für Personen, die im Alltag nur begrenzt Zeit zur Verfügung haben. Um die besten Ergebnisse zu erzielen, solltest du deinen natürlichen Rhythmus nutzen, also die Zeiten wählen, zu denen du dich am konzentriertesten und aufnahmefähigsten fühlst.

Baue die rhythmische Wiederholung fest in deinen Alltag ein, nutze deinen natürlichen Rhythmus und speichere nur positive Gedanken ab. Lass negative Gedanken nicht zu. Erinnere dich: Ständige Wiederholung ist der Schlüssel zu deinem Erfolg. Verbinde sie mit Entspannung oder Yoga und beginne jeden Tag mit positiver Autosuggestion. Du wirst sehen, wie sich dein Leben verändert. Probier es aus, du hast nichts zu verlieren!

Konkret werden und Ideen umsetzen – Prokrastination überwinden

Du hast eine Fülle großartiger Ideen, aber manchmal scheint es fast unmöglich, diese in die Tat umzusetzen? Du bist nicht allein. Prokrastination, das Aufschieben von Aufgaben, ist ein häufiges Hindernis, das vielen im Weg steht. Doch mit einigen praxiserprobten Methoden kannst du diese Hürde überwinden und deine Ideen erfolgreich umsetzen.

1. Der erste Schritt, um Prokrastination zu überwinden, ist das Setzen klarer und erreichbarer Ziele. Formuliere, was du erreichen möchtest, und setze realistische Fristen. Dadurch wird das große, überwältigende Ziel in kleinere, handhabbare Aufgaben unterteilt.
2. Erstelle einen Aktionsplan. Welche Schritte sind notwendig, um dein Ziel zu erreichen? Notiere sie und plane, wann und wie du jede Aufgabe angehen willst. Ein gut durchdachter Plan gibt dir eine klare Richtung und hilft, den Fokus zu bewahren.
3. Nicht alle Aufgaben sind gleich wichtig. Identifiziere die kritischen Schritte, die den größten Einfluss auf dein Ziel haben, und konzentriere dich zuerst auf diese. Dies hilft dir, den größten Nutzen aus deiner Zeit und Energie zu ziehen.
4. Perfektionismus kann ein großer Prokrastinationstreiber sein. Erlaube dir, Fortschritte zu machen, auch wenn die Ergebnisse nicht perfekt sind. Denke daran, dass du immer Raum für Verbesserungen hast und dass der erste Schritt oft der wichtigste ist.
5. Selbstauferlegte Fristen können ein wirksames Mittel gegen Aufschieberitis sein. Sie schaffen ein Gefühl der Dringlichkeit und helfen, Aufgaben termingerecht zu erledigen.
6. Schaffe eine produktive Umgebung: Deine Umgebung kann einen großen Einfluss auf deine Produktivität haben. Finde einen ruhigen Ort, an dem du dich konzentrieren kannst, und stelle sicher, dass du alle notwendigen Materialien zur Hand hast.
7. Nutze die Pomodoro-Technik: Diese Technik beinhaltet das Arbeiten in festgelegten Zeitblöcken (zum Beispiel 25 Minuten), gefolgt von kurzen Pausen. Dies hilft, die Konzentration aufrechtzuerhalten und Überforderung zu vermeiden.
8. Setze dir kleine Belohnungen für das Erreichen von Meilensteinen. Dies kann ein wirksamer Anreiz sein, um motiviert zu bleiben und weiterhin Fortschritte zu machen.
9. Reflektiere und passe an: Nimm dir Zeit, um deinen Fortschritt zu überprüfen und anzupassen, falls notwendig. Lerne aus dem, was funktioniert hat und was nicht, und nutze diese Erkenntnisse, um deinen Ansatz zu verbessern.

Indem du diese Strategien anwendest, kannst du Prokrastination überwinden und deine Ideen in konkrete Ergebnisse verwandeln. Denke daran, dass der Schlüssel zum Erfolg darin liegt, aktiv zu bleiben und Schritt für Schritt voranzugehen. Jede kleine Aktion bringt dich deinem Ziel näher. Sei geduldig mit dir selbst und bleibe dran – deine Bemühungen werden sich auszahlen! Vielen hat auch eine andere Methode dabei geholfen ihre Ziele zu erreichen.

Ernähren, Ruhen, Verbinden: Das Trio für geistige Entwicklung

Die Entwicklung unserer geistigen Fähigkeiten ist ein zentraler Aspekt, der sowohl unseren beruflichen als auch unseren persönlichen Erfolg maßgeblich beeinflusst. Eine gesunde Ernährung, guter Schlaf und regelmäßige soziale Interaktionen sind entscheidend für die Aufrechterhaltung und Förderung unserer geistigen Gesundheit.

Gesunde Ernährung

Eine ausgewogene Ernährung, die reich an Antioxidantien, gesunden Fetten wie Omega-3-Fettsäuren und Vitaminen ist, spielt eine fundamentale Rolle in der Unterstützung der Gehirngesundheit. Antioxidantien, die in Blaubeeren und anderen Beerenfrüchten vorkommen, schützen die Zellen vor Schäden durch freie Radikale. Omega-3-Fettsäuren, die in fettem Fisch wie Lachs, Makrele und Sardinen zu finden sind, reduzieren entzündliche Prozesse und fördern die neuronale Gesundheit. Nüsse und grünes Blattgemüse liefern wichtige Nährstoffe, die kognitive Funktionen unterstützen und die mentale Klarheit verbessern.

> *»Sage mir, was du isst,
> und ich sage dir, wer du bist.«* Jean Anthelme Brillat-Savarin

Guter Schlaf

Die Qualität und Quantität des Schlafes beeinflussen unsere kognitive Leistung und unser allgemeines geistiges Wohlbefinden erheblich. Während wir schlafen, festigt unser Gehirn neue Informationen und verarbeitet die Erlebnisse des Tages. Ein ununterbrochener, tiefer Schlaf ermöglicht es dem Gehirn, sich zu regenerieren und zu stärken, was direkt mit einer verbesserten Gedächtnisleistung, gesteigerter Kreativität und einer besseren Problemlösungsfähigkeit verbunden ist.

Soziale Interaktion

Ein oft unterschätzter Aspekt der geistigen Entwicklung ist die soziale Interaktion. Regelmäßige, sinnvolle Gespräche und Interaktionen mit anderen können die geistige Gesundheit erheblich fördern. Diese Aktivitäten stimulieren das Gehirn auf eine Weise, die allein schwer zu erreichen ist. Sie fördern Empathie, Verständnis und emotionale Intelligenz und sind mit einem geringeren Risiko für viele Alterserkrankungen wie Demenz und Alzheimer verbunden.

Trotz der bekannten Vorteile sozialer Interaktion fällt es manchen Menschen schwer, aus der Einsamkeit herauszukommen. Gründe dafür können Schüchternheit, Unsicherheit oder soziale Ängste sein, die es erschweren, bestehende Beziehungen zu pflegen oder neue zu knüpfen. Menschen, die introvertiert sind oder in der Vergangenheit negative soziale Erfahrungen gemacht haben, könnten sich ebenfalls isoliert fühlen.

Für diejenigen, die Schwierigkeiten haben, aus ihrer sozialen Isolation herauszukommen, gibt es jedoch mehrere Ansätze, um diese Barrieren zu überwinden.

Erstens kann die Teilnahme an strukturierten Gruppenaktivitäten, wie Sportvereinen, Kunstklassen oder Buchclubs, helfen, den Druck zu mindern, der auf individuellen Interaktionen lasten kann. In solchen Umgebungen ist das gemeinsame Interesse oft ein natürlicher Eisbrecher, der das Knüpfen von Kontakten erleichtert.

Zweitens kann der Einsatz von Technologie eine wertvolle Ressource darstellen. Soziale Medien und Kommunikationstools bieten Möglichkeiten, mit Gleichgesinnten in Kontakt zu treten, ohne dass sofort Face-to-Face-Interaktionen erforderlich sind. Dies kann besonders für Menschen mit sozialen Ängsten eine sanfte Herangehensweise sein, um sich allmählich an persönlichere Begegnungen heranzutasten.

Drittens kann ehrenamtliche Arbeit eine sinnvolle Methode sein, um soziale Kontakte zu knüpfen und gleichzeitig der Gemeinschaft etwas zurückzugeben. Die Zusammenarbeit an einem gemeinsamen Ziel kann dazu beitragen, soziale Bindungen aufzubauen und die eigene Rolle in der Gesellschaft zu stärken.

Schließlich kann professionelle Hilfe in Form von Therapie oder Beratung für diejenigen von Nutzen sein, deren soziale Isolation tiefere psychologische Wurzeln hat. Ein Therapeut kann individuell abgestimmte Strategien anbieten, um soziale Fähigkeiten zu entwickeln und das Selbstvertrauen in sozialen Situationen zu stärken.

In der Summe sind eine ausgewogene Ernährung, guter Schlaf und aktive soziale Interaktionen nicht nur grundlegende Säulen für den Erfolg im Beruf und im persönlichen Leben, sondern auch entscheidend für das allgemeine Wohlbefinden und die langfristige geistige Gesundheit. Indem jeder Einzelne aktive Schritte unternimmt, um diese Bereiche zu fördern, kann eine signifikante Verbesserung der Lebensqualität erreicht werden.

> *»Freundschaft entsteht in dem Moment,*
> *in dem eine Person zu einer anderen sagt: Was? Du auch?*
> *Ich dachte, ich wäre der Einzige.«* C.S. Lewis

Die Macht der „Künstlichen Intelligenz"

Nachdem wir uns eingehend mit der persönlichen Entwicklung geistiger Fähigkeiten beschäftigt haben, eröffnet nun die faszinierende Welt der Künstlichen Intelligenz (KI) neue Möglichkeiten, dieses Wissen praktisch anzuwenden und weiter zu vertiefen.

Mit der faszinierenden Welt der Künstlichen Intelligenz (KI) eröffnen sich inzwischen vielfältige Möglichkeiten für die persönliche geistige Entwicklung. Individuell angepasste Lernplattformen bieten maßgeschneiderte Bildungsinhalte. Die Integration von Sprachassistenten und Spracherkennungssystemen ermöglicht eine natürlichere Interaktion mit der Technologie und trägt zur Verbesserung sprachlicher Fähigkeiten bei. Zugleich unterstützen KI-gestützte Suchmaschinen und Wissensdatenbanken das lebenslange Lernen, indem sie einen umfassenden und schnellen Zugang zu Informationen gewährleisten. Die Kreativität und Innovation werden ebenfalls gefördert, da KI Ideen generiert, Feedback gibt und sogar künstlerische Fertigkeiten verbessern kann.

Allerdings sollte nicht außer Acht gelassen werden, dass es auch Schattenseiten der KI gibt. Eine exzessive Abhängigkeit von KI und Technologie birgt die Gefahr der Ablenkung und des passiven Lernens, was wiederum das kritische Denken und eigenständige Problemlösungsfähigkeiten beeinträchtigen kann. Des Weiteren könnten personalisierte KI-Algorithmen eine „Informationsblase" schaffen und dadurch die Perspektiven der Menschen auf bestimmte Inhalte und Meinungen einschränken. Datenschutzbedenken rücken ebenfalls in den Fokus, da der unangemessene Einsatz von KI persönliche Informationen gefährden und missbrauchen könnte.

Im Bereich der Geschäftsmodelle bieten sich zahlreiche spannende Möglichkeiten durch die Integration von KI-Technologien. Unternehmen können ihre Arbeitsprozesse durch Automatisierung optimieren, wodurch Effizienzsteigerungen erzielt und Kosten gesenkt werden. Dies schafft Raum, sich verstärkt auf wertschöpfende Aufgaben zu konzentrieren. Darüber hinaus ermöglicht die Nutzung von KI eine persönliche Anpassung von Angeboten und Dienstleistungen, die gezielt auf die Bedürfnisse der Kunden abgestimmt sind. Mithilfe von KI-gestützter Datenanalyse werden Muster und Trends in großen Datensätzen erkannt, was fundierte Entscheidungsprozesse ermöglicht und die Zukunftsvorhersage unterstützt.

Nicht zuletzt könnte sich der Kundenservice dank des Einsatzes von Chatbots und virtuellen Assistenten verbessern, die jederzeit und rasch allgemeine Kundenanfragen beantworten können. Innovationsprozesse und Produktentwicklungen werden durch KI ebenfalls beflügelt, da sie schnell Ideen generiert, die Forschung erleichtert und die Entwicklungszyklen beschleunigt.

Trotz dieser positiven Entwicklungen darf nicht außer Acht gelassen werden, dass ethische Fragen in Verbindung mit der Nutzung von KI eine große Rolle spielen. Transparenz, Fairness und Verantwortung im Umgang mit KI-Technologien sind von essenzieller Bedeutung. Ein sorgfältiger Umgang mit KI eröffnet somit eine Vielzahl von Chancen, gepaart mit der Verantwortung, ethische Grundsätze zu wahren.

KI in der Praxis
Lass uns das Ganze nun praktisch angehen. Um Zugang zu KI-Tools wie ChatGPT zu bekommen, kannst du Plattformen nutzen, die die Integration von OpenAIs GPT-4 ermöglichen. GPT-4 ist die fortschrittlichste Version des Modells, auf dem ChatGPT basiert, und bietet noch tiefere und vielseitigere Interaktionsmöglichkeiten als seine Vorgänger. Einige Plattformen bieten eine Benutzeroberfläche, über die du direkt mit ChatGPT interagieren kannst, während andere Entwickler über eine API die Möglichkeit geben, GPT-4 in ihre eigenen Anwendungen zu integrieren.

Um direkten Zugang zu ChatGPT zu erhalten, kannst du dir auf der OpenAI-Plattform (openai.com) ein Konto einrichten. OpenAI stellt verschiedene Zugangsoptionen zur Verfügung, einschließlich kostenloser und kostenpflichtiger Modelle, wobei letztere zusätzliche Funktionen und höhere Nutzungslimits bieten können.

Nach der Registrierung bei ChatGPT sind folgende Schritte notwendig, um mit dem Modell zu interagieren und Antworten zu erhalten:

1. Navigiere zur ChatGPT-Benutzeroberfläche, nachdem du dich angemeldet hast. Dort kannst du deine Anfragen (Prompts) eingeben und direkt mit dem Modell interagieren.

2. Überlege genau, welche Informationen du vom Modell erhalten möchtest oder in welcher Form du Unterstützung brauchst. Es ist wichtig, deine Anfrage klar und präzise zu formulieren, um optimale Ergebnisse zu erzielen.

3. Gib einen Startpunkt oder eine Frage als „Prompt" in das vorgesehene Eingabefeld auf der ChatGPT-Oberfläche ein. Nachdem du auf „Senden" geklickt oder die Enter-Taste gedrückt hast, generiert das Modell eine Antwort, die auf dem umfangreichen Kontext und den Informationen basiert, die es während seines Trainings gelernt hat. Die Qualität und Relevanz der Antworten hängen maßgeblich von der Art und Weise ab, wie du deinen Prompt formulierst.

Denke auch an Datenschutz und die sichere Verwendung solcher KI-Tools, insbesondere wenn du mit sensiblen Daten oder persönlichen Informationen arbeitest..

Verständnis von KI-Prompts
KI-Prompts sind kurze Texteingaben oder Fragen, die du einer Künstlichen Intelligenz stellst, um eine spezifische Antwort oder Reaktion zu bekommen. Die KI nutzt diese Eingaben, um zu antworten. Für optimale Ergebnisse ist es wichtig, klare und präzise Anweisungen zu geben.

Definiere dein Ziel: Bevor du einen Prompt verfasst, solltest du genau wissen, was du von der KI erwartest. Denk darüber nach, welche Antwort oder Information du suchst und welchen Kontext die KI beachten sollte.

Vermeide unklare Fragen: Formuliere Fragen eindeutig und verständlich, um Missverständnisse zu verhindern. Je genauer deine Anleitung, desto treffender die Antwort der KI.

Tipps für effektive KI-Prompts:

Setze die KI in eine Rolle: Das „Act as"-Prinzip in KI-Prompts versetzt die KI in die Rolle einer realen oder fiktiven Person oder Entität. Das kann zu tieferen oder anschaulicheren Antworten führen. Beispiele: „Act as Albert Einstein und erkläre die Relativitätstheorie einfach." „Stell dir vor, du bist ein umweltbewusster Verbraucher und empfiehl nachhaltige Alltagsprodukte."

Beginne mit klaren Anweisungen: Formuliere deinen Prompt deutlich. Möchtest du zum Beispiel Informationen zu einem Thema, frage: „Erkläre mir die Grundlagen der Künstlichen Intelligenz."

Ergänze relevante Infos: Manchmal hilft es, der KI zusätzlichen Kontext zu geben. Beispiel: „Beantworte die Frage bezogen auf das deutsche Bildungssystem."

Begrenze die Antwortlänge: Wünschst du eine kurze Antwort, könntest du die maximale Wortzahl angeben: „Beschreibe in 100 Wörtern die Klimawandelauswirkungen auf Deutschland."

Spiele mit den Temperaturwerten: Die Temperatur ist ein Parameter, der die Kreativität der KI steuert. Eine niedrigere Temperatur (z.B. 0,2) führt zu konservativen und vorhersehbaren Antworten, während eine höhere Temperatur (z.B. 0,8) zu kreativeren, aber möglicherweise ungenaueren Ergebnissen führt.

Beispiele für KI-Prompts

Allgemeine Fragen: „Was sind die wichtigsten Sehenswürdigkeiten in Paris?", „Erkläre den Begriff ‚Energiewende' und ihre Bedeutung für Deutschland."

Kreative Anfragen: „Schreibe eine kurze Geschichte über einen Wilderer aus dem Bayerischen Wald.", „Entwickle ein neues Rezept für ein italienisches Gericht."

Entscheidungsfindung: Frage: „Welche Faktoren sollten bei der Wahl eines umweltfreundlichen Autos berücksichtigt werden?", „Vergleiche Vor- und Nachteile von Solarenergie und Windenergie als erneuerbare Energiequellen."

Kontrolle und Iteration

Überprüfe die KI-Ausgabe: Lies die Antworten der KI genau durch, um sicherzugehen, dass sie deinen Anforderungen gerecht werden. Wenn nötig, kannst du den Prompt anpassen.

Experimentiere mit verschiedenen Formulierungen: Manchmal bringt eine leicht veränderte Formulierung des Prompts bessere Ergebnisse. Teste verschiedene Varianten, um die passenden Antworten zu bekommen. Manchmal erhält man durch die Verwendung der englischen Sprache bessere Ergebnisse.

Passe die Temperatur an: Falls die Antworten der KI ungenau oder widersprüchlich erscheinen, solltest du die „Temperatur"-Einstellung anpassen. Diese Einstellung beeinflusst, wie kreativ oder vorsichtig die KI bei der Generierung von Antworten ist. Ein niedrigerer Wert (z.B. 0.2 oder 0.3) führt dazu, dass die KI-Antworten vorhersagbarer, konsistenter und weniger divers sind. Ein höherer Wert (z.B. 0.8 oder 1.0) gibt der KI mehr Freiheit, kreativere und variablere Antworten zu generieren.

Das Erstellen sinnvoller KI-Prompts braucht Klarheit, Genauigkeit und Lust am Ausprobieren. Mit klaren Anweisungen und Verständnis für die KI-Parameter kannst du die Performance der KI verbessern. Denk dran: Die KI ist nur so gut wie die Anweisungen, die du ihr gibst. Durch ständiges Anpassen und Verfeinern holst du das Beste aus deinem KI-Modell heraus.

KI-Tools für Texter, Unternehmer, Designer und Marketing-Fachleute

Für Autoren
- ChatGPT-3.5, ChatGPT-4 oder ChatGPT-4o von OpenAI sind leistungsstarke KI-Modelle, die Texte generieren können.
- Grammarly bietet eine umfassende Grammatik- und Rechtschreibprüfung für Texte. Es erkennt Fehler, gibt Vorschläge zur Verbesserung des Schreibstils und hilft Autoren, klarere und präzisere Texte zu erstellen.
- ProWritingAid: Ähnlich wie Grammarly bietet ProWritingAid eine Grammatik- und Stilprüfung für Texte. Es identifiziert Probleme wie wiederholte Wörter, schwache Verben oder übermäßigen Gebrauch von Passivsätzen und gibt Autoren Anregungen zur Verbesserung.
- Hemingway Editor: Dieses Tool analysiert Texte und bewertet sie nach Lesbarkeit. Es identifiziert lange und komplexe Sätze, übermäßigen Gebrauch von Adverbien und andere Aspekte, die den Lesefluss beeinträchtigen können.
- AI Writer: AI Writer ist ein KI-basiertes Tool, das Autoren bei der Generierung von Texten unterstützt. Es kann Texte auf der Basis von Stichpunkten, Schreibstilen oder Themen generieren und bietet Autoren eine Ausgangsbasis für ihre Arbeit.
- Evernote: Obwohl es kein spezifisches KI-Tool ist, kann Evernote Autoren dabei helfen, ihre Notizen und Ideen zu organisieren. Mit Funktionen wie der Texterkennung können Texte durchsucht und strukturiert werden, was die Schreibarbeit erleichtert.

Für Künstler

- DeepArt: Dieses Tool ermöglicht es Künstlern, ihre eigenen Kunstwerke zu erstellen oder bestehende Bilder zu verfremden, indem es KI-Algorithmen verwendet, um Stile zu transferieren oder neue Stile zu generieren.
- RunwayML: Diese Plattform bietet verschiedene KI-Modelle für Künstler an, einschließlich StyleGAN, das es ermöglicht, realistische Bilder zu generieren, und PoseNet, das Körperbewegungen erkennt. Künstler können diese Modelle nutzen, um ihre kreative Arbeit zu erweitern.
- Artbreeder: Mit Artbreeder können Künstler Bilder miteinander verschmelzen und neue visuelle Konzepte generieren. Es ermöglicht auch das Experimentieren mit verschiedenen Stilen und Techniken, um einzigartige Kunstwerke zu schaffen.
- Google DeepDream: Dieses Tool nutzt KI, um Bilder auf ungewöhnliche Weise zu verfremden. Künstler können ihre Bilder hochladen und verschiedene Algorithmen anwenden, um psychedelische und surreale Effekte zu erzeugen.

Für Musiker

- Magenta ist ein KI-Tool, das musikalische Kreativität fördert und bei der Komposition von Melodien und Harmonien unterstützt. Auch Jukedeck oder Amper Music können dabei helfen, KI-generierte Musik zu erstellen.
- Murf.ai – Dies ist ein auf künstlicher Intelligenz (KI) basierter Sprachgenerator, der verschiedene Stimmen für verschiedene Bedürfnisse und Anwendungen bietet.
- Lovo.ai ist eine AI-Sprachgenerator- und Text-zu-Sprache-Plattform, die eine breite Palette von Stimmen und Stilen bietet.
- Play.ht ist eine AI-gesteuerte Sprachgenerierungsplattform, die Text in ultra-realistische gesprochene Inhalte umwandelt.
- Beatoven.ai ist eine Plattform, die mithilfe fortschrittlicher AI-Musikgenerierungstechniken einzigartige, lizenzfreie Musik für Videos und Podcasts erstellt.
- Soundful.ai ist eine innovative Plattform, die mithilfe von künstlicher Intelligenz (KI) personalisierte Musik generiert.

Für das Marketing

- CopyCockpit: Swissmademarketing hat sich auf KI-Tools spezialisiert, die auf das Marketing ausgerichtet sind. Wer schnell zu guten Ergebnissen kommen will ist da richtig.
- Phrasee: Dieses Tool verwendet KI, um überzeugende und ansprechende Marketingtexte zu erstellen. Es analysiert Daten und generiert automatisch optimierte Texte für E-Mails, Anzeigen und andere Marketingkommunikationen.

- Persado: Ähnlich wie Phrasee hilft Persado dabei, effektive Marketingtexte zu erstellen. Es verwendet KI, um die emotionale Reaktion von Texten vorherzusagen und gibt Empfehlungen, wie die Texte optimiert werden können, um eine größere Wirkung zu erzielen.

- Adobe Sensei: Dieses KI-Tool von Adobe bietet Funktionen für personalisiertes Marketing und Content-Optimierung. Es analysiert Daten, um Kundenverhalten und Präferenzen zu verstehen und ermöglicht es Marketers, individualisierte Inhalte und maßgeschneiderte Kampagnen zu erstellen.

- Google Analytics: Obwohl es kein spezifisches KI-Tool ist, nutzt Google Analytics KI-Algorithmen, um Daten zu analysieren und Einblicke in das Kundenverhalten zu gewinnen. Marketer können diese Informationen nutzen, um ihre Marketingstrategien zu optimieren und bessere Ergebnisse zu erzielen.

Für das Business

- IBM Watson: IBM Watson bietet eine breite Palette von KI-Tools und -Diensten für Unternehmen an. Es umfasst Funktionen wie maschinelles Lernen, natürliche Sprachverarbeitung und Datenanalyse, die Unternehmen bei der Automatisierung von Prozessen, der Vorhersage von Trends und der Verbesserung der Entscheidungsfindung unterstützen.

- Salesforce Einstein: Salesforce Einstein ist eine KI-Plattform, die in die Salesforce-Produkte integriert ist. Es bietet Funktionen wie maschinelles Lernen, Vorhersageanalysen und Personalisierung, die Unternehmen dabei helfen, ihre Vertriebs- und Marketingaktivitäten zu optimieren, Kundenbeziehungen zu verbessern und Geschäftsprozesse zu automatisieren.

- Google Cloud AI: Google Cloud AI bietet verschiedene KI-Tools und -Dienste für Unternehmen an, darunter maschinelles Lernen, natürliche Sprachverarbeitung und Bilderkennung. Unternehmen können damit Daten analysieren, Muster erkennen und personalisierte Erlebnisse für ihre Kunden schaffen.

- Microsoft Azure AI: Microsoft Azure AI bietet eine Reihe von KI-Tools und -Diensten, einschließlich maschinellem Lernen, Sprach- und Bilderkennung sowie Chatbot-Entwicklung. Unternehmen können damit intelligente Anwendungen entwickeln, Daten analysieren und Geschäftsprozesse automatisieren.

Von der Selbsterkenntnis zur unternehmerischen Vision

Aufbauend auf den Einblicken und Übungen zur Selbsterkenntnis, die wir in den vorherigen Kapiteln zusammen erarbeitet haben, sowie den verschiedenen Ansätzen, um dein Selbst authentisch und vollständig zum Ausdruck zu bringen, steht dir nun eine spannende Herausforderung bevor. Es ist an der Zeit, diese tiefen Einblicke in dein wahres Ich und deine einzigartigen Fähigkeiten zu nutzen, um ein Geschäftsmodell zu entwerfen. Dieses Modell sollte nicht nur erfolgreich sein, sondern auch echte Resonanz finden, indem es deine persönlichen Werte und Visionen in die Welt trägt.

Erinnere dich dabei an die wertvollen Erkenntnisse, die du auf deiner bisherigen Reise gesammelt hast. Nutze sie als solide Grundlage, um deinen Weg in die berufliche Selbstverwirklichung mutig und mit klarem Blick voranzuschreiten.

In den kommenden Kapiteln werden wir uns darauf konzentrieren, wie du deine individuellen Stärken und Visionen in effektive Geschäftsstrategien umsetzen kannst. Wir werden erkunden, wie du eine Unternehmenskultur aufbauen kannst, die deine Werte widerspiegelt, und wie du durch authentische Führungsqualitäten dein Team inspirieren und motivieren kannst.

Ein wichtiger Aspekt dabei wird sein, wie du durch bewusste und ethische Entscheidungen nicht nur Profit generieren, sondern auch einen positiven Beitrag zur Gesellschaft leisten kannst. Dieser integrative Ansatz wird dir helfen, nicht nur in finanzieller Hinsicht erfolgreich zu sein, sondern auch eine erfüllende und nachhaltige Karriere zu gestalten, die mit deinem inneren Selbst im Einklang steht.

Letztendlich geht es darum, ein Geschäftsumfeld zu schaffen, das nicht nur wirtschaftlich prosperiert, sondern auch als Kraft für das Gute in der Welt dient. Durch die Anwendung der Prinzipien der Selbsterkenntnis auf die Geschäftswelt kannst du ein lebendiges Beispiel dafür sein, wie Unternehmenserfolg und persönliche Integrität Hand in Hand gehen können.

Bereite dich darauf vor, die Brücke von der persönlichen Entwicklung zur geschäftlichen Exzellenz zu schlagen. In diesem Buchteil wirst du lernen, wie du deine Träume und Ziele in die Tat umsetzen und ein Geschäftsmodell entwickeln kannst, das nicht nur marktfähig, sondern auch authentisch ist. Es ist Zeit, deine Vision in Wirklichkeit umzusetzen und die Welt nicht nur zu beeindrucken, sondern auch positiv zu verändern.

»Deine Arbeit besteht darin, deine Arbeit zu entdecken und dann mit ganzem Herzen zu tun.« Buddha

Das Unternehmen gestalten

Entwicklung deines Unternehmens und deines Geschäftsmodells

Willkommen zu einem der vielleicht aufregendsten Kapitel deines Lebens – der Entwicklung deines eigenen Unternehmens und Geschäftsmodells! Dies ist eine Reise voller Möglichkeiten, Herausforderungen und persönlichem Wachstum. In den vorangegangenen Abschnitten hast du deinen Körper, deine Seele und deinen Geist erforscht und bist deiner wahren Berufung nähergekommen.

Nun ist der Moment gekommen, in dem dein persönliches Wachstum auf die geschäftliche Ebene trifft. Dieses Kapitel wird dir helfen, das Gelernte in die Praxis umzusetzen und die Grundlagen für dein eigenes Unternehmen zu legen. Du stehst an der Schwelle, deine Leidenschaften auszuleben und deine eigenen Ideen in die Realität umzusetzen. Mit der Selbstständigkeit kommen viele Vorteile: Du kannst verschiedene Dinge gleichzeitig tun, deine Arbeitszeiten frei einteilen und unabhängige Entscheidungen treffen. Selbstverständlich wird die Selbstständigkeit auch deine Selbstdisziplin und Fähigkeit zur Strukturierung stärken sowie deine Eigenverantwortung fördern. Natürlich gibt es auch Herausforderungen, die du in Betracht ziehen musst. Du wirst dich mit neuen Aufgaben auseinandersetzen müssen, die nicht unbedingt zu deinen Kernkompetenzen gehören, wie Buchhaltung oder Marketing. Es kann zu einer höheren psychischen Belastung kommen, und das Einkommen wird möglicherweise nicht so regelmäßig fließen wie in einem Angestelltenverhältnis.

> »Alle Träume können wahr werden, wenn wir den Mut haben, ihnen zu folgen.« Walt Disney

Lass dich nicht entmutigen! Die Vorzüge der Selbstständigkeit überwiegen oft die Nachteile. Du wirst auf eine spannende Reise gehen, in der du dich selbst entdecken und über dich hinauswachsen wirst. Sei bereit, neue Wege zu gehen, neue Höhen zu erreichen und deine Träume zu verwirklichen. Die Welt wartet darauf, deine Ideen zu sehen und dein Potenzial zu entfalten. Es ist Zeit, den Sprung in die Selbstständigkeit zu wagen und die spannende Reise anzutreten. Du bist bereit, und ich bin hier, um dich auf diesem aufregenden Weg zu begleiten! Gemeinsam werden wir lernen, wie man eine Geschäftsidee entwickelt, die nicht nur wirtschaftlich tragfähig ist, sondern auch deine persönlichen Werte und Ziele widerspiegelt. Wir werden die verschiedenen Aspekte eines Geschäftsmodells betrachten, von der Marktanalyse über die Produktentwicklung bis hin zur Preisgestaltung und Vermarktung. Auch die Herausforderungen und Chancen der Unternehmensführung werden wir nicht außer Acht lassen.

Das Unternehmen als Organismus

In der Wirtschaftswissenschaft gibt es eine Reihe von Ansätzen, das Unternehmen als Organismus zu sehen. Eine Sichtweise, die zunächst vielleicht nicht sehr naheliegend erscheint. Ist es wirklich möglich, ein Unternehmen wie einen menschlichen Körper zu betrachten? Doch so verschieden auch ihre äußere Form ist, es gibt Gemeinsamkeiten in ihren Funktionen, die es sinnvoll erscheinen lassen, diesen Gedanken weiterzuverfolgen.

Der Frankfurter Systemwissenschaftler Wolfgang Mewes hat festgestellt, dass sich für die grundlegenden Vorgänge in sozialen Systemen, wie z.B. Unternehmen, Entsprechungen im menschlichen Körper finden. Er hat eine kybernetische Grundstruktur beschrieben, die mit vielen anderen uns bekannten organischen Systemen (Tieren, Pflanzen, Zellen) identisch ist und aus fünf Bereichen besteht: stofflich-materielle Strukturen, Stoffwechselvorgänge, Kreislaufvorgänge, Informationsvorgänge und Spannungsvorgänge.

Sowohl Organismen als auch Unternehmen sind darauf angelegt, ihr Energiepotenzial zu erhöhen. Beide müssen mehr Energie einnehmen, als ihre Erwerbsanstrengung sie selbst an Energie kostet. Nehmen sie weniger ein, dann können sie sich vielleicht noch einige Zeit aus Reserven oder durch Abbau der eigenen Struktur am Leben erhalten. Bleibt die Energiebilanz jedoch längere Zeit negativ, dann sterben sie ab. Das gilt für Lebewesen genauso wie für ein Softwareunternehmen.

Menschen gewinnen ihre Energie aus der Umwelt, indem sie andere Lebewesen – Pflanzen oder Tiere – essen und im Verdauungsakt die Moleküle der aufgenommenen Gewebe aufspalten. Dabei wird für sie nutzbare Energie frei. Ohne Energie gibt es keinerlei Aktivität, ohne Energie gibt es weder Aufbau noch Erhaltung irgendeiner Struktur und ohne Energie gibt es letztlich weder Wachstum noch Fortpflanzung. Unternehmen gewinnen ihre Energie durch laufende Tauschakte mit positiver Energiebilanz. Hier ist in der Regel Geld als Universaltauschmittel die ausgetauschte Energieform. Letztlich ist Geld nichts anderes als ein Scheck, mit dem ich andere dazu bringen kann, für mich Energie einzusetzen. Geld ist eine Idee, ein Konzept und schafft eine energetische Verbindung zwischen uns. Der Energieerwerb ist demnach die zentrale Funktion von menschlichen Wesen wie auch von Unternehmen.

Eine weitere Gemeinsamkeit von Unternehmen und Organismen ist die Homöostase. Darunter versteht man die Fähigkeit eines Organismus, sich durch selbstregelnde Vorgänge und Anpassungen an seine Lebensbedingungen am Leben zu erhalten. Eine oft beschworene Fähigkeit, die Unternehmen gerade in der heutigen turbulenten Zeit dringend benötigen. Auch im täglichen Sprachgebrauch fällt die Nähe auf. So bei Ausdrücken wie „das Unternehmen krankt an der Wurzel", das ist ein „absterbender Berufszweig", ein „Tochterunternehmen" wird gegründet, es findet eine „Unternehmenshochzeit" statt. Wie Organismen besitzen auch Unternehmen einen Lebenszyklus. Sie werden aus der „Taufe gehoben", wenn alles gut läuft „florieren sie", gelegentlich werden sie auch krank und benötigen Arznei in Form einer „Finanzspritze" und sterben sie, so nennt man ihren „Tod" Konkurs. Sie sind, da im Wesentlichen von Menschen gebildet, dem Menschen auch ein gutes Stück näher als Tiere oder Pflanzen. Sie verfügen – hoffentlich – über eine Unternehmenskultur oder eine Unternehmensphilosophie.

Ein weiterer Aspekt ist das Wachstum. Dass Unternehmen wachsen können, ist hinlänglich bekannt. Dass ein ungezügeltes Wachstum auf Dauer nicht gerade ideal ist, leuchtet vielen ebenfalls ein – obwohl manche Moloch-Unternehmen das anders sehen mögen. Es gibt Unternehmen, die wachsen ungezügelt wie Krebsgeschwüre und ab einer gewissen Größe werden Unternehmen monströs. Sie werden zu unflexiblen Dinosauriern und fallen dann früher oder später veränderten Umfeldbedingungen zum Opfer.

Die optimale Größe eines Teams oder einer Organisationseinheit hängt stark von der Art der Aufgabe und den Führungsqualitäten der beteiligten Personen ab. Wie viele Menschen eine Führungskraft sinnvoll führen kann, variiert also. Traditionelle Organisationsstrukturen empfehlen eine engere Span of Control, oft zwischen fünf und sieben direkten Mitarbeitern pro Führungskraft. Dies basiert auf der Idee, dass eine engere Span of Control eine engere und effektivere Überwachung und Kommunikation ermöglicht.

Moderne Kommunikations- und Kollaborationstools können es Führungskräften erleichtern, mit einem größeren Team effektiv zu kommunizieren und dieses zu managen. Dies kann die Span of Control beeinflussen. Unternehmen, die eine Kultur der Eigenverantwortung und Autonomie fördern, können eine größere Span of Control haben, da Mitarbeiter weniger direkte Überwachung benötigen. Es gibt also keine „one-size-fits-all"-Antwort auf die optimale Span of Control, und es ist wichtig, dass Unternehmen diese Entscheidungen basierend auf ihrer spezifischen Situation und ihren Zielen treffen. Es ist jedoch entscheidend, die Balance zwischen effektiver Führung und Überlastung der Führungskräfte zu finden.

Wie wäre es, wenn Unternehmen in lebensfähigen Einheiten so organisiert wären, dass jeder Mitarbeiter jeden seiner Kollegen beim Namen kennt, ohne sich großartig anstrengen zu müssen? Vielleicht ist eine gewisse Größe der funktionalen Einheiten dafür notwendig. Dies würde zumindest eine der Grundlagen für effektive Kommunikation schaffen – ein wahres Lebenselixier eines jeden Unternehmens. Dort, wo sich Menschen anonym begegnen, bleibt die Kommunikation oft genug auf der Strecke. Denken wir nur an die letzten Male, als wir mit fremden Menschen im Fahrstuhl standen oder in einem Zugabteil saßen, wo jeder sich bemühte, möglichst nicht zu kommunizieren.

Was für das Wachstum gilt, trifft auch auf das Erwerbsstreben eines Unternehmens zu. Ein stetiges Anwachsen der Gewinne erfreut zwar die Anleger, doch wenn dieses Mehr an Gewinn zu einem Weniger an Zufriedenheit unter den Mitarbeitern führt, stimmt die

Rechnung nicht. In solchen Fällen entfernt sich das Unternehmen zunehmend von dem sozialen Umfeld, in das es eingebettet ist und das die Grundlage für seine Existenz bietet.

Das ständige Streben nach Shareholder Value ist gefährlich, denn es hat auch deutliche negative Auswirkungen. Einige der wichtigsten Aspekte sind:

- *Kurzfristiges Denken:* Das Streben nach Shareholder Value kann dazu führen, dass Unternehmen sich auf kurzfristige Gewinne konzentrieren und langfristige Investitionen in Forschung, Entwicklung und Mitarbeiterzufriedenheit vernachlässigen.
- *Vernachlässigung anderer Interessengruppen:* Wenn Unternehmen sich ausschließlich auf die Bedürfnisse ihrer Aktionäre konzentrieren, können sie andere wichtige Interessengruppen wie Mitarbeiter, Kunden und die Umwelt vernachlässigen.
- *Erhöhte Risikobereitschaft:* Im Bestreben, kurzfristige Gewinne zu erzielen, könnten Unternehmen riskante Entscheidungen treffen, ohne die langfristigen Auswirkungen auf das Unternehmen oder die Gesellschaft als Ganzes zu berücksichtigen.
- *Fehlende Innovation:* Ein einseitiger Fokus auf Shareholder Value kann dazu führen, dass Unternehmen auf bewährte Geschäftsmodelle setzen und Innovationen vernachlässigen, die für das langfristige Wachstum und die Anpassungsfähigkeit des Unternehmens entscheidend sind.
- *Reduzierung von Sozialstandards:* Um den Shareholder Value zu steigern, können Unternehmen dazu verleitet werden, Sozialstandards wie faire Arbeitsbedingungen oder angemessene Löhne zu reduzieren.
- *Vernachlässigung ethischer Standards und sozialer Verantwortung:* Das Streben nach kurzfristigen Gewinnen könnte einige Unternehmen dazu bringen, ethische Standards zu missachten und ihre soziale Verantwortung zu minimieren, was langfristig ihren Ruf und ihre Glaubwürdigkeit schädigen kann.
- *Risiko der Entfremdung von Mitarbeitern und Kunden:* Wenn die Gewinnmaximierung zum primären Ziel wird, können die Bedürfnisse und das Wohlbefinden von Mitarbeitern und Kunden leicht übersehen werden, was zu Unzufriedenheit, einer hohen Fluktuation und einem Verlust von Kundenloyalität führen kann.
- *Erhöhtes Risiko für Krisen und Skandale:* Ein übermäßiger Fokus auf finanzielle Kennzahlen kann dazu führen, dass Risiken in anderen Bereichen, wie etwa Umweltschutz oder Compliance, unterschätzt werden, was das Potenzial für Krisen und Skandale erhöht.

Abschließend lässt sich sagen, dass Unternehmen, ähnlich wie Organismen, am besten gedeihen, wenn sie ein ausgewogenes Wachstum anstreben und eine gesunde Beziehung zu allen Beteiligten pflegen. Ein übermäßiger Fokus auf Shareholder Value kann kurzfristige Gewinne bringen, riskiert jedoch langfristige Nachhaltigkeit und das Wohlergehen des gesamten Systems, in das sie eingebettet sind.

Energiefluss im Unternehmen

Energie ist ein universelles Phänomen, das schon in der Schule behandelt wird. Energie kann Arbeit leisten, was bedeutet, dass Energie oder Kraft über eine bestimmte Strecke angewendet wird. Elektrizität und Magnetismus sind Beispiele für Energieformen, deren Verhalten wir beschreiben können, nicht jedoch das Wesen der Energie selbst. Aristoteles sah Energie als das, was alles in Bewegung setzt. Bis heute ist das wahre Wesen der Energie nicht vollständig erklärbar. Moderne Atomphysik zeigt, dass letztendlich alles Energie ist. Für die Chinesen ist Qi eine vielseitige Energieform. Energie kann sich in verschiedene Formen wie Wärme, Elektrizität oder chemische Energie umwandeln. Wir können diese Formen messen, auch wenn wir nicht genau wissen, was wir dabei erfassen.

Welche Energieformen fließen nun in einem Unternehmen? Neben den offensichtlichen finanziellen Mitteln und Materialien spielen auch Informationen und Emotionen eine zentrale Rolle, die jedoch oft vernachlässigt werden. Sprachliche Ausdrücke wie „es läuft wie geschmiert" oder „Sand im Getriebe haben" verdeutlichen den Energiefluss im Unternehmen.

Eine der wichtigsten Energieformen in einem Unternehmen ist die Information. Transparenz in allen Unternehmensprozessen ist entscheidend, damit jeder den Gesamtkontext verstehen kann. Lediglich sensible Informationen, wie beispielsweise die Entwicklung neuer Produkte, sollten vertraulich bleiben. Eine gesunde Unternehmenskultur basiert auf Transparenz und Vertrauen. Mitarbeiter haben ein Anrecht auf umfassende Informationen und müssen in den Kommunikationsfluss eingebunden werden. Vertrauen ist jedoch von höchster Bedeutung; ein Missbrauch sollte Konsequenzen nach sich ziehen. Informationen müssen schnell und effizient fließen, um das Unternehmen reaktionsfähig zu halten. Verzögerungen im Informationsfluss können das Unternehmen gefährden.

Auch Material- und Finanzströme sind von entscheidender Bedeutung. Blockaden in diesen Bereichen können das Unternehmen erheblich beeinträchtigen. Dabei sollte Geld nicht der einzige Erfolgsmaßstab sein. Langfristige Kundenbindung kann oft wichtiger sein als kurzfristiger Umsatz.

Emotionen sind ebenfalls eine wichtige Energieform, die das Betriebsklima maßgeblich beeinflusst. Ein Fokus auf Zusammenarbeit und Kostenminimierung, anstelle von isolierten Profitcentern, kann Konflikte verringern und das Arbeitsklima verbessern.

Unternehmen ähneln in vielerlei Hinsicht menschlichen Organismen. Die Prinzipien der Traditionellen Chinesischen Medizin, die auf Selbstheilung abzielt, können auch auf Unternehmen angewendet werden. Diese Medizin sieht den Körper als dynamisches System, das harmonisch funktionieren muss, um gesund zu bleiben. Störungen im Energiefluss führen zu Krankheiten – und ebenso führen Störungen im Energiefluss eines Unternehmens zu Problemen.

Das Management sollte wie ein erfahrener Hausarzt agieren, der Problemstellen aufspürt und zur Lösung beiträgt. Ein reibungslos funktionierendes Unternehmen benötigt nur selten Eingriffe. Die Unternehmensführung sollte kontinuierlich die Bedingungen für einen reibungslosen Fluss verbessern, ohne direkt in den Wertschöpfungsprozess einzugreifen.

Selbstregulation im Unternehmen setzt Potenziale frei und unterstützt den Ausbau von Kernkompetenzen. Führungskräfte sollten sich kontinuierlich anpassen und weiterentwickeln. Fähige Mitarbeiter sind in der Lage, ihr Verhalten selbstständig zu regulieren, wie es die „Theorie der Selbstregulation" von Albert Bandura nahelegt. Diese Selbstregulation ermöglicht es der Unternehmensführung, sich auf strategische Ausrichtungen zu konzentrieren und das Unternehmen nachhaltig zu steuern.

Einige erfolgreiche Unternehmen setzen auf Selbstregulation und Autonomie, wie Semco, Buurtzorg und Morning Star. Diese Unternehmen zeigen, dass Vertrauen und Autonomie zu Innovation und hoher Motivation führen können.

- Semco (Brasilien): Semco ist ein brasilianisches Unternehmen, das für seinen radikalen Ansatz der Mitarbeiterautonomie bekannt ist. Das Unternehmen hat eine flache Hierarchie und praktiziert das Prinzip der Selbstorganisation. Die Mitarbeiter haben weitreichende Entscheidungsbefugnisse und gestalten ihre Arbeitsbedingungen selbst.
- Buurtzorg (Niederlande): Buurtzorg ist ein niederländisches Unternehmen im Bereich der häuslichen Krankenpflege. Es basiert auf einem dezentralen Modell, bei dem die Pflegeteams autonom arbeiten und eigenverantwortlich Entscheidungen treffen. Die Mitarbeiter haben die Freiheit, ihre Arbeitszeiten und ihre Arbeitsweise selbst zu bestimmen.
- Valve Corporation (USA): Valve ist ein bekanntes Unternehmen in der Videospielindustrie. Es hat eine flache Organisationsstruktur ohne traditionelle Hierarchien. Bei Valve gibt es keine festen Vorgesetzten oder Mitarbeiterbewertungen. Die Mitarbeiter wählen ihre Projekte selbst und haben weitreichende Entscheidungsfreiheit.

Diese Unternehmen haben gezeigt, dass Selbstregulation und ein hohes Maß an Mitarbeiterautonomie zu innovativem Denken, hoher Motivation und Spitzenleistungen führen können. Durch den Verzicht auf Kontrolle und die Förderung von Selbstorganisation schaffen sie eine positive Arbeitsumgebung, in der die Mitarbeiter ihr volles Potenzial entfalten können.

Ein gut organisiertes Unternehmen braucht sowohl Planung als auch Freiraum für Kreativität. Flexibilität und Anpassungsfähigkeit sind entscheidend. Authentisches Management berücksichtigt die energetische Dynamik im Unternehmen und strebt ein harmonisches Gleichgewicht an. Positive Energie und Resonanz führen zu besseren Ergebnissen und einem angenehmeren Arbeitsklima.

Ganzheitliche Unternehmensgestaltung

Derzeit findet ein rasanter Entwicklungsprozess statt. Unternehmen und Organisationen müssen ständig Veränderungen durchlaufen, um wettbewerbsfähig zu bleiben. Veränderungen bedeuten jedoch oft Angst und Unsicherheit. Jede Veränderung hat ihre eigenen Auswirkungen und Dynamiken, was es schwierig macht, einen klaren Weg vorzugeben. Wenn man zu lange an einem überholten Weg festhält, kann dies negative Konsequenzen haben. Führungskräfte und Mitarbeiter können sich orientierungslos fühlen, ihre Kreativität sinkt und es entstehen Angst und kurzfristiges Denken. Es ist wichtig, Veränderungen anzunehmen und sich auf die Dynamik einzulassen, um langfristig erfolgreich zu sein.

Jedes Unternehmen, egal wie groß, ist ein offenes, komplexes und dynamisches System. Diese Systeme sind nicht einfach zu steuern. Jeder Versuch, sie mit äußeren Regeln zu kontrollieren, scheint aussichtslos.

Über die Jahre ist meine Bibliothek zu Themen wie Management- und Marketing-Methoden, Erfolgsstrategien und Unternehmensstrategien enorm gewachsen. Es gibt so viele Theorien und Ansätze. Aber kannst du diese wirklich in deinem Alltag nutzen? Sind sie wirklich dafür gemacht? Oder sind es oft nur Spiele für Manager, die durch ständige Reorganisation ihre Existenz rechtfertigen? Wie oft geht das Streben nach kurzfristigem Profit auf Kosten der Substanz und des langfristigen Überlebens eines Unternehmens?

Eine Management-Strategie, die heute funktionieren soll, sollte vernetztes Denken, Kreativität, Dynamik, Flexibilität und Kompromissfähigkeit fördern. Sie sollte so klar sein, dass du nicht bei jeder Entscheidung ein Handbuch brauchst. Es wäre gut, wenn du möglichst wenige Seminare und Workshops benötigst, damit du auch noch deinen Job erledigen kannst. Die Strategie sollte menschliche Aspekte berücksichtigen und in kleinen Schritten umsetzbar sein.

Schon bei meinen Recherchen für meine Diplomarbeit an der Bayerischen Akademie der Werbung habe ich mich mit Vernetzung und integrierter Kommunikation beschäftigt. Das Thema hat mich nie losgelassen. Genauso wenig wie das Gefühl, dass es überheblich ist zu glauben, man könnte ein komplexes System wie ein Unternehmen steuern wie ein Auto.

Soll man es dann aber ganz aufgeben? Macht es Sinn, in dieser Situation ein weiteres Koordinatensystem des Handelns anzubieten? Der Wunsch nach einem funktionierenden Rezept hat seine Ursache nicht zuletzt in der hoffnungslosen Orientierungslosigkeit, in der sich viele Führungskräfte in Unternehmen befinden.

Das Leben in den westlichen Industrienationen ist in einen immer drastischeren Geschwindigkeitsrausch verfallen. Der Fortschritt an Wissen und Veränderung jagt so rasant vorwärts, dass die persönliche und kulturelle Entwicklung nur noch atemlos hinterher hechelt. Es hat sich ein Tempo entwickelt, mit dem die Menschen kaum mehr Schritt halten können. Immer mehr verlieren sie das Vertrauen in ihre Fähigkeit, den Ablauf der Ereignisse in irgendeiner Form zu beeinflussen. Resignation oder Egoismus breiten sich aus. Es fällt immer schwerer, den eigenen Standort zu erkennen und für das zukünftige Handeln Richtung und Ziel zu bestimmen. Viele Unternehmen treiben dahin, wie Schiffe in unbekannten Gewässern ohne Steuerkompass oder Seekarte bei stürmischer See.

Ich möchte dir hier eine Möglichkeit zeigen, die Phänomene im Unternehmensalltag anhand von Grundprinzipien erklärbar zu machen. Es ist ein praktischer Weg, aber nicht unbedingt ein einfacher. Ein Weg, der in der Umsetzung für jedes Unternehmen individuell ist, denn es gibt kein Patentrezept für alle Unternehmen. Aber es gibt Strukturen und Grundprinzipien, die hinter wirklich erfolgreichen Unternehmen stehen. Mit erfolgreichen Unternehmen meine ich nicht unbedingt jene, die die größten Gewinne einfahren, sondern die Unternehmen, die für alle mit ihnen verbundenen Menschen in den wichtigsten Lebensbereichen positive Energie erzeugen.

In den hübsch formulierten Corporate-Identity-Leitbildern vieler Unternehmen kommt dem einzelnen Menschen häufig nur auf dem Papier eine zentrale Bedeutung zu. Ein Betriebsrat von Ford soll es einmal ironisch auf den Punkt gebracht haben: „Bei uns steht der Mensch im Mittelpunkt, und gerade da steht er uns im Weg." Doch wenn ein Unternehmen nicht mehr für Menschen da ist – seien es jetzt Kunden oder Mitarbeiter – wofür ist es denn dann überhaupt da? Nur zur Ertragssteigerung einiger Anteilseigner? Das kann es ja wohl nicht sein!

Das Unternehmen ist eine Art Energietransformator und seine Aufgabe ist es, eine positive Energiebilanz zu erzielen. Eine Aufgabe, die es mit allen uns geläufigen Organismen gemeinsam hat. Hans Hass fasst es in seiner „Energontheorie" zusammen: „Da keine Lebensfunktion ohne arbeitsfähige Energie möglich ist, muss jeder Organismus mehr Energie aus seiner Umwelt gewinnen, als die Gesamtheit seiner Tätigkeiten verbraucht." Ich habe mich oft gefragt, mit welcher Berechtigung man überhaupt eine Theorie entwirft. Aus praktischer Sicht ist jede Theorie nur so viel wert, wie sie dazu verhilft, vorhandene Probleme zu lösen. Leistet sie das nicht, dann mag sie „theoretisch" ganz nett sein, wird jedoch von praktisch denkenden Mitmenschen schlichtweg ignoriert. Ob der hier vorgestellte Denkansatz der Unternehmensführung nach geistigen Grundprinzipien für dich der Richtige ist, kannst nur du allein beurteilen.

> *»Jeder Weg ist nur ein Weg und es ist kein Verstoß gegen sich selbst*
> *oder andere, ihn aufzugeben, wenn dein Herz es dir befiehlt...*
> *Sieh dir jeden Weg scharf und genau an. Versuche ihn so oft wie nötig.*
> *Dann frage dich allein: ... Ist es ein Weg mit Herz?*
> *Wenn ja, dann ist es ein guter Weg; wenn nicht, ist er nutzlos.«*
>
> Carlos Castaneda in den Lehren des Don Juan.

Wie du diesen Ansatz praktisch einsetzt, bleibt dir überlassen. Wie du anfangs gesehen hast, habe ich das Unternehmen auf Grundlage der „Fünf Wandlungsphasen" in zwölf metaphorisch zugeordnete Funktionsbereiche untergliedert. Du musst das natürlich nicht so machen, obwohl es vielleicht keine schlechte Idee ist. Die Aufteilung in Funktionsbereiche ist grundsätzlich nicht besonders originell und in vielen Unternehmen Realität – anders sieht es natürlich mit dem Verständnis der Gleichwertigkeit dieser Funktionsbereiche aus. Da wird es dann spannend …

Wichtiger ist, dass du dir ein klares Bild von den Wirkungsgefügen und den dynamischen Abläufen in deinem Unternehmen machst. Ein Bild, das du jederzeit heranziehen kannst und das dir als Kompass dient, wenn du Entscheidungen treffen musst. Du könntest, wie schon gesehen, die Wandlungsphasen bei der Betrachtung der Lebenszyklen deiner Produkte nutzen. Du kannst sie auf jeden denkbaren Bereich anwenden. Die Möglichkeiten sind vielfältig.

Das Modell der Fünf Wandlungsphasen bleibt dabei aber immer nur ein Modell und ist niemals gleichzusetzen mit der Wirklichkeit. Dennoch – es ist ein sehr bildhaftes Modell mit einem ganzheitlichen systemischen Ansatz und damit dem üblichen linearen Denken voraus.

Dieses Modell konzentriert sich darauf, komplexe Problemstellungen in Unternehmen zu verstehen und zu adressieren. Doch was genau bedeutet „ganzheitlich" in diesem Kontext? Ein ganzheitlicher Ansatz beansprucht nicht, alle Elemente, Faktoren und Wirkungszusammenhänge vollständig berücksichtigen zu können. Vielmehr ist es der Versuch, ein Modell zu schaffen, das die wesentlichen Aspekte erfasst und praktikable Lösungswege für aktuelle Herausforderungen bietet. Ähnlich der Physik, die nicht exakt bestimmen kann, wo sich ein Elektron zu einem bestimmten Zeitpunkt befindet, aber den wahrscheinlichen Raum seiner Anwesenheit beschreiben kann, versuchen wir im Management, die wahrscheinlichsten Verhaltensweisen und Markttrends zu antizipieren, ohne absolute Gewissheit zu erlangen.

Eine bedeutende Herausforderung hierbei ist die menschliche Wahrnehmung. Jeder Mensch hat seine eigene Realität, die nur einen Teil der gesamten Wirklichkeit darstellt. Je komplexer die Situation, desto stärker können individuelle Wahrnehmung und objektive Realität voneinander abweichen. Daher ist es wichtig, Annahmen und Sichtweisen regelmäßig mit den Erkenntnissen anderer abzugleichen, um ein umfassenderes Bild der Unternehmenssituation zu erhalten.

Der ganzheitliche Ansatz in der Unternehmensführung ist keine neue Idee. Aristoteles betonte bereits, dass „das Ganze mehr ist als die Summe seiner Teile." Dieses Denken fordert uns auf, über die einzelnen Komponenten eines Geschäftsmodells hinaus zu blicken und die Verbindungen und das Zusammenspiel zwischen ihnen zu verstehen. Konrad Lorenz verstärkte diese Sichtweise mit seiner Aussage, dass die Elemente eines Ganzen nur in ihrer Gesamtheit verständlich sind. Lao-Tse, obwohl skeptisch über die menschliche Fähigkeit, absolute Wahrheiten zu erfassen, erinnert uns daran, dass das Ausdrücken eines Konzepts dieses noch nicht vollständig erfasst.

Diese philosophischen Überlegungen führen uns zu der Frage, wie wir ein Unternehmen strategisch ausrichten und ein Geschäftsmodell entwickeln können, das nicht nur rentabel, sondern auch nachhaltig ist.

> »*Führungskräfte müssen ihre Organisationen als dynamische und lebendige Systeme verstehen und nicht als statische ‚Maschinen'. Das bedeutet, sie müssen mehr Zeit darauf verwenden, die Kultur zu verstehen und zu beeinflussen, weniger Zeit damit verbringen, Struktur und Kontrollsysteme zu manipulieren und mehr Zeit darauf verwenden, als Vorbild zu agieren, anstatt Pläne zu formulieren.*«
>
> Warren Bennis

Wir haben unsere Reise begonnen, indem wir uns selbst und unsere Ziele klar definiert haben, und so eine solide Ausgangsbasis geschaffen haben. Jetzt sind wir bereit, in den nächsten spannenden Schritt einzutauchen: die Entwicklung eines robusten Geschäftsmodells. Dafür werden wir unter anderem das Business Model Canvas (BMC) nutzen, ein unschätzbares Werkzeug, das uns hilft, die verschiedenen Aspekte unseres Unternehmens systematisch zu durchdenken und zu strukturieren. Danach gestalten wir dessen Funktionsbereiche und orientieren uns dafür am Modell der „Fünf Wandlungsphasen". Sobald wir diese Grundlage gelegt haben, widmen wir uns der Ausarbeitung unserer internen und externen Kommunikationsstrategien. Dieser Prozess wird es uns ermöglichen, unsere Vision zu kommunizieren und sicherzustellen, dass jedes Teammitglied auf dem gleichen Stand ist, während wir gemeinsam unsere Ziele verwirklichen. Lass uns diese Herausforderung angehen!

Erfolgreiche Geschäftsmodelle entwickeln

> *„Eine Vision ist nicht unbedingt dafür da erreicht zu werden. Sie dient dazu loszugehen."* Jens Corssen, Der Selbst-Entwickler

Jedes Unternehmen basiert auf der Idee eines Gründers oder eines Gründerteams. Deine Aufgabe besteht darin, aus einer ersten Idee ein solides Modell zu entwickeln, mit dem dein Unternehmen profitabel arbeiten kann. Das Business Model Canvas (BMC) ist ein strategisches Werkzeug, das gerne von Unternehmen genutzt wird, um ihre Geschäftsmodelle zu entwickeln und zu verbessern. Es wurde im Jahr 2008 von Dr. Alexander Osterwalder, Prof. Yves Pigneur und 470 beteiligten Personen aus 45 Ländern entwickelt und hat sich als Entwicklungstool für Geschäftsmodelle etabliert. Es besteht aus neun Bausteinen, die zusammen das gesamte Geschäftsmodell eines Unternehmens darstellen. Das BMC ist äußerst nützlich, da es dir hilft, dein Geschäftsmodell zu verstehen und zu verbessern. Es ermöglicht dir, deine Geschäftsprozesse zu optimieren, deine Kunden besser zu verstehen und neue Geschäftsmöglichkeiten zu identifizieren.

Sinnvoll ergänzt wird das BMC für unseren Zweck hier aus meiner Sicht durch die Engpasskonzentrierte Strategie (EKS) von Wolfgang Mewes (1924–2016). Sie zielt darauf ab, die Engpässe im Unternehmen zu beseitigen, klare Ziele zu setzen, innovative Lösungen zu finden und die Ressourcen gezielt auf den Engpass zu konzentrieren. Durch die Anwendung dieser Grundprinzipien kannst du die Leistung deines Unternehmens steigern und nachhaltigen Erfolg erzielen. EKS basiert auf vier Grundprinzipien:

1. *Konzentration auf den Engpass:* Der Engpass ist der limitierende Faktor, der das Wachstum und die Effizienz des Unternehmens einschränkt. Durch die gezielte Beseitigung des Engpasses kann das Unternehmen seine Leistungsfähigkeit steigern.

2. *Zielklarheit:* Es ist wichtig, dass das Unternehmen genau definiert, welche Ergebnisse es erreichen möchte und welche Engpässe beseitigt werden sollen. Dadurch entsteht eine klare Ausrichtung und alle Maßnahmen können darauf ausgerichtet werden.

3. *Innovation:* Es geht darum, neue Lösungen zu finden und traditionelle Denkmuster zu überwinden. Durch Innovation kann das Unternehmen Wettbewerbsvorteile erlangen und neue Marktchancen erschließen.

4. *Ressourcenkonzentration:* Die EKS empfiehlt, die begrenzten Ressourcen des Unternehmens gezielt auf den Engpass zu konzentrieren. Es geht darum, die vorhandenen Ressourcen optimal einzusetzen und sie dort einzusetzen, wo sie den größten Einfluss haben. Dadurch kann das Unternehmen effektiv und effizient arbeiten.

Eine modifizierte Version des Business Model Canvas, die die Ideen des BMC, des EKS-Modells von Wolfgang Mewes und des Energetic Managements effektiv kombiniert, findest du in der untenstehenden Grafik.

01 Selbst/Motivation/Neigungen/Berufung	02 Schlüsselressourcen und -stärken		03 Geschäfts- und Betätigungsfelder	
04 Zielgruppen und Kundensegmente	Persona	5 Brennendste Probleme der Zielgruppe	Konstantes Grundbedürfnis	06 Leistungsangebot und profitable Nische
07 Distributions- / Vertriebskanäle	08 Einnahmequellen und Monetarisierung	11 Organisation, Führung und Mitarbeiter	12 Strategische Kooperationspartner	14 Kostenstruktur
09 Kundenbeziehung und -bindung	10 Schlüsselaktivitäten		13 Marketing und Kommunikation	Soziale Kosten / Umweltkosten

Arbeitest du im Team, so ist es eine gute Idee, das Chart oben groß an eine Pinnwand zu hängen. Durch das Hinzufügen von Haftnotizen bleibt das Canvas flexibel und anpassbar. Hier sind einige Tipps, wie du sie verwenden kannst:

Notiere Ideen: Schreibe Ideen oder Vorschläge auf Haftnotizen und füge sie in das entsprechende Feld des Canvas ein. Du kannst die Notizen einfach neu anordnen, wenn sich deine Ideen ändern oder wenn du neue Ideen hast.

Schreibe Fragen auf: Bist du unsicher, wie du ein bestimmtes Feld ausfüllen sollst, schreibe Fragen auf Haftnotizen und füge sie in das entsprechende Feld ein. So kannst du später auf die Fragen zurückkommen und sie beantworten.

Gruppiere ähnliche Ideen: Hast du mehrere Ideen, die ähnlich sind, schreibe diese auf separate Haftnotizen und gruppiere sie dann im Canvas. So kannst du schnell und einfach Muster und Zusammenhänge erkennen.

Nutze Farben: Verwende verschiedene Farben für deine Haftnotizen, um sie nach Themen oder Priorität zu gruppieren. Dies hilft dir, schnell und einfach wichtige Informationen zu finden.

Es gibt keine feste Reihenfolge bei der Erarbeitung eines Business Model Canvas, da jeder Baustein eng mit den anderen Bausteinen verbunden ist. Allerdings gibt es eine empfohlene Vorgehensweise, die sich bewährt hat. Wer das Business Model Canvas KI-unterstützt machen möchte, findet im BusinessCockpit bei swissmademarketing.com auch dafür eine Lösung.

Die zentralen Dimensionen eines Geschäftsmodells

Sämtliche Aspekte, die bei der Entwicklung eines erfolgreichen Modells für das Business in den verschiedensten Branchen zu beachten sind, lassen sich laut Oliver Gassmann und Karolin Frankenberger (Gassmann, Frankenberger, Csik: Geschäftsmodelle entwickeln: 55 innovative Konzepte mit dem St. Galler Business Model Navigator) in vier Dimensionen einteilen:

1. **WER** – Wer sind die Zielkunden?
2. **WAS** – Was soll den Kunden angeboten werden?
3. **WIE** – Wie wird die Leistung hergestellt?
4. **WERT** – Wie kann der Wert erzielt werden?

Schon aus der Beantwortung dieser Fragen, die entsprechend des Vorhabens konkretisiert und verfeinert werden können, entwickelt sich das Potenzial für innovative Geschäftsmodelle.

Die einzelnen Elemente deines Geschäftsmodells

In unserem Modell werden den zentralen Dimensionen konkrete Elemente zugeordnet, die sich danach Punkt für Punkt abarbeiten lassen:

01 – Selbst/Motivation/Neigungen/Berufung
Im ersten Abschnitt des Charts zur Entwicklung deines Geschäftsmodells konzentrierst du dich auf deine Kerntriebkräfte: Dein inneres Selbst, deine Motivation, deine Neigungen und deine Berufung. Diese Elemente sind essenziell, um die Richtung und Entwicklung deines Geschäfts zu steuern. Notiere hier, was dich wirklich antreibt: Welche persönlichen Stärken und Talente möchtest du in dein Geschäft einbringen? Welche Tätigkeiten und Themen entfachen deine Leidenschaft und halten deine Motivation aufrecht?
Als Unternehmer ist es entscheidend, dass du flexibel auf Veränderungen reagierst und auf Risiken gezielt eingehst. Nutze dein tiefes Verständnis für deine eigene Motivation als Kompass für Entscheidungen, besonders wenn du vor Herausforderungen stehst. Durchhaltevermögen, Kreativität und Anpassungsfähigkeit sind dabei unverzichtbare Eigenschaften.
Betrachte Fehler als Lernchancen und nutze diese Erfahrungen, um dich kontinuierlich weiterzuentwickeln. Die Fähigkeit, aus Misserfolgen zu lernen, bildet das Fundament für

langfristigen Erfolg. Investiere in deine persönliche und berufliche Weiterbildung, setze dir klare Ziele und bleibe offen für neue Ideen.

Indem du deine unternehmerischen Aktivitäten konsequent an deinen Motivationen und Neigungen ausrichtest, schaffst du ein einzigartiges Angebot, das nicht nur deine Kunden begeistert, sondern auch langfristig zu deiner Zufriedenheit beiträgt. Bleibe neugierig und kreativ, um die dynamischen Herausforderungen des Unternehmertums meistern zu können. Dieser Ansatz wird dir helfen, dein Geschäftsmodell nachhaltig erfolgreich zu gestalten.

02 – Schlüsselressourcen und -stärken

In diesem Feld geht es um die Schlüsselressourcen und -stärken, die für den Erfolg deines Unternehmens ausschlaggebend sind. Hier listest du alle wesentlichen Ressourcen auf, über die du verfügst oder die erforderlich sind, um dein Produkt oder deine Dienstleistung zu erstellen und zu liefern. Dazu gehören sowohl materielle als auch immaterielle Güter wie finanzielle Mittel, Fachkenntnisse, Technologie und Personal. Berücksichtige auch die Infrastruktur für die Distribution, die Kommunikation mit deinen Kunden und den Aufbau von starken Kundenbeziehungen.

Es ist wichtig, deine eigene Arbeitszeit als wertvolle Ressource zu erkennen und bewusst zu planen. Setze klare Prioritäten, um eine gesunde Work-Life-Balance zu gewährleisten. Tim Ferriss empfiehlt in seinem Buch „Die 4-Stunden-Woche", wichtige Aufgaben in festgelegten Zeitblöcken zu erledigen und sich auf ergebnisorientierte Tätigkeiten zu konzentrieren, statt Zeit mit weniger wichtigen Aktivitäten zu vergeuden.

Nutze Methoden wie das Pareto-Prinzip, um deine Produktivität zu steigern. Identifiziere die 20 Prozent der Tätigkeiten, die 80 Prozent der Ergebnisse liefern, und fokussiere dich darauf. Automatisiere repetitive Aufgaben mit Technologien oder Tools, um effizienter zu arbeiten. Überlege, Aufgaben, die nicht zum Kerngeschäft gehören, an externe Dienstleister oder Virtual Assistants zu delegieren, um deine Ressourcen für strategische Aktivitäten freizuhalten.

Eine ausgewogene Work-Life-Balance ist entscheidend für deinen langfristigen Erfolg. Nimm dir regelmäßig Zeit für Erholung und persönliche Interessen. Pflege soziale Beziehungen und achte auf deine physische sowie psychische Gesundheit. Diese Balance hilft dir, deine Energie zu bewahren und über die Zeit hinweg motiviert und produktiv zu bleiben.

03 – Geschäfts- und Betätigungsfelder

Durch die Kombination deiner eigenen Motivation, persönlichen Neigungen und Berufung mit den vorhandenen Schlüsselressourcen und -stärken ergeben sich möglicherweise vielversprechende Geschäftsfelder. Die Analyse dieser Geschäftsfelder, die aus deinem Potenzial resultieren, ermöglicht eine gezielte Konzentration der Kräfte. Es ist wichtig, die Essenz dessen zu verstehen, was du tun willst, und deine „Daseinsberechtigung" auf dem Markt zu definieren: Was ist das Einzigartige und Besondere an deinem Angebot? Was unterscheidet dich von anderen? Welche Bedürfnisse und Probleme deiner Zielgruppe kannst du auf einzigartige Weise lösen? Indem du diese Fragen beantwortest, schaffst du die Grundlage für dein ideales Business-Projekt.

Visualisiere dein ideales Business-Projekt: Wie sieht es aus? Welche Produkte oder Dienstleistungen bietest du an? Welche Werte und Mission verfolgst du? Wie gestalten sich deine Kundenbeziehungen? Welche Marktnische besetzt du? Wie trägst du zum Erfolg deiner Kunden bei? Durch die klare Definition deines idealen Business-Projekts kannst du deine Geschäftsstrategie darauf ausrichten und gezielte Maßnahmen ergreifen, um dieses Ziel zu erreichen.

Es ist wichtig, sowohl eine innere Motivation als auch eine gute Passung zu den vorhandenen Ressourcen und Stärken zu haben. Dadurch kannst du deine Energie und Ressourcen effektiv nutzen und dich auf die Bereiche konzentrieren, in denen du einen Wettbewerbsvorteil hast.

Nimm dir Zeit, um deine Motivation, Neigungen und Berufung mit den vorhandenen Ressourcen und Stärken zu analysieren. Reflektiere, was du wirklich tun willst und was dir wichtig ist. Definiere dein ideales Business-Projekt und entwickle eine Strategie, um dieses Ziel zu erreichen.

Definiere das Wertangebot, das du deinen Kunden bieten möchtest. Überlege, welchen Nutzen deine Produkte oder Dienstleistungen für deine Kunden haben, und wie du dieses Wertangebot auf die verschiedenen Kundensegmente abstimmen kannst. Berücksichtige dabei ihre spezifischen Bedürfnisse und Probleme.

Betone, was dein Unternehmen einzigartig macht und wie es sich von deinen Konkurrenten unterscheidet. Analysiere deine Konkurrenten und identifiziere die Vorteile, die deine Produkte oder Dienstleistungen bieten. Nutze Kundenfeedback, um dein Wertangebot zu verbessern. Frage deine Kunden, was ihnen an deinen Produkten oder Dienstleistungen gefällt und was verbessert werden könnte.

Teste dein Wertangebot, indem du Prototypen erstellst oder Beta-Tests durchführst. Analysiere das Feedback und verbessere dein Wertangebot entsprechend.

04 – Zielgruppen und Kundensegmente

Ohne Kunden gibt es kein Geschäft. Daher ist es entscheidend, dass du dich in deinem jeweiligen Geschäftsfeld auf potenzielle Kunden und deren Probleme konzentrierst, anstatt dich ausschließlich auf Produkte oder Dienstleistungen zu fokussieren. Um deine Marketingstrategien gezielter auf die Bedürfnisse deiner Zielgruppe auszurichten, erstelle eine Persona deines idealen Kunden. Eine Persona ist eine fiktive, aber realitätsnahe Beschreibung eines typischen Kunden, die dessen Merkmale, Bedürfnisse und Ziele umfasst. Dies beinhaltet demografische Informationen, Verhaltensweisen, Herausforderungen und Kommunikationspräferenzen. Personas dienen als Referenzpunkt für deine Marketingaktivitäten und ermöglichen eine empathische Verbindung zu deiner Zielgruppe, um effektivere Kommunikation und zielgerichtete Werbebotschaften zu entwickeln.

Beginne damit, deine Kundensegmente zu definieren. Dies hilft dir dabei, dein Angebot besser auf die Bedürfnisse deiner Kunden abzustimmen. Die Kundensegmente sind eine wichtige Komponente des Business Model Canvas, und es ist entscheidend, sie präzise zu definieren. Hier sind einige Schritte und kostengünstige Methoden, die dir helfen können, die Kundensegmente deines Unternehmens zu ermitteln:

- *Marktforschung:* Führe kostengünstige Online-Umfragen durch oder nutze soziale Medien, um direktes Feedback von deinen Kunden zu erhalten. Analysiere, wer deine Produkte oder Dienstleistungen kauft, welche Bedürfnisse sie haben und welche Probleme sie lösen möchten.
- *Demografische Analyse:* Nutze vorhandene Datenbanken und kostenlose Online-Ressourcen, um die demografischen Merkmale deiner Kunden, wie Alter, Geschlecht, Einkommen und geografische Lage, zu verstehen. Diese Informationen helfen dir, spezifische Kundengruppen zu identifizieren.
- *Kaufverhalten:* Beobachte das Kaufverhalten deiner Kunden durch Analyse von Kaufdaten oder Kundenfeedback auf deiner Website und in sozialen Medien. Verstehe, wie sie deine Produkte oder Dienstleistungen nutzen und welche Faktoren ihre Kaufentscheidungen beeinflussen.
- *Konkurrenzanalyse:* Untersuche deine Konkurrenten, um zu erkennen, welche Kundensegmente sie bedienen. Identifiziere Lücken in ihrem Angebot, die du ausfüllen kannst.
- *Persona:* Nutze die gesammelten Informationen, um detaillierte Personas zu erstellen, die deine Kundensegmente anschaulich darstellen. Eine Persona ist eine fiktive Figur, die einen idealen Kunden repräsentiert, basierend auf echten Daten und Beobachtungen über deine Zielgruppe. Bei der Entwicklung einer Persona sollten spezifische Merkmale berücksichtigt werden, darunter Altersgruppen, Berufe, Interessen sowie die Träume und Hoffnungen deiner bevorzugten Kunden. Diese Charakterisierung hilft dir, ein tieferes Verständnis für die Bedürfnisse und Verhaltensweisen deiner Zielkunden zu entwickeln. Personas ermöglichen es dir, Marketingstrategien zu personalisieren und die Kommunikation so zu gestalten, dass sie resoniert und überzeugt. Berücksichtige auch Herausforderungen und Probleme, die die Persona möglicherweise erlebt, um deine Produkte oder Dienstleistungen besser auf ihre spezifischen Bedürfnisse abzustimmen.

05 – Brennendste Probleme der Zielgruppe

Die Identifizierung der dringendsten Probleme, Leidenschaften und Ängste deiner definierten Zielgruppe gibt dir einen tieferen Einblick in deren vorherrschenden Engpass. Auf dieser Grundlage kannst du eine Lösung entwickeln, die nicht nur das Problem effektiv angeht, sondern auch einen echten Mehrwert für den Kunden darstellt. Dies erleichtert es dir zudem, deine Lösung der Zielgruppe überzeugend zu präsentieren. Die Fähigkeit, die brennendsten Probleme zum richtigen Zeitpunkt und am richtigen Ort zu adressieren, ist entscheidend, um Kunden aktiv zu dir zu ziehen, statt ihnen erfolglos nachzulaufen.

Die brennendsten Probleme lassen sich am besten identifizieren, indem du nah bei deiner Zielgruppe bist. Sei möglichst ein Teil der Zielgruppe oder tausche dich intensiv mit Menschen aus, die ebenfalls engen Kontakt zur Zielgruppe haben. Direkte Umfragen sind oft wenig aussagekräftig, da Menschen sich nicht immer bewusst sind, was sie stört, oder sie nicht ehrlich antworten.

Um tiefere Einblicke zu gewinnen, kannst du folgende Online-Tools nutzen:

- *Keyword-Recherche-Tools* wie Google Keyword Planner, SEMrush, Ubersuggest oder AnswerThePublic helfen, relevante Suchanfragen und häufig gestellte Fragen zu identifizieren.
- *Social Media Monitoring-Tools* wie Hootsuite, Brandwatch oder Sprout Social, um relevante Gespräche und Diskussionen in sozialen Medien zu verfolgen.
- *Umfrage-Plattformen* wie SurveyMonkey oder Google Forms, die es ermöglichen, direkt Feedback von der Zielgruppe zu erhalten.
- *Online-Foren und -Communities* wie Reddit oder branchenspezifische Plattformen, die Diskussionen und den Austausch von Problemen und Herausforderungen bieten.
- *Bewertungsplattformen* wie Amazon, Yelp oder Trustpilot, die Kundenbewertungen und Rezensionen enthalten, aus denen sich häufige Probleme und Unzufriedenheiten herauslesen lassen.

Das hilft dir, die relevantesten Probleme deiner Zielgruppen effektiv zu identifizieren und deine Lösungsansätze darauf abzustimmen.

Konstantes Grundbedürfnis

Dieses Feld im Chart steht in engem Zusammenhang mit den Problemen der Zielgruppe und konzentriert sich auf das konstante Grundbedürfnis. Wolfgang Mewes hebt hervor, wie entscheidend es ist, sich als bester Berater und Dienstleister auf unveränderliche Grundbedürfnisse der Zielgruppe zu konzentrieren, wie Nahrung, Kleidung, Information, Kommunikation, Sicherheit und Mobilität. Beispiel Mobilität: Menschen müssen sich von A nach B bewegen, und Lösungen wie Autos, Fahrräder oder Car-Sharing-Angebote sind Lösungen, die sich aber immer wieder ändern können. Das Grundbedürfnis bleibt gleich. Daher formulierte Mewes in seiner engpasskonzentrierten Strategie folgende Leitsätze:

- Spezialisiere dich auf konstante Grundbedürfnisse, statt auf kurzlebige Lösungen.
- Integriere das konstante Grundbedürfnis in die Unternehmensziele.
- Priorisiere den Besitz der Zielgruppe über den Besitz von Produktionsmitteln.
- Strebe danach, der beste Problemlöser und Innovator in deiner Branche zu sein.

Das zentrale Prinzip ist einfach: Menschen brauchen kein Werkzeug, sondern eine Lösung für ihr Problem. Sie brauchen keine Bohrmaschine sondern ein Loch. Während sich variable Bedürfnisse ständig wandeln, bleiben Grundbedürfnisse konstant. Um diese zu erkennen musst du nahe an deiner Zielgruppe sein. Durch regelmäßige Überprüfungen und Anpassungen der Strategie kannst du Schwachstellen identifizieren und verbessern. Agilität und Flexibilität sind entscheidend, um schnell auf Marktveränderungen und Kundenfeedback reagieren zu können. Sei bereit, dein Geschäftsmodell bei Bedarf anzupassen.

06 – Leistungsangebot und profitable Nische

Ein überzeugend formuliertes Leistungsangebot ist entscheidend, um Kunden, Mitarbeiter und Investoren für dein Unternehmen zu gewinnen. Der Schlüssel liegt darin, ein klares Wertversprechen zu definieren, das den einzigartigen Nutzen deines Produkts oder deiner Dienstleistung hervorhebt. Frage dich, was dein Angebot besser oder anders macht als das der Konkurrenz, und stelle sicher, dass die Vorteile spezifisch auf die Bedürfnisse und Wünsche deiner Zielgruppe zugeschnitten sind.

Es ist wichtig, dass dein Angebot direkt auf die spezifischen Probleme oder Bedürfnisse deiner Kunden eingeht und in einer Sprache kommuniziert wird, die sie verstehen und ansprechend finden. Ein einfaches und zugängliches Leistungsangebot fördert das Verständnis und die Bereitschaft, sich darauf einzulassen. Zudem ist es förderlich, eine emotionale Verbindung zu potenziellen Kunden aufzubauen, indem du die menschliche Seite deines Unternehmens durch deine Unternehmensgeschichte, Mission und Vision teilst.

Um als Unternehmer dein Angebot zu schärfen und eine profitable Nische zu finden, solltest du systematisch vorgehen: Starte mit einer tiefgreifenden Marktanalyse, die du mithilfe von Tools wie Google Trends, Google Keyword Planner, SEMrush, Ubersuggest sowie Analysetools für soziale Medien durchführst. Diese Werkzeuge helfen dir, relevante Keywords zu identifizieren, demografische Daten zu analysieren und Einblicke in die Bedürfnisse der Zielgruppe zu erhalten. Betreibe auch eine Wettbewerbsanalyse, um die Aktivitäten und Leistungen deiner Mitbewerber zu verstehen und gefragte Produkte oder Dienstleistungen zu ermitteln.

Ein weiterer wichtiger Schritt ist die Entwicklung eines Minimum Viable Products (MVP), das die grundlegenden Funktionen deines Angebots darstellt und es dir ermöglicht, basierend auf Kundenfeedback iterative Verbesserungen vorzunehmen. Dieses Feedback ist unerlässlich, um die Bedürfnisse und Erwartungen deiner Kunden zu verstehen und entsprechend darauf reagieren zu können.

Letztendlich ist es entscheidend, alle gesammelten Informationen kritisch zu bewerten, um sicherzustellen, dass dein Angebot präzise auf die Bedürfnisse deiner Zielgruppe zugeschnitten ist. Durch das Befolgen dieser Schritte kannst du ein Leistungsangebot entwickeln, das nicht nur Kunden anzieht, sondern auch langfristig tragfähig und profitabel ist.

07 – Distributions- und Vertriebskanäle

Wenn du dich mit den Distributions- und Vertriebskanälen deines Unternehmens auseinandersetzt, konzentrierst du dich zunächst auf die Wege, über die dein Wertangebot deine Kunden erreicht. Distributionskanäle sind die Pfade, die deine Produkte oder Dienstleistungen vom Ursprung bis zum Endkunden nehmen. Dazu gehören sowohl physische Kanäle wie Einzelhandelsgeschäfte und Großhändler als auch digitale Kanäle wie E-Commerce-Websites und soziale Medien.

Vertriebskanäle hingegen befassen sich mit der Art und Weise, wie du mit Kunden kommunizierst und sie zum Kauf animierst. Dies umfasst alle Aktivitäten von der Werbung über die direkte Kundenansprache bis hin zum eigentlichen Verkaufsprozess. Bei der Auswahl deiner Vertriebskanäle liegt der Fokus auf der Recherche nach der passenden Kundenansprache, einschließlich der Abwägung von Kosteneffizienz und den bevorzugten Kaufwegen deiner Kunden.

Strategisch ist es entscheidend, die Integration von Kanälen zu berücksichtigen, um eine nahtlose Kundenerfahrung zu bieten. Die fortlaufende Überwachung und Analyse der Leistung jedes Kanals ermöglicht es dir, Anpassungen vorzunehmen und die Effizienz kontinuierlich zu verbessern. Märkte verändern sich schnell, und Flexibilität bei der Anpassung deiner Distributions- und Vertriebskanäle ist ein Muss. Dies könnte beispielsweise die Erweiterung deiner Präsenz auf neuen Online-Plattformen oder die Reduzierung der Abhängigkeit von bestimmten physischen Standorten umfassen.

Beispiele für effektive Distributions- und Vertriebskanäle umfassen direkte Verkaufskanäle wie eigene Geschäfte oder Online-Websites. Indirekte Kanäle, wie der Verkauf über Einzelhändler, Distributoren oder Großhändler, bieten ebenfalls Potenzial. Partnerschaften mit anderen Unternehmen, die dein Angebot ergänzen, wie eine Kooperation mit einem Online-Marktplatz oder die Integration deiner Produkte in die Sortimente von Fachgeschäften, sind ebenfalls wertvoll, um deine Reichweite zu vergrößern und neue Kundensegmente zu erschließen.

In deiner strategischen Planung solltest du also sorgfältig überlegen, welche Kanäle du nutzen möchtest, um dein Angebot deinen Kunden zugänglich zu machen. Berücksichtige dabei die Vorlieben und das Einkaufsverhalten deiner Zielgruppe, um sicherzustellen, dass du sie effektiv erreichst und deine Geschäftsziele erfolgreich umsetzen kannst.

08 – Einnahmequellen und Monetarisierung

Überlege, wie du durch dein Angebot mit deinem Unternehmen Geld verdienen wirst. Definiere deine Preismodelle und wähle passende Einnahmequellen aus. Im entsprechenden Abschnitt des Charts beschreibst du, wie dein Unternehmen seine Einnahmen generiert. Es ist ratsam, auch passive Einkommensströme zu berücksichtigen. Entwickle Geschäftsmodelle, die weitgehend automatisiert werden können, um Einnahmen zu erzeugen, während du dich anderen Interessen und Zielen widmest. Beispiele hierfür sind der Verkauf digitaler Produkte, das Lizenzieren von geistigem Eigentum oder der Aufbau von Online-Plattformen.

Ein Team aus St. Gallen, bestehend aus Oliver Gassmann, Karolin Frankenberger und Michaela Csik, hat bis zu meinem Kenntnisstand 55 Geschäftsmodellmuster identifiziert, die als Quellen für Innovation dienen können. Diese Muster wurden aus der Analyse von über 300 Geschäftsmodellinnovationen über einen Zeitraum von mehr als einem Jahrhundert abgeleitet. Hier sind einige dieser Konzepte in kurzer Form beschrieben:

- Add-on: Kernprodukt kostenlos oder vergünstigt, Einnahmen durch Zusatzprodukte oder -dienstleistungen.
- Affiliation: Provisionen für Vermittlung von Transaktionen oder Kunden.
- Aikido: Nutzung von Wettbewerbsstärken oder Umwandlung in Schwächen.
- Asset Light: Nutzung externer Vermögenswerte.
- Barter: Tausch von Waren oder Dienstleistungen ohne Geld.
- Crowdfunding: Kapitalsammlung von vielen Einzelpersonen oder Organisationen über das Internet.
- Crowdsourcing: Auslagerung von Aufgaben und Ideen an große Gruppen von Menschen.
- Direktvertrieb: Verkauf an Endkunden ohne Zwischenhändler.
- Freemium: Basisprodukt kostenlos, Premium-Funktionen kostenpflichtig.
- Franchising: Nutzung eines Geschäftsmodells und einer Marke durch Franchisenehmer gegen Gebühr oder prozentualen Umsatz.
- Leasing: Vermietung von Produkten anstatt sie zu verkaufen.
- Licensing: Lizenzvergabe von geistigem Eigentum an Dritte.
- Lock-in: Bindung von Kunden durch hohe Wechselkosten.
- Long Tail: Fokussierung auf Nischenmärkte, breite Produktauswahl.
- Low Cost: Kostensenkung durch effiziente Prozesse und schlanke Strukturen.
- Mass Customization: Personalisierung von Produkten auf Massenbasis.
- No Frills: Einfache, unverzierte Produkte zu niedrigen Preisen.
- Open Innovation: Einbeziehung externer Akteure für Ideen und Technologien.
- Orchestrator: Koordination von Lieferanten und Partnern in einem Netzwerk.
- Pay-per-Use: Bezahlung nach tatsächlicher Nutzung von Produkten/Dienstleistungen.
- Peer-to-Peer: Verbindung von Individuen zur direkten Interaktion.
- Plattformmodell: Angebot und Nachfrage werden über eine Plattform zusammengebracht.
- Razor and Blade: Günstiges Grundprodukt und teure Verbrauchsmaterialien.
- Reverse Engineering: Nachahmung von erfolgreichen Produkten und Prozessen.
- Servitization: Erweiterung von Produkten um Dienstleistungen zur Wertsteigerung und Kundenbindung.

- Sharing Economy: Gemeinsame Nutzung von Ressourcen für Effizienzsteigerung.
- Solution Provider: Integration von Produkten und Dienstleistungen zu umfassenden Lösungen.
- Subscription: Regelmäßige Zahlung für fortlaufenden Zugang zu einem Produkt oder Service.
- User Design: Nutzer beteiligen sich an der Gestaltung von Produkten oder Dienstleistungen.
- White Label: Produkte von Drittherstellern unter eigener Marke verkaufen.

Beachte, dass diese Beschreibungen stark vereinfacht sind. Weitere innovative Konzepte umfassen unter anderem Subscription-Modelle, Personalisierung, Co-Creation, Circular Economy, Big Data Analytics, Mobile First, Virtual Reality, Blockchain und viele mehr. Diese Konzepte bieten unterschiedliche Ansätze, um dein Geschäftsmodell anzupassen und Wettbewerbsvorteile zu erzielen. Die vollständige Liste und detaillierte Beschreibungen findest du im Buch „Geschäftsmodelle entwickeln: 55 innovative Konzepte mit dem St. Galler Business Model Navigator" von Oliver Gassmann, Karolin Frankenberger und Michaela Csik. Es ist wichtig zu beachten, dass nicht alle Konzepte für jedes Unternehmen geeignet sind. Eine sorgfältige Analyse und Anpassung an die spezifischen Bedürfnisse und Zielgruppen ist notwendig.

09 – Kundenbeziehung und -bindung
Definiere in diesem Feld die Art der Beziehungen, die du zu deinen Kunden aufbauen möchtest, und überlege, wie du diese Beziehungen durch gezielte Maßnahmen stärken kannst. Eine hohe Servicequalität ist dabei essenziell. Biete exzellenten Kundenservice und stelle sicher, dass du auf Kundenanfragen schnell und effizient reagierst. Personalisiere die Kundeninteraktionen, indem du individuelle Bedürfnisse berücksichtigst und maßgeschneiderte Angebote bereitstellst. Nutze Datenanalyse, um das Verhalten und die Vorlieben deiner Kunden besser zu verstehen und ihnen gezielt Angebote zu unterbreiten.

Nutze aktiv das Feedback deiner Kunden, um ihre Präferenzen für bestimmte Arten der Interaktion zu verstehen und deine Dienstleistungen entsprechend anzupassen. Regelmäßige Kommunikation hilft dabei, die Kundenbeziehung zu pflegen und die Kunden über Neuigkeiten und spezielle Angebote auf dem Laufenden zu halten.

Implementiere Treueprogramme, die Kunden für ihre Loyalität belohnen und biete spezielle Rabatte oder exklusive Veranstaltungen, um die Bindung zu stärken. Ein effektiver After-Sales-Support sichert zudem die Zufriedenheit nach dem Kauf. Es ist wichtig, dass du kontinuierlich an der Verbesserung deiner Produkte und Dienstleistungen arbeitest, basierend auf dem Kundenfeedback.

Fördere den Aufbau langfristiger Beziehungen, indem du Vertrauen schaffst und Mehrwert bietest. Beobachte stets die Kundenbindungsstrategien deiner Wettbewerber und halte dich über Branchentrends durch Fachzeitschriften und Publikationen auf dem Laufenden. Diese Maßnahmen helfen dir, eine starke, anhaltende Beziehung zu deinen Kunden zu entwickeln, die auf gegenseitigem Vertrauen und Verständnis basiert.

10 – Schlüsselaktivitäten

Aus deinen gewonnenen Erkenntnissen lassen sich die Schlüsselaktivitäten ableiten, die für den Erfolg deines Unternehmens entscheidend sind. Diese beinhalten die Entwicklung und Bereitstellung deines Wertangebots, die Optimierung von Vertriebs-, Distributions- und Kommunikationskanälen sowie die effektive Umsetzung deiner Einkommensquellen.

Frage dich, welche Prozesse für deinen Geschäftserfolg unerlässlich sind und welche Qualitäts-, Zeit- oder Kostenfaktoren dabei eine Rolle spielen. Analysiere, wie diese Prozesse in deiner Branche üblicherweise ablaufen und identifiziere Bereiche, in denen du dich vom Wettbewerb absetzen kannst. Überlege, wie du Vorreiter in deiner Branche werden könntest, indem du Innovationen vorantreibst und Best Practices besser implementierst.

Du musst die relevanten Prozesse, Informationsflüsse und Arbeitsabläufe festlegen, die dein Geschäftsmodell benötigt. Dies umfasst die Organisation von Strukturen, die Bereitstellung der notwendigen technischen Hilfsmittel und die Einbeziehung von Mitarbeitern mit den erforderlichen Kompetenzen. Achte darauf, dass alle Aktivitäten, von der Produktentwicklung über Herstellung und Lieferung bis hin zu Marketing und Kundensupport, effektiv gestaltet sind.

Identifiziere ineffiziente Prozesse und überarbeite diese. Nutze Lean-Management-Methoden wie Value Stream Mapping, um Verschwendung zu reduzieren und Abläufe zu verbessern. Durch kontinuierliche Prozessoptimierung kannst du Produktivität steigern und Kosten senken.

Plane, wie dein Geschäftsmodell skalierbar sein kann, um Wachstum und Expansion zu fördern. Dies beinhaltet sowohl die internen Prozesse als auch die externen Interaktionen mit Kunden und Partnern. Stelle sicher, dass deine Schlüsselaktivitäten effizient durchgeführt werden, identifiziere mögliche Engpässe und entwickle Strategien zu deren Überwindung. Nutze Technologien, Automatisierung und ggf. Outsourcing, um deine Prozesse zu optimieren und Ressourcen effizienter einzusetzen.

Eine regelmäßige Überprüfung und Anpassung deiner Schlüsselaktivitäten hilft dir, mit den sich ändernden Marktbedingungen und Kundenanforderungen Schritt zu halten. Sei stets offen für Innovationen und Verbesserungen, um deine Wettbewerbsfähigkeit zu stärken. Durch eine klare Definition und gezielte Umsetzung dieser Aktivitäten kannst du die Effektivität und Effizienz deines Unternehmens sicherstellen und deine Wertangebote erfolgreich am Markt etablieren.

11 – Organisation, Führung und Mitarbeiter

In diesem Feld geht es um die Organisation deines Unternehmens und die Führungsstruktur. Es ist vorteilhaft, die Prinzipien des Lean Managements zu integrieren, um eine effiziente und agile Organisation zu fördern. Die Implementierung einer flachen Hierarchie verbessert den Kommunikationsfluss und beschleunigt Entscheidungsprozesse. Gleichzeitig fördert dezentrale Entscheidungsfindung die Eigeninitiative und Kreativität der Mitarbeiter.

Um die Zusammenarbeit und Flexibilität weiter zu verbessern, solltest du moderne Arbeitsmodelle wie Homeoffice, flexible Arbeitszeiten, Jobsharing und die Nutzung freier Mitarbeiter in Betracht ziehen. Diese Ansätze erlauben es, individuelle Mitarbeiterbedürfnisse mit den Unternehmensanforderungen zu verknüpfen, vorausgesetzt, dass Aufgaben und Ziele klar definiert sind. Eine sinnvolle Balance zwischen asynchroner und synchroner Zusammenarbeit ist essentiell. Asynchrone Arbeit passt gut zu geografisch verteilten Teams und selbstständigen Projekten, während synchronisierte Interaktionen bei komplexen oder dringenden Aufgaben benötigt werden.

Die Einführung einer hybriden Arbeitsumgebung, die das Beste aus beiden Arbeitsweisen kombiniert, kann besonders vorteilhaft sein. Sie ermöglicht es Mitarbeitern, sowohl von zu Hause als auch phasenweise im Büro zu arbeiten, was die Zusammenarbeit und das Teambuilding fördert. Unterstütze diesen Ansatz mit technologischen Tools, die effektive Kommunikation sowohl in Echtzeit als auch zeitversetzt ermöglichen.

Investiere in die Weiterentwicklung deiner Mitarbeiter durch gezielte Schulungen und Mentorship, um sie auf Erfolg in einer flexiblen Arbeitsumgebung vorzubereiten. Stelle sicher, dass alle Aktivitäten effizient durchgeführt werden, identifiziere Engpässe und entwickle Strategien zu deren Überwindung. Nutze Technologien und Automatisierung, um Prozesse zu optimieren.

Eine transparente und regelmäßige Kommunikation ist entscheidend, um Mitarbeiter über Unternehmensziele, Fortschritte und Herausforderungen informiert zu halten. Etabliere eine Kultur der Offenheit und des Vertrauens, die es Mitarbeitern ermöglicht, aktiv zum Unternehmenserfolg beizutragen. Durch klare Definition und gezielte Umsetzung deiner Schlüsselaktivitäten kannst du sicherstellen, dass dein Unternehmen effektiv und effizient arbeitet und erfolgreich am Markt agiert..

12 – Strategische Kooperationspartner

Strategische Kooperationspartner ermöglichen es dir, deine Unternehmensstruktur zu straffen, indem du Aktivitäten, die andere kostengünstiger und effizienter durchführen können, an diese Partner delegierst. Dies trägt dazu bei, dass du dich auf deine Kernkompetenzen konzentrieren kannst, während du von den Stärken und Ressourcen deiner Partner profitierst.

Die gründliche Recherche ist dabei ein wichtiger Schritt, um die richtigen Partner zu identifizieren, die dein Unternehmen in spezifischen Bereichen unterstützen können. Sie sollten über spezifisches Know-how, Ressourcen oder technische Fähigkeiten verfügen, die komplementär zu den eigenen sind. Komplementäre Partnerschaften helfen dir, Synergien zu schaffen und deine Wettbewerbsfähigkeit zu stärken.

Bei der Auswahl von Kooperationspartnern ist es wichtig, nach Partnern zu suchen, deren Fähigkeiten und Kompetenzen sich mit deinen ergänzen und die bereit sind, gemeinsam einzigartige Leistungen anzubieten. Es ist ebenfalls entscheidend, dass potenzielle Partner ähnliche Werte und Ziele wie dein Unternehmen verfolgen, um eine solide Basis für eine erfolgreiche Zusammenarbeit zu schaffen. Eine Übereinstimmung der Unternehmenskulturen kann hierbei sehr förderlich sein.

Außerdem solltest du darauf achten, dass die Partnerschaften auf Vertrauen und Zuverlässigkeit basieren. Überprüfe den Ruf und die Zuverlässigkeit potenzieller Partner, ihre Erfolgsbilanz und Geschäftspraktiken. Dies stellt sicher, dass sie langfristig verlässliche Partner für dein Unternehmen sein können. Zudem sind Flexibilität und Anpassungsfähigkeit in einer sich schnell verändernden Geschäftswelt von großer Bedeutung. Deine Partner sollten bereit sein, sich neuen Herausforderungen und Marktanforderungen anzupassen und mit dir gemeinsam zu wachsen.

Durch eine sorgfältige Auswahl und Zusammenarbeit mit den richtigen Kooperationspartnern kannst du dein Unternehmen wettbewerbsfähiger machen und neue Chancen für Wachstum und Expansion eröffnen.

13 – Marketing und Kommunikation

In diesem Feld des Charts geht es um deine Marketing- und Kommunikationsaktivitäten. Eine gut entwickelte Marketingstrategie ist essenziell, um ausreichend Aufmerksamkeit für dein Wertangebot zu generieren. Sie muss den Nutzen und die Alleinstellungsmerkmale deines Angebots herausstellen, damit Kunden dein Produkt oder deine Dienstleistung leicht bewerten können. Ein effektiver Ansatz dazu ist der Aufbau eines starken Netzwerks aus sozialen Medien, persönlichen Kontakten und Kooperationen, um die Reichweite und Bekanntheit deines Unternehmens zu steigern. Es ist ebenfalls ratsam, bestimmte Aufgaben zu delegieren und dich auf deine Stärken zu konzentrieren, indem du weniger zentrale Aufgaben an externe Dienstleister oder virtuelle Assistenten auslagerst. Dies hilft, Kosten zu senken und die Effizienz zu steigern.

Ein besonders kreativer und innovativer Ansatz im Marketing ist die Guerillastrategie. Guerilla-Marketing nutzt unkonventionelle Methoden, um die Aufmerksamkeit der Zielgruppe zu erregen und virales Potenzial zu schaffen. Durch Kampagnen, die interessant oder beeindruckend genug sind, um Gesprächsstoff zu bieten, können Inhalte effektiv über soziale Medien und durch Mundpropaganda verbreitet werden. Ein wichtiger Aspekt dabei ist der Überraschungsmoment sowie die aktive Einbindung der Zielgruppe durch interaktive Elemente oder direkte Kommunikation. Guerilla-Marketing kann auch lokalen Bezug nehmen, um sich auf aktuelle Veranstaltungen oder Trends zu stützen und so die Bindung zur Zielgruppe zu vertiefen.

Trotz meist begrenzter Budgets setzt Guerilla-Marketing auf kosteneffiziente Maßnahmen, um maximale Wirkung zu erzielen. Diese Marketingform legt großen Wert darauf, die spezifischen Merkmale und Bedürfnisse der Zielgruppe zu berücksichtigen, um die Botschaften und Aktionen genau darauf abzustimmen. Durch die Kombination dieser Elemente kannst du einen unkonventionellen und effektiven Ansatz verfolgen, der deine Marke stärkt und die Kundenbindung erhöht. Die Ausgestaltung deiner Strategie sollte stets auf die spezifischen Ziele, die Zielgruppe und die verfügbaren Ressourcen deines Unternehmens abgestimmt sein. Weitere Details zum Themenfeld Marketing und Kommunikation werden in einem späteren Kapitel ausführlich behandelt.

14 – Kostenstruktur
Definiere hier die Kosten, die anfallen, um dein Angebot zu erstellen und bereitzustellen. In dieser Phase listest du alle Kosten auf, die dein Unternehmen für die Erstellung und Bereitstellung des Wertangebots trägt.

Die Kosten lassen sich in variable und fixe Kosten unterteilen. Fixkosten bleiben über einen bestimmten Zeitraum konstant und sind unabhängig von der Produktions- oder Absatzmenge. Beispiele hierfür sind Miete und Leasingraten. Variable Kosten hingegen ändern sich mit der Veränderung der Produktions- oder Absatzmenge, wie zum Beispiel Materialkosten. Hohe Fixkosten können besonders für viele Startups zu einer finanziellen Belastung werden.

Eine Möglichkeit, dein Geschäftsmodell kostengünstig zu testen oder mit begrenzten finanziellen Mitteln zu starten, ist das Bootstrapping. Diese Finanzierungsart bei der Unternehmensgründung kommt ohne externe Kapitalgeber aus und lässt das Unternehmen organisch wachsen. Das Ziel ist es, so schnell wie möglich ins operative Geschäft einzusteigen, um den Break-Even-Point zu erreichen und einen positiven Cashflow zu generieren. Beim Bootstrapping startest du dein Unternehmen mit minimalen finanziellen Mitteln und maximierst die Ressourceneffizienz. Suche nach kostengünstigen Lösungen, nutze vorhandene Ressourcen und biete gegebenenfalls auch Dienstleistungen im Tausch an.

Soziale und Umweltkosten
Neben den direkten finanziellen Kosten ist es wichtig, auch soziale Kosten und Umweltkosten in Betracht zu ziehen. Soziale Kosten beziehen sich auf die Auswirkungen deiner Geschäftstätigkeit auf die Gemeinschaft und die Gesellschaft. Dazu gehören beispielsweise die Arbeitsbedingungen deiner Angestellten oder die Auswirkungen auf lokale Gemeinden. Umweltkosten umfassen die ökologischen Folgen deiner Produktion und Produkte, wie

etwa Ressourcenverbrauch, Emissionen und Abfallproduktion. Diese Kosten werden oft externisiert und nicht in die Produktkosten einbezogen, können aber langfristig zu finanziellen und reputationsbezogenen Belastungen führen.

Indem du diese Aspekte berücksichtigst und in deine Kostenstruktur integrierst, kannst du nicht nur gesetzlichen und ethischen Anforderungen gerecht werden, sondern auch eine nachhaltigere und gesellschaftlich verantwortliche Marke aufbauen. Dies kann wiederum zur Differenzierung am Markt beitragen und deine Attraktivität für Kunden und Investoren steigern.

Die ursprünglich neun Elemente des Business Model Canvas haben wir auf vierzehn erweitert, um unseren ganzheitlichen Ansatz noch deutlicher zu machen. Die Handlungsempfehlungen, die sich aus diesem erweiterten Schema ableiten lassen, unterstützen dich dabei, ein maßgeschneidertes Geschäftsmodell zu entwickeln. Ein Geschäftsmodell ist jedoch nie vollständig abgeschlossen und sollte kontinuierlich an sich ändernde äußere Faktoren, wie den technologischen Fortschritt, der sich in verschiedenen Bereichen bemerkbar macht, angepasst werden.

Anleitungen und Ressourcen zum Business Model Canvas

Es gibt viele Möglichkeiten, mehr über das Business Model Canvas zu erfahren. Hier sind einige Vorschläge:

- Die offizielle Website des Business Model Canvas bietet eine Fülle von Informationen, einschließlich einer detaillierten Beschreibung der neun Bausteine, Anleitung zur Verwendung des Modells und Anwendungsbeispiele. Die Website ist unter strategyzer.com/canvas/business-model-canvas zu finden.
- Alexander Osterwalder und Yves Pigneur, die Erfinder des Business Model Canvas, haben mehrere Bücher geschrieben, die das Konzept vertiefen. „Business Model Generation" und „Value Proposition Design" sind zwei ihrer bekanntesten Werke.
- Es gibt viele Online-Kurse, die das Business Model Canvas behandeln. Diese Kurse können von Unternehmen oder Einzelpersonen genutzt werden, um das Modell zu lernen und anzuwenden. Plattformen wie Udemy, Coursera und LinkedIn Learning bieten solche Kurse an.
- Es gibt eine Vielzahl von Unternehmen und Beratern, die Schulungen und Workshops zum Thema Business Model Canvas anbieten. Diese können für Unternehmen und Einzelpersonen nützlich sein, um das Modell in der Praxis anzuwenden.
- Zudem gibt es verschiedene KI-Tools, die bei der Erstellung eines Business Model Canvas (BMC) helfen können. Hier sind einige Beispiele:
  Canvanizer ist ein Online-Tool, das es ermöglicht, ein BMC zu erstellen und zu teilen. Das Tool bietet eine intuitive Oberfläche und unterstützt die Zusammenarbeit in Echtzeit.

Strategyzer ist ebenfalls ein Online-Tool, das speziell für die Erstellung von BMCs entwickelt wurde. Es bietet eine Vielzahl von Funktionen, um die Erstellung des BMCs zu erleichtern, einschließlich einer Bibliothek mit Vorlagen und Beispielen.
Lucidchart ist ein Allzweck-Diagrammwerkzeug, das auch für die Erstellung von BMCs genutzt werden kann. Es bietet eine Vielzahl von Funktionen, um die Erstellung des BMCs zu erleichtern, einschließlich einer Bibliothek mit Vorlagen und Symbolen.
Creately ist ein Kollaborations-Tool, das die Erstellung von BMCs erleichtert. Es bietet eine Vielzahl von Funktionen, um die Zusammenarbeit zu verbessern und die Erstellung des BMCs zu beschleunigen.

Den Unternehmens-Motor zusammensetzen, starten und pflegen

Nachdem du dein erweitertes Business Model Canvas entwickelt und dein Geschäftsmodell in Grundzügen erarbeitet hast, ist es an der Zeit, deinen „Unternehmens-Motor" zu gestalten. Wir nutzen im Folgenden dazu das bekannte Modell der „Fünf Wandlungsphasen", um die verschiedenen Funktionsbereiche deines Unternehmens optimal zu integrieren und die gegenseitigen Beziehungen dieser Bereiche besser im Blick zu haben. Diese Bereiche umfassen beispielsweise Finanzen, Strategie, Marketing, Forschung und Entwicklung, Unternehmensführung, Personalmanagement, Informationsmanagement, Einkauf, Produktion, Qualitätssicherung, Logistik, Lagerung, Recht sowie Reinigung und Recycling.

Ein Unternehmensmotor benötigt, ähnlich wie der Motor eines Autos, regelmäßige Pflege in Form von „Ölwechseln" (regelmäßige Wartung), „Benzin" (Investitionen und Ressourcen), „Inspektionen" (Überprüfung der Leistung und Korrekturmaßnahmen) sowie gelegentliche Reparaturen und Anpassungen durch „Gaspedal" und „Gänge" (Steuerungs- und Anpassungsmechanismen). Es ist entscheidend, kontinuierlich an der Verbesserung und Effizienzsteigerung der verschiedenen Komponenten zu arbeiten.

Um deinen Unternehmens-Motor reibungslos und effizient laufen zu lassen, sind gezielte Investitionen in die Automatisierung und Vereinfachung deiner Prozesse essenziell. Dies hilft nicht nur, die Leistungsfähigkeit deines Unternehmens zu steigern, sondern auch die Rentabilität zu maximieren. Hier sind einige Tools, die dir dabei helfen können:

- Customer Relationship Management (CRM): Software wie Salesforce, Zoho CRM oder HubSpot CRM können die Kundenkommunikation automatisieren und verbessern. Diese Tools helfen dir, Kundenbeziehungen effektiv zu verwalten, Verkäufe zu verfolgen und maßgeschneiderte Marketingkampagnen zu erstellen.

- Enterprise Resource Planning (ERP): Systeme wie SAP, Oracle oder Microsoft Dynamics ermöglichen eine umfassende Automatisierung von Geschäftsprozessen wie Finanzwesen, Personalwesen, Einkauf und Logistik. ERP-Systeme bieten eine zentrale Plattform, um alle wichtigen Geschäftsprozesse zu integrieren und zu optimieren.

- Buchhaltungssoftware: Programme wie Lexware, SevDesk, QuickBooks, Xero oder FreshBooks können zahlreiche Aufgaben im Rechnungswesen automatisieren, z.B. die Erstellung von Rechnungen, die Verfolgung von Ausgaben und die Durchführung von Finanzanalysen. Diese Tools erleichtern die finanzielle Verwaltung und bieten wertvolle Einblicke in die finanzielle Gesundheit deines Unternehmens.

- E-Mail-Marketing: Tools wie MailChimp, Sendinblue oder GetResponse ermöglichen die Automatisierung von E-Mail-Kampagnen, inklusive personalisierten Nachrichten und Trigger-basierten E-Mails. Diese Lösungen helfen dir, mit deinen Kunden in Kontakt zu bleiben und gezielte Marketingmaßnahmen durchzuführen.

- Projektmanagement: Tools wie Asana, Trello oder Jira können Arbeitsabläufe, Aufgabenverwaltung und Teamkommunikation automatisieren und vereinfachen. Mit diesen Plattformen kannst du Projekte effizient planen, verfolgen und koordinieren, was zu einer besseren Zusammenarbeit und Produktivität führt.

- Social Media Management: Programme wie Hootsuite, Buffer oder Sprout Social können das Posten auf verschiedenen Social-Media-Plattformen automatisieren und die Überwachung von Interaktionen vereinfachen. Diese Tools unterstützen dich dabei, eine konsistente Social-Media-Präsenz aufzubauen und deine Reichweite zu erhöhen.

- Personalwesen und Zeitmanagement: Systeme wie Rexx, BambooHR oder Workday bieten Funktionen zur Automatisierung von Personalprozessen, einschließlich Zeiterfassung, Urlaubsverwaltung, Leistungsbeurteilungen und Rekrutierung. Diese Tools helfen dir, das Personalmanagement effizient zu gestalten und administrative Aufgaben zu minimieren.

- Helpdesk-Software: Tools wie Zendesk, Freshdesk, Freshservice, Genesys, Solarwinds oder SysAid können die Bearbeitung von Kundendienstanfragen automatisieren und die Effizienz des Kundenservices verbessern. Diese Lösungen sorgen dafür, dass Kundenanfragen schnell und effektiv bearbeitet werden.

- Content Management Systeme (CMS): Plattformen wie WordPress, Joomla oder inCMS vereinfachen die Verwaltung von Webinhalten, inklusive automatisierter Veröffentlichung, Aktualisierungen und SEO. Diese Systeme ermöglichen es dir, deine Online-Präsenz professionell und aktuell zu halten.

- Automatisierung von Geschäftsprozessen (BPA): Tools wie Automate.io, Zapier oder Integromat ermöglichen die Automatisierung von Aufgaben und Prozessen zwischen verschiedenen Anwendungen und Diensten. Diese Lösungen helfen dir, repetitive Aufgaben zu minimieren und die Effizienz deiner Geschäftsprozesse zu erhöhen.

Unternehmensorganisation mit den Fünf Wandlungsphasen

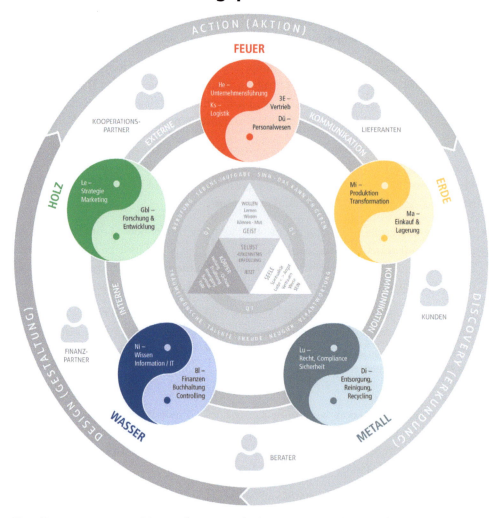

Die Organisation eines Unternehmens nach den Prinzipien der Fünf Wandlungsphasen kann eine dynamische und ausgewogene Struktur schaffen, die besser auf sich schnell ändernde Marktbedingungen reagiert. Im Gegensatz zum herkömmlichen hierarchischen Organisationsmodell gibt es in einem solchen Unternehmen keine starre Hierarchie von oben nach unten. Jeder Funktionsbereich ist eigenständig und verantwortlich für den Austausch, die gegenseitige Akzeptanz und die Harmonie mit den anderen Bereichen. Jeder Bereich ist gleichwertig. Obwohl die Unternehmensführung scheinbar „oben" steht, ist sie tatsächlich genauso Teil des Systems wie jeder andere Bereich. Ähnlich wie in einem gesunden menschlichen Körper, in dem kein Organ wirklich unwichtig ist, sind in einem gesunden Unternehmen alle Bereiche von gleicher Bedeutung.

Du musst dich natürlich nicht starr an ein festes Konzept halten, wenn du mit den Fünf Wandlungsphasen arbeitest. Jedes starre Konzept ist angesichts der Vielfalt der Realität von vornherein zum Scheitern verurteilt. Es ist viel besser, im Laufe der Zeit ein Gefühl dafür zu entwickeln, wie die Wechselwirkungen in deinem Unternehmen gestaltet sind und welche Dynamik zwischen ihnen besteht.

Es kommt nicht so sehr auf das genaue Erscheinungsbild der Bereiche und ihre Art der Ausübung an, sondern einzig und allein auf die für dein Unternehmen erzielte Wirkung. Egal, wie ein Bereich organisiert ist, wo er sich befindet, wie er entstanden ist oder ob er fest im Unternehmen verankert ist oder einfach zur richtigen Zeit verfügbar ist – entscheidend ist seine Leistung. In Unternehmen können Funktionen auf verschiedenste Weise ausgeführt werden. Oft führen sehr unterschiedliche Verfahren zum gleichen Ergebnis. Wähle die effizienteste und zukunftsträchtigste Variante für das gewünschte Ergebnis aus. Sorge dafür, dass dein Unternehmen praktisch wie ein Schweizer Taschenmesser ist – eines, das alle wichtigen Funktionen besitzt und klein und leicht genug ist, dass man es mitnehmen kann, weil es handlich ist, und kein Werkzeugkasten, der zwar alles enthält, aber zu schwer ist, um ihn immer dann verfügbar zu haben, wenn man ihn braucht.

Es spielt keine Rolle, wo sich ein Funktionsbereich deines Unternehmens befindet, solange er die Erwartungen deiner Kunden erfüllt. Entfernungen sind heutzutage nicht mehr besonders relevant, da alle Aktivitäten, bei denen ein Computer oder ein Telefon zum Einsatz kommen, von jedem beliebigen Standort auf der Welt aus durchgeführt werden können. Verändere dein Unternehmen Schritt für Schritt so, dass die Qualität gemessen an den Kundenbedürfnissen steigt und gleichzeitig die Kosten minimiert werden, während ungenutzte Potenziale erschlossen werden. Wenn dies zu langsam vorangeht – und das kann durchaus vorkommen – denk daran: Es ist manchmal einfacher und ressourcenschonender, ein Unternehmen zu liquidieren und ein neues aufzubauen, anstatt verkrustete Strukturen zu verändern.

So unterschiedlich die Funktionsbereiche auch sein mögen, ihre Effizienz kann nach den gleichen Kriterien beurteilt werden. Kosten, Energieverbrauch und Zeitaufwand während der Aufbau-, Funktions- und Ruhephasen sind entscheidend für die Wettbewerbsfähigkeit des Unternehmens. Von Bedeutung sind die erzielten Wirkungen und ihre Kosten. Diese beiden Faktoren beeinflussen die Bilanz. Unternehmen bestehen letztendlich nur aus Wirkungen und sind ein Zusammenspiel verschiedener Wirkungsgefüge. Ein Funktionsbereich ist gesund, wenn er die Balance halten kann und seine Funktion erfüllt. Da jeder Funktionsbereich die anderen beeinflusst, ist es wichtig, dass alle Abläufe in der Wertschöpfungskette funktionieren und eine gute Kommunikation untereinander herrscht.

Innerhalb der einzelnen Funktionsbereiche sollte jeder Mitarbeiter den passenden Platz einnehmen. Doch wie findet man den richtigen Platz? Im Idealfall weiß jeder Mitarbeiter genau, wofür er berufen ist, und das Unternehmen unterstützt ihn bei der Erkenntnis und auf dem Weg zu seiner angestrebten Tätigkeit. Wenn ich wirklich optimale Energieflussbedingungen im Unternehmen erreichen möchte, kann ich dann darüber hinwegsehen, dass ein Großteil meiner Mitarbeiter nicht an dem Ort ist, an dem er sich wirklich wohl fühlt und sein volles Potenzial entfalten kann, und an dem er für das Unternehmen die beste Wirkung erzielt? Nein, und nochmals nein.

Was würde passieren, wenn im menschlichen Körper anstelle einer Nervenzelle eine Zelle im Gehirn sitzen würde, die eigentlich lieber Verdauungssäfte produzieren möchte? Jeder Mitarbeiter im Unternehmen muss an seinem richtigen Platz sitzen. Niemand sollte über längere Zeit über- oder unterfordert sein.

Der Weg, den ein Unternehmen wählt, um die Erkenntnis der individuellen Berufung zu fördern, ist nicht entscheidend. Im ersten Buchteil hast du viele hilfreiche Werkzeuge kennengelernt, um individuelle Präferenzen zu erkennen. Wenn wir bei dem Konzept der Fünf Wandlungsphasen bleiben, könnte auch das chinesische Horoskop dazu beitragen, Mitarbeiter entsprechend ihren Neigungen und Elementepräferenzen einzusetzen. Natürlich höre ich bereits die Stimmen der vermeintlichen Rationalisten unter euch (obwohl ihr wahrscheinlich das Buch sowieso bereits weggeworfen habt): „Wohin würde es führen, wenn wir Mitarbeiter nach dem Horoskop einsetzen würden?" Nun, das ist eine gute Frage. Vielleicht solltest du es selbst einmal ausprobieren und dir von einem erfahrenen westlichen oder chinesischen Astrologen dein persönliches Profil erstellen und erläutern lassen. Einige waren bereits erstaunt über die Genauigkeit solcher Analysen.

Egal welchen Weg du wählst: Im Unternehmen ist es wichtig, dass jeder Mitarbeiter am richtigen Platz sitzt. Dabei solltest du auch die tatsächlich richtige Sitzposition und eine optimale Umgebungsgestaltung berücksichtigen, die du beispielsweise mit Hilfe des Feng-Shui und der Fünf Wandlungsphasen ermitteln kannst. Keine Sorge, es geht nicht darum, dass dein Unternehmen chinesisch umgestaltet wird. Wenn dir ein Feng-Shui-Berater vorschlägt, Flöten, Kristalle und Windspiele aufzuhängen, dann solltest du ihn am besten ignorieren, da er die eigentlichen Prinzipien nicht verstanden hat. Viele Unternehmen, insbesondere in Asien, setzen Feng-Shui-Berater ein, um das Arbeitsumfeld zu optimieren, in der Hoffnung, Geschäftserfolg und Wohlstand zu fördern. Das Hauptquartier der HSBC in Hongkong wurde unter Berücksichtigung von Feng-Shui-Prinzipien entworfen. Die Gebäudestruktur, einschließlich der berühmten „Kanonen", die negativen Energiefluss abwehren sollen, wurde mit Rücksicht auf Feng Shui gestaltet. Anita Roddick, die Gründerin von The Body Shop, hat angegeben, dass sie Feng Shui-Berater konsultiert hat, um ihre Geschäfte optimal zu gestalten. Richard Branson, der Gründer von Virgin, soll Feng-Shui-Prinzipien in den Lounges seiner Fluggesellschaft und in anderen Geschäftsbereichen angewendet haben. Auch Coca-Cola hat Berichten zufolge Feng-Shui-Prinzipien in der Gestaltung einiger ihrer Büros in Asien berücksichtigt. Denk einmal an die vorherrschende Farbe in deinem Unternehmen. Jeder Werkstoff hat eine bestimmte Farbe, die nicht nur eine Frage des persönlichen Geschmacks ist. Farben beeinflussen unsere Empfindungen und unser Unterbewusstsein. Die Farbgestaltung deiner Unternehmensumgebung sollte nicht „anonym" bleiben. Bekenne Farbe, denn das ist eine wertvolle Chance zur Profilierung. Gleichzeitig solltest du aber auch darauf achten, dass eine zu „künstlerische" Gestaltung in Architektur oder Design nicht die Identität deines Unternehmens verwässert. Ein Gebäude kommuniziert in gewisser Weise mit den Menschen, die sich darin aufhalten. Es ist nicht so entscheidend, wie du erkennst, wie dein Unternehmen auf die Menschen wirkt oder ob es optimal gestaltet ist, um den Mitarbeitern ideale Arbeitsbedingungen zu bieten. Wichtig ist nur, dass du es erkennst. Auch ein in westlicher Tradition geschulter Innenarchitekt mit dem richtigen Gespür kann das leisten. Bei der Auswahl und Positionierung der Mitarbeiter kannst du natürlich auch eines der bekannten westlichen psychologischen Systeme einsetzen.

In der traditionellen chinesischen Medizin (TCM) wird der menschliche Körper als ein System von eng miteinander verbundenen Organen und Funktionen betrachtet. Ähnlich wie die Organe im Körper sind auch die verschiedenen Abteilungen und Funktionen in einem Unternehmen tief miteinander verwoben. Diese Wechselwirkungen sind entscheidend für den Gesamtzustand und die Leistungsfähigkeit des Unternehmens.

Die Gleichwertigkeit in Unternehmen bedeutet nicht, dass jede Abteilung oder Funktion die gleiche Aufgabe oder Bedeutung hat, sondern dass jede ihre spezifische Rolle im Gesamtsystem erfüllt. Genauso wie der Magen und die Lunge verschiedene Funktionen im Körper erfüllen, haben die Einkaufs- und Complianceabteilungen unterschiedliche Rollen in einem Unternehmen. Doch ihre beiderseitige Abhängigkeit und ihr Beitrag zum Gesamterfolg machen sie gleichwertig.

Es ist von entscheidender Bedeutung, das Unternehmen als ein lebendiges, miteinander verbundenes System zu betrachten, in dem jeder Teil einen Beitrag zum Gesamterfolg leistet. Durch das Verständnis der engen Verwobenheit und Gleichwertigkeit der verschiedenen Abteilungen können Führungskräfte besser darauf vorbereitet sein, den Herausforderungen in der Geschäftswelt zu begegnen und ihr Unternehmen zum Erfolg zu führen.

Nun wollen wir uns im Detail mit den Funktionsbereichen in den einzelnen Wandlungsphasen befassen. Die folgende Anordnung ist beispielhaft, aber nicht zwingend. Es spricht einiges dafür, dass du die Aufteilung so übernehmen kannst. Denk jedoch das Modell unvoreingenommen durch. Passt es, wende es an. Passt es noch nicht, ändere es einfach. Denn wie bereits gesagt: Es kommt nur auf das Ergebnis an und darauf, dass du keinen wesentlichen Bereich bei deinen Überlegungen auslässt.

In der Traditionellen Chinesischen Medizin kennt man folgende „Meridiane" mit speziellen Zuordnungen zu den aus dem ersten Buchteil bekannten Wandlungsphasen und Yin bzw. Yang-Aspekten: Lungenmeridian (Metall, Yin), Dickdarmmeridian (Metall, Yang), Magenmeridian (Erde, Yang), Milzmeridian (Erde, Yin), Herzmeridian (Feuer, Yin), Dünndarmmeridian (Feuer, Yang), Blasenmeridian (Wasser, Yang), Nierenmeridian (Wasser, Yin), Perikardmeridian oder Kreislaufmeridian (Feuer, Yin), Dreifacher Erwärmer Meridian (Feuer, Yang), Gallenblasenmeridian (Holz, Yang), Lebermeridian (Holz, Yin).

Überträgt man das metaphorisch auf die verschiedenen Funktionsbereiche im Unternehmen, so kann man folgende Beziehungen herstellen:

Wasser

Wissen, Potenzial und IT | Wasser-Yin (Nierenmeridian, Ni) | Der Informationsspeicher des Unternehmens

Finanzen, Buchhaltung und Controlling | Wasser-Yang (Blasenmeridian, Bl) | Finanzielle Kontrolle und Stabilität

Holz

Strategie | Holz-Yin (Lebermeridian, Le) | Entwickeln und Umsetzen von Unternehmens- und Marketingstrategien

Forschung und Entwicklung | Holz-Yang (Gallenblasenmeridian, Gbl) | Die Kraft der Innovation und Entschlossenheit

Feuer

Unternehmensführung | Feuer-Yin (Herzmeridian, He) | Der unermüdliche Taktgeber des Unternehmens

Logistik | Feuer-Yin (Perikardmeridian, Ks) | Die strategische Verteilung von Ressourcen

Vertrieb | Feuer-Yang (Dreifacher Erwärmer Meridian, 3E) | Harmonisierung im Geschäft durch gezielten Vertrieb

Personalwesen | Feuer-Yang (Dünndarmmeridian, Dü) | Auswahl, Entwicklung und Pflege von Talenten

Erde

Produktion | Erde-Yin (Milzmeridian, Mi) | Das Herzstück der Transformation

Einkauf und Lagerung | Erde-Yang (Magenmeridian, Ma) | Das Lagerhaus des Unternehmens

Metall

Recht, Compliance und Sicherheit | Metall-Yin (Lungenmeridian, Lu) | Das Prinzip von Klarheit und Struktur im Unternehmen

Entsorgung, Reinigung und Recycling | Metall-Yang (Dickdarmmeridian, Di) | Loslassen und Erneuern in der Organisation

Wasser

Die Wandlungsphase „Wasser" im Unternehmenskontext

Die Traditionelle Chinesische Medizin (TCM) hat eine tiefe und komplexe Beziehung zu den Erscheinungsformen der Natur. Eines dieser „Elemente", das Wasser, ist vor allem in den Wintermonaten am stärksten, wenn die Natur in einem Zustand des großen Yin verweilt. In dieser Zeit ziehen sich die Kräfte nach unten und innen zurück, wie Samen und Wurzeln, die in der Erde verborgen sind, um sich für den Neubeginn im Frühling vorzubereiten.

Wasser steht in der TCM für das hohe Alter, ein Symbol für den Weisen, der durch ein tiefes Verständnis für Vergänglichkeit und durch Bescheidenheit gekennzeichnet ist. Es wird durch die Farben Nachtblau und Schwarz, durch den salzigen Geschmack und durch die Emotionen Angst, Mut und Bescheidenheit repräsentiert. Die zugehörigen Organe sind die Nieren und die Blase. Eine der bemerkenswertesten Eigenschaften des Wassers ist seine Anpassungsfähigkeit; es fließt stets den leichtesten Weg und kann über die Zeit sogar Berge versetzen. Diese Beharrlichkeit und Reflexion sind Yin-Aspekte des Wasserelements, während der unbeugsame Wille und der Mut als seine Yang-Aspekte betrachtet werden.

»Be water, my friend. Empty your mind. Be formless, shapeless, like water. You put water into a cup, it becomes the cup. You put water into a bottle, it becomes the bottle. You put it in a teapot, it becomes the teapot. Now, water can flow or it can crash. Be water, my friend.« Bruce Lee

Im Kontext eines Unternehmens können diese Eigenschaften des Wassers metaphorisch gesehen werden:

Die zentrale Lebenskraft, das Yuan Qi, wird gemäß der Traditionellen Chinesischen Medizin (TCM) in den Nieren gespeichert. In einem Unternehmen entspricht dies dem vorhandenen materiellen und immateriellen Potenzial sowie den IT-Systemen, die das Knowhow sowie die essenziellen Daten und Informationen speichern und verwalten. Wie das Jing in den Nieren repräsentieren diese Daten das wertvollste Kapital, das ein Unternehmen für sein Wachstum und seinen Erfolg benötigt. Die Blase dagegen spielt eine entscheidende Rolle bei der Regulation von Flüssigkeiten im Körper. In einem Unternehmen wird dieser Aspekt gut durch die Finanzabteilung dargestellt, die gewährleistet, dass die Finanzen fließen sowie ordnungsgemäß reguliert und kontrolliert werden – sie sorgt für finanzielle Stabilität und Sicherheit.

Im Folgenden werden wir diese Verknüpfungen weiter vertiefen und untersuchen, wie die Prinzipien des Wasserelements konkret angewendet werden können, um den Erfolg und die Effizienz deines Unternehmens zu steigern.

Wissen, Potenzial und IT –
Der Lebensquell des Unternehmens | Wasser Yin (Ni)

Essenz: Die Niere beherbergt das „Yuan Qi" oder die ursprüngliche Lebenskraft. Sie gilt als das Speicherorgan für unsere Essenz (Jing), die unsere grundlegende Energie, Fortpflanzungsfähigkeit und unsere Langlebigkeit beeinflusst.
Emotion: Angst. Ein Ungleichgewicht in der Nierenenergie kann zu übermäßiger Angst, Paranoia oder einem Gefühl des Nicht-geerdet-Seins führen.
Tätigkeiten: Fortpflanzung, Wachstum und Entwicklung, Produktion von Knochenmark.
Probleme bei Fülle: Übermäßiger Sexualtrieb, Überhitzung, Unruhe, Schmerzen im unteren Rückenbereich.
Probleme bei Leere: Energiemangel, Schwäche, Unfruchtbarkeit, Knochenschwäche, Gedächtnisverlust, Taubheitsgefühl in den Beinen.
Weitere Assoziationen: Winter, Salzig (Geschmack), Dunkelheit, Kälte, Ohr (Sinnesorgan).
Metaphorische Funktion im Unternehmen: Unternehmenspotenzial, Informationen technisch beschaffen, verwalten und verteilen. Das Wasser speichert, so wie Informationssysteme Daten und Informationen speichern und freisetzen.

Die Niere spielt gemäß der chinesischen Medizin eine zentrale Rolle bei der Bereitstellung von Kraft und ist somit entscheidend für die Verwirklichung von Talent und Geschicklichkeit (Lorenzen/Noll, Wandlungsphase Wasser, S. 46). Sie wird als die Wurzel des Lebens betrachtet, in der sich Feuer und Wasser treffen und das Leben entsteht, basierend auf dem Konzept von Yin und Yang. Die Niere beherbergt die vererbte, vorgeburtliche Lebensenergie des Menschen, bildet die materielle Grundlage für Qi und Shen (Geist) und ist für die Potenzierung von Kraft verantwortlich. Sie regiert das Qi und spielt eine wesentliche Rolle bei der Bereitstellung von Kraft.

Welche Funktionen sollten nun – wenn man das Konzept auf Unternehmen überträgt – in einem Bereich ausgeübt werden, der der „Niere" zugeordnet ist? Es ist ein Bereich, der das Know-how des Unternehmens erkennt, sammelt, verständlich dokumentiert und sichert und den anderen Unternehmensbereichen als Essenz zur Verfügung stellt. Ein Bereich, der auch das Potenzial des Unternehmens in sich trägt, in Form von Kapital sowie technischen und personellen Ressourcen. Alle Maßnahmen zur Vorsorge und Entwicklung im Unternehmen zielen darauf ab, dieses Potenzial zu erhalten und auszubauen. Hier wird die kollektive Begabung des Unternehmens gesammelt, um im Vergleich zum Wettbewerb besondere Leistungen zu erbringen und Problemlösungen für seine Kunden anzubieten.

Sowohl Einzelpersonen als auch Unternehmen können nur erfolgreich sein, wenn sie sich ihrer vorhandenen Ressourcen und Fähigkeiten bewusst sind. Der erste Schritt bei der Unternehmensgründung besteht demnach darin, die Fähigkeiten und Stärken des Gründers oder des Gründerteams zu erkennen und klarzustellen, über welche Ressourcen man tatsächlich verfügt. Das sind die Felder 01 und 02 aus dem Business Model Canvas, die du ja bereits erarbeitet hast.

Das „Yuan Qi", auch vorgeburtliches oder himmlisches Qi genannt, wird aus TCM-Sicht während der Zeugung vom Kosmos auf das Kind übertragen und in den Nieren gespeichert. Übertragen auf Unternehmen bedeutet dies, dass hier auch das Startkapital angesiedelt ist. Tatsächlich ist mangelndes Eigenkapital eine der häufigsten Ursachen für das Scheitern junger Unternehmen.

Da die finanziellen Mittel ein zentraler Teil des Unternehmenspotenzials sind, liegt hier auch die Verantwortung, von der Buchhaltung klare Berichte über die aktuelle finanzielle Lage des Unternehmens anzufordern oder aus den Zahlen des Finanzbereiches solche zu generieren. Bestehe auf prägnante Berichte! Halte sie einfach und verständlich. Ein Berichtswesen, das nicht in knapper, übersichtlicher und verständlicher Form alle wesentlichen Aspekte des Unternehmens abbildet, ist für die Unternehmensführung unbrauchbar.

Dazu gehören neben den nackten Kennzahlen auch Informationen zu den immateriellen Werten im Unternehmen, wie beispielsweise über die Entwicklung der Kundenzufriedenheit oder das vorhandene Know-how. Hast du schon einmal darüber nachgedacht, wie wertvoll es wäre, zu wissen, welche Hobbys deine Mitarbeiter haben? Da gibt es vielleicht den Mitarbeiter, der sich in seiner Freizeit intensiv mit Geschichte beschäftigt und dabei ein Wissen angesammelt hat, das manchen Historiker beeindrucken würde. Oder den Mitarbeiter im Lager, der in seiner Freizeit Modellflugzeuge fliegt und mehr über Funksteuerung, GPS-Kommunikation und Aerodynamik weiß als mancher Ingenieur. Oder den Mitarbeiter in der Produktion, der seit Jahren segelt und als Skipper ein wesentlich tieferes Verständnis für Führung hat als sein frischgebackener Abteilungsleiter. Unbekanntes und ungenutztes Know-how, das nur darauf wartet, entdeckt und genutzt zu werden.

Indem man die verschiedenen Hobbys und Interessen der Mitarbeiter (auf freiwilliger Basis) erfasst und wertschätzt, eröffnen sich ungeahnte Möglichkeiten, unkonventionelle Lösungsansätze zu finden und neue Perspektiven einzunehmen. Mitarbeiter, die ihre Leidenschaften leben können, sind motivierter, kreativer und bereit, ihr Bestes zu geben. Daher ist es so wichtig, das ungenutzte Potenzial zu erkennen und zu fördern. Dies kann beispielsweise durch informelle Teammeetings geschehen, in denen Mitarbeiter ihre Hobbys und Leidenschaften teilen und von ihren Erfahrungen berichten können. Das Unternehmen sollte eine Kultur des Lernens, des Austauschs und der Zusammenarbeit schaffen, die dazu beiträgt, das volle Potenzial der Mitarbeiter zu entfalten. Denn so erst können Talente gewinnbringend eingesetzt werden.

Von größter Bedeutung für jedes Unternehmen sind auch „Wasserstandsmeldungen" über das Betriebsklima, den Bekanntheitsgrad, den Marktanteil, den Kundenstamm und die Kundenloyalität. Ebenso über das Unternehmensimage sowie das Vertrauen in seine

Produkte und Dienstleistungen. Denn wenn diese Bereiche unerkannt geschwächt werden, beispielsweise durch Unzuverlässigkeit, mangelnde Qualität, unzureichenden Service oder zu hohe Preise, hat dies womöglich drastische Auswirkungen.

Die Essenz oder das Jing, welches in der Niere gespeichert ist, spiegelt auch die wertvollen Daten wider, auf die das Unternehmen für sein Wachstum, seine Entwicklung und seinen Erfolg angewiesen ist.

Nur ein Bruchteil des Potenzials im Unternehmen wird genutzt, wenn die Informationen, die von unten kommen, blockiert werden. Nutze das „große Gehirn" deines Unternehmens, das aus all den Gehirnen der dort Beschäftigten besteht!

Der Informationsfluss von oben nach unten ist ebenso wichtig. „Gib deinen Mitarbeitern alle Informationen, die du hast – und du wirst nicht verhindern können, dass sie Verantwortung übernehmen", meint Jan Carlson, der ehemalige Leiter der Fluggesellschaft SAS. Informiere deine Mitarbeiter direkt, vielleicht per E-Mail an ihre Privatadressen. Dies gilt auch dann, wenn die Anzahl deiner Mitarbeiter klein ist. Schon ab einer Betriebsgröße von vier Mitarbeitern kann die Kommunikation zum Problem werden. Bedanke dich für das Engagement deiner Mitarbeiter im vergangenen Monat und informiere sie über die Geschäftsentwicklung. So beugst du Gerüchten vor.

Besonders wichtig sind für Unternehmen natürlich die Informationen von und über ihre Kunden, denn die stete Energiequelle für Unternehmen liegt in deren Bedarf. Dieser erzeugt einen Sog in Bezug auf das Angebot, der umso intensiver wird, je größer der Bedarf ist und je höher das Energiepotenzial derjenigen ist, die den Bedarf haben.

Viele Unternehmen verschenken die Informationen, die ihnen ihr Außendienst als „Geheimdienst" des Unternehmens bieten kann. Die für die Entwicklung und das strategische Marketing Verantwortlichen sind auf die Informationen angewiesen, die der Außendienst täglich im Umgang mit den Kunden vor Ort gewinnt.

Wahrlich idiotisches Management betreibt, wer bei der Gestaltung von Produkten und Dienstleistungen nicht auf die Kundenbedürfnisse achtet. Es sei denn, ein Unternehmen schafft es, durch überzeugende Kommunikationsmaßnahmen beim Kunden eine Nachfrage zu generieren, die optimal zur angebotenen Problemlösung passt.

Die Nachfrage steuert das Angebot. So wie das Schloss das Aussehen des Schlüssels bestimmt, der es öffnet, hat der Schlosser, der den Schlüssel herstellt, keine Wahlmöglichkeit. Stell dir vor, da steht ein Tresor mit wertvollem Inhalt. Nur mit dem richtigen Schlüssel oder der richtigen Kombination kannst du ihn öffnen. Sorge dafür, dass dein Unternehmen den passenden Schlüssel zum Energiepotenzial deines Kunden bereitstellt, und du hast den Schlüssel zum Erfolg. Kurz gesagt: „Willst du Gewinn, denke an den Vorteil anderer."

Wenn du deine Zielgruppe identifiziert hast, bleibt noch zu klären, ob sie über ausreichende finanzielle Ressourcen verfügt, um dein Angebot anzunehmen. Es wäre enttäuschend, wenn du viel Aufwand betreibst, um den richtigen Schlüssel für den Tresor herzustellen, nur um dann festzustellen, dass er leer ist. Es ist auch wichtig zu überprüfen, ob die Ansprechpartner innerhalb der Zielgruppe problemlos durch das Marketing identifiziert werden können. Stell dir vor, du hast den passenden Schlüssel, es gibt einen Tresor mit wertvollem Inhalt, der nur auf dich wartet, aber du weißt nicht, wo dieser verflixte Tresor steht. Werde zum Detektiv für die Probleme deiner Zielgruppe. Jedes Problem birgt eine Geschäftschance. Nicht umsonst kann das chinesische Schriftzeichen für Krise auch als Chance gelesen werden. Vielleicht gibt es in deinem Bereich Selbsthilfegruppen oder Ähnliches. Sie sind ein deutlicher Hinweis, quasi ein Wink mit dem Zaunpfahl, auf ungelöste Probleme, die eine große Anzahl von Menschen betreffen.

Du musst ein Angebot machen, das für den Kunden so überzeugend ist, dass er es nicht ablehnen kann. Entweder, weil es seinen Bedarf optimal erfüllt oder weil er es sich nicht leisten kann, dass jemand anderes es in Anspruch nimmt.

Doch wie willst du das schaffen, wenn dir die Informationen fehlen. Oder sie nicht so aufbereitet sind, dass man die richtigen Schlüsse daraus ziehen kann? Hier ist der Funktionsbereich „Wissen/Potenzial und IT" von zentraler Bedeutung.

Es ist interessant festzustellen, dass die Wandlungsphase des Wassers, zu der die Niere gehört, mit den Emotionen der Angst und Furcht in Verbindung gebracht wird. Hermann Hesse sagte dazu: „Man hat nur Angst, wenn man mit sich selbst nicht im Einklang ist." Und wie Wasser das Feuer löscht, kommen viele Ängste, die Unternehmer beschleichen, aus der Ecke Finanzen und Selbstbewusstsein. Es ist einfach sehr belastend, wenn die Liquidität des Unternehmens schwach ist oder man feststellen muss, dass die Fähigkeiten im Unternehmen einfach nicht ausreichen, um ein bestimmtes Problem zu lösen. Wasser löscht Feuer. Liegt hier möglicherweise eine der Ursachen dafür, dass viele Manager und Unternehmer Herzprobleme haben?

Die zentrale Rolle des Funktionsbereichs Informationstechnologie

In den meisten Unternehmen ist die Bedeutung der IT-Abteilung offensichtlich. Diese Abteilung verknüpft die verschiedenen Funktionsbereiche des Unternehmens miteinander und hat die Aufgabe, ein markt- und praxisnahes Informationssystem zu etablieren. Sie unterstützt nicht nur die anderen Funktionsbereiche, sondern kann, entsprechend eingesetzt, strategische Wettbewerbsvorteile schaffen. So wie die Niere das Yuan Qi, die ursprüngliche Lebenskraft, beherbergt, so speichern und verwalten Informationssysteme die grundlegenden Daten und Informationen, die das Unternehmen am Laufen halten. Informationen sind die Lebensenergie des Unternehmens. Wenn der Informationsfluss gestört ist, ist das Unternehmen stark gefährdet.

Die IT-Abteilung ist dafür zuständig, Informationen schnell und richtig zu verteilen. Ein gesundes Gehirn würde zum Beispiel kaum den Füßen den Befehl geben, freiwillig auf eine Gefahrenstelle zuzugehen. Unser Gehirn hält nie notwendige Informationen zurück und gibt sie nicht an die entsprechenden Organe weiter – das wäre selbstmörderisch. Das Gehirn empfängt Informationen durch die Sinnesorgane, vergleicht sie mit früheren Informationen und trifft dann zügig, oft unbewusst, eine Entscheidung. Wenn Unternehmen wichtige Informationsquellen nicht nutzen, verhalten sie sich wie ein Blinder vor einer Gefahrenstelle.

Neben der internen Informationsverteilung spielt die IT-Abteilung eine zentrale Rolle in der digitalen Transformation des Unternehmens. Sie ist maßgeblich an der Einführung neuer Technologien beteiligt und sorgt dafür, dass das Unternehmen wettbewerbsfähig bleibt. Dies umfasst die Implementierung von Cloud-Lösungen, die Automatisierung von Geschäftsprozessen und gemeinsam mit dem Bereich „Recht, Comliance und Sicherheit" die Gewährleistung der Cyber-Sicherheit. Ein erfolgreiches IT-Team ist ständig auf der Suche nach Innovationen und arbeitet daran, dem Unternehmen durch die Einführung neuer oder verbesserter Technologien Wettbewerbsvorteile zu verschaffen.

Ein weiteres wichtiges Aufgabenfeld der IT-Abteilung ist die strategische IT-Planung. Sie trägt die Verantwortung für die Umsetzung von IT-Projekten und die langfristige Planung der IT-Infrastruktur. Dies beinhaltet die Planung und Durchführung von IT-Projekten, die Einführung neuer Softwarelösungen und die kontinuierliche Verbesserung der IT-Systeme, um den sich ständig ändernden Geschäftsanforderungen gerecht zu werden.

Wenn Outsourcing in anderen Bereichen auch ein erfolgversprechender Ansatz sein kann, ist es im Bereich der Informationsverarbeitung ein heikler Punkt. Der reibungslose Informationsfluss ist ein so zentraler Faktor im Unternehmen, dass die Abhängigkeit von Dienstleistern fatal sein kann. Es gilt: Der IT-Bereich darf nicht zum Selbstzweck werden und auch nicht zum Engpassfaktor.

Mach es so einfach wie möglich und setze nach Möglichkeit auf junge Mitarbeiter im Bereich Informationstechnologie. Willst du jemanden sehen, der Informationstechnologie wirklich versteht, schau dir heute die 16- bis 24-Jährigen an. Die haben es im Blut und gehen ganz intuitiv damit um. Denke mal darüber nach, inwieweit in deinem Unternehmen beim Recruiting die Konformität vor dem eigentlichen Know-how geht. Gerade im IT-Bereich sind es oft die ungewöhnlichen Lebensläufe und Quereinsteiger, die ein tiefes Verständnis für Informationstechnologie mitbringen. Diese Kandidaten haben möglicherweise keine traditionellen Karrierewege verfolgt, aber sie bringen oft frische Perspektiven und innovative Lösungen mit. Ein flexibleres, auf Fähigkeiten und praktische Erfahrung fokussiertes Recruiting kann dazu beitragen, Talente zu gewinnen, die einen echten Mehrwert für dein Unternehmen schaffen.

Die der Wandlungsphase Wasser zugeordnete Emotion „Angst" spielt auch in den IT-Bereich hinein, insbesondere weil hier Veränderungen besonders schnell erfolgen. Und Veränderungen machen Angst. Jemand hat einmal gesagt: „Du schläfst als Fachmann ein und am anderen Morgen wachst du als Depp auf." In einem Unternehmen kann zudem die Angst vor Datenverlust, Technologieversagen oder Cyberangriffen enorm sein. Ein gesundes IT-System, ähnlich wie eine gesunde Niere, reduziert diese Ängste und sorgt für ein Gefühl der Sicherheit. Ein Übermaß an unstrukturierten Informationen oder ein IT-System, das aufgrund hoher Datenmengen ständig „heiß läuft", führt zu Überlastung und Erschöpfung, ähnlich den Symptomen einer vollen Niere. Auf der anderen Seite kann ein Mangel an wichtigen Daten oder ein ineffizientes, langsames System das Wachstum und die Effektivität des Unternehmens beeinträchtigen, ähnlich den Symptomen einer leeren Niere. Wie der Winter, der auch zur Wandlungsphase „Wasser" gehört, die ruhige, nachdenkliche Jahreszeit ist, so ist es auch im Unternehmen manchmal notwendig, eine Pause einzulegen, um die Systeme zu überprüfen und sicherzustellen, dass alles in Ordnung ist.

Aufbau des Funktionsbereichs „Wissen, Potenzial und IT"

- Bestimme die spezifischen Ziele, die dein Unternehmen mit dem Funktionsbereich „Wissen, Potenzial und IT" erreichen möchte und wie diese mit den übergeordneten Unternehmenszielen verknüpft sind.
- Erfasse in einer Datenbank die materiellen Werte: Welche Ressourcen und Anlagevermögen hat das Unternehmen derzeit? Welche Produktionsmittel stehen deinem Unternehmen derzeit zur Verfügung?
- Entwickle eine klare IT- und Wissensmanagementstrategie, die eng mit den Unternehmenszielen verknüpft ist und Flexibilität für zukünftiges Wachstum bietet.
- Lege die Teamstruktur fest und identifiziere essentielle IT- und Wissensmanagement-Rollen, die dein Unternehmen benötigt. Kombiniere Rollen, um Kosten zu sparen.
- Definiere klare Zuständigkeiten, eventuell unter Einbeziehung eines externen Dienstleisters für spezifische technische Anforderungen.
- Analysiere die spezifischen Bedürfnisse deines Unternehmens für die Technologie- und Toolauswahl, möglicherweise mit Unterstützung durch einen IT-Berater.
- Bewerte bei einem bestehenden Unternehmen die aktuelle IT-Infrastruktur und Systeme. Identifiziere Stärken, Schwächen und Verbesserungsbereiche.
- Erstelle eine Technologie-Roadmap, die beschreibt, welche neuen Technologien eingeführt, welche bestehenden aktualisiert und welche möglicherweise ausgemustert werden sollen. Diese Roadmap sollte auch Zeitpläne für die Implementierung und das Budget umfassen.
- Richte eine sichere IT-Infrastruktur ein, eventuell unter Nutzung von Cloud-Diensten, um Investitionen in Hardware zu vermeiden.
- Entwickle grundlegende Richtlinien zum Datenschutz und zur IT-Sicherheit, die den gesetzlichen Anforderungen entsprechen. Implementiere regelmäßige Sicherheitsaudits, End-to-End-Verschlüsselung und schule die Mitarbeiter in Best Practices der Cybersicherheit.

- Führe grundlegende Sicherheitsmaßnahmen wie Firewalls, Antivirus-Software und regelmäßige Backups ein.
- Implementiere ein leicht zu handhabendes, sicheres System zur Erfassung und Teilung von Wissen, wie z.B. interne Wikis oder Shared Drives. In diesem System wird das gesamte Wissen und Know-how deines Unternehmens gesammelt. Dies kann in Form eines internen Wikis oder einer Wissensdatenbank erfolgen. Dies beinhaltet Dokumentationen von Prozessen, Lösungen für häufige Probleme, Fachwissen, Best Practices und alles, was für die Arbeit im Unternehmen relevant ist. Regelmäßige Updates und die Förderung der aktiven Nutzung dieser Plattform stellen sicher, dass das Wissen im Unternehmen lebendig bleibt und allen zur Verfügung steht, die es benötigen. Dadurch kann die Effizienz gesteigert, die Einarbeitungszeit neuer Mitarbeiter verkürzt und das kollektive Wissen des Unternehmens langfristig gesichert werden. Sorge dafür, dass alle Mitarbeiter Zugang erhalten, und ermutige sie, ihr Wissen und ihre Erfahrungen einzutragen. Über welche Kenntnisse und Fähigkeiten verfügen die Mitarbeiter wirklich? Was interessiert sie?
- Erfasse in der Datenbank, welche Geschäftsfelder das Unternehmen abdeckt und welche Aufgaben es bewältigen kann bzw. in der Vergangenheit bewältigt hat.
- Mit welchen Zielgruppen ist man bereits in gutem Kontakt und welches Know-how kann man daraus ziehen? Wie können die bestehenden Kunden gruppiert werden? Welche Kunden haben das größte Energiepotenzial?
- Nutze Trainings, um dich und deine Mitarbeiter in der Nutzung neuer Technologien zu schulen und deren Akzeptanz zu fördern.
- Lege Leistungskennzahlen fest, um die Effizienz des IT-Bereichs und des Wissensmanagements zu bewerten.
- Führe regelmäßige Bewertungen durch, um sicherzustellen, dass die Systeme und Prozesse den Anforderungen des Unternehmens entsprechen. Nutze Daten und Feedback, um die Systeme kontinuierlich zu verbessern. Wenn das System Anzeichen von Überlastung oder Mangel zeigt, handle schnell. So wie du für deine körperliche Gesundheit sorgst, musst du auch für die „Gesundheit" deines IT-Systems sorgen.
- Betrachte strategische Partnerschaften oder Outsourcing-Möglichkeiten, um Zugang zu fortgeschritteneren Technologien und Fachwissen zu erhalten. Dies kann Kosten senken und die Effektivität der IT-Strategie verbessern.
- Stelle eine gute Kommunikation des Funktionsbereichs „Wissen, Potenzial und IT" innerhalb des Unternehmens sicher und hole regelmäßig Feedback von anderen Bereichen ein, um kontinuierliche Verbesserungen zu fördern.
- Fasse die relevantesten Daten für die Unternehmensführung in einem übersichtlichen „Management Cockpit" oder „Management Dashboard" zusammen.

Symptome für einen dysfunktionalen Nieren-Meridian und analoge Symptome im Unternehmen

Symptome beim Menschen: Ängste, Panikattacken, Unsicherheit, Misstrauen, emotionale Kälte, Rückzug, Konzentrationsprobleme, Energiemangel, Schlafstörungen, Fertilitätsprobleme, Harnwegsbeschwerden.

- *Finanzielle Instabilität* (vgl. Energiemangel): Mangel an finanziellen Ressourcen, der die Wachstums und Betriebsfähigkeit einschränkt. Abhilfe: Verbesserung des Finanzmanagements, Kostenkontrolle, Investition in nachhaltige Wachstumsstrategien.

- *Ineffizientes Krisenmanagement* (vgl. Ängste und Panikattacken): Unzureichende Strukturen, die nicht auf schnelle Veränderungen oder Krisen reagieren können. Abhilfe: Entwicklung robuster Krisenmanagementpläne, regelmäßiges Training und Simulationen, Stärkung der Resilienz im Team.

- *Übermäßige Risikoaversion* (vgl. Misstrauen und Unsicherheit): Zögern bei Entscheidungen, Vermeidung von Risiken, die Wachstum fördern könnten. Abhilfe: Förderung einer offenen Kommunikationskultur, Schulung von Führungskräften im Risikomanagement, Ermutigung zu kalkuliertem Risiko.

- *Mangel an Mitarbeiterbindung* (vgl. emotionale Kälte und Rückzug): Geringe Mitarbeitermotivation und Engagement, hohe Distanz zwischen Management und Team. Abhilfe: Stärkung der Unternehmenskultur, Förderung des Teamgeists, Verbesserung der Mitarbeiteranerkennung und -belohnungen.

- *Hohe Mitarbeiterfluktuation* (vgl. Konzentrationsprobleme): Häufiger Wechsel von Mitarbeitern, was zu Instabilität und Ablenkung führt. Abhilfe: Optimierung der Personalentwicklungspläne, Verbesserung der Arbeitsbedingungen, Etablieren klarer Karrierewege.

- *Mangel an Innovationskraft* (vgl. Fertilitätsprobleme): Schwierigkeiten bei der Entwicklung neuer Ideen und der Umsetzung von Innovationen. Abhilfe: Einrichtung von Innovationslaboren, Förderung von Kreativität und Innovation, regelmäßige Ideen-Workshops.

- *Ineffiziente Arbeitsprozesse* (vgl. Harnwegsbeschwerden): Verzögerungen und Störungen in den Betriebsabläufen, die die Gesamtleistung beeinträchtigen. Abhilfe: Streamlining von Prozessen, Einsatz von Prozessmanagement-Tools, regelmäßige Überprüfung und Optimierung der Arbeitsabläufe.

Finanzen, Buchhaltung und Controlling –
Finanzielle Kontrolle und Stabilität | Wasser Yang (Bl)

Essenz: Die Blase ist das Organ, das verantwortlich ist für die Ausscheidung und die Transformation von Flüssigkeiten.
Emotion: Übermäßige Angst kann auch die Blase beeinträchtigen, was zu häufigem Wasserlassen führen kann.
Tätigkeiten: Ausscheidung von Abfallstoffen, Regulation des Wasserhaushalts.
Probleme bei Fülle: Schmerzen, Reizbarkeit, dunkler Urin, Brennen beim Wasserlassen.
Probleme bei Leere: Häufiges Wasserlassen, Schwierigkeiten beim Halten von Urin, klarer Urin.
Weitere Assoziationen: Winter, Angst, Kälte.
Metaphorische Funktion im Unternehmen: Finanzierung, Buchhaltung und Controlling

Wenn wir uns auf unserer Reise durch den Organismus des Unternehmens weiterbewegen, stoßen wir auf die Blase, ein weiteres essenzielles Organ, das eng mit der Niere verwandt ist. Im Kontext des Unternehmens stellt die Blase die Finanzierung, Buchhaltung und das Controlling dar – Systeme, die dafür sorgen, dass die Finanzen fließen, reguliert und kontrolliert werden. Wasser ist der Ursprung des Lebens, und der Blasenmeridian regelt die Speicherung und Ausscheidung von Wasser. Ähnlich sind Finanzen die Lebensader deines Unternehmens, und die Blase, oder in diesem Fall deine Finanzabteilung, verwaltet und reguliert diese Ressourcen.

Wie bei der Niere ist Angst eng mit der Blase verbunden. Übermäßige Sorgen können zu „häufigem Wasserlassen" in Form von übermäßigen oder unüberlegten Ausgaben führen, die den finanziellen Fluss des Unternehmens beeinträchtigen. Eine zu starke Konzentration auf das Thema Finanzen, ohne klare Regelungen zur Verwaltung und Kontrolle, kann zu Schmerzen und Reizbarkeit führen, ähnlich den Symptomen einer vollen Blase. Andererseits können ein Mangel an Finanzmitteln oder unsachgemäße Finanzpraktiken den stabilen Fluss des Unternehmens stören, ähnlich den Symptomen einer leeren Blase.

Der Finanzbereich befasst sich mit dem Austausch von Geld, der Budgetierung, dem Controlling und den Beziehungen zu Banken. Hier sind einige Gründe, warum dieser Funktionsbereich eine so wichtige Rolle im Unternehmen spielt:

Er ist dafür verantwortlich, die finanziellen Ressourcen des Unternehmens zu verwalten und zu optimieren. Dies umfasst die Überwachung der Einnahmen und Ausgaben, die Erstellung von Budgets, die Kontrolle der Kosten und die Gewährleistung einer effizienten Nutzung der finanziellen Mittel.

Eine ausreichende Liquidität ist entscheidend für das Überleben und den Erfolg eines Unternehmens. Der Finanzbereich stellt sicher, dass genügend finanzielle Mittel vorhanden sind, um laufende Geschäftstätigkeiten, Investitionen, Zahlungsverpflichtungen und unvorhergesehene Ausgaben zu decken. Dies beinhaltet die Verwaltung von Zahlungsströmen, die Kontrolle von Forderungen und Verbindlichkeiten sowie die Planung der Kapitalbeschaffung.

Der Finanzbereich entwickelt Finanzpläne und -strategien, um die finanziellen Ziele des Unternehmens zu erreichen. Dies beinhaltet die Analyse von Finanzdaten, die Erstellung von Finanzprognosen, die Durchführung von Kosten-Nutzen-Analysen und die Identifizierung von Möglichkeiten zur Verbesserung der Rentabilität und Effizienz.

Der Finanzbereich ist für das Risikomanagement zuständig und analysiert potenzielle finanzielle Risiken für das Unternehmen. Dies umfasst die Bewertung von Marktbedingungen, Wechselkursschwankungen, Zinsänderungsrisiken, Kreditrisiken und anderen finanziellen Gefahren. Durch geeignete Maßnahmen wie Versicherungen, Hedging-Strategien oder Risikobewertungen wird versucht, die Auswirkungen dieser Risiken zu minimieren.

Der Finanzbereich pflegt Beziehungen zu externen Partnern wie Banken, Investoren, Kreditgebern und Ratingagenturen. Diese Beziehungen sind wichtig, um Zugang zu Finanzierungsquellen, Kapitalmärkten und anderen finanziellen Ressourcen zu erhalten. Der Finanzbereich stellt sicher, dass die finanziellen Informationen transparent und verlässlich sind, um das Vertrauen externer Interessengruppen zu gewinnen.

Bei der Gründung eines Unternehmens ist es wichtig, zu Beginn einen Finanzplan mit einem Budget für verschiedene Themen und Bereiche aufzustellen. „Das Budget ist „ein Kostenplan, der alle Ausgaben für einen bestimmten Zeitraum umfasst und für die Durchführung geplanter Maßnahmen und das Erreichen der angestrebten Ziele erforderlich ist."(Liebl)

Das erste Jahr der Budgetplanung ist besonders riskant, da noch keine Erfahrungen vorliegen und die anfängliche Planung oft die Budgetsumme festlegt. Wenn das Geld dann knapp wird, hört man oft den Satz: „Dann lassen Sie sich doch mal etwas Kreatives einfallen, wie wir den Etat entlasten können…". Dies führt dazu, dass mit den Finanzen jongliert wird. Am Ende weiß niemand mehr genau, welcher Bereich warum wie viel vom Budget erhalten hat und ob dies richtig oder falsch war. Eine der Hauptursachen dafür ist oft das Vergessen von Reserven bei der Planung.

> *»Das Aufstellen eines Budgets ist die Kunst, Enttäuschungen gleichmäßig zu verteilen.«* Laurence Sterne

Bei der Budgetplanung ist es wichtig, klare Prioritäten zu setzen. Ziele kann es viele geben, aber die verfügbaren Mittel sind oft begrenzt. Überlege, wie du mit den vorhandenen Ressourcen die besten Chancen nutzen kannst. Die Frage „Was bringt das?" ist dabei immer entscheidender als die Frage „Was kostet das?". Stelle sicher, dass du weißt, welche Ziele unbedingt erreicht werden müssen und welche noch etwas Zeit haben. Eine kluge Budgetplanung erfordert eine klare Fokussierung auf die wichtigsten Ziele und eine strategische Nutzung der vorhandenen Mittel. Sei mutig und gehe offen mit finanziellen Themen um, denn Transparenz und eine ehrliche Diskussion können deinem Unternehmen helfen, effektiver und erfolgreicher zu sein.

Wie bei Yin und Yang gibt es auch in Fragen der Budgetierung zwei Seiten. Um sich dem „idealen" Budget anzunähern, muss man einerseits vom Ziel ausgehen: Was müssen wir tun, um unsere Ziele zu erreichen? Wo könnten wir unter den erwarteten Rahmenbedingungen am Ende des Jahres stehen? Hier liegt der Fokus auf den großen Zielen, denn große Dinge entstehen aus großen Träumen. Dies ist die Yang-Seite der Budgetierung. Auf der anderen Seite gibt es die Yin-Seite, das Denken vom Ausgangsniveau aus: Was sagen unsere vorhandenen Ressourcen, insbesondere unsere finanziellen Mittel, dazu, um die Ziele zu erreichen? Dies ist eine vielleicht realistischere Betrachtungsweise, die jedoch selten zu großen Durchbrüchen führt.

Es ist wichtig, nicht hektisch zu werden, denn das meiste Geld wird durch unrealistische Planung und überhastete Maßnahmen verschwendet. Der Einkauf sollte vermeiden, Aufträge ohne Festpreis-Vereinbarung zu vergeben. Durch klare Aufgabenstellungen und Vereinbarungen von Festpreisen wird die Budgetplanung auf eine solide Grundlage gestellt. Dabei sollte man trotz aller Sparsamkeit den Qualitätsanspruch nicht aus den Augen verlieren. Die Fachleute, z.B. in der Produktion, sollten die Qualitätskriterien festlegen. Zur Qualitätssicherung gehört aber auch, nicht aus kurzfristigen Überlegungen heraus gute Mitarbeiter zu entlassen oder Lieferantenbeziehungen zu wechseln, nur weil ein anderer Anbieter etwas günstigere Konditionen bietet. Bleiben Sie ein fairer Partner. Vielleicht können Sie mit Ihrem Fachwissen dem Lieferanten helfen, Ihnen günstigere Konditionen zu gewähren und dennoch seinen erforderlichen Gewinn zu erzielen. „Never change a winning team!"

In den letzten Jahrzehnten hat der Shareholder Value als Leitprinzip für Unternehmen immer mehr an Bedeutung gewonnen. Der Shareholder Value bezieht sich darauf, wie viel Wert ein Unternehmen für seine Aktionäre schafft, insbesondere in Form von Gewinnen und Kapitalrenditen. Obwohl die Maximierung des Shareholder Value kurzfristig finanzielle Vorteile bringen kann, gibt es eine wachsende Kritik an diesem Ansatz, da er langfristig negative Auswirkungen auf Unternehmen und die Gesellschaft haben kann. Lassen Sie uns genauer betrachten, warum der ständige Fokus auf den Shareholder Value Unternehmen in die Krise führen kann.

Ein Hauptkritikpunkt ist die kurzfristige Gewinnorientierung, die mit dem Shareholder-Value-Ansatz einhergeht. Unternehmen, die sich ausschließlich auf den kurzfristigen Gewinn konzentrieren, könnten langfristig schädliche Entscheidungen treffen. Investitionen in Forschung und Entwicklung, Mitarbeiterentwicklung oder nachhaltige Geschäftspraktiken könnten vernachlässigt werden, um kurzfristige Gewinne zu steigern. Dies kann sich negativ auf die Wettbewerbsfähigkeit und Innovationskraft des Unternehmens auswirken.

Ein weiterer Aspekt ist die Vernachlässigung anderer Stakeholder. Wenn Unternehmen sich ausschließlich auf den Shareholder Value fokussieren, kann dies zu einer Vernachlässigung der Interessen von Mitarbeitern, Kunden, Lieferanten und der Gesellschaft insgesamt führen. Ethische Bedenken werden möglicherweise ignoriert, soziale Verantwortung könnte vernachlässigt werden, und das Vertrauen der Stakeholder kann schwinden. Das kann langfristig zu einem Verlust des Unternehmensimages, Kundenabwanderung und sogar rechtlichen Konsequenzen führen.

Des Weiteren kann der Shareholder-Value-Ansatz langfristige Nachhaltigkeit beeinträchtigen. Unternehmen könnten Umweltauswirkungen ignorieren, soziale Ungerechtigkeiten verschärfen und unethische Geschäftspraktiken verfolgen, um kurzfristige Gewinne zu maximieren. Dies kann langfristig zu einer Krise führen, da Unternehmen mit negativen sozialen und ökologischen Auswirkungen mit zunehmendem öffentlichen Bewusstsein und strengeren Vorschriften konfrontiert werden.

Ein weiterer Aspekt betrifft die Motivation und Bindung der Mitarbeiter. Wenn Unternehmen sich ausschließlich auf den Shareholder Value fokussieren, kann dies zu geringerer Mitarbeitermotivation und -bindung führen. Mitarbeiter könnten das Gefühl haben, nur als Kostenfaktoren betrachtet zu werden, und ihre Bedürfnisse und Beiträge nicht ausreichend wertgeschätzt zu sehen. Das kann zu einem Mangel an Engagement, Innovation und Teamarbeit führen, was wiederum die Leistung des Unternehmens beeinträchtigt.

Es ist wichtig zu betonen, dass der Shareholder Value an sich nicht per se schlecht ist. Aktionäre sind wichtige Stakeholder eines Unternehmens und verdienen eine angemessene Rendite. Jedoch sollten Unternehmen einen ausgewogeneren Ansatz verfolgen.

Zeige im Unternehmen Mut, wenn es um das Thema Geld geht, und sprich es offen an. Geld ist eines der letzten echten Tabuthemen in unserer Gesellschaft. Manche Menschen finden es einfacher, über ihre etwas extravaganten sexuellen Vorlieben zu sprechen als über ihr Gehalt. Sorge dafür, dass in Besprechungen die größten Ausgabepositionen auch die ausführlichste Besprechungszeit erhalten. In der Praxis erlebt man immer wieder, dass die Frage, ob ein Neubau 20 oder 28 Millionen Euro kosten soll, innerhalb von zehn Minuten entschieden wird, während die Diskussion über einen Passus in der Imagebroschüre zwei Stunden dauert. Hier dominiert das „Komplexitäts-Vermeidungs-Prinzip". Lass dich davon nicht beeinflussen! Führe immer eine kritische und offene Kosten-Nutzen-Analyse der laufenden Aktionen durch und berücksichtige stets mögliche Zusatzkosten. Wenn du merkst, dass eine offene Diskussion vermieden wird, bohre nach. Gerade dort, wo man nicht gerne hinschaut, brodeln die Schwelbrände, die bereits manches Unternehmen in Brand gesteckt haben. Die Wandlungsphase Wasser ist dafür da, diese Brände schon im Anfangsstadium zu löschen.

Eine mögliche Frage, die zu einem Ausgleich der beiden Betrachtungsweisen führen kann, lautet: Können wir unsere angestrebten großen Ziele vielleicht eleganter und kostengünstiger erreichen? Die einzig logisch einwandfreie Methode zur Festlegung von Budgets ist die „Objective-and-Task-Methode". Dabei richtet sich die Höhe des Budgets nach den angestrebten Zielen und den damit verbundenen Aufgaben. Es geht darum, einen klaren Zusammenhang zwischen den finanziellen Ressourcen und den zu erreichenden Ergebnissen herzustellen.

Indem Unternehmen sowohl die großen Ziele als auch die vorhandenen Ressourcen in ihre Budgetierung einbeziehen und nach kosteneffizienten Möglichkeiten suchen, können sie eine ausgewogene Herangehensweise entwickeln. Das Ziel sollte sein, die gewünschten Ergebnisse zu erreichen, indem man klug mit den vorhandenen Mitteln umgeht und nach innovativen Lösungen sucht. Die Budgetierung sollte also sowohl visionär als auch realistisch sein und Unternehmen auf dem Weg zum Erfolg unterstützen.

Eine klare Festlegung der Ziele des Unternehmens und seiner Funktionsbereiche ist von entscheidender Bedeutung. Wenn dies noch nicht geschehen ist oder nicht zur Firmenkultur gehört, kann es kurzfristige Schwierigkeiten verursachen. Langfristig ist es jedoch immer die bessere Methode. Das Hauptziel eines jeden Unternehmens ist es, seine eigene Existenz zu sichern und damit auch die Existenz seiner Mitarbeiter und oft genug auch deren Angehöriger. Dies ist eine Herausforderung in einem sich ständig verändernden Umfeld.

Eine klare Zielsetzung ermöglicht es Unternehmen, ihren Fokus zu schärfen, Prioritäten zu setzen und ihre Ressourcen effektiv einzusetzen. Sie bietet Orientierung und dient als Leitfaden für Entscheidungen und Maßnahmen auf allen Ebenen des Unternehmens. Ohne klare Ziele können Unternehmen leicht von externen Einflüssen abgelenkt werden oder in eine ziellose Richtung driften. Es ist wichtig, dass die Unternehmensziele mit den Zielen der Funktionsbereiche im Einklang stehen und sich gegenseitig unterstützen. Dies fördert eine gemeinsame Ausrichtung und Zusammenarbeit, was zu einer effizienteren und effektiveren Nutzung der Ressourcen führt.

Darüber hinaus muss ein Unternehmen sich bewusst sein, dass das Geschäftsumfeld ständigen Veränderungen unterliegt. Märkte, Technologien und Kundenbedürfnisse entwickeln sich kontinuierlich weiter. Daher ist es wichtig, dass Unternehmen ihre Ziele und Strategien an diese Veränderungen anpassen und agil bleiben. Dies erfordert eine ständige Überprüfung und Anpassung der Unternehmensziele, um wettbewerbsfähig zu bleiben und langfristigen Erfolg zu gewährleisten.

Insgesamt ist eine klare Festlegung der Unternehmensziele entscheidend für den Erfolg und die Nachhaltigkeit eines Unternehmens. Sie ermöglicht es, die eigene Existenz zu sichern, die Mitarbeiter zu unterstützen und sich den Herausforderungen eines sich wandelnden Geschäftsumfelds zu stellen. Eine langfristige Perspektive und eine kontinuierliche Anpassung der Ziele sind dabei unerlässlich.

Wie werden Ziele überhaupt formuliert? Ziele sind richtig formuliert, wenn sie objektiv messbar sind und es Klarheit über die Messgrößen, ihre Basis und den Zustand nach der

Zielerreichung gibt. Sie sollten eindeutig, realistisch und mit allen Beteiligten abgestimmt sein. Zudem sollten sie nicht widersprüchlich sein und auf klaren Wertvorstellungen basieren, um für alle Beteiligten attraktiv zu sein. Dabei motivieren Ziele, die in greifbarer Nähe liegen, mehr als entfernte Ziele.

Bei der Budgetierung möchte ich auch einen Aspekt nicht außer Acht lassen: die Anwendung der Goldenen Regel. Hast du schon einmal davon gehört? Viele Menschen sehen darin den Schlüssel zu wahrem Reichtum. Im Grunde genommen bedeutet es, das zu tun, was jeder Bauer tut, wenn er einen Teil seines Saatguts nimmt und es der Erde anvertraut, damit es Früchte trägt und zu einer reichen Ernte führt. In unserem Fall bedeutet das, dass du einen Teil deiner erwirtschafteten Gewinne – etwa ein Zehntel – beiseite legst und einem guten Zweck zuführst. Praktisch gesehen ermöglicht uns das, etwas zurückzugeben und einen positiven Einfluss auf die Gesellschaft zu haben.

Viele Menschen berichten, dass sie, nachdem sie sich entschieden haben, nach der Goldenen Regel zu handeln, kein Gefühl des Mangels mehr verspüren und ihre finanzielle Situation sich immer verbessert hat, anstatt sich zu verschlechtern. Ob bei dir ein solcher wünschenswerter Effekt eintritt oder nicht, sei einmal dahingestellt.

Kann es jedoch wirklich ein Fehler sein, wenn ein Unternehmen in einer Gesellschaft, die noch so viele Möglichkeiten bietet wie unser Planet, Dankbarkeit gegenüber dieser Gesellschaft zeigt und denjenigen eine Chance gibt, die möglicherweise gerade am Verzweifeln sind? Niemand hat gesagt, dass du dies verbergen solltest – jeder Kunde, der sein Geld bei dir lässt, trägt letztendlich zu einem guten Zweck bei. „Tue Gutes und rede darüber" war schon immer das Motto der PR-Abteilung. Gleichzeitig gilt das Motto: Du musst nicht die volle Wahrheit sagen, wenn du eine Pressemeldung herausgibst, aber die reine Wahrheit. Es geht darum, die positiven Aspekte hervorzuheben und transparent zu kommunizieren.

Aufbau des Funktionsbereichs „Finanzen, Buchhaltung und Controlling"

Beim Aufbau deines Funktionsbereichs „Finanzen, Buchhaltung und Controlling" in deinem kleinen oder mittelständischen Unternehmen (KMU) solltest du folgende Schritte beachten:

- Beginne damit, die finanziellen Ziele deines Unternehmens festzulegen, wie zum Beispiel die Sicherung der Liquidität, die Rentabilität und das Wachstum. Entwickle eine klare Finanzstrategie, die deine Investitionspläne, die Budgetierung und die langfristige Finanzplanung umfasst.
- Definiere die Schlüsselrollen innerhalb deines Finanzbereichs wie den CFO, Buchhalter und Controller. In kleinen Teams können diese Rollen auch kombiniert werden. Schaffe klare Berichtsstrukturen, die effiziente Informationsflüsse gewährleisten.

- Entscheide dich für eine geeignete Finanzsoftware, die Buchhaltung, Rechnungsstellung, Gehaltsabrechnung und Controlling unterstützt. Stelle sicher, dass diese Software gut in andere Systeme, wie zum Beispiel CRM- oder ERP-Systeme, integrierbar ist.
- Richte deine Buchhaltungsprozesse ein. Stelle einen Kontenplan auf, der alle relevanten Geschäftsvorgänge abbilden kann. Erstelle Richtlinien für die Buchführung, die sicherstellen, dass alle finanziellen Transaktionen korrekt erfasst werden.
- Führe einen Budgetierungsprozess ein, der jährliche und quartalsweise Überprüfungen umfasst. Entwickle eine langfristige Finanzplanung auf Basis realistischer Prognosen.
- Definiere finanzielle und betriebliche Leistungskennzahlen (KPIs), um die Unternehmensleistung zu überwachen. Implementiere ein regelmäßiges Reporting-System, das finanzielle und operative Daten zusammenführt und analysiert.
- Stelle sicher, dass dein Unternehmen alle relevanten steuerlichen und handelsrechtlichen Vorschriften einhält. Richte Kontrollen ein, um Risiken wie Betrug oder Fehlverhalten zu minimieren.
- Biete Schulungen und Weiterbildungsmöglichkeiten an, um das Wissen und die Fähigkeiten deines Finanzteams zu stärken. Fördere eine Kultur der Zusammenarbeit und des kontinuierlichen Lernens innerhalb des Teams.
- Überprüfe regelmäßig die finanziellen Prozesse und Strategien, um Verbesserungspotenziale zu identifizieren. Beobachte neue Technologien und Finanztools, die die Effizienz und Effektivität deines Finanzbereichs verbessern könnten.
- Halte sowohl interne als auch externe Stakeholder regelmäßig über die finanzielle Lage deines Unternehmens auf dem Laufenden.

Durch die konsequente Umsetzung dieser Schritte legst du eine solide Grundlage für einen leistungsstarken und transparenten Finanzbereich, der entscheidend für das nachhaltige Wachstum und die finanzielle Stabilität deines Unternehmens ist.

Der Finanzbericht – Dein Tool fürs Business und nicht nur fürs Finanzamt

Der Bereich „Finanzen, Buchhaltung und Controlling" ist auch verantwortlich für das Erstellen klarer und verständlicher Berichte über die finanzielle Lage des Unternehmens. Diese Verständlichkeit sollte auch von externen Partnern wie Steuerberatern gefordert werden. Ein Bericht, den du nicht verstehst, bringt dir nichts. Buchhaltung dient nicht nur dem Finanzamt, sondern sollte primär die finanzielle Lage deines Unternehmens aufzeigen und Ansätze für Optimierungen liefern. Ist dies nicht der Fall, ist sie für die Unternehmensführung völlig unbrauchbar. Nutze beispielsweise den Quicktest, um erste Einschätzungen der finanziellen Situation deines Unternehmens zu erhalten. Obwohl dieser Test nur vier Kennzahlen verwendet, liefert er eine zuverlässige Bewertung. Selbst die Hinzunahme weiterer Kennzahlen verändert das Ergebnis kaum. Diese vier Kennzahlen sind: Eigenkapitalquote,

Schuldtilgungsdauer, Gesamtkapitalrentabilität und Cash-Flow-Leistungsrate. Sie ermöglichen dir einen schnellen Überblick über Finanzierung, Liquidität, Rentabilität sowie Aufwandsstruktur und Erfolg. Lass dir zumindest diese Kennzahlen in einem Business Cockpit anzeigen.

Business Cockpit

Ein Business Intelligence (BI) – oft auch „Business Dashboard" genannt – ist ein Werkzeug für Unternehmen, ähnlich wie Armaturenbretter in Autos oder Cockpits in Flugzeugen. Es gibt eine ganze Reihe sogenannter Dashboard-Software auch als Gratis-Versionen. Sie bieten einen Überblick über die wichtigsten Geschäftskennzahlen und sind recht leicht zu handhaben, auch ohne IT-Abteilung. Um dir den Einstieg zu erleichtern, findest du hier eine Liste von solchen kostenlosen Dashboard-Softwarelösungen. Diese Tools unterstützen dich bei der Geschäftsanalyse:

- Arcadia Data: Analyse von Daten in Hadoop, verfügbar für Mac und PC.
- Bittle: Unbegrenzte Nutzung, KPIs und Dashboards, einschließlich Chat und Support.
- ClicData Personal:** Agile Lösung für KMUs, mit 1 GB Speicher pro Monat und zehn Datenaktualisierungen pro Monat.
- Cyfe: Synchronisiert mit vielen Datenquellen, inklusive Extras wie E-Mail-Reports und TV-Modus.
- Dash: Einfache und schnelle Erstellung von Dashboards mit verschiedenen Datenquellen.
- Dashzen: Integration mit Google Analytics, Twitter, Salesforce, Github und Facebook.
- Databox: Verbindet sich mit verschiedenen Datenquellen, tägliche Datenaktualisierung.
- Freeboard: Ideal für IoT, unbegrenzte Anzahl an Geräten und Dashboards, jedoch öffentlich einsehbar.
- iDashboards: Cloud-basiert, unbegrenzte Dashboards für einen Nutzer.
- InetSoft Style Scope Agile Edition: Eingeschränkte Version des Style Scope mit wichtigen Visualisierungs- und Analysefunktionen.
- Power BI Designer von Microsoft: Nutzerfreundlich mit Drag-and-Drop und natürlicher Sprachabfrage.
- Qlik Sense: Desktop- und Personal-Edition kostenlos, mit Drag-and-Drop-Funktion.
- Syncfusion: Für Unternehmen mit einem Jahresumsatz unter 1 Mio. USD, umfasst Berichts- und Big Data-Funktionen.
- Zoho Analytics: Für 1-2 Nutzer, mit umfangreichen Dashboard-Funktionen und Datenspeicheroptionen.

Ein einfaches „Business Cockpit" lässt sich auch in Excel oder OpenOffice realisieren. Auf YouTube gibt es dazu beispielsweise von Jakob Neubauer ein gutes Tutorial.

Beim Erstellen eines solchen „Dashboardes" sollten typische Fehler vermieden werden. Ein häufiger Fehler ist eine unübersichtliche Darstellung, die durch eine Überladung von Informationen und mangelnde Strukturierung entsteht. Auch die Qualität der Quelldaten ist entscheidend; schlechte Datenqualität führt zu irreführenden Ergebnissen. Ein weiterer Punkt ist der übermäßige Einsatz von nackten Zahlen anstelle von aussagekräftigen Grafiken, die die Daten visualisieren und interpretieren helfen. Zeitverschwendung durch unnötiges Design und die Auswahl falscher Zahlen für die Zielgruppe können ebenfalls die Wirksamkeit des Dashboards beeinträchtigen. Zudem ist es wichtig, den Zeitraum für die dargestellten Daten anzugeben und nicht stets denselben Zeitraum für alle Werte zu verwenden, um relevante und zeitgerechte Einblicke zu gewährleisten.

Je nach Unternehmen könnten z.B. folgende Daten und Kennzahlen enthalten sein:

- Umsatz- und Gewinnentwicklung: Eine grafische Darstellung des Umsatzes und Gewinns über einen bestimmten Zeitraum ermöglicht es, Trends und Entwicklungen schnell zu erkennen.
- Liquidität und Cashflow: Informationen über den aktuellen Kontostand, den Cashflow und die Liquiditätsentwicklung geben Aufschluss darüber, ob das Unternehmen genügend finanzielle Mittel zur Verfügung hat.
- Kostenstruktur: Eine Übersicht über die wichtigsten Kostenpositionen wie Personal-, Material- und Mietkosten ermöglicht es, potenzielle Kostentreiber zu identifizieren und gegebenenfalls einzusparen.
- Kunden- und Auftragslage: Informationen über die Anzahl der Kunden, Aufträge und Auftragsvolumen geben Einblicke in die Kundenbeziehungen und die Auslastung des Unternehmens.
- Kennzahlen zur Rentabilität: Kennzahlen wie die Umsatzrentabilität, die Eigenkapitalrendite oder das Verhältnis von Kosten zu Umsatz ermöglichen eine Bewertung der Rentabilität und Effizienz des Unternehmens.
- Lagerbestände und Lieferzeiten: Daten über Lagerbestände und Lieferzeiten helfen dabei, Engpässe oder Überbestände zu erkennen und eine optimale Lagerführung zu sichern.
- Mitarbeiterleistung: Informationen über die Anzahl der Mitarbeiter, Personalkosten und Produktivität geben Auskunft über die Leistungsfähigkeit des Teams.
- Kundenzufriedenheit: Feedback von Kunden, Bewertungen und Beschwerden können Hinweise auf Verbesserungspotenziale geben und sollten in das Business Cockpit einfliessen.

Diese Daten sollten in Echtzeit oder regelmäßig aktualisiert werden, um eine aktuelle und aussagekräftige Grundlage für Entscheidungen zu bieten. Zudem ist es wichtig, dass das Business Cockpit an die individuellen Bedürfnisse des Unternehmens angepasst werden kann, indem zum Beispiel weitere Kennzahlen oder branchenspezifische Informationen integriert werden können. Durch die Visualisierung der Daten in Form von Diagrammen, Grafiken und Tabellen wird eine einfache und verständliche Interpretation ermöglicht. Ein intuitives Design und die Möglichkeit, detailliertere Informationen abzurufen, vervollständigen das praktische Business Cockpit für kleine und mittelständische Unternehmen.

Neben den oben genannten betriebswirtschaftlichen Kennzahlen sind auch „weiche Faktoren" für die Unternehmensführung interessant und werden häufig vernachlässigt. Ein praktisches „Business Cockpit" sollte daher auch folgende Faktoren berücksichtigen:

- Mitarbeiterzufriedenheit: Verwende anonyme Mitarbeiterumfragen, um verschiedene Aspekte der Zufriedenheit zu bewerten, wie Arbeitsbedingungen, Teamarbeit, Führung und Entwicklungsmöglichkeiten. Die Ergebnisse können auf einer Skala von beispielsweise 1 bis 5 bewertet und zu einem Gesamtwert aggregiert werden.
- Kundenzufriedenheit und Kundenfeedback: Implementiere ein strukturiertes Feedbacksystem, das es Kunden ermöglicht, ihre Zufriedenheit zu bewerten und Feedback zu geben. Verwende beispielsweise eine Skala von 1 bis 10 oder ein Bewertungssystem von „sehr zufrieden" bis „sehr unzufrieden". Kundenbewertungen können ebenfalls in die Bewertung einbezogen werden.
- Innovationskraft und Kreativität: Um den Innovationsgrad zu messen, kannst du beispielsweise die Anzahl der eingereichten Patente, die Beteiligung an Innovationsprojekten oder den Anteil der Innovationsbudgets am Gesamtbudget des Unternehmens erfassen. Kreativität kann durch den Einsatz von Kreativitätstechniken, wie Brainstorming-Sitzungen oder Ideenwettbewerben, gemessen und bewertet werden.
- Unternehmenskultur und Werte: Erstelle eine Unternehmenskultur- oder Werteskala, die verschiedene Aspekte der Unternehmenskultur bewertet, wie Teamarbeit, Offenheit, Vertrauen und Zusammenarbeit. Mitarbeiter können auf einer Skala von beispielsweise 1 bis 5 angeben, inwieweit sie die Unternehmenswerte in ihrem Arbeitsumfeld wahrnehmen.
- Markenimage und Reputation: Verwende Marktforschungstools wie Umfragen, Social-Media-Analysen oder Medienberichterstattung, um das Markenimage und die Reputation des Unternehmens zu messen. Bewertungen und Meinungen können auf einer Skala von positiv bis negativ erfasst und aggregiert werden.
- Nachhaltigkeit und Umweltbewusstsein: Definiere messbare Ziele und Indikatoren für die Nachhaltigkeitsleistung des Unternehmens, wie Energieverbrauch, Abfallreduzierung oder CO_2-Emissionen. Verwende entsprechende Umweltzertifizierungen oder Standards, um die Leistung objektiver zu bewerten.

Bei der Objektivierung dieser weichen Faktoren ist es wichtig, klare Kriterien und Bewertungsmethoden festzulegen. Es können Gewichtungen und Skalen verwendet werden, um den relativen Einfluss jedes Faktors zu berücksichtigen. Regelmäßige Messungen und Vergleiche im Zeitverlauf ermöglichen es, Veränderungen zu erkennen und Verbesserungsmaßnahmen abzuleiten. Darüber hinaus können Benchmarking-Verfahren genutzt werden, um die Leistung des Unternehmens mit anderen vergleichbaren Unternehmen zu vergleichen und Best Practices zu identifizieren. Gerade die weichen Faktoren tragen zur langfristigen

Wettbewerbsfähigkeit und zum Erfolg eines Unternehmens bei, da sie die Beziehungen zu Mitarbeitern, Kunden und der Gesellschaft insgesamt beeinflussen. Ein ganzheitlicher Blick auf das Unternehmen, der sowohl quantitative als auch qualitative Aspekte berücksichtigt, kann daher dazu beitragen, eine umfassende und fundierte Entscheidungsgrundlage für die Unternehmensführung zu schaffen.

Wer glaubt, dass nur Großunternehmen sich das leisten können, der irrt sich. Es gibt beispielsweise verschiedene kostengünstige Marktforschungs-Tools, die Unternehmen nutzen können, um Einblicke in den Markt zu gewinnen. Hier sind einige Beispiele:

- Online-Umfragen: Plattformen wie SurveyMonkey, Google Forms oder Typeform bieten kostengünstige Lösungen zur Erstellung und Durchführung von Umfragen. Sie ermöglichen es Unternehmen, gezielte Fragen an ihre Zielgruppe zu stellen und wertvolles Feedback zu erhalten.
- Social-Media-Analysen: Die Analyse von Daten aus sozialen Medienplattformen wie Facebook, Twitter oder Instagram kann Aufschluss über das Verhalten, die Meinungen und die Bedürfnisse der Zielgruppe geben. Tools wie Hootsuite, Sprout Social oder Brandwatch bieten Funktionen zur Überwachung und Auswertung von Social-Media-Daten.
- Google Analytics: Diese kostenlose Webanalyseplattform ermöglicht Unternehmen, das Nutzerverhalten auf ihrer Website zu verfolgen, Traffic-Quellen zu analysieren und wichtige Kennzahlen wie Seitenaufrufe, Verweildauer oder Absprungrate zu messen.
- Online-Foren und Communities: Durch die Teilnahme an Online-Foren und Communities, die sich auf die Branche oder das Produkt des Unternehmens spezialisieren, können wertvolle Einblicke gewonnen werden.
- Wettbewerbsanalyse: Unternehmen können kostengünstig Wettbewerbsanalysen durchführen, indem sie öffentlich verfügbare Informationen über ihre Konkurrenten nutzen. Dies umfasst die Überwachung von Websites, sozialen Medien, Pressemitteilungen und Branchenberichten, um Informationen über deren Strategien, Produkte und Positionierung zu sammeln.
- Kundenfeedback-Plattformen: Es gibt verschiedene kostengünstige Online-Plattformen wie UserVoice, GetFeedback oder Feedbackify, die es Unternehmen ermöglichen, Feedback von Kunden einzuholen. Dies kann in Form von Bewertungen, Bewertungen oder Kommentaren geschehen und hilft, die Kundenzufriedenheit zu verstehen und Verbesserungspotenziale zu identifizieren.

Es ist wichtig zu beachten, dass diese Tools möglicherweise nicht alle spezifischen Anforderungen deines Unternehmens erfüllen oder tiefergehende Marktforschung erfordern. In solchen Fällen kann es sinnvoll sein, professionelle Marktforschungsdienstleistungen oder Beratungsunternehmen in Anspruch zu nehmen.

Ansätze, um Unternehmen hochprofitabel zu machen

Fixkosten reduzieren
In der Geschäftswelt ist es oft so, dass du weniger benötigst, als du vielleicht glaubst. Viele Unternehmen neigen dazu, mehr auszugeben, als notwendig ist, wobei die Betriebskosten eine zentrale Rolle spielen. Diese Kosten verschlingen nicht nur einen wesentlichen Anteil des Umsatzes, sondern bieten auch oft eine vergleichsweise geringe Rentabilität („Return on Investment", ROI). Daher ist es essenziell, die Betriebskosten so niedrig wie möglich zu halten.

Um dieses Ziel zu erreichen, kann als erster Schritt eine Verkleinerung der Büroflächen in Erwägung gezogen werden, um Mietkosten zu sparen. Außerdem kann eine Optimierung der Personalstruktur sinnvoll sein, indem unwichtige Positionen eliminiert werden, was sowohl die Personalkosten senkt als auch die Effizienz steigern kann. Eine Kopplung der Betriebskosten an einen bestimmten Prozentsatz des Umsatzes kann ebenfalls eine effektive Strategie sein. Es ist nicht zwingend notwendig, hohe Standards zu setzen, um Eindruck zu schinden.

Die Einführung von mobilem Arbeiten bietet eine weitere Möglichkeit zur Kostensenkung. Diese Maßnahme kann die Bürokosten verringern und gleichzeitig die Mitarbeiterzufriedenheit sowie die Produktivität erhöhen.

Einen echten Wandel bewirkst du, indem du aufhörst, dich vor allem darum zu bemühen, wie ein erfolgreiches Unternehmen auszusehen oder das zu tun, was andere Unternehmen tun. Konzentriere dich stattdessen darauf, das Beste aus deinem Unternehmen herauszuholen. Die Qualität deiner Leistung muss überzeugen. Indem du dich auf das Wesentliche konzentrierst und unnötige Ausgaben vermeidest, kannst du die Betriebskosten signifikant reduzieren und somit die Rentabilität deines Unternehmens nachhaltig verbessern.

Den eigenen Wert kennen
Um den Wert deiner Arbeitszeit optimal zu bestimmen, solltest du dich fragen: Wie produktiv und effektiv bist du, wenn du ganz in deinem Element bist? Dein Stundensatz spiegelt deinen Beitrag zum Unternehmen wider und sollte diesen Wert angemessen repräsentieren.

Um deinen Wert zu steigern, gibt es verschiedene Ansätze. Zunächst ist das Wachstum deines Unternehmens ein entscheidender Faktor. Dies führt nicht nur zu einem größeren Marktanteil, sondern stärkt auch dein Ansehen in der Branche. Du kannst die Nachfrage nach deinen Produkten oder Dienstleistungen steigern, indem du überzeugende Marketingstrategien anwendest oder innovative Lösungen anbietest. Werde zu einem Experten in deinem Fachgebiet – dadurch steigerst du nicht nur deinen internen Wert, sondern auch dein Ansehen nach außen.

Eine weitere Möglichkeit, deinen Wert zu erhöhen, ist die Schaffung zusätzlicher Einkommensquellen. Das kann durch die Entwicklung neuer Geschäftsideen oder das Erschließen neuer Märkte geschehen. Konzentriere dich auf das Wesentliche, vermeide unnötige Ablenkungen und halte deine Arbeitszeit genau fest.

Kreativität ist ebenfalls ein wichtiger Faktor. Je innovativer und ideenreicher du bist, desto mehr Möglichkeiten öffnen sich für dein Unternehmen. Verwalte deine Zeit effizient und delegiere Aufgaben, wo es sinnvoll ist. Ein talentierter Problemlöser in deinem Team kann Prozesse optimieren und zu besseren Lösungen beitragen.

Bleibe immer auf dem neuesten Stand und sei offen für neue Trends und Technologien. Forschung und Entwicklung in enger Zusammenarbeit mit deinen Kunden sind entscheidend, denn sie sind der Schlüssel zu deinem Erfolg. Ihre Bedürfnisse und Wünsche sollten im Zentrum deiner Geschäftsstrategie stehen.

Erkenne, dass du eine wertvolle Ressource für dein Unternehmen bist, wenn du dich auf das Wesentliche konzentrierst und Ablenkungen minimierst. Investiere in die wichtigste Triebkraft deines Unternehmens – deine Kunden. Sie sind es, die letztlich zum Erfolg deines Unternehmens beitragen.

Die Gewinnmargen erhöhen

Um deine Gewinnmargen zu steigern, solltest du zunächst die Profitabilität deiner aktuellen Produkte oder Dienstleistungen analysieren und herausfinden, welche davon die höchsten Margen aufweisen. Nicht jedes Produkt oder jede Dienstleistung wird hohe Margen erbringen, daher ist es wichtig, gezielt jene auszuwählen, die du optimieren kannst, um sie profitabler zu gestalten. Eine Möglichkeit, dies zu erreichen, ist die Reduzierung von Produktions- und Verkaufskosten. Einfachere Designs oder Konstruktionen können beispielsweise die Herstellungskosten senken, während effektive Verkaufsstrategien dabei helfen, die Verkaufskosten zu minimieren.

Überdenke auch deine Preisstrategie, indem du deine Liefermethoden anpasst oder exklusive Angebote schaffst, um höhere Preise zu rechtfertigen. Eine Spezialisierung und das Dominieren von Nischenmärkten können ebenfalls dazu beitragen, deine Position am Markt zu stärken und höhere Margen zu erzielen. Strebe stets nach Exzellenz und Innovation in deinem Bereich und entwickle deine Produkte oder Dienstleistungen kontinuierlich weiter. Zudem kann die Diversifizierung deines Angebots durch Änderung des Produktmixes oder Hinzufügen verschiedener Produkte zu einer größeren Vielfalt und dadurch zu höheren Margen führen. Erkenne, dass es immer Raum für Verbesserungen gibt, sei es durch Optimierung der Prozesse, Kostensenkung oder Verbesserung der Qualität deines Angebots. Ziehe Experten wie Berater oder Coaches hinzu und beziehe Kunden sowie Mitarbeiter in den Verbesserungsprozess mit ein, um signifikante Verbesserungen in deinem Unternehmen zu erzielen und deine Gewinnmargen nachhaltig zu steigern.

Erfolgsgeheimnis Rentabilitätsformel
Jedes Unternehmen sollte seine eigene Rentabilitätsformel erstellen. Diese Formel ist ein Werkzeug, das dir dabei hilft, die Schlüsselkomponenten für den finanziellen Erfolg deines Unternehmens zu identifizieren und zu maximieren. Hier sind einige Beispiele, wie solche Formeln aussehen könnten:
- Volle Automatisierung plus Kundenservice gleich extreme Rentabilität: Dies unterstreicht die Bedeutung von effizienten Betriebsabläufen und hervorragendem Kundenservice.
- Volle Automatisierung + Kundenservice = Extreme Rentabilität
- Hohe Margen plus Verantwortlichkeit gleich extreme Rentabilität: Hier liegt der Schwerpunkt auf der Maximierung der Gewinnmargen und der Verantwortung gegenüber den Kunden und dem Unternehmen selbst.
- Hohe Margen + Verantwortlichkeit = Extreme Rentabilität
- Shareware plus Inhalt plus Liefersystem gleich extreme Rentabilität: Diese Formel betont die Wichtigkeit eines starken Inhalts, einer effizienten Lieferkette und der Verwendung von Shareware zur Maximierung der Rentabilität.
- Shareware + Inhalt + Liefersystem = Extreme Rentabilität
- Vereinfachte Unternehmensstruktur plus lebendige Vision plus Talent gleich extreme Rentabilität: In dieser Formel stehen die Organisationsstruktur, die Unternehmensvision und die Fähigkeiten des Teams im Vordergrund.
- Vereinfachte Unternehmensstruktur + Lebendige Vision + Talent = Extreme Rentabilität
- Prozentuale Budgetierung plus hoher Verkauf gleich extreme Rentabilität: Dieses Beispiel zeigt, wie wichtig eine effektive Budgetverwaltung und hohe Verkaufszahlen sind.

% Budgetierung + Hoher Verkauf = Extreme Rentabilität

Der entscheidende Effekt besteht darin, zu erkennen, dass es für jede Art von Unternehmen eine individuelle Rentabilitätsformel gibt. Du musst mit deinen Kunden zusammenarbeiten, um die Formel zu erstellen und zu meistern, die für dein Unternehmen am besten passt. Nur so kannst du sicherstellen, dass du alle Aspekte berücksichtigst, die für den Erfolg deines Unternehmens entscheidend sind. Erstelle deine Rentabilitätsformel und verwende sie als Leitfaden für alle Geschäftsentscheidungen.

Von Dagobert Duck lernen
Kostenmanagement ist ein entscheidender Aspekt einer profitablen Unternehmensführung. Es ist notwendig, Kosten schrittweise zu senken und dabei so viele wiederkehrende Kosten wie möglich zu eliminieren. Stelle dir vor, du seist pleite und hättest nichts zum Ausgeben. Dieser Denkansatz kann helfen, die Notwendigkeit von Sparmaßnahmen in den Vordergrund zu rücken.

Übertrage alle Ausgabengenehmigungen an eine Person, die bekannt für ihre Sparsamkeit ist. Manchmal kann der Akt des Ausgebens, selbst wenn es sich um legitime Geschäftsausgaben handelt, eine Art Euphorie auslösen. Erkenne, ob du dazu neigst, dich durch Ausgaben besser zu fühlen oder sogar glaubst, erfolgreicher zu sein, wenn du mehr für Geschäftszwecke ausgibst.

Es ist ein häufiger Fehler, in guten Zeiten mehr auszugeben, obwohl es keinen triftigen Grund dafür gibt. Stelle sicher, dass jede Geschäftsausgabe oder Investition eine Rendite von 20:1 bringt. Wenn sie das nicht tut, gib das Geld nicht aus. Stattdessen solltest du innovieren und experimentieren. Investiere aggressiv, aber klug und setze ein strenges Budget fest, das die Rentabilität garantiert.

Auf dieser Welt gibt es Verschwender, Sparer und Investoren. Frage dich selbst: Zu welcher Kategorie gehörst du? Manchmal erfordert es einen emotionalen Wandel, um ein weiser Investor zu werden, sowohl in Bezug auf deine Zeit, dein Geld, deine Ressourcen, deine Vermögenswerte als auch deine Energie. Lerne ganzheitlich zu investieren, sorgfältig auszugeben und leicht zu sparen. Mit diesem Ansatz kannst du die Rentabilität deines Unternehmens erheblich steigern.

Investitionen in dein Unternehmen sind ein wesentlicher Bestandteil für dein Wachstum und die Wertsteigerung. Sie können in Form von finanziellen Beiträgen, dem Kauf neuer Technologien, der Verbesserung deiner Fähigkeiten und der Entwicklung neuer Produkte oder Dienstleistungen erfolgen. Hier sind einige Prinzipien, die du bei deinen Investitionen beachten solltest:

- Jede deiner Investitionen sollte Teil einer langfristigen Strategie sein, die darauf abzielt, spezifische Unternehmensziele zu erreichen. Dies kann beispielsweise das Erschließen neuer Märkte, die Verbesserung der Effizienz, die Steigerung der Produktivität oder die Entwicklung neuer Produkte oder Dienstleistungen beinhalten.
- Bevor du investierst, führe eine gründliche Rentabilitätsanalyse durch. Berücksichtige sowohl die potenziellen Erträge als auch die mit der Investition verbundenen Risiken.
- Um Risiken zu minimieren, streue deine Investitionen über verschiedene Bereiche deines Unternehmens und/oder verschiedene Arten von Vermögenswerten.
- Deine Investitionen sollten nicht nur kurzfristige Gewinne im Blick haben, sondern auch die langfristige Nachhaltigkeit deines Unternehmens. Das kann beinhalten, in Technologien zu investieren, die die Umweltauswirkungen deines Unternehmens reduzieren, oder in die Aus- und Weiterbildung deiner Mitarbeiter, um ihre Fähigkeiten und Zufriedenheit am Arbeitsplatz zu verbessern.
- Die Geschäftswelt verändert sich ständig, und du musst in der Lage sein, dich diesen Veränderungen anzupassen. Gestalte deine Investitionen daher so, dass sie Flexibilität und Anpassungsfähigkeit ermöglichen.
- Jede Investition birgt Risiken. Ein effektives Risikomanagement erfordert, dass du diese Risiken identifizierst, bewertest und kontrollierst. Das kann durch eine gründliche Due-

Diligence-Prüfung und eine fortlaufende Überwachung und Kontrolle deiner Investitionen erreicht werden.
- Es ist wichtig, klare Kriterien für den Erfolg einer Investition zu definieren und regelmäßig zu messen, ob diese Kriterien erreicht werden. Dies ermöglicht es dir, notwendige Anpassungen vorzunehmen und den Erfolg deiner Investitionsstrategie zu bewerten.

Denke immer daran, dass jede Investition sorgfältig geprüft und mit den Gesamtzielen und der Strategie deines Unternehmens in Einklang gebracht werden sollte.

Motivation steigern
Es ist Zeit, dein Team mit Anreizen zu motivieren. Gib deinen Mitarbeitern, Kunden oder Klienten einen Grund, für dich zu gewinnen. Anreize können vielfältig sein:
- Geld: Bonuszahlungen, Gehaltserhöhungen, Prämien, Vergünstigungen oder Vorteile.
- Status: Beförderungen, Verantwortung, Sichtbarkeit, Ruf.
- Stärke: Fähigkeiten, Insiderwissen, höherwertige Beziehungen.
- Macht: Ressourcen, Autorität, Zugang, Karrieremöglichkeiten, Freiheit zur Kreativität, die Chance zu gewinnen.

Es ist bemerkenswert, dass Geld oft nicht die Hauptmotivation darstellt. Um dein Team wirklich zu motivieren, frage sie nach ihren persönlichen Antrieben. Bevor du Anreize setzt, ist es entscheidend, eine inspirierende Vision für dein Unternehmen zu haben. Diese Vision bildet den Rahmen für alles, was ihr tut. Strebe danach, ein Unternehmen zu sein, das sich durch eine Mission auszeichnet und nicht nur Produkte oder Dienstleistungen verkauft – ein Ansatz, den auch Apple erfolgreich verfolgt hat. Der Schlüssel liegt im Verständnis, dass wir alle menschlich sind und Anreize benötigen, um fokussiert, produktiv und engagiert zu bleiben. Setze nicht voraus, dass dein Team dieselbe Selbstmotivation wie du besitzt; das ist meist nicht der Fall. Sie brauchen spezifische Anreize, um beständig und auf höchstem Niveau leistungsfähig zu sein. Ziel ist es, eine Umgebung zu schaffen, die nicht nur das Geschäft fördert, sondern auch die Menschen, die dieses Geschäft erst ermöglichen, unterstützt und ihr Wachstum begünstigt.

Ändere deine Einstellung zum Thema Gewinn
In der heutigen Geschäftswelt, die von schnellen Veränderungen, freiem Informationsfluss und intensivem Wettbewerb geprägt ist, muss die Einstellung zum Gewinn neu überdacht werden. Gewinn ist heute wichtiger denn je, denn er ermöglicht es, schnell in neue Ideen und Technologien zu investieren, um wettbewerbsfähig zu bleiben. Zudem zeigt sich, dass immer mehr Menschen unternehmerisch denken, wobei traditionelle Werte wie Loyalität leider oft in den Hintergrund treten.

Gewinne sind nicht mehr selbstverständlich, daher ist es essenziell, die Betriebskosten zu minimieren. Sie resultieren nicht zwangsläufig aus harter Arbeit, sondern oft aus Faktoren wie Timing, Netzwerk und kreativen Ideen. In dieser dynamischen Umgebung ist es an der Zeit, unsere Ansichten über Gewinn zu verändern. Wir sollten Gewinn nicht als etwas Unangenehmes oder Nebensächliches betrachten, sondern als etwas, auf das wir stolz sein können – als Beweis für unseren Beitrag und Erfolg.

Gewinn sollte nicht nur als Endziel gesehen werden, sondern als Kern des geschäftlichen Spiels, das Freude bereitet. Es geht darum, das Geldverdienen und den Erfolg zu genießen und zu feiern, anstatt sie lediglich als finanzielle Kennzahlen zu sehen. Letztendlich ist es entscheidend, den Gewinn als integralen Bestandteil unserer Geschäftsstrategie zu erkennen und ihn als wichtigen Indikator für unseren Beitrag zum Unternehmenserfolg zu würdigen.

Erwarte eine hohe Projektrentabilität
Für eine profitable Unternehmensführung ist es essenziell, dass du eine hohe Erwartung an die Rendite von Projekten hast. Erwarte beispielsweise eine 20:1-Rendite auf Produktentwicklung und die investierte Zeit. Es gibt unzählige Möglichkeiten, wo du deine Zeit, dein Geld und deine Energie investieren könntest. Daher ist es wichtig, eine Methode zur Auswahl und Priorisierung zu haben.

Lass dich nicht einfach von Projekten, Ideen oder Gewinnzentren mitreißen. Prognostiziere zunächst, wie viel sie in den nächsten zehn Jahren an nachhaltigem Umsatz und Gewinn einbringen werden, aber sei dabei konservativ. Projekte sind jene Ziele, Aktivitäten und Keimlinge, die sich von deinem aktuellen Umsatzstrom unterscheiden. Um Projekte finanzieren zu können, muss dein Geschäftsmotor gut laufen.

Nutze Projekte, egal wie potenziell lukrativ sie auch sein mögen, nicht als Ausweg um dich von den aktuellen Bedürfnissen deines Geschäfts abzulenken. Integrität und Cashflow haben höchste Priorität, Projekte kommen danach. Mit der Zeit kann jedoch ein Großteil deiner Zeit für neue Projekte aufgewendet werden.

Der Gedankenansatz ist, einfach mehr von allem und jedem zu erwarten, einschließlich dir selbst. Dies wird auch als Anhebung deiner Standards, Ausdehnung deiner Grenzen und Besitz des „Edge" bezeichnet. Ohne diese Aspekte im Geschäftsleben wirst du kämpfen. Daher ist es wichtig, dass du immer mehr von dir selbst und deinem Unternehmen erwartest, um den Profit zu maximieren und dein Geschäft auf die nächste Stufe zu heben.

Von kurzfristigen Gewinnen zu langfristiger Stabilität
Konzentriere dich auf stetige und langfristige Einkommensquellen. Statt alles auf einen großen Erfolg zu setzen, ist es klüger, regelmäßig kleinere Erfolge anzustreben. Gestalte deine Produkte und Dienstleistungen so, dass sie dir wiederkehrende Einnahmen bringen. Ein gutes Beispiel ist der Wandel von einem Berater zum Coach oder ein Unternehmen wie Hewlett Packard, das nicht nur mit Druckern, sondern auch mit dem Verkauf von Druckertinten Gewinne erzielt. Baue langfristige Kundenbeziehungen auf, um den Erfolg deines Unternehmens zu sichern.

Kunden sind es gewohnt, regelmäßig für Produkte und Dienstleistungen zu zahlen. Biete also sowohl Einzelverkäufe als auch dauerhafte Einnahmequellen an. Denke über den momentanen Gewinn hinaus und richte dein Geschäft auf langfristige Erträge aus. Durch diese Strategie veränderst du deine Verkaufsweise grundlegend und sorgst für ein stabileres und sorgenfreieres Geschäft in der Zukunft.

Entwickle dein höchst persönliches „Spiel der extremen Profitabilität"
Es ist Zeit, dein eigenes „Spiel der extremen Profitabilität" zu starten. Lass dich von kühnen, sogar wilden Ideen inspirieren. Was ist dein Ziel? Vielleicht strebst du ein papierloses Büro an, willst administrative Aufgaben komplett abschaffen oder gar alle Ausgaben eliminieren. Es mag unrealistisch klingen, aber das ist nicht der Punkt. Wichtig ist, dass du und dein Team dadurch angeregt werdet, über den Tellerrand zu blicken und neue Lösungsansätze zu entdecken, die sonst verborgen geblieben wären.

Selbst wenn du das letztendliche Ziel nicht ganz erreichst, hast du dennoch gewonnen. Denn du hast den Status quo in Frage gestellt und nach besseren Wegen gesucht. Deine Ziele können vielfältig sein: Vielleicht willst du die Gemeinkosten drastisch senken, z.B. auf 3 % des Umsatzes, oder sie um 50 % reduzieren, auslagern, das Büro schließen und aus dem Homeoffice arbeiten oder 80 % der Reisekosten einsparen. Oder geht es dir darum, die Vertriebskosten zu senken, deine Umsätze zu steigern und in neue Produkte oder Dienstleistungen mit regelmäßigen Einnahmen zu investieren?

Das Ziel dieses Spiels ist es, dich zu ermutigen, auf kreative und innovative Weise nach Profitabilität zu streben. Verwandle die Idee der extremen Profitabilität in ein motivierendes und teambildendes Spiel. Erlaube dir, dabei locker zu sein – ein Coach kann dir hierbei helfen. Mach das Spiel zu einer Quelle der Motivation und Freude, und du wirst feststellen, wie sich die Ergebnisse deines Unternehmens verbessern.

Maximiere deine Gewinne: Aufspüren und Beseitigen von Profitfressern
Unterziehe dein Unternehmen einem gründlichen Check-up, um alle verborgenen Profitfresser aufzuspüren und zu beseitigen. Diese können die Ertragskraft deines Unternehmens erheblich schwächen. Achte besonders auf Probleme wie Paternalismus und Nepotismus. Eine Führungsstruktur, die auf Familienbeziehungen oder übermäßigem Schutz basiert, kann die Moral beeinträchtigen und zu Ineffizienz führen. Behalte deine Finanzen und Lagerbestände genau im Auge. Hohe Lagerbestände können die Kosten in die Höhe treiben, und unzureichende Informationen zu Buchhaltungsfehlern führen.

Berücksichtige auch andere Bereiche, wie veraltete Technologien, mangelhafte Kommunikation, überhöhte Ausgaben und Fehlbesetzungen im Personalbereich. Ein schlechter Standort kann ebenso ein Hindernis sein. Ein schwacher Geschäftsplan könnte all diese Probleme noch verschärfen.

Achte darauf, deine Mitarbeiter gerecht zu bezahlen, um hohe Moral und Produktivität zu fördern. Vermeide kurzfristige Lösungen, die oft mehr Probleme verursachen als sie lösen. Zum Beispiel kann das Entnehmen von Geldern aus dem Unternehmen durch den Eigentümer zu finanziellen Schwierigkeiten führen.

Der Schlüssel liegt darin, jeden unnötigen Gewinnabfluss zu stoppen, unabhängig von den Umständen. Dies, zusammen mit einem starken Produkt oder Geschäftsmodell, sichert eine nachhaltigere Zukunft. Also, mach dich an die Arbeit und dichte diese Profitlücken ab. Dein Unternehmen wird es dir danken.

Häufige Profitfresser sind: Abschreibungen, Betrugsverluste, Buchhaltungsfehler, falsche Produkte, Firmenwagen, Flugreisen, Geschäftsführer leiht sich Geld vom Unternehmen, hohe Lagerbestände, zu hohe Mietkosten, mangelnde Liquidität, Missmanagement, zu teure Tickets, Überbesetzung, zu teure Dekoration, übermäßige Vorteile, übermäßige Verschuldung, Überzahlungen, Probleme mit halbherzigen Lösungen beheben, Produktivitätsverlust, Paternalismus, schlechte Arbeitsmoral, falsche Einkäufe, mangelnde Kommunikation, schlechte Standortwahl, schlechte Vergütungspakete, falscher Plan, Steuerprobleme, überflüssige Rechtskosten, Unterbesetzung, veraltete Technologie, verlorene Rabatte, überteuerte Lieferanten, fehlende Informationen, zu langsame Markteinführung, Kreditverluste.

Extreme Rentabilität durch Prozent-Budgets

Für eine besonders hohe Rentabilität kann es sinnvoll sein, dein Geschäft auf Prozent-Basis zu führen. Das bedeutet, ein prozentuales Budget festzulegen, das Rentabilität durch gezielte Anpassungen erzwingt. Dabei ist es wichtig zu verstehen, dass diese Budgets je nach Branche und Zeit variieren. Was früher funktionierte, ist heute möglicherweise nicht mehr relevant. Um erfolgreich zu bleiben, musst du das aktuell passende prozentuale Verhältnis nutzen und die Branchendurchschnitte möglichst übertreffen.

Die Prozentsätze ändern sich wahrscheinlich jährlich. Sie sollten nicht als unumstößliche Wahrheiten betrachtet werden, aber ausreichend ernst genommen werden. Zum Beispiel könnte ein Einzelhändler folgende Aufteilung festlegen: 42 % Verkaufskosten, 18 % Arbeitskosten, 19 % Overhead und 21 % Gewinn. Eine Beratungsfirma könnte ein Budget vorgeben, bei dem 50 % der Einnahmen in Gehälter und Honorare der Berater fließen, 20 % in Marketing und Akquisition investiert werden, 10 % in Betriebskosten gehen und 20 % als Gewinn einbehalten werden.

Diese Methode zwingt dich vielleicht, dein Geschäft neu zu erfinden, doch sie funktioniert. Der Wechsel zu dieser Strategie bedeutet möglicherweise grundlegende Veränderungen in deinem Sortiment, deiner Lieferweise und deinem Betriebsablauf. Manche Produkte oder Unternehmen werden einfach nicht extrem rentabel sein, egal wie klug du bist. Es geht in der Regeln nicht nur darum, hart zu arbeiten, sondern auch strategisch klug zu handeln.

Herausfordernde Prozentziele könnten eine Revolution in deiner Geschäftsstrategie auslösen und zu einer radikalen Verbesserung deiner Profitabilität führen. Du musst bereit sein, diese prozentualen Ziele zu setzen, sie ernst zu nehmen und dich ihnen anzupassen. Es ist eine Gelegenheit, dein Geschäft neu zu erfinden, deine Betriebsabläufe zu optimieren und auf dem Weg zu extremer Rentabilität zu beschleunigen.

Biete das an, was deine besten Kunden wollen!
Die Profitabilität deines Unternehmens hängt auch davon ab, dass du deinen idealen bzw. besten Kunden bedienst, nicht jeden Kunden. Es ist in Ordnung, Kunden zu verlieren, die zu kostspielig sind. Achte zwar auf alle Kunden, um Nischen und Innovationsideen zu finden, aber lerne die obersten 20 % deiner Kunden auf vielfältige Weisen sehr, sehr gut kennen, zum Beispiel:
- Wie nutzen sie dein Produkt?
- Warum nutzen sie dein Produkt?
- Was möchten sie in ihrem Leben verbessert haben?
- Was möchten sie an deinem Produkt verbessert haben?
- Wie fühlen sie sich in Bezug auf dein Produkt und dein Unternehmen und wie sprechen sie darüber?
- Wie können sie dein Produkt noch mehr bzw. besser nutzen als sie es bereits tun?

Deine besten Kunden sind diejenigen, die weiterhin kaufen werden, vorausgesetzt, der Preis, der Service und der Wert stimmen.

Der Paradigmenwechsel besteht hier darin, von dem Versuch, alle Kunden zu bedienen, zu dem Bestreben überzugehen, deine idealen Kunden besser zu identifizieren und zu bedienen. Dieser Upgrade-Prozess unterstützt letztlich deine Rentabilität und ist kontinuierlich, also „verliere weiterhin Kunden". Der Schlüssel liegt darin, zu erkennen, dass nicht alle Kunden gleich geschaffen sind. Indem du dich auf die Bedürfnisse deiner besten Kunden konzentrierst, kannst du deine Ressourcen effizienter einsetzen und letztlich die Profitabilität deines Unternehmens steigern.

- Die Ermittlung der profitabelsten Kunden kann durch eine Vielzahl von Methoden erfolgen, abhängig von den verfügbaren Daten und dem Geschäftsmodell des Unternehmens. Hier sind einige grundlegende Methoden:
- Customer Lifetime Value (CLV): Dies ist der gesamte Nettogewinn, den ein Unternehmen von einem Kunden während seiner gesamten Beziehung zum Unternehmen erwarten kann. Der CLV kann durch Summierung aller zukünftigen Einnahmen, die von einem Kunden erwartet werden, und dann deren Diskontierung auf den heutigen Wert berechnet werden.
- Durchschnittlicher Kaufwert: Ein einfacherer Ansatz könnte darin bestehen, einfach den durchschnittlichen Kaufwert jedes Kunden zu berechnen. Dies kann für Unternehmen

nützlich sein, die ein relativ einfaches Geschäftsmodell haben, bei dem Kunden in der Regel nur eine Art von Transaktion durchführen.
- **Kaufhäufigkeit:** In ähnlicher Weise kann die Anzahl der Einkäufe, die ein Kunde tätigt, als Indikator für seine Rentabilität dienen. Dies kann besonders nützlich sein für Unternehmen, die ein Abonnement- oder Wiederkaufmodell haben.
- **Segmentierung:** Ein weiterer Ansatz besteht darin, Kunden in verschiedene Segmente zu unterteilen, basierend auf Faktoren wie dem Kaufverhalten, demografischen Merkmalen oder dem Produktinteresse. Dann können Sie den Durchschnittswert oder das Gewinnpotenzial für jedes Segment berechnen.
- **Up-Selling und Cross-Selling:** Schließlich können Sie die Fähigkeit eines Kunden, zusätzliche Produkte oder Dienstleistungen zu kaufen (Up-Selling oder Cross-Selling), als Indikator für seine Rentabilität betrachten.

Insgesamt hängt die beste Methode zur Identifizierung der profitabelsten Kunden von vielen Faktoren ab, einschließlich der Art des Geschäfts, der verfügbaren Daten und der strategischen Ziele des Unternehmens. Es ist auch wichtig zu bedenken, dass die profitabelsten Kunden nicht unbedingt die wichtigsten sind. Manchmal können weniger profitable Kunden einen wichtigen strategischen Wert für das Unternehmen haben, zum Beispiel indem sie neue Märkte erschließen oder zur Verbesserung des Markenimages beitragen.

Risiko streuen, Gewinne steigern: Die Kunst der Differenzierung
Warum solltest du dich auf nur eine erfolgreiche Produktlinie oder ein Geschäft beschränken, wenn du mehrere haben kannst? Durch die Diversifizierung deiner Geschäfte oder Produktlinien kannst du dein Gehalt und deine Gemeinkosten auf mehrere Geschäftsbereiche verteilen, was die Gesamtrentabilität erhöht. Als Unternehmer/in bist du oft in der Lage, mehr als ein Geschäft zu führen. Mit mehreren Geschäftsbereichen verringerst du dein Risiko und verbreiterst deine Einnahmequellen.

Allerdings erfordert dieses Unterfangen viel Selbstkontrolle und Unterstützung. Du musst in der Lage sein, mehrere Projekte gleichzeitig zu managen. Deshalb benötigst du zusätzliche Reserven an Zeit, Raum, Geld und Ressourcen, um den erhöhten Druck und die zusätzlichen Anforderungen, die mit der gleichzeitigen Handhabung vieler Projekte einhergehen, bewältigen zu können.

Ein wichtiger Aspekt dabei ist es, jedes Geschäft so aufzusetzen, dass es verkäuflich ist und nicht nur als Einkommensquelle dient. Mit heutigen Technologien und Systemen kannst du viel bewältigen, vorausgesetzt, du setzt einfache und automatisierte Systeme ein und stellst Personen ein, die sich um die Frontlinien kümmern.

Der Schwenk besteht darin, von einem Kontrollmanagement hin zu quasi Partnerschaften, Joint Ventures und Allianzen mit Menschen, die du gut kennst und denen du vertraust, zu wechseln. Wahrscheinlich machen sie dasselbe mit anderen und fühlen sich mit diesem

Modell wohl. Du bist nicht mehr der allgegenwärtige Manager, sondern du wirst zu einem Dirigenten eines Orchesters aus unterschiedlichen Profitzentren, in denen jedes seine eigene Rolle und Funktion hat. Dieser Wechsel kann dir ermöglichen, die Vorteile von Diversifizierung, Risikominderung und erhöhter Rentabilität zu nutzen, während du weiterhin dein Unternehmensimperium aufbauen und erweitern kannst. Dies ist eine moderne Art, ein profitables Unternehmen zu führen und ein wahrer Schritt hin zur Meisterschaft in der Unternehmensführung.

Das, was ich hier über das Thema Finanzen schreibe, basiert auf meiner persönlichen Erfahrung als Berater, Marketingfachmann und Geschäftsführer einer kleinen GmbH. Ich möchte betonen, dass ich weder im Großbetrieb noch in einem Konzern gearbeitet habe und auch kein Finanzstudium absolviert habe. Die in diesem Artikel dargestellten Informationen und Ratschläge beruhen auf meinen (guten wie schlechten) Erfahrungen, meinen Recherchen und den zahlreichen Gesprächen, die ich im Laufe der letzten 30 Jahre mit Unternehmen geführt habe. Die Finanzwelt ist komplex und individuelle Umstände können variieren. Picke Dir einfach das heraus, was Dir nützlich erscheint.

Übungen zum Funktionsbereich Finanzen, Buchhaltung und Controlling
Hier sind einige praktische Übungen und Maßnahmen, um einen sofortigen Überblick über die aktuelle finanzielle Situation im Unternehmen zu erhalten:
- Erstelle ein finanzielles Dashboard: Entwickle ein Dashboard oder ein Business Cockpit mit den wichtigsten finanziellen Kennzahlen und Indikatoren, wie Umsatz, Kosten, Gewinnmarge, Cashflow usw. Stelle sicher, dass es einfach zu verstehen und aktuell ist.
- Implementiere ein regelmäßiges Reporting: Definiere einen festen Berichtszeitraum (z.B. monatlich oder quartalsweise) und erstelle einen standardisierten Bericht, der die finanzielle Leistung des Unternehmens zusammenfasst. Dies ermöglicht dir einen schnellen Vergleich und eine Trendanalyse.
- Etabliere Kostenkontrollmechanismen: Überprüfe deine Ausgaben regelmäßig, identifiziere unnötige Kosten und setze Budgets für verschiedene Kostenkategorien fest. Verfolge die Ausgaben und vergleiche sie mit den geplanten Budgets.
- Implementiere ein Cashflow-Management-System: Überwache den Ein- und Auszahlungsfluss und stelle sicher, dass genügend Liquidität vorhanden ist, um finanzielle Verpflichtungen zu erfüllen. Identifiziere Engpässe und treffe gegebenenfalls Maßnahmen wie die Optimierung von Zahlungsbedingungen oder das Inkasso von ausstehenden Zahlungen.
- Schule dein Team: Biete Schulungen oder Workshops an, um deinen Mitarbeitern ein grundlegendes Verständnis für finanzielle Kennzahlen und Begriffe zu vermitteln. Dadurch können sie die finanzielle Situation des Unternehmens besser verstehen und zu einer verbesserten finanziellen Steuerung beitragen.

- Implementiere ein Budgetierungs- und Forecasting-System: Erstelle einen klaren Budgetierungsprozess, in dem Einnahmen und Ausgaben geplant werden. Aktualisiere regelmäßig deine Finanzprognosen, um Abweichungen zu identifizieren und Anpassungen vorzunehmen.

Diese Übungen und Maßnahmen helfen dir, einen schnellen und aktuellen Überblick über die finanzielle Situation deines Unternehmens zu erhalten und ermöglichen dir eine bessere finanzielle Steuerung und Entscheidungsfindung.

Symptome für einen dysfunktionalen Blasen-Meridian und analoge Symptome im Unternehmen

Symptome beim Menschen: Rückenschmerzen, Harnwegsprobleme, Kopfschmerzen, Blasenbeschwerden, Schwäche der Beine, Kältegefühl, Ängstlichkeit, Schlafstörungen, Schwindel und Benommenheit, Schmerzen entlang des Meridians.

- *Finanzielle Belastung* (vgl. Rückenschmerzen): Das Unternehmen trägt eine schwere finanzielle Last, möglicherweise durch hohe Schulden oder ineffiziente Kostenstrukturen. Abhilfe: Schuldenmanagement, Kostenoptimierung und regelmäßige Finanzanalysen zur Identifikation und Beseitigung ineffizienter Ausgaben.
- *Fehlende Liquidität* (vgl. Harnwegsprobleme): Das Unternehmen hat Schwierigkeiten, flüssige Mittel zu halten oder zu beschaffen, was zu Liquiditätsengpässen führt. Abhilfe: Einführung eines strengen Cash-Management-Systems, Verbesserung des Forderungsmanagements und Verhandlung längerer Zahlungsziele bei Lieferanten.
- *Komplexe Finanzstrukturen* (vgl. Kopfschmerzen): Die Finanzstrukturen und -prozesse sind zu kompliziert, was zu Verwirrung und Ineffizienz führt. Abhilfe: Vereinfachung und Standardisierung der Finanzprozesse, Einführung von Finanzsoftware zur Automatisierung und Klarheit.
- *Ineffiziente Abrechnungsprozesse* (vgl. Blasenbeschwerden): Es gibt Probleme mit der Genauigkeit und Effizienz bei Abrechnungen und Zahlungen. Abhilfe: Implementierung einer präzisen und automatisierten Buchhaltungssoftware, regelmäßige Schulung der Mitarbeiter in Abrechnungsprozessen.
- *Schwache Finanzgrundlage* (vgl. Schwäche der Beine): Das Unternehmen hat eine schwache finanzielle Basis, was zu Instabilität und Unsicherheit führt. Abhilfe: Aufbau von Rücklagen, Diversifizierung der Einnahmequellen und Stärkung des Eigenkapitals.
- *Fehlende finanzielle Flexibilität* (vgl. Kältegefühl): Das Unternehmen ist finanziell unflexibel und kann auf Marktveränderungen oder unerwartete Ausgaben nicht schnell reagieren. Abhilfe: Flexiblere Finanzplanung, Einführung von Notfallfonds und regelmäßige Überprüfung der Finanzstrategien.

- *Angst vor finanziellen Entscheidungen* (vgl. emotionale Symptome): Es herrscht eine Kultur der Angst oder Unsicherheit bei finanziellen Entscheidungen, was zu Zögern und verpassten Chancen führt. Abhilfe: Förderung einer offenen und unterstützenden Unternehmenskultur, Schulungen und Workshops zur Entscheidungsfindung.

- *Unklare Finanzberichte* (vgl. Schlafstörungen): Unklare oder ungenaue Finanzberichte führen zu Unsicherheit und Stress bei der Geschäftsführung. Abhilfe: Verbesserung der Finanzberichterstattung durch klare, verständliche und regelmäßige Reports sowie Schulung der Verantwortlichen im Umgang mit Finanzdaten.

- *Fehlende Finanztransparenz* (vgl. Schwindel und Benommenheit): Fehlende Transparenz in den Finanzprozessen und -daten führt zu Verwirrung und Unsicherheit. Abhilfe: Einführung transparenter Finanzpraktiken, regelmäßige interne und externe Audits und offene Kommunikation über finanzielle Angelegenheiten.

- *Überall auftretende finanzielle Probleme* (vgl. Schmerzen entlang des Meridians): Finanzprobleme treten in verschiedenen Bereichen des Unternehmens auf. Abhilfe: Ganzheitliche Überprüfung der finanziellen Gesundheit des Unternehmens, abteilungsübergreifende Zusammenarbeit zur Identifizierung und Lösung von Finanzproblemen.

Holz

Die Wandlungsphase „Holz" im Unternehmenskontext

Die Wandlungsphase „Holz" in der Traditionellen Chinesischen Medizin (TCM) zeichnet sich durch Wachstum und Expansion aus, ähnlich dem dynamischen Aufblühen im Frühling. Wie im „Huangdi Neijing" treffend dargestellt, sprießt und wächst alles Leben in Harmonie, wenn das Holzelement im Gleichgewicht ist. Es repräsentiert Neuanfang, Geburt, Kindheit und das schnelle Streben nach Entwicklung. In seiner Essenz verkörpert das Holzelement den Frühling, jene Zeit, in der neues Leben erwacht und sich entfaltet.

Das Holz vereint in sich sowohl Yang- als auch Yin-Qualitäten. Während es mit seiner aktiven und dynamischen Yang-Natur nach Wachstum und Expansion strebt, bietet es mit seinen Yin-Qualitäten auch Substanz und Form. Die Organe, die diese Phase symbolisieren, sind die Leber und die Gallenblase. Vor allem die Leber spielt in der TCM eine zentrale Rolle, indem sie den freien Fluss von Qi, der Lebensenergie, im Körper sicherstellt. Emotional verbindet man das Holzelement mit den Gefühlen von Wut oder Zorn. Ein harmonischer Fluss des Leber-Qi erlaubt es, mit Frustrationen und Hindernissen umzugehen, ohne dass sich Wut manifestiert. Im Gegensatz dazu kann ein blockiertes Leber-Qi zu Wutausbrüchen oder unterdrücktem Ärger führen.

Der Frühling, mit seinem Neubeginn und Wachstum, ist die charakteristische Jahreszeit des Holzes. In der zyklischen Abfolge der Wandlungsphasen nährt Holz das Feuer und wird durch das Metall in Schach gehalten. Räumlich ist das Holzelement im Arbeits- oder Lesezimmer präsent und farblich durch helle und dunkle Grüntöne repräsentiert. Die Berufsfelder, die mit Holz assoziiert werden, umfassen Schriftsteller, Lehrer und Heiler, während die damit verbundenen Aktivitäten von Wachstum und Planung bis hin zum Lesen und Studieren reichen.

In der Traditionellen Chinesischen Medizin (TCM) wird die Leber (Yin Holz) oft mit einem General verglichen, von dem die strategische Planung ausgeht. In einem Unternehmen entspricht dies dem Funktionsbereich Strategie. Diese Abteilung entwickelt die Unternehmens- und Marketingstrategie und ist entscheidend für die Ausrichtung und den langfristigen Erfolg des Unternehmens. Die Leber ist in der TCM dafür verantwortlich, die Lebensenergie (Qi) zu verteilen, was im Unternehmenskontext der effizienten Nutzung von Ressourcen und der strategischen Planung entspricht. Eine gesunde Leber sorgt für reibungslose Abläufe und Anpassungsfähigkeit, ähnlich wie eine gut durchdachte Strategie dem Unternehmen ermöglicht, auf Veränderungen im Markt flexibel zu reagieren.

Die Gallenblase unterstützt nach Auffassung der TCM die Leber, indem sie deren Energie freisetzt. Metaphorisch steht die Gallenblase für die Abteilung Forschung und Entwicklung (F&E) in einem Unternehmen. Genau wie die Gallenblase der Leber Energie liefert, fördert die F&E-Abteilung Innovation und Wachstum, was essenziell für das Fortbestehen und den Erfolg eines Unternehmens ist.

Insgesamt zeigt die Wandlungsphase „Holz" die immense Kraft von Wachstum und Neubeginn. Es erinnert Unternehmen daran, sich ständig weiterzuentwickeln, innovative Ideen zu fördern und dabei stets ein harmonisches Gleichgewicht zu wahren. Im nächsten Kapitel werden wir diese Konzepte weiter vertiefen und untersuchen, wie die Prinzipien des Holzelements zur Steigerung von Effizienz und Innovation in der modernen Geschäftswelt beitragen können.

Strategie – der General im Unternehmen | Holz Yin (Le)

Essenz: Die Leber ist verantwortlich für den reibungslosen Fluss von Qi und Blut im Körper. Sie hilft, die emotionale Aktivität zu regulieren und ist essenziell für die Verdauung und die allgemeine Gesundheit.
Emotion: Ärger/Wut. Ein harmonisches Leber-Qi ermöglicht es uns, mit Frustration und Hindernissen umzugehen, während ein gestautes Leber-Qi zu Wutausbrüchen, Reizbarkeit oder unterdrücktem Ärger führen kann.
Tätigkeiten: Sicherstellung des freien Flusses von Qi, Speicherung von Blut, Unterstützung der Verdauung, Regelung der Menstruation.
Probleme bei Fülle: Reizbarkeit, Kopfschmerzen, Hitzewallungen, hoher Blutdruck, Menstruationsbeschwerden.
Probleme bei Leere: Müdigkeit, Depressionen, Menstruationsstörungen, Blässe, Schwindel.
Weitere Assoziationen: Grüne Farbe, Wind, saurer Geschmack, die Sehnen, die Augen.
Metaphorische Funktion im Unternehmen: Unternehmensstrategie, Marketingstrategie

„Die Leber ist mit einem militärischen Führer vergleichbar. Das Einschätzen der Umstände und das Pläne-Schmieden stammen von ihr", sagt Su Wen. Die mit der Leber verbundene Emotion ist der Ärger. Wo also in einem Unternehmen Ärger und Wut herrschen, ist der Funktionskreis Holz betroffen.

Wer ist im Unternehmen für strategische Überlegungen zuständig? Wenn man die Funktion des Marketings ernst nimmt (Definition einfügen), sollte es im Grunde keinen Unterschied zwischen der Unternehmensstrategie und der Marketingstrategie geben. Einige kritisieren sogar, dass, wenn die Unternehmensstrategie stimmt und sich alle an den Bedürfnissen des Kunden orientieren, die Marketingabteilung überflüssig sein könnte. Dies ist jedoch ein Missverständnis. Einige Marketingabteilungen betrachten sich als interne Werbeagentur des Unternehmens und verkennen dabei ihre eigentliche Aufgabe. Es geht nicht darum, die Verpackung der Produkte, Broschüren, Pressemitteilungen usw. selbst zu produzieren – das können die Profis in den Agenturen mit ihrer Außenperspektive in der Regel besser. Vielmehr geht es darum, den strategischen Rahmen für die Handlungen der Unternehmensführung vorzubereiten. Sie steuert den Energiefluss und sorgt dafür, dass die Impulse in alle Richtungen ausbreiten können. Die Strategie ist die Art und Weise, wie ein

Unternehmen seine Ressourcen und Mittel einsetzt. Sie muss das richtige Gleichgewicht zwischen offensivem und defensivem Verhalten im Auge behalten. Ein gewisses Maß an Entschlossenheit ist wichtig, um voranzukommen und sich durchsetzen zu können. Ihr Markt muss wissen, dass Ihre Lösung die bessere ist.

Nur mit einer präzisen Einschätzung der Umstände können wir eine Positionierung finden, von der aus wir sinnvolle Pläne entwickeln können. Das Sinnesorgan der Wandlungsphase Holz ist das Auge. Wenn wir uns jedoch zu sehr auf Details versteifen und den Wald vor lauter Bäumen nicht sehen, verlieren wir unsere Flexibilität. Je weiter unser Blick reicht, desto besser können wir komplexe Herausforderungen bewältigen. Die Marketingstrategen sollten daher stets den Überblick behalten und alle Faktoren berücksichtigen, um den Einsatz der verfügbaren Ressourcen zu bestimmen. Eine langfristige Planung erfordert auch eine genaue Einschätzung unserer eigenen Kräfte, wobei wir Informationen aus dem Funktionskreis Wasser beziehen können.

Das Ziel der Marketingstrategie besteht darin, sich auf Bereiche zu konzentrieren, in denen wir uns bereits heute von anderen unterscheiden oder zukünftig von anderen unterscheiden werden. Indem wir die Nummer eins in den Köpfen unserer Zielgruppe werden, können wir automatisch wachsen. Es ist wichtig, kurzfristiges Profitdenken und Verzettelung zu vermeiden, da dadurch unsere „Marke" verwässert und unsere Kunden uns möglicherweise nur noch vage oder gar nicht mehr wahrnehmen. Jede Erweiterung unseres Angebots führt zu Verwirrung. Kunden bevorzugen Marken, die sich durch ein einziges Wort von anderen abheben. Bringen wir unser Angebot auf den Punkt. Jede wesentliche Funktion kann übrigens durch ein Verb und ein Substantiv ausgedrückt werden, wie BMW es mit seinem Motto „sportlich Fahren" und Volvo es mit seinem Markennamen geschafft hat, die Assoziation „sicher Fahren" zu verbinden.

Verankern wir in den Köpfen unserer Kunden ein Schlagwort. Die wirkungsvollsten Schlagworte sind Gattungsnamen. Das ist die beste Art von Werbung. Wenn jemand heute ein Papiertaschentuch möchte, sagt er „Tempo", und wenn er einen Klebestreifen braucht, bittet er um „Tesa". Das Erfolgsgeheimnis liegt darin, dass sie die Ersten waren und sich nicht verzettelt haben. Es ist grundsätzlich besser, der Erste zu sein als der Bessere. Wer war der erste Mensch, der den Alleinflug über den Atlantik geschafft hat? Charles Lindbergh. Den zweiten, Bert Hinkler, kennt heute niemand mehr. Das von uns gewählte Schlagwort sollte in unserer Produkt- oder Dienstleistungskategorie noch nicht vergeben sein. Wenn es uns gelingt, unser gewähltes Schlagwort mit einem glaubhaften Nutzen zu verbinden, können wir einen bedeutenden Vorteil erzielen und die Kunden werden uns automatisch weitere Pluspunkte zuschreiben.

Frage dich immer wieder: Was muss ich tun, damit mein Produkt, meine Leistung, meine Marke nachhaltig im Gedächtnis meiner Zielgruppe bleibt und bei der Kaufentscheidung zu meinen Gunsten ausfällt? Manchmal gelingt es, ein schlecht laufendes Produkt in ein Spitzenprodukt zu verwandeln, indem man eine neue Verwendungskategorie einführt, in der es das erste seiner Art ist. Platziere dein Produkt in einer anderen Denkschublade oder hebe dich durch eine besondere Farbe von deinen Wettbewerbern ab. Die „lila" Kuh, das Nivea-Blau, Orange und Violett von Federal Express –Farben und klares Design bringen Ordnung in das visuelle Chaos, das uns umgibt.

Wie das Anfangszitat bereits andeutet, geht es hier um Kriegsführung. Allerdings findet dieser Krieg erfreulicherweise nicht auf dem Schlachtfeld statt, sondern in den Köpfen der Zielgruppen. Hier wird mit allen Mitteln um das Wichtigste gekämpft, was ein Unternehmen im Zeitalter der Informationsüberflutung erringen muss: die Aufmerksamkeit potenzieller Kunden. Die steigende Anzahl von Werbeverweigerern zeigt, dass es vielen Menschen langsam zu viel wird, als Schlachtfeld missbraucht zu werden.

Die Stärke deines Marketings liegt darin, das Kaufverhalten der Kunden auf psychologische Weise zu beeinflussen. Bei der Wahl der geeigneten Marketingstrategie ist es hilfreich, von der Motivation potenzieller Kunden auszugehen und diese gezielt anzusprechen. Die Fünf Wandlungsphasen können dabei als Orientierungshilfe dienen. Andreas Buchholz und Wolfram Wördemann haben in ihrem empfehlenswerten Werk „Was Siegermarken anders machen" zahlreiche erfolgreiche Werbemaßnahmen analysiert und dabei fünf Motivationsfelder für Kaufentscheidungen herausgearbeitet, die Ansätze für Marketingstrategien bieten. Übertragen auf die Wandlungsphasen, bieten sie eine praktische Orientierungshilfe für die Entwicklung einer passenden Strategie:

- *Wasser:* Der Verbraucher bevorzugt deine Marke, weil seine (unbewussten) Wahrnehmungs- und Verhaltensmuster darauf ausgerichtet sind.
- *Holz:* Der Kunde bevorzugt deine Marke, weil er damit einen inneren Konflikt mit seinen Normen und Werten lösen oder vermeiden kann.
- *Feuer:* Die Verbraucher entscheiden sich für dein Produkt, weil sie deine Marke lieben.
- Erde: Die Kunden bevorzugen deine Marke, weil sie damit ihre (Wunsch-)Identität zum Ausdruck bringen können.
- *Metall:* Die Kunden wählen dein Produkt, weil es ihnen einen einzigartigen, möglicherweise virtuellen, Nutzen bietet.

Die Wahl der richtigen Strategie hängt von vielen Faktoren ab. Ein wichtiges Kriterium ist dabei die Phase, in der sich der Markt für das Unternehmen befindet. In schnelllebigen Branchen wie der IT- oder Elektronikbranche lassen sich besonders deutliche Veränderungen beobachten. Hier ändern sich die Erfolgsstrategien nicht nur von Phase zu Phase, sondern können sich sogar ins Gegenteil verkehren. In einer Startphase nach einem Paradigmenwechsel ist es entscheidend, die Spitzenposition einzunehmen und das Rennen zu gewinnen. Das gelingt, wenn das Segment einen überzeugenden Kaufgrund hat und derzeit von keinem Wettbewerber besetzt ist. Das Ziel sollte sein, innerhalb kürzester Zeit Marktführer zu werden.

Grundstrategien sind Übernahme, Kompromiss, Nachgeben oder Aussteigen. Die Übernahme oder Überwindung ist dann angebracht, wenn die Zeit drängt, die Beziehung von geringer Bedeutung ist und ein bestimmtes Ergebnis von entscheidender Bedeutung ist. Ein Kompromiss kann eingegangen werden, wenn die Zeit knapp ist, eine Sache nicht sehr wichtig ist, andere nicht vollständig kooperieren, die Beziehung immer noch von hoher Bedeutung ist oder wenn zwei gegensätzliche Positionen aufeinandertreffen und dennoch Fortschritt erzielt werden muss. Nachgeben sollte man, wenn es sich um einen unwichtigen Sachverhalt handelt und die Beziehung wichtiger ist, wenn man dadurch anderen helfen kann und aus der Erfahrung lernen kann, wenn man nicht entkommen kann und Zeit gewinnen muss. Aussteigen aus dem Spiel sollte man, wenn das Ergebnis keine große Rolle spielt, es dringendere Bedürfnisse gibt, man Distanz gewinnen möchte, um aufgewühlte Emotionen zu beruhigen, man Informationen sammeln oder Kräfte sammeln muss, oder wenn klar wird, dass die Situation keine andere Lösung bietet, als eine schmerzhafte Lernerfahrung zu sein.

Die Wahrscheinlichkeit, aus einer Konfrontation mit einem Wettbewerber siegreich hervorzugehen, steigt, wenn man sich mit den Grundregeln der Kriegsführung vertraut macht. Viele Manager haben bereits die Bedeutung von Miyamoto Musashis (1584–1645) „Buch der Fünf Ringe" erkannt. Japans berühmtester Schwertkämpfer, für den der Nutzen eines Kampfes einzig darin liegt, den Sieg zu erringen, verwendet in seinem Werk fünf Elemente, um die wichtigsten Regeln im Kampf zusammenzufassen.

Im „Buch der Erde" fasst er den Weg des Kriegers zusammen: Habe nie arglistige Gedanken, übe dich unablässig darin, deinen eigenen Weg zu gehen, mache dich mit allen Techniken und Künsten vertraut, studiere die Wege vieler Tätigkeiten und Berufe, lerne, Gewinn und Verlust zu unterscheiden, entwickle deinen Blick, um die Dinge auf den ersten Blick zu durchschauen, bemühe dich zu erkennen, was hinter den Dingen verborgen bleibt, sei auch gegenüber den kleinsten Dingen aufmerksam und halte dich nicht mit nutzlosen Beschäftigungen auf.

Im „Buch des Wassers" beschreibt er die verschiedenen Techniken seiner Schwertkunst, die sich in ihrer Offenheit, natürlichen Einfachheit und Flexibilität im Einsatz von fünf Grundtechniken an den Eigenschaften des Wassers orientieren.

Nach Musashis Schule gleicht die Schlacht dem Feuer. Daher beschäftigt er sich im „Buch des Feuers" mit der Wahl des richtigen Standorts und den Methoden, die Führung an sich zu reißen. So gelingt die Führung durch Eröffnung durch eine blitzschnelle Aktion aus einer

Haltung der völligen Ruhe heraus, die Führung durch Abwarten im ansatzlosen Ausnutzen einer gegnerischen Schwachstelle und bei Gleichstand durch Anpassung an die Bewegungen des Gegners, um ihn dann zu überwinden, sobald er Anzeichen von Ermüdung zeigt.

Im „Buch des Windes" (im chinesischen der Wandlungsphase Holz zugeordnet) betrachtet er andere Schulen und zeigt an verschiedenen Beispielen, warum es wichtig ist, sich keiner bestimmten Denkrichtung zu verschreiben und sich nicht von komplizierten Techniken blenden zu lassen. Stattdessen sollten die angebotenen Methoden mit gesundem Menschenverstand auf ihre praktischen Einsatzmöglichkeiten hin untersucht werden.

Im „Buch der Leere", das ich der Wandlungsphase Metall zuordne, fasst er zusammen: Die Leere, das ist der Weg, und der Weg das ist die Leere. Die Leere hat Gutes, nichts Böses. Es gibt Weisheit, Verstand und den Weg – und es gibt die Leere.

Durch die richtige Strategie kannst du deine Gewinne, Macht, Marktanteile und deinen Bekanntheitsgrad steigern, was automatisch die Aufmerksamkeit deiner Wettbewerber auf sich zieht. Ein wachsender Erfolg bringt jedoch auch negative Folgen mit sich. Sobald du eine lukrative Marktnische entdeckst, hast du zwar einen kleinen Vorsprung, dieser hält jedoch selten lange an. Du solltest damit rechnen, dass Wettbewerber Intrigen schmieden und versuchen, ihren eigenen Anteil am Kuchen zu erhalten. Die erhöhte Liquidität verleitet dazu, sich von der strengen Ausrichtung auf die Interessen der Zielgruppe ablenken zu lassen. Dein menschlicher Hang, dich mit Neuem zu beschäftigen, verführt dazu, die Konzentration auf Schwachstellen, kritische Punkte, Minimalfaktoren und spezifische Zielgruppen sowie die Entwicklung wirkungsvoller Innovationen nachzulassen. Dadurch werden deine Kräfte zerstreut und deine Ressourcen verschwendet.

Die Verzettelung ist allgegenwärtig, obwohl Konzentration das effektivste Erfolgsrezept darstellt. Überlege einmal, welche eigentliche Funktion dein Unternehmen erfüllt. Das ist dein Spezialgebiet. Wenn du auf das Brauen von Bier spezialisiert bist, besteht die grundlegende Aufgabe dahinter darin, die Bevölkerung mit Getränken zu versorgen. Die Nachfrage nach Bier kann langfristig stark schwanken, aber der Durst an sich bleibt relativ konstant.

Ist Diversifizierung grundsätzlich schlecht? Nicht unbedingt. Wenn du dein Angebot aus der Perspektive des Kunden betrachtest, kann es oft sinnvoll sein, dem Kunden eine Vielzahl zusammenhängender Leistungen als „Paket" anzubieten. Dadurch ersparst du ihm Wege und erleichterst ihm die Entscheidungsfindung. Anstelle einer Sortimentierung basierend auf den Materialien entsteht ein „kundenorientiertes Sortiment", das darauf abzielt, umfassende Problemlösungen anzubieten. Du musst jedoch nicht jede Leistung selbst erbringen, um sie als Paket anzubieten. Löse dich gedanklich von deinem Produkt und betrachte die zugrunde liegende Funktion. Wenn du dich auf Bohrmaschinen spezialisiert hast, denke daran: Niemand braucht einen Bohrer, die Menschen brauchen ein Loch!

Aufbau des Funktionsbereichs „Strategie"

Beim Aufbau eines Funktionsbereichs „Unternehmens- und Marketingstrategie" sollte der Fokus auf einer starken strategischen Grundlage, effektiver Kommunikation und Marktorientierung liegen. Hier sind einige Tipps, wie du deinen Unternehmens- und Marketingstrategiebereich aufbauen kannst, um deine Ziele zu erreichen und dich effektiv im Markt zu positionieren:

- Entwicklung der Unternehmensvision und -mission: Definiere klar, was du mit deinem Unternehmen erreichen möchtest und welche grundlegenden Werte es vertreten soll. Identifiziere auch genau, welche Zielgruppen du ansprechen möchtest.
- Strategische Planung: Führe eine SWOT-Analyse durch, um deine Stärken, Schwächen, Chancen und Bedrohungen zu verstehen. Lege dann konkrete Ziele fest, die SMART-Kriterien entsprechen – spezifisch, messbar, erreichbar, relevant und zeitgebunden.
- Definiere Schlüsselpositionen wie einen Chief Strategy Officer und einen Marketingmanager. Baue ein Team auf, das sowohl strategische Planung als auch operative Marketingaufgaben übernehmen kann.
- Führe Marktforschung durch, um Kundenbedürfnisse, Markttrends und Wettbewerbsaktivitäten zu verstehen. Wähle dann Marketingstrategien für Produktentwicklung, Preisgestaltung, Distribution und Promotion, basierend auf diesen Erkenntnissen.
- Wähle und implementiere Technologien wie CRM-Systeme, E-Mail-Marketing-Software und Analysetools. Stelle sicher, dass diese Tools gut integriert sind, um eine einheitliche Sicht auf den Kunden zu gewährleisten.
- Entwickle eine starke Marke, die deine Unternehmensvision und -werte widerspiegelt. Baue effektive Kommunikationskanäle sowohl intern als auch extern zu Kunden und Stakeholdern auf.
- Lege ein Budget fest, das deine Unternehmensstrategie und Marketingziele unterstützt. Plane die Ressourcenzuweisung, basierend auf der erwarteten Rendite und strategischen Bedeutung der Initiativen.
- Definiere KPIs, um den Erfolg deiner Strategie und Marketingaktivitäten zu messen. Führe regelmäßige Überprüfungen durch, um Anpassungen und Verbesserungen vorzunehmen.
- Biete Schulungen und Weiterbildungen an, um die Fähigkeiten deines Teams zu verbessern und auf dem neuesten Stand zu halten. Fördere eine Kultur der Zusammenarbeit und Innovation im Team.
- Entwickle flexible Strategien, die auf Markt- und Branchenveränderungen reagieren können. Erstelle Pläne für die Skalierung deiner Unternehmens- und Marketingstrategien entsprechend dem Unternehmenswachstum.

Diese Schritte werden dir helfen, einen starken und effektiven Unternehmens- und Marketingstrategiebereich aufzubauen, der dir dabei hilft, deine Ziele zu erreichen und dich erfolgreich im Markt zu positionieren.

Von klassischen Strategen lernen

Niccolò Machiavelli

Machiavelli war bekannt für seine politischen Schriften, die oft als Anleitung zur Machterhaltung und -erlangung interpretiert werden. Sein bekanntestes Werk ist „Il Principe" („Der Fürst"), das er im Jahr 1513 geschrieben hat. Es ist eine politische Schrift, die die Ideen und Methoden beschreibt, die ein Herrscher anwenden sollte, um seine Macht zu erlangen und zu erhalten. „Il Principe" gilt als eines der wichtigsten Werke der politischen Philosophie und hat Machiavelli den Ruf als „Machiavellismus" eingebracht.

Ein weiteres bekanntes Werk von Machiavelli ist „Discorsi sopra la prima deca di Tito Livio" („Diskurse über die ersten zehn Bücher von Titus Livius"), das er zwischen 1513 und 1519 schrieb. In diesem Werk beschäftigt sich Machiavelli mit der römischen Republik und analysiert, wie sie entstanden ist und wie sie funktioniert hat.

Weitere Werke von Machiavelli sind „Historien von Florenz", „Die Kunst des Krieges", „Leben von Castruccio Castracani" und „Belfagor, ovvero il fantasma".

Diese Werke haben Machiavelli als einen der wichtigsten politischen Philosophen der Renaissance etabliert, bekannt für seine realistische und pragmatische Herangehensweise an politische und soziale Probleme. Machiavelli lehrte, dass ein guter Führer in schwierigen Situationen entschlossen handeln und nicht zögern darf, auch unpopuläre Entscheidungen zu treffen. Sein berüchtigtes Prinzip „der Zweck heiligt die Mittel" ist jedoch zu Recht stark umstritten, da es oft genutzt wird, um unethisches Verhalten zu legitimieren.

Eine seiner Lehren ist auch, dass eine erfolgreiche Führungspersönlichkeit flexibel sein und sich schnell an neue Umstände anpassen können muss. Machiavelli betonte die Bedeutung von Flexibilität und Anpassungsfähigkeit, um sowohl politische als auch militärische Ziele zu erreichen. Diese Fähigkeit zur Anpassung kann auch für Führungskräfte in der Geschäftswelt nützlich sein, um sich schnell an veränderte Marktbedingungen oder Kundenbedürfnisse anzupassen..

Eine weitere wichtige Lektion, die man aus Machiavellis Schriften ziehen kann, ist die Bedeutung von Loyalität und Vertrauen in Beziehungen. Eine erfolgreiche Führungsperson sollte in der Lage sein, das Vertrauen und die Loyalität ihrer Mitarbeiter, Kunden und Partner zu gewinnen und aufrechtzuerhalten. Machiavelli betonte, dass das Vertrauen der Menschen in eine Führungspersönlichkeit einer der wichtigsten Faktoren für den Erfolg ist.

Carl von Clausewitz

„Vom Kriege" ist ein klassisches Werk der militärischen Theorie, das vom preußischen General Carl von Clausewitz im 19. Jahrhundert verfasst wurde. Obwohl es sich hauptsächlich auf militärische Konflikte bezieht, hat es auch viele Anwendungen im Geschäftsbereich und in der Führung von Unternehmen.

Eine der wichtigsten Lektionen, die man aus „Vom Kriege" lernen kann, ist die Bedeutung der Vorbereitung und Planung. Clausewitz betonte, dass ein erfolgreicher Krieg nur gewonnen werden kann, wenn man eine kluge Strategie hat, die auf einer gründlichen Analyse der eigenen Stärken und Schwächen sowie der des Feindes basiert. Dies gilt auch für Unternehmen, die sich auf ihre Stärken konzentrieren und sich auf mögliche Herausforderungen und Konkurrenten vorbereiten müssen.

Eine weitere wichtige Lektion, die man aus „Vom Kriege" lernen kann, ist die Bedeutung der Anpassungsfähigkeit und Flexibilität. Clausewitz betonte, dass eine erfolgreiche Armee in der Lage sein sollte, sich schnell an veränderte Umstände anzupassen und neue Taktiken zu entwickeln, um den Feind zu besiegen. Dies gilt auch für Unternehmen, die sich schnell an veränderte Marktbedingungen und Kundenbedürfnisse anpassen müssen, um erfolgreich zu sein.

Clausewitz betonte die Wichtigkeit von Planung, Analyse und Flexibilität. Sein Prinzip „der Vernunft gemäße Verwendung der Kräfte" gilt auch für Unternehmen, die ihre Ressourcen gezielt einsetzen sollten, um ihre Ziele zu erreichen. Zudem betonte er, dass Strategien ständig angepasst werden müssen, um auf sich verändernde Umstände reagieren zu können.

Schließlich betonte Clausewitz auch die Bedeutung von Führung und Teamwork. Eine erfolgreiche Armee benötigt einen klugen und fähigen Führer, der in der Lage ist, seine Truppen zu motivieren und zu inspirieren. In ähnlicher Weise benötigt ein Unternehmen einen CEO oder Manager, der in der Lage ist, sein Team zu motivieren und zu inspirieren, um gemeinsam Ziele zu erreichen.

Insgesamt kann man aus „Vom Kriege" viele wichtige Lektionen für die Unternehmensführung und das Management lernen, insbesondere in Bezug auf Strategie, Anpassungsfähigkeit und Führung.

Sunzi

„Die Kunst des Krieges" ist ein klassisches Werk der chinesischen Militärphilosophie, das vom General Sunzi im 5. Jahrhundert v. Chr. verfasst wurde. In typisch chinesischem Stil präsentiert er seine Ansichten in Form von Postulaten und Aphorismen, die auf den Punkt kommen. Sunzis Werk mag dünn sein, aber seine Aussagekraft ist nicht zu unterschätzen. Obwohl es als militärisches Handbuch geschrieben wurde, hat es auch viele Anwendungen im Geschäftsleben und in der Führung von Unternehmen.

Sunzi lehrte, dass Strategie nicht nur auf militärische Konflikte beschränkt ist, sondern auch auf die Wirtschaft anwendbar ist. Sein Prinzip „wenn du deinen Feind und dich selbst kennst, brauchst du den Ausgang von hundert Schlachten nicht zu fürchten" gilt auch für Unternehmen, die eine genaue Kenntnis ihrer eigenen Stärken und Schwächen sowie der Marktsituation benötigen, um erfolgreich zu sein.

Eine der wichtigsten Lektionen, die man aus „Die Kunst des Krieges" lernen kann, ist die Bedeutung von Strategie und Planung. Sunzi betont, dass ein erfolgreicher Krieg nur gewonnen werden kann, wenn man eine kluge Strategie hat. Diese Strategie sollte auf einer gründlichen Analyse der eigenen Stärken und Schwächen sowie der des Feindes basieren.

Eine weitere wichtige Lektion, die man aus „Die Kunst des Krieges" lernen kann, ist die Bedeutung von Flexibilität und Anpassungsfähigkeit. Sunzi betont, dass eine erfolgreiche Armee in der Lage sein sollte, sich schnell an veränderte Umstände anzupassen und neue Taktiken zu entwickeln, um den Feind zu besiegen. Dies gilt auch für Unternehmen, die sich schnell an veränderte Marktbedingungen anpassen müssen, um erfolgreich zu sein.

Schließlich betont Sunzi auch die Bedeutung von Führung und Teamarbeit. Eine erfolgreiche Armee benötigt einen klugen und fähigen Führer, der in der Lage ist, seine Truppen zu motivieren und zu inspirieren. In ähnlicher Weise benötigt ein Unternehmen einen CEO oder Manager, der in der Lage ist, sein Team zu motivieren und zu inspirieren, um gemeinsam Ziele zu erreichen.

Ernesto „Che" Guevara
Die wohl zentrale Figur in der kubanischen Revolution hinterließ eine Vielzahl von Schriften, die seine politischen, wirtschaftlichen und revolutionären Ideen dokumentieren. Drei seiner bekanntesten Werke sind: „Guerillakriegsführung" („La Guerra de Guerrillas")sowie „Tagebuch der kubanischen Revolution" („Diario de la Revolución Cubana") und „Der afrikanische Traum" („El sueño africano")

Che Guevara hinterließ neben seinen Büchern der Welt nicht nur sein ikonisches Bild, sondern auch eine Reihe von Prinzipien des Guerillakrieges, die überraschende Parallelen zur modernen Unternehmensführung aufweisen. Obwohl seine Methoden im Kontext bewaffneter Konflikte entwickelt wurden, bieten sie wertvolle Einsichten für das Geschäftsleben, insbesondere in Bezug auf Strategie, Innovation und Führung.

- *Flexibilität und Anpassungsfähigkeit:* Guevaras Guerillakriegführung basierte auf der Flexibilität und der Fähigkeit, sich rasch an veränderte Umstände anzupassen. Diese Prinzipien sind im Geschäftsleben ebenso relevant. Unternehmen, die schnell auf Marktveränderungen reagieren, neue Technologien adaptieren oder innovative Lösungen entwickeln, sind oft diejenigen, die sich durchsetzen. Guevara lehrte, dass starre Strukturen und Pläne in einem dynamischen Umfeld zum Scheitern verurteilt sind – eine Lektion, die für Unternehmen in der heutigen schnelllebigen Welt unerlässlich ist.

- *Kenntnis des Terrains:* Wie Guevara die Bedeutung des tiefen Verständnisses des Kampfgebiets betonte, so müssen Unternehmen die Landschaft ihres Marktes genau kennen. Dies beinhaltet nicht nur die aktuellen Bedingungen, sondern auch Trends, potenzielle Gefahren und Chancen. Eine solche Kenntnis ermöglicht es Unternehmen, ihre Strategien präzise auszurichten und sich Wettbewerbsvorteile zu sichern.
- *Mut und Innovation:* Guevaras Bereitschaft, konventionelle Taktiken zu hinterfragen und neue Ansätze zu wagen, spiegelt den unternehmerischen Geist wider. Im Geschäftskontext bedeutet dies, Mut zu haben, gegen den Strom zu schwimmen, innovative Produkte oder Dienstleistungen zu entwickeln und Risiken einzugehen, um disruptiv zu sein. Der Erfolg in der modernen Geschäftswelt erfordert oft, dass man bereit ist, unkonventionelle Wege zu gehen.
- *Führung und Inspiration:* Che Guevara war bekannt für seine Fähigkeit, Menschen zu inspirieren und für eine gemeinsame Sache zu mobilisieren. Ähnlich benötigen Unternehmen Führungspersönlichkeiten, die eine klare Vision vermitteln, Mitarbeiter motivieren und ein Umfeld schaffen können, in dem Teamarbeit und Engagement gedeihen. Führung in diesem Sinne bedeutet, Vorbild zu sein, Vertrauen zu fördern und andere zu ermächtigen, ihr Bestes zu geben.
- *Einsatz für die Sache:* Guevaras unerschütterliches Engagement für seine Überzeugungen unterstreicht die Bedeutung von Leidenschaft und Hingabe. Für Unternehmen bedeutet dies, eine starke Unternehmenskultur zu pflegen, die Mitarbeiter motiviert, sich voll und ganz für die Ziele des Unternehmens einzusetzen. Ein tiefes Engagement für die Mission des Unternehmens kann ein mächtiger Motivator sein und zur Überwindung von Herausforderungen beitragen.

Zusammenfassend lässt sich sagen, dass die Prinzipien des Guerillakrieges von Che Guevara, obwohl in einem völlig anderen Kontext entwickelt, wertvolle Lektionen für die moderne Unternehmensführung bieten. Flexibilität, Marktkenntnis, Innovationsgeist, inspirierende Führung und ein starkes Engagement sind Schlüsselkomponenten, die Unternehmen helfen können, in der heutigen komplexen und sich schnell verändernden Geschäftswelt erfolgreich zu sein.

Die 36 Strategeme des Tan Daoji

Die Welt der Strategien ist faszinierend und vielseitig. Eine der bekanntesten Sammlungen von Strategien stammt aus dem alten China und wird dem General Tan Daoji zugeschrieben, der im Jahre 436 n. Chr. verstarb. Diese Sammlung, bekannt als die „36 Strategeme", bietet bis heute wertvolle Einblicke in das strategische Denken und Handeln. Sie bietet wertvolle Einblicke in das strategische Denken und Handeln, von Täuschungsmanövern bis hin zu Opfergaben und Allianzen. Zu Lebzeiten Mao Tse Tungs war das Wissen über die 36 Strategeme in China geheim und durfte nicht veröffentlicht werden.

Die Strategeme, die in China immer noch gelehrt und als Teil des kulturellen Erbes angesehen werden, haben auch außerhalb Chinas an Beliebtheit gewonnen. Sie werden in verschiedenen Bereichen wie Politik, Wirtschaft, Militär und Management eingesetzt, um schwierige Situationen zu bewältigen und erfolgreich zu sein. Darüber hinaus gibt es eine wachsende Anzahl von Büchern und Kursen, die die Anwendung der Strategeme in modernen Situationen und Unternehmen untersuchen und Anleitungen zur effektiven Anwendung geben. Harro von Senger hat die 36 Strategeme aus dem Chinesischen ins Deutsche übersetzt und ausführlich kommentiert. In seinem Buch „36 Strategeme für Manager" (ISBN 978-3446450370) macht er diese faszinierende strategische Denkweise verständlich und anwendbar für die heutige Zeit. Die Strategeme decken ein breites Spektrum von Taktiken, von Täuschungsmanövern und Ablenkungsstrategien ab.

- *Den Kaiser täuschen, das Meer überqueren* – Fassaden aufbauen, um Pläne unbemerkt durchzuführen.
- *Wei belagern, um Zhao zu retten* – Gegner durch Angriff auf seine Schwachstelle ablenken.
- *Mit dem Messer eines Anderen töten* – Verbündete oder Gleichgesinnte einsetzen um ein Ziel zu erreichen.
- *Ausgeruht den erschöpften Feind erwarten* – Kräfte klug einsetzen und gut vorbereitet sein.
- *Feuer für einen Raub ausnutzen* – Gelegenheiten nutzen, um den Feind zu besiegen.
- *Im Osten lärmen, im Westen angreifen* – Gegner durch Ablenkung verwirren und überrumpeln.
- *Etwas aus einem Nichts erzeugen* – Mit vorhandenen Ressourcen neue Möglichkeiten schaffen.
- *Heimlich nach Chencang marschieren* – Angriff vorausplanen und den Feind täuschen.
- *Feuer am gegenüberliegenden Ufer beobachten* – Ruhe bewahren und bei gegnerischen Konflikten abwarten.
- *Hinter dem Lächeln den Dolch verbergen* – Wahre Absichten hinter Freundlichkeit verstecken.
- *Den Pflaumenbaum opfern, um den Pfirsichbaum zu retten* – Kleine Verluste für größeres Ziel hinnehmen.
- *Mit leichter Hand das Schaf wegführen* – Jede Gelegenheit nutzen, um Ziele zu erreichen.
- *Gras schlagen, um die Schlange aufzuscheuchen* – Kleine Angriffe für größere Ziele nutzen. Auf den Busch klopfen.
- *Für Rückkehr der Seele einen Leichnam ausleihen* – Altes mit neuer Zielsetzung wiederbeleben.
- *Den Tiger vom Berg in die Ebene locken* – Gegner aus sicherer Position herauslocken.

- *Etwas fangen, indem man es loslässt* – Gegner durch Großzügigkeit infiltrieren und besiegen.
- *Einen Backstein werfen, um Jade zu bekommen* – Kleinen Vorteil anbieten, um großen zu erlangen.
- *Den Anführer gefangen nehmen, um Feind unschädlich zu machen* – Feind durch Zerstörung der Führung besiegen.
- *Brennholz unter dem Kessel wegnehmen* – Konflikt durch Entzug der Grundlage beenden.
- Im trüben Wasser fischen – Unklarheit schaffen, um Gegner zu verwirren.
- *Zikade wirft ihre goldglänzende Haut ab* – Anpassung an die Umgebung zur Tarnung.
- *Türe schließen, um den Dieb zu fangen* – Fluchtwege des Gegners abschneiden.
- *Mit fernem Feind verbünden, um den Nachbarn anzugreifen* – Ungewöhnliche Allianzen bilden, um den Feind zu besiegen.
- *Den Weg für den Angriff gegen Guo ausleihen* – Territorium anderer nutzen, um Ziel zu erreichen.
- *Balken stehlen und gegen morsche Stützen austauschen* – Gegner durch Täuschung der eigenen Schwäche verwirren.
- *Akazie schelten, Maulbeerbaum zeigen* – Indirekte Kritik an Autorität.
- *Verrücktheit mimen, ohne das Gleichgewicht zu verlieren* – Spiele den Dummen, um den Gegner zu täuschen und einen unverhofften Angriff zu starten.
- *Auf das Dach locken, dann die Leiter wegziehen* – Motiviere deine Armee, indem du sie von Versorgungsmitteln abschneidest. Eine Methode, die Hernán Cortés einsetzte, um das Aztekenreich zu erobern.
- *Dürre Bäume mit künstlichen Blüten schmücken* – Täusche Schwäche vor, um den Gegner in Sicherheit zu wiegen und ihn dann zu überraschen.
- *Die Rolle des Gastes in die des Gastgebers umkehren* – Erobere als Gast die Initiative und dränge den Gastgeber in die Defensive.
- *Die List der schönen Frau* – Nutze Schönheit und Verführung als Waffen, um wichtige gegnerische Persönlichkeiten zu beeinflussen.
- *List der offenen Stadttore* – Erwecke den Eindruck einer ungeschützten Stadt, um den Gegner in eine Falle zu locken.
- *Den Köder auslegen, um den Fisch zu fangen* – Nutze Anreize, um den Gegner vorhersehbar zu machen und in eine Falle zu locken.
- *Den Holzscheit anstelle des Prinzen vorführen* – Täusche den Feind mit einem unwiderstehlichen, doch wertlosen Ziel.
- *Die Kette mit einem Schlag zerschlagen* – Unterbrich die Kommunikation und Versorgung des Feindes, um ihn zu schwächen und zu isolieren.
- *Wenn alles andere fehlschlägt, fliehe* – Bei unerreichbarem Sieg ist Rückzug die klügste Option. Bewahre Ressourcen für zukünftige Kämpfe. Überleben ist die beste Strategie.

Es ist wichtig zu erkennen, dass strategisches Denken nicht auf eine Kultur oder Epoche beschränkt ist. Wie die Werke von Machiavelli, Baltasar Gracián oder Johann Wolfgang von Goethe zeigen, gibt es auch in anderen Kulturkreisen eine reiche Tradition strategischen Denkens. Obwohl die spezifischen Strategien variieren können, ist das grundlegende Prinzip universell: Die Fähigkeit, über die unmittelbaren Umstände hinauszublicken, mögliche Entwicklungen zu antizipieren und gezielte Aktionen zu planen, um gewünschte Ergebnisse zu erzielen. So können wir von den 36 Strategemen des Tan Daoji lernen, die Welt um uns herum besser zu verstehen und effektiv auf sie zu reagieren. Ihre zeitlose Weisheit zeigt uns, dass trotz aller Veränderungen einige Dinge konstant bleiben: die Notwendigkeit von Anpassungsfähigkeit, strategischem Denken und klugem Handeln.

Quellen: http://de.wikipedia.org/wiki/36_Strategeme / „36 Strategeme für Manager" von Harro von Senger (ISBN 978-3446228443) / Strategeme – Lebens- und Überlebenslisten aus drei Jahrtausenden Band 1+2, Harro von Senger, Scherz Verlag, 1992

Übungen für den Funktionskreis Leber

- Lies Klassiker der strategischen Kriegsführung wie „Das Buch der fünf Ringe" (Gorin-no-sho) von Miyamoto Musashi, „Die Kunst des Krieges" von Sunzi, „Hagakure" von Yamamoto Tsunetomo und studiere die Strategeme der Chinesen (übersetzt für den Westen von Harro von Senger). Diese Werke enthalten allgemein gültige Lehren, die auf viele Lebensbereiche anwendbar sind.

- Nutze Spiele wie Schach, Go oder andere strategische Spiele als Übungsfeld für dein strategisches Denken. Spiele fördern das strategische Planen, die Entscheidungsfindung unter Unsicherheit und die Fähigkeit, langfristige Ziele zu verfolgen.

- Beschäftige dich mit den verschiedenen Aspekten des Marketingthemas. Lies zum Beispiel „Guerilla Marketing" von Jay Conrad Levinson. Halte dich nicht starr an eine einzelne Theorie fest, sondern probiere aus, was für dich sinnvoll erscheint.

- Wähle die Produkte deines Unternehmens aus, mit denen du den größten Gewinn pro Einheit erzielen kannst. Sammle alle Nutzenargumente, die du im Unternehmen finden kannst. Achte besonders darauf, was Außendienst oder Vertrieb dazu zu sagen haben.

- Werde, wenn möglich, Kunde bei einem Wettbewerber und lass deine Mitarbeiter ebenfalls bei Wettbewerbern Kunden werden. Untersuche, wie strukturell ähnliche Unternehmen in anderen Ländern, Kulturkreisen und Branchen vorgehen. Führe Benchmarking-Studien durch, um die Leistung deines Unternehmens mit der von Branchenführern oder Wettbewerbern zu vergleichen.

- Beschäftige dich mit Szenario-Planning, um verschiedene Zukunftsszenarien für dein Unternehmen zu entwickeln.

Symptome für einen dysfunktionalen Leber-Meridian und analoge Symptome im Unternehmen

Symptome beim Menschen: Emotionale Instabilität (Reizbarkeit, Wut), Spannungsgefühl im Thorax, Menstruationsstörungen, Spannungskopfschmerzen oder Migräne, Tinnitus, Schwindel, Sehstörungen, Verdauungsprobleme, allergische Reaktionen, Schlafstörungen.

- *Konflikte und Stimmungsschwankungen im Team* (vgl. emotionale Instabilität): Unstimmigkeiten und Spannungen zwischen Mitarbeitern oder Abteilungen führen zu ineffektiver Kommunikation und vermindern die Zusammenarbeit. Abhilfe: Verbesserung der Teamdynamik durch gezielte Teamworkshops, Konfliktlösungstrainings und Förderung eines offenen Kommunikationsklimas.
- *Druck oder Enge in der Führungsebene oder zwischen Abteilungen* (vgl. Spannungsgefühl im Thorax): Spannungen aufgrund unklarer Zuständigkeiten oder Zielkonflikte. Abhilfe: Klare Definition von Verantwortlichkeiten, transparente Kommunikation und Konfliktlösungsmechanismen einführen.
- *Unregelmäßige Geschäftszyklen oder unvorhersehbare Marktschwankungen* (vgl. Menstruationsstörungen): Schwierigkeiten bei der Planung und Ressourcenallokation aufgrund unvorhersehbarer Ereignisse. Abhilfe: Implementierung flexibler Strategien und Anpassungsfähigkeit, um auf Marktveränderungen schnell reagieren zu können.
- *Komplexe Probleme bei der strategischen Planung und Umsetzung* (vgl. Kopfschmerzen): Schwierigkeiten bei der Umsetzung strategischer Initiativen aufgrund von internen oder externen Herausforderungen. Abhilfe: Klare Priorisierung von Zielen, Ressourcenallokation und regelmäßige Überprüfung der Umsetzungsergebnisse.
- *Ständige Ablenkungen oder Störungen* (vgl. Tinnitus): Unterbrechungen und unerwartete Herausforderungen, die die Produktivität beeinträchtigen. Abhilfe: Etablierung von klaren Arbeitsabläufen, Reduktion von Störungen, Fokus auf effektives Zeitmanagement.
- *Unsicherheit über die strategische Ausrichtung oder Marktbedingungen* (vgl. Schwindel): Verwirrung oder Unsicherheit über die beste Vorgehensweise in einem sich schnell verändernden Marktumfeld. Abhilfe: Regelmäßige Marktanalysen, Entwicklung von Szenarien und strategische Planung zur Risikominimierung.
- *Schwierigkeiten bei der klaren Sicht auf zukünftige Marktchancen oder interne Prozesse* (vgl. Sehstörungen): Mangelnde Transparenz oder fehlende Datenanalyse, um zukünftige Chancen und Risiken zu identifizieren. Abhilfe: Verbesserung der Datenanalysefähigkeiten, Implementierung von Business Intelligence Tools und verstärkte Marktbeobachtung.
- *Ineffiziente Nutzung von Ressourcen* (vgl. Verdauungsprobleme): Verschwendung von Zeit, Geld oder Energie aufgrund ineffektiver Arbeitsabläufe oder unklarer Zuständigkeiten. Abhilfe: Einführung von Lean Management-Prinzipien, kontinuierliche Prozessoptimierung und Schulung der Mitarbeiter in effizienten Arbeitsmethoden.

- *Überempfindliche hektische Reaktionen auf externe Marktbedingungen oder Kundenanforderungen* (vgl. allergische Reaktionen): Schwierigkeiten bei der Anpassung an neue Marktbedingungen oder unerwartete Kundenbedürfnisse. Abhilfe: Flexibilität und Agilität in der Produktentwicklung und Kundenservice, um schnell auf Kundenfeedback und Marktveränderungen zu reagieren.
- *Probleme bei der Stabilität oder der langfristigen Planung des Unternehmens* (vgl. Schlafstörungen): Unruhe oder Sorgen über die zukünftige Richtung des Unternehmens oder der Marktumgebung. Abhilfe: Entwicklung einer klaren Unternehmensvision, Mitarbeiterengagement und Unterstützung für eine ausgewogene Work-Life-Balance.

Forschung und Entwicklung | Holz Yang (Gbl)

Essenz: Die Gallenblase speichert und sezerniert die Galle, die wichtig für die Verdauung ist. In der TCM ist sie auch verantwortlich für Entscheidungsfindung und Mut.

Emotion: Zögerlichkeit oder Entschlossenheit. Ein harmonisches Gallenblasen-Qi gibt uns den Mut, Entscheidungen zu treffen und Herausforderungen zu meistern.

Tätigkeiten: Sekretion von Galle, Unterstützung bei der Verdauung, Beteiligung an der Entscheidungsfindung.

Probleme bei Fülle: Bitterkeit im Mund, Übelkeit, Reizbarkeit, Schmerzen im Bereich der Rippen.

Probleme bei Leere: Unentschlossenheit, Schwindel, Blässe, chronische Müdigkeit.

Weitere Assoziationen: Seitliche Körperteile, Sehnen, der Morgen.

Metaphorische Funktion im Unternehmen: (Forschung und Entwicklung) Die Gallenblase unterstützt die Leber, ähnlich wie F&E durch das Entwickeln neuer Produkte und Dienstleistungen die Innovation und das Wachstum eines Unternehmens unterstützt.

Von der Leber bewegen wir uns zur Gallenblase, einem Organ, das oft im Schatten seiner mächtigen Partnerin steht, aber eine Schlüsselrolle in unserem körperlichen und unternehmerischen Ökosystem spielt. Sie stellt den Bereich der Forschung und Entwicklung (F&E) in unserem Unternehmen dar, die Stelle, an der Innovationen geboren werden und das Unternehmen in die Zukunft geführt wird.

Die Leber macht Pläne und entwickelt Strategien, aber erst die Gallenblase vermittelt die Impulse an die Zielorgane. Sie ist der Yang-Aspekt der Leber und ermöglicht deren Kraftentfaltung. Wenn unser Urteilsvermögen getrübt ist, wenn unser Maßstab für das Korrekte verloren geht und jede Entscheidung schwer fällt, krankt die Gallenblase. Wir sind verwirrt, ängstlich besorgt um Kleinigkeiten und unfähig, adäquat zu handeln. Schließlich verlieren wir den Boden unter den Füßen, hängen in der Schwebe und sind wie ein Strohhalm im Wind.

Die F&E-Abteilung ist der kreative Motor eines Unternehmens. Sie ist dafür verantwortlich, dass das Unternehmen kontinuierlich neue und verbesserte Produkte und Dienstleistungen auf den Markt bringt. Ohne eine starke F&E-Abteilung kann ein Unternehmen schnell hinter den Wettbewerbern zurückfallen und an Marktanteilen verlieren. Es ist jedoch wichtig, dass die F&E-Abteilung klare Grenzen hat, um sich nicht in stetigen Innovationen zu verlieren. Der Kundennutzen sollte bei allen Innovationen im Fokus stehen, damit sie nicht zum Selbstzweck werden.

Die Gallenblase, in ihrer Rolle, die Leber zu unterstützen, erinnert uns daran, wie wichtig F&E für ein Unternehmen ist. Ebenso wie die Gallenblase die Leber unterstützt, unterstützt und treibt die F&E-Abteilung Innovation und Wachstum in einem Unternehmen voran. Sie ist der kreative Motor des Unternehmens.

Die Gallenblase ist verantwortlich für die korrekte Mitte. Urteilsvermögen und Entscheidungen kommen von ihr. (Su Wen, Kap. 8). Alle Funktionsbereiche erhalten ihren Einsatzbefehl von der Gallenblase und sie ist es, die mit ihren wissenschaftlichen Maßstäben entscheidet, was exakt ist und den Kern der Sache trifft.

Zögerlichkeit oder Entschlossenheit sind die dominierenden Emotionen, die mit der Gallenblase verbunden sind. In der Geschäftswelt äußert sich das in der Fähigkeit oder Unfähigkeit, mutige Entscheidungen zu treffen, Risiken einzugehen und neue Ideen voranzutreiben. Ein harmonisches Gallenblasen-Qi zeigt sich in einem Unternehmen, das mutig vorangeht und sich den Herausforderungen der Zeit stellt.

Ein übermäßiger Fokus auf F&E ohne klare Richtung kann zu einer Flut von Ideen ohne klare Umsetzung führen, ähnlich den Symptomen einer überfüllten Gallenblase. Ein Mangel an Innovation und Forschung kann jedoch dazu führen, dass das Unternehmen hinter seinen Konkurrenten zurückbleibt und seine Position auf dem Markt verliert.

Das Wachstum und der Fortschritt eines Unternehmens hängen stark von seiner Fähigkeit zur Innovation ab. Die Gallenblase erinnert uns daran, dass Mut, Entschlossenheit und eine klare Vision notwendig sind, um erfolgreich zu sein.

Wie die Gallenblase uns den Mut gibt, Entscheidungen zu treffen, sollte das Unternehmen mutige und klare Visionen für seine F&E setzen. Mut bedeutet aber nicht, unüberlegt zu handeln. Jede Innovation erfordert eine gründliche Forschung und Planung. F&E sollte eng mit anderen Abteilungen zusammenarbeiten, um sicherzustellen, dass Ideen in die Praxis umgesetzt werden.

Wie jedes Ding seine zwei Seiten hat, hat auch der Bereich Forschung einen Yin- und einen Yang-Aspekt. Einerseits begründet er durch seine wissenschaftliche Vorgehensweise die Maßstäbe. Die Gallenblase gibt dem Unternehmen kraft ihres Urteils- und Entscheidungsvermögens, eine gute Ausrichtung. Doch hat dieser Funktionsbereich auch noch einen Yang-Aspekt. Die Gallenblase ist der Sitz von Mut und Tapferkeit im Organismus und hier sitzt auch der Mut des Unternehmens neue Wege zu beschreiten und die Dinge auf neue Art anzugehen. Von hier gehen die Impulse für das Erschaffen neuer Produkte oder Dienstleistungen aus. Durch die Entfernung der Gallenblase wird der Lebensimpuls gebremst. Ähnliches geschieht auch im Unternehmen, wenn der Bereich der Forschung und Entwicklung zu kurz kommt. Wenn die Forschung eines Unternehmens krankt, mag es sinnvoll sein, zeitweilig der Produktion (Mi) einen größeren Einfluss zu verschaffen um ein Übergreifen des Problems zu verhindern.

Aufgabe der Forschung ist es, Ideen und Ansätze zu entwickeln, um Kundenprobleme zu lösen oder Kundenbedürfnisse zu befriedigen. Die Forschung muss zum Detektiven für Probleme werden. Es gibt fast überall Bedürfnisse, für die es kein Angebot gibt, Probleme, für deren Behebung die Betroffenen nur allzu gern bereit wären, angemessen, ja sogar großzügig zu bezahlen, wenn sich bloß jemand fände, der sie behebt.

Doch die Forschung darf sich nicht darauf beschränken, neue Produkte und Leistungen zu generieren. Prüfe, welche Verwendungszwecke sich für die bestehenden Produkte noch anbieten. Gib dich dabei nicht mit den ersten Ideen zufrieden. Der ständige Wandel und die permanente Veränderung und Differenzierung der Bedürfnisse, Ansprüche und Techniken garantieren, dass du praktisch immer noch einen erfolgversprechenden Verwendungszweck findest, selbst wenn es am Anfang aussichtslos erscheint.

Sei kreativ und wirf deine Vorurteile über Bord. Killerphrasen wie „Das geht nicht" sollte in der Forschung und Entwicklung verpönt sein. Kultiviere das Vergessen von Dingen die anscheinend nicht funktionieren. Das Wissen wächst so dramatisch an, dass es überhaupt fast wichtiger ist zu vergessen als zu lernen. Der Radiergummi ist heute wichtiger geworden als der Stift. Schlachte heilige Kühe. Dein Spielfeld ist das in deinem persönlichen Universum mögliche.

Es reicht nicht aus, dann und wann einmal eine Innovation herauszubringen. Es geht um eine dauerhafte Innovationsstrategie, es geht darum, sich konstant auf Kundenbedürfnisse einzustellen und immer bessere Problemlösungen zu entwickeln. Je einfacher die Problemlösung ist, desto besser. Doch es gilt auch: Wenn etwas nicht kaputt ist, repariere es nicht. Never touch a working system.

Sei offen für alles, was funktioniert. Bemühe dich um elegante Lösungen. Schau dir deine Produkte auf Benutzerfreundlichkeit hin an. Bei ansonsten gleichwertigen Produkten erzielt das benutzerfreundlichere Produkt den Wettbewerbsvorsprung. Traum- oder Ideallösungen sollte man als Aufgabe und Anreiz verstehen. Von dieser hohen Warte her kommend, lässt sich dann eine technisch machbare, reale Innovation ableiten.

Denke auch daran, dass sich kontinuierliche Verbesserung und Perfektion in stürmischen Zeiten zum Bumerang entwickeln können. Da kommt der Erfolg von Innovation und nicht von Optimierung. So wie man eine Schlucht nicht in zwei Sprüngen überwinden kann, hat man auch bei manchen Produktentwicklungen nur einen Versuch.

Schrittweise Verbesserung ist die eher die Aufgabe der Produktion (Milz). Dein Job ist es neu zu erfinden oder mit einer besseren Idee die ganze Aufgabe in den Mond zu schießen. Tom Peters, einer der bekanntesten Management-Vordenker unserer Zeit ist der Überzeugung „In gefährlichen, wechselhaften Zeiten gibt es nur eine Methode, Unternehmen am Leben zu erhalten: die Zügel zu lockern, tausend Blumen blühen und hundert Denkschulen miteinander konkurrieren zu lassen."

Nutze Kreativitätstechniken wie Brainstorming, Problemfeldanalyse, Morphologischer Kasten, Bionik, MindMapping und viele andere mehr, um zu innovativen Ansätzen zu gelangen. Sammle Ideen, denn eine echte Auswahl an umsetzbaren Lösungen ist nur aus der Vielfalt heraus möglich. Teste deine Lösungen, bevor du sie perfektionierst. Probier aus! Sei risikobereit. Ein Experiment bringt meist mehr als die schönste Theorie. Wenn du eine neue Leistung, ein neues Produkt entwickelt hast, wirf dein Angebot der Kundenmeute zum Fraß vor. Wedelt sie anschließend mit dem Schwanz, hast du den richtigen Geschmack getroffen. Okay, das Bild ist vielleicht etwas drastisch, aber im Prinzip stimmt es.

Toleriere Misserfolge! Wie oft ist es schon vorgekommen, dass du über Jahre hinweg ein Produkt entwickelt hast, deine letzten Ersparnisse verbraucht, die Kreditlinie bei der Bank bis zur Schmerzgrenze ausgereizt und dann festgestellt hast, dass dieses verdammte Produkt von niemandem gekauft wird – mal abgesehen davon, dass dann kein Geld mehr da ist, um das tolle Produkt der Menschheit auch bekannt zu machen. „Lass dir mal was einfallen, du bist doch kreativ", heißt es dann wieder. Und ich verweise dann trocken zum Thema Budgetierung auf die „Blase"...

Aufgabe des Funktionsbereiches Forschung und Entwicklung ist ein Produkt, eine Methode, ein System oder einen Prozess zu analysieren, Überflüssiges zu entfernen und die wichtigsten Elemente in etwas besser verstandenes und nützlicheres Neues umzuwandeln. Eine Methode um zum Funktions- und Nutzen-Kern der Dinge vorzudringen ist die Funktionenanalyse. Von den Amerikanern erdacht, von den Japanern erfolgreich übernommen und dann wieder – der Prophet ist ja im eigenen Land oft genug nichts wert – wieder in die USA reimportiert. Ansatz ist dabei, die Funktionen eines Produktes oder eines Ablaufes deutlich zu benennen und dann in Relation mit den vom Kunden gewünschten Funktionen zu bringen. Dabei liegt die Schwierigkeit in der Exaktheit im Denken und im sprachlichen Ausdruck.

Bei der Funktionenanalyse werden die Wirkungen und der Zweck von Produkten oder Dienstleistungen objektiv und verständlich benannt. Jede Funktion wird dabei mit einem Verb und einem Substantiv ausgedrückt. Zum Beispiel hat eine Uhr die Funktion „Uhrzeit anzeigen", aber auch die Funktion „Handgelenk schmücken" oder „Temperatur anzeigen". Bei Bedarf kann die Funktionsbeschreibung auch ein Adjektiv enthalten, sollte jedoch stets in allgemeinverständlicher Sprache formuliert sein. Eine Bohrmaschine hat beispielsweise die Funktion „Löcher erzeugen". Um die Funktion genauer zu beschreiben, können zusätzliche Kriterien verwendet werden, wie wer, was, wann, wo, wie viel und warum. Diese dienen als Maßstab, um festzustellen, ob eine bestimmte Einrichtung ihren Zweck erfüllt. Eine Taschenlampe mit der Funktion „Licht erzeugen" muss beispielsweise zusätzlich einem Kundenkriterium wie „Benutzung unter Wasser möglich" entsprechen, woraus sich weitere Unterfunktionen der Taschenlampe ergeben können, wie „Glühlampe aufnehmen" oder „Licht reflektieren". Sobald die Funktionen eines Produkts oder einer Dienstleistung im Einzelnen aufgeschlüsselt sind, stellen sich Fragen wie: Was soll mit dieser Funktion tatsächlich erreicht werden? Welche übergeordnete Funktion ist die Ursache für das Ausführen dieser Funktion? Gibt es Ansätze für Alternativen? Kann die Funktion auf andere Weise erfüllt werden? Durch die Darstellung der gewünschten und vorhandenen Funktionen in einer Matrix erhalten Sie eine Fülle von Ansätzen für die Entwicklung.

Die Funktion deines Produkts ist eine wichtige Komponente, aber das Design ist die andere Seite der Medaille. Robert Hayes, Professor an der Harvard Business School, prognostiziert: „Vor fünfzehn Jahren war der Wettbewerb zwischen Unternehmen auf den Preis ausgerichtet. Heute geht es um Qualität. Und in Zukunft wird es um Design gehen." Bei jeder deiner Produktentwicklungen solltest du das Design von Anfang an berücksichtigen. Ein mutiges Design, das deine Kunden mit Neuem konfrontiert, ist notwendig, um dich in einem Markt mit ähnlichen Produkten abzuheben. Überrasche mit deinem Design! Biete deinen Kunden etwas, von dem sie noch nicht einmal wissen, dass sie es morgen unbedingt haben wollen. Um dies zu erreichen, kannst du folgende Schritte unternehmen:

Investiere in ein erfahrenes Designteam, das über ein tiefes Verständnis für Ästhetik, Funktionalität und die Bedürfnisse der Kunden verfügt. Biete ihnen die nötigen Ressourcen und Werkzeuge, um innovative Designs zu entwickeln.

Nutze den Design-Thinking-Ansatz, um deinen Entwicklungsprozess zu verbessern. Betrachte das Design nicht nur als äußere Erscheinung, sondern als ganzheitliches Konzept, das die Benutzererfahrung, Ergonomie, Materialauswahl und andere relevante Aspekte umfasst.

Hole gezielt Kundenfeedback ein, um deren Vorlieben, Bedürfnisse und Wünsche in Bezug auf Design zu verstehen. Integriere dieses Feedback in den Designprozess, um sicherzustellen, dass deine Produkte den Kundenerwartungen entsprechen und sie begeistern. Experimentiere mit neuen Materialien und Farbkombinationen, um ein einzigartiges Erscheinungsbild für deine Produkte zu schaffen. Halte dich über die aktuellen Trends und Entwicklungen in der Materialtechnologie und Farbgestaltung auf dem Laufenden.

Nutze das Design, um deine Markenidentität zu stärken und deine Produkte von der Konkurrenz abzuheben. Schaffe ein konsistentes visuelles Erscheinungsbild, das die Werte und den Charakter deiner Marke widerspiegelt. Bleibe auf dem Laufenden über aktuelle Design-Trends und analysiere die Designs deiner Konkurrenten.

Identifiziere Lücken und Möglichkeiten, um mit deinem einzigartigen Design zu punkten. Stell sicher, dass das Design nicht nur ästhetisch ansprechend ist, sondern auch die Funktion und Benutzerfreundlichkeit des Produkts unterstützt. Ein gut gestaltetes Produkt bietet eine nahtlose Verbindung zwischen Form und Funktion.

Indem du Design zu einem integralen Bestandteil deiner Produktentwicklung machst, kannst du deine Produkte einzigartig machen und eine starke Alleinstellung auf dem Markt erreichen. Sei mutig, kreativ und überrasche deine Kunden mit einem ansprechenden und funktionalen Design. Nutze Prototyping-Techniken, um Designideen zu visualisieren und zu testen. Fast Prototyping, auch bekannt als Rapid Prototyping oder Rapid Iteration, ist eine iterative Entwicklungsstrategie, bei der schnell und effizient Prototypen erstellt werden, um Ideen zu validieren, Konzepte zu testen und Feedback zu sammeln. Der Fokus liegt darauf, frühzeitig und häufig Prototypen zu erstellen und diese schnell zu iterieren, um die Entwicklung von Produkten oder Dienstleistungen zu beschleunigen. Dabei werden die Prototypen in der Regel in vereinfachter Form erstellt, beispielsweise mit 3-D-Druck, Papiermodellen oder interaktiven Wireframes. Diese Prototypen dienen dazu, Funktionen, Benutzererfahrungen, Schnittstellen und andere Aspekte zu visualisieren und zu testen. Der iterative Ansatz des Fast Prototyping ermöglicht es den Entwicklern, frühzeitig Rückmeldungen von Benutzern, Kunden oder anderen relevanten Stakeholdern einzuholen. Das Feedback wird genutzt, um Verbesserungen vorzunehmen und die nächste Iteration des Prototyps zu entwickeln. Dieser iterative Zyklus wird wiederholt, bis das gewünschte Ergebnis erreicht ist. Die Methode bietet mehrere Vorteile, darunter die Möglichkeit, frühzeitig Designprobleme zu erkennen, schnelle Anpassungen vorzunehmen, Kosten zu reduzieren und die Time-to-Market zu verkürzen. Durch den schnellen Prototypenprozess können auch innovative Ideen schnell getestet und validiert werden, was zu einer agileren und effektiveren Produktentwicklung führt.

Fast Prototyping kann auch auf Dienstleistungen übertragen werden, indem iterative Methoden verwendet werden, um schnell Prototypen von Serviceerfahrungen zu entwickeln und zu testen. Hier sind einige Ansätze, wie das Fast Prototyping auf Dienstleistungen angewendet werden kann:

Erstelle einen Service-Blueprint, der den Ablauf und die Interaktionen zwischen dir und deinen Kunden darstellt. Identifiziere kritische Touchpoints und entwickle schnelle Prototypen, um diese Interaktionen zu visualisieren und zu testen.

Nutze Skizzen oder Storyboards, um deinen Kunden die geplante Serviceerfahrung zu vermitteln. Zeige die verschiedenen Phasen des Serviceprozesses, die Rollen der Beteiligten und die möglichen Interaktionen auf. Diese Skizzen kannst du schnell erstellen und mit

Kunden oder anderen Stakeholdern teilen, um Feedback einzuholen und Verbesserungen vorzunehmen.

Nutze Simulationen und Rollenspiele, um den Serviceablauf zu testen und zu verbessern. Stelle ein Team von Mitarbeitern zusammen, das die verschiedenen Rollen im Serviceprozess verkörpert, und simuliere die Interaktionen mit Kunden. Durch das Durchspielen von Szenarien kannst du Potenziale für Verbesserungen identifizieren.

Erstelle physische oder digitale Prototypen von Teilen des Serviceerlebnisses, um Feedback von Kunden einzuholen. Dies kann beispielsweise die Entwicklung von Mock-Ups für eine Benutzeroberfläche einer digitalen Plattform oder die Erstellung eines Modells für einen physischen Servicebereich umfassen. Teste diese Prototypen mit echten Kunden, um zu verstehen, wie sie den Service wahrnehmen und wo Anpassungen vorgenommen werden müssen.

Implementiere schnelle Feedbackschleifen mit Kunden, um kontinuierliches Feedback während des Serviceentwicklungsprozesses zu erhalten. Dies kann durch Umfragen, Interviews, Beobachtungen oder Usability-Tests erfolgen. Nutze das Feedback, um den Service iterativ zu verbessern und die Kundenzufriedenheit zu steigern.

Indem du das Fast-Prototyping-Konzept auf Dienstleistungen anwendest, kannst du schneller erkennen, welche Elemente des Serviceerlebnisses gut funktionieren und welche verbessert werden müssen. Dies ermöglicht es dir, kundenorientierte Dienstleistungen zu entwickeln, die die Bedürfnisse und Erwartungen der Kunden erfüllen.

Die besten Geschäftsideen kommen einem Unternehmer in der Regel, wenn er sich um die Bedienung der Kunden kümmert. Aber diese Ideen werden nur dann entwickelt, wenn die Person/das Unternehmen Raum hat, um Zeit, Geld, Energie, Ressourcen und andere Vermögenswerte zu investieren. Es gibt zu viele gute Ideen, die im Sande verlaufen.

Wie kannst du immer einen Schritt voraus sein? Ein effektiver Weg ist es, für alles ein System zu haben. Dies ermöglicht es dir, Aufgaben effizient zu erledigen und dich auf das Wesentliche zu konzentrieren. Sei der Typ von Person, der Unfertiges nicht duldet. Erledige deine Aufgaben zügig und lass nichts auf der Strecke liegen.

Dein Unternehmen sollte so innovationsgetrieben sein, dass alles reibungslos läuft. Ein reibungsloser Betrieb gibt dir den Freiraum, dich auf die Entwicklung neuer Ideen und Produkte zu konzentrieren. Als CEO solltest du stets ein Vorbild für andere sein. Halte deine Agenda überschaubar und zeige deinem Team, wie man effektiv arbeitet und dennoch immer auf dem neuesten Stand bleibt.

Der entscheidende Wandel besteht darin, erwachsen zu werden und deine Motivation aus Errungenschaften, Innovationen und Leichtigkeit zu schöpfen, anstatt aus Anstrengung, Kämpfen, Siegen, ständigem Aufholen und endlosem Krisenmanagement. Wenn du lernst, Zufriedenheit aus dem Prozess der entspannten kontinuierlichen Verbesserung und Innovation zu ziehen, wirst du sehen, wie dein Unternehmen floriert.

Wenn du die Rentabilität deines Unternehmens steigern willst, musst du deine Kernprodukte an Nischenmärkte anpassen. Die Menschen suchen nach universellen Produkten, die jedoch kulturelle Besonderheiten berücksichtigen. Die Idee ist einfach: Verteile die Kosten für Forschung, Entwicklung und Vertrieb auf verschiedene Produkte und Dienstleistungen. Wie gelingt dir das? Indem du Variationen deiner Kernprodukte entwickelst und so mehrere Nischenmärkte bedienst.

Denke an Unternehmen, die genau das getan haben. Sie haben ihre Marke, die für ihre Hauptprodukte bekannt und respektiert ist, als Hebel verwendet, um ihren Marktanteil durch Linien- und Marktsegmenterweiterungen zu maximieren. Auch du kannst diese Strategie anwenden.

Wenn du ein Produkt oder eine Dienstleistung hast, die bereits erfolgreich ist, dann zögere nicht, das Maximum aus dieser Chance herauszuholen. Aber sei vorsichtig, dass du dabei nicht den Erfolg gefährdest. Nutze die Gelegenheit, um dein Angebot schnell zu erweitern, sobald du merkst, dass es gut ankommt. Doch sei nicht eingeschränkt auf einen einzigen Markt. Entwickle stattdessen den Wunsch, eine Vielzahl von Märkten zu bedienen. Ziel ist es, mit angepassten Versionen deiner Kernprodukte oder -dienstleistungen verschiedene Nischenmärkte zu bedienen. So erreichst du extreme Rentabilität.

Aufbau des Funktionsbereichs „Forschung und Entwicklung"

Hier sind einige Tipps, wie du einen effektiven und effizienten F&E-Bereich in deinem neu gegründeten Unternehmen aufbauen kannst:

- Definiere klare Ziele für den F&E-Bereich, die sowohl die Dienstleistungs- als auch die Produktaspekte deines Unternehmens unterstützen sollen. Dazu gehören Innovationen, Qualitätsverbesserung und die Erschließung neuer Marktchancen. Stelle sicher, dass diese Ziele mit den übergeordneten Geschäftszielen deines Unternehmens übereinstimmen.
- Entwickle eine klare Teamstruktur für das F&E-Team. Definiere Rollen und Verantwortlichkeiten für Spezialisten in Bereichen wie Produktentwicklung, Prozesstechnik und Qualitätskontrolle. Wähle einen erfahrenen F&E-Leiter aus, der die Strategie umsetzen und das Team effektiv führen kann.
- Identifiziere den Technologiebedarf für deine F&E-Ziele. Beschaffe und implementiere benötigte Technologien wie Design- und Simulationstools, Laboreinrichtungen oder Prototyping-Tools, unter Berücksichtigung deines Budgets und der zukünftigen Skalierbarkeit.
- Definiere klare F&E-Prozesse für Ideenfindung, Prototypenentwicklung, Tests und Evaluierung von Ergebnissen. Stelle sicher, dass diese Prozesse nahtlos mit den Produktionsprozessen integriert sind, um Innovationen effizient in die Produktion zu überführen.

- Fördere die Zusammenarbeit zwischen dem F&E-Team und anderen Abteilungen wie Marketing, Vertrieb und Kundenservice. Integriere Kundenfeedback und Marktanforderungen frühzeitig in den Entwicklungsprozess. Baue auch externe Partnerschaften mit Universitäten, Forschungseinrichtungen oder anderen Unternehmen auf, um ergänzende Fähigkeiten oder Ressourcen zu nutzen.
- Erstelle ein realistisches Budget für F&E-Aktivitäten, das sowohl laufende Kosten als auch Investitionen in neue Technologien umfasst. Prüfe auch staatliche Fördermöglichkeiten oder Investitionszuschüsse, die speziell für Forschungs- und Entwicklungsprojekte verfügbar sind.
- Implementiere Schutzmaßnahmen für geistiges Eigentum wie Patente, Urheberrechte und Marken, die aus der F&E-Arbeit hervorgehen könnten. Stelle sicher, dass alle gesetzlichen Vorschriften und Industrienormen eingehalten werden, die die Entwicklung und Einführung neuer Produkte und Dienstleistungen betreffen.
- Entwickle Leistungskennzahlen (KPIs), um die Effektivität deiner F&E-Bemühungen zu bewerten. Führe regelmäßige Reviews der F&E-Projekte durch, um Fortschritte zu überprüfen und bei Bedarf Anpassungen vorzunehmen.
- Etabliere Feedback-Mechanismen und Iterationsprozesse in Entwicklungsprojekten, um flexibel auf Marktveränderungen reagieren zu können. Fördere eine Kultur des Lernens und der kontinuierlichen Verbesserung innerhalb deines F&E-Teams.

Den Funktionsbereich „Forschung und Entwicklung" im Unternehmen optimieren:

- *Ideen-Brainstorming:* Organisiere regelmäßige Brainstorming-Sitzungen, bei denen das gesamte Team eingeladen ist, neue Ideen und Lösungsansätze zu generieren. Schaffe eine offene und unterstützende Atmosphäre, um die Kreativität zu fördern. Ermutige deine Mitarbeiter, ihre Ideen frei zu äußern, unabhängig von ihrer Hierarchieebene.
- *Cross-Funktionale Zusammenarbeit:* Fördere die Zusammenarbeit zwischen den verschiedenen Abteilungen in deinem Unternehmen, insbesondere zwischen Forschung und Entwicklung, Produktion, Marketing und Vertrieb. Durch den Austausch von Wissen und Perspektiven können innovative Ideen entstehen und die Umsetzung neuer Produkte oder Dienstleistungen verbessert werden.
- *Prototyping und Experimentieren:* Ermutige dein Team, Prototypen zu erstellen und Experimente durchzuführen, um neue Konzepte oder Technologien zu testen. Dies ermöglicht es, frühzeitig Herausforderungen zu erkennen, Iterationen vorzunehmen und letztendlich bessere Ergebnisse zu erzielen.
- *Kundenfeedback einholen:* Integriere Kundenfeedback aktiv in den Entwicklungsprozess. Führe regelmäßige Umfragen, Fokusgruppen oder Interviews durch, um die Bedürfnisse und Wünsche der Kunden besser zu verstehen. Nutze dieses Feedback, um deine For-

schungs- und Entwicklungsstrategien auszurichten und sicherzustellen, dass deine Produkte oder Dienstleistungen den Kundenanforderungen entsprechen.
- *Weiterbildung und Fortbildung:* Investiere in die Weiterbildung deiner Mitarbeiter im Bereich Forschung und Entwicklung. Biete Schulungen, Workshops oder Konferenzteilnahmen an, um ihre Kenntnisse und Fähigkeiten zu erweitern. Halte sie über die neuesten Trends, Technologien und Best Practices in ihrer Branche auf dem Laufenden.
- *Innovationskultur fördern:* Schaffe eine Unternehmenskultur, die Innovationen unterstützt und belohnt. Anerkenne die Bemühungen und Erfolge deines Teams bei der Entwicklung neuer Ideen oder der Umsetzung innovativer Projekte. Führe auch einen offenen Austausch über Fehler und Lernerfahrungen, um ein Umfeld zu schaffen, in dem Mitarbeiter Mut haben, neue Ansätze auszuprobieren.
- *Technologietrends beobachten:* Bleibe auf dem Laufenden über aktuelle Technologietrends und deren Auswirkungen auf deine Branche. Identifiziere relevante neue Technologien und evaluiere deren Potenzial für dein Unternehmen. Halte den Dialog mit Experten und Forschungseinrichtungen aufrecht, um von deren Fachwissen und Erkenntnissen zu profitieren.
- *Kooperationen und Partnerschaften:* Erwäge die Zusammenarbeit mit externen Partnern, wie Universitäten, Start-ups oder anderen Unternehmen, um Synergien zu schaffen und gemeinsam an innovativen Projekten zu arbeiten. Diese Zusammenarbeit kann den Zugang zu spezifischem Fachwissen erweitern und den Austausch von Ressourcen und Ideen fördern.
- *Effektives Projektmanagement:* Implementiere effektive Projektmanagement-Methoden, um den Forschungs- und Entwicklungsprozess zu optimieren. Definiere klare Ziele, Meilensteine und Zeitpläne für jedes Projekt. Überwache den Fortschritt regelmäßig, identifiziere Engpässe und triff rechtzeitig Anpassungen, um sicherzustellen, dass die Projekte erfolgreich abgeschlossen werden.
- *Risikomanagement:* Identifiziere potenzielle Risiken und Herausforderungen im Forschungs- und Entwicklungsprozess. Entwickle Strategien, um diese Risiken zu minimieren oder zu bewältigen. Schaffe einen Rahmen, um mögliche Risiken frühzeitig zu erkennen und entsprechende Maßnahmen zu ergreifen, um Auswirkungen auf den Fortschritt der Projekte zu minimieren.
- *Wissensaustausch fördern:* Implementiere interne Plattformen oder Tools, um den Wissensaustausch innerhalb des Forschungs- und Entwicklungsteams zu fördern. Ermögliche den Mitarbeitern, ihre Erkenntnisse, Erfahrungen und Best Practices miteinander zu teilen. Dadurch kann das Team von den unterschiedlichen Fachkenntnissen und Erfahrungen profitieren und Innovationen vorantreiben.
- *Bewertung und kontinuierliche Verbesserung:* Implementiere regelmäßige Bewertungs- und Feedbackmechanismen, um den Erfolg von Forschungs- und Entwicklungsprojekten

zu bewerten. Analysiere die Ergebnisse, identifiziere Bereiche, die verbessert werden können, und leite konkrete Maßnahmen zur kontinuierlichen Verbesserung ab.
- *Ressourcenoptimierung:* Halte ein Auge darauf, wie im Bereich Forschung und Entwicklung die Ressourcen eingesetzt werden. Stelle sicher, dass sie effizient genutzt werden und den Projekten mit den höchsten Prioritäten zugewiesen sind. Bei Engpässen oder Schwachstellen solltest du Lösungen finden.
- *Marktforschung:* Investiere in Marktforschung, um die Bedürfnisse und Erwartungen der Kunden besser zu verstehen. Analysiere den Markt und die Wettbewerber, um Chancen für Innovationen zu identifizieren. Verwende diese Erkenntnisse, um deine Forschungs- und Entwicklungsstrategie auszurichten und fundierte Entscheidungen zu treffen.
- *Erfolge feiern:* Feiere die Erfolge und Meilensteine im Forschungs- und Entwicklungsbereich. Anerkenne die Beiträge und den Einsatz deines Teams und fördere ein positives Arbeitsumfeld, das die Motivation und das Engagement der Mitarbeiter stärkt.

Arbeite gemeinsam mit dem Vertrieb an der Festlegung der Qualitätskriterien für jedes deiner Produkte oder jeder deiner Leistungen. Wenn möglich, diskutiere diese Kriterien mit Kunden, die deinem Unternehmen freundschaftlich verbunden sind, um deren Perspektive einzubeziehen. Dies ermöglicht es dir, ein umfassendes Verständnis der Kundenerwartungen zu erlangen und sicherzustellen, dass deine Produkte oder Leistungen den höchsten Qualitätsstandards entsprechen.

Wähle aus den folgenden Kreativitätstechniken jene aus, mit denen du in Zukunft arbeiten möchtest. Bedenke, dass es unwahrscheinlich ist, dass du mehr als fünf Techniken wirklich praktisch anwenden wirst. Übe diese Techniken regelmäßig, um deine kreative Denkfähigkeit zu stärken.

Kreativitätstechniken

Die Anwendung von Kreativitätstechniken spielt eine entscheidende Rolle in der Produktentwicklung sowie in Forschung und Entwicklung. Durch den Einsatz dieser Techniken können neue Ideen generiert, innovative Lösungen gefunden und bahnbrechende Produkte entwickelt werden. Kreativitätstechniken bieten strukturierte Ansätze, um den kreativen Prozess zu fördern und das Denken über herkömmliche Grenzen hinaus zu erweitern. Sie ermöglichen es Teams, verschiedene Perspektiven einzunehmen, unkonventionelle Verbindungen herzustellen und kreative Lösungen für komplexe Probleme zu finden.

Die Nutzung von Kreativitätstechniken trägt zur Steigerung der Innovationskraft bei und fördert die Entwicklung einzigartiger Produkte, die den Bedürfnissen der Kunden gerecht werden. Darüber hinaus unterstützen sie den explorativen Charakter der Forschungs- und Entwicklungsarbeit, indem sie neue Wege aufzeigen, Herausforderungen anzugehen und bahnbrechende Erkenntnisse zu erlangen.

Die gezielte Anwendung von Kreativitätstechniken ermöglicht es Unternehmen, Wettbewerbsvorteile zu erzielen, neue Märkte zu erschließen und die Zukunft des Unternehmens aktiv mitzugestalten. Durch die Förderung von Innovationskraft und kreativem Denken spielen Kreativitätstechniken eine zentrale Rolle bei der Produktentwicklung sowie in Forschung und Entwicklung.

- *Brainstorming:* Gruppen sammeln spontan Ideen zu einem Thema, ohne Kritik. Alle Ideen werden gesammelt und später bewertet.
- *Mind Mapping:* Ideen werden grafisch in einem Diagramm dargestellt, das sich von einem zentralen Thema aus verzweigt. Nützlich zur Visualisierung komplexer Probleme und zur Darstellung von Zusammenhängen.
- *Osborn-Parnes-Kreativitätsprozess (OPKP):* Strukturierter Prozess, der Kreativität durch Phasen wie Problemerfassung, Ideenentwicklung und Umsetzung fördert. Bietet eine klare Struktur für den kreativen Prozess.
- *Lateral Thinking (laterales Denken):* Ermutigt zu unkonventionellen Ansätzen und unerwarteten Verbindungen, um Probleme zu lösen. Betrachtet ein Problem aus ungewöhnlichen Blickwinkeln.
- *SCAMPER:* Akronym-Technik, die Fragen stellt, um bestehende Ideen zu modifizieren oder neue Ideen zu generieren. Fördert eine umfassende Untersuchung von Ideen und führt zu innovativen Lösungen.
- *Morphologischer Kasten:* Strukturierte Methode, bei der verschiedene Komponenten systematisch kombiniert werden, um neue Lösungen zu generieren. Nützlich zur Strukturierung komplexer Probleme und Entwicklung kreativer Lösungen.
- *Bionik:* Anwendung biologischer Prinzipien auf technische Probleme zur Entwicklung innovativer Lösungen. Studiert natürliche Strukturen und Prozesse für technische Anwendungen.
- *TRIZ (Theorie des erfinderischen Problemlösens):* Systematische Methode zur Problemlösung, basierend auf der Analyse erfolgreicher Innovationen. Identifiziert Widersprüche und Einschränkungen, um innovative Lösungen zu entwickeln.
- *Six Thinking Hats* (Sechs Denkhüte): Eine Technik von Edward de Bono, bei der verschiedene Denkrichtungen (z.B. emotional, kritisch, optimistisch) sequenziell angewendet werden, um unterschiedliche Perspektiven auf ein Problem zu erhalten und Entscheidungen zu treffen.
- *Reverse Thinking* (Umgekehrtes Denken): Fordert dazu auf, das Problem von der Lösung aus zu betrachten. Anstatt zu fragen, wie man ein Problem lösen kann, fragt man, wie man das Gegenteil des Problems verstärken könnte, um neue Lösungsansätze zu finden.
- *Provokatives Denken:* Stellt absichtlich provokative oder extreme Behauptungen auf, um neue und unkonventionelle Ideen zu fördern. Dabei wird bewusst mit Konventionen gebrochen, um kreative Gedanken zu stimulieren.

Symptome für einen dysfunktionalen Gallenblasen-Meridian und analoge Symptome im Unternehmen

Symptome beim Menschen: Entscheidungsschwäche, Probleme mit der Fettverdauung, Verspannungen im Schulter- und Nackenbereich, Gefühl der Überlastung, Kopfschmerzen und Migräne, Bitterer oder schlechter Geschmack im Mund, Sehstörungen, Gereiztheit und leicht aufbrausendes Temperament, Hüftschmerzen oder -steifheit, Schlafstörungen

- *Zögern oder Unfähigkeit, schnelle und klare Entscheidungen in kritischen Geschäftssituationen zu treffen* (vgl. Entscheidungsschwäche). Abhilfe: Implementierung von Entscheidungsfindungsprozessen, die auf Datenanalyse und klaren Verantwortlichkeiten basieren. Schulung der Führungskräfte in Entscheidungsfindung und Risikomanagement.
- *Schwierigkeiten beim Management oder bei der Integration großer Ressourcenmengen oder Investitionen* (vgl. Probleme mit der Fettverdauung). Abhilfe: Verbesserung der Ressourcenallokation und Effizienzsteigerung durch Lean-Management-Praktiken und Prozessoptimierung.
- *Übermäßiger Stress und Druck auf die Mitarbeiter*, besonders auf mittlerer und oberer Managementebene (vgl. Verspannungen im Schulter- und Nackenbereich). Abhilfe: Förderung einer gesunden Work-Life-Balance, Implementierung von Stressmanagement-Programmen und regelmäßige Pausen zur Entlastung.
- *Teams oder Abteilungen fühlen sich überfordert* aufgrund von zu hohen Arbeitsbelastungen oder unrealistischen Zielsetzungen (vgl. Gefühl der Überlastung). Abhilfe: Überprüfung und Anpassung der Arbeitsbelastung, klare Priorisierung von Projekten und Aufgaben, Unterstützung durch zusätzliche Ressourcen oder Schulungen.
- *Periodische oder chronische Schwierigkeiten*, die sich in Form von Betriebsstörungen oder Konflikten manifestieren (vgl. Kopfschmerzen und Migräne). Abhilfe: Regelmäßige Überprüfungen und Anpassungen der Betriebsabläufe, Mediation und Konfliktmanagementtraining für Teams.
- *Negatives Sentiment oder schlechte Stimmung* innerhalb des Unternehmens (vgl. Bitterer oder schlechter Geschmack im Mund). Abhilfe: Förderung einer offenen Unternehmenskultur, in der Feedback geschätzt wird und positive Anerkennung regelmäßig erfolgt.
- Kurzsichtigkeit in der strategischen Planung oder mangelnde Zukunftsvision (vgl. Sehstörungen). Abhilfe: Implementierung von Langzeitplanungsprozessen, regelmäßige Strategie-Reviews und Einbeziehung verschiedener Stakeholder in die Planung.
- *Hohe Spannungen und Konflikte* im Management oder zwischen Abteilungen (vgl. Gereiztheit und leicht aufbrausendes Temperament). Abhilfe: Verbesserung der Kommunikation und Interaktion im Team, Team-Building-Übungen und Konfliktlösungsschulungen.

- *Starre in der Organisationsstruktur,* die Anpassung und Beweglichkeit behindert (vgl. Hüftschmerzen oder -steifheit). Abhilfe: Überprüfung und mögliche Reorganisation der Unternehmensstruktur, um Flexibilität und dynamische Anpassungsfähigkeit zu fördern.

- *Allgemeine Unruhe und Unsicherheit* über die Unternehmenszukunft, die die Mitarbeiterproduktivität beeinträchtigt (vgl. Schlafstörungen). Abhilfe: Klare Kommunikation über die Unternehmensziele und Sicherheitsmaßnahmen, Unterstützung und Beratungsangebote für Mitarbeiter könnten helfen, Hindernisse zu identifizieren und proaktiv zu lösen.

Feuer

Die Wandlungsphase „Feuer" im Unternehmenskontext

Das „Huangdi Neijing", ein klassisches Werk der Traditionellen Chinesischen Medizin, bringt die Dualität des Feuerelements treffend zum Ausdruck: „Das Feuer ist das Zeichen des Höchsten, der Beginn der Fülle, das Zeichen der Erschöpfung und des Endes, des sich Wandelnden." Hierin wird das Feuer sowohl als Symbol für die Spitze der Aktivität als auch für den unvermeidlichen Rückgang nach einem Höhepunkt dargestellt.

In der Essenz symbolisiert die Feuer-Phase Wärme, Aktivität und Transformation sowie die höchsten Ebenen der Yang-Energie. Es besitzt den Charakter, aktiv und nach oben gerichtet zu sein, wobei es auch Yin-Qualitäten in Form der Asche mit sich bringt. Zu den Organen, die dieser Phase zugeordnet sind, gehören das Herz, der Dünndarm, der Perikard und der Dreifache Erwärmer. Diese Zuordnung unterscheidet das Feuerelement von den anderen Phasen. Die Emotion, die mit diesem Element einhergeht, ist Freude. Harmonisch ausgeprägt ermöglicht das Feuerelement Menschen, Freude und Begeisterung in vollen Zügen zu empfinden, während ein Ungleichgewicht zu übermäßiger Euphorie oder einem Mangel an Freude führen kann.

Der Sommer, gekennzeichnet durch Aktivität, Wachstum und Reife, ist die dominierende Jahreszeit des Feuers. In der zyklischen Abfolge erzeugt Feuer Erde und wird vom Wasser kontrolliert. Räumlich ist das Feuerelement an Orten mit viel Aktivität und Bewegung spürbar, und es wird farblich durch Töne von Rosa, Violett und intensivem Rot repräsentiert. Menschen in Berufen wie Schauspiel, Verkauf oder Marketing zeigen oft starke Verbindungen zum Feuerelement. Ihre Aktivitäten zeichnen sich durch Kreativität, Inspiration, Kommunikation, Netzwerken und Feiern aus.

Im Unternehmenskontext übernimmt das Feuerelement verschiedene Rollen. Das Herz, als Kaiser der Organe in der Traditionellen Chinesischen Medizin (TCM), nimmt auch hier eine zentrale Stellung ein. Es ist das Wächterorgan, das Störungen und positive Einflüsse registriert und über die Zunge manifestiert. Wie das Herz den Geist oder „Shen" beherbergt und den Rhythmus vorgibt, indem es das „Blut" oder die Ressourcen durch das System pumpt, so hält und leitet die Unternehmensleitung die Vision, Mission und Werte eines Unternehmens. Sie ist essenziell für das Leben des gesamten Unternehmensorganismus, bestimmt den Ton, die Richtung und prägt die Kultur. Die Fähigkeit der Unternehmensleitung, Kommunikation zu beherrschen, andere zu faszinieren und Begeisterung zu teilen, spiegelt die lebenswichtigen Eigenschaften eines starken Herzens wider. Das Herz im Menschen und die Unternehmensleitung in der Organisation sind gleichermaßen das, was den jeweiligen Organismus im Kern ausmacht.

Der „Dünndarm" ist in der TCM für die Trennung des Nützlichen vom Unnützen verantwortlich. Im Unternehmenskontext entspricht dies dem Personalwesen, das entscheidend für die Auswahl, Entwicklung und Pflege der Mitarbeiter ist. Es stellt sicher, dass die richtigen Talente gewonnen und gefördert werden, ähnlich wie der Dünndarm die für den Körper notwendigen Nährstoffe aufnimmt. Das Personalwesen trägt zur Optimierung der organisatorischen Effizienz bei, indem es sicherstellt, dass jeder Mitarbeiter in der richtigen Position ist, um zum Gesamterfolg beizutragen. Zudem ist es verantwortlich für die Schaffung einer Kultur, die die Mitarbeiter motiviert und bindet, ähnlich wie der Dünndarm eine kritische Rolle in der Aufrechterhaltung der Gesundheit und des Wohlbefindens des Körpers spielt. Durch effektive Kommunikation und Konfliktlösungsstrategien sorgt das Personalwesen für ein harmonisches Arbeitsumfeld, was die Vitalität und Leistungsfähigkeit der Organisation fördert.

Die Logistik eines Unternehmens kann mit dem Perikard oder dem Kreislauf verglichen werden. Ein reibungsloser Logistikablauf gewährleistet, dass Ressourcen genau dann und dort eintreffen, wo sie benötigt werden, während der Perikard oder Kreislauf die Logistik und die Lebensadern des Unternehmens symbolisiert. Wie der Herzbeutel das Herz umhüllt und schützt, so schützt eine effiziente Logistik ein Unternehmen vor Engpässen, Störungen oder Verzögerungen und ist somit die Lebensader des Geschäftsbetriebs.

Der „Dreifache Erwärmer" reguliert in der TCM den Fluss von Qi und Körperflüssigkeiten. In der Geschäftswelt entspricht dies dem Vertrieb, der sicherstellt, dass Produkte und Dienstleistungen effizient zu den Kunden gelangen. Er hat die Aufgabe, Kunden zu überzeugen, eine emotionale Verbindung zum Kunden aufzubauen und dafür zu sorgen, dass Produkte oder Dienstleistungen in der richtigen Form, zur richtigen Zeit und am richtigen Ort präsentiert und geliefert werden.

Die Unternehmensführung | Feuer Yin (He)

Essenz: Das Herz kontrolliert Blut und Blutgefäße und beherbergt den „Shen" (Geist), was für Klarheit des Denkens und emotionale Stabilität sorgt.
Emotion: Freude oder Mangel an Freude. Ein Ungleichgewicht kann zu übermäßiger Erregung oder Mangel an Freude führen, was die Entscheidungsfähigkeit beeinträchtigen kann.
Tätigkeiten: Kontrolle des Kreislaufsystems und des Geistes.
Probleme bei Fülle: Unruhe, Schlaflosigkeit, Hyperaktivität.
Probleme bei Leere: Mangel an Begeisterung, geistige Müdigkeit, Konzentrationsschwäche.
Weitere Assoziationen: Sommer, Hitze, Rot, das Zungenorgan.
Metaphorische Funktion im Unternehmen: Die zentrale Entscheidungsfindung und das emotionale Wohlbefinden des Teams fördern.

In den alten Weisheiten des Huangdi Neijing, einem zentralen Text der Traditionellen Chinesischen Medizin (TCM), wird das Herz als das maßgebliche Organ dargestellt, das den „Shen" oder Geist beherbergt. Diese tiefgreifende Erkenntnis ermöglicht es uns, die

Rolle des Herzens im tieferen Kontext zu verstehen und wie es metaphorisch für die Unternehmensführung in der Geschäftswelt stehen kann.

Die Wandlungsphase Feuer, die Wärme, Leidenschaft und Energie symbolisiert, ist treffend dem Herzen zugeordnet. Genau wie das Feuer, das in seiner Essenz eine lebendige Flamme ist, pumpt das Herz unermüdlich Blut und versorgt uns mit der notwendigen Energie. Es ist weit mehr als nur ein physisches Organ; es steht im Zentrum unserer Emotionen, unserer Entscheidungen und unseres Bewusstseins. In ähnlicher Weise ist die Unternehmensführung der Kern eines Unternehmens und der Ursprung aller strategischen Entscheidungen und Richtlinien.

Das „Huangdi Neijing" verweist auf das Herz als „den Herrscher der fünf Organ-Netzwerke und der sechs Eingeweide", und es unterstreicht, dass es sich im Geist manifestiert. Dies hebt seine zentrale Bedeutung sowohl für das physische als auch für das emotionale Wohlbefinden eines Individuums hervor. In der TCM hat das Herz charakteristische Assoziationen wie die rote Farbe, die Leidenschaft, Energie und Leben symbolisiert; den bitteren Geschmack, der Reinigung und Transformation darstellt; den Sommer als Jahreszeit voller Aktivität und Blüte; und die Zunge, das Organ der Kommunikation.

Die Parallele zwischen dem Herz und der Unternehmensführung ist aufschlussreich. Wie das Herz, das den Körper mit Sauerstoff und Nährstoffen versorgt, sorgt die Unternehmensführung für die strategische Ausrichtung und Kultur eines Unternehmens. Ein harmonisches Herz-Qi ermöglicht echte Freude und Zufriedenheit. Wenn die Unternehmensführung in Harmonie ist, entsteht ein Unternehmen, das von Freude und Zufriedenheit geprägt ist. Dazu gehört, dass die Führung eine klare und konstante Vision vermittelt, eine Kultur pflegt, die Zusammenarbeit und Respekt betont, und die offene Kommunikation fördert, die den freien Fluss von Informationen ähnlich wie das Blut im Körper ermöglicht.

Das Herz / Feuer Yin des Unternehmens erinnert uns daran, dass echte Führung von innen kommt. Es ist eine ständige Erinnerung daran, dass die erfolgreichsten Unternehmen solche sind, die von einer Führung mit klarer Vision und empathischem Ansatz geleitet werden, und dass dieses Gleichgewicht es einem Unternehmen ermöglicht, in der dynamischen Geschäftswelt zu florieren.

In der tiefgründigen Tradition der chinesischen Medizin, wie im „Huangdi Neijing" dokumentiert, wird das Herz als der Monarch des Shen oder des Geistes gesehen. Dieser Klassiker des Gelben Kaisers zur Inneren Medizin stellt nicht nur medizinisches Wissen dar, sondern dient auch als Spiegel für viele Lebensbereiche – einschließlich der Unternehmenswelt.

Der erste Teil dieses Klassikers, der „Su Wen", beleuchtet die Grundlagen der chinesischen Medizin, indem er die Konzepte von Yin und Yang, die Funktionskreise des Körpers und sogar Aspekte wie Ernährung und Klima in Bezug auf die Gesundheit diskutiert. Interessant ist die metaphorische Darstellung der „zwölf Beamten", welche die zwölf Funktionskreise oder Organsysteme des menschlichen Körpers repräsentieren. Sie bilden ein untrennbares Ganzes, ein System, das in perfekter Harmonie arbeiten muss. Genau wie in einem Unternehmen, wo jede Abteilung oder Funktionseinheit für den Gesamterfolg des Unternehmens wichtig ist.

Die Worte des „Su Wen" sind eindringlich: Ein erleuchteter Herrscher stellt sicher, dass seine „Beamten", die verschiedenen Systeme oder Organe, reibungslos funktionieren. In einem Unternehmen könnte dieser erleuchtete Herrscher als der visionäre Unternehmer gesehen werden, der die Abteilungen oder Teams harmonisch führt. Ist der Herrscher jedoch nicht erleuchtet, geraten die „zwölf Beamten" in Unordnung, was letztlich das gesamte System gefährdet.

Es ist kaum zu übersehen, wie diese alten Weisheiten die Rolle eines Unternehmers in der modernen Geschäftswelt widerspiegeln. Der Unternehmer, ähnlich dem Herz im menschlichen Körper, ist die zentrale Kraft, die das gesamte Unternehmen antreibt. Er sorgt nicht nur für die strategische Ausrichtung und Vision, sondern auch für die Energie, Inspiration und die notwendigen Ressourcen, damit jedes Team und jeder Mitarbeiter optimal funktioniert. Dabei geht es nicht nur um materielle Ressourcen. Wie das Herz, das Symbol für Emotionen wie Liebe und Leidenschaft ist, trägt der Unternehmer auch zur emotionalen und kulturellen Dimension des Unternehmens bei. Er ist derjenige, der eine Kultur der Hingabe, des Engagements und der Leidenschaft schafft und aufrechterhält.

In den Worten von Huai Nantzu: „Wer mit dem Lauf des Tao übereinstimmt und den natürlichen Vorgängen des Himmels und der Erde folgt, findet es leicht, die Welt zu lenken." Dies kann als Erinnerung an Unternehmer dienen, die sich von alten Weisheiten inspirieren lassen wollen, um mit Intuition und Weisheit zu führen.

Schlussfolgernd kann man sagen, dass der Unternehmer, genau wie das Herz im Körper, nicht nur das Zentrum des Unternehmens ist, sondern auch dessen Seele. Er verkörpert die Vision, die Energie und den Geist des Unternehmens und sorgt dafür, dass es nicht nur überlebt, sondern gedeiht und wächst.

Aufbau des Funktionsbereichs „Unternehmensführung"

- Beginne mit der klaren Festlegung deiner Unternehmensphilosophie und -werte. Definiere starke Unternehmenswerte, die als Leitprinzipien für die Kultur und das Verhalten innerhalb deines Unternehmens dienen sollen. Eine inspirierende Vision und eine präzise Mission sind entscheidend, um den Zweck deines Unternehmens klar zu kommunizieren.
- Gestalte deine Organisationsstruktur mit flachen Hierarchien, die schnelle Entscheidungsfindung und Flexibilität fördern. Vermeide starre Titel und Positionen, indem du Rollen basierend auf Verantwortlichkeiten und Projekten definierst.

- Wähle oder bilde Führungskräfte aus, die partizipative Führungsstile bevorzugen, um das Engagement und die Zusammenarbeit der Teams zu stärken. Implementiere Mechanismen für eine breite Beteiligung an der Entscheidungsfindung durch regelmäßige Meetings und Brainstorming-Sessions.
- Schaffe effektive Strukturen und Kanäle für offene und transparente Kommunikation innerhalb deines Unternehmens. Fördere ein offenes Kommunikationsklima, in dem Ideen und Bedenken frei ausgetauscht werden können. Etabliere Systeme für regelmäßiges Feedback, einschließlich Peer-Reviews und Bewertungen der Führungskräfte, um kontinuierlich die Mitarbeiterentwicklung zu fördern.
- Entwickle gezielte Personalrekrutierungsstrategien, die auf die definierten Unternehmenswerte und die gewünschte Unternehmenskultur abgestimmt sind. Implementiere Programme für Weiterbildung und Karriereentwicklung, um den Mitarbeitern kontinuierliches Wachstum zu ermöglichen.
- Entwickle aussagekräftige KPIs, die neben finanziellen Kennzahlen auch qualitative Aspekte wie Mitarbeiterzufriedenheit und Kundenengagement messen. Die Einführung einer Balanced Scorecard könnte eine umfassende Einsicht in die Leistung des Unternehmens bieten.
- Sichere ethisches Verhalten und Compliance durch klare Richtlinien und Verfahren in allen Unternehmensbereichen. Biete regelmäßige Schulungen zu Ethik und Compliance an, um das Bewusstsein und die Einhaltung dieser Standards in der gesamten Belegschaft zu fördern.
- Führe regelmäßige Risikobewertungen durch, um potenzielle Risiken zu identifizieren und zu bewerten. Entwickle gezielte Strategien, um identifizierte Risiken zu minimieren oder angemessen darauf zu reagieren.
- Initiiere nachhaltige Praktiken und Initiativen, die das Unternehmen in Richtung sozialer Verantwortung und Umweltfreundlichkeit lenken. Plane gezielte Aktivitäten, um das Unternehmen mit der lokalen Gemeinschaft und Umweltorganisationen zu vernetzen und einen positiven Einfluss zu erzielen.

Die Kunst der Führung

Wenn du dein Unternehmen mit Integrität und Vision führst, werden die richtigen Mitarbeiter von dir angezogen. Das ist der Schlüssel, um dein Unternehmen mit Leichtigkeit und Grace zu lenken. Denk daran: „Es gibt keine schlechten Mitarbeiter, nur schlechte Chefs." Es ist deine Aufgabe, ein Umfeld zu schaffen, in dem sich jeder Mitarbeiter seelisch, geistig und körperlich wohl fühlt. Es geht darum, den Unternehmensgeist, den Shen, zu vermitteln und die Mitarbeiter für die gemeinsame Mission zu begeistern.

Wie Goethe so treffend sagte: „Gib einem Menschen einen Grund und er wird einen Weg finden." Also, wenn ein Mitarbeiter mit einem Problem zu dir kommt, erwarte, dass er auch eine mögliche Lösung vorschlägt. Rüste ihn mit den nötigen Werkzeugen aus und lass ihn die Herausforderung selbst meistern. Der renommierte Unternehmensberater Hans-Peter Zimmermann betont dies – oft enthält die genaue Beschreibung des Problems bereits den Schlüssel zur Lösung.

Manchmal ist jedoch ein tieferes Verständnis erforderlich. Fehler werden passieren; das ist unvermeidlich. Aber was zählt, ist, wie du darauf reagierst. Sei nachsichtig und nutze jeden Fehler als Lernchance. Stelle sicher, dass diese Erfahrungen im kollektiven Gedächtnis des Unternehmens verankert werden. Denn oft sind es die Rückschläge, aus denen wir am meisten lernen.

Sieh dich selbst als Gärtner, der mit liebevoller Sorgfalt seine Pflanzen – in diesem Fall die Mitarbeiter – pflegt. Zeige, dass du ihre individuellen Bedürfnisse respektierst und sie in ihrem Wachstum unterstützt. Glaube an sie. Die Erwartungen, die du an sie stellst, sollten herausfordernd, aber erreichbar sein. Unterscheide dabei zwischen Erwartungen und Forderungen – Ersteres ist ein Zeichen des Vertrauens, Letzteres oft ein Ausdruck von Frustration.

Deine wahre Führungsqualität zeigt sich, wenn es um Fragen der Gerechtigkeit geht. Sei transparent, besonders in Bezug auf Entlohnung und andere Belohnungssysteme. Hier sind die Mitarbeiter besonders sensibel.

Diejenigen, die glauben, dass Kontrolle der Hauptzweck einer Führungskraft ist, verstehen die wahre Bedeutung von Führung nicht. Es geht weniger darum, ständig zu überwachen und zu kritisieren, sondern vielmehr darum, Störungen zu erkennen und schnell zu beheben. Es ist essenziell, klare und verständliche Ziele zu setzen. Denn Klarheit in der Vision und Zielsetzung ist der Schlüssel zum Erfolg.

Wenn du diese Prinzipien beachtest, wirst du nicht nur ein erfolgreicher Unternehmer sein, sondern auch ein geliebter und respektierter Leader.

Die Reise ins Innere als Basis inspirierender Führung

Freude ist das Leuchten des Herzens, die Funken des Funktionskreises Feuer. Es ist das innere Leuchten, das Unternehmen aufblühen lässt, wenn die Freude an einer Vision ungezügelt ist. Eine authentische Unternehmensführung erkennt die unschätzbare Macht dieser Emotion und nutzt sie, um eine Kultur der Inspiration und Begeisterung zu schaffen.

Visionen sind nicht bloße Träumereien. Sie sind der Nordstern, an dem sich Unternehmen orientieren. Sie sind die großzügigen, kreativen Impulse, die uns in der turbulentesten Zeit leiten und Licht in die Dunkelheit bringen. Wenn du von deiner Vision begeistert bist, öffnen sich Pfade vor dir, die zuvor verborgen waren. Dieses Prinzip wurde durch Größen wie Pablo Picasso und Martin Luther King veranschaulicht, die die Macht ihrer Visionen nutzten, um die Welt zu verändern.

Aber wie erschafft man solch eine Vision? Es beginnt mit der Fähigkeit, authentisch zu kommunizieren, zu beobachten und zu lernen. Es bedeutet, den Alltag zu durchbrechen, in den Himmel zu schauen und die Dinge aus einer neuen Perspektive zu betrachten. Das Verlassen der vertrauten Umgebung und das Annehmen der Welt mit offenen Armen sind entscheidend. Die echte Reise jedoch, die Reise, die den Unterschied ausmacht, ist die Reise ins Innere.

In einer sich ständig verändernden Welt verlagert sich die Wahrnehmung von Autorität. Wir erkennen, dass wahre Autorität nicht einfach durch den Titel oder die Position gegeben wird. Sie entsteht aus der Essenz der Person, aus ihrer Authentizität, ihrer Integrität und ihrem Engagement für das Wohl aller.

Persönliche Entwicklung ist nicht nur eine nette Idee – sie ist essenziell. Es ist ein fortlaufender Prozess des Selbstverständnisses und des Wachstums. Wenn du dich davor verschließt, riskierst du, den Kontakt zu dir selbst und zu den Menschen um dich herum zu verlieren. Dabei geht es nicht darum, einen bestimmten Weg oder eine bestimmte Technik zu befolgen, sondern darum, den Weg zu finden, der für dich am besten funktioniert.

Die Werkzeuge und Wege zur Selbstentdeckung sind zahlreich. Ob es nun – wie im ersten Teil beschrieben – eine Vision Quest, ein Aufenthalt in einem Kloster, Familienaufstellungen oder verschiedene Kunstformen sind – das Wichtigste ist, sich treu zu bleiben. Zu erkennen, welcher Weg dein Herz zum Singen bringt und welche Pfade dich von deiner wahren Essenz abbringen.

Lass dich nicht von Ängsten leiten oder von denen, die versuchen, diese zu schüren. Die wahre Entdeckungsreise besteht nicht darin, neue Landschaften zu suchen, sondern in neuen Augen zu sehen. Die Entdeckung und Pflege deiner inneren Vision sind Schlüssel zur Entfaltung deiner Führungsfähigkeiten. Denn wenn du deinem wahren Selbst treu bleibst, wirst du in der Lage sein, andere mit deiner Vision, deiner Integrität und deinem Mut zu inspirieren.

Deine Selbstsicherheit als Kompass des Unternehmens

Im Laufe der Zeit sind dir sicher viele Gelegenheiten begegnet, in denen Selbstsicherheit nötig war. Vielleicht hast du dich in solchen Momenten selbst überrascht oder dein Potential noch nicht ganz erkannt. Du stehst jetzt an einem Punkt, wo du dich als Führungskraft etablieren möchtest, und dafür ist deine Selbstsicherheit unerlässlich.

- Selbstsicherheit ist dein Grundrecht, das Recht, deine Gedanken, deine Emotionen und deine Handlungen zu beherrschen und die Verantwortung dafür zu übernehmen. Du brauchst dich nicht zu entschuldigen oder zu rechtfertigen, wenn du deine Meinung än-

derst, weil neue Einsichten gewonnen wurden. Du hast das Recht, Fragen zu stellen, und das Recht, mutig und offen zu sein.
- Angst kann ein starker Gegner sein, aber du hast die Kraft, ihr entgegenzutreten. Indem du dich deinen Ängsten stellst, wirst du stärker. Es geht nicht darum, sie zu ignorieren oder zu verbergen, sondern darum, sie als Teil deiner Reise zu akzeptieren und zu überwinden. Sie sind nicht dein Feind, sondern dein Lehrer.
- Authentizität ist dein stärkstes Werkzeug. Es ist die Fähigkeit, die Wahrheit zu sagen, wie du sie verstehst, auch wenn sie morgen anders sein mag. Authentizität bedeutet, präsent zu sein, Dein Leben voll und ganz zu leben, unberechenbar und exzentrisch zu sein, wenn es nötig ist, und deine Begeisterung mit anderen zu teilen.

Aber vergiss nicht: Deine Mitarbeiter suchen Orientierung. Sie sehen dich als Kompass des Unternehmens. Teile nicht jeden Schritt deiner Reise oder jede Methode, die du ausprobierst mit ihnen, denn das könnte Verwirrung stiften. Sei stattdessen das klare Signal, das sie benötigen, um zu wissen, in welche Richtung sie gehen sollen.

Lebe laut und intensiv, wie Émile Zola es empfahl, aber sei auch achtsam und weise. Deine Selbstsicherheit ist ein Leuchtturm, der den Weg für andere erleuchtet, aber es erfordert Mut, Ehrlichkeit und Selbstreflexion, um diese Rolle wahrhaftig einzunehmen.

Erforsche dich selbst, verstehe deine Ängste und überwinde sie. Sei authentisch und lebe Dein Leben in vollen Zügen. Deine Selbstsicherheit ist nicht nur ein persönliches Attribut; sie ist ein Führungsinstrument, das die Kraft hat, ein Unternehmen zu formen und zu führen. Du bist der Kompass. Deine Richtung, deine Klarheit und dein Mut sind es, die den Weg weisen.

Führungsqualität entwickeln: Schlüsselansätze für nachhaltigen Erfolg

Die Entwicklung deiner Führungsqualität ist entscheidend für persönlichen und beruflichen Erfolg. Dieses Kapitel baut auf den Grundlagen des ersten Teils auf und stellt Methoden sowie Prinzipien vor, die effektive Führung fördern. Authentizität spielt eine Schlüsselrolle und wird durch gezielte Techniken gestärkt, die wir hier ausführlich erläutern, um eine dauerhafte und erfolgreiche Führungsrolle zu ermöglichen.

Aber welche Führungsstile gibt es eigentlich? Kurt Lewin, ein Pionier in der Psychologie, identifizierte drei grundlegende Führungsstile, die bis heute in der Managementlehre diskutiert werden. Der autoritäre oder autokratische Führungsstil zeichnet sich durch eine zentrale Entscheidungsfindung und strenge Kontrolle aus. Der Führer setzt Ziele, bestimmt Methoden und überwacht die Ausführung ohne signifikante Beteiligung des Teams. Dieser Stil kann in Krisenzeiten effektiv sein, wenn schnelle Entscheidungen erforderlich sind, jedoch kann er die Kreativität einschränken und das Engagement der Mitarbeiter mindern, da sie wenig bis gar keinen Einfluss auf ihre Arbeitsumgebung haben.

Der Laissez-faire- oder delegierende Führungsstil bildet das Gegenstück dazu. Hier hat der Führer eine sehr passive Rolle und überlässt das Team weitgehend sich selbst. Die Mitarbeiter erhalten die Freiheit, eigene Entscheidungen zu treffen und ihre Aufgaben unabhängig zu managen. Dies fördert Autonomie und kann in hochqualifizierten Teams zu innovativen und kreativen Lösungen führen, birgt jedoch auch das Risiko von Desorganisation und mangelnder Richtung, wenn klare Strukturen und Ziele fehlen.

Dann gibt es noch den kooperativen oder demokratischen Führungsstil, der auf kollektive Entscheidungsprozesse setzt. Hier werden Teammitglieder aktiv in die Planung und Entscheidungsfindung einbezogen, was zu einer höheren Arbeitszufriedenheit und einem stärkeren Engagement führen kann. Dieser Stil fördert die Eigenverantwortung und die Entwicklung von Teamfähigkeiten, was in stabilen Umgebungen oder bei komplexen Aufgabenstellungen von Vorteil ist, bei denen vielfältige Perspektiven gefragt sind.

Daniel Goleman erweiterte das Spektrum der Führungsstile auf sechs Typen, die verschiedene emotionale Intelligenzen widerspiegeln: visionär, coachingorientiert, affiliativ, demokratisch, pacesetting und befehlend. Jeder Stil hat seine Stärken und ist je nach Situation unterschiedlich effektiv. Goleman betont die Wichtigkeit der Flexibilität in der Führung, die es erlaubt, den Stil an die gegebenen Umstände anzupassen.

Ein authentischer und situationsangemessener Führungsstil, der die Stärken aus verschiedenen Ansätzen kombiniert, erscheint als die sinnvollste Methode, ein Team effektiv zu führen. Die Fähigkeit, den richtigen Stil zum richtigen Zeitpunkt anzuwenden, ist eine Kunst, die Führungskräfte meistern müssen, um langfristig erfolgreich zu sein. Authentische Führung erfordert, Verantwortung zu übernehmen, nicht nur für die eigenen Handlungen, sondern auch für das Wohl des Teams und des Unternehmens. Dies bedeutet, Entscheidungen zu treffen und die Konsequenzen zu tragen, egal ob sie positiv oder negativ sind.

Die Grundlage aber für jede erfolgreiche Führungskraft ist Disziplin. Disziplin bedeutet, sich selbst zu organisieren, Ziele zu setzen und konsequent daran zu arbeiten. Ein disziplinierter Ansatz zur Führung ermöglicht es, Verantwortung zu übernehmen und die notwendigen Schritte zu unternehmen, um erfolgreich zu sein.

Eine gute Führungskraft erkennt die Leistungen ihres Teams an und zeigt Wertschätzung für deren Beitrag zum Erfolg. Dies motiviert die Mitarbeiter und stärkt das Teamgefühl. *Anerkennung* ist ein wichtiger Baustein für eine nachhaltige Führung. *Empathie* ist eine wichtige Fähigkeit für eine erfolgreiche Führungskraft. Sie ermöglicht es, sich in die Lage der Mitarbeiter zu versetzen, ihre Bedürfnisse zu verstehen und angemessen darauf zu reagieren. Empathie stärkt die Beziehungen und fördert ein positives Arbeitsumfeld.

Respekt ist ein weiteres Schlüsselmerkmal einer authentischen Führungskraft. Respekt gegenüber den Mitarbeitern schafft Vertrauen und fördert eine positive Arbeitsatmosphäre. Es ist wichtig, die Meinungen und Ideen der Teammitglieder anzuerkennen und zu respektieren. Fehlertoleranz ist ein Zeichen von Reife in der Führung. Eine authentische

Führungsperson sollte Fehler als Gelegenheit zur Verbesserung betrachten und nicht als Versagen. Fehlertoleranz fördert Innovation und Kreativität im Team.

Entwickele *Situationsbewusstsein*! Situationsbewusstsein ist die Fähigkeit, sich bewusst zu sein, was in der Umgebung passiert, und die Fähigkeit, angemessen darauf zu reagieren. Eine gute Führungskraft hat ein hohes Maß an Situationsbewusstsein und kann flexibel auf verschiedene Situationen reagieren, um die bestmöglichen Ergebnisse zu erzielen.

> »*A leader is one who knows the way, goes the way, and shows the way.*« John C. Maxwell

Eine authentische Führungskraft ist in der Lage, ihr Team zu ***inspirieren*** und zu ***motivieren***. Dies geschieht durch persönliches Engagement, klare Kommunikation und das Vorleben von Werten und Zielen. Inspirierende Führung fördert die Motivation und den Einsatz der Mitarbeiter. Eine authentische Führungskraft sollte als Vorbild dienen, indem sie die Unternehmenswerte, die gewünschte Kultur und den geistigen Ansatz vorlebt. Dies schafft eine Orientierung für das Team und fördert die Identifikation mit den gemeinsamen Zielen. Eine authentische Führungskraft sollte die Fähigkeit haben, Begeisterung und Leidenschaft für die gemeinsamen Ziele zu wecken. Begeisterung ist ansteckend und motiviert das Team, sich für den Erfolg einzusetzen.

Eine weitere Kunst ist das *Delegieren*. Eine Fähigkeit, die für eine effektive Führung entscheidend ist. Es ermöglicht nicht nur die Entlastung der Führungskraft, sondern auch die Entwicklung der Fähigkeiten und Führungskompetenzen der Teammitglieder. Die Fähigkeit, Aufgaben effektiv zu delegieren, ist ein Zeichen für starke Führung.

Konflikte sind in jedem Team unvermeidlich und sind Teil des Geschäftslebens. Eine gute Führungskraft kann ***Konflikte erkennen und sie konstruktiv lösen***. Dies fördert ein harmonisches Arbeitsumfeld und stärkt die Beziehungen innerhalb des Teams. Eine Führungskraft sollte in der Lage sein, Konflikte konstruktiv anzugehen und zu lösen, anstatt sie zu ignorieren oder zu eskalieren. Konfliktfähigkeit ist ein Zeichen für reife und effektive Führung.

Zuhören ist eine oft unterschätzte Fähigkeit einer Führungskraft. Es ist wichtig, den Mitarbeitern zuzuhören, ihre Anliegen ernst zu nehmen und Feedback anzunehmen. Dies schafft Vertrauen und zeigt, dass die Meinungen der Mitarbeiter geschätzt werden.

Selbstreflektion ist ein wichtiger Schritt auf dem Weg zur authentischen Führung. Es ermöglicht, das eigene Verhalten und die eigene Führungsweise kritisch zu hinterfragen und zu verbessern. Eine regelmäßige Selbstreflexion hilft, sich selbst und die eigenen Stärken und Schwächen besser zu verstehen.

Die Übernahme von *Verantwortung* für das eigene Handeln ist ein weiteres Kernelement der authentischen Führung. Dies beinhaltet auch die Bereitschaft, Fehler einzugestehen und aus ihnen zu lernen. Verantwortungsbewusstes Handeln ist ein Zeichen für reife Führung.

Eine authentische Führungsperson sollte in der Lage sein, *Informationen klar und verständlich zu vermitteln*, um Missverständnisse zu vermeiden und das Vertrauen der Mitarbeiter zu gewinnen.

Und natürlich ist es wichtig, sich stets *weiterzubilden*. Der Lernprozess hört nie auf, und eine erfolgreiche Führungskraft sollte sich kontinuierlich weiterbilden. Dies kann durch das Lesen von Fachliteratur, das Besuchen von Seminaren und Kursen oder das Mentoring geschehen. Die Bereitschaft zur persönlichen Weiterentwicklung ist ein wesentlicher Bestandteil der Führungsqualität. Das Besuchen von Kursen und Seminaren zu Führung und Leadership bietet dir die Möglichkeit, neue Fähigkeiten zu erlernen und bestehende zu verbessern. Es gibt viele renommierte Anbieter solcher Kurse und Seminare:

- *Dale Carnegie Leadership Training:* Die Dale Carnegie-Trainings sind bekannt für ihre praxisnahe Ausbildung in Kommunikation, Führung und Selbstentwicklung.
- *Harvard Leadership and Management Certificate:* Dieses Programm bietet eine fundierte Ausbildung in Führungs- und Managementprinzipien und wurde von der renommierten Harvard Business School entwickelt.
- *KMU Führungskompetenz Seminar:* Praxisorientiertes Führungswissen und -werkzeuge speziell für KMU, umsetzbar in zwei dreitägigen Blöcken pro Jahr am Weiterbildungszentrum Holzweid nahe der Universität St.Gallen.

Diese Kurse sind hilfreiche Ressourcen, um zügig Führungsqualität zu entwickeln und echten Erfolg zu erzielen. Authentische Führung erfordert Disziplin, Verantwortung, Anerkennung, Respekt, Situationsbewusstsein, Inspiration und effektive Kommunikation. Diese Prinzipien sind unerlässlich für dauerhaften persönlichen und beruflichen Erfolg in einer dynamischen Geschäftswelt.

Die unsichtbare Seite der Führung: Das Entdecken deiner blinden Flecken

In der Führungswelt gibt es ein Sprichwort, das besagt, dass der schwierigste Mensch, den man führen kann, man selbst ist. Diese blinden Flecken, unbekannte oder nicht anerkannte Schwächen und Fehler, können dir im Weg stehen und verhindern, dass du als Führungskraft vollständig effektiv bist. Das Tückische daran ist, dass sie oft unbemerkt bleiben, bis sie bereits erheblichen Schaden angerichtet haben.

Warum entwickeln Führungskräfte überhaupt solche blinden Flecken? Ein Grund kann sein, dass du dir deiner eigenen Stärken, Schwächen und Vorurteile nicht immer bewusst bist. Ohne dieses Selbstbewusstsein könnten Fehlentscheidungen getroffen werden, die dein Team oder Unternehmen beeinflussen. Oftmals isolieren sich Führungskräfte von ehrlichem Feedback, leben in einer „Echo-Kammer" und hören nur, was sie hören wollen. Diese Isolation kann dazu führen, dass du den Kontakt zur Realität verlierst. Außerdem kann das

Festhalten an überholten Methoden oder die Weigerung, sich an veränderte Umstände anzupassen, dazu führen, dass du Chancen übergehst und wichtige Risiken ignorierst.

Jim Haudan und Rich Berens haben in ihrem Buch „Was sind deine blinden Flecken?" dieses Phänomen tiefgehend untersucht. Einer ihrer zentralen Ratschläge ist, dass du als Führungskraft dich kontinuierlich weiterentwickeln und lernen solltest. Dies erreichst du, indem du dich selbst herausforderst, Feedback suchst und ständig deine Ansätze hinterfragst.

Es ist wichtig, regelmäßig innezuhalten und über dein eigenes Verhalten und deine Entscheidungen nachzudenken, um Muster zu erkennen und Verbesserungsbereiche zu identifizieren. Ein 360-Grad-Feedbacksystem, das Rückmeldungen von Mitarbeitern, Kollegen und Vorgesetzten sammelt, kann dir ein vollständiges Bild deiner Führungsleistung bieten. Eine offene und ehrliche Kommunikation hilft, Missverständnisse zu klären und das Vertrauen innerhalb deines Teams zu stärken. Dabei solltest du stets aktiv zuhören, um sicherzustellen, dass du die Bedenken und Meinungen deines Teams wirklich verstehst und berücksichtigst. Das Anstreben von Transparenz und die Bereitschaft, sich mit der Realität auseinanderzusetzen, auch wenn sie unangenehm ist, können dir helfen, Probleme frühzeitig zu erkennen und anzugehen.

Zusammenfassend lässt sich sagen, dass der Erfolg als Führungskraft nicht nur von der Strategie oder Zielsetzung abhängt, sondern auch von der Selbstkenntnis und dem Engagement für kontinuierliches Lernen und Wachstum. In einer sich ständig verändernden Welt wird die Selbstreflexion zu einem unschätzbaren Werkzeug für dich.

Ein Geschäftsmann mit Leib und Seele

Geschäftsfrau oder Geschäftsmann zu sein ist eine besondere Fähigkeit. Es bedeutet nicht, sein Herz oder seine Seele zu verkaufen. Im Geschäftsleben erhältst du das, was du dir verdient hast, was du geschickt verhandelt hast und was du liefern kannst. Täglich stimmen deine Kunden mit ihren Entscheidungen über deinen Erfolg ab. Behalte ihr Abstimmungsverhalten im Auge, denn es erinnert dich stets daran, dass du ihren Bedürfnissen und Erwartungen gerecht werden musst, um im Geschäft zu bleiben.

Ein erfolgreicher Geschäftsmann oder eine erfolgreiche Geschäftsfrau unterscheidet sich grundlegend von einem reinen Manager, Dienstleister oder Fachmann. Der Paradigmenwechsel besteht darin, nicht nur operativ tätig zu sein, sondern strategisch zu denken und zu handeln. Wenn du diese gedankliche Veränderung vornimmst, sorgst du dafür, dass sowohl dein Geschäft als auch dein Leben harmonisch funktionieren. Es geht darum, die Notwendigkeit einer professionellen Herangehensweise in jedem Bereich anzuerkennen und sie in deinen Alltag zu integrieren. So wirst du die Rentabilität deines Unternehmens optimieren und nachhaltigen Erfolg erzielen.

Du solltest nach dem Prinzip der „Superleitfähigkeit" agieren; das bedeutet, nichts sollte dich aufhalten oder verlangsamen. Schaffe innerlich Raum für die Herausforderungen und Chancen, die unweigerlich kommen werden. Sorge für effiziente Abläufe in jedem Bereich und hole dir bei Bedarf Expertenhilfe. Plane deine Zeit effizient und gestalte Systeme, Richtlinien und Verfahren so, dass sie reibungslos funktionieren. Optimiere deine Lieferketten, damit sie flexibel und reaktionsfähig bleiben.

Es ist ebenso wichtig, dir emotionalen und geistigen Freiraum sowie Kraftreserven zu erhalten. So bist du bereit, neue Ideen, Chancen, Möglichkeiten und Herausforderungen anzunehmen und sogar anzuziehen. Diese Offenheit und Flexibilität können deine Zukunft in außergewöhnlicher Weise gestalten.

Vermeide es, Aufgaben an dich herankommen oder sich ansammeln zu lassen. Du wirst genügend zu tun haben und solltest nicht den Anspruch haben, alles selbst zu machen. Am Unternehmen zu arbeiten, statt im Unternehmen zu arbeiten, ist der Grundgedanke. Ein guter Anfang könnte sein, eine „To-Do-Liste" mit null Punkten zu haben. Delegiere Probleme sofort und effektiv. Entscheide dich, entweder der Mensch zu sein, der ständig Dinge zum Erledigen sammelt, oder derjenige, der Aufgaben effizient abarbeitet und delegiert. Diese Entscheidung wird den Unterschied in deinem Geschäftsleben ausmachen.

Ein erfolgreicher Geschäftsmann oder eine erfolgreiche Geschäftsfrau haben eine klare Vision für die Zukunft des Unternehmens. Diese Vision geht über das tägliche Geschäft hinaus und erfordert Mut und Risikobereitschaft. Sie sind bereit, kalkulierte Risiken einzugehen, um ihre Ziele zu erreichen und neue Marktchancen zu nutzen. Diese langfristige Perspektive hilft dabei, strategische Entscheidungen zu treffen, die das Unternehmen nachhaltig wachsen lassen.

Zusammengefasst lässt sich sagen, dass sich ein erfolgreicher Geschäftsmann oder eine erfolgreiche Geschäftsfrau durch unternehmerischen Geist, strategisches Denken, Risikobereitschaft und die Fähigkeit auszeichnet, sowohl das Geschäft als auch das eigene Leben in Einklang zu bringen. Indem du diese Prinzipien in dein Geschäftsmodell integrierst und nach dem Prinzip der „Superleitfähigkeit" handelst, kannst du die Rentabilität deines Unternehmens optimieren und langfristigen Erfolg sichern.

Der Paradigmenwechsel besteht darin, von einer Person, die Aufgaben ansammelt, zu einer Person zu werden, die das Leben durch sich hindurchfließen lässt und sich selbst als freien, leitenden Kanal erhält. Lass den Rest los. Du wirst erkennen, dass das Annehmen dieses Wandels nicht nur deine täglichen Aufgaben erleichtert, sondern auch den Weg für Innovationen öffnet, indem es deinen Geist befreit, um neue Möglichkeiten zu sehen und zu verfolgen. Auf diese Weise wirst du dein Unternehmen in Richtung höherer Profitabilität führen können.

Symptome für einen dysfunktionalen Herz-Meridian und analoge Symptome im Unternehmen

Symptome beim Menschen: Wenig Lebensfreude und Begeisterung, Emotional zurückhaltend bzw. verschlossen, Neigung zu Schlafproblemen, Neigung zu Herzkreislauf–Beschwerden, Angstzustände, Palpitationen und Unruhe, Gedächtnisprobleme und übermäßiges Träumen, Stimmungsschwankungen

- *Mangel an Motivation und Engagement bei den Führungskräften*, was sich auf das gesamte Unternehmen auswirken kann (vgl. wenig Lebensfreude und Begeisterung). Abhilfe: Implementierung von Programmen zur Mitarbeitermotivation und -anerkennung, Förderung einer positiven Unternehmenskultur und Schaffung von Anreizen, die über monetäre Vorteile hinausgehen.

- *Fehlende Offenheit in der Kommunikation und mangelnde Transparenz* bei Entscheidungen (vgl. emotional zurückhaltend bzw. verschlossen). Abhilfe: Einführung regelmäßiger Meetings und Feedback-Sessions, in denen offen kommuniziert wird. Förderung einer Kultur der Offenheit, in der Mitarbeiter und Führungskräfte ermutigt werden, ihre Gedanken und Bedenken zu teilen.

- *Überarbeitung und Stress in der Führungsebene*, was zu ineffizienten Arbeitsweisen führt (vgl. Neigung zu Schlafproblemen). Abhilfe: Förderung einer ausgewogenen Work-Life-Balance, Einrichtung von Richtlinien zur Vermeidung von Burnout und Implementierung von Strategien für effektives Zeitmanagement.

- *Überlastung der Unternehmensressourcen* und ständige Hochdruckbedingungen, die zu Verschleiß und ineffizientem Betrieb führen (vgl. Neigung zu Herzkreislauf–Beschwerden). Abhilfe: Überprüfung und Optimierung der betrieblichen Abläufe, um Überlastung zu vermeiden, sowie Investition in Gesundheits- und Wellnessprogramme für die Mitarbeiter.

- *Ständige Unsicherheit und Angst* vor der Zukunft oder vor Fehlern, was zu einer lähmenden Unternehmenskultur führen kann (vgl. Angstzustände). Abhilfe: Schaffung einer stabilen und sicheren Umgebung, regelmäßige Strategieüberprüfungen und Risiko-Assessments, um Unsicherheiten aktiv zu managen und zu minimieren.

- *Hektische Arbeitsumgebung und Entscheidungsfindung unter Druck*, die oft zu Fehlern führen (vgl. Palpitationen und Unruhe). Abhilfe: Implementierung von ruhigen Entscheidungsfindungsprozessen, Einrichtung von Pufferzeiten bei Projekten und Förderung von Techniken zur Stressbewältigung.

- *Mangel an Klarheit in Zielen und Visionen*, was zu Verwirrung und Fehlallokation von Ressourcen führt (vgl. Gedächtnisprobleme und übermäßiges Träumen). Abhilfe: Klare Definition von Unternehmenszielen und regelmäßige Überprüfung dieser Ziele. Einsatz von Projektmanagementtools und -techniken zur Verbesserung der organisatorischen Gedächtnisfunktion.

- *Inkonsistente Führung und Schwankungen in der Unternehmenspolitik*, was zu Unsicherheit und Misstrauen führen kann (vgl. Stimmungsschwankungen). Abhilfe: Stärkung der Führungsrollen und -fähigkeiten, Schaffung klarer und konsistenter Richtlinien und regelmäßige Schulungen für Führungskräfte.

Organisation und Logistik | Feuer Yin (Ks)

Essenz: Schützt das Herz und beherbergt einen Teil des „Shen". Es wird oft als „Herzbeutel" bezeichnet, der metaphorisch das Herz vor emotionalen Verletzungen schützt.
Emotion: Verletzlichkeit, wenn es ein Ungleichgewicht gibt.
Tätigkeiten: Schutz des Herzens.
Probleme bei Fülle: Herzklopfen, Unruhe, Schlaflosigkeit.
Probleme bei Leere: Energiemangel, Angstzustände, emotionale Verletzlichkeit.
Weitere Assoziationen: Beziehung zu emotionalen Traumata.
Metaphorische Funktion im Unternehmen: (Logistik) Die Zirkulation von Ressourcen, ähnlich wie Blut durch den Körper zirkuliert. Planung, Steuerung, Optimierung und Durchführung von Material-, Informations- und Personenströmen

In der Traditionellen Chinesischen Medizin repräsentiert das Perikard, auch Kreislauf oder Herzbeutel genannt, eine schützende Hülle um das Herz, das zentrale Organ des Feuer-Elements. Diese schützende Funktion des Perikards spiegelt die essenzielle Rolle der Logistik und Organisation in einem Unternehmen wider. So wie das Perikard das Herz vor physischen Schäden und energetischen Disbalancen bewahrt, schützen effektive Organisation und Logistik ein Unternehmen vor operationellen Risiken und gewährleistet die Integrität des gesamten Betriebs.

Eine effiziente Logistik sorgt dafür, dass Ressourcen, seien es Rohmaterialien, Informationen oder fertige Produkte, präzise und zeitgerecht dort ankommen, wo sie benötigt werden. Dies entspricht der Funktion des Perikards, das den gleichmäßigen und ungestörten Fluss des Qi (Lebensenergie) um das Herz sicherstellt, um eine optimale Funktion und Harmonie im Körper zu gewährleisten. In einem Unternehmen bedeutet dies, dass die Logistikabteilung die Planung, Durchführung und Steuerung der Bewegung und Lagerung von Gütern, Dienstleistungen und Informationen vom Ursprung bis zum Verbrauch organisiert, um die Anforderungen der Kunden zu erfüllen und die operative Effizienz zu maximieren.

Darüber hinaus spielt die Logistik eine entscheidende Rolle bei der Vorbeugung von Engpässen, Störungen oder Verzögerungen im Betriebsablauf. Ähnlich wie der Herzbeutel, der das Herz vor Überlastung schützt und den reibungslosen Rhythmus des Herzens aufrechterhält, hilft eine gut organisierte Logistik dabei, potenzielle Probleme in der Lieferkette frühzeitig zu erkennen und zu beheben. Sie implementiert Strategien für das Risikomanagement, die nicht nur die Lieferkettenresilienz stärken, sondern auch die Flexibilität und Anpassungsfähigkeit des Unternehmens an sich ändernde Marktbedingungen verbessern.

Insgesamt sind Logistik und Organisation innerhalb eines Unternehmens, ähnlich dem Perikard im menschlichen Körper, ein entscheidender Faktor für Schutz, Effizienz und nachhaltigen Erfolg. Durch die Gewährleistung eines effektiven Flusses von Ressourcen und Informationen trägt sie wesentlich zur Lebensfähigkeit, Wettbewerbsfähigkeit und zum Wachstum des Unternehmens bei.

Im Bereich der Logistik gilt der Informationsfluss als wichtiger als der Materialfluss. Jede Warenbewegung setzt die richtige Information voraus. Idealerweise werden die Materialflüsse im Unternehmen so gesteuert, dass sie just-in-time, also zum Zeitpunkt des Bedarfs, an Ort und Stelle sind. Der Düsseldorfer Logistikexperte Günther Gruhn bemerkt dazu: „Hinter jedem Logistik-Problem, das auf materieller Ebene sichtbar wird (wie Materialengpässe, zu hohe Lagerbestände oder ungenügende Warendistribution), stecken immaterielle oder energetische Probleme. Werden diese erkannt, verschwindet das Problem auf allen darunter liegenden Ebenen automatisch."

Prüfe auch im Bereich der Logistik, wo du dein Fixkostenniveau durch flexible Delegation an Spezialisten und Outsourcing senken kannst. Durch die Zusammenarbeit mit externen Partnern kannst du Ressourcen effizienter nutzen und Kosten senken. Überlege, welche Teile oder Prozesse in deinem Unternehmen gewinnbringend ausgelagert werden können, um dein Unternehmen agiler und wettbewerbsfähiger zu machen.

In der Welt der Geschäfte gibt es viele Ressourcen, die zirkulieren müssen, sei es Information, Personal, Material oder Kapital. Sie stellen den Lebenssaft eines Unternehmens dar, genau wie das Blut, das durch unseren Körper fließt. Der Herzbeutel, oder Perikard, spielt in der traditionellen chinesischen Medizin eine wesentliche Rolle, indem er das Herz schützt und einen Teil des Shen oder Bewusstseins beherbergt.

Ein reibungsloser Ablauf in der Logistik stellt sicher, dass die notwendigen Ressourcen zur richtigen Zeit am richtigen Ort sind. Wie der Herzbeutel das Herz schützt, schützt eine effiziente Logistik ein Unternehmen vor potenziellen Engpässen, Störungen oder Verzögerungen.

Jedes Unternehmen ist anfällig für externe Schocks oder interne Herausforderungen. Emotionaler Stress, wie er im Ungleichgewicht des Herzbeutels repräsentiert wird, kann auf Herausforderungen in der Geschäftswelt hinweisen. Sei es durch unerwartete Marktveränderungen, Mitarbeiterfluktuation oder Konflikte innerhalb des Teams.

Wie man sich auf die Herausforderungen der Logistik vorbereitet:
- *Planung:* Du solltest regelmäßig die Lieferketten und Logistikprozesse überprüfen und aktualisieren, um sicherzustellen, dass sie effizient und reibungslos funktionieren.
- *Kommunikation:* Stelle sicher, dass du alle relevanten Stakeholder über Änderungen oder potenzielle Herausforderungen informierst, damit sie auf dem Laufenden bleiben und angemessen reagieren können.
- *Risikomanagement:* Implementiere Prozesse, um potenzielle Risiken frühzeitig zu identifizieren und darauf zu reagieren, um mögliche negative Auswirkungen zu minimieren.

Aufbau des Funktionsbereichs „Logistik"

Der Aufbau eines effektiven Logistikbereichs in deinem neu gegründeten Unternehmen erfordert eine sorgfältige strategische Planung, um sicherzustellen, dass der Waren- und Informationsfluss effizient gestaltet wird. Ein ganzheitlicher und pragmatischer Ansatz ist dabei entscheidend, um die notwendige Flexibilität und Skalierbarkeit zu gewährleisten. Hier sind die Schritte zum Aufbau deines Logistikbereichs:

- Beginne damit, Logistikziele zu definieren. Schaffe Klarheit über Ziele wie die Minimierung der Lieferzeiten, Kostenreduktion und die Maximierung der Kundenzufriedenheit. Stelle sicher, dass deine Logistikstrategie mit den übergeordneten Unternehmenszielen harmoniert.
- Analysiere gründlich deine Lieferkette. Identifiziere alle Elemente von der Beschaffung bis zur Auslieferung durch ein detailliertes Lieferkettenmapping. Erkenne Schwachstellen und Ineffizienzen in der aktuellen Lieferkette, um gezielt Verbesserungen vornehmen zu können.
- Entwickle eine klare Organisationsstruktur für dein Logistikteam. Definiere die Schlüsselrollen innerhalb des Logistikbereichs wie Logistikmanager, Lagerverwalter und Transportkoordinatoren. Weise klare Verantwortlichkeiten und Aufgaben innerhalb des Teams zu.
- Wähle geeignete Technologien und Systeme aus. Bestimme den Technologiebedarf deines Unternehmens, wie z.B. Warenwirtschaftssysteme und Transportmanagementsoftware. Implementiere IT-Systeme, die deine Logistikprozesse effektiv unterstützen und optimieren.
- Gestalte effiziente Prozesse für alle logistischen Aktivitäten. Definiere klare Arbeitsabläufe für Lagerhaltung, Materialhandling, Transportmanagement und Auftragsabwicklung. Standardisiere und dokumentiere diese Prozesse, um Konsistenz und Qualität sicherzustellen.
- Knüpfe starke Partnerschaften im Lieferantenmanagement. Wähle zuverlässige Lieferanten und Logistikpartner aus, die deine Unternehmensziele unterstützen können. Baue langfristige Beziehungen zu Schlüssellieferanten und Dienstleistern auf.

- Optimiere dein Lager- und Bestandsmanagement. Entwickle ein effizientes Lagerlayout, das die Lager- und Umschlagsprozesse optimiert. Implementiere fortgeschrittene Systeme zur Bestandsverwaltung für eine präzise Nachverfolgung und Optimierung des Lagerbestands.
- Entwickle umfassende Transportstrategien. Erarbeite Strategien für die Inhouse-Logistik und den externen Transport, einschließlich der Auswahl passender Transportmittel. Überwache und kontrolliere die Transportkosten, um die Wirtschaftlichkeit sicherzustellen.
- Achte auf Compliance und Sicherheit in der Logistik. Stelle sicher, dass alle logistischen Aktivitäten den gesetzlichen Anforderungen und Sicherheitsstandards entsprechen. Implementiere wirksame Risikomanagementmaßnahmen, um potenzielle Risiken zu minimieren.
- Definiere Leistungskennzahlen (KPIs) für die Logistik. Setze KPIs ein, um die Effizenz deiner Logistikprozesse zu überwachen und zu optimieren. Führe regelmäßige Überprüfungen durch und passe deine Logistikstrategie kontinuierlich an, um Verbesserungen zu fördern.
- Setze nachhaltige Logistikinitiativen um. Führe umweltfreundliche Praktiken ein, wie die Reduzierung von Verpackungsmaterialien und die Nutzung umweltfreundlicher Transportmittel, um einen positiven Beitrag zur Umwelt zu leisten.

Integration von Technologie

Die Digitalisierung hat die Art und Weise, wie Lieferketten verwaltet werden, revolutioniert. Technologien wie das Internet der Dinge (IoT), Blockchain, künstliche Intelligenz (KI) und maschinelles Lernen bieten neue Möglichkeiten zur Verbesserung der Transparenz, Effizienz und Resilienz. Durch die Implementierung dieser Technologien können Unternehmen Echtzeit-Daten über ihre Lieferkette erhalten, was zu fundierteren Entscheidungen führt.

Verbraucher legen zunehmend Wert auf Nachhaltigkeit und ethische Praktiken, was Unternehmen dazu zwingt, ihre Lieferketten zu überdenken. Die Implementierung von umweltfreundlichen Praktiken und die Sicherstellung ethischer Bedingungen in der gesamten Lieferkette sind nicht nur moralisch geboten, sondern können auch zur Markendifferenzierung beitragen.

In einer Welt, die sich ständig verändert, müssen Lieferketten flexibel und anpassungsfähig sein. Unternehmen sollten Strategien wie die Diversifizierung von Lieferanten und die Schaffung redundanter Lieferwege in Betracht ziehen, um potenzielle Störungen zu minimieren. Agilität ermöglicht es Unternehmen auch, schnell auf Markttrends und Verbrauchernachfragen zu reagieren.

Eine starke Beziehung zu Lieferanten und Partnern ist entscheidend für den Aufbau einer effektiven Lieferkette. Durch die Förderung offener Kommunikation und die Entwicklung von Partnerschaften können Unternehmen besser auf Herausforderungen reagieren und gemeinsame Innovationen vorantreiben.

Risikomanagement ist ein wesentlicher Bestandteil des Supply Chain Managements. Unternehmen müssen potenzielle Risiken identifizieren, bewerten und Maßnahmen zur Minderung dieser Risiken implementieren. Dazu gehören die Analyse von Lieferantenrisiken, die Bewertung von geopolitischen Faktoren und die Vorbereitung auf Naturkatastrophen.

Die Anwendung von Lean-Management-Prinzipien kann dazu beitragen, Verschwendung zu reduzieren, Prozesse zu optimieren und die Gesamteffizienz zu verbessern. Dies umfasst die Minimierung von Lagerbeständen, die Verbesserung der Prozessflüsse und die Steigerung der Wertgenerierung für den Kunden.

Der Aufbau der optimalen Lieferkette erfordert ein tiefes Verständnis der eigenen Geschäftsprozesse, eine enge Zusammenarbeit mit Partnern und die kontinuierliche Anpassung an neue Technologien und Marktanforderungen. Durch die Integration von Nachhaltigkeit, die Nutzung von Technologie zur Steigerung der Transparenz und Effizienz, sowie die Implementierung von Agilität und Risikomanagementstrategien können Unternehmen eine resiliente, effiziente und wettbewerbsfähige Lieferkette gestalten. Letztendlich ist eine gut durchdachte Lieferkette ein entscheidender Faktor für den Erfolg in der heutigen globalisierten Wirtschaft und ermöglicht es Unternehmen, authentisch erfolgreich zu sein.

Logistik-Software

Für kleine und mittelständische Unternehmen (KMU) ist die Auswahl der richtigen Logistik-Software entscheidend, um Effizienz, Transparenz und Kundenzufriedenheit zu steigern. Hier sind einige empfehlenswerte Logistik-Softwarelösungen, die auch für KMU gut geeignet sind:

- *Shopify* bietet nicht nur eine E-Commerce-Plattform, sondern auch integrierte Logistiklösungen über Shopify Fulfillment Network. Es ist ideal für KMU, die ihren Online-Verkauf und die damit verbundene Logistik vereinfachen möchten. Einsatzgebiete: E-Commerce, Lagerverwaltung, Versand und Rücksendungen.
- *ShipStation* ist eine benutzerfreundliche Versandsoftware, die sich für KMU eignet. Sie unterstützt Unternehmen dabei, ihre Versandprozesse zu optimieren, indem sie Integrationen mit über 70 E-Commerce-Plattformen und Marktplätzen bietet. Einsatzgebiete: Bestellverwaltung, Versandautomatisierung, Kundenkommunikation.
- *Flexport* ist eine digitale Speditions- und Logistikplattform, die Transparenz und Management für die gesamte Lieferkette bietet. Sie ist besonders geeignet für KMU, die internationale Fracht versenden müssen. Einsatzgebiete: Seefracht, Luftfracht, Zollabwicklung, Lieferkettenfinanzierung.
- *Zoho Inventory* ist eine Online-Lagerverwaltungssoftware, die KMU bei der Automatisierung ihrer Bestands- und Auftragsverwaltung unterstützt. Sie bietet Integrationen mit

E-Commerce-Plattformen und Versanddienstleistern. Einsatzgebiete: Lagerverwaltung, Bestandsverfolgung, Mehrkanal-Verkauf.
- *QuickBooks Commerce*, ehemals TradeGecko, ist eine leistungsstarke Plattform für Auftrags- und Inventarmanagement, die speziell für KMU im Groß- und Einzelhandel entwickelt wurde. Einsatzgebiete: Bestandsführung, Auftragsmanagement, Großhandelsvertrieb.
- *Cin7* ist eine integrierte Inventar- und Auftragsverwaltungsplattform, die KMU dabei hilft, ihre Verkäufe über verschiedene Kanäle hinweg zu verwalten und ihre Lagerbestände in Echtzeit zu synchronisieren. Einsatzgebiete: Omnichannel-Verkauf, Lagerverwaltung, Point-of-Sale (POS) Integrationen.
- *3PL Warehouse Manager* – Diese Software ist speziell für Drittanbieter-Logistikunternehmen (3PLs) konzipiert und ermöglicht es KMU, ihre Lager- und Fulfillment-Prozesse zu optimieren. Einsatzgebiete: Lagerverwaltung, Kundenportal, Lagerbestandsverfolgung.

Die Auswahl der richtigen Software hängt von den spezifischen Anforderungen Ihres Unternehmens ab, einschließlich des Umfangs Ihrer Operationen, Ihrer Branche und Ihrer Budgetbeschränkungen. Viele dieser Lösungen bieten skalierbare Pläne, die mit Ihrem Unternehmen wachsen können, sowie Integrationen, die eine reibungslose Einbettung in Ihre bestehenden Geschäftsprozesse ermöglichen.

Der Bereich „Herzbeutel" verdeutlicht, dass in unserem Geschäft sowohl Schutz als auch strategische Planung von entscheidender Bedeutung sind, ähnlich wie die Durchblutung im Körper. Logistik und Organisation spielen dabei eine wesentliche Rolle, insbesondere im Hinblick auf Ressourcen und Effizienz.

Insgesamt betont die Analogie zwischen dem Herzbeutel in der TCM und der Logistik sowie Organisation in einem Unternehmen die Wichtigkeit von Schutz, strategischer Planung und einem reibungslosen Fluss von Ressourcen für das langfristige Wohlergehen und den Erfolg sowohl des Körpers als auch des Unternehmens.

Symptome für einen dysfunktionalen Kreislauf-Meridian und analoge Symptome im Unternehmen

Symptome beim Menschen: Durchblutungsstörungen, Blutdruckprobleme, emotionale Übersensibilität und Verletzlichkeit, Schwierigkeiten mit Nähe und Intimität, Brustschmerzen oder Unbehagen, Herzklopfen oder unregelmäßiger Herzschlag, Atembeschwerden, Schlafstörungen

- *Verzögerungen oder Blockaden im Warenfluss*, die zu Ineffizienzen in der Lieferkette führen (vgl. Durchblutungsstörungen). Abhilfe: Überprüfung und Optimierung der Logistikprozesse, Einsatz von Lean-Management-Techniken, um den Materialfluss zu verbessern und Engpässe zu beseitigen.

- *Schwankende Leistungsniveaus in der Logistik,* die zu unvorhersehbaren Betriebsbedingungen führen (vgl. Blutdruckprobleme – zu hoch oder zu niedrig). Abhilfe: Implementierung robuster Planungs- und Prognosetools, um Nachfrageschwankungen besser zu managen und eine gleichmäßigere Leistung zu gewährleisten.
- *Überreaktion auf kleinere Störungen oder Probleme*, was zu übermäßigem Managementaufwand führt (vgl. emotionale Übersensibilität und Verletzlichkeit). Abhilfe: Schulung des Managements und der Mitarbeiter in Stressbewältigung und agilen Arbeitsmethoden, um eine resilientere Reaktion auf Herausforderungen zu fördern.
- *Probleme bei der Zusammenarbeit und Kommunikation* zwischen Abteilungen oder mit externen Partnern (vgl. Schwierigkeiten mit Nähe und Intimität). Abhilfe: Förderung von Team-Building-Aktivitäten und regelmäßigen Kommunikationstrainings, um das Verständnis und die Zusammenarbeit zwischen den Teams zu verbessern.
- *Druck und Stress*, die durch zu hohe Leistungserwartungen oder Ressourcenknappheit verursacht werden (vgl. Brustschmerzen oder Unbehagen). Abhilfe: Angemessene Ressourcenallokation und realistische Zielsetzung, um Druck zu reduzieren und ein gesundes Arbeitsumfeld zu schaffen.
- *Unregelmäßigkeiten im Betriebsablauf,* die zu Unsicherheit und ineffizientem Ressourceneinsatz führen (vgl. Herzklopfen oder unregelmäßiger Herzschlag). Abhilfe: Einrichtung von Frühwarnsystemen und effektiven Monitoring-Verfahren, um Operationen stabil zu halten und Unregelmäßigkeiten frühzeitig zu erkennen.
- *Gefühl der Beklemmung durch übermäßige Kontrolle und Mikromanagement* (vgl. Atembeschwerden). Abhilfe: Dezentralisierung von Entscheidungsbefugnissen und Förderung einer Kultur des Vertrauens und der Selbstverantwortung.
- *Ständige Sorgen um Logistikprobleme,* die die strategische Planung und Ruhephasen stören (vgl. Schlafstörungen). Abhilfe: Implementierung effektiver Risikomanagementstrategien und Förderung einer Kultur, die offene Kommunikation über Sorgen und Herausforderungen unterstützt.

Personalwesen | Feuer Yang (Dü)

Essenz: Der Dünndarm trennt in der Verdauung das Klare vom Trüben, was für die Nährstoffaufnahme und die Entsorgung von Abfällen wichtig ist.
Emotion: Klarheit oder Verwirrung. Ein Ungleichgewicht kann Entscheidungsprobleme verursachen.
Tätigkeiten: Trennung und Assimilation von Nährstoffen, Entscheidungsfindung.
Probleme bei Fülle: Übermäßiges Grübeln, Verdauungsprobleme.
Probleme bei Leere: Unklare Entscheidungsfindung, Schwäche, schlechte Nährstoffaufnahme.
Weitere Assoziationen: Feuer-Element, Sommer, die Verarbeitung von Informationen.

Metaphorische Funktion im Unternehmen: Management der Mitarbeiterentwicklung und -bewertung, Klärung von Rollen und Verantwortlichkeiten.

Es ist Zeit, uns einem weiteren entscheidenden Organ zuzuwenden – dem Dünndarm. In unserem metaphorischen System spiegelt er die Funktion des Personalwesens in deinem Unternehmen wider. So wie der Dünndarm in unserem Körper für die Trennung des Nützlichen vom Unbrauchbaren zuständig ist und Nährstoffe aus der Nahrung aufnimmt, hat das Personalwesen die ebenso wesentliche Aufgabe, die besten Talente für das Unternehmen auszuwählen, zu entwickeln und zu pflegen.

Der Dünndarm transformiert und unterscheidet zwischen dem „Klaren" und dem „Trüben". Im Unternehmenskontext bedeutet dies, dass das Personalwesen klare Entscheidungen trifft, welche Mitarbeiter das Unternehmen voranbringen und welche nicht ins Team passen. Es nimmt das Beste von dem, was ihm präsentiert wird – die wertvollsten Talente – und scheidet das aus, was dem Unternehmen nicht dient.

Wenn das Personalwesen überfordert ist oder falsche Entscheidungen trifft, kann das gesamte Unternehmen darunter leiden. Es könnte zu Unklarheiten, Fehlentscheidungen und genereller Unzufriedenheit führen. Das Personalwesen ist verantwortlich für die Suche nach neuen Talenten, die Integration dieser in das Unternehmen und ihre fortlaufende Entwicklung. Es sorgt dafür, dass dein Unternehmen stets mit den besten Köpfen ausgestattet ist.

Ein Übermaß an Bewerbern oder ungeeigneten Mitarbeitern kann zu innerbetrieblichen Spannungen, ineffizienten Arbeitsabläufen und mangelnder Teamdynamik führen. Ein Mangel an qualifizierten Mitarbeitern kann zu Verzögerungen in Projekten, unerfüllten Unternehmenszielen und einer generellen Schwächung der Unternehmenskultur führen.

Denke an die heiße Energie des Sommers, die Intensität und den Ehrgeiz, die du in dein Unternehmen steckst. So wie der Sommer seine Höhepunkte hat, so sollten auch deine Mitarbeiter in ihrer besten Form sein, um das Beste für dein Unternehmen zu erreichen.

Das Personalwesen ist das Herz deines Unternehmens. Es sorgt dafür, dass du stets die richtigen Menschen an Bord hast, um deine Vision zu verwirklichen. Achte darauf, diesem Bereich immer genügend Aufmerksamkeit zu schenken und ihn in Balance zu halten.

In Zeiten des Fachkräftemangels stehen insbesondere kleine und mittelständische Unternehmen in Deutschland vor der Herausforderung, qualifizierte Mitarbeiter zu gewinnen und zu halten. Traditionelle Rekrutierungsmethoden reichen oft nicht mehr aus, um die besten Talente anzuziehen. Innovative und kreative Wege zur Mitarbeitergewinnung sind gefragt, um im Wettbewerb um die besten Köpfe bestehen zu können. Basierend auf aktuellen Trends und Strategien in der Mitarbeitergewinnung stellen wir Ansätze vor, die dich dabei unterstützen können, auch in herausfordernden Zeiten erfolgreich Personal zu rekrutieren.

Aufbau des Funktionsbereichs „Personalwesen"

Der Aufbau eines effektiven Personalwesens in deinem Unternehmen erfordert sorgfältige Planung und Umsetzung. Dieser Bereich ist entscheidend, um deine Unternehmensziele durch die Entwicklung und Pflege eines leistungsfähigen Mitarbeiterstamms zu unterstützen. Hier sind die wichtigsten Schritte, die du beachten solltest:

- Zu Beginn ist es wichtig, dass du die Ziele deines Unternehmens genau verstehst, um zu klären, welche Rolle der Personalbereich bei deren Erreichung spielen soll. Entwickle anschließend eine umfassende Personalstrategie, die Aspekte wie Rekrutierung, Mitarbeiterentwicklung, Leistungsmanagement und Mitarbeiterbindung berücksichtigt.
- Strukturiere deine Personalabteilung, indem du Schlüsselpositionen und Rollen wie Personalmanager, Rekrutierer und HR Business Partner definierst. Weise klare Verantwortlichkeiten zu, um effiziente Arbeitsabläufe zu gewährleisten.
- Definiere klare HR-Prozesse für Einstellungen, Onboarding, Mitarbeiterbewertungen, Gehaltsabrechnung und Offboarding. Stelle zudem sicher, dass alle HR-Prozesse mit lokalen Arbeitsgesetzen und Industriestandards übereinstimmen.
- Entwickle eine effektive Rekrutierungsstrategie, die Stellenbeschreibungen, die Auswahl von Rekrutierungskanälen und Interviewtechniken umfasst. Baue gleichzeitig eine starke Arbeitgebermarke auf, um dein Unternehmen für potenzielle Mitarbeiter attraktiv zu machen.
- Entwickle Schulungsprogramme für die Weiterbildung und berufliche Entwicklung deiner Mitarbeiter. Schaffe klare Karrierepfade, die Mitarbeitern Entwicklungsmöglichkeiten innerhalb deines Unternehmens aufzeigen.
- Implementiere Systeme zur regelmäßigen Bewertung der Mitarbeiterleistung und fördere eine Kultur des offenen Feedbacks, um kontinuierliches Lernen und Verbesserung zu unterstützen.
- Entwickle Strategien, die auf die Steigerung der Mitarbeiterzufriedenheit und -bindung abzielen, einschließlich flexibler Arbeitsbedingungen, Mitarbeiterbenefits und Anerkennungsprogramme. Führe regelmäßige Mitarbeiterumfragen durch, um Feedback zu sammeln und Verbesserungspotenziale zu identifizieren.
- Investiere in eine HR-Software, die die Verwaltung von Mitarbeiterdaten, das Leistungsmanagement und die Personalplanung unterstützt. Digitalisiere möglichst viele HR-Prozesse, um Effizienz und Genauigkeit zu verbessern.
- Implementiere strenge Datenschutzrichtlinien zum Schutz der persönlichen Informationen deiner Mitarbeiter. Biete Sicherheitsschulungen an, um das Bewusstsein für Datenschutz und Datensicherheit zu schärfen.
- Entwickle HR-Praktiken, die Nachhaltigkeit fördern, etwa durch Unterstützung von Fernarbeit und Reduzierung des Papierverbrauchs. Integriere CSR-Initiativen in die Personalstrategie, um das Engagement und die Zufriedenheit deiner Mitarbeiter zu steigern.

Mitarbeiter gewinnen in Zeiten des Fachkräftemangels

Der Wettbewerb um talentierte Fachkräfte wird immer härter, und Unternehmen müssen kreative Strategien entwickeln, um die besten Talente für sich zu gewinnen. Hier sind einige Ansätze, die dir dabei helfen können:

Employer Branding: Die Marke als Arbeitgeber stärken

Eine starke Arbeitgebermarke kann potenzielle Kandidaten auf das Unternehmen aufmerksam machen. Unternehmen sollten ihre Besonderheiten und Vorteile als Arbeitgeber herausstellen, wie zum Beispiel flache Hierarchien, flexible Arbeitszeiten oder die Möglichkeit, an spannenden Projekten mitzuwirken. Storytelling über soziale Medien, die eigene Website oder bei Netzwerkveranstaltungen kann helfen, die Unternehmenskultur und die Werte authentisch zu kommunizieren und so die richtigen Kandidaten anzusprechen.

Flexible Arbeitsmodelle: Mehr als nur Homeoffice

Flexible Arbeitszeiten und die Möglichkeit zum Homeoffice sind mittlerweile Standard in vielen Stellenanzeigen. KMU können sich jedoch weiter abheben, indem sie maßgeschneiderte Arbeitsmodelle anbieten, die auf die individuellen Bedürfnisse der Mitarbeiter eingehen. Beispiele sind 4-Tage-Wochen, Jobsharing-Modelle oder unbezahlte Freistellungen für persönliche Projekte. Solche flexiblen Arbeitsmodelle signalisieren Wertschätzung der Work-Life-Balance und können ein entscheidendes Kriterium für Bewerber sein.

Weitere Wege zur Mitarbeitergewinnung

- *Gamifizierung des Bewerbungsprozesses* – Durch den Einsatz von Spielen oder Wettbewerben im Bewerbungsprozess kannst du potenzielle Kandidaten auf eine unterhaltsame Weise testen und ihre Fähigkeiten evaluieren. Diese Methode zieht nicht nur Aufmerksamkeit auf deine Stellenangebote, sondern ermöglicht es dir auch, die Eignung der Bewerber spielerisch zu bewerten.
- *Social Media Takeovers* – Lass deine Mitarbeiter für einen Tag die Social-Media-Kanäle des Unternehmens übernehmen. Diese authentischen Einblicke in den Arbeitsalltag können potenzielle Bewerber anziehen, die sich mit deiner Unternehmenskultur identifizieren und mehr über das Unternehmen erfahren möchten.
- *Job-Shadowing-Tage* – Biete interessierten Kandidaten die Möglichkeit, einen Tag lang einen Mitarbeiter zu begleiten. Dies gibt ihnen einen realistischen Einblick in die tägliche Arbeit und hilft ihnen, besser zu entscheiden, ob sie zum Unternehmen passen.
- *Hackathons und Innovationswettbewerbe* – Organisiere Hackathons oder Innovationswettbewerbe, bei denen Talente ihre Fähigkeiten unter Beweis stellen können. Diese Veranstaltungen sind besonders effektiv in technischen und kreativen Branchen und helfen dir, innovative Köpfe zu identifizieren.

- *Recruiting über Podcasts oder Webinare* – Starte einen Podcast oder eine Webinar-Reihe, in der du über deine Branche, aktuelle Projekte und deine Unternehmenskultur sprichst. Dies kann Fachkräfte anziehen, die sich für deine Themen interessieren und sich mit deinem Unternehmen identifizieren.
- *Reverse Recruiting-Events* – Veranstalte Events, bei denen sich Unternehmen bei den Kandidaten vorstellen. Dies zeigt dein Interesse an den Bewerbern und kann dir helfen, dich von der Konkurrenz abzuheben.
- *Kollaborationen mit Influencern* – Arbeite mit Branchen-Influencern zusammen, die deine Stellenangebote oder Einblicke in deine Unternehmenskultur über ihre Plattformen teilen können. Dies ist besonders effektiv, um jüngere Talente anzusprechen.
- *Exklusive Workshops oder Schulungen* – Biete kostenlose oder exklusive Workshops und Schulungen in deinem Fachgebiet an. Dies zieht Talente an, die sich weiterbilden möchten und gleichzeitig dein Unternehmen kennenlernen können.
- *Virtuelle Realität (VR) und Augmented Reality (AR)* – Nutze VR oder AR, um interaktive und immersive Einblicke in dein Unternehmen und den Arbeitsplatz zu bieten. Dies ist besonders beeindruckend für technisch versierte Kandidaten.
- *Job-Austausch-Programme* – Initiere Job-Austausch-Programme mit Partnerunternehmen oder innerhalb deiner Branche, bei denen Mitarbeiter für eine bestimmte Zeit die Arbeitsplätze tauschen. Dies kann neue Talente anziehen und gleichzeitig deine Mitarbeiter weiterentwickeln.
- *Stellenanzeigen auf Jobportalen und in sozialen Medien* – Nutze Plattformen wie LinkedIn, Indeed und Xing sowie deine eigenen Social-Media-Kanäle, um Stellenanzeigen zu schalten und eine breite Zielgruppe zu erreichen.
- *Karriere-Webseite* – Gestalte eine ansprechende und informative Karriereseite auf deiner Unternehmenswebseite, auf der Bewerber alle Informationen und offenen Stellen leicht finden können.
- *Mitarbeiterempfehlungsprogramme* – Nutze das Netzwerk deiner Mitarbeiter, um qualifizierte Kandidaten zu finden. Biete Anreize wie Prämien oder zusätzliche Urlaubstage für erfolgreiche Empfehlungen.
- *Karrieremessen und Networking-Events* – Nimm an Karrieremessen teil und besuche Networking-Events, um direkt mit potenziellen Kandidaten in Kontakt zu treten und dein Unternehmen vorzustellen.
- *Hochschulkooperationen* – Arbeite mit Universitäten und Fachhochschulen zusammen, um Zugang zu talentierten Absolventen zu erhalten. Praktikumsprogramme und Trainee-Programme sind ebenfalls hilfreich, um junge Talente zu gewinnen.
- *Active Sourcing* – Suche aktiv nach Talenten auf Plattformen wie LinkedIn und kontaktiere potenzielle Kandidaten direkt, um sie auf dein Unternehmen aufmerksam zu machen.

- *Interne Weiterbildung und Entwicklung* – Betone deine Bemühungen zur internen Weiterbildung und Entwicklung, um talentierte Mitarbeiter langfristig zu binden und zu fördern.
- *Diversität und Inklusion* – Schaffe eine inklusive Unternehmenskultur, die Vielfalt fördert, um ein breiteres Spektrum an Talenten anzuziehen.

Talentpools erschließen: Neue Zielgruppen ansprechen

Viele Unternehmen fokussieren sich bei der Rekrutierung auf traditionelle Talentpools. Durch die Erschließung neuer Zielgruppen, wie Quereinsteiger, Rückkehrer ins Berufsleben oder internationale Fachkräfte, können Unternehmen den Kreis potenzieller Kandidaten erweitern. In der aktuellen Arbeitsmarktsituation, geprägt durch den Fachkräftemangel in Deutschland, stehen kleine und mittelständische Unternehmen vor der Herausforderung, sich im Wettbewerb um qualifizierte Mitarbeiter zu behaupten. Neben den bereits erwähnten kreativen Ansätzen zur Mitarbeitergewinnung sollten Unternehmen insbesondere die Potenziale erkennen, die Personen mit ungewöhnlichen Lebensläufen bieten. Diese Gruppen können, auch wenn sie auf den ersten Blick nicht dem Idealbild des „perfekten Kandidaten" entsprechen, eine wertvolle Bereicherung für Unternehmen darstellen.

Quereinsteiger und Bewerber mit ungewöhnlichen Lebensläufen bringen oft eine frische Perspektive in Unternehmen ein. Ihre Erfahrungen aus anderen Branchen oder Berufsfeldern können innovative Lösungsansätze und neue Denkweisen fördern. Diese Vielfalt an Perspektiven hilft dabei, die oft zitierten „branchenspezifischen Scheuklappen" abzulegen und fördert eine offene, lernbereite Unternehmenskultur.

Personen, die sich bewusst für einen Wechsel in ein neues Berufsfeld entscheiden, bringen in der Regel eine hohe Motivation und Lernbereitschaft mit. Ihre vielfältigen Fähigkeiten, die sie in anderen Kontexten erworben haben, können auf unerwartete Weise zum Unternehmenserfolg beitragen. Darüber hinaus zeigt die Entscheidung für einen beruflichen Neuanfang oft eine ausgeprägte Flexibilität und Anpassungsfähigkeit – Eigenschaften, die in der dynamischen Wirtschaftswelt von heute besonders wertvoll sind.

Statt auf den „perfekten Kandidaten" zu warten, sollten KMU den Fokus darauf legen, das Potenzial von Bewerbern zu erkennen und zu fördern. Dies bedeutet, Einstellungsprozesse und -kriterien zu überdenken und offen für unkonventionelle Karrierewege zu sein. Eine sorgfältige Einarbeitung und gezielte Weiterbildungsmöglichkeiten können dazu beitragen, dass Quereinsteiger schnell zu wertvollen Teammitgliedern werden.

- Definiere die Must-have-Kompetenzen neu und erkenne an, dass viele Fähigkeiten auch on-the-job erlernt werden können.
- Entwickle maßgeschneiderte Einarbeitungs- und Weiterbildungsprogramme, die es Quereinsteigern und Bewerbern mit ungewöhnlichen Lebensläufen ermöglichen, sich schnell in ihre neue Rolle einzufinden.

- Fördere eine Unternehmenskultur, die Vielfalt wertschätzt und die einzigartigen Perspektiven und Erfahrungen jedes Einzelnen als Bereicherung sieht.
- Nutze die Geschichten von erfolgreich integrierten Quereinsteigern, um sowohl intern als auch extern zu zeigen, wie diese Mitarbeiter zum Unternehmenserfolg beitragen.

Indem Unternehmen die Potenziale von Quereinsteigern und Personen mit ungewöhnlichen Lebensläufen erkennen und nutzen, können sie nicht nur ihre Teams bereichern, sondern auch ihre Wettbewerbsfähigkeit in Zeiten des Fachkräftemangels stärken. Die Bereitschaft, über den Tellerrand hinauszublicken und in die Entwicklung von Mitarbeitern zu investieren, wird letztlich zu innovativeren, resilienteren und erfolgreichen Unternehmen führen.

Mitarbeiter langfristig binden

Heute ist es entscheidend, talentierte Mitarbeiter langfristig an dein Unternehmen zu binden. Hier findest du einige Ansätze, wie du eine starke Bindung aufbauen kannst, die auf Loyalität, gegenseitigem Respekt und gemeinsamen Werten basiert.
- Beginnen wir beim ersten Schritt: der Auswahl des richtigen Personals. Die Einstellung von Mitarbeitern, die sowohl fachlich als auch kulturell zu deinem Unternehmen passen, ist der Grundstein für langfristige Beziehungen. Achte darauf, dass die Werte und die Vision deines Unternehmens von Anfang an klar kommuniziert werden, damit du Personen anziehst, die diese teilen und danach streben, sie weiterzuführen.
- Natürlich spielt die Bezahlung eine große Rolle. Stelle sicher, dass deine Gehälter wettbewerbsfähig sind und der Leistung und den Fähigkeiten deiner Mitarbeiter entsprechen. Doch mindestens genauso wichtig sind nicht-monetäre Vorteile. Flexible Arbeitszeiten, Homeoffice-Optionen, Sabbaticals und ähnliche Anreize können für viele Mitarbeiter besonders attraktiv sein. Diese Maßnahmen zeigen, dass du die Bedürfnisse deiner Angestellten ernst nimmst und ihre Lebensqualität verbessern möchtest.
- Ein effektives Management und eine Kultur der Offenheit sind entscheidend für die Mitarbeiterbindung. Führungskräfte sollten nicht nur Vorgesetzte sein, sondern auch Mentoren, die den Mitarbeitern Wertschätzung entgegenbringen und sie in ihrer beruflichen Entwicklung unterstützen. Förderprogramme, klare Karrierepfade und regelmäßige Feedbackgespräche helfen dabei, dass sich Mitarbeiter wertgeschätzt und verstanden fühlen.
- Fördere ein starkes Teamgefühl durch regelmäßige Teambuilding-Events und -Aktivitäten. Gleichzeitig ist die Work-Life-Balance ein kritischer Faktor: Flexible Arbeitszeitmodelle, Möglichkeiten zur Teilzeitarbeit und Unterstützung beim Wiedereinstieg nach der Elternzeit sind nur einige Beispiele, wie du hier punkten kannst. Ein angenehmes Arbeitsklima, unterstützt durch Annehmlichkeiten wie eine gute Kantine, kostenlose Getränke und Obstkörbe, trägt ebenfalls zur Zufriedenheit bei.

- Überlege, welche zusätzlichen Anreize du bieten kannst. Dazu gehören Betriebsfeiern, kulturelle Angebote, Firmenwagen, ein eigenes Büro oder auch finanzielle Extras wie Urlaubs- und Weihnachtsgeld. Solche Benefits können die Bindung zu deinem Unternehmen stärken und ein Gefühl der Zugehörigkeit und Wertschätzung fördern.
- Biete deinen Mitarbeitern Sicherheit durch Maßnahmen wie eine erweiterte Unfallversicherung. Dies zeigt, dass du nicht nur ihre Arbeit, sondern auch ihr Wohlergehen schätzt.

Durch die Kombination dieser Ansätze schaffst du eine Unternehmenskultur, die von Loyalität, Respekt und gegenseitiger Wertschätzung geprägt ist. Deine Mitarbeiter werden wissen, dass sie geschätzt werden und dass ihre Entwicklung und ihr Wohlbefinden für dich Priorität haben. So wird dein Unternehmen nicht nur ein Arbeitsplatz, sondern ein Ort, an dem sich Talente entfalten und wachsen wollen.

Software-Tools und Dienste für Personalwesen und -entwicklung

Es gibt eine Fülle spezialisierter Software-Tools und Dienste im Bereich Personalwesen. Diese Tools bieten nicht nur Unterstützung bei der täglichen Verwaltung, sondern auch bei strategischen Aufgaben wie Personalentwicklung und Lohnabrechnung:

- *Personio* ist eine ganzheitliche HR-Software, die speziell für kleine und mittelständische Unternehmen entwickelt wurde. Sie unterstützt alle HR-Kernaufgaben von der Personalverwaltung über das Recruiting bis zur Lohnabrechnung.
- *REXX Systems Personalmanagement-Software* ist entwickelt worden, um die Komplexität des Personalmanagements in mittelständischen Unternehmen und Konzernen zu reduzieren. Es bietet neben grundlegenden HR-Funktionen auch Lösungen für Recruiting und Talentmanagement. Durch eine flexible Modulstruktur können Unternehmen die Funktionen integrieren, die sie benötigen.
- *Kenjo* bietet eine All-in-one-Lösung für HR-Aufgaben, die KMUs bei der Prozessoptimierung unterstützt und eine Vielzahl von HR-Funktionen integriert.
- *Recruitee* – Diese Plattform ist bekannt für ihre Bewerbermanagementsysteme und Onboarding-Tools, die speziell darauf ausgelegt sind, den Rekrutierungsprozess zu vereinfachen und effizienter zu gestalten.
- *KiwiHR* bietet Funktionen, die auf die Förderung der Mitarbeiterbindung abzielen, wie z.B. Zufriedenheitsumfragen und fortlaufendes Feedback.
- *Honestly* bietet Tools für Mitarbeiterfeedback um Echtzeit-Daten zur Mitarbeiterzufriedenheit zu erfassen und darauf basierend Maßnahmen zur Verbesserung der Arbeitsumgebung und zur Steigerung der Mitarbeiterbindung zu ergreifen.

Online Lohnprogramme und -services
- *Lexoffice* bietet ein Onlinetool zur Lohn- und Gehaltsabrechnung, das speziell für die Bedürfnisse kleiner Unternehmen entwickelt wurde. Es punktet mit Benutzerfreundlichkeit und umfassenden Funktionen.
- *Sage Business Cloud* – Sage ist bekannt für zahlreiche Features und gute Performance.
- Datev bietet eine robuste Online-Lohnabrechnungslösung, die besonders bei Steuerberatern und größeren Unternehmen beliebt ist, aber auch für KMUs geeignet ist.
- *LohnFix* ist bekannt für seine effiziente Abwicklung der Lohnbuchhaltung und bietet spezielle Funktionen, die auf die deutschen gesetzlichen Anforderungen abgestimmt sind.
- *Dienstleister,* die spezialisierte Lohnabrechnungsdienste anbieten (z.B. www.optilohn.de). Diese Dienste umfassen oft auch zusätzliche Beratung in steuerlichen und sozialversicherungsrechtlichen Fragen.

Symptome für einen dysfunktionalen Dünndarm-Meridian und analoge Symptome im Unternehmen

Symptome beim Menschen: Verdauungsprobleme, Schwierigkeiten zu wissen, was im Leben wichtig und unwichtig ist, kann schlecht Prioritäten setzen, Nahrungsmittelallergien und Unverträglichkeiten, emotionale Störungen wie Angst und Unsicherheit, Probleme mit der Aufnahme und Assimilation von Nährstoffen, chronische Bauchschmerzen, Störungen im Wasserhaushalt des Körpers.

- *Schwierigkeiten bei der Integration neuer Mitarbeiter*, was zu einer ineffizienten Teamdynamik führt (vgl. Verdauungsprobleme). Abhilfe: Verbesserung der Onboarding-Prozesse und regelmäßige Schulungen zur Förderung der Integration und zum Abbau von Widerständen.
- *Unklarheiten bei Mitarbeitern über ihre Rollen und Prioritäten* (vgl. Schwierigkeiten zu wissen, was im Leben wichtig und unwichtig ist). Abhilfe: Klare Definition von Rollen und Verantwortlichkeiten sowie regelmäßige Überprüfung und Anpassung von Prioritäten in Abstimmung mit den Unternehmenszielen.
- *Konflikte im Team aufgrund von kulturellen oder persönlichen Unterschieden* (vgl. Nahrungsmittelallergien und Unverträglichkeiten). Abhilfe: Förderung einer inklusiven Kultur und Durchführung von Diversity-Trainings. Schaffung von Plattformen, um Vielfalt zu diskutieren und zu feiern.
- *Mitarbeiter fühlen sich unsicher über ihre Rolle*, Aufgaben und die Zukunft des Unternehmens (vgl. emotionale Störungen wie Angst und Unsicherheit). Abhilfe: Förderung eines positiven Arbeitsumfelds, regelmäßiges Feedback, Unterstützung durch Mentoren und Coaching, klare Kommunikation über Unternehmensziele und -strategien.

- *Schwierigkeiten, neues Wissen und Fähigkeiten der Mitarbeiter effektiv zu nutzen* (vgl. Probleme mit der Aufnahme und Assimilation von Nährstoffen). Abhilfe: Investition in kontinuierliche Weiterbildung und Schulungsprogramme, Förderung einer Lernkultur innerhalb des Unternehmens.
- *Anhaltender Stress und Unbehagen* unter den Mitarbeitern aufgrund von Arbeitsüberlastung (vgl. chronische Bauchschmerzen). Abhilfe: Überprüfung der Arbeitslast und Einführung von Maßnahmen zur Arbeitsentlastung wie Job-Sharing oder flexible Arbeitszeiten.
- *Ineffiziente Ressourcenverwaltung* und unklare Verteilung von Arbeitsaufgaben (vgl. Störungen im Wasserhaushalt des Körpers). Abhilfe: Implementierung von Projektmanagement-Tools und Techniken, regelmäßige Überprüfung und Anpassung von Prozessen zur Ressourcennutzung.

Vertrieb | Feuer Yang (3E)

Essenz: Er wird oft als „funktionelles Organ" beschrieben und reguliert den Fluss von Qi und die Balance von Körperflüssigkeiten in den drei Hauptregionen des Körpers: Oberkörper, Mittelkörper und Unterkörper.
Emotion: Verwirrung oder Desorientierung bei Ungleichgewicht.
Tätigkeiten: Reguliert Wärme und Körperflüssigkeiten.
Probleme bei Fülle: Fieber, Unruhe, Durst.
Probleme bei Leere: Energiemangel, Ödeme, Kältegefühl.
Weitere Assoziationen: Verteilung von Yang-Energie, Koordination der Körperregionen. Die Harmonisierung verschiedener Funktionen im Körper.
Metaphorische Funktion im Unternehmen: (Vertrieb) Kundenbeziehungen pflegen und Produkte und Dienstleistungen verkaufen.

Wenn du über den Dreifachen Erwärmer aus der Traditionellen Chinesischen Medizin (TCM) nachdenkst, bedenke, dass er kein physisches Organ im klassischen Sinne ist. Stattdessen repräsentiert er ein komplexes System, das drei Hauptbereiche des Körpers umfasst: den oberen Erwärmer (Thorax), den mittleren Erwärmer (Abdominalbereich) und den unteren Erwärmer (unterhalb des Bauches). Diese Dreiteilung reguliert die Verteilung von Qi (Lebensenergie) und Körperflüssigkeiten und gewährleistet so eine effiziente Funktion und Harmonie im gesamten Körper.

In deinem Unternehmen kann der Dreifache Erwärmer als Metapher für den Vertrieb betrachtet werden. Der Vertrieb ist das Bindeglied zwischen den Produkten oder Dienstleistungen deines Unternehmens und den Bedürfnissen deiner Kunden. Genau wie der Dreifache Erwärmer den Fluss von Qi und Körperflüssigkeiten über verschiedene Körperregionen hinweg steuert, sorgt der Vertrieb dafür, dass die Produkte zur richtigen Zeit, in der richtigen Form und am richtigen Ort die Kunden erreichen.

Oberer Erwärmer (Thorax): Dieser Teil könnte im Vertrieb die oberste Ebene der Kundeninteraktion repräsentieren, wie den Kundenservice und die Kundenbindung. Diese Ebene sorgt für den ersten Eindruck und die anhaltende Zufriedenheit der Kunden mit deinem Unternehmen.

Mittlerer Erwärmer (Abdominalbereich): Diese Region könnte die interne Prozesssteuerung im Vertrieb symbolisieren, also wie gut die verschiedenen Abteilungen wie Marketing und Vertrieb zusammenarbeiten, um sicherzustellen, dass die Kundenbedürfnisse effizient erfüllt werden.

Unterer Erwärmer (unterhalb des Bauches): Dieser könnte in der Vertriebsmetapher die After-Sales-Services und das Feedbackmanagement umfassen. Diese Ebene sorgt dafür, dass Kundenfeedback und -erfahrungen analysiert und in zukünftige Verbesserungen umgesetzt werden.

Für eine erfolgreiche Vertriebsstrategie ist es entscheidend, dass du eine effektive Kommunikation pflegst, um Kunden regelmäßig über Neuigkeiten und Angebote zu informieren und Vertrauen aufzubauen. Zudem ist Flexibilität wichtig, um sich an die sich ständig verändernden Marktbedingungen anzupassen und wettbewerbsfähig zu bleiben. Indem du diese Prinzipien anwendest, kannst du sicherstellen, dass dein Vertrieb harmonisch und effizient funktioniert, ähnlich dem Dreifachen Erwärmer in einem gesunden Körper, was letztlich zur Zufriedenheit deiner Kunden beiträgt und den nachhaltigen Erfolg deines Unternehmens fördert.

Aufbau des Funktionsbereichs „Vertrieb"

Der Aufbau eines effektiven Vertriebsbereichs in deinem neu gegründeten Unternehmen erfordert eine gründliche strategische Planung, um sicherzustellen, dass der Verkaufsprozess reibungslos und erfolgreich verläuft. Ein ganzheitlicher und pragmatischer Ansatz ist dabei entscheidend, um die notwendige Flexibilität und Skalierbarkeit zu gewährleisten. Hier sind die Schritte zum Aufbau deines Vertriebsbereichs:

- Beginne damit, klare Vertriebsziele zu definieren. Schaffe Klarheit über die Ziele des Vertriebsbereichs wie die Umsatzsteigerung, die Erhöhung des Marktanteils und die Gewinnung von Schlüsselkunden. Stelle sicher, dass deine Vertriebsstrategie eng mit den übergeordneten Unternehmenszielen verknüpft ist.
- Analysiere ausführlich deinen Zielmarkt. Führe eine detaillierte Marktanalyse durch, um die Bedürfnisse der Kunden, die Wettbewerbssituation und die aktuellen Markttrends zu verstehen. Dies ermöglicht dir, gezielte und effektive Vertriebsstrategien zu entwickeln.

- Entwickle eine klare Organisationsstruktur für dein Vertriebsteam. Definiere die Schlüsselrollen im Vertriebsbereich wie Vertriebsleiter, Account Manager und Vertriebsmitarbeiter. Weise klare Verantwortlichkeiten und Aufgaben zu, um die Effizienz innerhalb des Teams zu maximieren.
- Rekrutiere und trainiere talentierte Mitarbeiter. Suche nach Teammitgliedern, die nicht nur fachlich qualifiziert sind, sondern auch zur Unternehmenskultur passen. Biete kontinuierliche Schulungen an, um das Wissen über Produkte, Verkaufstechniken und Kundenbeziehungsmanagement zu vertiefen.
- Nutze effektive Verkaufswerkzeuge und Technologien. Implementiere Customer Relationship Management (CRM)-Systeme, um Kundeninformationen effizient zu verwalten. Stelle sicher, dass dein Team über alle erforderlichen Verkaufswerkzeuge wie Produktpräsentationen und Verkaufsliteratur verfügt.
- Entwickle klare Vertriebsprozesse. Definiere transparente Abläufe für die Leadgenerierung, Angebotsstellung, Vertragsabschluss und den After-Sales-Service. Standardisiere diese Prozesse und dokumentiere sie, um eine hohe Qualität und Konsistenz sicherzustellen.
- Setze eine strategische Preisgestaltung um. Entwickle eine Preisstrategie, die auf der Kostenstruktur, dem Wert deiner Produkte oder Dienstleistungen und der Marktsituation basiert. Implementiere Rabatt- und Anreizprogramme gezielt, um den Umsatz anzukurbeln und die Kundenbindung zu stärken.
- Pflege starke Kundenbeziehungen. Baue langfristige Beziehungen zu Schlüsselkunden auf, um wiederkehrende Geschäfte und positive Empfehlungen zu fördern. Integriere den Kundenservice nahtlos in deine Vertriebsaktivitäten, um eine herausragende Kundenerfahrung zu gewährleisten.
- Plane sorgfältig die Markteinführung neuer Produkte oder Dienstleistungen. Koordiniere Marketing- und Vertriebsaktivitäten eng miteinander, um effektive Markteinführungsstrategien zu entwickeln, die die Aufmerksamkeit des Marktes auf sich ziehen.
- Halte deine Vertriebsstrategie flexibel. Überprüfe regelmäßig und passe sie an veränderte Marktbedingungen an, um wettbewerbsfähig zu bleiben und Chancen optimal zu nutzen. Entwickle Skalierungspläne, um das Wachstum deines Vertriebsbereichs proaktiv zu unterstützen.

Denke an den Dreifachen Erwärmer, wenn du über den Vertrieb in deinem Unternehmen nachdenkst. Die Fähigkeit, verschiedene Aspekte harmonisch zu koordinieren, ist der Schlüssel zum Erfolg in beiden Bereichen.

Stell dir vor, du hättest Tausende von Verkäufern, die alle daran arbeiten, dein Produkt oder deine Dienstleistung zu verkaufen. Das ist keine Utopie, sondern ein erreichbares Ziel. Denn die Wahrheit ist: Die Menschen möchten für dich verkaufen. Wie schaffst du das?

Der erste Schritt ist, es ihnen leicht zu machen. Dies kann durch Schulungen, klare Anweisungen oder einfach nur durch offene Kommunikation geschehen. Gleichzeitig ist es wichtig, dass du sie wertschätzt und ihnen dankst. Ein aufrichtiges Dankeschön kann eine mächtige Motivation sein.

Biete manchmal einen Anreiz. Das kann eine Provision, ein Bonus oder eine andere Form der Anerkennung sein. Aber denke daran, dass nicht jeder Anreiz monetär sein muss. Die Anerkennung der Bemühungen und der Beitrag eines jeden Einzelnen können oft genauso wirksam sein. Darüber hinaus ist es wichtig, dass du dein Produkt ständig verbesserst. Mache es deutlich besser und spezifischer als das deiner Konkurrenz. Das wird es anderen leichter machen, es zu verkaufen, denn sie können mit Überzeugung sagen, dass es das Beste auf dem Markt ist.

Lebe dein Produkt, verkaufe es nicht nur. Deine Leidenschaft und Begeisterung für dein Produkt werden ansteckend sein und andere dazu inspirieren, dasselbe zu tun.

Die Chance liegt darin, vom traditionellen Marketing zum universellen Marketing überzugehen. Das bedeutet, dass du genauso viel Aufwand in Mundpropaganda, PR, Forschung und Entwicklung usw. stecken solltest, wie in deinen Vertrieb oder direkte Marketingmaßnahmen. Beziehe alle in deinen Prozess mit ein. Auf diese Weise wirst du in der Lage sein, Tausende von Verkäufern für dein Unternehmen zu mobilisieren.

In der Welt des erfolgreichen Unternehmertums dreht sich alles um Kundenbindung und die Gewinnung neuer Kunden. Wenn du es schaffst, die Loyalität deiner Kunden zu stärken und neue Kunden anzuziehen, wird sich auch dein Gewinn in ungeahnte Höhen katapultieren. Hier sind einige bewährte Methoden, um deine Kunden zu begeistern und magnetisch anzuziehen:

Schenke deinen Kunden nicht nur das, was sie von dir erwarten. Gib ihnen das, was sie niemals erwartet hätten. Biete ihnen konstanten Mehrwert und Nutzen, ohne dass sie danach verlangen müssen. Baue dir einen Ruf auf, der dir vorauseilt. Denn wer schätzt es nicht, wenn er das Gefühl hat, mehr zu bekommen, als er erwartet hat? Kommuniziere deine Bereitschaft, die Bedürfnisse deiner Kunden zu erfüllen und ihre Erwartungen zu übertreffen. Zeige ihnen, dass du immer danach strebst, sie zu begeistern.

Erschaffe eine lebendige Community, in der Menschen sich kennenlernen und miteinander interagieren können. Denn wir alle lieben es, Teil von etwas Größerem zu sein. Baue eine aktive Gemeinschaft auf, in der Kunden sich vernetzen können und ein Gefühl der Zugehörigkeit erleben. Nutze Foren, soziale Medien oder veranstalte regelmäßige Events, um diese Gemeinschaft zu stärken.

Mach dir einen Namen: Sei es mit einer bahnbrechenden Philosophie, herausragenden Leistungen, beeindruckenden Ergebnissen oder einer überzeugenden Vision. Menschen möchten bei Unternehmen einkaufen, die eine starke Identität und klare Werte verkörpern.

Wenn du ein Alleinstellungsmerkmal entwickelst, das dein Unternehmen von anderen abhebt, werden Kunden auf dich aufmerksam und fühlen sich mit dir verbunden.

Der entscheidende Wandel besteht darin, sich von bloßem Kundenservice zu lösen und das Konzept einer Gemeinschaft zu entwickeln. Menschen sehnen sich danach, eine Verbindung zu spüren, und wenn du ihnen dieses Gefühl gibst, werden sie positiv darauf reagieren. Ein hervorragendes Beispiel für diese Vorgehensweise ist der Nike Run Club: Nike organisiert den „Nike Run Club", bei dem Läufer aller Niveaus an kostenlosen Laufveranstaltungen in verschiedenen Städten teilnehmen können. Diese Community-Veranstaltungen bieten Läufern die Möglichkeit, gemeinsam zu trainieren, Erfahrungen auszutauschen und sich zu motivieren.

Denk daran: Verkaufen ist nicht nur ein Geschäft, sondern eine Kunst der Beziehungen. Gib deinen Kunden mehr als nur ein Produkt – gib ihnen einen Mehrwert, der sie begeistert. Werde zum Anlaufpunkt für diejenigen, die dich gerne unterstützen wollen. Denn nur so wirst du langfristigen Erfolg und eine treue Kundenbasis aufbauen. Lass deine Gemeinschaft wachsen und gedeihen.

Hier sind einige Praxisbeispiele, wie Unternehmen ihre Kunden dazu animieren, eine Community zu bilden:

- *Online-Foren und Community-Plattformen:* Unternehmen können ihren Kunden eine Online-Plattform oder ein Forum bereitstellen, auf der sie sich über ihre Produkte oder Dienstleistungen austauschen können. Hier können Kunden Fragen stellen, Erfahrungen teilen und sich gegenseitig unterstützen. Ein gutes Beispiel dafür ist das Adobe Support Community Forum, wo Benutzer ihre Fragen stellen und sich gegenseitig bei der Nutzung von Adobe-Software unterstützen.

- *Veranstaltungen und Workshops:* Unternehmen können regelmäßige Veranstaltungen und Workshops organisieren, bei denen Kunden die Möglichkeit haben, sich persönlich zu treffen, Erfahrungen auszutauschen und voneinander zu lernen. Solche Veranstaltungen können auch dazu dienen, Kunden mit Experten des Unternehmens in Kontakt zu bringen, was die Bindung stärkt. Ein Beispiel ist die jährliche „WWDC" von Apple, bei der Entwickler und Kunden zusammenkommen, um über neue Produkte und Technologien zu diskutieren.

- *Social Media Gruppen:* Unternehmen können geschlossene Gruppen in sozialen Medien erstellen, in denen Kunden diskutieren und sich gegenseitig helfen können. Diese Gruppen bieten eine informelle und zugängliche Umgebung, in der Kunden Fragen stellen, Feedback geben und ihre Erfahrungen teilen können. Patagonia, ein Unternehmen für Outdoor-Bekleidung, hat eine lebhafte Facebook-Gruppe, in der Kunden ihre Abenteuer teilen und über ihre Produkte sprechen.

- *Kundenbezogene Inhalte:* Unternehmen können auch Kunden dazu ermutigen, Inhalte zu erstellen, die ihre Erfahrungen mit dem Produkt oder der Marke zeigen. Kundenrezensionen, Erfolgsgeschichten oder Unboxing-Videos können eine starke Verbindung zwischen den Kunden aufbauen und auch potenzielle neue Kunden ansprechen. Ein bekanntes Beispiel hierfür ist die Plattform Airbnb, auf der Gastgeber ihre Erfahrungen und Tipps teilen und damit eine lebendige Community von Gastgebern und Reisenden entstanden ist.
- *Kundenbezogene Belohnungen und Incentives:* Unternehmen können besondere Belohnungen oder Incentives für aktive Mitglieder der Community anbieten. Dies kann dazu beitragen, die Beteiligung und Loyalität der Kunden zu fördern. Beispielsweise könnte ein Unternehmen exklusive Angebote oder Zugang zu neuen Produkten nur für Mitglieder der Community anbieten.

Eine gut gepflegte Community kann nicht nur die Loyalität der Kunden stärken, sondern auch dazu beitragen, dass das Unternehmen wertvolles Feedback erhält und ein positives Markenimage aufbaut.

Für profitable Unternehmensführung ist es unerlässlich, dass du Stabilität in deine Kundenbasis bringst. Profitabilität erfordert Kontinuität, und dies erreichst du, indem du deine Risiken streust und eine gleichmäßige Geldflusslinie aufrechterhältst. Es ist entscheidend, das Potenzial einer breiten Kundenbasis zu erkennen – eine größere Anzahl von Kunden ermöglicht es dir, Risiken zu verteilen und den Cashflow zu glätten. Jeder Kunde, unabhängig von seiner Größe, trägt zum Gesamtumsatz bei. Daher solltest du nicht nur auf große Klienten setzen, sondern auch die kleineren schätzen.

Große Kunden entstehen oft aus kleinen Kunden. Die Beziehungen, die du mit kleineren Kunden aufbaust, können zu größeren Möglichkeiten führen, da sie sich entwickeln und wachsen oder Empfehlungen aussprechen. Zudem können kleinere Kunden in ihrer Gesamtheit beachtliche Umsätze generieren. Du solltest niemals unterschätzen, wie sich kleinere Verträge summieren können, um beträchtliche Erträge zu ergeben.

Ein profitables Unternehmen kombiniert das Beste aus beiden Welten: sogenannte „Brot-und-Butter-Kunden", die konstante, zuverlässige Einnahmen liefern, und große Kunden, die Potenzial für beachtliche Gewinne bieten. Beide sind notwendig für eine solide Profitabilität.

Die Verlagerung in deinem Denken, die hier erforderlich ist, besteht darin, Profitabilität vor Überheblichkeit zu stellen. Es ist leicht, sich auf die Jagd nach großen Fischen zu konzentrieren und dabei die kleinen zu übersehen. Aber wenn du einen stabilen, profitablen Betrieb führen willst, musst du jeden Kunden wertschätzen, unabhängig von seiner Größe. Diese Haltung der Wertschätzung und des Respekts gegenüber allen Kunden wird letztendlich dazu beitragen, ein stabiles und profitables Unternehmen zu führen.

Der Vertrieb spielt auch eine entscheidende Rolle bei der Qualitätskontrolle. Nur wenn er restlos von der Qualität der Produkte und Leistungen überzeugt und begeistert ist, kann er sie auch begeistert verkaufen. Ein Qualitätsmanagementsystem dient dazu, das Vertrauen der Kunden in das Unternehmen und seine Leistungsfähigkeit zu stärken und somit die Marktposition zu sichern. Es ist wichtig, dass das Qualitätsmanagement sich an den Kundenbedürfnissen orientiert und nicht zu einer starren Formalität wird, unabhängig davon, ob das Unternehmen eine ISO-9000-Zertifizierung hat oder nicht. Es geht nicht um den ISO-Stempel, sondern um die tatsächliche Qualität.

Ein Beispiel hierfür ist ein oberbayerischer Bäderpark, der zwar nach ISO-9000 zertifiziert war, aber dennoch einen Chlorunfall hatte, bei dem Badegäste verätzt wurden. Die ISO-Zertifizierung hatte in diesem Fall keinen Nutzen mehr. Das Vertrauen der Kunden war zerstört und musste mühsam wieder aufgebaut werden.

Die Qualität orientiert sich also am Kundenbedürfnis, das nur im persönlichen Dialog mit dem Kunden erfahren werden kann. Es ist jedoch wichtig, sich nicht dazu verleiten zu lassen, die Kundenbedürfnisse mit einer „eierlegenden Wollmilchsau" erfüllen zu wollen. Ein solches Wesen scheint alle Bedürfnisse zu erfüllen, aber in Wirklichkeit erfüllt es nichts zufriedenstellend.

Ein häufiges Problem im Vertrieb ist die Preisgestaltung. Wenn Ihr Produkt wirklich gut ist und Ihre Leistung herausragend, sollten Sie auch angemessen dafür bezahlt werden können. Oftmals ist dies jedoch nicht der Fall, insbesondere bei kleineren Unternehmen, die sich oft im wenig lukrativen Mittelfeld positionieren.

Es ist wichtig, dass Unternehmen im Vertrieb auf eine ausgewogene Preisgestaltung achten, die sowohl die Qualität der Produkte und Leistungen als auch den Wert, den sie für die Kunden bieten, angemessen widerspiegelt. Eine gute Positionierung und das Streben nach angemessener Vergütung sind entscheidend, um langfristig erfolgreich zu sein.

Es lässt sich in einer kurzen Formel zusammenfassen: Wer für wenig Leistung viel Geld verlangt, ist unethisch. Wer für viel Leistung wenig Geld verlangt, handelt unklug. Wer als Discounter für wenig Leistung wenig Geld verlangt, wird früher oder später mit anderen Discountern um die Existenz kämpfen, es sei denn, er ist wie ALDI Marktführer und kann durch niedrige Einkaufspreise Gewinne erzielen. Für kleine und mittlere Unternehmen bedeutet dies, sich als Marktführer in einem klar definierten, spezialisierten Segment zu positionieren und dafür angemessene Preise zu verlangen.

Diese Positionierung setzt voraus, dass du tatsächlich Spitzenleistungen erbringst. Kannst du in drei Sätzen klar darlegen, welche Probleme du am besten lösen kannst und warum du so begeistert bist, deinen Kunden diese Lösungen anzubieten?

Als Verkäufer ist es – paradox klingend – nicht deine Aufgabe, zu verkaufen. Vielmehr geht es darum, dein Produkt vorzuführen oder deine Dienstleistung zu erklären. Gestalte deine Präsentation einfühlsam und bildhaft, sodass der Kunde sich vorstellen kann, wie sich seine Situation verbessert, wenn er dein Produkt erwirbt. Bei Investitionsgütern bietest du zunächst eine großzügigere Variante an, um Verhandlungsspielraum zu haben. Betrachte das Ganze als Spiel, bei dem beide Seiten Spaß haben sollen. Das Wichtigste ist, dass sich der potenzielle Kunde bei dir wohl fühlt und merkt, dass du wirklich daran interessiert bist, seine Situation zu verbessern.

Das Ziel des Unternehmens und somit auch des Vertriebs besteht darin, Kundenbesitz zu erlangen, also Marktführerschaft in einem spezifischen Segment zu erreichen. Die Kundenloyalität entspringt der Begeisterung, die du deinen Kunden vermittelst. Im Pre-Sales-Service spielen Freundlichkeit, Einsatzbereitschaft, Anerkennung und Aufmerksamkeit eine entscheidende Rolle, um die sozialen Grundbedürfnisse der Kunden zu erfüllen. Erforsche gemeinsam mit dem Kunden, welche Lösung ihm wirklich nützt, und zeige ihm den Weg zu dieser Lösung. Niemals solltest du eine Schwachstelle beim Kunden ausnutzen, um ihm eine ungeeignete Lösung aufzudrängen. Dies würde sich negativ auf dich zurückwirken.

In der Auftragsabwicklung geht es darum, dem Kunden die bestmögliche Leistung zu bieten. Kunden sind anspruchsvoll. Sie erwarten schnelle und zuverlässige Unterstützung bei der Lösung ihrer Probleme. Wenn es dir gelingt, die Leistungserbringung zu einem Erlebnis für den Kunden zu machen, hast du große Fortschritte erzielt. Schon ein geringfügig überdurchschnittliches Engagement entfaltet seine Wirkung. Um die Erwartungen der Kunden erfüllen zu können, ist es entscheidend, dass diese Erwartungen im Unternehmen bekannt sind. Als Vertrieb hast du den engsten Kontakt zum Kunden, und deine Informationen über die Kundenbedürfnisse sind lebensentscheidend für das Unternehmen. Letztendlich beeinflussen deine Informationen die Marketingstrategie und die Produktentwicklung.

Auch im After-Sales-Service besteht die Möglichkeit, die Kundenzufriedenheit zu beeinflussen. Häufig wird dem After-Sales-Service zu wenig Aufmerksamkeit geschenkt. Viele Unternehmen verlieren das Interesse am Kunden, sobald er seine Rechnung bezahlt hat. Doch gerade die Nachbetreuung bietet viele Chancen zur Kundenbindung. Kleine Geschenke, freundliche Anrufe zur Nachfrage, kostenlose Reparaturangebote oder Schulungen können einen großen Unterschied machen. Denke an deine Kunden und sei einfallsreich: Neukunden zu gewinnen ist immer teurer als bestehende Kunden zu begeistern. Achte jedoch darauf, dass der After-Sales-Service nicht zu einem Automatismus verkommt, sonst erreichst du das Gegenteil. Persönliche und gezielte Gesten sind effektiver als standardisierte Massenaktionen.

Wenn du noch keine Kunden hast, stellt sich die Frage, wie der Vertrieb an neue Kunden gelangen kann. Die Grundstrategie wird von der Marketingabteilung vorgegeben, aber die Umsetzung und zeitliche Planung obliegt dir im Vertrieb. Eine schöne Imagebroschüre mag beeindrucken, aber wenn der Vertrieb vor Ort keine einfachen Produktinformationen oder Preislisten zur Hand hat, um potenziellen Kunden zu überreichen, ist der Effekt begrenzt. Zunächst sollten Sie überlegen, wie Sie die Anziehungskraft auf Entscheidungsträger steigern können, um den Zuschlag zu erhalten. Unter Berücksichtigung der Marketingstrategie sollten Sie dann den Kanal wählen, um diese Anziehungskraft auf potenzielle Kunden zu übertragen. Der Magnetismus besteht darin, dem Kunden einen sicht- und spürbaren Nutzen zu bieten, den Sie vermitteln müssen.

Dieser Grundsatz gilt auch für die Neukundengewinnung. Je persönlicher der Kontakt ist, desto stärker ist die Wirkung. Persönliche Kontakte, sei es bei Messen, Vorträgen oder Seminaren, wirken besser als telefonischer Kontakt. Ein persönliches Telefonat eines kompetenten Gesprächspartners ist um ein Vielfaches effektiver als ein Anruf von einem Call-Center. Ein persönlicher Brief hat eine stärkere Wirkung als ein Werbemailing, und selbst ein Mailing – auch wenn die Rücklaufquoten heutzutage schon als gut gelten – ist besser als der Erstkontakt per Anzeige. Je persönlicher und zielgerichteter Ihre Ansprache der Zielgruppe ist, desto besser. Wenn Sie die Zielgruppe über verschiedene Kanäle erreichen können, umso effektiver ist es. Hier ist detektivische Arbeit gefragt.

Das wichtigste Vertriebsinstrument bist du selbst. Baue ein Beziehungsnetzwerk auf. Experten schätzen, dass jeder Erwachsene mindestens 500 Kontakte pflegt. Netzwerke dienen dazu, Probleme mit ein paar Telefonaten zu lösen. Die Kunst besteht darin, die Netzwerke anderer zu nutzen. Stelle Plattformen zur Verfügung, damit deine Kunden ihre Netzwerke aktivieren können. Konzentriere deine Bemühungen auf Personen, die innerhalb deiner Zielgruppe aufgrund bestimmter Gründe einen hohen Nutzen bieten und somit das vollste Vertrauen der Zielgruppe genießen. Oft kommt man mit diesen Menschen in Kontakt, wenn man um Rat fragt. Menschen helfen gerne, und noch lieber geben sie gute Ratschläge.

Verkaufen bedeutet, dem Kunden dabei zu helfen, das zu bekommen, was er braucht, und ihm gleichzeitig ein gutes Gefühl zu vermitteln – vor, während und nach dem Kauf! deine Gedanken bestimmen deine Gefühle, und diese übertragen sich, oft unbewusst, auf den Kunden. Angst ist der größte Feind eines Verkäufers. Schreibe genau auf, was dir Angst macht, und lerne schrittweise, diese Angst zu überwinden und mehr Selbstvertrauen zu gewinnen, sei es durch Coaching oder indem du dich deinen Ängsten stellst. Die Arbeit an deinen eigenen Gedanken lohnt sich, denn dadurch verbessern sich deine Gefühle, und dadurch verbessern sich deine Verkaufsfähigkeiten insgesamt.

Als Verkäufer ist es wichtig, sich darauf zu konzentrieren, dem Kunden einen echten Mehrwert zu bieten. Dabei geht es nicht nur um den Verkauf eines Produkts oder einer Dienstleistung, sondern darum, dem Kunden dabei zu helfen, seine Probleme zu lösen oder seine Bedürfnisse zu erfüllen. Das erfordert Einfühlungsvermögen, aktives Zuhören und die Fähigkeit, maßgeschneiderte Lösungen anzubieten.

Ein weiterer wichtiger Aspekt im Vertrieb ist es, Vertrauen aufzubauen. Kunden kaufen nicht nur aufgrund von Produktspezifikationen oder Preisen, sondern auch aufgrund des Vertrauens, das sie in dich und das Unternehmen haben. Sei daher ehrlich, transparent und halte deine Versprechen ein. Zeige deinem Kunden, dass er auf dich zählen kann und dass seine Zufriedenheit für dich oberste Priorität hat.

Die Kommunikation spielt ebenfalls eine entscheidende Rolle im Vertrieb. Sei klar, präzise und verständlich in deiner Sprache. Vermeide Fachjargon oder übermäßig technische Details, es sei denn, der Kunde ist in der Branche gut bewandert. Passe deinen Kommunikationsstil an den Kunden an und stelle sicher, dass du seine Fragen und Anliegen vollständig beantwortest. Neben den oben genannten Punkten ist es auch wichtig, sich kontinuierlich weiterzuentwickeln und zu verbessern. Bleiben Sie auf dem neuesten Stand über die Entwicklungen in Ihrer Branche, lernen Sie aus Feedback und Erfahrungen und passen Sie Ihre Verkaufsstrategie entsprechend an.

Insgesamt geht es im Vertrieb darum, eine langfristige und vertrauensvolle Beziehung zu deinen Kunden aufzubauen. Nur so kannst du erfolgreich sein und Kunden langfristig binden. Sei stets professionell, serviceorientiert und kundenorientiert, um deine Verkaufserfolge zu maximieren und dein Unternehmen langfristig erfolgreich zu machen.

Die Optimierung von Vertrieb und Außendienst ist eine umfassende Aufgabe, die ein klares Verständnis der Ziele, Strategien und des Marktes erfordert. Beginne mit der Festlegung klarer Vertriebsziele. Es ist entscheidend, dass diese Ziele nicht nur ambitioniert, sondern auch messbar und realistisch sind, um den Erfolg messen und anpassen zu können. Eng damit verbunden ist die Analyse der Zielgruppen. Ein tiefes Verständnis für die Bedürfnisse und Herausforderungen potenzieller Kunden ist unerlässlich, um effektive Lösungen anbieten zu können.

Eine fundierte Vertriebsstrategie, die auf die identifizierten Zielgruppen zugeschnitten ist, bildet das Rückgrat jeder Vertriebsaktivität. Sie bestimmt, welche Vertriebskanäle und -methoden eingesetzt werden, um die Kunden effektiv zu erreichen. Die Vertriebsplanung konkretisiert diese Strategie durch einen detaillierten Plan, der Maßnahmen und Zeitpläne umfasst, um die gesteckten Ziele zu erreichen.

Die Kundenakquise solltest du systematisch angehen, indem verschiedene Kanäle und Methoden genutzt werden, um potenzielle Kunden anzusprechen. Dabei ist es wichtig, bestehende Kundenbeziehungen nicht zu vernachlässigen, sondern durch exzellenten Kundenservice und das Aufbauen langfristiger Beziehungen Mehrwert zu schaffen.

Produkt- und Marktkenntnisse sind die Grundlage für überzeugende Verkaufsgespräche. Nur wer seine Produkte und den Markt genau kennt, kann potenzielle Kunden effektiv von den Vorteilen seines Angebots überzeugen. Dies setzt voraus, dass Angebote professionell und individuell auf die Bedürfnisse und Anforderungen der Kunden zugeschnitten sind.

Eine klare Preisstrategie hilft dir dabei, den Wert deines Angebots überzeugend zu kommunizieren. Im Rahmen von Verhandlungen ist es wichtig, Strategien einzusetzen, die Win-Win-Situationen schaffen, um erfolgreiche Geschäftsabschlüsse zu erzielen. Der Vertragsabschluss sollte reibungslos abgewickelt werden, wobei alle Details sorgfältig geprüft werden.

Regelmäßiges Vertriebscontrolling ermöglicht es dir, Vertriebsaktivitäten und -ergebnisse zu überwachen und bei Bedarf Anpassungen vorzunehmen. Kundenfeedback ist eine wertvolle Ressource, um das Angebot und den Service kontinuierlich zu verbessern. Dabei spielt auch die Teamarbeit eine wichtige Rolle. Informationen sollten geteilt und Kollegen gegenseitig unterstützt werden, um gemeinsam erfolgreich zu sein.

Effizientes Zeitmanagement und klare, überzeugende Kommunikation sind weitere Schlüssel zum Erfolg. Indem du aktiv zuhörst und die individuellen Bedürfnisse der Kunden verstehst, kannst du Angebote und Lösungen passgenau anpassen. Ein proaktives Follow-up sichert den kontinuierlichen Kontakt mit potenziellen Kunden und maximiert die Verkaufschancen.

Die Wettbewerbsanalyse ermöglicht es dir, die eigenen Stärken gezielt einzusetzen und dich vom Wettbewerb abzuheben. Effektives Kundendatenmanagement unterstützt dabei, Kundeninformationen zu organisieren und effizient zu nutzen. Persönliche Weiterentwicklung, die Nutzung von Kundenreferenzen, Flexibilität im Umgang mit sich ändernden Marktbedingungen sowie Maßnahmen zur Kundenbindung sind weitere wichtige Aspekte, die zur Optimierung von Vertrieb und Außendienst beitragen.

Indem du all diese Elemente berücksichtigst und kontinuierlich verbesserst, kannst du deinen Vertrieb und Außendienst effektiv optimieren, um in einem wettbewerbsintensiven Marktumfeld erfolgreich zu sein.

Verkaufserfolg richtig planen

Als ich mich vor vielen Jahren selbständig gemacht habe, war eines klar: Meine damalige Partnerin fungierte als „Außenministerin" – sie übernahm also den Vertrieb und das Briefing – und ich kümmerte mich um die Bearbeitung der Aufträge. Schritt für Schritt zog sich meine Partnerin aus dem Unternehmen zurück, und plötzlich hatte ich die Aufgabe, auch den Vertrieb zu übernehmen. Etwas, das mir so gar nicht lag. Eher introvertiert und schüchtern, war ich nicht der geborene „Vertriebler". Was also tun?

Zunächst absolvierte ich einige Schulungen und las alles, was mir zu diesem Thema in die Finger kam. Schließlich kam ich zu dem Schluss, dass Verkaufserfolg das Ergebnis einer Kombination aus verschiedenen Faktoren ist. Um diesen Erfolg systematisch zu planen, sollte man eine präzise Formel im Kopf haben: Klarer Kundennutzen plus Produktkenntnis und Verkaufstechnik, multipliziert mit einer positiven inneren Einstellung und abzüglich von Angst und inneren Blockaden. Lass uns tiefer in die Details einsteigen.

Zunächst einmal der klare Kundennutzen. Dies ist der Schlüssel zum Erfolg im Verkauf. Deine Kunden müssen genau wissen, welchen Mehrwert Dein Produkt oder Deine Dienstleistung ihnen bietet. Ein tiefes Verständnis der Bedürfnisse und Wünsche Deiner Zielgruppe ist hierbei unverzichtbar. Je besser Du die Probleme und Herausforderungen Deiner Kunden kennst, desto gezielter kannst Du Lösungen anbieten, die wirklich überzeugen.

Produktkenntnis ist ebenso unerlässlich. Du musst Dein Produkt in- und auswendig kennen. Nur so kannst Du sicherstellen, dass Du alle Fragen Deiner Kunden kompetent beantworten und eventuelle Bedenken ausräumen kannst. Dies stärkt nicht nur Dein Vertrauen in das Produkt, sondern auch das Vertrauen der Kunden in Dich als Experten.

Ein weiteres Element ist die Verkaufstechnik. Hier bieten die 6-Stufen der Verkaufstechnik von Hans-Peter Zimmermann einen strukturierten Leitfaden für effektive Verkaufsgespräche.

Die erste Stufe ist das *Annähern*. Hier schaffst Du durch Freundlichkeit und einen Extra-Service eine positive Atmosphäre. Kunden sollen sich willkommen und geschätzt fühlen.

In der zweiten Stufe geht es um das *Befragen* des Kunden. Nutze eine Checkliste für jedes Produkt, um die genauen Bedürfnisse und Anforderungen des Kunden zu ermitteln. Sei dabei ehrlich und offen. Es kann sogar notwendig sein, den Kunden an einen Wettbewerber zu verweisen, wenn dessen Lösung besser geeignet ist. Das zeigt Integrität und stärkt das Vertrauen.

Die dritte Stufe ist das *Vorführen*. Hier solltest Du alle Sinne des Kunden ansprechen und sowohl die Vernunft als auch die Emotionen einbeziehen. Ein anschauliches Demonstrieren des Produkts macht den Nutzen greifbar und überzeugend.

In der vierten Stufe geht es darum, den *Kaufentschluss* zu *festigen*. Erzähle Hintergrundgeschichten zum Produkt oder zu seinem Nutzen, um das Vertrauen des Kunden weiter zu stärken. Geschichten bleiben im Gedächtnis und machen den Nutzen des Produkts emotional erfahrbar.

Die fünfte Stufe ist die *Verhandlung*. Hier klärst Du eventuelle offene Punkte und bereitest den Kunden auf eine reibungslose Unterzeichnung des Vertrags vor. Eine gute Vorbereitung und das Eingehen auf die Wünsche und Bedürfnisse des Kunden sind hier entscheidend.

Schließlich kommt die sechste Stufe, das *Abschließen*. Hier erfolgt der Verkaufsabschluss. Sei dabei entschlossen und klar, aber auch empathisch und unterstützend. Dein Ziel ist es, den Kunden mit einem guten Gefühl und einer positiven Erfahrung zurückzulassen.

Zusammenfassend ist Verkaufserfolg das Resultat einer sorgfältigen Planung und der richtigen Anwendung bewährter Techniken. Mit einem klaren Fokus auf den Kundennutzen, einer tiefen Produktkenntnis und einer strukturierten Verkaufstechnik bist Du auf dem besten Weg, Deine Verkaufsziele zu erreichen.

> *»Jeder Verkauf hat fünf grundlegende Hindernisse: kein Bedürfnis, kein Geld, keine Eile, kein Verlangen und kein Vertrauen.«* Zig Ziglar

Umgang mit Ablehnung

Der Umgang mit Ablehnung ist eine der größten Herausforderungen im Vertriebsprozess. Nehmen wir als Beispiel die Situation beim Telefonmarketing. Wenn Sie eine Ablehnung erhalten, weist der Angerufene in der Regel nicht Sie oder Ihr Angebot ab, sondern den Anruf an sich. Dies hat überhaupt nichts mit Ihnen persönlich zu tun. Gerade im Vertrieb, wo Erfolg oft von der Anzahl der Kontakte und Angebote abhängt, ist die Konfrontation mit Absagen unvermeidlich. Doch wie geht man am besten mit Ablehnung um, ohne dass die Motivation und die psychische Gesundheit darunter leiden? Neben psychologischen Aspekten können auch Erkenntnisse aus der Traditionellen Chinesischen Medizin (TCM) hilfreiche Ansätze bieten.

Ablehnungen im Vertrieb werden häufig persönlich genommen, obwohl sie meist geschäftlicher Natur sind. Dies kann zu Selbstzweifeln, Stress und im schlimmsten Fall zu Burnout führen. Um diesen negativen Spiralen entgegenzuwirken, ist es wichtig, eine gesunde Distanz zu bewahren und Ablehnung als Teil des Prozesses zu sehen. Eine Schlüsselstrategie hierbei ist die Entwicklung einer resilienten Mentalität, die es ermöglicht, Rückschläge als Lernchancen zu begreifen.

Resilienz, also die psychische Widerstandskraft, ermöglicht es Individuen, mit Herausforderungen, Stress und Rückschlägen effektiv umzugehen und gestärkt aus diesen Erfahrungen hervorzugehen. Neben den bereits erwähnten Praktiken aus der Traditionellen Chinesischen Medizin und allgemeinen psychologischen Strategien gibt es eine Vielzahl weiterer Methoden zur Entwicklung von Resilienz. Hier sind einige wirksame Ansätze:

- *Dankbarkeitspraxis:* Regelmäßiges Notieren, wofür man dankbar ist, kann die Aufmerksamkeit auf positive Aspekte des Lebens lenken und so das Wohlbefinden steigern.
- *Stärkenfokussierung:* Die Identifizierung und gezielte Nutzung persönlicher Stärken in verschiedenen Lebensbereichen fördert Selbstvertrauen und Resilienz.
- *Umschreiben negativer Gedanken:* Das Bewusstmachen und aktive Umschreiben automatischer negativer Gedanken in positive oder neutrale Gedanken hilft, Herausforderungen realistischer und lösungsorientierter zu begegnen.
- *Problemorientierte Bewältigungsstrategien:* Die Entwicklung konkreter Strategien zur Lösung von Problemen, statt sich von ihnen überwältigen zu lassen.
- *Achtsamkeitsmeditation:* Regelmäßige Achtsamkeitsübungen helfen, im gegenwärtigen Moment zu verweilen, Gedanken und Gefühle ohne Wertung zu beobachten und dadurch Stress zu reduzieren.
- *Body-Scan:* Eine Form der Meditation, die dazu anleitet, nacheinander auf verschiedene Teile des Körpers zu achten, fördert Entspannung und Körperbewusstsein.

- *Regelmäßige Bewegung:* Sport und körperliche Betätigung sind effektive Mittel zur Reduzierung von Stresshormonen und zur Förderung der Ausschüttung von Glückshormonen (Endorphinen).
- *Aufbau eines unterstützenden Netzwerks:* Beziehungen zu Familie, Freunden und Kollegen bieten emotionale Unterstützung und praktische Hilfe in schwierigen Zeiten.
- *Mentoring und Coaching:* Der Austausch mit erfahrenen Mentoren oder Coaches kann neue Perspektiven eröffnen und individuelle Bewältigungsstrategien fördern.
- *Selbstfürsorge:* Regelmäßige Aktivitäten zur Selbstpflege, wie ausreichend Schlaf, gesunde Ernährung und Hobbys, tragen zum emotionalen Gleichgewicht bei.
- *Strukturierte Tagesabläufe:* Feste Routinen bieten Orientierung und können Sicherheit vermitteln, besonders in Phasen der Unsicherheit oder des Wandels.
- *Lebenslanges Lernen:* Die kontinuierliche Weiterbildung und die Entwicklung neuer Fähigkeiten stärken das Selbstvertrauen und die Anpassungsfähigkeit an neue Herausforderungen.
- *Reflexion und Journaling:* Die regelmäßige Reflexion eigener Erfahrungen und Gefühle in einem Tagebuch fördert das Selbstbewusstsein und hilft, Erlebtes zu verarbeiten.

Die Entwicklung von Resilienz ist ein individueller Prozess, und was für die eine Person hilfreich ist, muss nicht zwangsläufig für eine andere Person wirken. Daher ist es wichtig, verschiedene Methoden auszuprobieren und diejenigen zu finden, die am besten zu den persönlichen Bedürfnissen und Vorlieben passen.

Psychohygiene bezieht sich auf Maßnahmen zur Erhaltung und Förderung der psychischen Gesundheit. Im Kontext des Vertriebs bedeutet dies, bewusst Strategien zu implementieren, die helfen, mit der emotionalen Belastung umzugehen. Dazu gehören das Setzen realistischer Ziele, das Feiern auch kleiner Erfolge und die Pflege sozialer Kontakte, sowohl innerhalb als auch außerhalb des Arbeitsumfelds. Regelmäßige Pausen und Auszeiten, in denen man sich physisch und mental regenerieren kann, sind ebenfalls essenziell.

Die TCM bietet ein ganzheitliches Verständnis von Gesundheit, das auch auf den Umgang mit Ablehnung im Vertrieb angewendet werden kann. Zentral ist hier der Begriff des Qi, der Lebensenergie. Ein harmonischer Fluss des Qi im Körper wird mit Wohlbefinden und Lebenskraft assoziiert, während Blockaden zu emotionalen und physischen Beschwerden führen können.

- *Emotionale Balance durch Akupunktur:* Die TCM sieht Emotionen als integralen Bestandteil der Gesundheit. Akupunktur kann helfen, emotionale Blockaden zu lösen und das Qi wieder ins Gleichgewicht zu bringen. Speziell für den Umgang mit Stress und Frustration können bestimmte Akupunkturpunkte stimuliert werden, um Entspannung zu fördern und die mentale Resilienz zu stärken.

- *Kräutermedizin zur Stressreduktion:* Bestimmte chinesische Kräuter haben eine beruhigende Wirkung und können unterstützend eingesetzt werden, um die Nerven zu stärken und besser mit Ablehnungen umzugehen.
- *Qi Gong und Tai Chi zur Förderung des Qi-Flusses:* Diese sanften Bewegungsformen unterstützen den Fluss des Qi und helfen, Körper und Geist in Einklang zu bringen. Regelmäßige Praxis kann nicht nur die physische, sondern auch die emotionale Resilienz stärken.

Der Umgang mit Ablehnung im Vertriebsprozess erfordert ein Zusammenspiel aus psychologischen Strategien und gegebenenfalls auch Methoden aus der Traditionellen Chinesischen Medizin. Wichtig ist es, Ablehnungen nicht persönlich zu nehmen und sie stattdessen als Teil des Lernprozesses zu betrachten. Die Pflege der eigenen psychischen und physischen Gesundheit spielt dabei eine zentrale Rolle. Durch die Anwendung von Psychohygiene-Praktiken und TCM-Methoden können Vertriebsmitarbeiter eine größere emotionale Stabilität und Resilienz entwickeln, die sie dabei unterstützt, die Herausforderungen des Vertriebsalltags gesund und motiviert zu meistern.

Symptome für einen dysfunktionalen 3fach-Erwärmer Meridian und analoge Symptome im Unternehmen

Symptome beim Menschen: Schwaches Immunsystem, Infekte, Wetterfühligkeit, Schwierigkeit mit Veränderung, Tendenz zu Stoffwechselproblemen, Libido-Verlust, trockener Mund, Rückgratschmerzen.

- *Schwache Widerstandskraft* (vgl. Schwäche im Immunsystem) – Die Vertriebsmitarbeiter sind oft nicht gut auf Rückschläge vorbereitet und lassen sich leicht entmutigen. Abhilfe: Stärkung der Resilienz durch regelmäßige Schulungen und Coaching, um die emotionale und mentale Widerstandskraft zu erhöhen.

- *Häufige Fehler in der Kommunikation* mit Kunden oder in der Abwicklung von Aufträgen (vgl. Infekte (Fehleranfälligkeit). Abhilfe: Einführung von klaren Prozessen und Checklisten, um Fehler zu minimieren, sowie regelmäßige Team-Meetings zur Besprechung von Best Practices.

- *Vertriebsmitarbeiter reagieren stark auf Marktschwankungen und äußere Veränderungen* (vgl. Wetterfühligkeit). Abhilfe: Entwicklung von flexiblen Strategien und Szenarien-Planung, um auf unterschiedliche Marktbedingungen vorbereitet zu sein.

- *Widerstand gegen neue Vertriebsstrategien* oder Technologien (vgl. Schwierigkeit mit Veränderung). Abhilfe: Change-Management-Programme und das Einbeziehen der Mitarbeiter in den Veränderungsprozess, um Akzeptanz und Engagement zu erhöhen.

- *Langsame und ineffiziente Vertriebsprozesse* (vgl. Tendenz zu Stoffwechselproblemen). Abhilfe: Optimierung der Prozesse durch Automatisierung und den Einsatz von CRM-Systemen, um die Effizienz zu steigern.

- *Niedrige Motivation und mangelndes Engagement der Vertriebsmitarbeiter* (vgl. Libido-Verlust). Abhilfe: Einführung von Anreiz- und Belohnungssystemen sowie Maßnahmen zur Steigerung der Mitarbeiterzufriedenheit.

- *Schwierigkeiten in der Kundenkommunikation* und im Abschluss von Verträgen (vgl. Trockener Mund). Abhilfe: Schulung in Kommunikationstechniken und Verkaufsgesprächen, um die Fähigkeiten der Vertriebsmitarbeiter zu verbessern.

- *Vertriebsmitarbeiter fühlen sich nicht ausreichend unterstützt* vom Management (vgl. Rückgratschmerzen). Abhilfe: Aufbau eines starken Support-Systems und regelmäßiger Dialog zwischen Vertrieb und Management, um Unterstützung zu gewährleisten.

> »*Verkaufen ist nicht nur ein Beruf, sondern eine Kunst, bei der es darauf ankommt, den Menschen zu helfen, ihre Probleme zu lösen.*«
>
> Brian Tracy

Erde

Die Wandlungsphase Erde im Unternehmenskontext

In den alten Schriften des „Nei Jing" finden wir tiefe Einsichten über die Erde und ihre Verbindung zum Menschen: „Der Mensch entspringt der Erde und kehrt zu ihr zurück; alles Körperliche stammt aus der Erde und kehrt zu ihr zurück." Diese Worte betonen die unauslöschliche Verbindung, die der Mensch mit der Erde teilt, eine Bindung, die das Leben selbst untermauert. Die Traditionelle Chinesische Medizin (TCM) interpretiert die Erde nicht nur als den physischen Boden unter unseren Füßen. Sie ist das Fundament unseres Seins und erfüllt die erhabene Aufgabe, uns sowohl physisch als auch emotional und geistig zu stützen, zu nähren und zu zentrieren. Ihr mütterlicher Charakter und ihre Rolle als Quelle der Nahrung ziehen sich als roter Faden durch die klassischen Texte der TCM. In ihrer Funktion als das Element, das die Jahreszeiten harmonisch verknüpft, symbolisiert Erde das verbindende und ausgleichende Prinzip des Lebens.

Wenn wir die Erde im Kontext des menschlichen Lebenszyklus betrachten, insbesondere in Bezug auf das mittlere Lebensalter, so steht sie für Reife, Stabilität und den Wunsch nach Selbstverwirklichung. Es ist diese Phase des Lebens, in der viele von uns bestrebt sind, Familie zu gründen und eine feste Existenzgrundlage zu schaffen, angetrieben von einem tief verankerten, erdbetonten Instinkt. Ein erdverbundener Mensch, der sich durch Stabilität und praktische Fähigkeiten auszeichnet, erinnert in vielen Aspekten an ein gut geführtes Unternehmen. Er oder sie packt an, hat Beständigkeit und ist zuverlässig.

In einem Unternehmen entspricht „Erde Yin", zugeordnet der Milz, metaphorisch dem Bereich „Produktion und Transformation". Hier werden Ressourcen und Materialien aufgenommen, umgewandelt und vorbereitet, damit sie effektiv genutzt werden können. Die Milz spielt eine Schlüsselrolle bei der Umwandlung von Nahrung in wertvolle Nährstoffe und Energie. Analog dazu nimmt die Produktion in einem Unternehmen Rohmaterialien auf und verwandelt sie in Produkte oder Dienstleistungen, die genau den Anforderungen und Wünschen der Kunden entsprechen.

„Erde Yang", zugeordnet dem Magen, kann den Bereich „Einkauf und Lagerung" in einem Unternehmen repräsentieren. Der Magen nimmt Nahrung auf, zerlegt sie und bereitet sie vor, um vom Körper in Energie umgewandelt zu werden. Ähnlich sorgt die Beschaffungsabteilung in einem Unternehmen dafür, dass Rohmaterialien und Ressourcen effizient verwaltet und für die Produktion bereitgestellt werden, um einen reibungslosen und kontinuierlichen Betriebsablauf zu gewährleisten.

Die Wandlungsphase Erde ist daher von zentraler Bedeutung. Sie nährt und stützt uns in vielfältiger Weise und erinnert uns daran, wie wichtig es ist, ein solides Fundament zu haben, auf dem wir aufbauen können. In jedem Unternehmen ist ein harmonisches Zusammenspiel dieser beiden Bereiche essentiell für eine effiziente Produktion und einen stetigen Fluss von Ressourcen, was letztlich zu nachhaltigem Erfolg und Wachstum führt.

Produktion und Transformation | Erde Yin (Mi)

Essenz: Die Milz wandelt Nahrung in Qi und Blut um und ist für die Aufnahme und Verteilung von Nährstoffen zuständig.
Emotion: Sorgen und Grübeln. Ein Ungleichgewicht kann zu übermäßigem Sorgen und Denken führen.
Tätigkeiten: Umwandlung von Nahrung in essenzielle Substanzen, Aufrechterhaltung des Muskeltonus und des Blutvolumens.
Probleme bei Fülle: Schweregefühl, Trägheit, Verdauungsstörungen.
Probleme bei Leere: Müdigkeit, Blässe, Appetitmangel, Schwäche der Gliedmaßen.
Weitere Assoziationen: Spätsommer, das feuchte Element, Gelb, der Mund.
Metaphorische Funktion im Unternehmen: Effizienz in Produktionsprozessen, Umwandlung von Ressourcen in Produkte oder Dienstleistungen.

Nun möchte ich deine Aufmerksamkeit auf ein weiteres wichtiges Element in unserem System der Metaphern lenken: die Milz. In unserem Konzept repräsentiert sie die Produktion und die Erbringung von Dienstleistungen in deinem Unternehmen.

Genauso wie die Milz in unserem Körper eine entscheidende Rolle bei der Umwandlung und Verteilung von Nährstoffen spielt, so steht die Produktion in deinem Unternehmen für die Verwandlung von Rohstoffen in Endprodukte und die Dienstleistungsabteilung für die Erfüllung der Anforderungen und Bedürfnisse deiner Kunden. Ein Prozess, der genau so essenziell ist wie die Verdauung selbst.

Ein weises Zitat aus dem „Huangdi Neijing" lautet: „Die Milz ist wie der offizielle in der Mitte, der das Wesentliche extrahiert und das Korn nach oben gibt." Genau wie die Milz das Beste aus der Nahrung extrahiert und verteilt, so sollte dieser Bereich stets das Beste aus den Ressourcen herausziehen und es deinen Kunden in Form von hochwertigen Produkten und erstklassigem Service präsentieren.

Betrachte die Produktion als das Herzstück deines Unternehmens, als den Kern, der alles zusammenhält und am Laufen hält.

Die Milz, als das „Zentralorgan" der TCM, übernimmt die Aufgabe der Umwandlung und des Transports. In deinem Unternehmen steht sie sowohl für die Transformation von Ressourcen in Produkte als auch für die Erbringung von Dienstleistungen, die das Kundenerlebnis bereichern.

Ein Ungleichgewicht in Produktion und Dienstleistung kann zu übermäßigem Nachdenken und Sorgen führen – ein Zeichen dafür, dass der Energiefluss in diesen Bereichen möglicherweise gestört ist – vergleichbar mit einem gestörten Milz-Qi.

Ein Übermaß, sei es an produzierten Gütern ohne entsprechenden Absatz oder an angebotenen Dienstleistungen ohne echten Mehrwert, kann zu ineffizienten Prozessen und unzufriedenen Kunden führen.

Ein Mangel an Ressourcen in Produktion und Dienstleistung kann zu Verzögerungen, Qualitätseinbußen oder unerfüllten Kundenanforderungen führen.

Denke an den süßen Geschmack des Erfolgs, das Zentrum deines Unternehmens, die warme gelbe Farbe der Ernte und das Gefühl der Nährung und Fürsorge.

Halte den Energiefluss in Produktion und Dienstleistung stets im Gleichgewicht. Es sind diese Bereiche, die dein Unternehmen zum Strahlen bringen und die Beziehung zu deinen Kunden stärken.

In der Traditionellen Chinesischen Medizin (TCM) wird Neugier und der Hunger nach neuen Informationen mit dem Funktionsbereich der Milz assoziiert. Ein Mangel an Informationen, Nachrichten oder Eindrücken kann zu einer unzureichenden Herausforderung der Milz führen und Langeweile verursachen. Als Reaktion darauf entsteht oft ein stärkeres Verlangen nach groben, verarbeitbaren Stoffen, also nach Essen. Übermäßiges Nachdenken kann das Qi der Mitte erschöpfen. In klassischen Darstellungen wird die Wandlungsphase Erde oft im Zentrum der vier anderen Wandlungsphasen dargestellt. Die Hauptprobleme in diesem Bereich sind Müdigkeit, Unlust, allgemeine Trägheit und eine gewisse Schwerfälligkeit.

Die Milz hat die Aufgabe, Energien aufzunehmen und sie zu transformieren, Wachstum und Reifung anzuregen und das Klare zu reinigen. Sie wandelt körperfremde Energien in körpereigenes Substrat um und kontrolliert auch die Muskeln, Extremitäten und den Transport. Im Unternehmenskontext sind mit dem Funktionsbereich der Milz die Bereiche Produktion, Service und Transport verbunden. Wenn Dienstleistungen erbracht werden, wird das Wahrgenommene mit dem Vorhandenen verglichen, und es wird Wissen und Erfahrung hinzugefügt. Dadurch entsteht eine persönliche, individuelle Identität aus Ruhen und Betrachten.

Die Effizienz des Funktionskreises Milz kann durch die Betrachtung der Faktoren „Kosten", „Präzision" und „Zeitaufwand" beschrieben werden. Unter Kosten versteht man den Energieaufwand, der zur Erbringung einer Leistung erforderlich ist. Präzision bezieht sich auf die Güte und Verlässlichkeit einer Leistung, und unter Zeitaufwand versteht man die durchschnittliche Dauer der Leistungserbringung. Streben Sie danach, ein Effizienz-Fanatiker zu sein!

Du arbeitest am effizientesten, wenn du dich auf bestimmte Bereiche spezialisierst. Dadurch senkst du Organisations-, Verwaltungs-, Kontroll- und Führungskosten und erhöhst die Übersichtlichkeit, was viele Funktionen überflüssig macht. Reduziere die Fertigungstiefe, um flexibler zu werden, Investitionen einzusparen, die Transparenz in deiner eigenen Fertigung zu erhöhen, Fixkosten zu reduzieren, Produktionsflächen einzusparen und den Einfluss von Auslastungsschwankungen auf dein Unternehmen zu verringern. Überlege, welche Teile oder Prozesse gewinnbringend ausgelagert werden können, um logistische oder Kostenvorteile zu erzielen.

Die mit der Milz verbundene Emotion ist Schwermut. Wenn also Schwermut in deinem Unternehmen herrscht, ist der Funktionskreis Erde betroffen. Wenn du erkennst, dass das, was du tust, nicht funktioniert, stelle deine Handlungen ein und konzentriere dich auf das, was funktioniert!Zusammenfassend lässt sich sagen, dass die effektive Nutzung des Funktionsbereichs Erde-Milz in deinem Unternehmen von großer Bedeutung ist. Achte auf eine ausgewogene Herausforderung deiner Mitarbeiter, schaffe ein angenehmes Betriebsklima und optimiere deine Prozesse, um Effizienz und Leistungsfähigkeit zu steigern. Identifiziere schädigende Einflüsse frühzeitig und ergreife entsprechende Maßnahmen, um negative Auswirkungen zu minimieren. Indem du die Prinzipien der TCM auf dein Unternehmen anwendest, kannst du ein gesundes und erfolgreiches Arbeitsumfeld schaffen.

Super-Produktivität entsteht, wenn es keine Ausfallzeiten, Widerstände oder Verzögerungen gibt. Arbeit führt direkt zu Ergebnissen, und selbst in Ruhephasen setzt sich der Erfolg fort. Neue Projekte werden zügig abgeschlossen, und Veränderungen fließen nahtlos in den Prozess ein. Ideen sind sofort umsetzungsbereit. Du etablierst Grenzen, die dich unerschütterlich gegenüber Störungen durch Menschen oder Probleme machen, und deine Anziehungskraft zieht Ressourcen, Personen, Lösungen und Kunden magnetisch an, sodass aktives Suchen überflüssig wird.

Diese Art von Produktivität geht über bloße Effizienz hinaus; sie verlangt kluges Handeln und berücksichtigt eine spirituelle Dimension, die zu bemerkenswerten Resultaten führt. Es ist ein Paradigmenwechsel, bei dem du lernst, dich so zu organisieren und zu strukturieren, dass du stets effektiv und effizient agieren kannst. Superproduktivität nutzt alle verfügbaren Ressourcen – Zeit, Energie, Wissen und Fähigkeiten – optimal. Dabei arbeitest du nicht härter, sondern smarter, setzt Energie gezielt ein, planst strategisch und nutzt Technologien, um deine Ziele zu erreichen. Entscheidend ist nicht die Quantität, sondern die Qualität deiner Ergebnisse.

Um dieses hohe Maß an Produktivität zu erreichen, ist es essenziell, Aufgaben nach ihrer Bedeutung zu priorisieren und das Eisenhower-Prinzip anzuwenden, um zu entscheiden, was sofort erledigt, delegiert, geplant oder vermieden werden sollte.

Das Eisenhower-Prinzip, auch als Eisenhower-Matrix bekannt, ist eine Methode zur Priorisierung von Aufgaben, basierend auf ihrer Dringlichkeit und Wichtigkeit. Es hilft bei der Entscheidungsfindung, indem es Aufgaben in vier Kategorien einteilt:

1. *Dringend und wichtig:* Aufgaben, die sofortige Aufmerksamkeit erfordern und direkte Auswirkungen auf Ziele oder kritische Projekte haben. Diese sollten sofort selbst erledigt werden.
2. *Wichtig, aber nicht dringend:* Aufgaben, die wichtig für die Erreichung langfristiger Ziele sind, aber keinen sofortigen Zeitdruck haben. Diese sollten geplant und zu einem späteren Zeitpunkt erledigt werden.

3. *Dringend, aber nicht wichtig:* Aufgaben, die sofortige Aufmerksamkeit zu erfordern scheinen, aber nicht direkt zur Erreichung eigener Ziele beitragen. Diese können delegiert werden.
4. *Weder dringend noch wichtig:* Aufgaben, die weder sofortige Aufmerksamkeit erfordern noch einen wesentlichen Beitrag leisten. Diese sollten vermieden oder eliminiert werden.

Dieses Prinzip unterstützt die effiziente Nutzung der Zeit, indem es sicherstellt, dass man sich auf das konzentriert, was wirklich zählt und das dabei hilft, Zeitfresser zu vermeiden.

Produktive Routinen sind das Fundament der Produktivität. Entwickle für dich und dein Team Gewohnheiten, die produktives Arbeiten fördern, wie ein energetisierendes Morgenritual oder feste Zeiten für fokussiertes Arbeiten ohne Ablenkungen. Die richtige Technologie spielt in der digitalen Ära eine entscheidende Rolle. Investiere in Tools, die Prozesse vereinfachen und automatisieren, und begrenze Ablenkungen durch Technologie.

Ein starkes Team, das autonom handeln kann, steigert nicht nur die Produktivität, sondern auch die Arbeitszufriedenheit. Fördere eine agile Arbeitskultur, die Veränderungen begrüßt, Experimente unterstützt und aus Fehlern lernt, um in einem dynamischen Markt produktiv zu bleiben.

Das Erreichen von Superproduktivität in dir und deinem Unternehmen bedeutet, eine tiefe Verbindung zwischen deinen Werten, Zielen und deinem täglichen Handeln herzustellen. Es erfordert Disziplin, Klarheit und die Bereitschaft, kontinuierlich zu lernen und sich anzupassen. Indem du diesen Weg verfolgst, erschaffst du nicht nur ein produktives, sondern auch ein authentisch erfolgreiches Leben und Unternehmen.

Aufbau des Funktionsbereichs „Produktion und Transformation"

Dieser Bereich umfasst nicht nur die Planung und Ausführung, sondern auch die Optimierung deiner Produktions- und Dienstleistungsprozesse. Lass uns gemeinsam die wichtigen Schritte durchgehen, um diesen zentralen Unternehmensbereich erfolgreich zu strukturieren.

- Es beginnt alles mit einer klaren Zielsetzung. Du solltest präzise Ziele für diesen Bereich festlegen, wie beispielsweise Kosteneffizienz, Einhaltung von Qualitätsstandards, effizientes Zeitmanagement und die Förderung von Innovationen. Es ist ebenso wichtig, dass deine Produktions- und Dienstleistungsstrategien mit den Gesamtzielen deines Unternehmens übereinstimmen, um eine harmonische und effektive Geschäftsführung zu gewährleisten.
- Eine durchdachte Infrastruktur ist das Rückgrat deiner Produktions- und Dienstleistungsbereiche. Du musst sorgfältig über die benötigten Produktionsanlagen entscheiden, inklusive der Standortwahl, der benötigten Maschinen und Ausrüstung. Gleichzeitig ist

es entscheidend, die Ressourcen für die Dienstleistungserbringung wie Büroflächen und IT-Infrastruktur sorgfältig zu planen.
- Effiziente Produktionsprozesse sind notwendig, um deine Produkte von der Idee bis zur Fertigstellung erfolgreich zu managen. Parallel dazu solltest du klare Prozesse für deine Dienstleistungen entwickeln, um eine hohe Servicequalität sicherzustellen. Diese Prozesse sind essenziell für den reibungslosen Ablauf deines täglichen Geschäfts.
- Die Auswahl und das Management deines Teams sind entscheidend. Du musst Schlüsselpositionen definieren und geeignetes Personal für deine Produktions- und Dienstleistungsbereiche einstellen. Biete regelmäßige Schulungen an, um sicherzustellen, dass dein Team sowohl technisch als auch im Kundenservice auf dem neuesten Stand bleibt.
- Setze klare Qualitätsstandards und etabliere Systeme zur kontinuierlichen Qualitätskontrolle. Diese Standards und Systeme helfen dir, die Qualität deiner Produkte und Dienstleistungen ständig zu überwachen und zu verbessern.
- Wähle geeignete Technologien aus, die die Effizienz steigern und die Qualität deiner Prozesse verbessern. Überlege, wo Automatisierung sinnvoll eingesetzt werden kann, um Konsistenz zu gewährleisten und menschliche Fehler zu minimieren.
- Entwickle robuste Prozesse für das Management deiner Lieferkette und pflege starke Beziehungen zu deinen Lieferanten. Diese Beziehungen sind entscheidend, um die beste Qualität und Lieferzuverlässigkeit zu sichern.
- Implementiere umweltfreundliche Praktiken in deinen Produktions- und Dienstleistungsprozessen und fördere Initiativen, die soziale Verantwortung unterstützen. Diese Maßnahmen verbessern nicht nur dein Unternehmensimage, sondern tragen auch zu einer nachhaltigen Geschäftsführung bei.
- Etabliere Feedbacksysteme und schaffe eine Innovationskultur. Regelmäßige Bewertungen und das Einholen von Feedback helfen dir, ständig zu lernen und dich zu verbessern.
- Definiere Leistungskennzahlen (KPIs), die Effizienz, Qualität und Kundenzufriedenheit messen. Erstelle regelmäßig Berichte, die den Fortschritt und die Leistung deines Produktions- und Dienstleistungsbereichs aufzeigen.

Checkliste Produktion

Kultur, Führung und Organisation
- Werden Führungskräfte intern ausgebildet und rekrutiert?
- Kennen die zuständigen Führungskräfte die Arbeitsabläufe im Detail? Verbringen sie genügend Zeit an ihrem Arbeitsplatz (und nicht in endlosen Meetings)?
- Kennen die Mitarbeitenden alle Arbeitsschritte in ihrem Bereich?
- Sind die Abteilungs- oder Teamleiter für die Qualität des Endprodukts verantwortlich?
- Sind die Rollen aller Teammitglieder genau definiert?

- Existieren klare Arbeitsanweisungen?
- Sind Support-Funktionen (Unterhalt, Produktionstechnik, Qualitätssicherung, Einkauf/Disposition, Produktionsleitung) in oder nahe der Produktion untergebracht?
- Sind die Arbeitsabläufe in der Produktion dokumentiert, geschult und verstanden?
- Haben Mitarbeitende die Kompetenz, die Produktion zu stoppen, wenn sie Qualitätsmängel feststellen?

Prozess- und Wertstromoptimierung
- Wird auf (Kunden-)Bestellung produziert („Pull-Prinzip")?
- Fließt das Material durch die Produktion, ohne Zwischenlager, Liegezeiten und Umwege („Flow-Prinzip")?
- Wird die Materialversorgung zwischen Produktionsstufen durch Kanban-Systeme und „Supermärkte" sichergestellt?
- Wird das Material direkt zum Ort der Verarbeitung gebracht, anstatt es in zentralen Zwischenlagern vorzuhalten?
- Wird das Material im Produktionsprozess nur einmal und auf möglichst kurzem Weg transportiert?
- Sind die Produktionsschritte entlang des Prozesses ausgerichtet und angeordnet?
- Können die Kapazitäten pro Fertigungsschritt so bereitgestellt werden, dass der (tägliche) Kundenbedarf gedeckt werden kann?
- Wird immer nur ein (Zwischen-)Produkt von Produktionsschritt zu Produktionsschritt weitergegeben?
- Wird die Materialbereitstellung durch die nachgelagerte Produktionsstufe angestoßen?
- Wird der Produktionsplan immer zeit- und tagesgenau eingehalten?
- Ist die Zeit zwischen Auftrag und Produktionsstart kürzer als zwei Arbeitstage?
- Gibt es einen standardisierten Projektmanagement-Prozess mit Kosten- und Terminzielen für die Entwicklung neuer Produkte?
- Bindet dieser Prozess Kunden, Produktion, Lieferanten und Service frühzeitig ein?
- Wird die „Herstellbarkeit" neuer Produkte zusammen mit der Produktion sichergestellt?

Standardisierung / Arbeitsplatzoptimierung
- Sind die Räumlichkeiten sicher, sauber, gut beleuchtet und in Ordnung gehalten?
- Gibt es Regeln und Standards für die Arbeitsplatzordnung?
- Hat alles seinen festen Platz und ist leicht auffindbar?
- Sind Arbeitsanweisungen und Qualitätsanforderungen an allen Arbeitsplätzen sichtbar?
- Verursachen die Umstellung der Produktionsanlagen und -linien nur geringe Stillstandszeiten (SMED – Single Minute Exchange of Die)?
- Gibt es Pläne für die vorbeugende Ausrüstungs- und Anlagenwartung (TPM – Total Productive Maintenance)?

- Sind operative Ziele für alle sichtbar und bekannt?
- Sind aktuelle Diagramme zu Produktivität, Qualität, Kosten, Lieferbereitschaft, Durchlaufzeit, Kapitalbindung, Sicherheit, ökologischen Zielen und Verbesserungsmaßnahmen einsehbar?
- Gibt es Anzeigesysteme, die den Produktionsstatus (Arbeitsfortschritt, Materialverfügbarkeit, Werkzeugverschleiß usw.) visualisieren?
- Kennen die Mitarbeitenden ihre Leistungsziele? Erfassen und berichten sie ihre persönlichen Leistungsdaten?

Kontinuierliche Verbesserung (Kaizen)
- Gibt es tägliche Produktionsziele und werden diese Mengen erreicht?
- Verbessert sich die Produktionsleistung kontinuierlich?
- Sind die wertbestimmenden Schlüsselkriterien der Produkte identifiziert?
- Werden spezielle Methoden zur systematischen Fehlervermeidung genutzt?
- Gibt es ein Programm zur kontinuierlichen Verbesserung im Unternehmen/in der Produktion?
- Werden Qualitätsmängel in der Produktion schnell erkannt und behoben?
- Werden Mitarbeiter regelmäßig in Kaizen-Prinzipien und -Methoden geschult?
- Gibt es einen klaren Kommunikationskanal für Verbesserungsvorschläge der Mitarbeiter?
- Werden Verbesserungsmaßnahmen regelmäßig dokumentiert und deren Fortschritte überwacht?
- Sind die Arbeitsplatzorganisation und die Sauberkeit nach den 5S-Prinzipien (Sortieren, Setzen, Säubern, Standardisieren, Selbstdisziplin) optimiert?
- Werden regelmäßige Kaizen-Events oder Workshops durchgeführt, um Verbesserungen zu identifizieren und umzusetzen?
- Gibt es ein System zur Anerkennung und Belohnung von Verbesserungsvorschlägen und deren Umsetzung?
- Werden die Produktionsprozesse regelmäßig auf mögliche Verschwendung (Muda) überprüft und optimiert?

Die Checkliste Produktion kann als Orientierungshilfe dienen, um die Effizienz, Qualität und kontinuierliche Verbesserung in der Produktionsabteilung zu fördern. Es ist wichtig sicherzustellen, dass alle relevanten Aspekte berücksichtigt werden und dass die Mitarbeitenden aktiv in den Prozess der kontinuierlichen Verbesserung eingebunden sind. Durch regelmäßige Überprüfung und Anpassung der Checkliste kann sie an die spezifischen Anforderungen und Gegebenheiten des Unternehmens angepasst werden.

Symptome für einen dysfunktionalen Milz-Meridian und analoge Symptome im Unternehmen

Symptome beim Menschen: Schwaches Bindegewebe, Müdigkeit nach dem Essen, Neigung zu Übergewicht oder Diabetes, Neigung zum Grübeln und sich Sorgen machen, Konzentrationsschwäche oder geistiger „Nebel", Depression, Hautveränderungen

- *Mangel an struktureller Integrität* in Prozessen und Systemen, die die Produktion stützen (vgl. schwaches Bindegewebe). Abhilfe: Verstärkung der internen Abläufe durch Implementierung robuster Prozessmanagement-Tools und -techniken, regelmäßige Überprüfungen und Optimierungen der Produktionsprozesse.

- *Energieverlust oder Produktivitätseinbußen* nach größeren Projektabwicklungen oder Produktionsphasen (vgl. Müdigkeit nach dem Essen). Abhilfe: Einführung von Pausenregelungen und Erholungsphasen, Optimierung der Arbeitslastverteilung zur Vermeidung von Burnout.

- *Übermäßige Ressourcenanhäufung* oder ineffiziente Nutzung von Ressourcen, was zu Trägheit führt (vgl. Neigung zu Übergewicht oder Diabetes). Abhilfe: Lean Management-Prinzipien anwenden, um Verschwendung zu reduzieren und Effizienz zu steigern.

- *Übermäßige Planung und Analyse,* die zu Verzögerungen oder Entscheidungsparalyse führen (vgl. Neigung zum Grübeln und sich Sorgen machen). Abhilfe: Förderung einer Kultur der Entscheidungsfindung und des Handelns, Schulung der Mitarbeiter in effektiven Entscheidungstechniken.

- *Mangel an Klarheit in den Zielen und Strategien*, was zu verwirrten oder unklaren Produktionsabläufen führt (vgl. Konzentrationsschwäche oder geistiger „Nebel"). Abhilfe: Klare Kommunikation von Zielen und Erwartungen, regelmäßige Strategie- und Zielklärungssitzungen.

- *Geringe Moral und Motivation* unter den Mitarbeitern, oft verursacht durch monotone oder nicht belohnende Aufgaben (vgl. Depression). Abhilfe: Einrichtung von Motivationsförderungsprogrammen, Karriereentwicklungsmöglichkeiten und Anerkennung von Mitarbeiterleistungen.

- *Äußere Manifestationen interner Probleme*, z.B. Qualitätsprobleme oder Fehlleistungen in Endprodukten (vgl. Hautveränderungen). Abhilfe: Implementierung strengerer Qualitätskontrollverfahren, regelmäßige Überprüfung und Anpassung von Qualitätsstandards.

Einkauf und Lagerung | Erde Yang (Ma)

Essenz: Der Magen ist verantwortlich für den Empfang und die Zersetzung der Nahrung, was die erste Stufe der Nahrungsverarbeitung darstellt.
Emotion: Befriedigung und Akzeptanz. Ein Ungleichgewicht kann zu mangelnder Befriedigung oder übermäßiger Sorge um Nahrung und Versorgung führen.
Tätigkeiten: Aufnahme, Zersetzung und Weiterleitung von Nahrung.
Probleme bei Fülle: Verdauungsprobleme, Übelkeit, Völlegefühl.
Probleme bei Leere: Mangelnde Nährstoffaufnahme, Schwäche, schlechte Energie.
Weitere Assoziationen: Die Erde als Element, Spätsommer, die Zentrierung und das Empfangen.
Metaphorische Funktion im Unternehmen: Beschaffung von Materialien und Gütern, Lagerhaltung und Vorratsmanagement.

Genau wie der Magen, der für die Aufnahme von Nahrung zuständig ist, hat die Beschaffung in deinem Unternehmen die wesentliche Funktion, die benötigten Ressourcen sicherzustellen. Stelle dir vor, wie der Magen die Nahrung sorgfältig aufnimmt, sie zerkleinert und in nutzbare Energie verwandelt. Dies ist vergleichbar mit der Art und Weise, wie die Beschaffung Rohstoffe und Materialien einkauft und sicherstellt, dass sie in der Produktion in wertvolle Produkte umgewandelt werden.

Der Magen, liebevoll das „Meer der Nahrung und Flüssigkeiten" genannt, ist das Zentrum unserer körperlichen Ernährung. Er empfängt die Nahrung, zerlegt sie und bereitet sie so vor, dass unser Körper die Nährstoffe optimal aufnehmen kann. In ähnlicher Weise ist die Beschaffung das Herzstück deines Unternehmens, das dafür sorgt, dass alles, was benötigt wird, vorhanden ist und zum richtigen Zeitpunkt geliefert wird.

Du kennst das Gefühl, wenn der Magen rebelliert, weil etwas nicht stimmt? Das kann zu übermäßigem Nachdenken und zu Sorgen führen. Wenn die Beschaffung nicht effizient funktioniert, kann dies zu Überdenken und Sorgen in anderen Abteilungen führen.

Der Magen sorgt nicht nur für die Verdauung der Nahrung, sondern transformiert sie auch in eine chymische Masse, die dann in den Dünndarm weitergeleitet wird. Ebenso sorgt die Beschaffung dafür, dass Ressourcen nicht nur eingekauft, sondern auch effizient gelagert und für die Produktion bereitgestellt werden.

Genau wie ein überfüllter Magen zu Beschwerden führen kann, kann ein Übermaß an gelagerten Ressourcen zu Ineffizienzen und unnötigen Kosten führen.

Ein schwacher Magen führt zu Verdauungsproblemen. Ebenso kann ein Mangel an Ressourcen in der Beschaffung zu Produktionsproblemen und Verzögerungen führen.

Denke immer daran, dass der Energiefluss in der Beschaffung genau so wichtig ist wie in jeder anderen Abteilung deines Unternehmens. Pflege diesen Bereich, und er wird dein Unternehmen nähren und stärken.

Einkauf und Lagerung sind wichtige Bereiche in einem Unternehmen, die eng mit dem Konzept des Magens und der Erde-Yang-Energie verbunden sind. Der Magen im Körper ist verantwortlich für das Rotten und Reifen von Nahrung und benötigt dafür Regelmäßigkeit, genügend Zeit und Ruhe für die Verdauung. Ähnlich verhält es sich mit dem Einkauf und der Lagerung im Unternehmen.

Um effiziente Einkaufs- und Lagerprozesse zu gewährleisten, ist es wichtig, die betrieblichen Warenflussdaten zu ermitteln und basierend darauf das Lager zu gestalten. Quadratische und nicht zu hohe Lager sind besonders geeignet, idealerweise nicht über drei Etagen. Die Lagerung sollte durch Übersichtlichkeit und Ordnung geprägt sein, um eine schnelle Auffindbarkeit der benötigten Artikel zu ermöglichen. Ein direkter Zugriff auf die Lagerware, kompakte Lagerung und hohe Sicherheitsstandards sind ebenfalls entscheidende Kriterien.

Bei Neubauten sollten Sie ganzheitlich das Innenleben des Lagers und die optimalen Betriebsabläufe entsprechend Ihren individuellen Anforderungen gestalten. Das Gebäude selbst sollte zweckmäßig um das Lager herum geplant werden, um eine reibungslose und effiziente Lagerlogistik zu ermöglichen.

Der Magen ist auch eng mit dem Einkaufsbereich verbunden und arbeitet eng mit dem Funktionsbereich der Milz zusammen. Der Einkaufsprozess sollte darauf abzielen, qualitativ hochwertige und geeignete Materialien und Waren für das Unternehmen zu beschaffen. Eine gute Zusammenarbeit und Abstimmung zwischen dem Einkauf und der Milz ist dabei wichtig, um sicherzustellen, dass die Bedürfnisse des Unternehmens effektiv erfüllt werden.

Insgesamt ist es entscheidend, die Prinzipien der Erde-Yang-Energie im Einkauf und der Lagerung zu berücksichtigen. Durch eine sorgfältige Gestaltung der Lagerstrukturen, optimierte Betriebsabläufe und eine enge Zusammenarbeit zwischen Einkauf und Lagerung können Unternehmen effiziente und gut organisierte Prozesse schaffen, die zu einer reibungslosen Versorgung und einem erfolgreichen Betrieb führen.

Aufbau des Funktionsbereichs „Einkauf und Lagerung"

Der Funktionsbereich „Einkauf und Lagerung" beeinflusst maßgeblich die Kosteneffizienz, die Qualität der Produkte und die Kundenzufriedenheit durch pünktliche Lieferungen. Lass uns die Schlüsselschritte zur Optimierung dieses wichtigen Unternehmenssegments durchgehen.

- Zu Beginn ist es entscheidend, klare strategische Ziele für den Einkauf und die Lagerung zu definieren. Diese Ziele sollten auf Kosteneffizienz, Qualitätsmanagement und die Sicherstellung pünktlicher Lieferungen ausgerichtet sein. Es ist ebenso wichtig, dass diese Strategien eng mit den Zielen anderer Abteilungen wie Logistik und Produktion verknüpft sind, um eine ganzheitliche Unternehmensstrategie zu gewährleisten.

- Für eine effektive Abwicklung im Bereich Einkauf und Lagerung ist der Aufbau einer klaren Teamstruktur unerlässlich. Schlüsselpositionen wie Einkaufsleiter, Lagerverwalter und Beschaffungsmitarbeiter müssen definiert werden. Jeder Rolle im Team müssen klare Verantwortlichkeiten und Aufgaben zugewiesen werden, um effiziente Arbeitsabläufe zu garantieren.
- Die Auswahl und das Management von zuverlässigen Lieferanten sind grundlegend für den Erfolg deines Einkaufsbereichs. Es ist wichtig, Vertragsmanagement-Strategien zu entwickeln, die Kostenkontrolle und gute Lieferantenbeziehungen zu etablieren, um die Geschäftsziele zu unterstützen.
- Die Entwicklung einer effektiven Lagerhaltungsstrategie ist entscheidend. Du solltest optimale Lagerhaltungsmethoden wie Just-in-Time oder ABC-Analyse bestimmen, die auf deinen Produkttyp und die Umschlagshäufigkeit abgestimmt sind. Die Implementierung fortschrittlicher Lagerverwaltungssysteme unterstützt die Bestandsführung, das Bestellwesen und die Raumoptimierung.
- Die Automatisierung der Prozesse im Einkauf und in der Lagerung erhöht die Effizienz und minimiert Fehler. Stelle sicher, dass die verwendeten IT-Systeme nahtlos mit anderen Systemen in Logistik und Produktion integriert sind, um die Datenintegrität und Prozesseffizienz zu maximieren.
- Implementiere Qualitätskontrollprozesse beim Wareneingang und während der Lagerung, um die Produktqualität zu sichern. Entwickle auch Strategien zur Minimierung von Risiken wie Lieferverzögerungen und Lagerüberbeständen.
- Führe Praktiken für nachhaltige Beschaffung ein und richte Systeme zur Abfallminimierung und zum Recycling im Lagerbereich ein. Diese Maßnahmen tragen nicht nur zum Umweltschutz bei, sondern verbessern auch das Ansehen deines Unternehmens in der Öffentlichkeit.
- Biete deinen Mitarbeitern regelmäßige Schulungen zu den neuesten Praktiken und Technologien im Einkauf und in der Lagerverwaltung an. Förderung der Karriereentwicklung durch klar definierte Karrierepfade innerhalb des Bereichs stärkt das Engagement und die Zufriedenheit des Teams.
- Definiere Leistungskennzahlen, die die Effizienz deines Bereichs messen, und führe regelmäßige Überprüfungen der Prozesse durch. Passe Strategien an, um kontinuierliche Verbesserungen zu fördern und deinen Bereich ständig weiterzuentwickeln.

Beschaffungsstrategie

Die Bedeutung einer langfristigen, stabilen Beschaffungsstrategie für Unternehmen wird durch aktuelle globale Lieferkettenprobleme stark hervorgehoben. Diese Probleme illustrieren die Risiken, die mit einer übermäßigen Abhängigkeit von Lieferanten aus totalitär regierten Ländern wie China und Russland verbunden sind, und unterstreichen die Notwendigkeit, neben dem Preis auch die geopolitischen und wirtschaftlichen Risiken zu berücksichtigen. Im Folgenden sind einige Beispiele und Lehren aus diesen Herausforderungen aufgeführt:

- COVID-19-Pandemie und die daraus resultierenden *Lieferkettenunterbrechungen*: Die Pandemie hat gezeigt, wie anfällig internationale Lieferketten sind, insbesondere wenn sie sich auf wenige Lieferanten oder Regionen konzentrieren. Viele Unternehmen erlebten erhebliche Störungen, da die Produktion in China, dem „Werk der Welt", zeitweise stillstand. Dies führte zu einer globalen Überprüfung der Lieferkettenresilienz und der Notwendigkeit, die Abhängigkeit von einzelnen Ländern zu verringern.

- *Handelskonflikte und Zölle:* Die Handelskonflikte zwischen den USA und China haben die Gefahren von Zöllen und Handelsbarrieren aufgezeigt. Unternehmen, die stark in Lieferketten involviert waren, die zwischen diesen beiden Ländern verliefen, sahen sich mit erhöhten Kosten und Unsicherheiten konfrontiert. Diese Situation unterstreicht die Bedeutung der Diversifizierung von Lieferquellen und der Suche nach alternativen Märkten.

- *Politische Instabilität und Sanktionen:* Die politische Instabilität und die daraus resultierenden Sanktionen gegen Länder wie Russland, insbesondere im Zusammenhang mit dem Einmarsch in die Ukraine, haben zu erheblichen Unterbrechungen und Risiken für Unternehmen geführt, die Geschäfte mit diesen Ländern tätigen. Solche geopolitischen Risiken können plötzlich auftreten und erfordern eine flexible und vorausschauende Planung in der Beschaffungsstrategie.

Um diesen und weiteren Risiken zu begegnen, ist es für Unternehmen essenziell, folgende Strategien zu implementieren:

- *Diversifizierung der Lieferkette:* Unternehmen sollten nicht zu stark von Lieferanten aus einem einzelnen Land oder einer Region abhängig sein. Durch die Diversifizierung über verschiedene geografische Gebiete hinweg können Risiken abgemildert werden.

- *Aufbau von Partnerschaften und strategischen Allianzen:* Langfristige Partnerschaften können helfen, Lieferketten zu stabilisieren und gemeinsame Risikomanagementstrategien zu entwickeln.

- *Investition in Technologie und Transparenz:* Digitale Tools und Technologien wie Blockchain können die Sichtbarkeit und das Management der Lieferkette verbessern, was eine schnellere Anpassung an Veränderungen und potenzielle Risiken ermöglicht.

- *Berücksichtigung ethischer und politischer Risiken:* Neben den Kosten müssen auch ethische Überlegungen und politische Stabilität bei der Auswahl von Lieferanten und Märkten eine Rolle spielen.

- *Aufbau einer strategischen Lagerhaltung:* Ein gewisses Maß an strategischer Lagerhaltung kann dazu beitragen, die Auswirkungen von Lieferengpässen zu mildern und die Betriebskontinuität sicherzustellen.

So können Unternehmen ihre Abhängigkeit von riskanten Märkten verringern und eine widerstandsfähigere, nachhaltige Lieferkette aufbauen.

Um den Bereich Einkauf in Unternehmen optimal zu gestalten, spielen verschiedene Konzepte eine wichtige Rolle. Hier sind die wichtigsten Konzepte, um den Einkaufsprozess effizient und effektiv zu gestalten:

- *Strategische Beschaffungsplanung:* Eine klare strategische Ausrichtung des Einkaufs ist entscheidend. Dazu gehören die Festlegung von Beschaffungszielen, die Analyse des Beschaffungsmarktes, die Identifizierung von Lieferanten und die Entwicklung von langfristigen Lieferantenbeziehungen.
- *Lieferantenmanagement:* Die Auswahl und Entwicklung der richtigen Lieferanten ist von großer Bedeutung. Dies beinhaltet eine sorgfältige Lieferantenbewertung, Preisverhandlungen, die Überwachung der Lieferantenleistung und die Zusammenarbeit mit den Lieferanten, um kontinuierliche Verbesserungen zu erreichen.
- *Einkaufsprozessoptimierung:* Die Optimierung des Einkaufsprozesses ermöglicht eine effiziente Abwicklung von Bestellungen und Vertragsverhandlungen. Dazu gehören die Standardisierung von Beschaffungsprozessen, die Implementierung von Einkaufsrichtlinien und -verfahren, die Automatisierung von Prozessen und die Nutzung von E-Procurement-Systemen.
- *Bestandsmanagement:* Ein effektives Bestandsmanagement ist entscheidend, um Kosten zu kontrollieren und Engpässe zu vermeiden. Dies umfasst die Bewertung des Lagerbestands, die Analyse der Nachfrage, die Festlegung von Mindestbeständen, die Implementierung von Just-in-Time-Lieferungen und die Nutzung von Lieferantenmanagementtechniken wie Vendor Managed Inventory (VMI).
- *Verhandlungskompetenz:* Eine starke Verhandlungskompetenz ist für den Einkauf von Vorteil, um günstige Preise und Konditionen zu erzielen. Dazu gehören die Vorbereitung auf Verhandlungen, das Verständnis der Lieferantenkostenstruktur, das Identifizieren von Verhandlungsspielraum und das Geschick im Verhandlungsprozess.
- *Risikomanagement:* Das Management von Lieferantenrisiken und Lieferkettenrisiken ist entscheidend, um mögliche Störungen oder Ausfälle zu vermeiden. Dazu gehören die Identifizierung von Risiken, die Bewertung von Risikofaktoren, die Entwicklung von Risikobewältigungsstrategien und die Etablierung von Notfallplänen.
- *Nachhaltigkeit und Ethik:* Im heutigen Geschäftsumfeld gewinnen Nachhaltigkeit und ethische Beschaffung zunehmend an Bedeutung. Unternehmen sollten sicherstellen, dass

ihre Beschaffungspraktiken sozial und ökologisch verantwortungsbewusst sind. Dies beinhaltet die Überprüfung von Lieferantenstandards, die Einhaltung von Umweltvorschriften und die Förderung fairer Handelspraktiken.
- *Verhinderung und Bekämpfung von Korruption* im Einkaufsbereich eines Unternehmens ist von entscheidender Bedeutung, um die Integrität, Transparenz und Nachhaltigkeit des Beschaffungsprozesses sicherzustellen.

Transparenz im Einkauf

Korruption beim Einkauf kann auch ein kleines oder mittelständisches Unternehmen an den Rand des Konkurses bringen. Angenommen, der Einkaufsleiter akzeptiert Bestechungsgelder von Lieferanten, um deren Produkte zu bevorzugen. Dies führt zu finanziellen Verlusten, minderer Qualität der Materialien, Kundenzufriedenheitsproblemen und dem Verlust von Geschäftsmöglichkeiten. Zusätzlich drohen rechtliche Konsequenzen wie Ermittlungen, Geldstrafen und ein Rufschaden. Effektive Maßnahmen zur Bekämpfung von Korruption sind entscheidend, um die Integrität und Nachhaltigkeit des Einkaufsprozesses sicherzustellen. Hier sind einige Maßnahmen, die dabei helfen können:

Ein Unternehmen sollte eine starke ethische Unternehmenskultur fördern, in der Korruption in jeder Form abgelehnt wird. Es ist wichtig, klare Richtlinien und Verhaltensstandards festzulegen, die eindeutig erklären, dass Korruption nicht toleriert wird, und diese Standards konsequent durchzusetzen. Mitarbeiter im Einkaufsbereich sollten regelmäßig über die Risiken und Konsequenzen von Korruption informiert und geschult werden. Dies beinhaltet die Sensibilisierung für gängige korrupte Praktiken, die Erklärung der Unternehmensrichtlinien und das Verständnis der rechtlichen Rahmenbedingungen.

Es ist wichtig, transparente Beschaffungsverfahren einzuführen und sicherzustellen, dass alle relevanten Informationen zu Angeboten, Verträgen und Zahlungen dokumentiert und nachvollziehbar sind. Dies schafft eine Kultur der Rechenschaftspflicht und verringert das Risiko von Korruption.

Eine effektive interne Kontrolle im Einkaufsbereich umfasst die klare Trennung von Aufgaben, um Machtmissbrauch und Interessenkonflikte zu verhindern. Dies beinhaltet die Segregation von Zuständigkeiten bei der Genehmigung von Bestellungen, der Verhandlung von Verträgen und der Überwachung der Lieferantenleistung. Unternehmen sollten eine gründliche Überprüfung von Lieferanten durchführen, um sicherzustellen, dass sie ethische Standards einhalten und keine Korruption oder Bestechung praktizieren. Dies beinhaltet die Überprüfung von Referenzen, die Einholung von Compliance-Zertifikaten und die Durchführung von Risikobewertungen.

Es ist wichtig, ein sicheres und vertrauliches Meldesystem einzurichten, das es Mitarbeitern ermöglicht, Bedenken hinsichtlich korrupter Praktiken anonym zu melden. Unternehmen sollten sicherstellen, dass solche Meldungen ernst genommen und angemessen untersucht werden. Periodische externe Überprüfungen, wie beispielsweise Audits oder Compliance-Prüfungen, können dazu beitragen, potenzielle Korruptionsrisiken im Einkaufsbereich aufzudecken und zu bekämpfen. Externe Experten können objektive Bewertungen durchführen und Empfehlungen zur Verbesserung der Anti-Korruptions-Maßnahmen geben.

Unternehmen sollten mit den relevanten Behörden und Interessenvertretern zusammenarbeiten, um Korruption im Einkaufsbereich zu bekämpfen. Dies kann die Zusammenarbeit mit Strafverfolgungsbehörden einschließen. Die Berücksichtigung dieser Konzepte trägt dazu bei, den Einkaufsbereich in Unternehmen optimal zu gestalten. Eine strategische Beschaffungsplanung, ein effektives Lieferantenmanagement und eine optimierte Einkaufsprozessabwicklung sind essenziell für ein effizientes Bestandsmanagement.

In der Welt der profitablen Unternehmensführung gibt es keine isolierten Inseln. Auch du kannst doppelten Mehrwert von deinen Geschäftspartnern erhalten, indem du aktiv auf sie zugehst. Es ist mittlerweile allgemein akzeptiert, nicht nur nach Preissenkungen zu fragen und andere Verhandlungsoptionen zu nutzen, sondern auch zu verlangen, dass sie ihre Geschäftsprozesse verbessern, um effizienter und reaktionsschneller zu sein. Hier sind einige Bereiche, in denen du den Mehrwert verdoppeln kannst:

- Verhandle nicht nur über Preissenkungen, sondern erkunde auch die Möglichkeit, langfristige Vereinbarungen zu treffen oder Mengenrabatte zu erhalten. Durch faire Preisgestaltung kannst du Gewinnmargen verbessern und gleichzeitig die Partnerschaft stärken.
- Fördere eine schnellere Reaktionszeit deiner Geschäftspartner auf Anfragen und Bestellungen. Effiziente Kommunikation und schnelle Lieferungen sind entscheidend, um den Kundenanforderungen gerecht zu werden und einen Wettbewerbsvorteil zu erzielen.
- Verhandele über Garantien und Serviceversprechen deiner Geschäftspartner. Wenn sie bereit sind, die Qualität ihrer Produkte oder Dienstleistungen zu garantieren, gewinnen Kunden mehr Vertrauen und fühlen sich bei ihren Kaufentscheidungen sicherer.
- Betrachte die Möglichkeit einer effizienteren Lagerhaltung und Lieferung. Just-in-Time-Lieferungen können dazu beitragen, Lagerkosten zu reduzieren und Engpässe zu vermeiden. Beachte aber die Risiken, wenn Engpässe in den Lieferketten auftreten können.
- Fordere eine kontinuierlich hohe Qualität der Produkte oder Dienstleistungen deiner Geschäftspartner. Dies trägt dazu bei, das Vertrauen der Kunden in deine Marke zu stärken und Reklamationen zu reduzieren.
- Ermutige deine Geschäftspartner, ihre Mitarbeiter in verschiedenen Bereichen zu schulen, um ihre Flexibilität und Effizienz zu erhöhen. Gut ausgebildete Mitarbeiter können flexibler auf Änderungen und Anforderungen reagieren.

- Bessere Zahlungsbedingungen: Verhandle über Zahlungsbedingungen, die für beide Seiten vorteilhaft sind. Flexiblere Zahlungspläne können die Liquidität deines Unternehmens verbessern und den Geschäftspartnern finanzielle Sicherheit bieten. Vereinfachte Kommunikation und Auftragsabwicklung: Strebe nach einer klaren und effizienten Kommunikation sowie Auftragsabwicklung zwischen deinem Unternehmen und deinen Geschäftspartnern. Das minimiert Verzögerungen und Missverständnisse.

Die entscheidene innere Umstellung besteht darin, aufhören, sie einfach als „Lieferanten" zu bezeichnen, und sie stattdessen als „Partner" oder „Verbündete" anzusehen. Vertiefe deine professionelle Beziehung zu ihnen, sodass beide Seiten das Beste füreinander wollen. Durch diese partnerschaftliche Zusammenarbeit kannst du den Mehrwert von deinen Geschäftspartnern verdoppeln und langfristige, erfolgreiche Beziehungen aufbauen.

Lagergestaltung

Durch die Implementierung effizienter Lagerprozesse und die Nutzung moderner Technologien und Systeme kannst du deine Lagerverwaltung erheblich optimieren. Hier sind einige konkrete Tipps und Konzepte, um dein Lager optimal zu gestalten:
- Der Einsatz von *Technologie* kann die Effizienz und Genauigkeit der Lagerprozesse erheblich verbessern. Automatisierte Systeme wie Barcode-Scanner, RFID (Radio-Frequency Identification) und Pick-by-Voice ermöglichen eine schnellere und präzisere Erfassung von Warenbewegungen und reduzieren das Risiko von Fehlern. Auch die Integration eines Warehouse-Management-Systems (WMS) kann deinen Lagerbetrieb effizienter machen, indem es Echtzeitdaten und -informationen liefert und die Lageraktivitäten automatisiert. Implementiere ein WMS, das mit mobilen Endgeräten kompatibel ist, damit deine Mitarbeiter auch unterwegs Zugriff auf Echtzeitdaten haben und effizienter arbeiten können (z.B. cosys.de, warehouse-logistics.com, erp.de, koerber-supplychain-software.com).
- Eine sorgfältige *Raumplanung* ist entscheidend, um den verfügbaren Platz optimal auszunutzen. Dazu gehört die effiziente Stapelung von Paletten oder die Verwendung von Regalen mit variabler Höhe, um den vorhandenen Raum bestmöglich zu nutzen. Bereits bei der Planung musst Du die räumlichen Gegebenheiten sowie die Art und Größe der zu lagernden Waren berücksichtigen. Die Lagerstruktur sollte gut durchdacht sein, um schnellen Zugriff auf die Artikel zu gewährleisten und die Handhabung der Waren zu erleichtern. Nutze eine Software zur Lagerplatzplanung, die 3D-Visualisierungen ermöglicht, um den verfügbaren Raum optimal zu planen und Engpässe zu vermeiden (z.B. tarakos.de, epg.com, smartlogistics.ch).
- Es gibt eine ganze Reihe an Ansätzen zur *Platzoptimierung:* Vertikale Lagerung – Nutze die Höhe des Raumes durch hohe Regale oder Stapelung von Paletten. Dies maximiert die Lagerkapazität ohne zusätzlichen Bodenplatz zu beanspruchen. Modulare Regalsysteme –

Verwende flexible Regalsysteme, die an die Größe und Form der zu lagernden Produkte angepasst werden können. Schmalganglager – Reduziere die Breite der Gänge in deinem Lager, um mehr Platz für die Lagerung zu schaffen. ABC-Analyse – Ordne deine Produkte nach ihrer Umschlagshäufigkeit. Produkte, die häufig bewegt werden (A-Produkte), sollten leicht zugänglich sein. Mehrstöckige Lagerung: Nutze die Deckenhöhe durch den Bau von Zwischengeschossen, um zusätzlichen Lagerplatz zu schaffen.

- Eine klare *Artikelplatzierung und Kategorisierung* ist unerlässlich für eine einfache und schnelle Auffindbarkeit der Waren. Die Artikel sollten entsprechend ihrer Häufigkeit des Zugriffs und ihrer Größe angeordnet werden. Ein wichtiges betriebswirtschaftliches Mittel hierbei ist die ABC-Analyse, bei der Güter nach ihrem Wert und ihrer Umschlagshäufigkeit priorisiert werden. Implementiere z.B. ein Farbkodierungssystem für die Regalplätze, um die Auffindbarkeit und den Zugriff auf häufig benötigte Artikel zu erleichtern.

- Der Einsatz eines *Lagerverwaltungssystems (LVS)* hilft dabei den Lagerbetrieb effizient zu organisieren und zu steuern. Ein LVS unterstützt bei der Bestandsverwaltung, der Kommissionierung, der Inventur und der Lagerplatzverwaltung. Es ermöglicht eine genaue Verfolgung der Warenbewegungen und optimiert die Lagerprozesse. Für kleine Werkstätten kann oft ein manuelles System ausreichend sein, während größere Lager von einer umfassenden LVS-Integration profitieren. Wähle ein LVS, das skalierbar ist und mit deinem Unternehmen wachsen kann, um zukünftige Erweiterungen problemlos zu integrieren (z.B. hamburger-software.de, softwareabc24.de, bito.com, falcana.com, bizbloqs.com)

- Eine gute *Verwaltung des Lagerbestands* ist entscheidend, um Überbestände zu vermeiden und Engpässe zu verhindern. Die Implementierung von Bestandsmanagementtechniken wie Just-in-Time (JIT) oder Kanban-Systemen kann dazu beitragen, den Bestand auf einem optimalen Niveau zu halten und gleichzeitig die Lagerkosten zu minimieren. Nutze z.B. RFID-gestützte Bestandskontrollsysteme, um Bestände in Echtzeit zu überwachen und Nachbestellungen automatisch auszulösen.

- *Kommissionierung* – das Zusammenstellen oder Zusammenfügen von einzelnen Produkten oder Artikeln aus verschiedenen Lagerplätzen, um Bestellungen von Kunden oder anderen Abnehmern zu erfüllen – ist ein zentraler Lagerprozess, der eine hohe Genauigkeit und Schnelligkeit erfordert. Die Einführung effizienter Kommissionierungsmethoden wie die Nutzung von Batch-Picking oder die Optimierung der Pick-Routen kann die Produktivität steigern und Fehler reduzieren. Implementiere z.B. ein Pick-by-Light oder Pick-by-Voice Systeme, um Kommissionierprozesse zu beschleunigen und Fehler zu reduzieren.

- Eine gute *Lagerorganisation* umfasst die regelmäßige Überprüfung des Lagerbestands, die Durchführung von Inventuren, die Kontrolle der Lagerplätze und die Einhaltung von Sicherheitsrichtlinien. Implementierung von Standards und Richtlinien zur Lagerorganisation trägt zur Effizienzsteigerung bei. Führe regelmäßig „Cycle Counts" durch, bei denen kleine Teile des Bestands kontinuierlich überprüft werden, um die Genauigkeit der Bestandsdaten zu erhöhen und den Aufwand für jährliche Inventuren zu reduzieren.

- Die *Sicherheit* deiner Mitarbeiter sollte stets oberste Priorität haben. Arbeitsunfälle entstehen häufig durch unsachgemäße Verwendung von Flurfördermitteln im Lager, fehlende persönliche Schutzausrüstung (PSA), gefährliche Materialhandhabung, unzureichende Schulungen, Brand- und Explosionsgefahren, ergonomische Belastungen im Lager, mangelnde Wartung von Geräten, unsichere Lagerplatzierung und Lagerung, fehlende Notfallvorbereitung sowie falschen Umgang mit Gefahrstoffen. Um Unfälle und Verletzungen zu vermeiden, ist eine sichere Arbeitsumgebung im Lager unerlässlich. Dies beinhaltet die strikte Einhaltung von Sicherheitsstandards, die regelmäßige Schulung der Mitarbeiter in Sicherheitsverfahren und die Bereitstellung geeigneter Schutzausrüstung. Darüber hinaus sollten visuelle Sicherheitsanzeigen und Bodenmarkierungen installiert werden, um Gefahrenzonen klar zu kennzeichnen und die Mitarbeiter auf potenzielle Risiken aufmerksam zu machen.
- Gut *geschulte und qualifizierte Mitarbeiter* sind entscheidend für eine effektive Lagerverwaltung. Deine Mitarbeiter sollten über das notwendige Wissen in Bezug auf Lagerprozesse, Lagerhaltungssysteme und den Umgang mit Lagerverwaltungssystemen verfügen. Organisiere regelmäßige Schulungen und Workshops, die speziell auf die neuesten Technologien und Best Practices im Lagerwesen abzielen. Die TÜV-Akademien der unterschiedlichen Bundesländer bieten umfassende Weiterbildungen zu diesem Themenfeld.
- Die *Lageroptimierung* ist ein fortlaufender Prozess. Regelmäßige Bewertungen und Analysen der Lagerprozesse und -ergebnisse können Schwachstellen identifizieren und Möglichkeiten zur Verbesserung aufdecken. Durch kontinuierliche Verbesserungsmaßnahmen kannst Du deine Lagerleistung optimieren und Wettbewerbsvorteile erzielen. Nutze Methoden wie Kaizen oder Lean Management, um kontinuierliche Verbesserungen im Lagerbetrieb zu fördern und Prozessverschwendungen zu eliminieren.
- *Nachhaltigkeit* gewinnt in der heutigen Geschäftswelt immer mehr an Bedeutung. Unternehmen werden zunehmend aufgefordert, umweltfreundliche Praktiken in ihren Betrieb zu integrieren. Setze beispielsweise auf energieeffiziente Beleuchtung und Kühlung, wie z.B. LED-Leuchten und energieeffiziente Klimaanlagen. Überlege auch, erneuerbare Energiequellen wie Solarenergie zu nutzen, um den Energieverbrauch zu senken und deine CO_2-Bilanz zu verbessern.

Die Berücksichtigung dieser Konzepte trägt dazu bei, dein Lager optimal zu gestalten und eine effiziente Lagerlogistik zu gewährleisten. Eine gut geplante Lagerstruktur, die richtige Nutzung von Technologie, ein effektives Bestandsmanagement und kontinuierliche Verbesserungsmaßnahmen sind entscheidend, um Kosten zu senken, die Kundenzufriedenheit zu steigern und einen reibungslosen Lagerbetrieb zu gewährleisten.

Symptome für einen dysfunktionalen Magen-Meridian und analoge Symptome im Unternehmen

Symptome beim Menschen: Gastritis, geringes Durchhaltevermögen, Zähneknirschen, geringer Appetit, zu schnelle Verdauung, Hunger, Übelkeit und Erbrechen, Aszites, Halsschmerzen, Nasenbluten.

- *Probleme in der Beschaffung und Lagerung* führen zu „Entzündungen" innerhalb der Prozesse, wie zum Beispiel häufigen Fehlern oder Konflikten (vgl. Gastritis). Abhilfe: Implementierung strenger Qualitätskontrollmaßnahmen und regelmäßige Überprüfung der Prozesse, um Fehler frühzeitig zu erkennen und zu beheben.
- *Mangel an Ausdauer und Konsistenz* in der Abwicklung von Beschaffungs- und Lagerprozessen (vgl. geringes Durchhaltevermögen). Abhilfe: Schulung der Mitarbeiter in Zeitmanagement und Prozessoptimierung, Einführung von Anreizsystemen zur Steigerung der Motivation und Ausdauer.
- *Hohe Stresslevel und Frustration* unter den Mitarbeitern aufgrund ineffizienter Abläufe oder unklarer Anweisungen (vgl. Zähneknirschen). Abhilfe: Stressbewältigungsprogramme und klare, strukturierte Arbeitsanweisungen, regelmäßige Teambesprechungen zur Lösung von Problemen und Förderung eines positiven Arbeitsumfelds.
- *Mangelndes Interesse oder Engagement* der Mitarbeiter in den Beschaffungs- und Lagerprozessen (vgl. geringer Appetit). Abhilfe: Steigerung der Mitarbeiterbeteiligung durch Einbindung in Entscheidungsprozesse und regelmäßige Feedbackrunden, um ihre Motivation und ihr Interesse zu fördern.
- *Überstürzte Entscheidungen und zu schnelle Abwicklung von Prozessen* ohne angemessene Planung oder Überprüfung, was zu Fehlern führt (vgl. zu schnelle Verdauung). Abhilfe: Einführung gründlicher Planungs- und Überprüfungsprozesse, um sicherzustellen, dass Entscheidungen wohlüberlegt und fundiert sind.
- *Ständiger Bedarf an Ressourcen oder Informationen,* der nicht ausreichend gedeckt wird, was zu Ineffizienzen führt (vgl. Hunger). Abhilfe: Verbesserung der Ressourcenzuweisung und -verteilung, regelmäßige Bedarfsanalysen, um sicherzustellen, dass alle notwendigen Materialien und Informationen vorhanden sind.
- *Häufige Fehlbestellungen oder Lagerüberschüsse*, die zu „Erbrechen" von unnötigen Materialien führen (vgl. Übelkeit und Erbrechen). Abhilfe: Optimierung der Bestell- und Lagerprozesse durch Just-in-Time-Beschaffung und bessere Prognosetools.
- *Überfüllte Lager,* die zu ineffizienter Raumnutzung und erhöhten Betriebskosten führen (vgl. Aszites). Abhilfe: Einführung von Lean-Management-Praktiken zur Reduzierung von Lagerbeständen und Verbesserung der Raumnutzung, regelmäßige Bestandsüberprüfungen und -anpassungen.

- *Kommunikationsprobleme* innerhalb des Teams oder mit Lieferanten, die zu Missverständnissen und Verzögerungen führen (vgl. Halsschmerzen). Abhilfe: Verbesserung der Kommunikationskanäle und -methoden, regelmäßige Meetings und klare Kommunikationsrichtlinien.
- *Plötzliche und unerwartete Probleme* in den Beschaffungs- oder Lagerprozessen, die zu Betriebsunterbrechungen führen (vgl. Nasenbluten). Abhilfe: Aufbau von Notfall- und Risikomanagementplänen, regelmäßige Schulungen für Mitarbeiter, um auf unerwartete Probleme vorbereitet zu sein.

Metall

Die Wandlungsphase Metall in der Unternehmenswelt

In der Traditionellen Chinesischen Medizin (TCM) steht die Wandlungsphase Metall für Reinheit, Struktur und Ordnung. Der „Huangdi Neijing" beschreibt diese Verbindung treffend: „Der Herbst ist die Zeit des Metalls, des Tötens und Schneidens, der Klarheit und der Reinheit." Ein weiteres Zitat unterstreicht die Rolle des Metallelements im menschlichen Zyklus: „Wie das Metall in der Erde geformt wird, so sammelt der Mensch im Herbst seine Kräfte."

> *»Metall regiert die Lunge, die uns den Atem gibt. Sie ist der Ausdruck von Trauer und Kummer. Die Lunge ist das, was uns die Verbindung zur Welt und zum Leben ermöglicht.«* Aus dem Huangdi Neijing

Das Metallelement, das eng mit dem Herbst verbunden ist, symbolisiert einen Zyklus, in dem die Natur sich darauf vorbereitet, das Alte loszulassen und sich auf die kommende Ruhephase des Winters einzustellen. Genau wie Bäume, die ihre Blätter verlieren, lehrt uns das Metall, uns vom Unnötigen zu befreien und uns auf das wirklich Wichtige zu konzentrieren. Der Herbst als Jahreszeit des Metallelements führt uns vor Augen, wie die Natur beginnt, zu ihren Ursprüngen zurückzukehren: Die sogenannte Yin-Kraft nimmt zu und drängt die Yang-Kraft des Sommers zurück.

Menschen mit einer starken Ausprägung des Metallelements zeichnen sich durch tiefes Urvertrauen aus. Dies basiert auf der Überzeugung, dass das Leben Potenzial und Raum für positive Möglichkeiten bietet. Solche Menschen haben die Fähigkeit, sich materiell gut zu behaupten und ihr Leben kontinuierlich weiterzuentwickeln. Ihre Stärken sind Durchsetzungsvermögen in Kombination mit Gerechtigkeitssinn und ein scharfer Verstand, ergänzt durch aktives Mitgefühl.

Metall steht auch für Struktur und Ordnung, repräsentiert Grenzen und Integrität. Es ist das Symbol für Regeln, Gesetze und Gerechtigkeit.

Das Metallelement wird in zwei Aspekte unterteilt: Metall-Yin (Lunge) und Metall-Yang (Dickdarm). Diese beiden Aspekte lassen sich metaphorisch auf wichtige Unternehmensbereiche übertragen: „Recht, Compliance und Sicherheit" spiegeln die Qualitäten von Metall-Yin wider, während „Reinigung, Entsorgung und Recycling" die Prinzipien von Metall-Yang verkörpern.

In der TCM ist die Lunge das Organ, das Metall-Yin repräsentiert. Sie steht für Reinheit, Klarheit und die Fähigkeit, sich zu schützen und zu verbinden. Ebenso wie die Lunge die Luft filtert und den Körper mit lebenswichtigem Sauerstoff versorgt, sorgen die Bereiche Recht, Compliance und Sicherheit im Unternehmen für eine saubere, klare und sichere Umgebung, in der das Unternehmen gedeihen kann. Die Lunge schützt den Körper vor schädlichen Einflüssen und verbindet uns über den Atem mit der Umwelt. Im Unternehmenskontext sorgen Sicherheitsabteilungen dafür, dass das Unternehmen vor externen Bedrohungen wie Cyberangriffen oder rechtlichen Verstößen geschützt ist. Gleichzeitig fördern sie eine Kultur der Integrität und Verbundenheit innerhalb der Organisation.

Der Dickdarm steht in der TCM für Metall-Yang und symbolisiert die Fähigkeit, Unnötiges loszulassen und den Körper von Abfallstoffen zu reinigen. In der Unternehmenswelt entsprechen die Bereiche Reinigung, Entsorgung und Recycling dieser Funktion, indem sie ineffiziente Prozesse eliminieren und Ressourcen optimal nutzen. Der Dickdarm entfernt Abfallstoffe aus dem Körper und sorgt so für die innere Reinigung. Im Unternehmen bedeutet dies, überflüssige Prozesse und ineffiziente Abläufe zu identifizieren und zu eliminieren. Dies schafft Raum für Innovation und Effizienz und ermöglicht es dem Unternehmen, sich auf seine Kernkompetenzen zu konzentrieren. Recycling und Entsorgung stehen für die Wiederverwertung und den nachhaltigen Umgang mit Ressourcen. Genau wie der Dickdarm Nährstoffe aus der Nahrung aufnimmt und Abfallstoffe ausscheidet, fördern diese Unternehmensbereiche die nachhaltige Nutzung von Ressourcen und die Minimierung von Abfall, was zur ökologischen und ökonomischen Nachhaltigkeit des Unternehmens beiträgt

Die Integration der Prinzipien von Metall-Yin und Metall-Yang in den Unternehmensalltag kann zu einer harmonischen und nachhaltigen Geschäftspraxis führen. Durch klare Regeln, Transparenz und Schutzmaßnahmen (Metall-Yin) sowie die Eliminierung ineffizienter Prozesse und die nachhaltige Nutzung von Ressourcen (Metall-Yang) wird in Verbindung mit den anderen Wandlungsphasen ein ausgewogenes, gesundes und florierendes Unternehmensumfeld geschaffen.

Recht, Compliance und Sicherheit | Metall Yin (Lu)

Essenz: Die Lunge wird oft als „Dach" oder „Deckel" des Körpers bezeichnet. Sie ist eng mit der Atmung verbunden und hat die Funktion, das Qi von der Außenwelt aufzunehmen und im Körper zu verteilen. Sie ist auch zuständig für den Rhythmus.

Emotion: Trauer und Melancholie. Ein Ungleichgewicht im Lungen-Qi kann sich in Gefühlen von Trauer, Melancholie oder Verlust manifestieren.

Tätigkeiten: Regulierung der Atmung, Verteilung von Qi und Flüssigkeiten im Körper, Schutz gegen äußere pathogene Faktoren.

Probleme bei Fülle: Kann sich in Husten, Atemnot, Brustschmerzen oder Fieber manifestieren.

Probleme bei Leere: Schwache Abwehrkraft, häufige Erkältungen, Schwäche oder Kurzatmigkeit.

Weitere Assoziationen: Der scharfe Geschmack, die Farbe Weiß, die Haut und die Nasenlöcher.

Metaphorische Funktion im Unternehmen: (Recht und Compliance) Sicherheit schaffen und Recht durchsetzen.

In der Traditionellen Chinesischen Medizin (TCM) wird die Lunge als das „Dach" des Körpers beschrieben, ein entscheidendes Organ, das die klare Verbindung zwischen dem Inneren unseres Körpers und der Außenwelt herstellt. Gemäß dem „Huangdi Neijing", dem grundlegenden Werk der TCM, kommt der Lunge die essenzielle Aufgabe zu, das Qi – die Lebensenergie – zu regulieren und zu verteilen. Diese Funktion der Lunge, als Schnittstelle zwischen Innen und Außen zu agieren, lässt sich metaphorisch auf die Rolle der Abteilung für Recht, Compliance und Sicherheit in einem Unternehmen übertragen. Diese Abteilung dient als das regulative „Atmungssystem" der Organisation, das die Interaktion mit der externen Geschäftswelt steuert und gleichzeitig das Unternehmen vor rechtlichen Risiken schützt.

Übertragen auf die Unternehmenswelt kann man die Lunge daher ganz gut mit der Abteilung für Recht, Compliance und Sicherheit vergleichen. Sie stellt sicher, dass das Unternehmen sich an externe Richtlinien und Gesetze hält und schützt es gleichzeitig vor rechtlichen und äußeren Risiken. Diese Abteilung bringt Klarheit und Struktur in die Unternehmensabläufe und sorgt dafür, dass externe Interaktionen reibungslos und gesetzeskonform ablaufen. Sie schützt das Unternehmen vor Bedrohungen von außen und innen.

Wie die Lunge die Luft filtert, die wir atmen, so filtert diese Abteilung die Risiken, die von außen kommen könnten. Sie sorgt auch dafür, dass alle Handlungen und Entscheidungen des Unternehmens im Einklang mit den gesetzlichen Vorgaben stehen.

Das Gefühl von Trauer oder Melancholie, welches mit einem Ungleichgewicht im Lungen-Qi in Verbindung gebracht wird, kann in einem Unternehmen auftreten, wenn es sich in einer Phase des Wandels oder des Verlusts befindet. Hier wird die Rolle dieses Bereiches besonders wichtig, um Klarheit und Struktur in diesen Zeiten der Unsicherheit zu bieten.

Ähnlich wie die Lunge Schadstoffe aus der Luft filtert, um die Gesundheit des Körpers zu schützen, identifiziert und filtert die Abteilung für Recht und Compliance potenzielle Risiken, die von außen auf das Unternehmen zukommen könnten. Sie stellt sicher, dass sämtliche Handlungen und Entscheidungen innerhalb der Organisation in Einklang mit den geltenden gesetzlichen Vorgaben stehen. Diese präventive Funktion ist unerlässlich, um das Unternehmen vor rechtlichen Konsequenzen und Reputationsschäden zu bewahren.

Es zeigt sich immer wieder, dass Mitarbeiter entweder nicht über die internen Compliance-Regeln informiert sind oder sogar die Existenz eines solchen Regelwerks nicht kennen. Ein effektives Compliance-System dient mehreren wesentlichen Zwecken: Es soll präventiv Regelverstöße verhindern, erfolgte Verstöße schnell identifizieren, im Unternehmen kommunizieren und angemessen darauf reagieren. Die möglichen Konsequenzen eines Compliance-Verstoßes sind gravierend und reichen von strafrechtlichen Folgen über hohe Bußgelder bis hin zu Schadensersatzforderungen. Versicherungen decken in der Regel keine Schäden ab, die aus Compliance-Verstößen resultieren, und gegen Mitarbeiter, die für Verstöße verantwortlich sind, können ebenfalls Geldbußen oder Haftstrafen verhängt werden.

Angesichts der potenziellen Risiken und Konsequenzen ist die Implementierung eines Compliance-Systems keine Option mehr, sondern eine Notwendigkeit für jedes verantwortungsvoll agierende Unternehmen. Besonders für international tätige Unternehmen ist es zudem wichtig, sich um alle erforderlichen Genehmigungen im Ausland zu kümmern und sich mit den dort geltenden rechtlichen Rahmenbedingungen auseinanderzusetzen. Unternehmen, die kein effektives Compliance-Management-System etabliert haben, geraten zunehmend unter Druck. Die Rechtsprechung prüft bei der Aufdeckung von Verstößen, ob ein solches System vorhanden ist, und berücksichtigt dies gegebenenfalls bei der Strafzumessung. Ein fehlendes oder unzureichendes Compliance-Management kann somit nicht nur zu unmittelbaren rechtlichen Konsequenzen führen, sondern auch die Strafen für festgestellte Verstöße verschärfen.

Die Abteilung für Recht, Compliance und Sicherheit erfüllt in deinem Unternehmen eine ähnlich lebenswichtige Funktion wie die Lunge im menschlichen Körper. Sie sorgt für Klarheit, Struktur und Sicherheit in der Interaktion mit der externen Umwelt und schützt das Unternehmen vor internen und externen Risiken. In einer Zeit, in der die rechtlichen Anforderungen stetig wachsen und die Folgen von Non-Compliance immer schwerwiegender werden, ist ein robustes Compliance-Management-System unerlässlich. Es dient als Garant für die Nachhaltigkeit und Integrität des Unternehmens und stärkt das Vertrauen von Stakeholdern, Partnern und der Öffentlichkeit.

Aufbau des Funktionsbereichs „Recht, Compliance und Sicherheit"

Um einen effektiven Funktionsbereich „Recht, Compliance und Sicherheit" in einem neu gegründeten KMU zu etablieren, ist eine gut durchdachte Herangehensweise erforderlich. Dieser Bereich spielt eine entscheidende Rolle darin, das Unternehmen vor rechtlichen und sicherheitstechnischen Risiken zu schützen, die Einhaltung gesetzlicher Vorschriften zu garantieren und eine Unternehmenskultur der Integrität zu fördern. Ein ganzheitlicher Ansatz, der eng mit anderen Abteilungen zusammenarbeitet und die Unternehmensstrategie unterstützt, ist dabei unerlässlich. Nachfolgend werden die notwendigen Schritte zum Aufbau dieses wichtigen Bereichs detailliert beschrieben.

- Zunächst müssen klare Ziele für Recht, Compliance und Sicherheit festgelegt werden. Diese Ziele sollten darauf ausgerichtet sein, die Rechtskonformität sicherzustellen, Risiken zu minimieren und eine sichere Arbeitsumgebung zu schaffen. Es ist essenziell, dass diese Ziele mit der übergeordneten Unternehmensstrategie abgestimmt sind und die Unternehmenskultur fördern.
- Die Organisationsstruktur des Bereichs muss definiert werden, indem notwendige Rollen wie die des Rechtsberaters, des Compliance-Managers und des Sicherheitsbeauftragten

festgelegt werden. Es ist wichtig, klare Verantwortlichkeiten zu bestimmen, um Überschneidungen zu vermeiden und effiziente Abläufe zu gewährleisten.

- Es müssen umfassende Rechts- und Compliance-Richtlinien entwickelt werden, die alle relevanten Anforderungen abdecken. Zudem sind spezifische Sicherheitsprotokolle und -verfahren zu erstellen, die sowohl die physische als auch die IT- und datenschutzrechtliche Sicherheit umfassen. Für den Umgang mit Sicherheitsvorfällen und rechtlichen Notfällen sind entsprechende Notfallpläne auszuarbeiten.

- Die Implementierung von regelmäßigen Schulungsprogrammen ist entscheidend, um die Mitarbeiter über rechtliche Anforderungen, Compliance-Standards und Sicherheitsprotokolle zu informieren. Zudem muss gewährleistet werden, dass die Mitarbeiter kontinuierlich über Änderungen in den Gesetzen und Sicherheitsbestimmungen auf dem Laufenden gehalten werden.

- Der Einsatz von Technologien zur Überwachung der Compliance, zur Verwaltung von Rechtsfällen und zur Sicherung von Unternehmensdaten ist unerlässlich. Außerdem sollten Softwarelösungen genutzt werden, die repetitive Aufgaben automatisieren und die Effizienz steigern.

- Eine enge Interaktion mit anderen Bereichen wie HR, IT und Finanzen ist wichtig, um sicherzustellen, dass rechtliche und sicherheitstechnische Aspekte in alle Geschäftsprozesse integriert sind. Der Bereich sollte als zentraler Ansprechpartner für alle rechtlichen, Compliance-bezogenen und sicherheitstechnischen Fragen dienen.

- Die Etablierung von Überwachungssystemen, um die Einhaltung von internen Richtlinien und externen Vorschriften sicherzustellen, ist fundamental. Zudem sind Berichterstattungssysteme zu entwickeln, die Compliance- und Sicherheitsprobleme an die Geschäftsführung melden.

- Regelmäßige Bewertungen der rechtlichen und sicherheitstechnischen Risiken des Unternehmens sind durchzuführen. Es müssen Strategien entwickelt und implementiert werden, die darauf abzielen, identifizierte Risiken zu minimieren.

- Der Aufbau eines Netzwerks zu externen Rechtsanwälten, Sicherheitsexperten und Beratern, sowie die Kooperation mit Organisationen und Behörden, die in den Bereichen Recht, Compliance und Sicherheit aktiv sind, kann wesentliche Unterstützung und aktuelle Informationen bieten.

- Es ist wichtig, eine Ethikkultur zu stärken, die ethisches Verhalten unterstützt und belohnt. Führungskräfte sollten als Vorbilder agieren und die Werte des Unternehmens vorleben, um die Bedeutung der Einhaltung von Recht und Sicherheit zu betonen.

Die richtige Rechtsform für dein Projekt

Die Wahl der passenden Gesellschaftsform ist für kleine und mittlere Unternehmen (KMU) von entscheidender Bedeutung. Sie beeinflusst administrative Anforderungen, Haftungsfragen, Steuerverpflichtungen und die Fähigkeit, Kapital zu beschaffen. Hier eine kurze Übersicht zu den beliebtesten Rechtsformen für KMU:

- *Einzelunternehmen:* Diese Form ist ideal für Einzelpersonen, die alleinige Kontrolle behalten möchten. Es erfordert minimale Gründungsbemühungen und hat weniger buchhalterische Anforderungen. Allerdings haftet der Unternehmer unbeschränkt mit seinem gesamten Privatvermögen.

- *Offene Handelsgesellschaft (OHG):* In einer OHG haften alle Gesellschafter unbeschränkt. Diese Form fördert das Vertrauen unter Geschäftspartnern und Kunden, kann aber riskant sein, wenn es um die persönliche Haftung geht.

- *Kommanditgesellschaft (KG):* Eine KG erlaubt es, Kommanditisten (Teilhaber mit beschränkter Haftung) und Komplementäre (Vollhafter) zu kombinieren. Dies ermöglicht eine flexible Kapitalbeschaffung, während einige Teilhaber ihre Haftung beschränken können.

- *Gesellschaft mit beschränkter Haftung (GmbH):* Diese Form bietet Haftungsbeschränkung, was bedeutet, dass die Gesellschafter nicht persönlich für die Verbindlichkeiten der Gesellschaft haften. Die GmbH erfordert ein Mindestkapital und eine formelle Gründungsstruktur, was sie für KMU attraktiv macht, die Risiken minimieren wollen.

- *Unternehmergesellschaft (UG):* Eine Variante der GmbH mit geringerem Stammkapital, oft als „Mini-GmbH" bezeichnet. Ideal für Gründer, die mit wenig Kapital starten, aber eine Haftungsbeschränkung wünschen.

- *Genossenschaft (eG):* Genossenschaften sind darauf ausgelegt, die Interessen ihrer Mitglieder zu fördern, indem sie beispielsweise Waren oder Dienstleistungen bereitstellen. Jedes Mitglied hat unabhängig von der Kapitaleinlage gleiches Stimmrecht, was die genossenschaftliche Demokratie stärkt. Diese Rechtsform eignet sich für Mitglieder, die aktiv an der Organisation teilnehmen möchten.

- *Stiftung:* Eine Stiftung ist darauf ausgerichtet, ein dauerhaftes Vermögen zur Förderung eines spezifischen Zwecks zu verwalten. Sie ist weniger flexibel in Bezug auf Änderungen des Stiftungszwecks und erfordert ein erhebliches Anfangsvermögen. Stiftungen bieten eine hohe Glaubwürdigkeit und Dauerhaftigkeit für langfristige Projekte.

- *Verein:* Ein Verein ist flexibel in der Gründung und Verwaltung, ideal für kleinere Gruppen mit einem gemeinsamen Zweck. Die Mitglieder tragen keine persönliche Haftung. Er ist besonders geeignet für Sport-, Kultur- oder Bildungsprojekte.

- *Europäische Genossenschaft (SCE):* Eine SCE ermöglicht es Mitgliedern, ihre Ressourcen auf europäischer Ebene zu bündeln. Dies ist besonders vorteilhaft für KMU, die in Sektoren wie Landwirtschaft oder Handwerk tätig sind, da es die Zusammenarbeit und den Ressourcenaustausch über Ländergrenzen hinweg fördert.

- *Societas Europaea (SE):* Diese Rechtsform ermöglicht es Unternehmen, grenzüberschreitend in Europa zu agieren, wobei die Geschäftsführung zentralisiert und die Anerkennung in allen EU-Ländern gewährleistet ist. Für KMU kann dies attraktiv sein, wenn sie Wachstumspläne in mehreren EU-Staaten haben, allerdings sind die Gründungskosten und -anforderungen relativ hoch.

- *Europäische wirtschaftliche Interessenvereinigung (EWIV):* Diese Rechtsform zielt darauf ab, die grenzüberschreitende Zusammenarbeit zwischen Unternehmen zu erleichtern. Für KMU ist die EWIV besonders geeignet, da sie rechtlich flexibel ist und keine großen Kapitalanforderungen stellt. Sie dient jedoch nicht als Instrument für den täglichen Geschäftsbetrieb, sondern fördert Kooperationen.

- *Ltd (Limited):* Die Limited (Ltd.) ist eine in vielen Ländern verfügbare Gesellschaftsform, bekannt für ihre Haftungsbeschränkung auf das eingebrachte Gesellschaftskapital. In Großbritannien ist die Ltd. eine populäre Wahl für kleine bis mittelgroße Unternehmen, da sie relativ einfach zu gründen ist und den Unternehmern Schutz vor persönlicher Haftung bietet.

- *SRL (Società a Responsabilità Limitata):* Die italienische Version der GmbH, bekannt als SRL, bietet ebenfalls eine Haftungsbeschränkung. Sie ist besonders attraktiv für kleinere Unternehmen, die von niedrigeren Gründungsanforderungen und flexibleren Strukturen profitieren möchten.

- *Sociedad Limitada (S.L.):* Diese entspricht der deutschen GmbH und bietet beschränkte Haftung. Sie ist ideal für kleine bis mittlere Unternehmen, die ein Geschäft in Spanien aufbauen möchten. Die Gründung ist relativ einfach und das erforderliche Mindestkapital ist geringer als bei der deutschen GmbH.

- *Sociedad Limitada Nueva Empresa (S.L.N.E.):* Eine Variante der S.L., speziell für Neugründungen. Sie ermöglicht eine schnellere und vereinfachte Gründung und ist damit besonders für neue Unternehmer attraktiv.

- *Sociedad Anónima (S.A.):* Die spanische Aktiengesellschaft ist für größere Unternehmen oder solche, die den Kapitalmarkt nutzen wollen, geeignet. Sie erfordert ein höheres Grundkapital und hat strengere Publizitätspflichten.

Es ist wichtig, die jeweiligen Vor- und Nachteile jeder Rechtsform zu bewerten, unter Berücksichtigung der eigenen Geschäftsziele und Ressourcen. Beratung durch einen Fachanwalt oder Steuerberater ist empfehlenswert, um die optimale Entscheidung zu treffen

Einführung eines Compliance-Management-Systems

Als Geschäftsführer eines kleinen oder mittelständischen Unternehmens frage ich mich vielleicht: Brauche ich das eigentlich? Denn damit sind ja Zeitaufwand und Kosten verbunden. Die Implementierung eines Compliance-Management-Systems (CMS) in kleinen und mittelständischen Unternehmen stellt eine Herausforderung dar, die jedoch mit Blick auf langfristige Unternehmenssicherheit und -integrität unumgänglich ist. Geschäftsführer haften persönlich, wenn sie unzureichende Compliance-Maßnahmen treffen und es zu Gesetzesverstößen von Mitarbeitern kommt. Das gilt für Unternehmen jeder Größe. Ein effektives CMS hilft nicht nur, rechtliche Risiken zu minimieren und regulatorischen Anforderungen gerecht zu werden, sondern stärkt auch das Vertrauen von Kunden, Partnern und Mitarbeitern. Skizzieren wir jetzt einmal die praktischen Schritte zur Einführung eines Compliance-Management-Systems:

- *Verpflichtung der Unternehmensleitung* – Die Einführung eines CMS beginnt mit der klaren Verpflichtung und Unterstützung durch die Unternehmensleitung. Die Geschäftsführung muss die Bedeutung von Compliance erkennen und als integralen Bestandteil der Unternehmenskultur etablieren. Dies beinhaltet die Zuweisung von Ressourcen und die Benennung eines Compliance-Beauftragten oder einer verantwortlichen Person, je nach Unternehmensgröße.

- *Analyse der rechtlichen Anforderungen* – Jedes Unternehmen muss die für seine spezifische Branche und den Markt relevanten rechtlichen Anforderungen identifizieren. Dazu gehört die Analyse von lokalen, nationalen und internationalen Gesetzen und Vorschriften, die das Geschäft betreffen. Diese Analyse sollte regelmäßig aktualisiert werden, um Änderungen in der Gesetzgebung zu berücksichtigen.

- *Risikobewertung* – Eine gründliche Risikobewertung ist entscheidend, um zu verstehen, wo das Unternehmen den größten Compliance-Risiken ausgesetzt ist. Dies umfasst finanzielle Risiken, Betrugsrisiken, Datenschutzrisiken, Umweltrisiken und mehr. Die Bewertung sollte helfen, Prioritäten zu setzen und zu bestimmen, wo Maßnahmen am dringendsten benötigt werden.

- *Entwicklung des Compliance-Programms* – Auf Basis der Risikobewertung wird ein maßgeschneidertes Compliance-Programm entwickelt. Dies beinhaltet die Festlegung von Richtlinien und Verfahren, die die Einhaltung gesetzlicher Anforderungen sicherstellen und Risiken mindern sollen. Das Programm sollte klar, verständlich und zugänglich für alle Mitarbeiter sein.

- *Schulung und Bewusstseinsbildung* – Ein zentraler Aspekt bei der Implementierung eines CMS ist die Schulung der Mitarbeiter. Regelmäßige Schulungen und Weiterbildungsmaßnahmen sind notwendig, um das Bewusstsein für Compliance-Themen zu schärfen und sicherzustellen, dass die Mitarbeiter die Relevanz der Compliance-Maßnahmen verstehen und diese im Arbeitsalltag umsetzen.

- *Monitoring und Reporting* – Ein effektives CMS erfordert kontinuierliches Monitoring und regelmäßige Überprüfungen. Dies beinhaltet die Einrichtung von Prozessen zur Überwachung der Compliance und zur Berichterstattung über mögliche Verstöße oder Schwachstellen. Ein offener Dialog und ein transparentes Reporting-System fördern eine Kultur der Integrität und des Vertrauens.

- *Kontinuierliche Verbesserung* – Compliance ist kein statisches Ziel, sondern ein kontinuierlicher Prozess. Unternehmen sollten regelmäßig Feedback einholen und ihr CMS auf Basis neuer Erkenntnisse, gesetzlicher Änderungen oder nach internen Vorfällen anpassen und verbessern.

Für KMU kann die Einführung eines CMS eine echte Herausforderung darstellen, die jedoch im Hinblick auf die langfristige Sicherheit und den Erfolg des Unternehmens unerlässlich ist. Durch die systematische Befolgung der beschriebenen Schritte können KMU ein effektives Compliance-Management aufbauen, das nicht nur rechtliche Risiken minimiert, sondern auch die Unternehmenskultur stärkt und zur allgemeinen Geschäftsentwicklung beiträgt. Ein robustes CMS ist ein wesentlicher Baustein für nachhaltiges Wachstum und langfristigen Erfolg in der heutigen komplexen und sich schnell wandelnden Geschäftswelt.

Wenn wir nach Ausgewogenheit und gleichmäßigem Energiefluss im Unternehmen streben, dürfen wir diesem Bereich allerdings auch nicht zu viel Macht einräumen. Wenn ein Unternehmen sich ausschließlich auf Compliance und rechtliche Fragen konzentriert, kann dies unbeabsichtigte negative Konsequenzen haben. Zwar ist die Einhaltung gesetzlicher Vorschriften unerlässlich, doch eine übermäßige Fokussierung darauf wird die Innovationskraft und Kreativität einschränken. Mitarbeiter könnten sich mehr darauf konzentrieren, Vorschriften zu erfüllen, als auf die Suche nach neuen, innovativen Lösungen für Kundenprobleme. Dies könnte zu einer Unternehmenskultur führen, die Risikoaversion überbewertet und dadurch Wachstumschancen verpasst.

Eine weitere Gefahr besteht darin, dass Beziehungen zu Kunden und Geschäftspartnern unter einer zu starren Compliance-Auslegung leiden könnten. Geschäftsentscheidungen, die ausschließlich auf der Grundlage rechtlicher Überlegungen getroffen werden, vernachlässigen möglicherweise die Bedürfnisse und Erwartungen der Stakeholder, was langfristig zu Unzufriedenheit und Vertrauensverlust führen kann.

Außerdem kann eine übermäßige Konzentration auf Compliance die Agilität und Flexibilität des Unternehmens beeinträchtigen. In einer schnelllebigen Geschäftswelt ist es entscheidend, dass Unternehmen schnell auf Veränderungen reagieren können. Eine zu starke Regelgebundenheit kann jedoch zu langwierigen Entscheidungsprozessen führen, die das Unternehmen daran hindern, zeitnah auf Marktveränderungen zu reagieren.

Um diese Gefahren zu vermeiden, ist eine ausgewogene Herangehensweise erforderlich. Unternehmen sollten zwar sicherstellen, dass sie alle gesetzlichen Anforderungen erfüllen, aber gleichzeitig eine Kultur fördern, die Innovation, Flexibilität und das Verständnis für Kundenbedürfnisse in den Vordergrund stellt. Es geht darum, „die Kirche im Dorf zu lassen" und einen Mittelweg zu finden, der sowohl den rechtlichen Verpflichtungen gerecht wird als auch den langfristigen Erfolg und die Entwicklung des Unternehmens unterstützt.

Die wichtigsten Verträge und Vertragstexte für dein Unternehmen

Verträge sind ein unverzichtbarer Bestandteil jeder Unternehmensführung. Sie regeln die Beziehungen zu Kunden, Lieferanten, Mitarbeitern und anderen Geschäftspartnern und sorgen für rechtliche Sicherheit. Hier sind die wichtigsten Vertragsarten, eine kurze Erklärung sowie Quellen für Vorlagen und Online-Dienste:

- *Allgemeine Geschäftsbedingungen* (AGB) sind standardisierte Vertragsbedingungen, die das rechtliche Verhältnis zwischen Unternehmen und Kunden regeln. Sie schaffen Klarheit über die Geschäftsbedingungen und bieten rechtliche Sicherheit. Vorlagen: IHK München (www.ihk-muenchen.de), eRecht24 AGB-Generator (www.e-recht24.de/agb/13185-agb-generator.html)

- *Kaufverträge* regeln den Kauf und Verkauf von Waren oder Dienstleistungen und beinhalten wesentliche Aspekte wie Preis, Lieferbedingungen und Gewährleistung. Vorlagen: IHK Offenbach (www.offenbach.ihk.de/recht-und-steuern/mustervertraege-und-formulare/agb-und-kaufvertrag)

- *Mietverträge* sind besonders wichtig für Unternehmen, die Gewerberäume an- oder vermieten. Sie regeln die Rechte und Pflichten von Mietern und Vermietern. Vorlagen: Immobilienscout24 - Muster Mietvertrag (www.immobilienscout24.de/umzug/ratgeber/mietrecht/muster-mietvertrag.html)

- *Arbeitsverträge* regeln das Verhältnis zwischen Arbeitgeber und Arbeitnehmer und beinhalten wichtige Aspekte wie Arbeitszeiten, Gehalt und Kündigungsbedingungen. Vorlagen: Arbeitsagentur Muster Arbeitsvertrag (www.arbeitsagentur.de/unternehmen/arbeitsvertrag)

- *Auftragsverarbeitungsverträge* (AV-Verträge) sind gemäß DSGVO erforderlich, wenn personenbezogene Daten an externe Dienstleister weitergegeben werden. Sie stellen sicher, dass der Datenschutz eingehalten wird. Vorlagen: ActiveMind - Muster AV-Vertrag (www.activemind.de/downloads/av-vertrag), IHK Nordschwarzwald - Muster AV-Vertrag (www.ihk.de/nordschwarzwald/recht/recht/mustervertraege/mustervertrag-fuer-externe-datenverarbeitung-2612572)

- *Webseiten-Verträge* (Impressum und Datenschutzerklärung) – Diese Verträge und Texte sind notwendig, um rechtliche Anforderungen für Unternehmenswebsites zu erfüllen. Vorlagen: eRecht24 Impressum- und Datenschutz-Generator (www.e-recht24.de)

Durch die Nutzung dieser Vorlagen und Online-Dienste kannst du erst einmal sicherstellen, dass deine Verträge den gesetzlichen Anforderungen entsprechen und rechtlich abgesichert sind. Natürlich ist es sinnvoll, die Verträge von einem Anwalt gegenprüfen zu lassen, wenn du auf Nummer sicher gehen möchtest.

Die wichtigsten Versicherungsarten für Unternehmen und Unternehmer

Versicherungen sind ein unverzichtbares Instrument zur Absicherung von Unternehmen und Unternehmern. Sie bieten Schutz vor verschiedenen Risiken und helfen, finanzielle Verluste zu minimieren. Hier sind die wohl wichtigsten Versicherungsarten, die du in Betracht ziehen solltest, um ihre Existenz und die ihrer Betreiber zu sichern.

- *Betriebshaftpflichtversicherung* – Diese Versicherung schützt Unternehmen vor Schadensersatzansprüchen Dritter, die durch betriebliche Tätigkeiten, Produkte oder Dienstleistungen verursacht werden. Sie deckt Personen- und Sachschäden ab und übernimmt auch die Kosten für Rechtsstreitigkeiten.

- *Berufshaftpflichtversicherung* – Speziell für freiberufliche und beratende Berufe gedacht, deckt diese Versicherung Vermögensschäden ab, die durch Fehler oder Versäumnisse bei der beruflichen Tätigkeit entstehen. Sie schützt vor finanziellen Folgen durch Haftungsansprüche und hilft, das Vertrauen der Kunden zu sichern.

- *Inhaltsversicherung* – Diese Versicherung deckt Schäden an der Geschäftsausstattung, Waren und Vorräten ab, die durch Feuer, Leitungswasser, Sturm, Hagel, Einbruchdiebstahl oder Vandalismus entstehen. Sie sichert die materiellen Werte des Unternehmens ab und ermöglicht eine schnelle Wiederherstellung des Betriebs nach einem Schadenfall.

- *Betriebsunterbrechungsversicherung* – Diese Versicherung ersetzt den Ertragsausfall und die fortlaufenden Betriebskosten, wenn der Betrieb aufgrund eines versicherten Schadensereignisses stillsteht. Sie hilft, finanzielle Engpässe während der Wiederherstellung des normalen Geschäftsbetriebs zu vermeiden.
- *Rechtsschutzversicherung* – Diese Versicherung übernimmt die Kosten für Rechtsstreitigkeiten, die im Zusammenhang mit der betrieblichen Tätigkeit entstehen. Sie deckt Anwalts-, Gerichts- und Gutachterkosten ab und bietet Unterstützung bei rechtlichen Auseinandersetzungen.
- *Cyber-Versicherung* – Diese Versicherung schützt vor den finanziellen Folgen von Cyber-Angriffen, Datenverlust und Datenschutzverletzungen. Sie übernimmt Kosten für Datenwiederherstellung, Informationssicherheitsberatung und Haftungsansprüche Dritter.
- *Betriebsgebäudeversicherung* – Diese Versicherung deckt Schäden am Betriebsgebäude ab, die durch Feuer, Sturm, Hagel, Leitungswasser oder andere Gefahren entstehen. Sie sichert die Immobilie des Unternehmens ab und schützt vor hohen Reparatur- und Wiederaufbaukosten.

Nutzen unabhängiger Versicherungsmakler

Unabhängige Versicherungsmakler bieten einige wesentliche Vorteile gegenüber Versicherungsagenturen, die an bestimmte Versicherungsgesellschaften gebunden sind. Unabhängige Makler können eine objektive Beratung bieten und das beste Angebot aus dem gesamten Markt suchen. Sie analysieren die spezifischen Bedürfnisse des Unternehmens und empfehlen maßgeschneiderte Lösungen. Außerdem bieten sie laufende Unterstützung und überprüfen kontinuierlich die Versicherungsbedürfnisse, um sicherzustellen, dass der Versicherungsschutz immer aktuell und passend ist.

Ein weiterer wichtiger Punkt ist, dass unabhängige Versicherungsmakler für ihre Beratung einstehen müssen. Sie sind gesetzlich dazu verpflichtet, ihre Kunden umfassend und sachgerecht zu beraten. Diese Beratungsverpflichtung umfasst die Bedarfsanalyse, bei der die individuellen Bedürfnisse und die Risikosituation des Kunden ermittelt werden, die Produktaufklärung, bei der detaillierte Informationen über die angebotenen Versicherungsprodukte, deren Vorteile und Nachteile sowie die Bedingungen gegeben werden, und die Abgabe konkreter Empfehlungen, die den Interessen des Kunden am besten entsprechen. Um die Einhaltung dieser Verpflichtungen zu dokumentieren, müssen Makler ein Beratungsprotokoll führen, das den Beratungsverlauf und die getroffenen Entscheidungen festhält. Dies dient als Nachweis der ordnungsgemäßen Beratung und kann im Streitfall vorgelegt werden.

Wenn ein unabhängiger Versicherungsmakler seine Beratungs- oder Dokumentationspflichten verletzt und dem Kunden daraus ein Schaden entsteht, haftet er für diese Falschberatung. Die Haftung ist in der Regel auf Vermögensschäden begrenzt, die durch eine fehlerhafte Beratung entstehen. Es umfasst nicht nur den direkten finanziellen Verlust, sondern auch Folgeschäden, die aus dem Abschluss einer ungeeigneten Versicherung resultieren. Im Haftungsfall liegt die Beweislast beim Kunden. Das bedeutet, der Kunde muss nachweisen, dass der Makler seine Beratungs- oder Dokumentationspflichten verletzt hat und dass dadurch ein Schaden entstanden ist. Das Beratungsprotokoll spielt hierbei eine entscheidende Rolle, da es die Beratung dokumentiert.

Einige der bekanntesten Versicherungsmakler in Deutschland sind beispielsweise: www.global-gruppe.com, www. aon.com, www.ecclesia-gruppe.de, www.funk-gruppe.de

Der richtige Anwalt für dein Unternehmen

Die Suche nach dem richtigen Anwalt ist eine deiner wesentlichen Aufgaben als Unternehmer, da sie weitreichende Folgen für die rechtliche Sicherheit deines Unternehmens hat. Eine wohlüberlegte Auswahl ist entscheidend, um sicherzustellen, dass du in rechtlichen Fragen kompetent beraten und unterstützt wirst. Halte insbesondere für Schlüsselrechtsgebiete wie das Strafrecht vorsorglich Kontaktinformationen bereit, denn manchmal zählt jede Minute.

Die Online-Suche bietet einen ersten Einstieg, um potenzielle Anwälte zu finden. Websites von Anwälten liefern oft nützliche Informationen über deren Qualifikationen und Spezialisierungen. Aber die Position in Suchmaschinen spiegelt nicht unbedingt die Qualität wider. Anwaltsportale wie Anwaltauskunft.de bieten dank ihrer umfangreichen Datenbank eine gute Alternative. Persönliche Empfehlungen können hilfreich sein, jedoch hängt die Eignung eines Anwalts stark von deinen spezifischen Bedürfnissen ab. Ein Anwalt, der für einen Bekannten zuverlässig war, ist vielleicht nicht die beste Wahl für dein Anliegen. Fachanwälte, die ihre besonderen Kenntnisse in bestimmten Rechtsgebieten nachgewiesen haben, bieten eine Sicherheit in Bezug auf ihre Expertise. Nur wenige Anwälte dürfen sich als „Spezialisten" bezeichnen, da die Kriterien dafür streng sind. Man muss deutlich mehr Erfahrung als ein Fachanwalt haben, um sich so nennen zu dürfen. Informationen zu Tätigkeitsschwerpunkten basieren dagegen oft auf der Selbstbewertung der Anwälte und sind nicht verifiziert. Bei speziellen Rechtsfragen solltest du mindestens einen Fachanwalt bevorzugen.

Auch Empfehlungen von Rechtsschutzversicherungen können nützlich sein, bergen jedoch das Risiko, dass diese Anwälte aufgrund von Pauschalvereinbarungen weniger motiviert sein könnten. Letztendlich hast du das Recht, deinen Anwalt frei zu wählen.

Ein persönliches Gespräch ist unerlässlich, um festzustellen, ob du und der Anwalt auf einer Wellenlänge liegen und ob er das notwendige Engagement für die Bedürfnisse deines Unternehmens mitbringt. Ein guter Anwalt wird transparent über seine Arbeitsweise sein und wie er Herausforderungen angeht.

Ganzheitliches Sicherheitskonzept

Ein wirksames Sicherheitskonzept ist heute für jede Organisation unverzichtbar. Es zielt darauf ab, nicht nur physische Ressourcen, sondern auch sensible Daten und die Integrität der IT-Infrastruktur zu schützen. Ein ganzheitliches Sicherheitskonzept vereint physische, technische und organisatorische Maßnahmen, die nahtlos ineinandergreifen, um höchste Sicherheit zu gewährleisten.

Der erste Schritt zur Entwicklung eines ganzheitlichen Sicherheitskonzepts ist eine gründliche Analyse Deiner Unternehmensumgebung. Hierbei bewertest Du physische Standorte, IT-Infrastruktur, Mitarbeiter und sensible Daten, um potenzielle Risiken wie Einbruch, Datenverlust, Cyberangriffe und interne Bedrohungen zu identifizieren. Diese Analyse bildet die Grundlage für alle weiteren Sicherheitsmaßnahmen.

Basierend auf den Ergebnissen der Risikoanalyse entwickelst Du eine klare Sicherheitsstrategie. Definiere konkrete Ziele und Richtlinien für alle Sicherheitsaspekte Deines Unternehmens. Die Strategie umfasst präventive Maßnahmen zur Risikominderung sowie reaktive Maßnahmen zur schnellen Reaktion auf Sicherheitsvorfälle. Deine Sicherheitsstrategie sollte flexibel genug sein, um sich neuen Bedrohungen anzupassen, und gleichzeitig robust genug, um langfristigen Schutz zu bieten.

Die Umsetzung Deiner Sicherheitsstrategie ist entscheidend. Dazu gehören physische Sicherheitsmaßnahmen wie Zugangskontrollen, Videoüberwachung und Alarmtechnik. Technologische Maßnahmen wie Firewalls, regelmäßige Updates und Sicherheitssoftware schützen vor Cyberbedrohungen. Organisatorische Maßnahmen wie Schulungen für Mitarbeiter, Notfallpläne und klare Sicherheitsrichtlinien vervollständigen das Konzept.

Sicherheit ist ein dynamischer Prozess, der kontinuierliche Überprüfung erfordert. Führe regelmäßige Sicherheitsaudits durch und passe Deine Sicherheitsrichtlinien an neue Bedrohungen und Unternehmensveränderungen an. Identifiziere Schwachstellen und optimiere Deine Sicherheitsstrategie, um die Effektivität zu gewährleisten.

Die Schulung und Sensibilisierung Deiner Mitarbeiter sind entscheidend für den Erfolg Deines Sicherheitskonzepts. Regelmäßige Schulungen decken physische Sicherheitsaspekte sowie IT-Sicherheitsvorkehrungen ab, um das Bewusstsein für Sicherheitsrisiken zu schärfen. Mitarbeiter werden dazu befähigt, Sicherheitsrichtlinien effektiv umzusetzen und auf potenzielle Bedrohungen angemessen zu reagieren.

Neben den üblichen Sicherheitsmaßnahmen spielen spezifische physische Bedrohungen eine zentrale Rolle in der Sicherheitsstrategie Deines Unternehmens. Hier sind einige konkrete Maßnahmen:

- *Videoüberwachung und Alarmanlagen* sind essentiell für die Sicherheit deines Unternehmens. Hochwertige Kameras an strategischen Stellen und Alarme mit Bewegungsmeldern und Sensoren sichern Zugänge und kritische Bereiche. Sie bieten Abschreckung, schnelle Reaktion und wichtige Beweismittel bei Sicherheitsvorfällen.

- *Tailgating* (Auffahren): Installiere Anti-Tailgating-Türen, um das unbefugte Folgen von autorisierten Personen zu verhindern. Alternativ können regelmäßige Sicherheitsschulungen für Mitarbeiter die Aufmerksamkeit für solche Vorfälle schärfen.
- *Diebstahl von Dokumenten:* Einführung einer Clear-Desk-Policy, die sicherstellt, dass alle Schreibtische am Ende des Arbeitstages aufgeräumt sind, und vernichte alle sensiblen Dokumente regelmäßig.
- *Nicht registrierte Besucher:* Implementiere eine strenge Zutrittskontrolle für alle Bereiche des Unternehmens. Alle Besucher sollten einen Besucherausweis erhalten und dokumentiert werden, um die Anwesenheit im Gebäude zu verfolgen.
- *Gestohlene Identifikation:* Sensibilisiere Mitarbeiter für die Bedeutung der Sicherheit ihrer Zugangskarten und Ausweise, um Missbrauch zu verhindern. Regelmäßige Schulungen sind hier von entscheidender Bedeutung.
- *Social Engineering:* Schulungen der Mitarbeiter zur Erkennung von Social-Engineering-Angriffen sind unerlässlich. Die Sensibilisierung auf menschlicher Ebene kann dazu beitragen, diese subtilen Bedrohungen zu minimieren.

Ein ganzheitliches Sicherheitskonzept, das alle Aspekte des Unternehmens umfasst und kontinuierlich verbessert wird, gewährleistet den optimalen Schutz Deines Unternehmens. Durch eine fundierte Analyse, klare Strategien, konsequente Umsetzung und regelmäßige Überprüfung minimierst Du proaktiv Sicherheitsrisiken und stärkst die Resilienz Deines Unternehmens.

Symptome für einen dysfunktionalen Lungen-Meridian und analoge Symptome im Unternehmen

Symptome beim Menschen: Wenig Vitalität und Antrieb, Kurzatmigkeit, schwaches Immunsystem und häufige Infekte, aufrichtiger Kontakt zu andern Menschen fällt schwer, depressive Verstimmung

- *Geringe Durchsetzungskraft* bei der Implementierung und Überwachung von Compliance- und Sicherheitsrichtlinien. Die Abteilung handelt oft reaktiv statt proaktiv, was zu ineffizienten Prozessen und verspäteten Reaktionen auf rechtliche und sicherheitsrelevante Anforderungen führt (vgl. wenig Vitalität und Antrieb). Abhilfe: Einführung von regelmäßigen Schulungen und Fortbildungen zu aktuellen rechtlichen und sicherheitstechnischen Anforderungen. Motivationsprogramme und Anerkennungssysteme für Mitarbeiter, die proaktiv Risiken identifizieren und Maßnahmen ergreifen. Implementierung eines kontinuierlichen Verbesserungsprozesses (KVP), um die Abteilung zu dynamisieren und die Effizienz zu steigern.

- *Überforderung* und ineffektive Bewältigung von Compliance- und Sicherheitsanforderungen, die zu hastigen und unvollständigen Umsetzungen führen (vgl. Kurzatmigkeit). Abhilfe: Einführung eines strukturierten Projektmanagement-Systems, um Aufgaben zu priorisieren und systematisch abzuarbeiten. Schulung in Stressbewältigung und Zeitmanagement für die Mitarbeiter. Regelmäßige Überprüfung und Anpassung der Arbeitslast, um eine Überforderung zu vermeiden und die Produktivität zu sichern.

- *Häufige Verstöße gegen Compliance-Richtlinien und Sicherheitsprotokolle*, was auf anfällige Systeme und mangelnde Präventionsmaßnahmen hinweist (vgl. schwaches Immunsystem und häufige Infekte). Abhilfe: Stärkung der internen Kontrollsysteme und Durchführung regelmäßiger Compliance- und Sicherheitsaudits, um Schwachstellen frühzeitig zu erkennen und zu beheben. Implementierung eines robusten Risikomanagementsystems und Schulungen zu aktuellen Bedrohungsszenarien und Abwehrmaßnahmen. Einführung eines kontinuierlichen Überwachungs- und Meldesystems für Sicherheits- und Compliance-Verstöße.

- *Fake News, Intrigen und Compliance-Verstöße* im Unternehmen sorgen für ein negatives Betriebsklima und rechtliche Konsequenzen (vgl. aufrichtiger Kontakt zu anderen Menschen fällt schwer). Abhilfe: Ein klarer Verhaltenskodex kann helfen, die Erwartungen an das Verhalten der Mitarbeiter festzulegen und die Konsequenzen für Verstöße zu kommunizieren. Führungskräfte sollten eine Offene-Tür-Politik pflegen, damit Mitarbeiter sich sicher fühlen, über Probleme und Bedenken zu sprechen. Ein anonymer Meldekanal, wie eine Whistleblower-Hotline, kann Mitarbeitern die Möglichkeit geben, Verstöße ohne Angst vor Repressalien zu melden. Alle gemeldeten Verstöße sollten schnell und gründlich untersucht werden. Je nach Ergebnis sollten angemessene Disziplinarmaßnahmen ergriffen werden, um klarzustellen, dass Verstöße nicht toleriert werden. Bei Fake News ist es wichtig, schnell und klar die Fakten zu kommunizieren, um Missverständnisse zu vermeiden. Teambuilding-Maßnahmen und die Förderung gemeinsamer Werte können das Zusammengehörigkeitsgefühl stärken und Intrigen reduzieren.

- *Niedrige Arbeitsmoral und Motivation in der Abteilung*, was zu negativen rechtlichen Konsequenzen und Strafzahlungen sowie akuten Sicherheitsrisiken führt (vgl. depressive Verstimmung). Abhilfe: Einführung von Mitarbeiterunterstützungsprogrammen, einschließlich psychologischer Beratungsdienste und Teambuilding-Aktivitäten, um die Arbeitsmoral zu stärken und ein positives Arbeitsumfeld zu fördern. Förderung eines positiven und unterstützenden Arbeitsumfelds durch regelmäßige Anerkennung von Leistungen und Erfolgen. Implementierung von Programmen zur beruflichen Weiterentwicklung und Karrieremöglichkeiten, um die langfristige Motivation und Zufriedenheit der Mitarbeiter zu erhöhen.

Reinigung, Entsorgung, Recycling | Metall Yang (Di)

Essenz: Der Dickdarm ist für die Ausscheidung und Entfernung von Abfallstoffen aus dem Körper verantwortlich.

Emotion: Gefühle von Schuld oder Festhalten an alten Mustern. Ein Ungleichgewicht im Dickdarm-Qi kann Schwierigkeiten beim Loslassen oder beim Umgang mit Veränderungen bedeuten.

Tätigkeiten: Ausscheidung von Abfallstoffen, Aufnahme von Flüssigkeit und Salzen, Umwandlung von Chymus in Stuhl.

Probleme bei Fülle: Verstopfung, Bauchschmerzen oder Entzündungen im Verdauungstrakt.

Probleme bei Leere: Durchfall, Schwäche oder häufige Infektionen im Verdauungstrakt.

Weitere Assoziationen: Trockenheit, Herbst, Weiß.

Metaphorische Funktion im Unternehmen: (Entsorgung) Reinigen, Entsorgen und für Recycling

Der Dickdarm in der TCM repräsentiert die Fähigkeit, das Alte und Unnütze loszulassen und Raum für Neues zu schaffen. In einem Unternehmen wäre das Pendant dazu die Abteilung für Entsorgung, Reinigung und Recycling. Es geht darum, regelmäßig auszumisten – seien es physischer Abfall, veraltete Technologien oder ineffiziente Prozesse. Wie der Dickdarm den Körper von Abfall befreit, muss auch ein Unternehmen immer wieder überprüfen, was es nicht mehr benötigt. Das regelmäßige „Ausmisten" ist essenziell, um sich ständig weiterzuentwickeln und sich auf das Wesentliche zu fokussieren.

Der Dickdarm im Körper symbolisiert die Funktionen des „großen Ausscheiders", der für den freien Durchgang und die Beseitigung von Abfall zuständig ist. Ähnlich wie der Dickdarm Abfälle ausscheidet und Platz für Neues schafft, ist es auch für Unternehmen wichtig, rechtzeitig loszulassen und Raum für Veränderung und Wachstum zu schaffen. Jedes Unternehmen durchläuft verschiedene Zyklen – Wachstum, Reife und Erneuerung. Der Dickdarm symbolisiert die Notwendigkeit, Altes und Nutzloses loszulassen, um Platz für Neues zu schaffen.

Dieses Prinzip kann sowohl auf den physischen Abfall als auch auf Geschäftspraktiken, Beziehungen oder Ideen angewendet werden, die nicht länger nützlich oder relevant sind. „Der Dickdarm ist verantwortlich für den freien Durchgang. Veränderung und Wandel gehen von ihm aus." heißt es im „Huangdi Neijing Suwen", einem der wichtigsten klassischen Werke der Traditionellen Chinesischen Medizin. Und auch „Der Dickdarm ist der Beamte, der das Dao verkündet. Erst dann kann Veränderung und Wandel stattfinden." Wenn das nicht eine gewaltige Aufgabe ist!

Reinigung, Entsorgung und Recycling sind nicht nur für das persönliche Wohlbefinden wichtig, sondern haben auch einen erheblichen Einfluss auf den Erfolg eines Unternehmens. Der Funktionsbereich Reinigung, Entsorgung und Recycling ist verantwortlich für die Behandlung und Beseitigung von nicht mehr benötigtem Material, Schrott und anderen Abfällen im Unternehmen. Eine effektive Umsetzung dieser Aufgaben ist von großer Bedeutung, um Verstopfungen und Ansammlungen von unnötigem Krimskrams zu vermeiden. Ein Unternehmen muss regelmäßig prüfen, was nicht mehr benötigt wird. Dazu zählen physischer Müll, veraltete Technologien oder ineffiziente Prozesse. Die Metapher der „Ent-Sorgung" zeigt, wie wichtig es ist, regelmäßig Platz zu schaffen und sich auf das Wesentliche zu konzentrieren.

Der Dickdarm steht metaphorisch für das Loslassen und den Abschied von dem, was nicht mehr dient. Im Geschäftskontext stellt dies den Prozess der Entsorgung und des Recyclings dar, durch den alte Ressourcen oder Materialien einen neuen Zweck und Wert finden können. Genau wie der Dickdarm im menschlichen Körper Abfallstoffe ausscheidet und dabei die wichtigen Nährstoffe und Flüssigkeiten absorbiert, so trennt auch ein Unternehmen wertvolle Ressourcen von unbrauchbarem Abfall.

Ein Beispiel für die Bedeutung des Recyclings zeigt sich beim Wegwerfen von Material, das noch Wert hat. Dies ist vergleichbar mit einer Durchfallerkrankung, bei der der Körper unnötig Flüssigkeit (Liquidität) verliert und austrocknen kann. Oftmals werden „alte" Maschinen weggeworfen, obwohl sie technisch noch voll funktionsfähig sind und durch einfache Reparaturen wieder einsatzbereit gemacht werden könnten. Es ist wahrscheinlich, dass es Einsatzzwecke gibt, für die diese Maschinen aufgrund ihrer spezifischen Stärken und Eigenschaften genauso gut oder sogar besser geeignet sind als neue Maschinen. Stell dir die Frage: Gibt es einen Verwendungszweck, bei dem die alte Maschine im Vergleich zu einer neuen Konkurrenzfähigkeit oder sogar Überlegenheit aufweist?

Aufbau des Funktionsbereichs „Reinigung, Entorgung und Recycling"

Ein Funktionsbereich für „Reinigung, Entorgung und Recycling" hat die Aufgabe die Nachhaltigkeitsziele zu unterstützen und die Umweltleistung sowie das Wohlbefinden im Unternehmen zu verbessern. Die sorgfältige Planung und Integration ökologischer und betrieblicher Prinzipien sind dazu erforderlich. So könnte man diesen Bereich strukturieren und managen:
- Beginne mit der Festlegung klarer Nachhaltigkeitsziele, die Umweltschutz, Ressourceneffizienz und Nachhaltigkeit umfassen. Es ist wichtig, dass du eine umfassende Strategie für Entsorgung, Reinigung und Recycling entwickelst, die sich nahtlos in die übergeordneten Unternehmensziele einfügt und die Unternehmenskultur unterstützt.

- Baue eine Teamstruktur mit Schlüsselpositionen wie Umweltmanagern, Recyclingkoordinatoren und Reinigungssupervisoren auf. Es ist entscheidend, klare Verantwortlichkeiten und Zuständigkeiten innerhalb des Teams zu definieren, um effiziente und störungsfreie Abläufe zu gewährleisten.
- Erarbeite Richtlinien für die korrekte Entsorgung und das Recycling von Materialien, die in deinen betrieblichen Prozessen anfallen. Zudem solltest du Reinigungsstandards und -protokolle festlegen, die die Gesundheit und Sicherheit am Arbeitsplatz gewährleisten.
- Führe effiziente Systeme für die Sammlung, Sortierung und das Recycling von Abfällen ein. Der Einsatz von Technologien zur Überwachung und Optimierung der Abfallströme und Reinigungsprozesse kann hierbei eine große Hilfe sein.
- Veranstalte regelmäßig Schulungen und Workshops für alle Mitarbeiter, um sie in den Bereichen Recycling, Abfallmanagement und Reinigungstechniken zu schulen. Führe Informationskampagnen durch, um das Bewusstsein für Umweltfragen zu steigern und Best Practices im Unternehmen zu fördern.
- Arbeite eng mit anderen Bereichen wie Produktion, Logistik und Facility Management zusammen, um Synergien zu schaffen und Nachhaltigkeit umfassend zu integrieren. Biete Unterstützung und Fachwissen für andere Abteilungen hinsichtlich umweltfreundlicher Praktiken und Compliance.
- Definiere Leistungskennzahlen (KPIs) zur Messung der Effektivität deiner Entsorgungs-, Reinigungs- und Recyclingmaßnahmen. Führe regelmäßige Überprüfungen durch und passe die Prozesse an, um kontinuierliche Verbesserungen zu gewährleisten.
- Stelle sicher, dass alle Aktivitäten den lokalen, nationalen und internationalen Gesetzen und Vorschriften entsprechen. Führe genaue Aufzeichnungen über Abfallentsorgung und Recyclingaktivitäten für behördliche Überprüfungen und Berichte.
- Arbeite mit externen Dienstleistern und Partnern zusammen, die spezialisierte Entsorgungs- und Recyclingdienste anbieten. Baue Netzwerke mit anderen Unternehmen und Organisationen auf, um Best Practices auszutauschen und gemeinsame Initiativen zu fördern.
- Entwickle Initiativen, die darauf abzielen, Abfälle zu minimieren und Ressourcen im Betrieb wiederzuverwenden oder zu recyceln. Fördere die Entwicklung neuer, nachhaltiger Materialien und Methoden, die die Umweltauswirkungen des Unternehmens verringern.

> *»Drei Regeln der Arbeit: Aus der Unordnung Ordnung schaffen, aus der Schwierigkeit Einfachheit und aus der Disharmonie Harmonie.«* Albert Einstein

Die KonMari-Methode fürs Unternehmen

Der Gedanke des Aufräumens und der Ordnung ist uns bereits aus dem persönlichen Bereich bekannt, wenn wir an die bekannte Aufräummethode von Marie Kondo denken. Die Umsetzung einer effektiven Reinigungs-, Entsorgungs- und Recyclingstrategie kann sowohl für dein Wohlbefinden als auch für die Leistungsfähigkeit deines Unternehmens von großer Bedeutung sein. Ein aufgeräumter Arbeitsplatz und eine organisierte Umgebung können einen erheblichen Einfluss auf deine Produktivität, deine Kreativität und dein allgemeines Wohlbefinden haben. Durch die Anwendung der KonMari-Methode im Unternehmen kannst du nicht nur Platz für Veränderung, sondern auch die Unternehmenskultur fördern. Die KonMari-Methode ermutigt dazu, nur die Gegenstände zu behalten, die Freude auslösen („Spark Joy"), und sich von allem anderen zu trennen, indem man jedem Gegenstand dankt und ihn dann loslässt. Der Prozess umfasst das Aufräumen nach Kategorien (nicht nach Standort), beginnend mit Kleidung, dann Büchern, Papieren, Komono (Miscellaneous) und schließlich sentimentalen Gegenständen.

Die Methode kann auch in Unternehmen eingesetzt werden, um Arbeitsplätze und Prozesse zu optimieren. Indem man sich auf das Prinzip konzentriert, nur das zu behalten, was tatsächlich Freude bereitet oder einen klaren Nutzen bietet, kannst du im Unternehmen überflüssige physische und digitale Objekte eliminieren, was zu einem ordentlicheren, effizienteren und motivierenderen Arbeitsumfeld führt. Dieser Ansatz kann auf verschiedene Bereiche angewandt werden, wie z.B. die Reduzierung von Papierkram durch Digitalisierung, die Optimierung von Lagerbeständen, die Vereinfachung von Geschäftsprozessen und die Förderung einer Unternehmenskultur, die Wert auf Qualität und Sinnhaftigkeit legt.

Die Methode ermutigt Teams, kritisch über den tatsächlichen Nutzen jeder Ressource nachzudenken, fördert eine Auseinandersetzung mit den Zielen und Werten des Unternehmens und schafft ein Umfeld, in dem sich Mitarbeiter und Führungskräfte gleichermaßen auf das konzentrieren können, was wirklich wichtig ist.

Lass uns erkunden, wie diese Methode auf den Unternehmenskontext angewendet werden kann, um Effizienz, Klarheit und Erfolg zu fördern.

- *Fokus auf das Wesentliche* – Du kannst dieses Prinzip auch auf dein Unternehmen übertragen, indem du dich auf deine Kerntätigkeiten und -ziele konzentrierst. Identifiziere die Schlüsselaspekte deines Unternehmens, die zum Erfolg beitragen, und eliminiere unnötige Ablenkungen und Aufgaben, die nicht zum Kerngeschäft beitragen.
- *Ordnung und Struktur* – Du solltest eine klare organisatorische Struktur und effektive Arbeitsabläufe etablieren. Schaffe ein System, in dem Informationen, Dokumente und Ressourcen leicht zugänglich und übersichtlich sind. Vermeide überflüssige Papierstapel und digitales Chaos, indem du klare Archivierungsmethoden implementierst.

- *Loslassen von Altlasten* – Im Unternehmenskontext bedeutet das, dass du dich von unnötigen Dingen, veralteten Prozessen, überholten Technologien und ineffizienten Arbeitsweisen trennen solltest. Überprüfe regelmäßig deine Geschäftspraktiken und identifiziere, was nicht mehr effektiv ist. Sei mutig genug, Veränderungen vorzunehmen und Platz für Neues zu schaffen.
- *Wertschätzung* – Ein weiterer wichtiger Grundsatz, den du im Unternehmen befolgen kannst, ist die Wertschätzung der Dinge und Ressourcen. Wenn dein Unternehmen Wert auf nachhaltiges Wirtschaften und umweltschonendes Verhalten legt, zum Beispiel durch die Herstellung von nachhaltigen Produkten, wird dies in der Regel positiv von Verbrauchern sowie aktuellen oder potenziellen Mitarbeitern wahrgenommen.

Eine wichtige Frage ist, wie im Unternehmen mit Dingen umgegangen wird, die nicht mehr gebraucht werden. Oft werden sie einfach weggeworfen, was laut Umweltprogramm der Vereinten Nationen weltweit jedes Jahr über sieben Milliarden Tonnen Abfall bedeutet. Ein schonender und effizienter Umgang mit natürlichen Ressourcen wird zu einer Schlüsselkompetenz. Anstatt wertvolle Ressourcen zu verschwenden, können sie wertgeschätzt und sorgfältig genutzt werden, um die Umwelt zu schonen.

Durch Wertschätzung und einen bewussten Umgang mit Ressourcen kannst du nicht nur zur nachhaltigen Entwicklung beitragen, sondern auch das Image deines Unternehmens verbessern. Kunden und Mitarbeiter schätzen es, wenn ein Unternehmen Verantwortung übernimmt und sich um die Umwelt kümmert. Diese positiven Auswirkungen können langfristig dazu beitragen, dass dein Unternehmen sowohl intern als auch extern erfolgreich ist. Indem du respektvoll mit Dingen und Ressourcen umgehst, zeigst du, dass dir das Wohl der Umwelt und der Gesellschaft wichtig ist.

Im Bereich Entsorgung, Reinigung und Recycling stehen Unternehmen oft vor Herausforderungen, die nicht nur ökologische, sondern auch betriebswirtschaftliche Auswirkungen haben. Diese Probleme spiegeln sich metaphorisch im Konzept des Dickdarmmeridians wider, der in der Traditionellen Chinesischen Medizin für die Fähigkeit steht, loszulassen und Raum für Neues zu schaffen.

Ein zentrales Problem ist die Schwierigkeit beim Loslassen, sowohl im körperlichen als auch im unternehmerischen Kontext. Unternehmen kämpfen häufig mit ineffizienten Entsorgungsprozessen, die zu erhöhten Kosten und Umweltbelastungen führen. Analog dazu ist eine unzureichende Abfallentsorgung vergleichbar mit Schwierigkeiten, Abfallstoffe effektiv zu beseitigen, was zu einer ungesunden Ansammlung von „Ballast" führt.

Ein weiteres Problem ist die Angst vor Veränderungen und die mangelnde Flexibilität. Dies spiegelt sich in der Nichteinhaltung von Umweltvorschriften wider, was zu rechtlichen Konsequenzen wie Bußgeldern und einem schlechten Unternehmensimage führen kann. Ähnlich wie bei einem trägen Dickdarm, der sich gegen den natürlichen Fluss sträubt, können Unternehmen, die sich nicht anpassen, stagnieren und ihre Wettbewerbsfähigkeit beeinträchtigen.

Zusätzlich leiden viele Unternehmen unter unzureichendem Recycling und fehlenden nachhaltigen Praktiken. Dies führt zu einer erhöhten Umweltbelastung und verschwendeten Ressourcen. Ineffiziente Abfalltrennung verstärkt diese Probleme, indem sie die Recyclingeffizienz mindert und die Entsorgungsanlagen belastet.

Gefährliche Abfallmanagementprobleme stellen eine weitere Herausforderung dar, da sie nicht nur die Umwelt gefährden, sondern auch die Sicherheit der Mitarbeiter bedrohen können. Hohe Entsorgungskosten belasten das Betriebsergebnis und können langfristig die finanzielle Stabilität gefährden. Schließlich beeinträchtigen unzureichende Partnerschaften mit Recyclingfirmen die Effektivität der Abfallwirtschaft und verhindern innovative Lösungen zur Ressourcenrückgewinnung.

Diese Herausforderungen erfordern ganzheitliche Lösungsansätze, die nicht nur technische, sondern auch kulturelle Veränderungen umfassen. Durch die Anwendung effektiver Managementstrategien und die Förderung einer offenen Unternehmenskultur können Unternehmen ihre Abfallmanagementprozesse optimieren und langfristig nachhaltig erfolgreich sein.

Checkliste für Reinigung, Entsorgung und Recycling

In kurzen Intervallen:
- Teppiche gründlich saugen, insbesondere stark frequentierte Bereiche
- Abfallbehälter regelmäßig leeren und Müllbeutel ersetzen
- Abfall korrekt sortieren und nach den örtlichen Vorschriften entsorgen (Papier, Plastik, Glas, Restmüll usw.)
- Bürotische, einschließlich Arbeitsflächen, Tastaturen und Mäuse, mit einem desinfizierenden Reinigungsmittel abwischen
- Fensterbretter, Regale und Schränke von Staub befreien
- Telefone und Headsets gründlich reinigen und desinfizieren
- Glatte Böden sorgfältig saugen und anschließend feucht wischen
- Aschenbecher leeren, reinigen und gegebenenfalls nachfüllen
- Küchenbereich reinigen, einschließlich Oberflächen, Spülbecken, Herd und Mikrowelle
- Geschirr spülen oder in der Spülmaschine reinigen
- WC gründlich reinigen, einschließlich Toilette, Spülkasten, Waschbecken und Spiegel
- Hygiene-Artikel wie Seife, Handtücher und Toilettenpapier auffüllen
- Liftboden und Aufzugskabine reinigen und gegebenenfalls desinfizieren
- Werkzeug und Arbeitsgeräte nach jedem Gebrauch gründlich reinigen

- Produktionsbereiche, Werkstätten und Lagerflächen regelmäßig von Abfall, Spänen und Materialresten säubern
- Arbeitsstationen und Arbeitsplätze regelmäßig entstauben und reinigen
- Schutzausrüstung, Arbeitskleidung und Sicherheitsausrüstung in regelmäßigen Abständen reinigen und überprüfen
- Produktionsabfälle und -reste fachgerecht entsorgen und recyceln
- Maschinenteile, die regelmäßig ausgetauscht oder gewartet werden, ordnungsgemäß reinigen und aufbewahren
- Produktionsböden und -flächen von Produktionsrückständen, Öl oder anderen Verschmutzungen säubern

In längeren Intervallen:
- Fenster, Türen und Türrahmen gründlich reinigen und gegebenenfalls polieren
- Wände, Trennwände und Decken von Staub, Flecken und Verschmutzungen befreien
- Abfallbehälter innen und außen feucht abwischen und desinfizieren
- PC-Gehäuse innen gründlich reinigen, insbesondere Lüfter und Belüftungsschlitze
- Geschirrspüler reinigen und entkalken
- Kaffeemaschinen entkalken, gründlich reinigen und gegebenenfalls Wartung durchführen
- Getränkeautomaten innen und außen gründlich reinigen und desinfizieren
- Kühlschränke abtauen, säubern und regelmäßig überprüfen, ob sie richtig funktionieren
- Gardinen oder Jalousien reinigen oder gegebenenfalls austauschen
- Flecken auf Teppichen professionell entfernen lassen
- Außenbereiche wie Parkplätze und Umgebung regelmäßig säubern und von Unrat befreien
- Fassade reinigen oder bei Bedarf professionell reinigen lassen
- Produktionsmaschinen und -ausrüstung von Schmutz, Staub und Rückständen befreien
- Lüftungssysteme und Abzüge in Produktionsräumen regelmäßig reinigen und warten
- Lagerregale und -behälter in regelmäßigen Abständen entstauben und reinigen
- Produktionsöfen und -öfen periodisch reinigen und warten
- Rohstofflager und -bereiche in längeren Abständen von Staub und Schmutz befreien
- Maschinen- und Werkzeugteile regelmäßig reinigen und warten
- Produktionslinien in festgelegten Intervallen von Rückständen und Verschmutzungen säubern
- Lagerung von Chemikalien und Gefahrstoffen regelmäßig reinigen und überprüfen

Recycling
Durch das Recycling von Materialien wie Papier, Glas und Kunststoff können Unternehmen die Menge an Rohstoffen, die sie kaufen müssen, verringern und gleichzeitig die Menge an Abfall reduzieren, die auf Deponien landet. Recycling reduziert den Bedarf an neuen

Rohstoffen und verringert den Energieverbrauch, wodurch Treibhausgasemissionen und die Auswirkungen des Klimawandels verringert werden. Unternehmen können durch das Recycling oder die Wiederverwendung von Materialien neue Produkte entwickeln oder bestehende Produkte verbessern.

- Elektronikgeräte und Büroeinrichtungen: Überprüfe regelmäßig elektronische Geräte und Büromöbel, die nicht mehr benötigt werden. Statt sie wegzuwerfen, prüfe, ob sie repariert, wiederverwendet, z.B. bei „kleinanzeigen.de" verkauft oder an gemeinnützige Organisationen gespendet werden können.
- Recycling von Verpackungsmaterialien: Implementiere ein effektives Recyclingprogramm für Verpackungsmaterialien wie Kartons, Styropor oder Kunststoffe, die bei Lieferungen oder Warentransporten anfallen.
- Implementiere getrennte Recyclingbehälter für Papier, Plastik, Glas und Metalle im Büro, um sicherzustellen, dass wiederverwertbare Materialien nicht mit Restmüll vermischt werden.
- Berücksichtige bei der Beschaffung von Produkten und Dienstleistungen ökologische Kriterien und wähle umweltfreundliche und recycelbare Materialien.
- Förderung von kreativen Upcycling-Projekten, bei denen Mitarbeiter aus alten oder gebrauchten Materialien neue Produkte oder Bürodekorationen herstellen.
- Führe Schulungen und Workshops durch, um das Bewusstsein der Mitarbeiter für Recycling und Umweltschutz zu stärken und sie aktiv in die Umsetzung von Nachhaltigkeitsinitiativen einzubeziehen.

Diese Checkliste dient als Ausgangspunkt und kann je nach den spezifischen Bedürfnissen und Anforderungen deines Büros angepasst und erweitert werden. Denke daran, regelmäßige Reinigungsroutinen und angemessene Entsorgungs- und Recyclingverfahren zu implementieren, um ein sauberes und nachhaltiges Arbeitsumfeld zu schaffen.

Führe regelmäßige Audits deiner Abfallentsorgungs- und Recyclingpraktiken durch, um sicherzustellen, dass sie effizient und konform sind. Schule deine Mitarbeiter über die Bedeutung und Methoden der richtigen Entsorgung und des Recyclings. Erwäge Partnerschaften mit lokalen Recyclingfirmen oder -programmen, um den Recyclingprozess zu optimieren und eventuell Kosten zu sparen.

Ein Aspekt sollte auch nicht vernachlässigt werden: Die Sicherheit. Reinigungskräfte können aufgrund ihres uneingeschränkten Zugangs zu den Räumlichkeiten eines Unternehmens außerhalb der regulären Arbeitszeiten ein Risiko für Sicherheit und Datenschutz darstellen. Wenn sie nicht sorgfältig überprüft oder überwacht werden, besteht die Möglichkeit, dass sensible Informationen unbeabsichtigt offengelegt oder Sicherheitsprotokolle umgangen werden.

Du siehst, die Themen Entsorgung, Reinigung und Recycling verdienen weit mehr Anerkennung, als sie häufig erhalten. Diese Prozesse sind nicht nur für den Erhalt einer sauberen, effizienten und nachhaltigen Arbeitsumgebung unerlässlich, sondern spiegeln auch die ethischen Werte und das Umweltbewusstsein eines Unternehmens wider. Eine durchdachte Handhabung dieser Bereiche signalisiert Kunden und Partnern, dass ein Unternehmen Verantwortung übernimmt – sowohl für die Umwelt als auch für seine Mitarbeiter.

Symptome für einen dysfunktionalen Dickdarm-Meridian und analoge Symptome im Unternehmen

Symptome beim Menschen: Neigung zu Blähungen, Verstopfung oder Durchfall, Darmkrämpfe, kann Vergangenes schlecht loslassen, anfällig für Nasen– und Nebenhöhlenprobleme, leicht zu manipulieren, viele Schuldgefühle

- Überfüllung und Ineffizienz bei der Handhabung von Abfällen und Recyclingmaterialien, was zu Lagerproblemen und Engpässen führt (vgl. Neigung zu Blähungen). Abhilfe: Implementierung eines effizienten Abfallmanagementsystems, Optimierung der Abfalltrennung und Recyclingprozesse. Regelmäßige Überprüfung und Anpassung der Lagermengen und -kapazitäten, um eine Überfüllung zu vermeiden.

- Unregelmäßige Entsorgung von Abfällen und Recyclingmaterialien, entweder zu selten (vgl. Verstopfung) oder zu häufig und ineffizient (vgl. Durchfall). Abhilfe: Etablierung eines regelmäßigen und gut geplanten Entsorgungsplans, der den Bedürfnissen des Unternehmens entspricht. Einsatz von Technologie zur Überwachung der Abfallmengen und zur Optimierung der Entsorgungsintervalle.

- Betriebsstörungen und Unterbrechungen aufgrund von ineffizienten Reinigungs- und Recyclingprozessen (vgl. Darmkrämpfe). Abhilfe: Regelmäßige Wartung und Überprüfung der Reinigungs- und Recyclingausrüstung, Schulung der Mitarbeiter in den besten Praktiken und Implementierung von Prozessoptimierungen, um Unterbrechungen zu minimieren.

- Festhalten an veralteten Reinigungs- und Recyclingmethoden, die ineffizient oder nicht umweltfreundlich sind (vgl. kann Vergangenes schlecht loslassen). Abhilfe: Evaluierung und Aktualisierung der Reinigungs- und Recyclingmethoden auf moderne, umweltfreundlichere Verfahren. Förderung einer Innovationskultur, die offen für neue Technologien und Methoden ist.

- Probleme mit der Luftqualität und Hygiene in den Bereichen, in denen Reinigung und Recycling durchgeführt werden (vgl. anfällig für Nasen- und Nebenhöhlenprobleme). Abhilfe: Implementierung von Luftreinigungssystemen und regelmäßige Überprüfung der Luftqualität. Sicherstellung, dass alle Mitarbeiter Zugang zu persönlicher Schutzausrüstung haben und dass die Arbeitsumgebung regelmäßig gereinigt und desinfiziert wird.

- Schwache oder unklare Richtlinien und Prozesse, die es leicht machen, die Reinigungs- und Recyclingstandards zu umgehen (vgl. leicht zu manipulieren). Abhilfe: Einführung klarer und durchsetzbarer Richtlinien und Verfahren für die Reinigung und das Recycling. Regelmäßige Schulungen und Audits, um sicherzustellen, dass alle Mitarbeiter die Standards verstehen und einhalten.

- Mitarbeiter fühlen sich häufig verantwortlich für Umweltverschmutzung oder ineffiziente Abfallentsorgung, was zu einer schlechten Arbeitsmoral führen kann (vgl. viele Schuldgefühle). Abhilfe: Förderung eines positiven und unterstützenden Arbeitsumfelds, in dem Fehler als Lernmöglichkeiten gesehen werden. Implementierung von Programmen zur Anerkennung und Belohnung von umweltfreundlichen Initiativen und Verbesserungen im Reinigungs- und Recyclingprozess.

»Unternehmen sind wie ein Organismus, in dem jeder Teil Energie benötigt und produziert. Die Aufgabe des Managements ist es, sicherzustellen, dass diese Energie nicht verschwendet, sondern effektiv eingesetzt wird.« Peter F. Drucker

Pathogene Faktoren im Unternehmen

In der Traditionellen Chinesischen Medizin (TCM) kennt man verschiedene schädigende Einflüsse, die den Körper und das Wohlbefinden beeinträchtigen können:
- *Wind* ist häufig für plötzliche Veränderungen im Gesundheitszustand verantwortlich und kann Symptome wie Kopfschmerzen, Schüttelfrost und Juckreiz verursachen.
- *Kälte* kann durch äußere Einflüsse wie kaltes Wetter oder durch interne Ungleichgewichte verursacht werden. Sie führt oft zu Symptomen wie Schmerzen, Muskelverspannungen und langsamen Bewegungen.
- *Feuchtigkeit* kann durch feuchtes Klima oder durch eine unausgewogene Ernährung verursacht werden. Symptome umfassen Schweregefühl, Müdigkeit und Schwellungen.
- *Trockenheit* bezieht sich auf das Fehlen von Flüssigkeit im Körper, was zu Symptomen wie trockener Haut, trockenem Hals und Verstopfung führen kann.
- *Hitze* kann durch äußere Einflüsse wie heißes Wetter oder durch innere Faktoren wie emotionale Belastung entstehen. Sie führt zu Symptomen wie Entzündungen, Fieber und übermäßigem Schwitzen.
- *Sommerhitze:* Eine spezielle Form der Hitze, die im Sommer auftritt und zu Dehydration, Müdigkeit und Schwindel führen kann.

Diese Konzepte können metaphorisch auf Situationen in Unternehmen übertragen werden, um Herausforderungen und Stressfaktoren zu identifizieren und zu bewältigen.

Wind: Veränderungen und Turbulenzen
Wind erzeugt Veränderungen und treibt voran, was sonst gleichmäßig wäre. In Zeiten des Paradigmenwechsels sind stürmische Entwicklungen und Turbulenzen häufig der dominierende schädigende Einfluss auf Unternehmen. Beispielsweise können Marktveränderungen oder technologische Umbrüche dein Unternehmen durcheinanderbringen. Eine mögliche Antwort auf diese Herausforderungen liegt in der Stärkung von Forschung und Entwicklung sowie des strategischen Marketings. Wenn deine Branche sich in einer Phase extrem stürmischer Entwicklung befindet und die Nachfrage nach einer bestimmten Problemlösung sprunghaft ansteigt, sind andere Strategien gefragt als in ruhigen Zeiten. Jetzt liegt es an dir, so schnell wie möglich ein vollständiges Produkt in hoher Qualität liefern zu können, das keine teuren Reklamationen nach sich zieht. Erweitere deine Vertriebskanäle so schnell wie möglich, um wettbewerbsfähig zu bleiben.

Kälte: Regulatorische Veränderungen und Bürokratie
Kälte zieht die Dinge zusammen und behindert die natürliche Bewegung. Für dein Unternehmen könnten das Änderungen in den rechtlichen Rahmenbedingungen oder wachsender Bürokratieaufwand sein. Auch ein emotionskälteres Klima kann schädlich sein. Der Kälte kannst du mit Feuer entgegenwirken. Die rechtlichen Rahmenbedingungen wirst du

nur selten beeinflussen können, aber möglicherweise kannst du ihnen durch einen Standortwechsel ausweichen. Suche nach „wärmeren" Gefilden und sorge vor allem für ein angenehmes und lebensfreundliches Betriebsklima. Pflege Beziehungen und Netzwerke. Genauso wie du im Winter warme Socken trägst oder dich am Ofen wärmst, gibt es auch für Unternehmen Zeiten, in denen es guttut, wenn es etwas behaglicher zugeht. Oftmals wird gerade in eisigen Zeiten der Umgangston noch frostiger als sonst, was die Gefahr einer „Grippe" für dein Unternehmen erhöht.

Feuchtigkeit: Schleichende negative Einflüsse
Feuchtigkeit breitet sich schleichend aus und bringt trübe, schwere Stimmungen mit sich. Dies können Rezessionen, ein schleichender Imageverlust oder negative Gerüchte sein. Lass dich nicht von dem „die Zeiten sind sooo schlecht"-Gejammer anstecken, das man oft hört, wenn die fetten Jahre zu Ende gehen. Betrachte diese Zeiten vielmehr als notwendige Phasen für einen Neubeginn. Räume auf und unterziehe dich einer Fastenkur, aber lass dich nicht vom Gejammer anstecken. Feuchtigkeit kann in Ritzen kriechen und dort, wenn du es nicht rechtzeitig bemerkst, Schäden verursachen. Achte auf solche Anzeichen und lass nicht zu, dass in deinem Unternehmen Dinge unter den Tisch gekehrt werden und dort vor sich hin schimmeln und stinken. Vertreibe die Feuchtigkeit mit dem Feuer der Begeisterung und motiviere dein Team.

Trockenheit: Liquiditätsprobleme
Trockenheit bedeutet für dein Unternehmen den Entzug von Liquidität durch äußere Einflüsse wie veränderte Rohstoffpreise, Steuern oder verringerten Absatz. Äußere Einflüsse können nur beeinflussen, aber nicht bestimmen. So wie sich der menschliche Körper bei veränderten Rahmenbedingungen anpassen muss, ist es für dein Unternehmen ratsam, nicht über die „bösartigen" äußeren Bedingungen zu schimpfen, sondern entsprechende Veränderungen und Anpassungen einzuleiten. Baue finanzielle Reserven auf und sichere die Liquidität deines Unternehmens. Optimiere das Kostenmanagement und implementiere Effizienzsteigerungen. Fördere die Flexibilität und Anpassungsfähigkeit deines Unternehmens an veränderte Marktbedingungen.

Hitze: Überlastung und Überarbeitung
Hitze kann durch hohe Belastung und Überarbeitung entstehen, was zu Burnout und Stress führt. Eine ausgewogene Arbeitslast und die Förderung von Work-Life-Balance sind hier entscheidend. Implementiere Erholungsphasen und Stressmanagementprogramme, um die Gesundheit deiner Mitarbeiter zu schützen. Schaffe ein unterstützendes und gesundes Arbeitsumfeld, das Überlastung und Burnout vorbeugt.

Sommerhitze: Übermäßige Expansion
Sommerhitze als spezielle Form der Hitze kann durch übermäßige Expansion und schnelles Wachstum verursacht werden, was zu Überdehnung und Instabilität führt. Nachhaltiges Wachstum sollte geplant und sichergestellt werden. Fokussiere dich auf die Kernkompeten-

zen deines Unternehmens und eine stabile Geschäftsentwicklung. Risikomanagement und Szenario-Planung sind wichtige Maßnahmen, um die negativen Auswirkungen übermäßiger Expansion zu vermeiden.

Diese pathogenen Faktoren können dein Unternehmen erheblich beeinflussen, aber durch geeignete Strategien und Anpassungen kannst du diese Herausforderungen bewältigen und sogar in Chancen umwandeln.

Ansätze zur Regeneration von Funktionsbereichen

Wie aber können die gefundenen Probleme in den Funktionsbereichen gelöst werden? Die Energo-Kybernetische Strategie (EKS) von Wolfgang Mewes die wir ja bereits bei der Unternehmensgestaltung kennengelernt haben, ist auch ein Konzept zur Problemlösung, das darauf basiert, dass Probleme immer von der übergeordneten Ebene her gelöst werden können. Mewes war ein Pionier im Bereich des strategischen Managements. Seine Methode basiert darauf, Engpässe zu identifizieren und auf diese zu fokussieren, um sie zu überwinden und dadurch das gesamte System zu verbessern. Er betonte, dass Engpässe die entscheidenden Stellen in einem System sind, die über den Erfolg oder Misserfolg entscheiden können. Die Hierarchie der Ebenen sieht wie folgt aus (von der niedrigsten bis zur höchsten Ebene)

- *Stofflich-materielle Probleme:* Dies sind Probleme, die auf physikalischen oder materiellen Ursachen beruhen, wie zum Beispiel auf Mangel an Rohstoffen oder technischen Ressourcen.
- *Technische Probleme:* Diese Probleme beziehen sich auf die Funktionalität von technischen Systemen, Maschinen oder Prozessen.
- *Wirtschaftliche Probleme:* Hier geht es um Herausforderungen in Bezug auf die Produktion, den Vertrieb oder die Wirtschaftlichkeit von Produkten und Dienstleistungen.
- *Finanzielle Probleme:* Dies umfasst Probleme im Zusammenhang mit Geld, Investitionen, Kapitalbeschaffung oder Schulden.
- *Informationsprobleme:* Probleme, die durch fehlende oder unzureichende Informationen entstehen, wie beispielsweise fehlende Daten oder mangelnde Transparenz.
- *Psychologische Probleme:* Diese Probleme beziehen sich auf das Verhalten, die Motivation oder die Einstellung von Menschen, die eine Rolle bei der Problemlösung spielen.
- *Abhängigkeits-Probleme:* Hier geht es um Probleme, die durch Abhängigkeiten von externen Faktoren oder Partnern verursacht werden.
- *Engpass-Probleme:* Dies sind Probleme, die durch limitierende Faktoren oder Ressourcen entstehen und den gesamten Prozess behindern.
- *Strategie-Probleme:* Auf dieser übergeordneten Ebene werden die vorherigen Probleme als Teil eines strategischen Gesamtzusammenhangs betrachtet. Hier wird entschieden, welche Probleme priorisiert werden und wie sie effektiv gelöst werden können.

Kommunikation

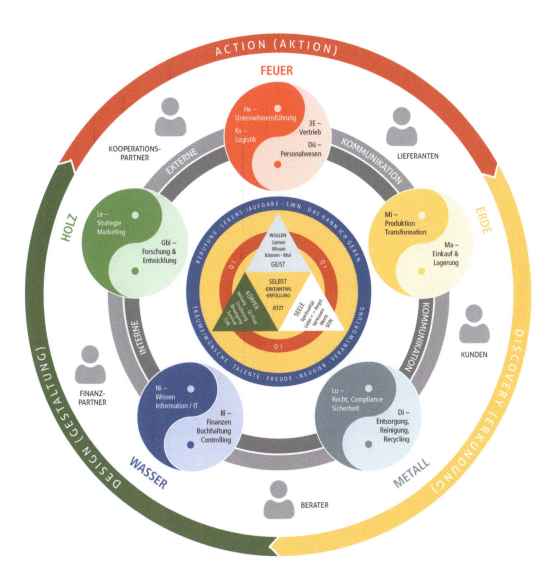

Die Kunst der Kommunikation

Wie das Schaubild auf der vorherigen Seite nahelegt, ist Kommunikation das Verbindende schlechthin. Sie ist ein grundlegender Bestandteil unseres Lebens. „Man kann nicht nicht kommunizieren." Dieser oft zitierte Satz von Paul Watzlawick, einem bedeutenden Kommunikationswissenschaftler, unterstreicht das eindrucksvoll. Ob bewusst oder unbewusst, wir kommunizieren ständig. Egal, ob du dich im beruflichen Umfeld bewegst oder in persönlichen Beziehungen: Kommunikation dient immer dem Zweck, etwas zu erreichen. Sie kann dazu beitragen, Beziehungen zu vertiefen, Informationen zu erlangen oder andere zu bestimmten Handlungen zu bewegen. Lass uns nun erkunden, wie gezielte Kommunikation uns dabei unterstützen kann, unsere Ziele zu erreichen und nachhaltige Verbindungen zu schaffen.

Fünf Axiome für die Kommunikation

Paul Watzlawik hat für die Kommunikation folgende Grundsätze formuliert:
1. Man kann nicht nicht kommunizieren: Egal was du tust oder sagst, du sendest immer eine Botschaft, selbst wenn du schweigst. Menschen kommunizieren ständig, auch ohne Worte, durch Handlungen, Mimik, Gestik usw.
2. Jede Kommunikation hat einen Inhalts- und einen Beziehungsaspekt: den Inhalt, also das, was gesagt wird, und die Beziehungsebene, die zeigt, wie die Sprechenden zueinander stehen.
3. Das dritte Axiom besagt, dass Kommunikation immer sowohl Ursache als auch Wirkung ist. Das bedeutet, in jeder Interaktion sind die Nachrichten und Reaktionen miteinander verknüpft. Was eine Person sagt oder tut, wirkt als Reiz, der eine Antwort bei einer anderen Person hervorruft. Diese Antwort wird dann selbst zum Reiz für die erste Person. So entsteht ein fortlaufender Kreislauf.
4. Menschliche Kommunikation findet digital und analog statt. Worte, also die gesprochene oder geschriebene Sprache, sind die digitale Form der Kommunikation. Nonverbale Signale wie Gesten, Tonfall und Körpersprache gehören zur analogen Form. Beide Arten tragen zusammen dazu bei, wie wir Botschaften senden und empfangen.
5. Zwischenmenschliche Kommunikationsabläufe sind entweder symmetrisch, beruhen also auf Gleichberechtigung mit ähnlichen Rollen oder sie sind komplementär wobei sich die Rollen ergänzen, beispielsweise in dominante und unterwürfige Muster.

Ein gestörter Kommunikationsfluss kann zu Missverständnissen führen. Wenn die Nachricht nicht klar übermittelt oder falsch interpretiert wird, können Konflikte entstehen. Daher ist es wichtig, auf die Art und Weise zu achten, wie wir kommunizieren, um Missverständnisse zu vermeiden.

Verbale Kommunikation bezieht sich auf die Verwendung von Wörtern und Sprache, um Informationen zu übermitteln. Nonverbale Kommunikation umfasst dagegen Gestik, Mimik, Körperhaltung und Tonfall, die ebenfalls wichtige Botschaften vermitteln können. Oftmals ist die nonverbale Kommunikation sogar aussagekräftiger als die verbale.

Neben den Axiomen von Watzlawik wurden auch andere Kommunikationsmodelle entwickelt. Das klassische Sender-Empfänger-Modell beschreibt den Prozess der Kommunikation als Übertragung einer Nachricht von einem Sender an einen Empfänger. Dabei können Störungen oder Rauschen den Kommunikationsfluss beeinträchtigen und die Nachricht verfälschen oder unverständlich machen.

Friedemann Schulz von Thun, ein deutscher Kommunikationspsychologe und Professor für Psychologie, hat das Vier-Seiten-Modell oder Kommunikationsquadrat entwickelt. Dieses Modell beruht auf der Annahme, dass jede Äußerung nach vier Seiten hin interpretiert werden kann – sowohl vom Sender der Äußerung als auch vom Empfänger. Die vier Seiten der Nachricht werden im Modell durch je eine Quadratseite repräsentiert:

- Auf der *Sachseite* informiert der Sender (der Sprechende) über den Sachinhalt, d. h. über Daten und Fakten.
- Die *Selbstoffenbarung* umfasst, was der Sprecher durch das Senden der Botschaft bzw. Nachricht von sich zu erkennen gibt.
- Auf der *Beziehungsseite* kommt zum Ausdruck, wie der Sender meint, zum Empfänger zu stehen, und was er von ihm hält.
- Was der Sender beim Empfänger erreichen möchte, wird von der *Appellseite* repräsentiert.

Ein praktisches Beispiel für das Vier-Seiten-Modell könnte die Kommunikation zwischen einem Vorgesetzten und einem Mitarbeiter sein, der um eine Gehaltserhöhung bittet:

- *Sachseite:* Der Mitarbeiter bringt Fakten und Daten vor, die seine Leistungen und seinen Beitrag zum Unternehmen betreffen. Er präsentiert Zahlen, Projekte und Erfolge, die seine Bitte um eine Gehaltserhöhung begründen.
- *Selbstoffenbarung:* Durch sein Anliegen nach einer Gehaltserhöhung offenbart der Mitarbeiter seine Bedürfnisse, Wünsche und Ziele. Er zeigt, dass ihm Anerkennung und Wertschätzung wichtig sind und dass er sich finanziell angemessen entlohnt fühlen möchte.
- *Beziehungsseite:* Die Art und Weise, wie der Mitarbeiter das Gespräch führt, kann Aufschluss darüber geben, wie er die Beziehung zu seinem Vorgesetzten einschätzt. Eine respektvolle und zugleich selbstbewusste Kommunikation signalisiert, dass der Mitarbeiter eine kooperative und wertschätzende Beziehung anstrebt.
- *Appellseite:* Letztlich möchte der Mitarbeiter durch sein Anliegen den Vorgesetzten dazu bewegen, seine Bitte um eine Gehaltserhöhung wohlwollend zu prüfen und gegebenenfalls zu genehmigen. Er appelliert an die Entscheidungsbefugnis des Vorgesetzten und hofft, dass dieser seine Anliegen ernst nimmt und entsprechend handelt.

Insgesamt zeigt sich, dass Kommunikation ein komplexer Prozess ist, der entscheidend für das Verständnis, die Beziehungen und die Interaktionen zwischen Menschen ist. Indem wir uns der verschiedenen Ebenen, Modelle und Axiome bewusst werden, können wir unsere Kommunikationsfähigkeiten verbessern und effektiver kommunizieren.

Die Bedeutung von Wertschätzung

Wenn wir langfristige, positive Beziehungen zu Mitarbeitern, Kunden, Lieferanten oder anderen Menschen aufbauen möchten, ist Wertschätzung die eigentliche Grundlage. Eine ehrliche Wertschätzung spiegelt sich in den Handlungen eines Unternehmens wider und macht aufgesetzte PR- und HR-Maßnahmen überflüssig, die oft nur dazu dienen, einen menschlichen Anstrich vorzutäuschen und die Profitgier zu verschleiern.

Wahre Wertschätzung gegenüber Mitarbeitern zeigt sich durch faire Löhne, gute Arbeitsbedingungen und angemessene Arbeitszeiten, die ein gesundes förderndes Arbeitsumfeld gewährleisten und vor Burnout schützen. Gegenüber den Kunden drückt sich Wertschätzung darin aus, ihnen keine schädlichen oder minderwertigen Produkte oder Leistungen zu verkaufen. Stattdessen sollte das Ziel sein, ihre Bedürfnisse und Interessen ernst zu nehmen und ihnen qualitativ hochwertige Produkte anzubieten, die ihr Leben bereichern.

Wertschätzung ist dann keine leere Phrase, sondern ein Handeln aus aufrichtiger Anerkennung und Fürsorge. Es ist der Schlüssel, um eine positive Bindung und Vertrauen aufzubauen, die für langfristigen Erfolg und nachhaltige Beziehungen sorgt.

> *»Lass uns dankbar sein für die Menschen, die uns glücklich machen;*
> *sie sind die charmanten Gärtner,*
> *die unsere Seelen zum Blühen bringen.«* Marcel Proust

Wenn du Menschen für dich und dein Unternehmen gewinnen willst, gehört dazu, deine innere Einstellung positiv auszurichten. Die Art und Weise, wie du dein Gegenüber einschätzt, wird sich in deiner Kommunikation und deinen Handlungen widerspiegeln. Menschen haben feine Sensoren, die Authentizität wahrnehmen. Daher ist es wichtig, ehrliche Wertschätzung zu zeigen.

Das bedeutet nicht, dass du jede Facette einer Person mögen musst, sondern dass du dich erst mal auf positive Aspekte konzentrierst. Deine Aufgabe besteht darin, bei jeder Person, die du gewinnen möchtest, etwas zu finden, das du aufrichtig wertschätzen und anerkennen kannst. Vermeide abwertende oder negative Gedanken, denn sie werden oft unbewusst von deinem Gegenüber wahrgenommen und verschließen ihn. Sammle Pluspunkte, indem du möglichst viele positive Eigenschaften bei anderen erkennst und hervorhebst.

Es wird allerdings immer Menschen geben, die bei dir negative Reaktionen auslösen, vielleicht aufgrund früherer Erfahrungen. Wichtig ist, das richtig einzuordnen und die Kontrolle darüber zurückzugewinnen. Tritt innerlich zurück, wenn dir jemand „dumm kommt" und verhindere so, automatisch zu reagieren. Sei wertschätzend, aber auch klar in deiner Kommunikation – denn es gilt auch „Everybody's Darling, everybody's Depp".

Fünf Wandlungsphasen und Kommunikation

Die Fünf Wandlungsphasen spiegeln wie wir schon gesehen haben nicht nur den Zyklus der Natur wider, sondern lassen sich auch als Analogie für verschiedene Phasen in der Kommunikation und Kontaktaufnahme verwenden. Jede Phase repräsentiert einen wichtigen Schritt auf dem Weg zu guter Kommunikation und erfolgreichen Beziehungen. Beginnen wir mit der ersten Phase:

Wasser – Informationen sammeln

Ein grundlegender Aspekt der Menschenkenntnis ist die Fähigkeit, andere aufmerksam zu beobachten. Nonverbale Signale wie Mimik, Gestik, Körperhaltung und Augenkontakt können oft mehr preisgeben als das gesprochene Wort. Es ist wichtig, sich bewusst darauf zu trainieren, diese Signale wahrzunehmen, um ein besseres Verständnis für die Gefühle und Motivationen anderer zu entwickeln.

Zur Menschenkenntnis gehört auch, Lügen zu erkennen. Das Erkennen von Lügen kann eine Herausforderung sein, da nicht jeder Lügner offensichtliche Anzeichen zeigt. Dennoch gibt es einige häufige Verhaltensweisen, die darauf hinweisen könnten, dass jemand lügt. Zum Beispiel könnten plötzliche Veränderungen in der Körpersprache, wie vermehrtes Lächeln, Unruhe oder das Verbergen von Händen und Gesicht auf eine Lüge hindeuten. Körperliche Unruhe, wie Zappeln, Händereiben oder Augenzwinkern, kann auf Nervosität und potenzielle Unaufrichtigkeit hindeuten. Auch inkonsistente Aussagen, ausweichende Antworten oder übertriebene Reaktionen auf Fragen könnten Anzeichen für Unaufrichtigkeit sein. Ein weiterer Hinweis könnten verbale Anzeichen wie Zögern, häufiges Räuspern oder der übermäßige Gebrauch von Füllwörtern sein. Auch jemand der es vermeidet einem direkt in die Augen zu schauen, könnte versuchen, etwas zu verbergen. Wer auf Fragen ohne emotionale Reaktion antwortet, könnte versuchen, seine Gefühle zu verbergen oder zu kontrollieren. Diese Anzeichen weisen aber nicht immer eindeutig auf Lügen hin, da Menschen unterschiedlich reagieren können und es ist ratsam, mehrere Indizien zu berücksichtigen, bevor man jemanden der Lüge verdächtigt.

Ein weiterer Schritt zur Menschenkenntnis ist die Erforschung wichtiger Merkmale einer Zielgruppe oder Person. Dazu gehören der Dresscode, die Sprache, aktuelle Trends, ungeschriebene Regeln, Einstellungen, Verhalten, Ehrenkodex und Werte. Geschicktes Fragen kann dir dabei helfen, diese Informationen zu gewinnen, ohne aufdringlich zu wirken. Offene Fragen ermutigen zu ausführlicheren Antworten und ermöglichen es dir, dein Gegenüber besser zu verstehen.

Menschenkenntnis ist ein fortlaufender Prozess, der durch Beobachtung, Empathie und aktives Zuhören gestärkt wird. Indem du dich in die Lage anderer versetzt und ihre individuellen Merkmale und Bedürfnisse erkennst, kannst du authentische und tiefere Verbindungen aufbauen. Die Fähigkeit, andere wirklich zu verstehen, ist von unschätzbarem Wert in zwischenmenschlichen Beziehungen und kann dir sowohl im persönlichen als auch im geschäftlichen Bereich zu einem erfolgreichen und erfüllenden Leben verhelfen.

Holz – Kontakt aufnehmen

Manche Leute zögern, fremde Personen anzusprechen, bis sie Blickkontakt hergestellt haben. Das ist jedoch nicht immer notwendig. Wenn du jemanden ansprechen möchtest, kannst du das auch tun, ohne vorher Blickkontakt aufgenommen zu haben. Ein freundliches Lächeln hilft dabei, die Annäherung positiver zu gestalten. Menschen fühlen sich geschmeichelt, wenn ihre positiven Eigenschaften oder Leistungen anerkannt werden. Lob die Person oder die Gruppe für etwas, das sie besonders gut machen oder was du bewunderst. Sei jedoch aufrichtig und vermeide übertriebene Schmeichelei. Manchmal kann das direkte Frontalansprechen unangenehm sein. In solchen Situationen kannst du versuchen, die Person von der Seite anzusprechen, um den Druck zu reduzieren. Achte auf die aktuelle Situation oder die Umgebung, in der du dich befindest, und öffne das Gespräch mit einem Thema, das sich daraus ergibt. Das schafft eine natürliche Verbindung und erleichtert den Einstieg ins Gespräch. Variiere die Gesprächsthemen, um das Gespräch interessant und abwechslungsreich zu gestalten. Wenn du merkst, dass ein Thema erschöpft ist, wechsel sanft zu einem anderen, das die andere Person interessieren könnte. Vermeide alles, was bei einem Kontakt gewollt oder inszeniert wirken könnte.

Feuer – gemeinsame positive Erfahrungen

Menschen fühlen sich stärker zueinander hingezogen, wenn sie gemeinsame Interessen oder Ziele teilen. Um die Verbindung zu stärken, kannst du die Gemeinsamkeiten betonen und eine angenehme Atmosphäre schaffen, um die Sympathie anderer zu gewinnen und Vertrauen aufzubauen.

Aktives Zuhören ist entscheidend, um eine tiefere Verbindung herzustellen. Zeige deinem Gegenüber, dass du dich wirklich für das interessierst, was er oder sie zu sagen hat, indem du nicht nur antwortest, sondern auch nachfragst und ehrlich versuchst zu verstehen. Gelegentliches Wiederholen in eigenen Worten, was die Person gesagt hat, hilft dir sicherzustellen, dass du richtig verstanden hast.

Suche nach Gemeinsamkeiten, die du mit der Zielperson teilen könntest, sei es ein gemeinsames Hobby, eine Erfahrung oder ein Interesse. Wenn du eine Gemeinsamkeit gefunden hast, kannst du diese als Ausgangspunkt für das Gespräch verwenden.

Menschen schaffen wertvolle Erinnerungen und fördern ihre emotionale Bindung zueinander, wenn sie Zeit miteinander verbringen und Erlebnisse teilen. Gemeinsame Erfahrungen wie das Lachen über lustige Momente, das Überwinden von Herausforderungen oder das Teilen bestimmter Aktivitäten stärken die Verbindung.

Freundschaftsdienste ohne Gegenleistung und gemeinsame positive Erfahrungen sind entscheidende Faktoren, um eine tiefe, bedeutsame und unterstützende Freundschaft aufzubauen und aufrechtzuerhalten. Sie tragen dazu bei, dass Freunde einander vertrauen, sich wertgeschätzt fühlen und eine starke emotionale Verbindung zueinander haben. Bedingungslose Hilfe und Fürsorge stärken die Verbundenheit und das Vertrauen in die Freundschaft, da die Handlungen aus aufrichtiger Zuneigung und Wohlwollen erfolgen.

Erde – Vertrauen bilden

Vertrauen ist ein wesentlicher Aspekt der zwischenmenschlichen Beziehungen. Echtes Vertrauen ist ein wertvolles Gut und es gibt keine schnellen oder manipulativen Wege, um es zu gewinnen. Authentizität, Ehrlichkeit, positive Erfahrungen und Beständigkeit sind entscheidend, um Vertrauen aufzubauen.

Sei ehrlich und aufrichtig in deinen Aussagen und Handlungen. Vermeide Lügen oder Halbwahrheiten, da diese das Vertrauen schnell zerstören können. Halte deine Versprechen und Verpflichtungen ein. Wenn du zusagst, etwas zu tun, stelle sicher, dass du es auch wirklich tust. Verlässlichkeit schafft Vertrauen.

Zeige Verständnis und Mitgefühl für die Gefühle und Bedürfnisse anderer. Empathie signalisiert, dass du dich um die Person kümmerst und sie respektierst. Sei offen in Bezug auf deine Absichten, Ziele und Gedanken. Teile relevante Informationen und lasse die andere Person wissen, dass sie sich auf dich verlassen kann.

Zeige Bereitschaft, Konflikte auf eine konstruktive Art und Weise zu lösen. Respektiere die Meinung anderer und suche nach Kompromissen. Vermeide es, über andere Personen zu tratschen oder Gerüchte zu verbreiten. Klatsch schadet deinem Ruf und beeinträchtigt das Vertrauen anderer in dich.

Teile auch persönliche Gedanken und Erfahrungen, um Vertrautheit aufzubauen. Wenn du deine eigene Verletzlichkeit zeigst, wird es der anderen Person leichter fallen, dir ebenfalls zu vertrauen. Respektiere die persönlichen Grenzen und Privatsphäre anderer. Zwinge niemanden, über Dinge zu sprechen, die sie nicht teilen möchten.

Der Aufbau von Vertrauen braucht Zeit. Sei geduldig und überstürze nichts. Stetige und beständige Bemühungen führen langfristig zu einer vertrauensvollen Beziehung. Mache keine Versprechungen, die du nicht halten kannst, und sei bereit, Verantwortung für Fehler zu übernehmen. Wenn du einen Fehler gemacht hast, entschuldige dich aufrichtig und lerne daraus.

Das Vertrauen einer Person zu gewinnen, erfordert eine kontinuierliche und authentische Interaktion. Es ist wichtig, du selbst zu sein und nicht zu versuchen, jemand anderes zu sein, um Akzeptanz zu finden. Durch Ehrlichkeit, Empathie und Zuverlässigkeit kannst du Vertrauen aufbauen und wertvolle Beziehungen aufbauen, die auf gegenseitiger Wertschätzung basieren.

Bedeutet das, dass man immer und in jeder Situation radikal ehrlich sein muss? Nicht unbedingt. Studien zufolge lügen Menschen durchschnittlich zweimal täglich, Jüngere etwas öfter als Ältere, da ihnen Selbstpräsentation wichtiger ist. Die meisten Lügen geschehen aber nicht aus Bosheit, sondern aus Rücksicht, Schutz und Mitleid. Im Alltag helfen kleine Lügen, Konflikte zu vermeiden und sind oft Zeichen von Höflichkeit. Ohne Notlügen würde unser soziales Gefüge schnell zerfallen, da ständige Ehrlichkeit Freunde, Familie und Kollegen verletzen könnte. Solange Notlügen nicht schaden oder eingesetzt werden um einem Vorteile zu verschaffen, sind sie vertretbar. Problematisch sind manipulative Lügen, die darauf abzielen, Macht über andere zu erlangen.

Metall – Kommunikationskrisen bewältigen

Krisen in der persönlichen und beruflichen Kommunikation sind fast unvermeidlich. Sie beeinträchtigen die Harmonie in der Kommunikation, aber mit der richtigen Herangehensweise können sie überwunden werden. Klarheit, Offenheit, Empathie und konstruktives Feedback sind entscheidend, um diese Herausforderungen zu bewältigen. Indem du die Kommunikation als fortlaufenden Prozess der Entwicklung betrachtest, kannst du Beziehungen stärken, Konflikte reduzieren und erfolgreichere Ergebnisse erzielen.

> *»Sie mögen vergessen, was Sie gesagt haben, aber sie werden nie vergessen, wie sie sich dabei gefühlt haben.«* Carl W. Buehner

Missverständnisse können leicht auftreten, wenn Informationen nicht klar vermittelt oder nicht richtig interpretiert werden. Die Lösung liegt in klarer und präziser Kommunikation. Verwende eine klare Sprache, vermeide Fachjargon und stelle sicher, dass wichtige Informationen besonders deutlich kommuniziert und wiederholt werden. Aktives Zuhören und Nachfragen können ebenfalls dazu beitragen, Missverständnisse zu vermeiden. Beziehe dabei die Position deines Gegenübers ein, um sein Verhalten besser zu verstehen.

Eine offene und respektvolle Diskussion ist der Schlüssel zur Bewältigung von Meinungsverschiedenheiten. Lerne, verschiedene Standpunkte anzuerkennen, und suche nach Kompromissen, die für alle Beteiligten akzeptabel sind. Fehler sollten eingestanden und nicht wiederholt werden, während Rechtfertigungen vermieden werden sollten. Eine aufrichtige Entschuldigung, die nur einmal ausgesprochen wird, kann zur Klärung und Versöhnung beitragen. Sich immer wieder auf alte Verfehlungen zu beziehen, vergiftet eine Beziehung.

Wenn ein Partner den anderen regelmäßig kritisiert oder negative Kommentare macht, kann dies zu einer toxischen Atmosphäre führen.

Eine fehlende Feedbackkultur kann ebenfalls das Wachstum und die Verbesserung sowohl persönlicher als auch beruflicher Kommunikation behindern. Schaffe eine offene Atmosphäre, in der konstruktives Feedback ermutigt und geschätzt wird. Feedback sollte ehrlich, aber respektvoll sein und klare Handlungsempfehlungen enthalten.

In globalen Unternehmen oder in interkulturellen Beziehungen können unterschiedliche Sprachen, Werte und Kommunikationsstile zu Herausforderungen führen. Bilde dich in interkultureller Kommunikation weiter und zeige Interesse an den kulturellen Hintergründen anderer. Offenheit und Empathie helfen, kulturelle Barrieren zu überwinden.

In der heutigen Welt werden wir oft mit einer Fülle von Informationen bombardiert, was zu Überlastung und Kommunikationsmüdigkeit führen kann. Vereinfache deine Kommunikation, fokussiere auf das Wesentliche und verwende klare Kanäle, um Informationen zu übermitteln. Setze Prioritäten und achte auf die Bedürfnisse deiner Zielgruppe.

Emotionale Intelligenz spielt eine wichtige Rolle in der Kommunikation, da sie es dir ermöglicht, die Gefühle und Bedürfnisse anderer besser zu verstehen und darauf einzugehen. Investiere in die Entwicklung deiner emotionalen Intelligenz durch Selbstreflexion und Empathieübungen wie Perspektivwechsel, aktives Zuhören und einem Gefühlstagebuch. Dies hilft, Beziehungen zu stärken und Konflikte zu reduzieren.

Manchmal ist es jedoch unvermeidlich, dass Beziehungen, seien es persönliche oder berufliche, enden müssen. In solchen Situationen ist es wichtig, die Beziehung fair und respektvoll zu beenden. Einen fairen Abschluss zu finden, ohne Schuldzuweisungen oder Feindseligkeiten, kann dazu beitragen, dass beide Parteien gestärkt aus der Situation hervorgehen.

»In Zeiten der Krise suchen die Menschen nach Sicherheit. In diesen Zeiten ist es besonders wichtig, dass wir zuhören und versuchen, wirklich zu verstehen.« Fred Rogers

Durchsetzungsvermögen in der Kommunikation

Durchsetzungsfähigkeit in der Kommunikation ist entscheidend, um Ideen effektiv zu präsentieren, Entscheidungen zu beeinflussen und berufliche Ziele zu verfolgen. Klare und überzeugende Kommunikation ist notwendig, um in Teams erfolgreich zu sein, Konflikte zu lösen und die Zusammenarbeit zu fördern. Durchsetzungsfähigkeit hilft, individuelle und kollektive Unternehmensziele zu erreichen und ist ein wesentlicher Bestandteil erfolgreicher beruflicher Interaktion.

Es gibt vier Hauptstile der Kommunikation: passiv, passiv-aggressiv, aggressiv und assertiv. Passive Kommunikatoren teilen ihre Ideen selten mit und entschuldigen sich oft dafür. Ihre Beiträge werden meist nicht ernst genommen. Passiv-aggressive Kommunikatoren scheinen oberflächlich passiv, sind jedoch im Inneren aggressiv und nutzen Sarkasmus und Spott, um andere indirekt zu untergraben. Dies kann auf Dauer anstrengend sein, da sie schwierige Gespräche vermeiden.

Aggressive Kommunikatoren sind dominant und entscheidungsfreudig, zeigen jedoch wenig Bereitschaft zur Zusammenarbeit und neigen dazu, andere zu dominieren. Sie können kurzfristig Erfolge erzielen, langfristig ist ihr autoritärer Stil jedoch nicht nachhaltig.

Assertive Kommunikation ist das Ideal. Assertive Personen sind offen für neue Ideen und berücksichtigen die Perspektiven anderer, während sie gleichzeitig klare eigene Vorstellungen haben. Sie teilen ihre Gedanken effektiv mit und suchen den besten Weg vorwärts, indem sie alle Einflüsse berücksichtigen. Dieser Stil führt langfristig am häufigsten zum Erfolg.

Um assertiv zu sein, darf man keine Scheuklappen aufsetzen. Probleme verschwinden nicht einfach, indem man sie ignoriert. Assertive Menschen erkennen Gespräche und Situationen, die angegangen werden müssen, und handeln schnell und effektiv, um Bedrohungen zu neutralisieren oder Fortschritte zu erzielen.

Ich empfehle das Buch „No More Mr. Nice Guy" von Robert Glover, das sich mit dem „netten Kerl Syndrom" befasst und zeigt, wie man durchsetzungsfähiger sein kann. Ein weiteres nützliches Werk ist „The Assertiveness Workbook" von Randy J. Paterson, welches hilft, Szenarien auf eine durchsetzungsfähige Weise anzugehen.

Effektive Kommunikation erfordert Klarheit und Präzision, um Missverständnisse zu vermeiden. Aktives Zuhören ist grundlegend, um die Anliegen der Gesprächspartner zu verstehen. Auch die Körpersprache ist wichtig; Blickkontakt, eine aufrechte Haltung und unterstützende Gesten können die Botschaft unterstreichen.

Konstruktives Feedback ist essenziell für die Verbesserung der Kommunikation. Es sollte konkret und respektvoll sein und Wege aufzeigen, wie sich die Kommunikation weiterentwickeln kann. Die Bewahrung von Ruhe und Geduld, auch in schwierigen Gesprächen, hilft, Konflikte zu vermeiden und Lösungen zu finden. Offenheit für andere Meinungen und Kompromisse fördert Win-Win-Situationen.

Authentizität und Ehrlichkeit schaffen Vertrauen und fördern eine offene Kommunikationsatmosphäre. Durch die Integration dieser Prinzipien in die alltägliche Kommunikation kann eine effektive und bereichernde Interaktion erreicht werden.

Der beste Weg, diese Fähigkeiten zu üben, besteht darin, sich in Situationen zu begeben, in denen man kommunizieren muss. Nutze die Gelegenheit, vor Gruppen zu sprechen, oder führe schwierige Gespräche, wenn sie notwendig sind. Auch wenn es unangenehm ist, so entwickelt man dadurch die Fähigkeit, effektiv zu kommunizieren, was einen selbstsicherer und fähiger macht.

Cool bleiben bei Diskussionen mit Machtmenschen und Populisten

In Diskussionen finden sich gerade intelligente Menschen oft in einem ungleichen Kampf gegen Machtmenschen und Populisten wieder, vergleichbar mit dem Versuch, mit einem Florett einen Panzer zu bekämpfen. Der Kern dieses Dilemmas liegt in den unterschiedlichen Kommunikationsstrategien begründet. Vertikale Kommunikation dreht sich um Hierarchie und Machtstrukturen, wobei inhaltliche Gespräche erst nach der Klärung von Rangordnungen geführt werden können. Dieses System stellt Sicherheit und Klarheit in Bezug auf die Hierarchie über sachliche Diskussionen. Im Gegensatz dazu setzt horizontale Kommunikation auf einen Austausch auf Augenhöhe, bei dem der Fokus auf inhaltlicher Tiefe und dem Streben nach einem gemeinsamen Standpunkt liegt. Hier sind Argumente und das Gefühl der Zugehörigkeit entscheidend. In der Praxis sind Vertreter der horizontalen Kommunikation gegenüber den durchsetzungsstarken Strategien der Vertikalen oft im Nachteil. Wer die zugrunde liegenden Mechanismen kennt, ist klar im Vorteil. Dr. Peter Modler sowie Deborah Tannen haben das in ihren Forschungen zu Kommunikationsstrategien und Gesprächsmustern herausgearbeitet.

Man kann in diesem Kontext zwischen drei Kommunikationsstrategien unterscheiden, die jeweils einem der beiden Sprachsysteme zugeordnet werden können:

- *High Talk* ist die dominierende Strategie der horizontalen Kommunikation. Sie umfasst fachlich gut begründete Argumente, die in langen Sätzen mit einem hohen Sprechtempo ausgetauscht werden. High Talk zielt darauf ab, einen fachlichen Austausch zu fördern und ein Gefühl der Gemeinschaft zu erleben.
- *Basic Talk* repräsentiert die erste Eskalationsstufe in der vertikalen Kommunikation. Es sind kurze, banale und wenig originelle Aussagen, die oft wiederholt und langsam ausgesprochen werden, um zunächst Rang und Revier zu klären. Basic Talk wirkt oft störend auf Vertreter der horizontalen Kommunikation.

- *Move Talk* ist die zweite Eskalationsstufe der vertikalen Kommunikation und umfasst eine nonverbale Sprache durch Mimik, Gestik und Bewegungen im Raum. Diese Strategie dient dazu, Dominanz und Revierverhalten nonverbal auszudrücken und ist somit eine direkte Form, Einfluss und Hierarchie ohne Worte zu manifestieren.

Entscheidend ist, das Sprachsystem des Gegenübers zu erkennen und angemessen darauf zu reagieren. Vertikale Kommunikation erfordert vertikale Antworten – High Talk auf Basic oder Move Talk anzuwenden, ist ineffektiv und kann die Situation verschlimmern. Stattdessen sollten Basic Talk und Move Talk mit ihren eigenen Mitteln begegnet werden, um Rang und Revier zu klären, bevor ein produktiver fachlicher Austausch erfolgen kann.

> »Um Populismus zu bekämpfen, müssen wir mehr zuhören und mehr verstehen, warum so viele Menschen sich ausgeschlossen fühlen, und müssen echte Lösungen anbieten.« Madeleine Albright

Wer seinen kommunikativen Werkzeugkasten noch erweitern will, dem sei das Buch „Wie man mit Fundamentalisten diskutiert, ohne den Verstand zu verlieren: oder Anleitung zum subversiven Denken" von Hubert Schleichert empfohlen. Während die vertikale und horizontale Kommunikation uns lehrt, wie wir unsere Argumentationsebene entsprechend der Hierarchie oder der Gleichheit in Gesprächen ausrichten können, fügt Schleicherts Werk eine weitere Dimension hinzu. Er legt verschiedene Strategien dar, um mit Personen zu diskutieren, deren Meinungen extrem festgefahren sind. Es zielt darauf ab, Lesern Werkzeuge an die Hand zu geben, um in solchen Diskussionen nicht nur standhaft zu bleiben, sondern auch konstruktiv zu agieren. Hier sind einige Kernstrategien zusammengefasst:

- *Verstehen der Position des Anderen:* Bevor man argumentiert, sollte man die Position des Gegenübers vollständig verstehen. Dies beinhaltet auch, die Grundlagen ihrer Überzeugungen und die Quellen, aus denen sie schöpfen, zu erkennen.
- *Identifizieren von Gemeinsamkeiten:* Anstatt sofort auf Konfrontationskurs zu gehen, sollte man versuchen, Gemeinsamkeiten zu finden, die als Basis für den weiteren Dialog dienen können.
- *Vermeiden von direktem Widerspruch:* Direkter Widerspruch kann oft zu einer Verhärtung der Fronten führen. Stattdessen empfiehlt Schleichert, Fragen zu stellen, die den Fundamentalisten dazu anregen, seine Position zu überdenken.
- *Anwendung von Logik und Vernunft:* Auch wenn es scheinen mag, dass Fundamentalisten gegenüber rationalen Argumenten immun sind, ist es dennoch wichtig, logisch und vernünftig zu argumentieren, um zumindest die Zuhörer der Diskussion zu erreichen.

- *Einsatz von Humor und Ironie:* Humor und Ironie können dazu beitragen, die Stimmung zu lockern und die Absurdität mancher fundamentalistischer Positionen aufzuzeigen, ohne direkt anzugreifen.
- *Subversives Denken:* Schleichert betont die Bedeutung des subversiven Denkens, also der Fähigkeit, innerhalb der Logik des Gegners zu argumentieren und gleichzeitig dessen Annahmen zu untergraben.
- *Langfristige Perspektive:* Erkenntnis und Meinungsänderung sind oft Prozesse, die Zeit benötigen. Geduld und eine langfristige Perspektive sind entscheidend, wenn man hofft, die Sichtweise eines Fundamentalisten zu beeinflussen.

Das Buch bietet damit nicht nur eine Anleitung für den Umgang mit extremen Meinungen, sondern auch einen Leitfaden für kritisches Denken und die Kunst der Diplomatie in schwierigen Diskussionen.

Ein weiterer Aspekt ist die Schlagfertigkeit. Wer hat das nicht schon mal erlebt: Man wird verbal angegriffen und erst wenn die Situation schon lange vorbei ist, fällt einem die passende Entgegnung ein. Schlagfertigkeit ist eine Kunst und sie ermöglicht es, in Diskussionen, Verhandlungen oder einfach im alltäglichen Gespräch souverän und geistreich zu reagieren. Schlagfertigkeit beruht dabei auf einer Mischung aus Wissen, Schnelligkeit im Denken und der Fähigkeit, Muster zu erkennen und darauf zu reagieren.

Es gibt verschiedene Grundmuster, die in der Schlagfertigkeit Anwendung finden. Diese Techniken können in unterschiedlichen Situationen angepasst und eingesetzt werden:
- *Umdeuten:* Eine Aussage des Gegenübers wird aufgegriffen und in einen neuen, oft humorvollen oder überraschenden Kontext gestellt. Dies nimmt der ursprünglichen Aussage die Schärfe oder dreht ihre Intention ins Positive. Beispiel: „Das klingt ja, als würden Sie auf dem Mond leben." – „Interessanter Punkt! Vom Mond aus betrachtet, sehen viele unserer Probleme tatsächlich kleiner aus. Vielleicht brauchen wir mehr von dieser Perspektive."
- *Gegenfragen:* Statt direkt zu antworten, stellt man eine Frage zurück. Dies gibt Zeit zum Nachdenken und lenkt das Thema oft in eine Richtung, die man selbst besser kontrollieren kann. Beispiel: „Warum kommst du immer zu spät?" – „Was für ein Problem hast du damit, wenn ich zu spät komme?" oder „Was meinst du mit immer"
- *Zustimmung und Ergänzung:* Man stimmt der Aussage zunächst zu, fügt dann aber eine eigene Wendung hinzu, die die Aussage relativiert oder ins Absurde führt. Beispiel: „Du bist doch viel zu jung, um das zu verstehen." – „Stimmt, meine Jugend könnte mir eine frische Perspektive geben. Wie siehst du das aus deiner reiferen Erfahrung?"
- *Übertreibung:* Eine Technik, bei der die Aussage des Gegenübers absichtlich übertrieben dargestellt wird, um deren Unlogik oder Übertreibung aufzuzeigen. Beispiel: „Du machst

aus einer Mücke einen Elefanten." – „Absolut, und ich plane, den Elefanten später zum Mond zu schießen. Besser, wir klären das jetzt, bevor er zu schwer wird."

- *Zitate und Anekdoten:* Der Einsatz von passenden Zitaten oder Anekdoten kann die eigene Aussage untermauern und dem Gegenüber auf elegante Weise Paroli bieten. Beispiel: „Das haben wir noch nie so gemacht."– „Wie Albert Einstein sagte: ‚Die Definition von Wahnsinn ist, immer wieder das Gleiche zu tun und andere Ergebnisse zu erwarten.' Vielleicht ist es Zeit für einen neuen Ansatz."
- *Vorbereitung:* Es schadet nichts, gut vorbereitet zu sein. Was sind die häufigen Argumentationsmuster und potenziellen Gesprächsthemen in deinem Bereich? Bleib entspannt und höre gut zu, denn nur wer zuhört, kann auch gezielt und schlagfertig antworten. Was auch nicht schadet ist eine Prise Humor. Sie kann Wunder wirken und die eigene Antwort nicht nur schlagfertiger, sondern auch sympathischer machen.

In der Auseinandersetzung mit Machtmenschen und Populisten, sowie im Dialog mit Fundamentalisten, offenbart sich also die wahre Kunst der Kommunikation: die Fähigkeit, über die eigenen Überzeugungen und Strategien hinauszublicken und Brücken zu bauen, wo Gräben tief zu sein scheinen. Durch das Verständnis und die Anwendung dieser vielschichtigen Kommunikationsstrategien und die Erweiterung unseres Kommunikations-Werkzeugkastens können wir nicht nur unsere eigene Argumentationskraft stärken, sondern auch einen Weg finden, konstruktiv mit den scheinbar unüberwindbaren Barrieren des menschlichen Diskurses umzugehen.

> »Die sadistische Lust, mit der der Mob die vereinfachende Rhetorik der
> Populisten aufgreift, lässt nur eine Antwort zu:
> Erziehung zur Mündigkeit.« Hannah Arendt

Marketing-Kommunikation

Wir haben uns jetzt vor allem mit der direkten Kommunikation zwischen Personen beschäftigt. Es geht, wie wir gesehen haben, nicht nur darum, was du sagst, sondern auch darum, wie du es sagst und wie deine Botschaft von anderen wahrgenommen wird.

Da unser Hauptthema ja die Authentizität ist, stellt sich die Frage, ob authentische Kommunikation in Werbung und Marketing überhaupt möglich und sinnvoll ist. Authentizität in der Unternehmenskommunikation bezieht sich auf die Ehrlichkeit und Glaubwürdigkeit, die eine Marke in ihrer Kommunikation an den Tag legt. Dies umfasst die Art und Weise, wie Produkte oder Dienstleistungen präsentiert werden, die Einhaltung von Versprechen, die in der Werbung gemacht werden und die allgemeine Transparenz in Bezug auf Geschäftspraktiken.

Eine Studie von Cohn & Wolfe fand heraus, dass 87 % der weltweiten Verbraucher es als wichtig erachten, dass Marken sich authentisch verhalten (Quelle: www.peppercontent.io). Dies deutet darauf hin, dass Konsumenten zunehmend Wert auf ehrliche und ethische Werbung legen.

> *»Was zählt sind authentische Inhalte, getragen von authentischen Personen.«* Hanning Kempe, CEO von FleishmanHillard Deutschland

Auch FleishmanHillard, eines der größten Beratungsunternehmen für Public Relations, fand in der „Authenticity Gap Studie 2021" heraus, dass Marken in der Hälfte aller Fälle die Erwartungen der Verbraucherinnen und Verbraucher enttäuschen. Im Hinblick auf den Mehrwert für ihre Kunden erfüllen 80 Prozent der in Deutschland untersuchten Branchen, vor allem Banken, die Erwartungen nicht. In 45 Prozent der Branchen kann das Management nicht überzeugen, eine Vorbildfunktion zu übernehmen und ethisch zu handeln. (Quelle: fleishmanhillard.de)

In gesättigten Märkten kann Authentizität demnach eine Marke von der Konkurrenz abheben. Verbraucher können emotionale Bindungen zu Marken aufbauen, die „echt" sind und Werte vertreten, die mit ihren eigenen übereinstimmen.

Authentische Marken schaffen eine loyalere Kundenbasis. Kunden, die glauben, dass eine Marke ihre Interessen und Werte teilt, sind eher bereit, diese Marken zu unterstützen und zu empfehlen.

Trotz der Vorteile steht authentische Werbung auch vor Herausforderungen. Eine der größten ist die Aufrechterhaltung der Konsistenz. Authentizität erfordert, dass alle Aspekte der Markenkommunikation – von der Werbung über den Kundenservice bis hin zum Social-Media-Auftritt – kohärent sind. Dies kann für Unternehmen eine schwere Aufgabe sein. Eine weitere Herausforderung ist die subjektive Natur der Authentizität. Was für einen

Verbraucher authentisch erscheint, kann für einen anderen künstlich wirken. Daher ist es wichtig, dass Marken ihre Zielgruppe genau verstehen, um Kommunikationsstrategien zu entwickeln, die nicht nur aufrichtig und ehrlich sind, sondern auch als solche wahrgenommen werden.

Lass uns jetzt mal genauer auf die Marketing-Kommunikation im Unternehmenskontext eingehen und wie du sie nutzen kannst, um deine Ziele zu erreichen. Was verstehen wir eigentlich unter Marketing-Kommunikation? Sie umfasst alle Aktivitäten, mit denen du deine Botschaft an potenzielle Kunden übermittelst, um ihre Aufmerksamkeit zu gewinnen, sie zu überzeugen und letztendlich zum Kauf zu bewegen. Effektive Marketing-Kommunikation hilft dir dabei, deine Marke zu positionieren, deine Produkte oder Dienstleistungen zu bewerben und langfristige Beziehungen zu deinen Kunden aufzubauen.

Kriterien für gute Marketing-Kommunikation

Deine Marketingbotschaft sollte klar und prägnant sein, ohne Raum für Missverständnisse. Verwende eine einfache Sprache und vermeide Fachjargon, um sicherzustellen, dass deine Zielgruppe deine Botschaft auch versteht. Darüber hinaus ist es wichtig, konsistent in deiner Kommunikation über alle Kanäle hinweg zu sein, sei es über Social Media, Werbung oder deine Website.

Kenne deine Zielgruppe und richte deine Marketing-Kommunikation gezielt auf ihre Bedürfnisse, Interessen und Präferenzen aus. Indem du deine Botschaft an die spezifischen Bedürfnisse und Probleme deiner Zielgruppe anpasst, kannst du eine stärkere Bindung aufbauen und sie besser erreichen.

Nutze Emotionen, um eine tiefere Verbindung zu deiner Zielgruppe aufzubauen und ihre Aufmerksamkeit zu gewinnen. Emotionale Botschaften können dazu beitragen, dass sich Kunden mit deiner Marke identifizieren und eine langfristige Bindung aufbauen.

Nutze verschiedene Kommunikationskanäle wie Social Media, E-Mail-Marketing, Content-Marketing und traditionelle Werbung, um deine Botschaft zu verbreiten und mit potenziellen Kunden in Kontakt zu treten. Eine integrierte Multikanalstrategie ermöglicht es dir, eine größere Reichweite zu erzielen und deine Zielgruppe besser anzusprechen.

Fordere regelmäßig Feedback von deiner Zielgruppe ein und analysiere die Leistung deiner Marketingkampagnen. Indem du auf das Feedback deiner Kunden eingehst und deine Strategie entsprechend anpasst, kannst du deine Marketing-Kommunikation kontinuierlich optimieren.

Kommunikationsmodelle wie das AIDA-Modell (Attention, Interest, Desire, Action) bieten nützliche Rahmenbedingungen für die Entwicklung und Umsetzung von Marketing-Kampagnen. Das AIDA-Modell beschreibt die verschiedenen Phasen, die ein Kunde durchläuft, bevor er eine Kaufentscheidung trifft, und hilft dir dabei, deine Marketingbotschaft entsprechend zu gestalten.

Indem du diese Kriterien für gute Marketing-Kommunikation berücksichtigst und Kommunikationsmodelle sowie das AIDA-Modell in deine Strategie integrierst, kannst du deine Marketingkampagnen effektiver gestalten und deine Geschäftsziele erfolgreicher erreichen. Im Folgenden werden wir uns zunächst mit den Themen Text und Bild beschäftigen, da sie die Grundlage jeglicher Marketing-Kommunikation sind, um dann auf einzelne Strategien und Maßnahmen einzugehen.

Gute Texte als Grundlage

Eine klare Positionierung und überzeugende Texte sind aus meiner Sicht die Grundpfeiler einer erfolgreichen Marketingkommunikation. Nun werden wir beleuchten, welche Quellen, einschließlich Künstlicher Intelligenz (KI), für die Erstellung solcher Texte existieren. Zudem betrachten wir die unverzichtbare Rolle professioneller Werbetexter und wichtige Kriterien für die Qualität von Texten.

Gute Texte vermitteln die Botschaft eines Unternehmens effektiv und können eine emotionale Verbindung zu den Kunden herstellen. Sie sind die Sprachrohre der Markenidentität und tragen maßgeblich dazu bei, dass Unternehmen ihre Zielgruppe erreichen und von ihr verstanden werden. Wenn Texte klar, ansprechend und überzeugend sind, steigt die Wahrscheinlichkeit, dass potenzielle Kunden zu tatsächlichen Kunden werden.

Die fortschreitende Technologie hat neue Möglichkeiten geschaffen, Texte zu erstellen und zu optimieren. Künstliche Intelligenz spielt dabei eine immer größere Rolle. Es gibt KI-basierte Tools, die Unternehmen unterstützen, indem sie bei der Ermittlung relevanter Keywords für eine bessere Sichtbarkeit in Suchmaschinen helfen und damit die Auffindbarkeit des Unternehmens und seiner Produkte verbessern.

- Fortschrittliche KI-Modelle können automatisch Texte erstellen, die sich in Stil und Tonfall dem gewünschten Markenimage anpassen. Dabei sollten die Texte jedoch stets auf ihre Richtigkeit und Kohärenz geprüft werden. Lass beispielsweise bestehende gute Texte von der KI auf ihren Sprachstil analysieren und nutze die Beschreibung des Sprachstils in Stichworten für Anweisungen (Prompts) zur Texterzeugung.
- KI kann Daten über Kunden sammeln und analysieren, um personalisierte Texte zu erstellen, die auf die individuellen Bedürfnisse und Vorlieben der Kunden zugeschnitten sind. Tools dazu wären z.B. Julius AI oder Microsoft Power BI.
- KI-gestützte Tools können Social-Media-Beiträge und -Kampagnen optimieren und sozialen Plattformen angepasste Texte generieren, die das Engagement erhöhen.

Es ist jedoch wichtig zu betonen, dass KI-Generierung von Texten keinesfalls den menschlichen Input ersetzen sollte. Die menschliche Kreativität, die Fähigkeit, Emotionen zu erkennen und eine persönliche Note in die Texte einzubringen, bleibt unverzichtbar.

Professionelle Werbetexter spielen eine unersetzliche Rolle in der Marketingkommunikation. Ihre Erfahrung und ihr Fachwissen ermöglichen es ihnen, die Marke zu verstehen, ihre Zielgruppe zu analysieren und Texte zu erstellen, die das gewünschte Ergebnis erzielen. Werbetexter können eine konsistente Markenstimme sicherstellen, die über verschiedene Kommunikationskanäle hinweg einheitlich ist und so die Wiedererkennung fördert. Sie bringen ihre Kreativität ein und erschaffen einzigartige, aufmerksamkeitsstarke Texte, die die Aufmerksamkeit der Zielgruppe auf sich ziehen. Sie verstehen die Bedürfnisse, Wünsche und Sprache der Zielgruppe und passen die Texte entsprechend an. Werbetexter wissen auch, wie sie überzeugende CTAs (Call-to-Actions – Handlungsaufforderungen) erstellen, die die Leser zum Handeln anregen. Sie haben in der Regel auch eines: Die so wichtige Außenperspektive. Die interne Marketingabteilung eines Unternehmens ist zweifellos mit einer Fülle von Informationen und Details vertraut, die für die Kommunikation mit Kunden und Interessenten von Wert sind. Dennoch kann diese Nähe zum Unternehmen zu blinden Flecken und Scheuklappen führen, die die Wirksamkeit der Marketingkommunikation einschränken können. In diesem Kontext erweist sich die Einbindung externer Texter und Marketing-Berater als äußerst vorteilhaft, da sie eine frische, unvoreingenommene und objektive Perspektive bieten können.

Externe betrachten das Unternehmen und seine Produkte aus einer völlig anderen Perspektive als interne Mitarbeiter. Es fällt ihnen auch leichter, sich in die Rolle eines potenziellen Kunden zu versetzen. Die Außenperspektive ermöglicht es ihnen, neue Blickwinkel auf das Angebot des Unternehmens zu werfen und frische Ideen zu generieren. Diese Ideen können innovative Ansätze für die Kommunikation eröffnen, die das Unternehmen bisher möglicherweise nicht in Betracht gezogen hat. Solche kreativen Ansätze sind entscheidend, um aus der Masse hervorzustechen und die Aufmerksamkeit der Zielgruppe zu gewinnen.

Externe Mitarbeiter bringen auch den Vorteil mit sich, dass sie mit einer größeren Bandbreite an Unternehmen und Branchen zusammengearbeitet haben. Dadurch haben sie Erfahrungen mit verschiedenen Zielgruppen und deren Bedürfnissen gesammelt. Wenn es darum geht, Texte zu erstellen oder Marketingstrategien zu entwickeln, können sie dieses Wissen nutzen, um die Bedürfnisse der spezifischen Zielgruppe des Unternehmens besser zu verstehen. Ihre Fähigkeit, sich in die Lage der Kunden zu versetzen und Empathie zu zeigen, ist ein unschätzbarer Beitrag zur Entwicklung effektiver Marketingbotschaften.

Manchmal sind interne Teams möglicherweise zu gut vertraut mit den eigenen Produkten oder Dienstleistungen, was dazu führen kann, dass sie deren Schwächen übersehen oder als unbedeutend abtun. Externe Texter und Marketing-Berater können hier als unvoreingenommene Beobachter dienen, die konstruktive Kritik bieten und auf potenzielle Schwachstellen hinweisen können. Diese kritische Analyse ist ein wertvolles Werkzeug, um die Qualität der Unternehmenskommunikation zu verbessern und potenzielle Herausforderungen zu erkennen.

Die Marketingwelt ist dynamisch und ständig im Wandel begriffen. Was gestern funktionierte, mag heute nicht mehr wirksam sein. Externe Texter und Marketing-Berater sind in der Regel gut informiert über aktuelle Trends und Best Practices in der Branche. Durch ihre externe Perspektive können sie dazu beitragen, dass die Marketingkommunikation des Unternehmens immer auf dem neuesten Stand ist und den sich ändernden Anforderungen des Marktes gerecht wird.

Kriterien für gute Texte
Unabhängig davon, ob du deine Texte selbst schreibst oder sie von KI-Tools oder professionellen Werbetextern erstellt werden, sollten sie bestimmte Kriterien erfüllen:

- Texte sollten einfach und leicht verständlich sein, ohne Missverständnisse zu erzeugen.
- Sie müssen auf die Bedürfnisse und Interessen der Zielgruppe zugeschnitten sein.
- Texte sollten Emotionen wecken und eine Verbindung zu den Lesern herstellen.
- Die Botschaft sollte in sich stimmig sein und zum Markenimage passen.
- Texte sollten original sein und sich von der Konkurrenz abheben.
- Fehlerfreie Texte sind ein Muss, um Professionalität zu vermitteln.

Insgesamt sind gute Texte das Fundament einer erfolgreichen Marketingkommunikation. Sowohl die Unterstützung durch KI-Technologien als auch die Arbeit erfahrener Werbetexter können dazu beitragen, Texte zu erstellen, die die Zielgruppe ansprechen und eine starke Verbindung zwischen Marke und Kunden herstellen.

Die Kunst des Storytellings

Storytelling ist ein Werkzeug, das es Unternehmen ermöglicht, ihre Botschaften auf eine fesselnde und überzeugende Weise zu präsentieren. Hier werden wir uns zwei Schlüsselkonzepte anschauen, die dir helfen werden, eine starke und einprägsame Marketingbotschaft zu entwickeln: den Elevator Pitch und die Heldenreise.

Der Elevator Pitch: Deine kurze und prägnante Botschaft
Stell dir vor, du triffst einen potenziellen Kunden in einem Aufzug – du hast nur wenige Sekunden, um sein Interesse zu wecken. Das ist der Moment für deinen Elevator Pitch! Diese kurze Vorstellung sollte die Essenz deines Angebotes aufzeigen und das Interesse deines „Publikums" wecken. Die Struktur des Elevator Pitchs ist wie folgt:
1. *Einleitung* – Begrüße dein Gegenüber und stelle dich kurz vor.
2. *Kernbotschaft* – Beschreibe knapp, was dein Unternehmen macht und welches Problem es löst.
3. *Alleinstellungsmerkmal (USP)* – Hebe hervor, was dein Unternehmen von anderen unterscheidet.

4. *Call-to-Action* – Fordere den Zuhörer auf, weitere Informationen zu erhalten oder eine bestimmte Handlung auszuführen.

Die Heldenreise: Die Reise deiner Kunden zum Erfolg

Die Heldenreise ist ein archetypisches Erzählkonzept, das die Reise des Helden durch Herausforderungen und Wachstum beschreibt. Im Marketing übertragen wir diese Reise auf unsere Kunden, die auf ihrer eigenen Reise sind, um ihre Probleme zu lösen und ihre Ziele zu erreichen. Die Schritte einer klassischen Heldenreise sind:

1. *Die normale Welt:* Der Held (Kunde) befindet sich in einer normalen Umgebung, seine alltägliche Existenz wird vorgestellt.
2. *Der Ruf zum Abenteuer:* Der Held wird mit einer Herausforderung, einem Problem oder einem Abenteuer konfrontiert.
3. *Die Weigerung des Rufes:* Anfangs zögert oder weigert sich der Held, die Herausforderung anzunehmen, oft aus Angst oder Unsicherheit.
4. *Begegnung mit dem Mentor:* Der Held trifft auf einen Mentor, der ihn berät, ihm wichtige Gegenstände oder Wissen für die bevorstehende Reise gibt.
5. *Überschreiten der ersten Schwelle:* Der Held verlässt die bekannte Welt und begibt sich in das Abenteuer.
6. *Bewährungsproben, Verbündete und Feinde:* Der Held begegnet Herausforderungen und Hindernissen, findet Freunde oder Verbündete und muss sich gegen Gegner und Feinde behaupten.
7. *Annäherung an die tiefste Höhle:* Der Held nähert sich einem gefährlichen Ort oder einer entscheidenden Prüfung.
8. *Die große Prüfung:* Der Held steht seiner größten Herausforderung gegenüber, oft einem Kampf oder einer tiefen Krise.
9. *Die Belohnung:* Nachdem der Held die Prüfung bestanden hat, erhält er eine Belohnung oder einen wichtigen Gegenstand.
10. *Der Weg zurück:* Der Held muss sich auf den Rückweg machen, oft mit der Belohnung oder dem erworbenen Wissen.
11. *Die Auferstehung des Helden:* Der Held durchläuft eine letzte Prüfung, bei der er sich wandelt oder wiedergeboren wird.
12. *Rückkehr mit dem Elixier:* Der Held kehrt in die alltägliche Welt zurück, bringt aber etwas Wertvolles mit, das er während seiner Reise erlangt hat, und kann nun zur Verbesserung der Welt beitragen.

Diese Schritte sind nicht immer linear und können in verschiedenen Geschichten unterschiedlich interpretiert oder angepasst werden, um eine dynamische und fesselnde Erzählung zu schaffen.

Indem du die Reise deiner Kunden als Heldenreise präsentierst, kannst du eine emotionale Verbindung herstellen und sie dazu inspirieren, sich mit deinem Unternehmen zu identifizieren. Zeige, wie dein Produkt oder deine Dienstleistung ihnen helfen kann, ihre Herausforderungen zu überwinden und ihre Ziele zu erreichen.

Professionelle Fotos und Videos

Egal, welche Art von Werbung du planst, eines ist unerlässlich: erstklassiges Bildmaterial. Bilder sind die Grundlage für deine Außenkommunikation, sei es in Broschüren, auf der Website oder in sozialen Medien. Schließlich besagt ein bekanntes Sprichwort: „Ein Bild sagt mehr als tausend Worte." Doch Videos gehen noch einen Schritt weiter und fügen deiner Botschaft Ton und Bewegung hinzu. Leider verschenken viele Unternehmen wertvolle Chancen, indem sie auf professionelle Darstellungen ihrer Produkte und Leistungen verzichten und stattdessen selbst aufgenommenes Bildmaterial verwenden.

Gerade für kleine und mittelständische Unternehmen spielt professionelles Foto- und Videomaterial eine entscheidende Rolle im Marketing. Es unterstützt die Markenbildung, erzeugt Aufmerksamkeit, verbessert die Online-Sichtbarkeit und trägt dazu bei, potenzielle Kunden zu überzeugen. Investitionen in hochwertige visuelle Inhalte können sich langfristig auszahlen und den Erfolg des Unternehmens fördern.

Professionelle Fotos und Videos tragen zur Markenbildung, Kundenbindung und Online-Sichtbarkeit bei. Die Investition in hochwertige visuelle Inhalte kann sich langfristig auszahlen und deinem Unternehmen einen Wettbewerbsvorteil verschaffen. Zögere nicht, in die Qualität deiner visuellen Kommunikation zu investieren – es wird sich positiv auf den Erfolg deines Unternehmens auswirken.

Hochwertige Fotos und Videos können den ersten Eindruck eines Unternehmens entscheidend prägen. Sie vermitteln Professionalität, Glaubwürdigkeit und Qualität. Potenzielle Kunden werden eher von einem Unternehmen angezogen, das visuell ansprechende Inhalte präsentiert.

Professionelle Fotos und Videos ermöglichen es Unternehmen, ihre Markenidentität zu präsentieren und zu stärken. Durch visuelle Elemente können sie ihre einzigartigen Merkmale, Werte und Botschaften vermitteln und sich von der Konkurrenz differenzieren.

In der heutigen digitalen Welt ist es wichtig, die Aufmerksamkeit der Zielgruppe zu gewinnen. Visuelle Inhalte haben eine höhere Chance, die Aufmerksamkeit von Menschen in der Flut von Informationen und Inhalten zu fesseln. Gut gestaltete Fotos und Videos können helfen, Interesse zu wecken und Besucher zu engagieren.

In den sozialen Medien spielen Fotos und Videos eine zentrale Rolle. Plattformen wie Instagram, Facebook, YouTube und LinkedIn sind visuell geprägt, und Unternehmen können durch hochwertige visuelle Inhalte eine größere Reichweite erzielen. Gut gestaltete Fotos und Videos werden eher geteilt, geliked und kommentiert, was die Sichtbarkeit des Unternehmens erhöht.

Fotos und Videos sind eine effektive Möglichkeit, Produkte und Dienstleistungen zu präsentieren. Sie ermöglichen es potenziellen Kunden, sich ein realistisches Bild von den angebotenen Angeboten zu machen und deren Nutzen zu verstehen. Durch die Demonstration von Produkten oder die Visualisierung von Dienstleistungen können Unternehmen Vertrauen aufbauen und den Verkaufsprozess unterstützen.

Visuelle Inhalte spielen auch eine Rolle in der Suchmaschinenoptimierung. Suchmaschinen wie Google berücksichtigen die Relevanz und Qualität von Bildern und Videos. Und YouTube ist heute die zweitgrößte Suchmaschine. Durch die Verwendung von professionellen Fotos und Videos können Unternehmen ihre Chancen verbessern, in den Suchergebnissen sichtbar zu sein und mehr organischen Traffic auf ihre Website zu leiten.

Der Weg zu Profi-Fotos

Fotos sind oft der erste Eindruck, den potenzielle Kunden von einem Unternehmen erhalten. Hochwertige Bilder vermitteln Professionalität und Vertrauen. Sie tragen wesentlich zur Schaffung und Stärkung der Markenidentität bei, indem sie helfen, die einzigartigen Eigenschaften und Werte eines Unternehmens zu vermitteln. Besonders für Unternehmen, die Produkte verkaufen, sind hochwertige Produktfotos unerlässlich. Sie zeigen die Produkte in ihrem besten Licht und steigern so das Kaufinteresse der Kunden. In der digitalen Ära, in der soziale Medien und Websites die Hauptkanäle für die Interaktion mit Kunden sind, verbessern professionelle Fotos das Erscheinungsbild dieser Kanäle und erhöhen die Reichweite und das Engagement. Professionelle Fotos können den entscheidenden Unterschied ausmachen, um sich vom Wettbewerb abzuheben und Kunden anzulocken. Gute Fotos sollten authentisch und einzigartig sein, um das Interesse der Betrachter zu wecken und eine emotionale Verbindung herzustellen.

Wege zur Bildbeschaffung:

Die Zusammenarbeit mit Freelancern oder professionellen Fotografen ermöglicht es dir, hochwertige Fotos zu erhalten, ohne in eine interne Infrastruktur investieren zu müssen. Stockfoto-Plattformen (z.B. depositfotos.com, shutterstock.com) bieten eine Vielzahl von lizenzfreien Bildern zu verschiedenen Themen und Stilen. Diese können eine kostengünstige Option für Unternehmen sein, die schnell auf hochwertige Fotos zugreifen möchten. Allerdings hat man diese Fotos nicht exklusiv. Einige Unternehmen entscheiden sich daher dafür, ihre Fotos selbst zu produzieren, indem sie in hochwertige Ausrüstung und Schulung investieren. So haben sie die vollständige Kontrolle über den Prozess, können ihre speziellen Anforderungen erfüllen und besitzen natürlich auch sämtliche Nutzungsrechte. In manchen Fällen können Unternehmen auch auf Lieferanten-Fotos zurückgreifen oder von Kundenbeiträgen und nutzergenerierten Inhalten profitieren, um authentische und vielfältige Fotos zu erhalten. Die Nutzungsrechte sind dabei jedoch häufig ein kritischer Punkt.

Realisierung von Firmenvideos

In einer Welt, in der visuelle Inhalte einen immer größeren Stellenwert einnehmen, sind Fotos längst nicht mehr die einzige Möglichkeit, um die Aufmerksamkeit potenzieller Kunden zu erlangen. Insbesondere Videos spielen heute eine entscheidende Rolle bei der Kommunikation von Unternehmen mit ihrer Zielgruppe. Sie bieten eine dynamische Möglichkeit, Informationen zu vermitteln und die Markenbotschaft zu transportieren. Doch wie gelingt die erfolgreiche Umsetzung von Firmenvideos? Hier sind einige wichtige Schritte, die du beachten solltest:

Definiere dein Ziel und deine Zielgruppe

Bevor du mit der Realisierung deines Videos beginnst, solltest du dir Gedanken über das Ziel deines Videos machen. Wer ist deine Zielgruppe? Welches Problem möchtest du lösen, und welche Vorteile haben die Betrachter davon, sich dein Video anzusehen? Überlege, ob du Tipps aus deiner Branche präsentieren möchtest oder eine Produkt- oder Anwendungspräsentation Sinn ergibt. Eine multimediale Bedienungsanleitung kann das Leben deiner Kunden erleichtern und komplexe Dienstleistungen lassen sich oft besser im Video vermitteln als durch langatmige Texterklärungen. Nutze das Storytelling und die „Heldenreise" für einen guten Plot. Wenn im Film etwas erklärt oder hauptsächlich gesprochen werden soll, dann rechne mit etwa 150 Worten pro Minute. Wenn du dich für ein Video entschieden hast, das einfach nur unterhalten und als virales Marketinginstrument dienen soll, ist das ebenfalls eine Option. Kläre diese Fragen gleich zu Beginn der Konzeptionsphase.

Mach es kurz und prägnant

Dein Video sollte normalerweise zwischen 1 und 3 Minuten lang sein. Die wichtigsten Aussagen sollten gleich zu Beginn des Videos präsentiert werden, um das Interesse des Betrachters zu wecken. Verwende einen spannenden Einstieg, sei konkret und vermeide abstrakte Formulierungen, Abkürzungen und Fachbegriffe, die den Zuschauer abschrecken könnten. Nutze eine bildhafte Sprache und unterstreiche deine Aussagen durch passende Körpersprache. Dadurch kannst du Vertrauen aufbauen und die Distanz zwischen Website-Besucher und Unternehmen verringern.

Achte auf gute Tonqualität und Branding

Sorge dafür, dass die Tonqualität deines Videos einwandfrei ist, da dies einen großen Einfluss auf die Wahrnehmung der Zuschauer hat. Verwende, wenn möglich, einen professionellen Sprecher für Hintergrundinformationen. Dadurch kannst du das Qualitätsempfinden positiv beeinflussen und dein Video wirkt professioneller. Professionelle Sprecher findest du auf entsprechenden Portalen wie bodalgo.de. Integriere zudem deine Marke oder Webadresse dezent im Film, um eine bessere Erinnerung beim Zuschauer zu erzielen.

Von der Website zu Videoportalen

Du kannst das Video als Download anbieten oder das Streaming-Verfahren nutzen, bei dem die Videos während der Übertragung abgespielt werden. Letzteres ermöglicht eine schnellere Wiedergabe, erfordert jedoch ein geeignetes Abspielprogramm beim Betrachter. Um dein Video auf deiner Website einzubinden, solltest du es so komprimieren, dass es eine akzeptable Bildqualität beibehält und dennoch in angemessener Zeit übertragen werden kann. Das H.264-Format hat sich hierfür bewährt. Hilfreiche Open-Source-Programme dafür wären beispielsweise HandBrake und VLC Media Player.

Mehr Reichweite erzielen

Es kann sinnvoll sein, dein Video nicht nur auf deiner eigenen Website zu veröffentlichen, sondern auch auf bekannten Video-Plattformen wie YouTube, MyVideo, Clipfish oder anderen. Diese Plattformen bieten gute technische Voraussetzungen für eine schnelle Darstellung und haben oft einen großen Besucherstrom. Verlinke dein Video in der Beschreibung mit deiner Website und verwende relevante Keywords, damit es auch von Suchmaschinen erkannt und gefunden wird.

Die Realisierung von Firmenvideos eröffnet zahlreiche Möglichkeiten, um die Wirkung deiner Website zu verstärken. Nutze diese Chance, um deine Zielgruppe zu erreichen, Vertrauen aufzubauen und deine Marke bekannter zu machen. Mit der richtigen Konzeption, Umsetzung und Verbreitung deiner Videos kannst du die Aufmerksamkeit der Zuschauer gewinnen und sie zu Aktionen auf deiner Website motivieren.

»Ein gut produziertes Video kann die Verkaufsrate um bis zu 80% steigern, da es potenziellen Kunden einen klaren und ansprechenden Einblick in das Produkt bietet.« Animoto

Ich mache lieber alles selbst – Fotos und Videos erstellen für Unternehmer

Ich verstehe, wenn du dich dafür entscheidest, die Erstellung deiner Fotos und Videos nicht den Profis zu überlassen. Keine Sorge, mit dem richtigen Leitfaden kannst du dennoch beeindruckende Ergebnisse erzielen! Hier kommen einige Infos, die dir helfen, professionelle Fotos und Videos selbst zu erstellen. Mit etwas Übung und den Grundregeln der Gestaltung wirst du in der Lage sein, visuelle Inhalte von hoher Qualität zu produzieren. Lass uns loslegen!

Teil 1: Auswahl der Technik

Kameraausrüstung:

- Du solltest in eine *Kamera mit Videoaufnahmefunktion* investieren. Modelle von Canon, Nikon, Sony usw. bieten oft eine gute Balance zwischen Bildqualität und Preis. Mein persönlicher Tipp: Panasonic FZ-2000 – diese Bridgekamera benötigt keine zusätzlichen Objektive, hat einen eingebauten ND-Filter, Mikrofonanschluss und liefert ausgezeichnete Qualität bis 4K. Aktuelle Smartphones sind ebenfalls eine gute Option, um Fotos und Videos selbst zu machen. Du musst ja keinen Kunden mit einer professionellen Ausrüstung beeindrucken. Moderne Smartphones verfügen über leistungsstarke Kameras und vor allem die entsprechende Software, die für hochwertige Fotos und Videos geeignet ist. Achte auf Modelle mit optischer Bildstabilisierung und 4K-Videofunktion.
- Denke auch an ein *Stativ* und/oder ein Gimbal zur Bildstabilisierung, um verwackelte Aufnahmen zu vermeiden.
- Eine externe *Beleuchtung* wird die Qualität deiner Aufnahmen verbessern. Achte darauf, dass die Videoleuchte einen hohen CRI-Wert hat. Der CRI-Wert gibt an, wie genau die Farben unter der Beleuchtung der Leuchte im Vergleich zum Tageslicht wiedergegeben werden. Ein hoher CRI-Wert (auf jeden Fall deutlich über 90) gewährleistet eine genaue Farbwiedergabe, insbesondere bei Hauttönen.

Audio-Aufnahme

Investiere am besten in einen hochwertigen *externen Audio-Recorder*, um klaren und professionellen Ton zu erhalten. Dies ist besonders wichtig für Interviews oder Sprachaufnahmen. Einige empfehlenswerte Modelle wären Zoom H4n Pro, Zoom H1n, Tascam DR-05X und für Podcaster, Streamer, Musiker und Content Creator der Rode Rodecaster Pro II.
Nutze ein *professionelles Mikrofon* – für die meisten Fälle eignet sich in der Praxis wahrscheinlich ein Lavalier-Funkmikrofon wie Røde Wireless GO oder DJI Mic – damit die Kamera oder der Audio-Recorder gutes Material zum Aufzeichnen bekommt. Auch ein Richtmikrofon schadet nicht (z.B. Røde NTG1 oder Sennheiser MKE600), beide erfordern jedoch einen XLR-Anschluss an der Kamera sowie (da Kondensatormikrofone) 48 V Phantomspeisung. Falls deine Kamera nur einen 3,5-mm-Klinkenanschluß für ein externes

Mikrofon besitzt, gibt es auch dafür eine Lösung: Mikrofone, die speziell für den Anschluß an Video- und DSLR-Kameras gebaut sind wie das Røde VideoMic GO II oder das Røde VideoMic Rycote. Denke auch unbedingt an einen Windschutz „Dead Cat" bei Aussenaufnahmen. Windgeräusche bekommt man fast nicht mehr korrigiert.

Teil 2: Grundregeln für Foto- und Videoaufnahmen
1. *Belichtung:* Achte darauf, dass du keine überbelichteten oder unterbelichteten Aufnahmen machst. Nutze das Histogramm oder die Belichtungswarnungen deiner Kamera bzw. deines Smartphones, um das Bild korrekt zu belichten. Wenn möglich fotografiere in RAW (Foto) und filme mit möglichst hoher Farbauflösung (z.B. 4-2-2) so hast du in der Nachbearbeitung einen größeren Spielraum.

2. *Fokussierung:* Stelle sicher, dass deine Aufnahmen – vor allem das Motiv deiner Bildaussage – scharf sind. Nutze den Autofokus oder den manuellen Fokus, um das gewünschte Motiv klar abzubilden. Wenn du künstlerisch oder privat fotografierst ist das natürlich eine andere Sache. Aber bei Bildern für das Marketing muss das Motiv knackscharf sein.

3. *Bildstabilisierung:* Verwende ein Stativ oder eine Stabilisierungsvorrichtung (Gimbal), um Verwacklungen zu minimieren, insbesondere bei längeren Videoaufnahmen oder Langzeitbelichtungen. Bewährt hat sich auch ein Einbeinstativ. Das nimmt nicht viel Platz weg, reduziert die Verwacklungsgefahr aber deutlich. Wenn deine Kamera über eine eingebaute Stabilisierung verfügt, nutze sie bei Aufnahmen aus der Hand.

4. *Komposition:* Nutze den Goldenen Schnitt (Verhältnis ca 1:1,618) oder die Drittel-Regel, indem du das Bild in 9 gleiche Teile teilst und wichtige Elemente entlang der Linien oder Schnittpunkte platzierst. Achte auf den Hintergrund, um Ablenkungen zu vermeiden und das Hauptmotiv hervorzuheben.

5. *Beleuchtung:* Natürliches Licht ist oft am besten. Fotografiere draußen oder in der Nähe von Fenstern für weiches, gleichmäßiges Licht. Für Videos verwende ich zusätzliche Lichtquellen, um Schatten zu minimieren und das Motiv gut auszuleuchten. Die Standard-Beleuchtungstechnik ist die 3-Punkt-Beleuchtung, um ein Motiv ausgewogen und dreidimensional auszuleuchten. Sie besteht aus drei Hauptlichtquellen: Das Hauptlicht (Key Light) ist die primäre Lichtquelle und wird so positioniert, dass es eine Seite des Motivs direkt beleuchtet. Es bestimmt den grundlegenden Licht- und Schattenwurf und erzeugt die Hauptkontraste. Typischerweise befindet es sich in einem Winkel von etwa 45 Grad zur Kamera und zum Motiv. Das Fülllicht (Fill Light) dient dazu, die Schatten aufzuhellen, die durch das Hauptlicht erzeugt werden. Es wird auf der gegenüberliegenden Seite des Hauptlichts positioniert, ist aber schwächer als das Hauptlicht, um noch einige Schatten für Tiefe und Form zu bewahren. So wird verhindert, dass das Bild zu

kontrastreich oder flach aussieht. Das Gegenlicht (Back Light), auch Haarlicht oder Konturlicht genannt, wird hinter dem Motiv platziert und sorgt dafür, dass das Motiv sich besser vom Hintergrund abhebt. Es beleuchtet die Kanten des Motivs von hinten und verstärkt Tiefe und Dreidimensionalität.

6. *Perspektive:* Experimentiere mit verschiedenen Perspektiven, um interessante und dynamische Aufnahmen zu erstellen. Nutze Vogelperspektive oder Froschperspektive, um Abwechslung zu schaffen. Beim Filmen kannst du gut die 5-Shot-Regel anwenden. Sie sorgt dafür, dass du für den Filmschnitt genügend Material hast um eine Szene oder eine Aktion umfassend darzustellen. Durch die Verwendung von fünf spezifischen Aufnahmetypen bietet sie einen strukturierten Ansatz, um eine Geschichte zu erzählen oder Informationen zu vermitteln. Die Totale oder „weite Einstellung" (Wide Shot) zeigt die gesamte Szene, den Ort oder die Umgebung, in der die Handlung stattfindet. Sie gibt dem Zuschauer einen Überblick. Die Naheinstellung (Close-Up) fokussiert auf das Hauptsubjekt der Szene, um Emotionen, Details oder wichtige Merkmale hervorzuheben. Noch näher als die Naheinstellung ist die Detailaufnahme (Extreme Close-Up). Sie konzentriert sich auf ein spezifisches Detail des Hauptsubjekts, wie Hände, die eine Aktion durchführen, oder den Ausdruck in den Augen. Ein Über-die-Schulter-Aufnahme (Over-The-Shoulder Shot) zeigt die Perspektive einer Figur, indem über deren Schulter auf das Objekt der Aufmerksamkeit gefilmt wird. Dies wird oft in Dialogszenen verwendet, um die Interaktion zwischen Charakteren zu zeigen. Eine alternative Perspektive oder Reaktion (Reaction Shot) fängt die Reaktion von Charakteren oder die Auswirkungen der Hauptaktion ein. Dies kann eine andere Figur sein, die auf das Hauptgeschehen reagiert, oder eine alternative Ansicht, die zusätzliche Informationen oder Kontext liefert.

7. *Aufnahmedauer:* Um bei Videoaufnahmen später im Schnitt ausreichend Material zu haben sollte keine deiner Aufnahmen unter 10 Sekunden haben.

8. *Weißabgleich:* Achte auf den richtigen Weißabgleich, um natürliche Farben zu erhalten. Wähle manuell oder nutze die voreingestellten Optionen (AWB) um die Farben in einem Bild oder Video entsprechend der Lichtbedingungen anzupassen. Der Weißabgleich ermöglicht es, die Farbtemperatur des Lichts zu korrigieren, damit Weiß als neutral wahrgenommen wird und die anderen Farben in einem Bild oder Video naturgetreu wiedergegeben werden. Niedrige Kelvin-Werte (z.B. 2700 K bis 3500 K) stehen für warmes Licht, das typischerweise von Glühlampen erzeugt wird. Höhere Kelvin-Werte (z.B. 5000 K bis 6500 K) stehen für kühles Licht, ähnlich dem Tageslicht. Die meisten Kameras und Smartphones ermöglichen es, den Weißabgleich in Kelvin-Werten manu-

ell einzustellen, um präzise Farbanpassungen vorzunehmen, die den spezifischen Lichtbedingungen entsprechen.

9. *Audioqualität:* Verwende ein externes Mikrofon, um Hintergrundgeräusche zu minimieren und klaren, sauberen Ton zu gewährleisten. Es gibt viele Arten von Mikrofonen mit unterschiedlichen Einsatzzwecken. Die wichtigsten für dich sind Funk-, Lavalier- und Richtmikrofone. Funkmikrofone sind drahtlose Mikrofone, die dem Sprecher mehr Bewegungsfreiheit ermöglichen und sich besonders für Aufnahmen in größerer Entfernung eignen, ohne dass Kabel stören. Lavaliermikrofone sind kleine Ansteckmikrofone (oft mit dem Funksender kombiniert), die diskret am Kleidungsstück befestigt werden können und oft bei Interviews oder Präsentationen verwendet werden, um eine klare Sprachaufnahme zu gewährleisten. Richtmikrofone hingegen fangen den Ton aus einer bestimmten Richtung ein und eignen sich gut für Aufnahmen in geräuschvollen Umgebungen oder für gezielte Klangaufnahmen. Unabhängig vom Mikrofontyp ist der Abstand des Mikrofons zum Sprecher oder zur Tonquelle entscheidend für die Aufnahmequalität. Ein optimaler Abstand sorgt dafür, dass der Ton klar und deutlich aufgenommen wird, ohne dass unerwünschte Artefakte oder Verzerrungen auftreten. Zusätzlich zur Auswahl des richtigen Mikrofons und der optimalen Positionierung ist es wichtig, den Aufnahmeort sorgfältig zu wählen und Hintergrundgeräusche zu minimieren. Ein ruhiger Raum ohne störende Geräusche wie Verkehrslärm, Klimaanlagen oder summende Elektronik kann die Qualität der Aufnahme erheblich verbessern.

Teil 3: Nachbearbeitung

Nun haben wir uns intensiv damit beschäftigt, wie du zu hochwertigen Foto- und Videoaufnahmen für deine Marketingzwecke gelangst. Doch die wahre Magie und die Veredelung des visuellen Contents geschehen in der Nachbearbeitung. Angesichts der Fülle und Komplexität der Möglichkeiten wäre es vermessen, hier alle Techniken und Werkzeuge behandeln zu wollen. Auf YouTube und Udemy stehen unzählige hervorragende Tutorials bereit, die tiefer in spezifische Software und Methoden einführen. Hier nur einige Tipps dazu:

- *Fotobearbeitung:* Nutze Bildbearbeitungssoftware wie Gimp (Open Source), Luminar Neo, Adobe Photoshop oder Lightroom, um Farben, Kontraste und Schärfe anzupassen. Achte darauf, nicht zu übertreiben, um ein natürliches Aussehen zu bewahren. Gute Tipps liefern Benjamin Jaworskyj (www.youtube.com/user/51jaworskyj), Stephan Wiesner (www.youtube.com/user/StephanWiesner), Pavel Kaplun (www.youtube.com/user/KaplunDE), Christian Maté Grab (www.youtube.com/user/TheRealCMG), Krolop & Gerst (www.youtube.com/user/krolopgerst), RAW Exchange (www.youtube.com/channel/UCy5SFbyxDPFC_xNFdDUteJA) und Calvin Hollywood (www.youtube.com/user/Calvinhollywood)

- *Videobearbeitung:* Wähle eine Videobearbeitungssoftware wie Blackmagic DaVinci Resolve, Adobe Premiere Pro oder Final Cut Pro, um deine Videos zu schneiden, zu vertonen und visuelle Effekte hinzuzufügen. Folgende YouTuber liefern gute Tipps und Anregungen zur Videoproduktion: Andreas Abb (www.youtube.com/@AndreasAbb), Daniel Schiffer (www.youtube.com/user/danielschiffer), DSLR Video Shooter (www.youtube.com/@dslrvideoshooter) und Film Riot (www.youtube.com/user/filmriot), Casey Neistat (www.youtube.com/@casey) und Rainer Wolf (www.youtube.com/@rainer_wolf), der vor allem für Leute interessant ist, die vorwiegend mit dem Smartphone produzieren wollen. Er vertreibt auch viel Zubehör dafür (www.arktis.de)
- *Tonbearbeitung:* Hier kommen z.B. Tools wie Adobe Enhanced Speech und Audacity zum Einsatz. Adobe Enhanced Speech ist ein KI-Service von Adobe, der speziell darauf ausgelegt ist, die Sprachverständlichkeit in Audiodateien zu verbessern. Es ist überraschend was das Tool herausholt. Audacity hingegen ist ein Open-Source-Audioprogramm mit einer Vielzahl von Funktionen für die Soundoptimierung. Mit Audacity kannst du Aufnahmen schneiden, Rauschen entfernen, Tonhöhe und Tempo anpassen sowie Effekte wie Hall und Echo hinzufügen. Es ist eine leistungsstarke und dennoch benutzerfreundliche Software, die sich gut für die Bearbeitung von Audioaufnahmen eignet, insbesondere für diejenigen, die kein teures professionelles Audioprogramm verwenden möchten. Unterschätze auch bitte nicht die Wirkung von Toneffekten und Musik. Auf Plattformen wie Freesound (freesound.org), Epidemic Sound (epidemicsound.com), Artlist (artlist.io) oder AudioJungle (audiojungle.net) findest du eine Menge an GEMA-freien Sounds. Achte unbedingt auf die Lizenzbedingungen.

Du wirst sehen, dass du mit der richtigen Technik und den Grundregeln der Gestaltung beeindruckende visuelle Inhalte selbst erstellen kannst. Sei geduldig, experimentiere und nutze Ressourcen, um deine Fähigkeiten stetig zu verbessern. Viel Erfolg!

Model Release

Häufig vergessen aber wichtig. Ein Model Release ist eine rechtliche Vereinbarung zwischen dem Fotografen/Videomacher und dem abgebildeten Modell (Person), die die Zustimmung des Modells zur Verwendung seiner Bilder oder Videos regelt. Es handelt sich um eine schriftliche Einwilligung des Modells, die dem Fotografen oder Videomacher die Erlaubnis gibt, die Aufnahmen zu veröffentlichen, zu reproduzieren, zu verteilen oder anderweitig zu nutzen. Für Unternehmer, die Fotos oder Videos in ihrem Marketing verwenden möchten, ist ein Model Release von großer Bedeutung – aus mehreren Gründen:

- *Rechtliche Absicherung:* Das Vorhandensein eines Model Releases schützt dich vor möglichen rechtlichen Konsequenzen. Es stellt sicher, dass das abgebildete Model seine Zustimmung zur Nutzung der Aufnahmen gegeben hat und verhindert mögliche Ansprüche auf Verletzung der Privatsphäre oder Verletzung des Rechts am eigenen Bild.

- *Klare Nutzungsrechte:* Dies kann die Verwendung in verschiedenen Medien und Kanälen umfassen, wie z.B. auf der Unternehmenswebsite, in sozialen Medien, in Printmaterialien oder in Werbekampagnen. Dadurch wird sichergestellt, dass der Unternehmer die Bilder oder Videos in der gewünschten Weise verwenden kann.
- *Vermarktungsmöglichkeiten:* Mit einem gültigen Model Release hat der Unternehmer die Freiheit, die Aufnahmen in verschiedenen Marketing- und Werbekampagnen zu nutzen. Dies ermöglicht eine vielseitige Vermarktung und eröffnet Möglichkeiten, die Sichtbarkeit des Unternehmens zu erhöhen und potenzielle Kunden anzusprechen.

Hier ist ein Muster für ein Model Release (bitte ggf. rechtlich prüfen lassen):

Name des Modells: [Vor- und Nachname des Models]

Datum der Aufnahme: [Datum]

Ich, [Vor- und Nachname des Models], erkläre hiermit, dass ich das abgebildete Model bin und hiermit meine uneingeschränkte Zustimmung zur Nutzung meiner Bilder oder Videos durch [Name des Unternehmens] gebe.

1. Einräumung von Nutzungsrechten: Ich gewähre [Name des Unternehmens] hiermit das uneingeschränkte Recht, meine Bilder oder Videos zu verwenden, zu reproduzieren, zu veröffentlichen, zu verbreiten und anderweitig zu nutzen, sowohl in gedruckter Form als auch digital, einschließlich, aber nicht beschränkt auf die Verwendung auf der Unternehmenswebsite, in sozialen Medien, in Werbematerialien und in anderen Marketingkampagnen.

2. Dauer der Nutzungsrechte: Ich erkläre mich damit einverstanden, dass die gewährten Nutzungsrechte zeitlich unbegrenzt sind, es sei denn, es wird eine schriftliche Vereinbarung getroffen, die etwas anderes besagt.

3. Verzicht auf Vergütung: Ich verstehe, dass ich für die Gewährung dieser Nutzungsrechte keine Vergütung oder Entschädigung erhalte. Ich verzichte hiermit auf jegliche Ansprüche auf Vergütung oder Honorar im Zusammenhang mit der Nutzung meiner Bilder oder Videos.

4. Freistellung von Haftung: Ich bestätige, dass ich volljährig bin und dass ich [Name des Unternehmens], seine Mitarbeiter, Vertreter und Auftragnehmer von jeglicher Haftung freistelle, die sich aus der Nutzung meiner Bilder oder Videos ergeben kann. Ich bestätige, dass ich alle erforderlichen Genehmigungen und Zustimmungen von Dritten eingeholt habe, die gegebenenfalls in den Aufnahmen erscheinen, und dass ich das Recht habe, diese Nutzungsrechte zu gewähren.

5. Recht am eigenen Bild: Ich bestätige, dass ich das Recht habe, über meine abgebildete Person zu verfügen und dass die Nutzung meiner Bilder oder Videos durch [Name des Unternehmens] keine Rechte Dritter verletzt.

Ich habe dieses Model Release sorgfältig gelesen und verstanden und stimme den darin enthaltenen Bedingungen zu.

Datum/Unterschrift des Models:

Interne Kommunikation (Yin)

Der Wert einer guten internen Kommunikation in Unternehmen

Die interne Kommunikation dient als Nervensystem, das Informationen und Wissen durch das gesamte Unternehmen transportiert und den Informationsfluss zwischen den verschiedenen Ebenen, Bereichen und Abteilungen ermöglicht. Eine reibungslose interne Kommunikation verbessert die Zusammenarbeit, fördert das Engagement der Mitarbeiter, erhöht die Produktivität und trägt zur Bildung einer positiven Unternehmenskultur bei.

Die interne Kommunikation spielt eine zentrale Rolle in Organisationen, da sie die Grundlage für alle Geschäftsprozesse bildet. Sie ermöglicht die Vermittlung von Geschäftszielen und -strategien, die Aufklärung über wichtige Unternehmensentscheidungen und die Förderung von Mitarbeiterengagement und -zufriedenheit. Darüber hinaus kann sie zur Konfliktlösung beitragen und eine Plattform für Feedback und Dialog bieten.

Im Gegensatz zum Yang-Aspekt, der bei der Außenkommunikation wichtig wird, kommt bei der internen Kommunikation der Yin-Aspekt zum Tragen. Yin repräsentiert die Qualitäten der Ruhe, der Reflexion und des Verstehens. In der internen Kommunikation geht es darum, zuzuhören, Verbindungen herzustellen und den Informationsfluss sanft und ausgewogen zu lenken. Es geht darum, die Bedürfnisse und Sorgen der Mitarbeiter zu verstehen und Empathie zu zeigen.

Ohne eine effektive interne Kommunikation können Unternehmen Schwierigkeiten haben, ihre Ziele zu erreichen. Fehlkommunikation oder mangelnde Kommunikation können zu Missverständnissen, Frustration und einem Mangel an Zusammenarbeit und Engagement führen. Das Fehlen des Yin-Aspekts kann dazu führen, dass wichtige Informationen und Ideen nicht gehört oder verstanden werden, was das Potenzial für Konflikte und Unzufriedenheit erhöht.

Erkennen von Kommunikationsproblemen

Es gibt eine ganze Reihe von Anzeichen, die auf Kommunikationsprobleme in einem Unternehmen hindeuten können:

- Häufige Missverständnisse und Konflikte können auf Kommunikationsprobleme hinweisen. Wenn die Mitarbeiter Schwierigkeiten haben, klare Anweisungen zu verstehen oder zu interpretieren, kann das eine unzureichende interne Kommunikation anzeigen.
- Wenn die Mitarbeiter unzufrieden sind oder sich nicht engagieren, kann dies ebenfalls auf Kommunikationsprobleme hinweisen. Eine schlechte interne Kommunikation kann dazu führen, dass sich Mitarbeiter nicht wertgeschätzt oder beteiligt fühlen.

Eine schlechte interne Kommunikation kann zu Verzögerungen, Fehlern und Produktivitätsverlusten führen. Wenn Informationen nicht rechtzeitig oder ungenau weitergegeben werden, wird das zwangsläufig die Arbeitsabläufe beeinträchtigen.

Methoden zur Verbesserung der internen Kommunikation

Es gibt eine ganze Reihe an Methoden und Techniken zur Verbesserung der internen Kommunikation in einem Unternehmen:

- Ein offenes und transparentes Kommunikationsklima fördert das Vertrauen und die Zusammenarbeit. Als Führungskraft solltest du das Gespräch suchen, Feedback einholen und auf Anliegen und Vorschläge reagieren.
- Regelmäßige Meetings, sowohl im Team als auch unternehmensweit, sind wichtig, um sicherzustellen, dass alle informiert sind. Dies kann auch durch regelmäßige Updates per E-Mail oder internem Newsletter erfolgen.
- Digitale Tools wie Intranet-Systeme, Projektmanagement-Software oder Kommunikationsplattformen wie Trello und Microsoft Teams können die interne Kommunikation erheblich verbessern. Diese Werkzeuge ermöglichen dir eine schnelle und effiziente Kommunikation und fördern die Zusammenarbeit von Teams.
- Stelle sicher, dass die Kommunikation klar und einfach ist, um Missverständnisse zu vermeiden. Vermeide Fachjargon, wo er nicht nötig ist und sorge dafür, dass die Infos für alle verständlich sind.
- Stelle sicher, dass Mechanismen vorhanden sind, über die Mitarbeiter Feedback geben und erhalten können. Das kann durch regelmäßige Mitarbeiterumfragen, Feedback-Sitzungen oder eine Offene-Tür-Politik erfolgen.
- Anerkennung und Wertschätzung sind mächtige Kommunikationswerkzeuge. Sie fördern das Engagement und die Motivation der Mitarbeiter und tragen zur Schaffung einer positiven Unternehmenskultur bei.

Eine positive interne Kommunikation stärkt den Zusammenhalt und den Erfolg deines Unternehmens. Investitionen in eine offene Kommunikationsstruktur fördern das Engagement und die Informiertheit der Mitarbeiter, was sich langfristig positiv auf den Unternehmenserfolg auswirkt. Zusätzlich unterstützt ein starker Austausch eine positive Unternehmenskultur, in der Mitarbeiter ihr Potenzial voll ausschöpfen und gemeinsam Ziele erreichen können. Der informelle Austausch spielt dabei eine wichtige Rolle: Er erleichtert die spontane Vernetzung und den Ideenfluss, was die Innovationskraft und Problemlösungsfähigkeit des Teams stärkt.

Umgang mit negativen Persönlichkeiten in Unternehmen

In der Arbeitswelt stößt du unweigerlich auf eine breite Palette von Menschen. Einige davon sind intelligent, kompetent, engagiert und besitzen hohe soziale Kompetenzen, während andere leider weniger vorteilhafte Eigenschaften aufweisen. Diese sogenannten toxischen Mitarbeiter und Führungskräfte zeichnen sich durch eine geringe Bereitschaft zur Weiterbildung aus, können intellektuell eingeschränkt sein oder treten anderen gegenüber sogar aggressiv und mobbend auf. Oftmals manifestieren sich in ihnen dunkle Persönlichkeitszüge wie Narzissmus, Machiavellismus und Psychopathie. Wichtig zu verstehen ist, dass nicht jeder toxische Mitarbeiter eine psychische Störung aufweisen muss, doch selbst geringfügige Ausprägungen dieser dunklen Eigenschaften können eine gesunde Arbeitsatmosphäre stark belasten und zu einer toxischen Umgebung führen.

Ein alarmierendes Phänomen, das leider in vielen Unternehmen zu beobachten ist, ist die zunehmende Entsolidarisierung unter den Beschäftigten. Das kann bis zum Mobbing gehen. Häufig splitten sich die Belegschaften in verschiedene Gruppen auf, die einander das Leben schwer machen und das harmonische Miteinander sowie den Zusammenhalt untergraben. Eine besondere Herausforderung entsteht dann, wenn Menschen ihre Position und ihre Macht missbrauchen – ein Umstand, der leider keine Seltenheit ist. Die Folge sind Einzelkämpfer und Machtspiele, die das Arbeitsklima vergiften. Selbst Betriebsräte, die eigentlich das Wohl der Mitarbeiter im Blick haben sollten, verstecken sich gelegentlich hinter ihrer Macht, tragen Schaukämpfe mit der Unternehmensführung aus und vernachlässigen die Bedürfnisse der Mitarbeiter.

Um negative Persönlichkeiten in Unternehmen effektiv zu managen, ist es wichtig, Machtstrategien wie direkte Konfrontation, Blockaden und hinterhältige Machtspiele zu erkennen, die Druck und Unsicherheit erzeugen. Deine Hauptaufgabe ist es, diese Spiele zu durchschauen und Abwehrtechniken zu entwickeln. Nutze gezielte Fragen, um Klarheit zu schaffen und Nebenschauplätze zu vermeiden. Versachliche die Situation und reduziere emotionale Reaktionen. Aktives Zuhören und gelegentliches Ignorieren persönlicher Angriffe können helfen, deren Einfluss zu mindern. Betrachte das Geschehen objektiv, um die Situation und das Verhalten aller Beteiligten neutral zu bewerten.

Toxische Menschen zeichnen sich durch destruktives Verhalten, Manipulation und Lügen aus, die das Selbstbewusstsein anderer untergraben können. Es ist entscheidend, solche Personen frühzeitig zu erkennen und Grenzen zu setzen, um negative Auswirkungen auf das eigene Wohlbefinden und die Arbeitsleistung zu minimieren. Selbstreflexion und Selbstfürsorge helfen dabei, standhaft zu bleiben und ein gesundes Arbeitsumfeld zu fördern. Eine Unternehmenskultur, die auf gegenseitigem Respekt beruht, kann toxische Einflüsse reduzieren und die Mitarbeiterleistung steigern. Indem du diese Strategien anwendest, trägst du zu einem produktiveren Umfeld bei.

Strategien und Maßnahmen gegen toxische Persönlichkeiten im Unternehmen

- Die Unternehmenskultur hat einen großen Einfluss auf das Verhalten der Mitarbeiter. Durch die Förderung von Werten wie Respekt, Zusammenarbeit, Fairness und Transparenz wird ein Umfeld geschaffen, das toxisches Verhalten weniger wahrscheinlich macht.
- Erstelle Verhaltensrichtlinien, die klar definieren, was als akzeptables und was als inakzeptables Verhalten gilt. Diese Richtlinien sollten alle Mitarbeiter kennen und einhalten.
- Biete Schulungen an, um Führungskräfte und Mitarbeiter für toxisches Verhalten zu sensibilisieren und ihnen Techniken an die Hand zu geben, um damit umzugehen.
- Ignoriere toxisches Verhalten nicht in der Hoffnung, dass es von selbst verschwindet; es sollte vielmehr so früh wie möglich erkannt und aktiv angegangen werden.
- Fördere eine Kultur, in der Mitarbeiter sich sicher fühlen, toxisches Verhalten zu melden. Dies kann durch ein anonymes Meldesystem erleichtert werden.
- Bei ernsthaften Konflikten kann es hilfreich sein, einen unabhängigen Mediator hinzuzuziehen. Dieser kann dabei helfen, die Situation zu klären und eine Lösung zu finden.
- Nutze Leistungsbeurteilungen, um das Verhalten von Mitarbeitern zu bewerten und nicht nur ihre Arbeitsergebnisse. Toxisches Verhalten sollte in diesen Bewertungen Berücksichtigung finden.
- Zeige, dass toxisches Verhalten ernsthafte Konsequenzen hat. Dies kann von formellen Verwarnungen über den Entzug von Privilegien bis hin zur Kündigung reichen, abhängig vom Ausmaß und der Häufigkeit des destruktiven Verhaltens.
- Stelle sicher, dass die Mitarbeiter, die von toxischem Verhalten betroffen sind, Unterstützung erhalten. Dies kann durch Beratungsangebote, Coachings oder auch durch medizinische Unterstützung geschehen.
- Biete Trainings und Workshops an, die Mitarbeitern helfen, ihre Fähigkeiten zur Selbstfürsorge und Resilienz zu stärken. Diese können helfen, die negativen Auswirkungen toxischen Verhaltens auf die individuelle Gesundheit und Leistungsfähigkeit zu mindern.

Mustervorlage für die Entwicklung deiner Verhaltensrichtlinie

Um dir bei der Gestaltung einer Verhaltensrichtlinie zur Förderung einer positiven Unternehmenskultur zu helfen, haben wir eine Mustervorlage entwickelt. Diese Vorlage bietet einen Rahmen, der als Ausgangspunkt für die Anpassung an die Bedürfnisse und Werte deines Unternehmens dient. Eine maßgeschneiderte Verhaltensrichtlinie ist entscheidend, um ein Arbeitsumfeld zu schaffen, das von Respekt, Offenheit und Zusammenarbeit geprägt ist. Ich lade dich ein, diese Vorlage als Leitfaden zu verwenden und sie an die spezifischen Anforderungen und Werte deines Unternehmens anzupassen um eine Unternehmenskultur schaffen, in der du und deine Kollegen euer volles Potenzial entfalten könnt und in der Werte wie Respekt, Fairness und Teamarbeit im Mittelpunkt stehen.

Verhaltensrichtlinie zur Förderung einer positiven Unternehmenskultur
(Entwurf)
Unser Ziel ist es, eine inklusive, respektvolle und positive Unternehmenskultur zu fördern, in der sich alle Mitarbeiter wertgeschätzt und unterstützt fühlen. Diese Verhaltensrichtlinie bietet einen Rahmen, der uns dabei hilft, dieses Ziel zu erreichen. Sie definiert klare Standards für das Verhalten aller Mitarbeiter, um sicherzustellen, dass wir uns in einer Umgebung befinden, die frei von Angst, Diskriminierung, Mobbing und anderen toxischen Verhaltensweisen ist.

1. Respekt und Wertschätzung:
Jeder Mitarbeiter ist verpflichtet, sich mit Respekt und Wertschätzung gegenüber allen Kollegen, unabhängig von deren Rolle, Geschlecht, Herkunft, Alter, Religion oder sonstigen persönlichen Merkmalen, zu verhalten. Respektloses, diskriminierendes oder abwertendes Verhalten wird nicht toleriert.

2. Offene und positive Kommunikation:
Eine offene, ehrliche und positive Kommunikation ist entscheidend für eine gesunde Arbeitsumgebung. Alle Mitarbeiter sind dazu angehalten, ihre Meinungen, Bedenken und Ideen auf eine konstruktive und respektvolle Weise zu äußern.

3. Zusammenarbeit und Teamarbeit:
Die Zusammenarbeit und der Teamgeist sind wesentliche Bestandteile unserer Unternehmenskultur. Jeder Mitarbeiter ist dazu aufgefordert, aktiv zur Zusammenarbeit beizutragen, Kollegen zu unterstützen und eine Atmosphäre der Kooperation und des gemeinsamen Erfolgs zu fördern.

4. Keine Toleranz für Mobbing oder Belästigung:
Mobbing, Belästigung oder sonstiges destruktives Verhalten wird unter keinen Umständen toleriert. Alle Mitarbeiter haben das Recht, in einer sicheren und unterstützenden Arbeitsumgebung zu arbeiten. Jeder Fall von Mobbing oder Belästigung soll sofort gemeldet werden und wird gründlich untersucht.

5. Faires und ethisches Verhalten:
Alle Mitarbeiter sind verpflichtet, sich fair und ethisch zu verhalten. Dies beinhaltet die Einhaltung aller relevanten Gesetze und Vorschriften, die Achtung der Rechte anderer und das Vermeiden von Verhaltensweisen, die das Vertrauen in unsere Organisation untergraben könnten.

6. Selbstfürsorge und Unterstützung von Kollegen:
Alle Mitarbeiter sind dazu aufgefordert, auf ihre eigene psychische und physische Gesundheit zu achten und eine ausgewogene Work-Life-Balance zu pflegen.

Ebenso wichtig ist es, Unterstützung und Hilfe für Kollegen anzubieten, die diese benötigen könnten.

Diese Verhaltensrichtlinie ist nicht nur eine Liste von Regeln – sie ist Ausdruck unserer Werte und unseres Engagements für eine positive und gesunde Arbeitsumgebung. Jeder im Unternehmen trägt dazu bei, diese Richtlinie in die Praxis umzusetzen, und ist für sein Verhalten verantwortlich. Verstöße gegen diese Richtlinie können Disziplinarmaßnahmen bis hin zur Kündigung nach sich ziehen.

Gemeinsam können wir eine positive Unternehmenskultur schaffen, in der alle Mitarbeiter gedeihen und erfolgreich sein können.

Es ist gut, eine Richtlinie zu haben, aber noch wichtiger ist es, sie zu leben. Nur durch aktive Umsetzung und Integration in den Arbeitsalltag wird eine Verhaltensrichtlinie zur Basis einer positiven Unternehmenskultur. Ein konkretes Beispiel für die Diskrepanz zwischen den kommunizierten Unternehmensrichtlinien und ihrer tatsächlichen Umsetzung erlebte ich während meines PR-Studiums. Gemeinsam mit anderen Studierenden der Bayerischen Akademie der Werbung wurden wir zu einer Veranstaltung in die elegante oberste Etage einer großen Bank eingeladen. Dort wurde uns in wohlgesetzten Worten das Engagement der Bank für Unternehmertum und die Förderung junger Unternehmen präsentiert. Wenige Wochen später suchten wir in München eine Filiale derselben Bank auf, um über unsere bevorstehende Selbstständigkeit zu sprechen. Dabei erwähnten wir die zuvor kommunizierten Leitlinien. Die Antwort des Bankmitarbeiters war jedoch ernüchternd: „Na, das schreiben die da oben zwar, aber das interessiert uns hier eigentlich überhaupt nicht." Diese Erfahrung zeigt, dass es nicht ausreicht, wenn Unternehmensrichtlinien nur auf dem Papier existieren. Es ist entscheidend, dass sie auch in der täglichen Praxis gelebt werden. Dafür bedarf es Mechanismen, die sicherstellen, dass die Vorgaben der Unternehmensleitung tatsächlich umgesetzt werden.

Vermeintliche Sachzwänge und unethisches Verhalten in Unternehmen

In vielen Unternehmen bestimmen vermeintliche Sachzwänge und Vorschriften einen Großteil des Handelns. Vorgaben und Anweisungen helfen dabei, Prozesse zu strukturieren und das reibungslose Funktionieren des Unternehmens zu gewährleisten. Allerdings besteht das Risiko, dass sie auch zur Rechtfertigung unethischer Handlungen missbraucht werden, indem Mitarbeiter aggressives Verhalten dahinter verbergen.

Individuelle Faktoren: Die Bedeutung von Integritätstests

Es gibt Menschen, die eher zu unethischem Verhalten neigen als andere. Diese Personen haben oft stärker ihre eigenen Ziele und den eigenen Nutzen im Blick. Es ist schwierig, sie allein anhand von äußeren Merkmalen auszumachen. Stattdessen könnten Integritätstests bei der Personalauswahl helfen, die Wahrscheinlichkeit unethischen Verhaltens zu minimieren. Ein Ansatz ist die Verwendung situativer Ethik-Szenarien, bei denen Bewerber mit realistischen beruflichen Situationen konfrontiert werden und angeben müssen, wie sie in ethisch herausfordernden Momenten handeln würden. Soziale Validierungstests können ebenfalls durchgeführt werden, indem die Antworten der Bewerber mit denen von bereits integren Mitarbeitern verglichen werden. Dies hilft, die Glaubwürdigkeit der Aussagen zu überprüfen. Ehrlichkeitstests, wie beispielsweise Integritätsfragebögen, können auch verwendet werden, um ehrliche Antworten auf sensible Fragen zu erhalten. Referenzprüfungen sind eine weitere Möglichkeit, um Einsichten in das ethische Verhalten des Bewerbers zu gewinnen, indem frühere Arbeitgeber oder Vorgesetzte kontaktiert werden. Zusätzlich können verhaltensbasierte Interviews und Rollenspiele eingesetzt werden, um ethische Entscheidungen und Verhaltensweisen der Bewerber besser zu verstehen. Dabei werden sie in eine Situation versetzt, in der sie ethische Herausforderungen bewältigen müssen, um ihre Reaktion und Entscheidungsfindung zu beobachten.

> *»It takes 20 years to build a reputation and five minutes to ruin it. If you think about that, you'll do things differently.«* Warren Buffett

Bewusstsein für ethische Entscheidungen schärfen
In ethisch anspruchsvollen Situationen entscheiden Menschen oft basierend auf den erwarteten Konsequenzen. Unternehmen sollten daher ihre Mitarbeiter über die Folgen unethischer Entscheidungen aufklären und ihnen Auswege aus Dilemmata wie Loyalitätskonflikten aufzeigen. Proaktive Arbeitsgestaltung und Aufklärung über unbewusstes Verhalten können dazu beitragen, unethische Handlungen zu reduzieren. Die Aufdeckung und Bekämpfung unethischen Verhaltens erfordert eine Kombination aus klaren Richtlinien, offener Kommunikation, Kontrolle, Überwachungssystemen, objektiven Untersuchungen und einer starken Führungskultur. Ein ganzheitlicher Ansatz trägt dazu bei, ein Umfeld zu schaffen, in dem unethisches Verhalten weniger wahrscheinlich ist und die Werte und Integrität des Unternehmens gestärkt werden.

Organisationale Faktoren: Ethische Unternehmenskultur und Verhaltenskodex
Die Unternehmenskultur ist entscheidend für ethisches Verhalten. Organisationen, die ein egoistisches Klima fördern und ethische Aspekte vernachlässigen, begünstigen unethisches Verhalten. Eine Kultur, die Kooperation betont, kann hingegen Ethik fördern. Klare Kommunikation von Werten und akzeptierten Verhaltensweisen, unterstützt durch Verhaltenskodizes, ist hilfreich. Compliance-Systeme allein sind jedoch nicht ausreichend; eine aktiv gelebte Unternehmenskultur ist notwendig.

Eine Unternehmenskultur, die vorrangig auf die Befriedigung der Gier des Managements und den Shareholder-Value ausgerichtet ist, wird sich langfristig fast immer negativ auf die Unternehmensentwicklung auswirken:
- Wenn das Management in erster Linie darauf bedacht ist, kurzfristig hohe Gewinne zu erzielen, kann dies dazu führen, dass langfristige strategische Entscheidungen vernachlässigt werden. Investitionen in Forschung, Entwicklung und langfristiges Wachstum könnten reduziert werden, um kurzfristige Renditeziele zu erreichen.
- Eine Kultur, die auf die Maximierung des Shareholder-Value fokussiert ist, könnte Risikobereitschaft und Innovationen einschränken. Neue Ideen und Investitionen könnten vermieden werden, wenn sie nicht sofortige Auswirkungen auf den Ertrag haben.
- Mitarbeiter könnten sich in einem Umfeld, das primär auf die Befriedigung der Gier des Managements ausgerichtet ist, vernachlässigt fühlen. Es könnten unfaire Arbeitsbedingungen, niedrige Löhne oder mangelnde Anerkennung auftreten, was zu einer geringeren Mitarbeitermotivation und -bindung führt.
- Wenn das Streben nach kurzfristiger Rendite im Vordergrund steht, könnten Kundenbedürfnisse und Qualität vernachlässigt werden. Langfristige Kundenbindung und Markenloyalität könnten abnehmen, was sich negativ auf den Ruf des Unternehmens auswirkt.
- Unternehmen, die den Shareholder-Value über ethische Standards stellen, könnten in Skandale und rechtliche Probleme verwickelt werden. Das Vertrauen der Öffentlichkeit und der Investoren könnte erschüttert werden, was zu Reputationsverlusten und langfristigen finanziellen Einbußen führt.
- Ein zu starker Fokus auf die Befriedigung der Gier des Managements könnte zu kurzfristigen Kostensenkungsmaßnahmen führen und langfristig die Wettbewerbsfähigkeit sowie die Qualität gefährden.
- Unternehmen mit einer Kultur, die hauptsächlich auf kurzfristige finanzielle Ziele ausgerichtet ist, könnten es schwer haben, talentierte und engagierte Fachkräfte anzuziehen, die nach einem sinnstiftenden Arbeitsumfeld suchen.

Es ist wichtig anzumerken, dass nicht alle Unternehmen, die den Shareholder-Value maximieren wollen, automatisch eine schlechte Unternehmenskultur haben. Es gibt Möglichkeiten, wie Unternehmen den Shareholder-Value und langfristige Unternehmensentwicklung in Einklang bringen können, indem sie ethische Prinzipien, soziale Verantwortung und langfristige strategische Planung berücksichtigen. Eine ausgewogene Unternehmenskultur, die die Interessen aller Stakeholder berücksichtigt, kann zu nachhaltigem Erfolg führen.

Konkurrenzsituation und unethisches Verhalten
Die Konkurrenz innerhalb eines Unternehmens oder zwischen Unternehmen kann das ethische Klima stark beeinflussen. In einem stark wettbewerbsorientierten Umfeld werden Mitmenschlichkeit, Empathie und Vertrauen eher vernachlässigt. Dies kann zu einer erhöhten

Aggressionsbereitschaft und einem Mangel an Hilfsbereitschaft führen. Eine Betonung von Konkurrenz kann das ethische Bewusstsein der Mitarbeiter schwächen und unethisches Verhalten begünstigen.

Die einseitige Konzentration auf kurzfristige Gewinne und Shareholder-Value kann gravierende Nachteile für dein Unternehmen haben. Dies kann zur Vernachlässigung langfristiger Strategien und der Reduzierung von Investitionen in Forschung und Entwicklung führen. Ebenso könnten Innovationen und kreative Ansätze unterdrückt werden, wenn sie keine unmittelbaren finanziellen Vorteile bringen. In solch einem Klima fühlen sich Mitarbeiter oft übersehen, was zu geringerer Motivation führen kann. Die Qualität der Produkte oder Dienstleistungen kann leiden, langfristige Kundenbeziehungen könnten geschwächt werden und das Image des Unternehmens könnte Schaden nehmen. Außerdem steigt das Risiko für Skandale und rechtliche Probleme, was das Vertrauen in das Unternehmen weiter untergraben kann. Es ist daher entscheidend, eine ausgeglichene Unternehmenskultur zu fördern, die ethische Werte, soziale Verantwortung und langfristige Planung berücksichtigt..

Die Schattenseiten von Privilegien und Reichtum auf der Führungsebene

Authentizität und Ethik sind, wie wir gesehen haben, Schlüsselkomponenten eines langfristig erfolgreichen Unternehmens. Doch was passiert, wenn die Führungsebene eines Unternehmens exzessiven Reichtum und Privilegien zur Schau stellt? Die negativen Auswirkungen eines solchen Verhaltens können tiefgreifend sein, nicht nur für die Mitarbeitermotivation, sondern auch für die moralische Integrität des gesamten Unternehmens.

Dorotea Mader, Mitgründerin der People-and-Culture-Agentur Human&Human, betont, dass Privilegien innerhalb eines Unternehmens ein Zwei-Klassen-Denken fördern, das toxisch für die Organisation ist (Quelle: humanandhuman.it). Wenn Führungskräfte durch materielle Symbole wie teure Autos, Uhren und üppige Büroeinrichtungen ihren Status betonen, kann dies eine Kultur des Materialismus fördern, die das ethische Verhalten sowohl der Mitarbeiter als auch der Führungskräfte beeinträchtigt.

Vorwiegend materialistische Werte führen oft dazu, dass menschliche Nähe und Fürsorglichkeit als unwichtig oder gar unrentabel betrachtet werden. Dieses Denken kann dazu führen, dass das Streben nach persönlichem Nutzen und sozialem Aufstieg wichtiger wird als Mitgefühl und Empathie. Mitarbeiter, die materielle Anreize als primäre Motivation sehen, neigen möglicherweise eher zu unethischem Verhalten und erachten Gier als akzeptabel oder sogar positiv.

Studien haben gezeigt, dass in Gesellschaften mit hoher sozialer Ungleichheit wohlhabende Personen eher dazu neigen, soziale und rechtliche Normen zu missachten. Dieses Verhalten wird auch in Unternehmen gespiegelt, wo eine ausgeprägte Ungleichheit zwischen den Ebenen der Mitarbeiter und der Führungskräfte besteht. Der Reichtum auf der Führungsebene kann das Mitgefühl für die Herausforderungen der Mitarbeiter mindern und die Bereitschaft, in schwierigen Zeiten unterstützend zu wirken, schwächen.

Die starke Konzentration auf materiellen Erfolg und das Herausstellen von Reichtum können interessanterweise auch die psychische Gesundheit der privilegierten Führungskräfte beeinträchtigen, narzisstische und manische Züge fördern und zu einem verminderten Realitätsbezug führen. Solche Führungskräfte entwickeln oft ein Misstrauen gegenüber anderen und fühlen sich primär durch ihren materiellen Besitz definiert, was zu einer Entfremdung innerhalb des Unternehmens führen kann.

Um ein gesundes, ethisches und produktives Arbeitsumfeld zu schaffen, ist es wichtig, dass Unternehmen Bescheidenheit und Gleichheit fördern. Durch die Minimierung von Privilegien und die Förderung von Transparenz und Gleichberechtigung kann ein Unternehmen sicherstellen, dass alle Mitarbeiter sich wertgeschätzt und respektiert fühlen. Nur durch solch eine inklusive und ethisch fundierte Herangehensweise kann ein Unternehmen langfristig florieren und seinen wahren, authentischen Erfolg sichern.

Bürokratie besiegen

Wie du überflüssige Verwaltung in deinem Unternehmen bändigst

Es ist allzu leicht, sich hinter Vorschriften zu verstecken, besonders für Bürokraten, die oft ihr mangelndes Verantwortungsbewusstsein, unethisches Verhalten oder einfach ihre mangelnde Entschlossenheit kaschieren wollen. Statt mutig zu handeln, verwenden sie oft Regeln als Ausrede, um unbequeme Entscheidungen zu vermeiden oder persönliche Verantwortung zu umgehen. Letztendlich ist es ein Zeichen von Schwäche und fehlendem Rückgrat, wenn man sich hinter bürokratischen Hürden versteckt, anstatt ehrlich und verantwortungsbewusst zu handeln. Daher: Weg mit unnötiger Bürokratie!

> »*Bürokratie entwickelt sich umso vollkommener, je mehr sie ‚entmenschlicht' wird, je vollständiger sie es schafft, aus dem amtlichen Geschäft Liebe, Hass und alle persönlichen, irrationalen und emotionalen Elemente, die der Berechnung entgehen, zu eliminieren. (...) Es ist kein historisches Beispiel dafür bekannt, dass sie dort, wo sie einmal zur völligen Alleinherrschaft gelangt war, wieder verschwunden wäre, außer mit dem völligen Untergang der ganzen Kultur, die sie trug.*« frei nach Max Weber

Die Tendenz zur ständigen Erweiterung der Bürokratie und Verwaltung, die Ressourcen auf sich zieht, ist ein häufig beobachtetes Phänomen in Unternehmen und Organisationen. Es gibt verschiedene Gründe, warum dies geschieht. In wachsenden Unternehmen steigt die

Komplexität der Prozesse und Strukturen. Bürokratische Elemente werden eingeführt, um diese Komplexität zu bewältigen und klare Regeln und Abläufe zu etablieren. Doch je mehr Regelungen es gibt, desto mehr Verwaltungsaufwand entsteht. Manchmal kann Bürokratie zu einem Teufelskreis führen, in dem mehr Bürokratie benötigt wird, um die Probleme der bestehenden Bürokratie zu bewältigen. Bürokratie wird manchmal als Schutzmechanismus eingeführt, um Risiken zu minimieren und Fehler zu vermeiden. Dies führt jedoch dazu, dass die Verwaltung ständig neue Kontrollmechanismen einführt und sich somit ausdehnt. Bürokraten können ein persönliches Interesse daran haben, ihre eigene Bedeutung zu erhöhen, indem sie Abteilungen oder Projekte vergrößern. Die Ausweitung ihrer Zuständigkeiten wird wieder zu einer erhöhten Verwaltung führen.

Die Folgen von übermäßiger Bürokratie und Verwaltung

Die Folgen von übermäßiger Bürokratie und Verwaltung sind vielfältig. Zu viel Bürokratie führt zu langwierigen Entscheidungsprozessen und ineffizienten Arbeitsabläufen, da mehr Zeit in der Verwaltung verbracht wird. Bürokratie beansprucht Ressourcen wie Zeit, Personal und Geld, die anderweitig sinnvoller eingesetzt werden könnten. Überbürokratisierte Strukturen können die Kreativität und Innovationsfähigkeit von Mitarbeitern einschränken, da sie durch starre Vorschriften eingeschränkt werden.

Strategien zur Vermeidung von übermäßiger Bürokratie

Die Vermeidung von übermäßiger Bürokratie ist ein entscheidender Faktor für den Unternehmenserfolg, ja für den Erfolg ganzer Volkswirtschaften. Durch die Implementierung geeigneter Strategien können Unternehmen ihre Verwaltungsprozesse optimieren und ihre Ressourcen effizienter einsetzen. Eine zentrale Strategie besteht darin, klare Unternehmensziele zu definieren und sie transparent zu kommunizieren. Dies ermöglicht es, Bürokratie und Verwaltung auf das Wesentliche auszurichten und unnötige Regelungen zu vermeiden.

> »*I heartily accept the motto,*
> *‚That government is best which governs least'; and I should like to see*
> *it acted up to more rapidly and systematically.*« Henry David Thoreau

Die Delegation von Verantwortung an die Mitarbeiter und Teams ist ein weiterer Schlüsselaspekt. Dies fördert nicht nur eine schnellere Entscheidungsfindung, sondern vermeidet auch den Engpass durch zu viele bürokratische Instanzen. Unternehmen sollten außerdem regelmäßig ihre Prozesse überprüfen und optimieren, um ineffiziente Bürokratie zu reduzieren und schlankere Abläufe zu schaffen. Eine flexible Unternehmensstruktur, die sich an Veränderungen im Markt und in der Branche anpassen kann, ohne dabei übermäßige Verwaltung zu erfordern, ist ebenfalls von großer Bedeutung.

Die Leistung von Mitarbeitern sollte anhand ihrer Ergebnisse bewertet werden, anstatt durch das Ausfüllen von Berichten und bürokratischen Formalitäten. Eine Kultur der Offenheit und Fehlerakzeptanz kann dazu beitragen, übermäßige bürokratische Kontrollmechanismen zu reduzieren, indem Mitarbeiter sich sicher fühlen, Fehler anzusprechen und offen über Herausforderungen zu sprechen.

Darüber hinaus können Schulungen und Weiterbildungen Mitarbeiter befähigen, eigenverantwortlich zu handeln und sich bürokratischen Hürden entgegenzustellen. Die Einführung digitaler Tools und Automatisierung kann ebenfalls dazu beitragen, repetitive Aufgaben zu reduzieren und die Verwaltungseffizienz zu steigern. Durch die ganzheitliche Umsetzung dieser Strategien können Unternehmen ihre Bürokratie minimieren und sich auf ihre Kernkompetenzen konzentrieren, um langfristigen Erfolg zu gewährleisten.

Das One-Page-Document-Prinzip kann ebenfalls dazu beitragen, Bürokratie zu reduzieren. Dabei werden Informationen zu einem Sachverhalt auf das Wesentliche konzentriert und komplexe Ideen, Pläne oder Berichte prägnant auf einer einzigen Seite zusammengefasst. Diese Methode zwingt den Verfasser, sich auf die wirklich wichtigen Punkte zu beschränken. Durch die strukturierte Darstellung der Inhalte in einer klaren und übersichtlichen Form, oft ergänzt durch Diagramme, Tabellen oder kurze Abschnitte, werden Lesbarkeit und Zugänglichkeit verbessert. Dies kommt besonders in Umgebungen mit Zeitdruck oder wenn Entscheidungsträger schnell informiert werden müssen, zum Tragen. Indem der One-Pager speziell auf die Bedürfnisse und den Kenntnisstand der Zielgruppe zugeschnitten wird, wird zudem sichergestellt, dass die Botschaft effektiv vermittelt wird. So fördert das One-Page-Document-Prinzip nicht nur eine schnelle Informationsaufnahme, sondern unterstützt auch eine agile und effiziente Entscheidungsfindung, was letztlich zu einer Reduzierung unnötiger bürokratischer Prozesse führt.

> *»Wir werden die Befreiung von den Fesseln der Bürokratie durch alle Hierarchiestufen treiben. Die Leute sollen endlich Spaß an der Arbeit haben.«* Jack Welch

Insgesamt ist es wichtig, dass im Unternehmen ein Bewusstsein für die Auswirkungen von Bürokratie und Verwaltung herrscht und proaktiv Maßnahmen ergriffen werden, um eine übermäßige Ausbreitung zu verhindern. Durch eine klare Unternehmensvision, eine dezentrale Entscheidungsfindung und eine ständige Prozessoptimierung können Organisationen eine effiziente, agile und leistungsstarke Arbeitsumgebung schaffen, die Bürokratie auf ein notwendiges Minimum beschränkt.

Ich hoffe, dass diese Ansätze dir helfen können, in deinem Unternehmen eine gesunde Balance zwischen Verwaltung und Effizienz zu finden.

Externe Kommunikation (Yang)

Die externe Unternehmenskommunikation stellt die Verbindung zur Außenwelt her und beeinflusst das Image, die Reputation und die Beziehungen zu Kunden, Geschäftspartnern und der breiten Öffentlichkeit.

Während in der internen Kommunikation der Yin-Aspekt betont wird, bei dem es um Verstehen, Empathie und Verbindung geht, kommt in der externen Unternehmenskommunikation der Yang-Aspekt zum Tragen. Yang repräsentiert die Qualitäten der Stärke, Klarheit und Zielgerichtetheit. In der externen Kommunikation geht es darum, klare und starke Botschaften zu senden, um das Unternehmen erfolgreich am Markt zu positionieren und Kunden zu gewinnen.

Durch eine klare und konsistente Kommunikation kann das gewünschte Image gezielt aufgebaut und kommuniziert werden. Die Botschaften müssen präzise und überzeugend sein, um das Vertrauen der Kunden zu gewinnen und die Glaubwürdigkeit des Unternehmens zu stärken.

Die Reputation eines Unternehmens ist eng mit seiner externen Kommunikation verbunden. Durch eine transparente und ehrliche Kommunikation kann das Unternehmen das Vertrauen und die Anerkennung seiner Zielgruppen gewinnen. Positive Bewertungen und Empfehlungen können sich positiv auf das Geschäft auswirken, während negative Kommunikation das Image und den Ruf des Unternehmens beeinträchtigen kann.

Die Beziehungen zu Kunden und Geschäftspartnern sind für den Unternehmenserfolg von entscheidender Bedeutung. Die externe Kommunikation spielt eine wichtige Rolle bei der Pflege und Entwicklung dieser Beziehungen. Eine offene und kundenorientierte Kommunikation kann das Vertrauen der Kunden stärken und langfristige Bindungen aufbauen. Gleichzeitig kann klare und effektive Kommunikation mit Geschäftspartnern die Zusammenarbeit verbessern und die Grundlage für erfolgreiche Partnerschaften schaffen.

Corporate Identity und Markenimage

Ein konsistentes und starkes Erscheinungsbild ist ein wesentlicher Bestandteil der externen Unternehmenskommunikation. Die Corporate Identity, bestehend aus Logo, Farben, Schriftarten und visuellem Stil, spiegelt die Werte, die Mission und die Vision des Unternehmens wider. Ein einprägsames und positives Markenimage schafft Vertrauen bei Kunden und hebt das Unternehmen von seinen Mitbewerbern ab.

Zielgruppenorientierte Botschaften

Die Kommunikation nach außen muss auf die verschiedenen Zielgruppen des Unternehmens abgestimmt sein. Kunden, potenzielle Investoren, Medienvertreter und die Öffentlichkeit haben unterschiedliche Interessen und Erwartungen. Es ist wichtig, klare und ansprechende Botschaften zu entwickeln, die auf die Bedürfnisse und Werte der jeweiligen

Zielgruppe zugeschnitten sind. Dies trägt dazu bei, eine starke Beziehung aufzubauen und das Interesse am Unternehmen zu fördern.

Medien- und Öffentlichkeitsarbeit
Eine effektive Medien- und Öffentlichkeitsarbeit ist heutzutage für Unternehmen unerlässlich, insbesondere aufgrund der Präsenz der sozialen Medien. Hier sind einige praktische Tipps für KMU, um ihre Medien- und Öffentlichkeitsarbeit zu verbessern:
- *Klare Botschaften:* Formuliere klare und prägnante Botschaften, die die Zielgruppe ansprechen und verstehen kann. Vermeide Fachjargon und halte deine Botschaften einfach und zugänglich für ein breites Publikum.
- *Interaktion fördern:* Ermutige zu Interaktion und Feedback, um eine aktive Community aufzubauen und das Engagement zu steigern. Beantworte Fragen, reagiere auf Kommentare und zeige Präsenz in den sozialen Medien, um eine persönliche Verbindung zu deinem Publikum aufzubauen.
- *Authentizität bewahren:* Bleibe authentisch und transparent in deiner Kommunikation, um Vertrauen bei deiner Zielgruppe aufzubauen und langfristige Beziehungen zu pflegen. Sei ehrlich über deine Produkte, Dienstleistungen und Unternehmenswerte und teile deine Geschichte mit der Welt.

Online-Präsenz und Social Media
Eine starke Online-Präsenz und eine aktive Nutzung von Social Media sind entscheidend für den Erfolg eines Unternehmens in der heutigen digitalen Welt. Hier sind einige weitere praktische Tipps für KMU, um ihre Online-Präsenz und ihre Social-Media-Aktivitäten zu optimieren:
- *Konsistenz über Plattformen:* Sorge für eine konsistente Markenpräsenz über verschiedene Social-Media-Plattformen hinweg. Verwende einheitliche Grafiken, Farbschemata und Tonalität, um deine Marke klar und einheitlich zu präsentieren.
- *Regelmäßige Interaktion:* Sei aktiv und interagiere regelmäßig mit deiner Community, um das Engagement zu fördern und Kundenbindung aufzubauen. Veröffentliche regelmäßig relevante Inhalte, reagiere schnell auf Nachrichten und Kommentare und beteilige dich an branchenbezogenen Diskussionen.
- *Content-Vielfalt:* Variiere deine Inhalte, um die Aufmerksamkeit zu halten und verschiedene Zielgruppen anzusprechen. Veröffentliche nicht nur Textbeiträge, sondern auch Bilder, Videos, Infografiken und andere multimediale Inhalte, um die Vielfalt deiner Marke zu zeigen und das Interesse deiner Follower zu wecken.

Krisenkommunikation und Reputationsmanagement
In Krisensituationen ist eine rasche Krisenkommunikation von entscheidender Bedeutung, um das Vertrauen der Stakeholder zu erhalten und den Ruf des Unternehmens zu schützen.

Hier sind einige praktische Schritte für KMU, um sich auf Krisensituationen vorzubereiten und angemessen zu reagieren:
- *Vorbereitung:* Erstelle im Voraus einen Krisenkommunikationsplan, der klare Handlungsanweisungen und Verantwortlichkeiten festlegt. Identifiziere potenzielle Krisenszenarien und entwickle entsprechende Kommunikationsstrategien, um schnell und effektiv reagieren zu können.
- *Schnelle Reaktion:* Reagiere schnell auf Krisen und kommuniziere proaktiv mit deinen Stakeholdern, um Gerüchte und Fehlinformationen zu vermeiden. Informiere deine Kunden, Mitarbeiter und die Öffentlichkeit über die Situation, bevor Spekulationen entstehen können.
- *Transparenz wahren:* Sei transparent und ehrlich in deiner Kommunikation, um das Vertrauen der Öffentlichkeit zu stärken und den Ruf des Unternehmens zu erhalten. Teile relevante Informationen offen und transparent, auch wenn sie unangenehm sind, und zeige Bereitschaft zur Verantwortungsübernahme und zur Lösung von Problemen.

Im nächsten Abschnitt wenden wir uns nun einem zentralen Aspekt dieser Kommunikation zu: dem Marketing. Denn Marketing ist nicht nur ein Instrument zur Förderung von Produkten oder Dienstleistungen, sondern vielmehr ein Schlüssel zur Schaffung authentischer Verbindungen zu unseren Kunden. In diesem Zusammenhang betrachten wir, wie eine authentische Marketingstrategie nicht nur dazu beiträgt, unsere Botschaften klar und konsistent zu kommunizieren, sondern auch unser Engagement und unsere Werte als Unternehmen zu unterstreichen. Lass uns eintauchen in die Welt des Marketings und entdecken, wie wir durch authentische Ansätze erfolgreicher werden können.

Marketing – Erfolgreich und sich selber treu bleiben?

Kannst du beim erfolgreichen Marketing authentisch bleiben? Was verstehst du eigentlich selbst unter Marketing? Ist es für dich identisch mit Werbung? Da hier oft Verwechslungen auftreten, möchte ich kurz bei diesem Thema verweilen…

Persönlich stören mich einige Aspekte von Werbung:
- Werbung, die einzelne Personen oder Personengruppen diskriminiert.
- Werbeunterbrechungen während einer Sendung
- Standardisierte Werbeanrufe und Mails mit Behauptungen wie „Sie haben gewonnen"
- Unerwünschte Anrufe für Finanzdienstleistungen
- Unangekündigte Besuche von Vertretern
- Beilagenmüll in Zeitungen
- „Laute" oder aggressive Werbung

- TV-Werbung mit übertrieben „süßen" Kinderdarstellern
- Spam-E-Mails
- Unerwünschte Faxnachrichten (inzwischen eher selten…)
- Anbiedernde Sprache, die jugendliche Ausdrucksweisen imitiert
- Werbe-SMS
- Werbung durch Anruf-Roboter
- Werbung, die mir keinen Nutzen bietet
- Werbung, die nicht unterhaltsam ist
- Werbung, die zu viele unbeantwortete Fragen offen lässt
- Werbung, die nicht klar vermittelt, was sie anbietet
- Hässliche Werbung

Aber gibt es auch Werbung, die mir gefällt?
Ich finde Werbung gut, wenn sie…
- mich auf etwas aufmerksam macht, das ich gerade jetzt suche oder brauche
- mir etwas zeigt, das mich interessiert
- meinen Horizont erweitert
- unterhaltsam ist
- sympathisch wirkt
- mir eine Lösung für ein dringendes Problem bietet
- besonders schön gestaltet ist
- mir interessante Neuigkeiten vermittelt
- mich an etwas Positives erinnert
- mich an etwas erinnert, das ich sonst vergessen hätte
- zeigt, wie ich etwas leichter oder einfacher erledigen kann
- mir Arbeit spart
- zeigt, wo ich etwas kostenlos bekomme
- mir beim Sparen hilft
- mein Leben schöner macht

Beim Lesen dieser zweiten Liste entsteht sofort ein anderes Gefühl – man fühlt sich umworben. Das ist etwas ganz anderes. Hier ist Werbung weniger manipulatives Überreden, sondern eher ein „Umwerben" (im Sinne von jemandes Liebe oder Gunst gewinnen, indem man Aufmerksamkeit, Geschenke und höfliches Verhalten einsetzt).

Marketing ist also weit mehr als nur Werbung. Es ist ein ganzheitlicher Ansatz, der darauf abzielt, die Bedürfnisse der Kunden zu verstehen und ihnen einen echten Mehrwert zu bieten. Werbung ist nur ein Teil des Marketings, der sich auf die Kommunikation von Botschaften und Angeboten konzentriert. Das Ziel des Marketings ist es, eine langfristige Beziehung zu Kunden aufzubauen und den Unternehmenserfolg zu fördern.

Authentizität spielt eine entscheidende Rolle im Marketing. Es geht darum, sich selbst treu zu bleiben und ehrliche, transparente Botschaften zu kommunizieren. Kunden schätzen Unternehmen, die ihre Werte und Überzeugungen zeigen und sich nicht nur auf reine Verkaufstaktiken konzentrieren. Erfolgreiches Marketing erfordert daher eine klare Positionierung und eine starke Markenidentität, die mit den Kunden in Resonanz geht.

Kunden wollen nicht nur mit Werbebotschaften bombardiert werden, sondern suchen nach relevanten Informationen, Lösungen für ihre Probleme und ein positives Kundenerlebnis. Erfolgreiches Marketing erfordert daher eine sorgfältige Marktanalyse, um die Bedürfnisse und Wünsche der Kunden zu verstehen und darauf basierend gezielte Maßnahmen zu entwickeln. Doch lass uns den Begriff des Marketings mit einer Definition näher betrachten:

> *»Marketing ist die konzeptionelle, bewusst marktorientierte Unternehmensführung, die sämtliche Unternehmensaktivitäten an den Bedürfnissen gegenwärtiger und potenzieller Kunden ausrichtet, um die Unternehmensziele zu erreichen.«* Prof. Philip Kotler"

Ich würde es persönlich vorziehen, dies etwas ausführlicher zu formulieren: *Marketing umfasst alles, was ich – geplant oder ungeplant – auf Basis der Werte meines Unternehmens tue und von mir gebe, um mit ausgewählten Personen in Kontakt zu treten, die von meinem Angebot und meinem Können einen echten Nutzen ziehen können. Mein Ziel ist es, ihre Aufmerksamkeit und ihr Interesse zu wecken, sie zu informieren und zu aktivieren, sodass sie zu mir kommen, mein Angebot erleben, davon begeistert sind und mich gerne weiterempfehlen. Sie tragen finanziell zu meinem Erfolg bei, verschaffen mir dadurch Handlungsspielraum und ermöglichen es mir, das Leben zu führen, das ich mir ausgewählt habe.*

Der Begriff des Marketings hat also eine viel tiefere Bedeutung als nur das reine Werben. Es geht darum, auf authentische Weise mit den richtigen Menschen in Verbindung zu treten, ihren Bedürfnissen gerecht zu werden und langfristige Beziehungen aufzubauen. Marketing bedeutet, dass wir unser Angebot und unsere Fähigkeiten gezielt einsetzen, um anderen einen echten Nutzen zu bieten und eine positive Verbindung herzustellen. Es geht um ein gegenseitiges Geben und Nehmen, bei dem sowohl das Unternehmen als auch die Kunden von der Beziehung profitieren.

Das Ziel des Marketings liegt nicht nur in kurzfristigem Umsatz, sondern insbesondere in der langfristigen Kundenbindung und -zufriedenheit. Erfolgreiche KMU verstehen, dass nachhaltige Kundenbeziehungen auf Vertrauen, Glaubwürdigkeit und Kundenzentrierung beruhen.

Marketing geht über die reine Verkaufsförderung hinaus und umfasst Bereiche wie Marktforschung, Produktentwicklung, Kundenservice und Markenführung. Ein ganzheitlicher Ansatz hilft Unternehmen, ihre Produkte und Dienstleistungen erfolgreich am Markt zu positionieren und dauerhafte Kundenbeziehungen aufzubauen.

Als Unternehmer ist es meine Verantwortung, ein Marketingkonzept zu etablieren, das auf Authentizität und Kundennähe basiert. Eine starke Markenidentität, die unsere Werte und Überzeugungen reflektiert und gleichzeitig die Bedürfnisse unserer Zielgruppe anspricht, ist entscheidend. Unsere Werbebotschaften sollen nicht nur verkaufen, sondern echten Mehrwert bieten und die Kunden in ihrer Lebenswelt abholen.

Durch sorgfältige Marktanalysen und zielgerichtete Kommunikationsstrategien streben wir danach, Kunden nicht nur zu überzeugen, sondern zu begeistern. Eine stetige Weiterentwicklung und Anpassung unserer Marketingmaßnahmen an die Kundenwünsche sind essenziell. Transparenz und ehrliche Kommunikation bauen Vertrauen auf und fördern langfristige Beziehungen.

Was ist professionelles Marketing?

Einfach gesagt: Marketing, das wirkt. Unabhängig davon, ob du dein Marketing strategisch planst oder intuitiv umsetzt – am Ende zählt das Ergebnis. Professionelles Marketing ist ein Überbegriff für alle Aktivitäten, die dazu führen, dass der Kunde auf dich aufmerksam wird, deine Dienste in Anspruch nimmt und anschließend zufrieden ist. Es kann das Setzen eines Zeichens sein, das dich sichtbar macht, oder eine kleine Aufmerksamkeit, die du dem Kind deines Kunden schenkst und damit indirekt deinem Kunden eine Freude machst. Worauf er dich zu seinem Lieblingshandwerker erklärt. Beides hat mit der Qualität der Arbeit gar nichts zu tun. Und doch sind es Maßnahmen des Marketings. Faszinierend.

Sind die Wirkungen des Marketings also unergründlich? Nein. Aber sie sind, zugegebenermaßen, manchmal etwas unberechenbar. Mal fruchten Maßnahmen direkt, mal indirekt, manchmal kurzfristig und – im Idealfall – nachhaltig. Mit marktschreierischer Werbung hast du auf jeden Fall nichts zu tun und du stinkst auch nicht nach Eigenlob.

Professionelles Marketing bedeutet vor allem markt- und damit kundenorientierte Unternehmensführung. Hast du eine solche, braucht es eigentlich keine Marketingabteilung. Es geht im Kern darum, die Bedürfnisse deiner Stamm- und potenziellen Kunden möglichst gut zu erkennen und zu befriedigen. Womit? Zum einen natürlich mit dem, was dein Unternehmen anzubieten hat. Zum anderen mit dem, was du und deine Leute auf der sozialen Ebene zeigen: gute Umgangsformen, Aufmerksamkeit, Verbindlichkeit, Interesse an ihren Problemen. Wenn sich alle deine Mitarbeiter mit Herz und Sachverstand an den Bedürfnissen deiner Kunden orientieren und dabei deine Unternehmensziele (die du natürlich kennen solltest) im Blick haben – dann bist du auf dem richtigen Weg. Dann hast du mehr erreicht, als es so manche Marketingabteilung vermag. Und du verfügst über ein kundenfreundliches Unternehmen.

In einem solchen Unternehmen kommt es allerdings nicht vor, dass versprochene Termine nicht eingehalten und Angebote erst nach dem dritten Anruf des Kunden zugesandt werden. Auf die Frage „Wann kommt der Servicetechniker vorbei?" erfährt man hier nicht „So zwischen 7:00 und 11:00 Uhr" und wird dadurch den halben Tag blockiert. In einem solchen Unternehmen werden die Baustellen sauber hinterlassen, und es kommt auch nicht vor, dass der Meister seinen Gesellen in Hörweite des Kunden zur Schnecke macht. Wie schafft man aber eine solche kunden- und leistungsorientierte Unternehmenskultur, ohne 1001 Regeln aufstellen und diese dann auch noch kontrollieren zu müssen? Nun, vielleicht bedarf es ja nicht vieler Regeln, sondern weniger, klarer Regeln, die den Mitarbeitern in den meisten Situationen des Arbeitsalltags helfen, mit den Kunden konstruktiv und konfliktpräventiv zu kommunizieren und auf deren Wünsche oder auch Kritik richtig einzugehen und zu reagieren. Dazu gehört jedoch, dass diese Grundregeln des Unternehmensverhaltens auf klaren Werten basieren, Werten, die von allen tatsächlich bestätigt und mitgetragen werden. Das funktioniert besonders gut, wenn sie gemeinsam erarbeitet wurden. Das geht nicht?

Die Münchner Spezialistin für Veränderungsprozesse, Elke Schmidt, beweist das Gegenteil. Sie setzt dazu, abhängig von der Unternehmensgröße, Workshop-Methoden wie das von den US-Unternehmensberatern Brown und Isaacs entwickelte „World Café" ein. Damit gelingt es in kürzester Zeit, die wesentlichen Elemente der Unternehmenskultur herauszuarbeiten und im Unternehmen einen entsprechenden Konsens zu erzielen. Klingt wieder sehr kompliziert. Funktioniert aber verblüffend einfach. Solche Workshops initiiert man nicht, um die Ergebnisse dekorativ in der Unternehmensbroschüre zu verbreiten. Sondern, ganz pragmatisch und bodenständig, damit die Mitarbeiter im Unternehmen im täglichen Kundenverkehr sicher agieren und schnell gute Entscheidungen treffen können. Entscheidungen zum Wohl des Kunden und zum Wohl des Unternehmens. Diese Form der sozialen Kompetenz wird in der Unternehmenswelt immer wichtiger. Man kann nicht alle Situationen vorhersehen und dafür eine Arbeitsanweisung vorbereiten. Man kann zukunftsweisende Ideen nicht anordnen. Und man kann in einem dynamischen Umfeld auf Dauer nicht mit einem autoritären Dinosaurier-Führungsstil überleben. Die Hybris, alles selbst besser zu können, wird früher oder später mit Misserfolg bestraft.

Mitarbeiter müssen zu Mitunternehmern werden, nicht nur auf dem Papier, sondern mit ganzem Herzen. Das setzt jedoch einiges voraus: den Mut der Unternehmensführung sowie den Respekt und das Vertrauen den Mitarbeitern gegenüber. Nun haben wir unseren Fokus also auf die Basis alles Guten gerichtet: die kunden- und leistungsorientierte Unternehmenskultur. Doch wie geht man vor, wenn man noch keine oder zu wenige Kunden hat? Wie kommt der Vertrieb in Gang und der Neukunde ins Boot?

Ein guter Ansatz sind die Meinungsträger. Schau dir gut an, wer auf der Käuferseite das Sagen hat. Aber Obacht: Nicht immer sind die Entscheider jene, die man dafür hält. Dann solltest du dir ein ungeschminktes Bild von den Bedürfnissen und Wünschen dieser

Personen machen. Hier ist Detektivarbeit gefragt, denn die Fragen und Prioritäten dieser Menschen müssen sich fast zwangsläufig von den deinen unterscheiden. Der Kunde hat nie die gleiche Sicht wie du als Anbieter.

Diese Erkenntnisse sammelst du nur durch eigene unvoreingenommene Beobachtungen und durch diskrete Befragung. Das ist Marktforschung mit Bordmitteln sozusagen. Dazu brauchst du keine aufgeblähten Analysen und Statistiken. Werde besonders wachsam, wenn im Unternehmen der Satz fällt: „Die Kunden wollen das so." oder „Die Kunden sind so." – vielleicht bist du einem gefährlichen Vorurteil auf der Spur.

Wenn du deine Wunschkunden erkannt und definiert hast, kann der nächste Schritt erfolgen: Überlege, mit welchen Mitteln und Argumenten du seine Aufmerksamkeit wecken und die Anziehungskraft deines Angebots auf den Wunschkunden steigern kannst. Versetze dich dabei in ihn hinein. Denke dabei wie der kritischste Skeptiker, den du dir vorstellen kannst: Was stellt er in Frage? Was würde ihn überzeugen? Was fände er geradezu magnetisch anziehend? Gib dir die Antworten, sammle die Argumente und dann geht es an deren Verpackung und Transport, sprich: an die Medien.

Finde heraus, welcher Kommunikationskanal sich am besten eignet, um die oben genannte Anziehungskraft, diesen Magnetismus, möglichst ungeschwächt auf den potenziellen Kunden zu übertragen. Auch hier kannst du dir die Antworten beim Kunden selbst holen, indem du dir ansiehst, wie er tickt, wie er kommuniziert und welche Medien er nutzt. Lässt er sich nicht persönlich aufspüren, weil die Zielgruppenbeschreibung zu allgemein ist, wirst du Massenmedien einsetzen: Fernsehen, Internet, Radio, Publikumszeitschriften, Fachzeitschriften – je genauer die Definition der Zielgruppe, desto budgetschonender das Medium. Kommt man bis zu den persönlichen Kontaktdaten, dann kann es ein Brief sein oder – unter bestimmten Voraussetzungen – auch eine E-Mail. Die Beispiele mögen banal klingen, aber sie verdeutlichen das Prinzip. Grundsätzlich gilt: Je näher du am Kunden bist, desto stärker ist die Wirkung. Persönlicher Kontakt (z.B. bei Messen, Vorträgen oder in Seminaren) wirkt immer besser als der telefonische. Der persönliche Anruf einer netten, durchschnittlich eloquenten, aber aufrichtigen Person wirkt um Welten sympathischer und überzeugender als die eingeübte Verbal-Attacke eines Call-Centers. Dieses ist dagegen vielleicht geeignet, um Adressen zu qualifizieren und Ansprechpartner zu eruieren.

Ein persönlicher Brief kann effektiver sein als ein professionelles Werbemailing und selbst ein Direct-Mailing mit einer Rücklaufquote von 0,5 % ist effektiver als so mancher Kontaktversuch per Anzeige. Kurz gesagt: Je persönlicher und je gezielter du die Zielgruppe ansprichst, umso wirkungsvoller wird dein Marketing. Und damit sind wir bei unserem wichtigsten Vertriebsmedium: Deinem Beziehungsnetzwerk.

Experten schätzen, dass jeder Erwachsene mit mindestens fünfhundert Personen Kontakte pflegt. Die Kunst besteht darin, deine eigenen Netzwerke und die anderer zu nutzen und dich mit deinen Bemühungen auf die darin befindlichen Zielgruppenbesitzer zu konzentrieren. Das sind Menschen, die ihrer Zielgruppe einen hohen Nutzen bieten und so deren vollstes Vertrauen genießen. Das sind Personen, die ein besonders hohes Know-how oder ein besonderes Image in dem speziellen Themenfeld haben. Lerne sie kennen, frage diese Menschen um Rat. Nicht vordergründig, um Geschäfte zu machen, sondern mit der ehrlichen Absicht, deine Produkte und Leistungen zu verbessern.

Die ersten Schritte zur Erstellung eines Marketing-Plans

Ein professioneller Marketing-Plan ist von entscheidender Bedeutung, um deine Marketingstrategie zu definieren, klare Ziele zu setzen und die effektivsten Maßnahmen zu ergreifen, um deine Zielgruppe zu erreichen. Hier sind die wichtigsten Elemente und die Schritte, um einen erfolgreichen Marketing-Plan zu erstellen:

- *Zielsetzung:* Definiere klare und messbare Ziele, die du mit deinem Marketing-Plan erreichen möchtest. Sie sollten spezifisch, realistisch und zeitgebunden sein.
- *Situationsanalyse:* Mach eine gründliche Analyse der Marktbedingungen, deiner Konkurrenz und deiner eigenen Stärken und Schwächen. Dies ermöglicht es dir, eine fundierte Basis für deine Strategie zu schaffen.
- *Zielgruppenidentifikation:* Identifiziere deine Zielgruppe genau und erstelle detaillierte Käufer-Personas, um zu verstehen, wer deine potenziellen Kunden sind und was sie wollen.
- *Einzigartiger Verkaufsvorteil (Unique Selling Proposition – USP):* Stelle heraus, was dein Produkt oder deine Dienstleistung einzigartig macht und wie es sich von der Konkurrenz abhebt.
- *Marketingstrategie:* Entwickle eine umfassende Marketingstrategie, die festlegt, welche Kanäle, Taktiken und Botschaften du nutzen wirst, um deine Ziele zu erreichen und deine Zielgruppe anzusprechen.
- *Budgetplanung:* Lege ein realistisches Marketingbudget fest, das die Ressourcen für deine geplanten Aktivitäten angemessen berücksichtigt.
- *Zeitplan:* Erstelle einen detaillierten Zeitplan, der die geplanten Marketingaktivitäten und ihre Umsetzung im Laufe der Zeit festlegt.
- *Marketingkanäle:* Wähle die geeigneten Marketingkanäle aus, die zu deinem Unternehmen und deiner Zielgruppe passen. Dazu können Online-Kanäle wie Social Media, E-Mail-Marketing, Suchmaschinenoptimierung (SEO) und Content-Marketing sowie Offline-Kanäle wie Printwerbung und Veranstaltungen gehören.
- *Kreative Botschaften:* Entwickle ansprechende und relevante Botschaften für deine Zielgruppe, die deine USP hervorheben und emotionale Verbindungen schaffen.
- *Umsetzung:* Setze deinen Marketing-Plan in die Tat um und überwache dabei regelmäßig die Ergebnisse.

- *Messung und Analyse:* Verwende messbare KPIs (Key Performance Indicators), um den Erfolg deiner Marketingmaßnahmen zu bewerten. Analysiere die Daten und ziehe Schlüsse, um gegebenenfalls Anpassungen vorzunehmen und deine Strategie zu optimieren.
- *Risikomanagement:* Identifiziere potenzielle Risiken und entwickle Pläne, um mit unvorhergesehenen Ereignissen umzugehen.
- *Marketing-Team und Verantwortlichkeiten:* Kläre die Zuständigkeiten und Rollen innerhalb des Marketing-Teams und sorge für eine klare Kommunikation und Zusammenarbeit.
- *Langfristige Perspektive:* Denke langfristig und plane auch für die Zukunft, indem du deine Marketingstrategie regelmäßig aktualisierst und an sich ändernde Marktbedingungen anpasst.

Tools

Es gibt verschiedene kostenlose oder Open-Source-Tools, die dir bei der Erstellung professioneller Marketingpläne helfen können. Hier sind einige beliebte Optionen:

- *Trello* ist ein flexibles Projektmanagement-Tool, das sich gut eignet, um deinen Marketingplan visuell zu organisieren. Du kannst Listen für verschiedene Marketingaktivitäten erstellen, Karten für spezifische Aufgaben hinzufügen und Deadlines festlegen.
- Ähnlich wie Trello ist *Asana* ein weiteres Projektmanagement-Tool, das eine umfassende Plattform für die Planung und Verwaltung von Marketingkampagnen bietet.
- Mit *Google Tabellen* kannst du Budgetpläne, Zeitpläne und andere wichtige Marketingdaten in einer kollaborativen Umgebung erstellen und teilen. Es ist einfach zu bedienen und ermöglicht es mehreren Teammitgliedern, gleichzeitig daran zu arbeiten.
- *MindMeister* ist ein nützliches Tool für die Erstellung von MindMaps, die bei der Planung deiner Marketingstrategie helfen können. Es ermöglicht eine visuelle Darstellung deiner Ideen und deren Verknüpfung.
- *Canva* ist ein kreatives Design-Tool, mit dem du ansprechende Marketingmaterialien erstellen kannst, wie zum Beispiel Infografiken, Präsentationen und Social-Media-Grafiken.
- *HubSpot Marketing Free:* HubSpot bietet eine kostenlose Version seiner Marketingsoftware an, die Funktionen wie E-Mail-Marketing, Social-Media-Planung und Analyse umfasst.
- *Buffer* ist ein Social-Media-Planungstool, mit dem du deine Beiträge in sozialen Netzwerken im Voraus planen und veröffentlichen kannst.
- Mit *SurveyMonkey* kannst du Umfragen erstellen, um Feedback von deiner Zielgruppe zu erhalten und wichtige Marktforschungsdaten zu sammeln.
- *Google Analytics* ist ein leistungsstarkes Tool, das dir Einblicke in die Leistung deiner Website und deiner Marketingkampagnen bietet.

- *MailChimp* ist ein beliebtes E-Mail-Marketing-Tool, das es dir ermöglicht, E-Mail-Kampagnen zu erstellen und zu verwalten.
- *CoSchedule* ist ein Marketing-Kalender, der dir hilft, alle deine Marketingaktivitäten an einem Ort zu organisieren. Es integriert sich gut mit anderen Tools wie WordPress, Google Docs und Social Media Plattformen, was es ideal für Content- und Social-Media-Planung macht.
- *Airtable* kombiniert Elemente einer Datenbank mit einer benutzerfreundlichen Oberfläche. Es ist sehr flexibel und kann zur Verwaltung verschiedener Marketingaktivitäten wie Kampagnenplanung, Eventmanagement und mehr verwendet werden.

Diese Tools bieten eine Vielzahl von Funktionen und können dir dabei helfen, deinen Marketingplan zu erstellen, zu organisieren, zu verwalten und den Fortschritt zu überwachen. Sie sind oft intuitiv zu bedienen und erfordern keine fortgeschrittenen technischen Kenntnisse. Wähle diejenigen aus, die am besten zu deinen Bedürfnissen und deinem Team passen.

Denke daran, dass ein Marketing-Plan kein statisches Dokument ist, sondern sich im Laufe der Zeit entwickeln kann. Flexibilität und Anpassungsfähigkeit sind wichtige Eigenschaften, um mit den Herausforderungen des Marktes Schritt zu halten. Viel Erfolg bei deinen Marketingbemühungen!

Marketing-Briefing kompakt

Werbung operiert nicht im Vakuum, sondern innerhalb von durch Markt und Möglichkeiten definierten Grenzen. Diese Grenzen unterscheiden Werbung von freier künstlerischer Kreativität. Das Briefing legt diese Grenzen fest, wobei die fünf W-Fragen (Wer sagt wem wozu was womit?) als zentrale Richtlinien dienen. Lösungen, die nicht innerhalb dieses Rahmens liegen, sind ungültig. Die fünf W-Fragen können auch als einfache Checkliste verwendet werden, um sicherzustellen, dass beim Briefing nichts Wichtiges übersehen wird.

Wer wirbt?

Bevor man mit der Werbung beginnt, sollte man klar definieren, wer der Absender ist und wie er sich gegenüber seinem Publikum präsentieren möchte. Es geht darum, zu verstehen, was das Unternehmen oder die Marke einzigartig macht und wie es sich von der Konkurrenz unterscheidet. Dies sollte in jeder Werbemaßnahme erkennbar sein. Die Marke sollte ein klares, wiedererkennbares Gesicht haben, so wie ein Mensch. Bei der Planung ist es außerdem wichtig, die Mitbewerber und deren Marktstrategien, Stärken und Schwächen zu berücksichtigen.

Für wen?

Es ist entscheidend, sein Zielpublikum genau zu kennen und zu verstehen, was sie verbindet. Werbung sollte authentisch und aus der Sicht des Publikums erstellt werden. Effektive Werbung richtet sich oft an eine spezifische Zielgruppe, was die Botschaft direkter und relevanter macht. Eine zu breit gefasste Zielgruppe kann zu allgemeinen und weniger ansprechenden Botschaften führen. Manchmal kann es jedoch sinnvoll sein, Werbung auch an Menschen zu richten, die das Produkt wahrscheinlich nicht kaufen werden, um das Image einer Marke zu stärken. Ein gutes Beispiel sind Luxusautos, die in Massenmedien beworben werden, um ihren elitären Ruf zu festigen, selbst wenn viele Zuschauer sich das beworbene Fahrzeug nicht leisten können. Das Ziel ist es, einen immateriellen Wert für das Produkt zu schaffen, der über den eigentlichen Preis hinausgeht.

Ziele

Gute Werbung baut auf dem auf, was bereits geschehen ist, und zielt auf Wirkungen in der Zukunft. Es gibt drei Hauptwirkungsebenen von Werbung: das Zielen auf die Köpfe (Wissensvermittlung), auf die Herzen (Beeinflussung von Einstellungen) und auf die Hände (Anregen von Handlungen). Diese Ebenen sind miteinander verknüpft, da das Wissen um ein Produkt oder eine Dienstleistung zu einer positiven Einstellung führen kann, die wiederum zum Kauf anregt. In Werbekampagnen werden oft alle drei Ziele verfolgt, jedoch in unterschiedlichen Kombinationen, je nach Art und Zweck der Werbung. Während beispielsweise eine Einladung hauptsächlich handlungsorientiert ist, konzentriert sich eine Neujahrskarte mehr auf die Stimmung. Die traditionelle Trennung zwischen Markenbildung und Verkaufsförderung ist nicht mehr zeitgemäß; auch verkaufsorientierte Maßnahmen sollten zur Stärkung der Marke beitragen. Das Motto lautet: „Verkaufen, während man die Marke stärkt".

Die Botschaft

Unternehmen nutzen Claims, um ihre Marktleistung in einem grundlegenden Versprechen zu vermitteln, wie z.B. „Freude am Fahren" (BMW). Auftragsbezogene Versprechen lehnen sich oft an diese Claims an, sind jedoch spezifischer. Ein Beispiel ist der Claim eines Event-Spezialisten: „Lassen Sie sich von mir überraschen. Ich tue es auch." Kombiniert mit den Vorteilen der Dienstleistung kann daraus eine prägnante Botschaft entstehen. Das Versprechen in einem Briefing dient als Grundlage für die Ideenfindung und kann als Sprungbrett für kreative Konzepte betrachtet werden. Es ist wichtig, dass Versprechen glaubhaft sind, da unglaubwürdige oder übertriebene Claims negativ wahrgenommen werden können. Ein häufiges Problem in der Werbung ist, dass die richtige Botschaft oft erst spät im Prozess erkannt wird, was ineffizient ist und zu verschwenderter Arbeit führen kann.

Media-Mix

Bei der Wahl des Kommunikationskanals für Werbung gibt es viele Optionen, jeweils mit Vor- und Nachteilen. Auch mit begrenzten Mitteln für das Gesamtbudget kann mit einem überzeugenden Versprechen und einer klaren Strategie derselbe Erfolg erzielt werden, wie er normalerweise mit einem hohen Media-Budget erreicht wird. Es ist entscheidend, dass die Werbung zur richtigen Zeit bei der richtigen Zielgruppe ankommt. Kreativität im Media-Mix ist ebenso wichtig wie in anderen Bereichen der Werbung. Ein Beispiel dafür ist eine Werbeaktion für eine Sherlock Holmes-Theateraufführung, bei der Kugeln durch gestapelte Umschläge geschossen wurden. Das Hauptziel sollte nicht das Medium an sich sein, sondern die gewünschte Reaktion des Publikums, z.B. der Verkauf von Eintrittskarten. Werber sollten stets das übergeordnete Ziel im Blick behalten und die effektivste Strategie vorschlagen.

Eine-Frage-Briefing

Das „Eine-Frage-Briefing" reduziert das Kommunikationsvorhaben klar und prägnant auf einen zentralen Punkt. „Briefing" leitet sich vom englischen Wort „brief" (kurz) ab und sollte auch in dieser Weise umgesetzt werden. Ein Beispiel für ein Eine-Frage-Briefing ist: „Wie können wir Jugendlichen im Alter von 15 bis 20 Jahren die Wichtigkeit von nachhaltigem Konsum eindrucksvoll vermitteln?" Durch die Verdichtung des Briefings auf eine zentrale Frage, wie beispielsweise: „Wie kann man die Wirkung von XY-Ferien überzeugend darstellen?", wird sowohl Klarheit als auch eine kreative Herausforderung geschaffen. Dabei ist es wichtig, dass diese Frage die Substanz des Briefings nicht verliert, sondern den Kern des Vorhabens klar herausstellt. Solche Ein-Fragen-Briefings können motivieren und die Kreativität anregen. So reduziert man die Dinge auf ihren wesentlichen Kern und schafft eine verständliche Diskussions- und Entscheidungsgrundlage.

Des Teufels Advokat

Manchmal fehlt es Briefings an Tiefe, was zu oberflächlichen Ergebnissen führt. Ein Ansatz, um mehr Klarheit und Einsicht zu gewinnen, ist das Infragestellen oder sogar „Angreifen" des Produkts und des Briefings selbst. Dies kann dazu führen, dass versteckte Wahrheiten und Kernaspekte hervortreten und eventuelle Unkenntnisse des Auftraggebers aufgedeckt werden. Dieser Ansatz sollte jedoch nur in einem vertrauensvollen Umfeld angewendet und dem Partner erklärt werden. Ein Hauptproblem in der Werbebranche ist, dass viele Briefings nicht hinterfragt werden, oft aus Angst, sensible Themen anzusprechen. Für effektive Kommunikation ist es unerlässlich, mögliche Schwächen eines Produkts zu kennen und in der Strategie zu berücksichtigen.

Mit fünf „Warum" zum Pudels Kern

Das Fünf-Warum-Prinzip ist eine Methode, die vom Toyota-Gründer Sakichi Toyoda entwickelt wurde. Sie ermöglicht es, durch fortlaufendes Nachfragen tiefer in den Kern einer Situation oder eines Problems einzudringen. Mit jeder aufeinanderfolgenden Frage „Warum?" werden die Antworten tiefgründiger und enthüllen zugrunde liegende Motivationen oder Ursachen. Ziel ist, durch fünf aufeinanderfolgende „Warum?"-Fragen die wahren Gründe oder den Hauptgrund für ein bestimmtes Verhalten oder Problem zu identifizieren.
Beispiel: Ein Unternehmen stellt fest, dass die Verkaufszahlen eines bestimmten Produkts gesunken sind.
Warum sind die Verkaufszahlen dieses Produkts gesunken?
Antwort: Die Kundenbeschwerden über das Produkt sind in den letzten Monaten gestiegen.
Warum sind die Kundenbeschwerden gestiegen?
Antwort: Viele Kunden berichten, dass das Produkt schneller als erwartet kaputt gehe.
Warum geht das Produkt schneller kaputt?
Antwort: Nach Überprüfung stellte sich heraus, dass eine Charge der Produkte einen Herstellungsfehler aufwies.
Warum gab es diesen Herstellungsfehler?
Antwort: Eine der Maschinen in der Produktionslinie war defekt und wurde nicht rechtzeitig gewartet.
Warum wurde die Maschine nicht rechtzeitig gewartet?
Antwort: Das Warnsystem, das anzeigt, wann eine Maschine gewartet werden muss, war fehlerhaft und hat keinen Alarm ausgelöst.
Ergebnis: Die eigentliche Ursache für den Rückgang der Verkaufszahlen war ein fehlerhaftes Warnsystem in der Produktionslinie, das dazu führte, dass eine Maschine nicht gewartet wurde, was wiederum einen Herstellungsfehler in einer Produktcharge verursachte.

Vom Wert persönlicher Kommunikation

Das Anfangsbriefing ist ein kritischer Moment. Es geht dabei nicht nur darum, die Ziele des Projekts zu klären, sondern vor allem darum, eine Kommunikationsbrücke zwischen allen Beteiligten zu bauen. Zu diesem Zweck sollte man sich, zumindest am Anfang, persönlich treffen. Alle Schlüsselfiguren sollten dabei zusammenkommen. Das Ziel sollte es sein, Kommunikationsprobleme frühzeitig zu erkennen und alle Beteiligten so zu integrieren, dass später keine Reibungsverluste oder grundlegende Fehlentscheidungen entstehen. Dies sind jedoch nicht nur die offensichtlichen Entscheidungsträger, sondern auch Personen, die tiefe Einblicke in die Produkt- und Unternehmensgeschichten haben. Es gilt bei der Gelegenheit auch, die „grauen Eminenzen" zu identifizieren – jene, die ein Projekt unterstützen, aber auch unbemerkt untergraben könnten. Achte darauf, wie in Meetings oder bei Entscheidungsprozessen interagiert wird. Personen, die oft von anderen um Rat gefragt werden oder deren Meinungen in Diskussionen Gewicht haben, könnten solche „grauen Eminenzen" sein. Frage Mitarbeiter direkt oder indirekt, wer ihrer Meinung nach wirklich Einfluss auf Projekte und Entscheidungen hat. Zentrale Personen bei informellen Treffen haben oft einen signifikanten Einfluss auf Entscheidungen.

Persönliche Treffen ermöglichen es, ein echtes Verständnis für die Beteiligten und ihre Perspektiven zu entwickeln. Durch das direkte Gespräch mit Mitarbeitern, die oft langjährige Erfahrungen haben, lassen sich wertvolle Erkenntnisse gewinnen, die zu kreativen und authentischen Projektideen führen können. Es ist wichtig, diesen Mitarbeitern den Zweck des Gesprächs zu erläutern, damit sie sich nicht in ihrer Arbeit gestört fühlen, sondern aktiv und engagiert teilnehmen.

Es ist essenziell, nicht nur Informationen zu übermitteln, sondern auch die internen Prozesse des Unternehmens zu verstehen. Kommunikationsprobleme zwischen Unternehmen und Agenturen entstehen oft, weil das Unternehmen sich gerne in der Rolle des Auftraggebers sieht – „wer zahlt, schafft an", während die Agentur sich in die Perspektive des potenziellen Kunden versetzen muss. „Der Köder muss dem Fisch schmecken, nicht dem Angler", argumentiert die Agentur. Wenn das Konzept dann im Projektverlauf angepasst und verwässert wird, um dem Auftraggeber zu gefallen, und schließlich scheitert, wird oft behauptet, der Ansatz der Agentur sei von Anfang an falsch gewesen.

Du wirst feststellen, dass Briefings anfangs gern vollständig und umfassend erscheinen, aber dann doch nicht alle notwendigen Informationen enthalten. Wer sind in einem solchen Fall die besten Ansprechpartner? In den Details stecken oft die „schlafenden Hunde", die, wenn sie unbeachtet bleiben, später zu großen Problemen führen können. Daher gewöhne dir an, auch das scheinbar Offensichtliche zu hinterfragen. Dazu gehört Mut. Ein einzelnes Detail kann der Kristallisationspunkt von unerwarteten Problemen sein oder auch Chancen eröffnen.

Der Großteil der Kommunikation wird im Verlauf des Projektes natürlich über Telefon, E-Mail und Online-Meetings abgewickelt. Dies spart Kosten und kann effizient sein, wenn es richtig gehandhabt wird. Dennoch solltest du nicht darauf verzichten, das Vereinbarte schriftlich festzuhalten. Das dient als Referenz für alle Beteiligten und hilft, Missverständnisse zu vermeiden.

Die persönliche Kommunikation ist mehr als nur ein Austausch von Informationen; sie fördert Engagement, Klarheit und Kreativität von Anfang an. Es ist diese Verbindung von persönlicher Nähe und professioneller Distanz, die den Erfolg in der Marketingkommunikation bringt.

> *»The most important thing in communication is to hear what isn't being said.«* Peter Drucker

Killer-Argument „Bei uns läuft alles über Empfehlung"

Wenn man sich mit gestandenen Unternehmern über Marketing und Kundenakquise unterhält, bekommt man immer wieder das Statement zu hören: „So etwas brauchen wir nicht, bei uns läuft das per Mund-Propaganda". Und wenn Jung-Selbständige alte Hasen fragen, welche Werbeaktionen denn wohl ratsam und besonders sinnvoll wären, erhalten sie oft die wenig hilfreiche Antwort: „Kann ich nicht sagen, bei uns geht das Meiste über Empfehlung."

Es scheint, als wäre alles ganz einfach: Man bekommt einen Auftrag, liefert gute Arbeit ab – und schon läuft der Laden. Und wenn er das nicht tut, wird es schon seine Gründe haben. Sprich: Dann taugt die Arbeit eben nichts – oder der ganze Laden.

Stimmt das? Ist allein die Kundenzufriedenheit der Treibstoff für den Auftragsmotor? Müssen wir diesen nur immer schön mit „Gut-gemacht-Diesel" füllen und schon beschleunigt unser „GT-Gechäftsmodell"? Im Prinzip ja. Die Frage ist nur: wie startet man die Maschine? Wo oder was ist der Zündschlüssel?

Wie komme ich als Start-Up oder für ein neues Produkt an Kunden ran? Wenn mich, mein Produkt oder meine Dienstleistung, niemand kennt, wird mich auch keiner beauftragen. Und wenn ich keine Aufträge bekomme, kann ich mich auch nicht bewähren. Der Motor springt nicht an. Wie war das jetzt mit der Empfehlung? Die hat im Übrigen noch einen zweiten Haken: Bevor jemand eine Empfehlung ausspricht, will er am liebsten 200%ig sicher sein, dass sie auch berechtigt ist. Denn schließlich wird man an seinen Empfehlungen auch gemessen.

Da hängt die Lobes-Latte doch schon sehr hoch. Da reicht es nicht, einfach nur gut zu arbeiten, freundlich zu sein und faire Preise zu verlangen. Man muss seine Kunden schon begeistern, damit sie einen weiterempfehlen. Aber bitte nicht zu sehr. Denn sonst packt er einen in die Schublade „Geheimtipp" und behält die Adresse für sich. Schließlich sind wirklich gute Lieferanten rar.

Ergo: Es hilft alles nichts, man kommt um gewisse Marketingaktivitäten nicht herum. Es sei denn, man bietet Wasser in der Wüste an. Aber auch dort nützt es einem nichts, wenn die Durstigen wo anders wohnen. Dennoch können wir einiges tun um Empfehlungen zu fördern.

Wann kann ich auf Empfehlungen setzen?

Empfehlungsmarketing ist das optimale und günstigste Marketing, wenn…
- es nicht so sehr auf die Zeit ankommt, bis zu der man einen ausreichenden Klientenzustrom hat.
- man bereits einen Grundstock an begeisterten Klienten hat.
- man ein großes Netzwerk hat, mit dem man einen regen Austausch pflegt.

- man mit großer Sicherheit davon ausgehen kann, dass begeisterte Klienten das Erlebnis auch weitererzählen (Achtung: Schamfaktor berücksichtigen, denn bei manchen Produkten/Dienstleistungen scheut sich der Kunde, obwohl begeistert, eine Empfehlung auszusprechen).
- man ein Produkt oder eine Dienstleistung anbietet, die für sehr viele Menschen (aus deren Sicht!) wichtig ist.

Auf Empfehlungen verlässt man sich als Kunde vor allem wenn
- es um komplexe oder teure Entscheidungen geht,
- fachkundiger Rat erforderlich ist,
- die eigene Sicherheit betroffen ist oder eine Fehlentscheidung dramatisch wäre.

Damit eine Leistung guten Gewissens empfohlen werden kann, muss sie empfehlenswert sein. Es steht immer die Reputation des Empfehlers auf dem Spiel. Nur Spitzenleistungen werden daher weiterempfohlen. Nur wer von deiner Leistung restlos überzeugt ist, wird dich enthusiastisch weiterempfehlen. Es gilt also Kopf und Herz der Fürsprecher zu erobern, erst dann kommen Empfehlungen so richtig in Gang. Denn eines ist sicher: Wir empfehlen niemanden, den wir nicht leiden können.

Das Empfehlungsmarketing manifestiert sich in Unternehmen auf vielfältige Art und Weise und der Erfolg lässt sich durch verschiedene Faktoren erkennen. Zu den wichtigsten Indikatoren zählt zunächst die Anzahl der durch Empfehlung gewonnenen Kunden oder Geschäftsabschlüsse. Eine Zunahme dieser Zahl signalisiert eine erfolgreiche Anwendung des Empfehlungsmarketings, wobei besonders interessant ist, herauszufinden, wer die Empfehlungen ausgesprochen hat und aus welchen Gründen. Oft führt erfolgreiches Empfehlungsmarketing zu einer gesteigerten Kundenbindung und -zufriedenheit, da zufriedene Kunden eher geneigt sind, das Unternehmen weiterzuempfehlen. Neukunden, die durch Empfehlungen gewonnen werden, gelten in der Regel als wertvoller, da sie auf Basis des Vertrauens zum Empfehlenden den Weg zum Unternehmen finden. Zeigt ein Kunde besonderes Engagement, indem er eine große Zahl neuer Kunden wirbt, ist dies ein klares Zeichen für besonders erfolgreiches Empfehlungsmarketing.

Darüber hinaus spielt die Kosteneffizienz eine Rolle: Das Verhältnis der Aufwendungen für Empfehlungsmarketing im Vergleich zu anderen Marketingmaßnahmen liefert Aufschlüsse über dessen Effektivität. Befragungen oder Umfragen unter empfohlenen Kunden geben Einblicke in deren Reaktionen auf die Empfehlung und ihre Zufriedenheit mit dem Unternehmen. Mittels Tracking von Empfehlungen lässt sich genau ermitteln, wie viele der Empfehlungen tatsächlich zu Neukunden führten. Zudem ist die Bereitschaft von Mitarbeitern, das Unternehmen und seine Angebote zu empfehlen, ein weiterer Indikator für ein funktionierendes Empfehlungsmarketing. Die Aktivitäten auf sozialen Medien, wie Interaktionen und das Teilen von Inhalten, zeigen, inwieweit Kunden das Unternehmen unterstützen und weiterempfehlen. Nicht zuletzt liefert das Sammeln von Mundpropaganda-Feedback wichtige Erkenntnisse darüber, wie das Unternehmen öffentlich wahrgenommen wird und wie stark es empfohlen wird.

Die Messung des Erfolgs des Empfehlungsmarketings kann durch die Verwendung von Analytics-Tools, Kundenbefragungen, Social-Media-Metriken und internen Berichten erfolgen. Es ist wichtig, die richtigen Messgrößen für dein Unternehmen und seine Ziele festzulegen und die Daten laufend zu überwachen, um den Erfolg des Empfehlungsmarketings zu beurteilen und gegebenenfalls Anpassungen vorzunehmen.

Welche Methoden des Empfehlungsmarketing gibt es?
Als Unternehmer hast du verschiedene wirksame Methoden, um deine Reichweite zu erhöhen und neue Kunden zu gewinnen. Schau dir einige dieser Methoden an:
- Führe Kundenempfehlungsprogramme ein: Belohne deine bestehenden Kunden, wenn sie das Unternehmen erfolgreich an neue Kunden weiterempfehlen. Rabatte, Gutscheine oder Gratisprodukte können attraktive Anreize sein.
- Belohne deine treuen Kunden: Zeige Wertschätzung, indem du deinen treuen Kunden exklusive Angebote oder Vorteile bietest. Loyalität wird oft belohnt und Kunden fühlen sich besonders geschätzt.
- Ermutige deine Kunden zu Bewertungen und Testimonials: Positive Bewertungen auf Plattformen wie Google oder Yelp stärken das Vertrauen potenzieller Kunden.
- Nutze Referral-Marketing über Social Media: Ermutige deine Kunden auf Social-Media-Plattformen, das Unternehmen und deine Produkte oder Dienstleistungen zu teilen und ihre Erfahrungen mit ihren Freunden und Followern zu teilen.
- Setze auf Influencer-Marketing: Kooperationen mit Influencern können dir helfen, eine breite Zielgruppe zu erreichen und Empfehlungen von bekannten Persönlichkeiten zu erhalten.
- Kooperiere mit anderen Unternehmen: Suche nach Kooperationen und Cross-Promotions mit Unternehmen, die eine ähnliche Zielgruppe haben. So könnt ihr gegenseitig Empfehlungen fördern.
- Nimm Kundenfeedback ernst: Reagiere auf Kritik oder Anregungen deiner Kunden und zeige, dass du ihre Meinung schätzt. Positives Kundenfeedback kann zu Empfehlungen führen.
- Nutze zufriedene Kunden als Referenz: Frage deine zufriedenen Kunden, ob sie ihre Erfahrungen mit anderen teilen möchten und als Referenzkunden auftreten können.
- Biete personalisierte Empfehlungslinks oder Coupons an: Gib deinen Kunden Tools an die Hand, um das Unternehmen gezielter weiterzuempfehlen.
- Google-Bewertungslink weitergeben: Melde dich bei deinem Google My Business-Konto an. Suche dein Unternehmen auf Google Maps. Klicke auf deinen Unternehmenseintrag, damit die Geschäftsdetails angezeigt werden. Klicke auf den Link „Rezension schreiben"

in der Box mit den Unternehmensinformationen. Sobald das Bewertungsfenster geöffnet ist, kannst du die URL aus der Adressleiste deines Browsers kopieren. Diesen Link kannst du nun an deine Kunden weitergeben, damit sie mit nur einem Klick eine Bewertung abgeben können.
- Setze auf hervorragende Kundenerfahrung: Mundpropaganda ist mächtig. Wenn Kunden begeistert sind, werden sie eher dazu neigen, dein Unternehmen in ihrem sozialen Umfeld zu empfehlen.

Wie kommen aber Gründer und StartUps zu Empfehlungen?

Du stehst als StartUp-Unternehmer vor der Herausforderung, dass du noch gar keine Kunden hast, die dich weiterempfehlen könnten. Aber keine Sorge, es gibt alternative Ansätze für dein Empfehlungsmarketing, um deine Reichweite zu erhöhen und deine ersten Kunden zu gewinnen. Schau dir diese Methoden an:

- Nutze Mundpropaganda im eigenen Netzwerk: Sprich mit Familie, Freunden, Bekannten, ehemaligen Kollegen oder Studienkollegen. Sie könnten deine ersten Kunden sein oder dich an interessierte Personen weiterempfehlen.
- Finde Botschafter oder Frühadoptoren: Suche nach Menschen, die von deiner Idee oder deinem Produkt begeistert sind und es gerne in ihrem Netzwerk vorstellen.
- Biete Gratisproben oder Testphasen an: Interesse wecken, indem du kostenlose Testmöglichkeiten anbietest. Die Nutzer könnten ihre Erfahrungen teilen und dich weiterempfehlen.
- Setze auf Viral-Marketing-Kampagnen: Kreative und virale Inhalte teilen, die Menschen begeistern und von ihnen in sozialen Medien geteilt werden.
- Kooperiere mit Influencern: Arbeite mit Mikro-Influencern oder Meinungsführern zusammen, um deine Zielgruppe zu erreichen.
- Präsentiere dich auf Events und Messen: Zeige dich auf Branchenveranstaltungen, Messen oder Start-up-Events, um Kontakte zu knüpfen.
- Fokussiere dich auf Content Marketing: Biete nützliche Inhalte in Form von Blogs, Videos oder Social-Media-Posts und positioniere dich als Experte in deiner Branche.
- Engagiere dich in Online-Communities: Beteilige dich aktiv in relevanten Online-Communities oder Foren und etabliere dich als vertrauenswürdiger Akteur.
- Nutze die Kraft von Pressearbeit und Öffentlichkeitsarbeit: Eine gezielte PR-Strategie kann dich in den Medien erwähnen lassen und deine Reichweite erhöhen.
- Kooperiere mit anderen Startups oder Unternehmen: Suche nach Kooperationen und Partnerschaften, um Synergieeffekte zu erzeugen und neue Kunden zu gewinnen.

Richte deine Ressourcen gezielt aus und setze auf eine starke Marke und authentische Kommunikation, um potenzielle Kunden zu gewinnen und zu deinen Markenbotschaftern zu machen. Empfehlungsmarketing kann in der Anfangsphase eine Herausforderung sein, aber mit klugen Marketingansätzen baust du dennoch deinen Erfolg aus und gewinnst eine solide Kundenbasis.

Turbo-Marketing-Plan

Du hast keine Zeit für lange Überlegungen. Es gibt Gründe, warum du sofort starten musst? Ein schneller Marketing-Plan kann in verschiedenen Situationen nützlich sein. In der Gründungsphase unterstützt er Unternehmen mit begrenzten Ressourcen, erste Kunden zu gewinnen. Bei Produkt- oder Dienstleistungseinführungen weckt er schnell Interesse und erreicht potenzielle Kunden. Auch bei neuen Marktsegmenten, zeitlich begrenzten Angeboten, Marktveränderungen oder Umsatzsteigerungen hilft er, flexibel und agil zu reagieren. Dennoch sollte er nicht als Ersatz für eine langfristige Marketingstrategie dienen. Los geht's:

Zielgruppe
Identifiziere deine Zielgruppe und erstelle eine klare Käuferpersona – auch gerne mit Hilfe der KI. Eine Käuferpersona ist eine fiktive Darstellung einer idealen Zielkundin oder eines idealen Zielkunden, die auf realen Marktforschungsdaten und Kundeninformationen basiert und hilft, das Verhalten, die Bedürfnisse und die Vorlieben der Zielgruppe besser zu verstehen.

Angebot
Neben der Käuferpersona braucht man unbedingt auch noch eine klare Beschreibung des Angebotes. Der „Elevator Pitch" ist eine kurze und prägnante Präsentationstechnik, die es dir ermöglicht, dein Angebot oder deine Idee in wenigen Sekunden ansprechend zusammenzufassen. Dabei konzentrierst du dich auf die Lösung, die Zielgruppe, die Einzigartigkeit deines Angebots sowie den Nutzen für den Kunden. Mit einem emotionalen Aspekt versehen, weckt der Elevator Pitch das Interesse potenzieller Kunden oder Investoren und lädt dazu ein, weitere Informationen über das Unternehmen zu erfragen.

Website
- Erstelle eine einfache, benutzerfreundliche Website, zumindest aber eine Landingpage mit klaren Call-to-Action-Buttons (CTA). Nutze dazu – wenn du es selbst machen möchtest – Baukastensysteme der großen Provider, WordPress mit fertigen Vorlagen (z.B. von www.templatemonster.com/de) oder „inCMS" von swissmademarketing.com, mit dem du Websites KI-unterstützt in extrem kurzer Zeit realisieren kannst. Stelle sicher, dass deine Website auf Mobilgeräten gut funktioniert (Responsive Design).
- Nutze – je nach Budget – Online-Werbeplattformen wie Google Ads um in den Suchergebnissen von Google und auf anderen Webseiten deine Sichtbarkeit zu erhöhen und potenzielle Kunden direkt anzusprechen. Achte auf den angegebenen Preis pro Klick

(Cost per Click, CPC) und grenze die Region auf die für dich sinnvollen Gebiete ein. Versetze dich in die Nutzer hinein: Nach was würden Sie suchen um dein Produkt oder deine Leistung zu finden? Oder würden sie eher nach ihrem Problem suchen? Integriere regionale Bezüge in deine Keywords, z.B. „Versicherungsmakler Regensburg" statt nur „Versicherung". Dadurch sprichst du gezielt lokale Suchende an und reduzierst den Wettbewerb mit nationalen Anbietern. Nutze spezifischere, längere Suchbegriffe (Long-Tail-Keywords), die aus mehreren Wörtern bestehen, wie „Haftpflichtversicherung für Lehrer in München". Diese haben oft ein geringeres Suchvolumen, sind dafür aber zielgerichteter und oft mit einer höheren Konversionsrate verbunden.

Content Marketing

- Biete auf der Website einen „Kundenmagneten" ein Freebie – der Begriff stammt aus dem Englischen und setzt sich aus den Wörtern „free" (kostenlos) und „giveaway" (Geschenk) zusammen – um Kunden zu animieren ihre E-Mail-Adresse zu hinterlassen.
- Integriere in deine Beiträge relevante Keywords für Suchmaschinenoptimierung (SEO). Tools, die dich dabei unterstützen sind beispielsweise Moz Keyword Explorer, Google Keyword Planner, Ahrefs Free SEO Tools oder Semrush. Oder als „Schweizer Taschenmesser" für das Marketing swissmademarketing.com/de/internet-marketing-tools
- Erstelle hochwertige Blogbeiträge, die die Probleme und Bedürfnisse deiner Zielgruppe ansprechen.
- Nutze Tools wie Canva (www.canva.com/de_de) für ansprechendes Design.

Social Media Marketing

- Identifiziere die wichtigsten Social-Media-Plattformen deiner Zielgruppe und präsentiere dich dort. Um die für dich passenden Plattformen auszuwählen, habe ich dir hier einmal kurz die wichtigsten Parameter aufgeführt:

  Instagram – Nutzer zwischen 18 und 34 Jahren, 51,8 % davon männlich und 48,2 % weiblich, Nutzer entdecken gerne neue Produkte und Dienstleistungen auf der Plattform.

  Pinterest – Nutzer zwischen 25 und 34 Jahren. 76,2 % weibliche Nutzer, oft auf der Suche nach Inspiration für Einkäufe und Projekte.

  X (ehemals Twitter) – Nutzer zwischen 18 und 34 Jahren, 66,72 % davon männlich, beliebt für Kundenservice und Echtzeit-Interaktionen. Nutzer folgen Marken und nutzen die Plattform für aktuelle Nachrichten.

  LinkedIn – Hauptnutzer sind zwischen 25 und 34 Jahren, davon 56,3 % männliche Nutzer mit Fokus auf beruflichem Networking und B2B-Marketing. Die Plattform wird gern für Jobsuche und Karriereentwicklung genutzt.

  YouTube – Altersgruppe 26 bis 35 Jahre, bei weiblichen und männlichen Nutzern beliebt, Nutzung für Unterhaltung und Lerninhalte, zweitgrößte Suchmaschine der Welt.

TikTok – Altersgruppe: Junge Nutzer zwischen 18 und 29 Jahren, etwas größere Anzahl weiblicher Nutzer. Die Plattform wird zur Unterhaltung genutzt, Nutzer teilen kurze Videoclips und suchen nach Trends und kreativem Content.

Facebook – Breite Nutzerbasis, besonders beliebt bei Personen über 40 Jahren, breite Nutzung über Geschlechter hinweg, die Plattform wird zur Nachrichtenverfolgung und zum Austausch mit Freunden und Familie genutz. Auch für B2B-Marketer relevant.

XING – Berufstätige und Fachkräfte, meist im Alter von 25 bis 54 Jahren, leicht höherer Anteil an männlichen Nutzern zum Netzwerken im professionellen Kontext, Jobsuche, Karriereentwicklung und Branchennews.

- Teile regelmäßig interessante Inhalte, einschließlich Blogbeiträgen, Bildern und Videos. Verlinke von Social-Media-Plattformen auf deine Beiträge (nicht umgekehrt, denn du willst ja nicht die Plattformen mit deinem Content stärken, sondern deine Website)
- Verbinde dich mit deiner Community, engagiere dich und beantworte Fragen zeitnah.

Kooperationen und Networking
- Suche nach Kooperationspartnern oder Branchenverbänden, um deine Reichweite zu erhöhen.
- Nimm an Branchenveranstaltungen und Meetups teil, um potenzielle Kunden und Geschäftspartner zu treffen.

Kundenbewertungen und Empfehlungen
- Biete einen außergewöhnlichen Kundenservice, um positive Bewertungen zu erhalten.
- Bitte zufriedene Kunden, Bewertungen zu hinterlassen und Mundpropaganda zu fördern.

E-Mail-Marketing
- Baue eine E-Mail-Liste auf (z.B. mit MailChimp), indem du Newsletter-Anmeldungen und Freebies auf deiner Website anbietest.
- Versende regelmäßig informative Newsletter und exklusive Angebote an deine Abonnenten.

Gastbeiträge und Pressemitteilungen
- Verfasse Gastbeiträge für themenrelevante Blogs und Websites, um deine Marke bekannter zu machen.
- Erstelle gelegentlich Pressemitteilungen für lokale Medien, wenn es wichtige Ereignisse oder Ankündigungen gibt.
- Nutze Presseportale wie presseportal.de um Beiträge zu veröffentlichen. Das Ziel ist dabei weniger eine riesige Verbreitung in den Medien, sondern vor allem relevante Backlinks zu deiner Website zu erzeugen.

Influencer-Marketing
- Kooperiere mit lokalen Influencern oder Micro-Influencern, um deine Reichweite zu erhöhen.
- Biete ihnen kostenlose Produkte oder Dienstleistungen im Austausch für Social-Media-Beiträge an.

Kundenbindungsprogramm
- Etabliere ein einfaches Treueprogramm, um Kunden zu Wiederholungskäufen zu ermutigen.
- Biete exklusive Rabatte oder Belohnungen für Stammkunden an.

Analysiere und optimiere
- Verwende kostenlose Analysetools wie Google Analytics, um den Erfolg deiner Marketingmaßnahmen zu messen.
- Passe deine Strategie entsprechend den gesammelten Daten an, um bessere Ergebnisse zu erzielen.

Wichtiger Hinweis: Starte nicht alle Maßnahmen gleichzeitig. Priorisiere, was am besten zu deinem Unternehmen und deiner Zielgruppe passt. Überwache die Ergebnisse sorgfältig und optimiere deinen Marketingplan kontinuierlich, um dein Wachstum zu fördern. Denke daran, dass Marketing Zeit benötigt, um zu wirken, sei also geduldig und bleibe konsequent in deinen Bemühungen. Viel Erfolg!

Der Marketing Funnel

Du möchtest langfristig ein erfolgreiches Marketing für dein Unternehmen aufbauen, das potenzielle Kunden gewinnt und sie durch den Verkaufsprozess führt? Ein effektiver Marketing Funnel ist dafür ein geeigneter Ansatz. Der Marketing Funnel, auch als Verkaufstrichter oder Kundenfilter bekannt, ist ein bewährtes Modell, das den Weg eines potenziellen Kunden von der ersten Interaktion mit deiner Marke bis zum Abschluss eines Kaufs darstellt. Nun wirst du lernen, wie du einen maßgeschneiderten Marketing Funnel aufbaust, der deine Kunden in jeder Phase anspricht und überzeugt.

> *»Ein Funnel ist die Online-Version des besten Verkäufers, den Sie jemals hatten.«* Russell Brunson

Schritt-für-Schritt-Anleitung zur Einrichtung eines Marketing Funnels:

Schritt 1: Zielgruppenanalyse und Segmentierung
Bevor du deinen Marketing Funnel erstellst, ist es entscheidend, deine Zielgruppe genau zu kennen. Nutze Daten aus Umfragen, Marktforschung oder Website-Analysen, um ihre

Bedürfnisse und Interessen zu identifizieren. Anschließend segmentiere deine Zielgruppe in homogene Gruppen mit ähnlichen Merkmalen, um spezifische Marketingansätze zu entwickeln.

Erstelle Käuferpersonas, wie wir sie schon für den Turbo-Marketing-Plan erstellt haben. Eine fiktive Darstellung deines idealen Kunden oder deiner idealen Kundin. Sie ist eine detaillierte Charakterisierung, basierend auf Marktforschungsdaten, Kundenumfragen und anderen Informationen. Tools dafür sind beispielsweise der „Buyer Persona Creator" von HubSpot, das „Customer Avatar Worksheet" von DigitalMarketer oder ChatGPT.

Schritt 2: Awareness (Bewusstsein)
In dieser Phase liegt der Fokus darauf, das Bewusstsein für deine Marke zu schärfen und potenzielle Kunden auf dich aufmerksam zu machen. Verwende Content-Marketing, Social-Media-Kampagnen, SEO und gezielte Werbeanzeigen, um deine Reichweite zu erhöhen. Nutze Social-Media-Management-Tools wie Hootsuite oder Buffer, um deine Social-Media-Beiträge zu planen und zu verwalten.

Schritt 3: Interest (Interesse)
Sobald potenzielle Kunden auf dich aufmerksam geworden sind, möchtest du ihr Interesse wecken und sie dazu bringen, mehr über dein Angebot zu erfahren. Biete informative Inhalte wie Blog-Posts, E-Books, Webinare und Fallstudien an, die ihre Fragen beantworten und ihnen einen Mehrwert bieten. Erstelle ansprechende Inhalte mit Content-Marketing-Tools wie dem CoSchedule Headline Analyzer oder Canva für die Gestaltung von visuellen Inhalten.

Schritt 4: Desire (Verlangen)
In dieser Phase ist es wichtig, das Verlangen und die Begeisterung für dein Produkt oder deine Dienstleistung zu steigern. Hebe die einzigartigen Vorteile deines Angebots hervor und fördere eine emotionale Verbindung zur Marke.

Sammle und zeige Kundenbewertungen mit Plattformen wie Trustpilot oder Bewertungs-Tools von Retamo (retamo.de) oder Yotpro (www.yotpo.com) an.

Schritt 5: Action (Handlung)
Die letzte Stufe des Marketing Funnels ist die Aufforderung zur Handlung. Du möchtest potenzielle Kunden dazu bewegen, eine bestimmte Aktion auszuführen, sei es der Kaufabschluss oder eine andere Conversion. Stelle überzeugende Angebote und klare Handlungsaufforderungen bereit. Erstelle ansprechende Call-to-Action-Buttons und Landing Pages mit Tools wie Unbounce oder Leadpages.

Schritt 6: Erfolgsmessung und Optimierung
Nachdem dein Marketing Funnel aktiv ist, ist es wichtig, den Erfolg zu messen und kontinuierlich zu optimieren. Verwende Analysetools wie Google Analytics oder Hotjar, um Daten zu sammeln und zu analysieren. Verwende ein CRM-System (Customer Relation-

ship Management) wie HubSpot oder Salesforce, um den Verlauf deiner Kundenkontakte zu verfolgen und dein Marketing zu optimieren.

Ein gut gestalteter Marketing Funnel ist der Schlüssel zu einem erfolgreichen Marketing für dein Unternehmen. Verwende diese Schritt-für-Schritt-Anleitung und die praktischen Tools, um deine Zielgruppe zu erreichen, potenzielle Kunden anzusprechen und sie durch den Verkaufsprozess zu führen. Durch kontinuierliche Optimierung wirst du deinen Marketing Funnel stetig verbessern und deine Conversion-Raten steigern. Lass deinen Marketing Funnel zu einem kraftvollen Instrument werden, um dein Unternehmen zum Erfolg zu führen!

> »Im digitalen Marketing ist Ihr Funnel Ihr Schicksal.
> Formen Sie Ihren Funnel sorgfältig und stellen Sie sicher,
> dass er eine klare Reise für den Kunden von der Bewusstwerdung
> bis zur Entscheidung abbildet.« Ryan Deiss, CEO von DigitalMarketer

Marketing-Inszenierung

Wie schaffst du es, deine Kunden zu begeistern und eine bleibende Erinnerung an deine Marke zu schaffen? Wie verwandelst du deine mühevoll erarbeitete Marketing-Botschaft in eine unvergessliche Erfahrung, die Emotionen weckt und deine Zielgruppe fesselt? Im Folgenden möchte ich dir verschiedene Aspekte und Methoden der Marketing-Inszenierung vorstellen. Die Kunst besteht darin, deine Botschaft in eine möglichst unvergessliche und positive „Lern"-Erfahrung zu verwandeln. Nutze alle Möglichkeiten, um eine starke Bindung zu deiner Marke aufzubauen.

Erschaffe eine ästhetische Bühne
Das visuelle Erscheinungsbild, das Corporate Design, welches wir uns in den nächsten Kapiteln noch genauer anschauen werden, spielt eine entscheidende Rolle bei der Inszenierung. Egal, ob es sich um physische Schaufenster, Websites oder Social-Media-Posts handelt – sorge für eine ästhetische Bühne, die die Sinne anspricht. Verwende hochwertige Bilder, Videos und Grafiken, die deine Marke und Produkte ins Rampenlicht stellen und genau das Gefühl vermitteln, das deine potenziellen Kunden am besten anspricht.

Schaffe unvergessliche positive Momente
Erlebnismarketing ist ein Schlüsselelement der Inszenierung, bei dem Unternehmen bewusst auf emotionale Erlebnisse und positive Erfahrungen setzen, um ihre Zielgruppe anzusprechen und Kunden enger an die Marke zu binden. Anstatt nur Produkte oder Dienstleistungen zu verkaufen, geht es beim Erlebnismarketing darum, den Kunden einzigartige und unvergessliche Erlebnisse zu bieten, die sie positiv mit der Marke verknüpfen.

Veranstalte Events oder Aktionen, bei denen deine Kunden aktiv teilnehmen können. Lasse sie deine Produkte ausprobieren, die Marke hautnah erleben oder an exklusiven Workshops teilnehmen. Das schafft eine persönliche Bindung und steigert die Wahrscheinlichkeit, dass Kunden zu loyalen Markenbotschaftern werden.

Das Ziel des Erlebnismarketings ist es, eine tiefere emotionale Verbindung zum Kunden herzustellen, die die Kundenloyalität stärkt und die Wahrscheinlichkeit erhöht, dass sie zu echten Markenbotschaftern werden. Wenn Kunden positive und unvergessliche Erlebnisse mit einer Marke verbinden, sind sie eher geneigt, darüber zu sprechen, die Marke weiterzuempfehlen und sogar ihre Erfahrungen in den sozialen Medien zu teilen, was zu einer positiven Mundpropaganda führt und das Markenimage stärkt.

Hier ist eine Reihe von Möglichkeiten für Erlebnismarketing, die Unternehmen nutzen können, um ihre Kunden einzubeziehen und positive Erlebnisse zu schaffen:

- Veranstalte *Live-Demonstrationen oder Workshops*, bei denen Kunden deine Produkte oder Dienstleistungen ausprobieren und deren Vorteile hautnah erleben können.
- *Pop-up-Stores oder temporäre Events:* Eröffne zeitlich begrenzte Geschäfte oder Events, um ein Gefühl von Exklusivität und Dringlichkeit zu schaffen und Kunden die Möglichkeit zu geben, etwas Einzigartiges zu erleben.
- Organisiere *Veranstaltungen rund um ein bestimmtes Thema oder eine Jahreszeit*, um eine emotionale Verbindung zu den Kunden herzustellen und sie in die Welt deiner Marke einzubeziehen.
- *Wettbewerbe und Challenges:* Starte kreative Wettbewerbe oder Herausforderungen, bei denen Kunden ihre Fähigkeiten zeigen können und dabei mit deiner Marke interagieren.
- *Kundentreffen oder Meet-ups:* Lade deine treuesten Kunden zu exklusiven Treffen ein, bei denen sie die Möglichkeit haben, das Team hinter der Marke kennenzulernen und Feedback zu geben.
- *Influencer-Events:* Kooperiere mit Influencern oder prominenten Personen, um gemeinsame Events oder Aktionen durchzuführen, die die Reichweite deiner Marke erhöhen und eine breitere Zielgruppe erreichen.
- *Kundenbindungsevents:* Verwöhne deine Stammkunden mit besonderen Events oder Belohnungen, um ihre Loyalität zu stärken und sie als Markenbotschafter zu gewinnen.
- Gestalte *kreative Social-Media-Kampagnen,* bei denen Kunden aktiv teilnehmen und mit der Marke interagieren können.
- *VR- oder AR-Erlebnisse:* Nutze Virtual Reality (VR) oder Augmented Reality (AR), um den Kunden ein immersives und einzigartiges Erlebnis mit deiner Marke zu bieten.
- *Unterstütze lokale Veranstaltungen, Wohltätigkeitsaktionen oder gemeinnützige Projekte*, um ein positives Image zu fördern und Kunden das Gefühl zu geben, Teil einer engagierten Gemeinschaft zu sein.

Diese Möglichkeiten zeigen, dass Erlebnismarketing vielfältig ist und je nach Unternehmen und Zielgruppe individuell gestaltet werden kann, um die gewünschten Emotionen und Bindungen zu schaffen.

Personalisierung – Jeder Kunde ist etwas Besonderes
Eine äußerst effektive Methode, um die Bindung zu deinen Kunden zu verstärken und ihre Loyalität zu fördern, ist die Personalisierung von Produkten und Dienstleistungen und der Marketing-Kommunikation. Durch die Personalisierung sprechen Unternehmen ihre Kunden nicht mehr als anonyme Masse an, sondern erkennen jeden Einzelnen als einzigartige Persönlichkeit.

Indem du die gesammelten Daten und Informationen deiner Kunden nutzt, kannst du maßgeschneiderte Angebote und Empfehlungen erstellen, die auf die individuellen Bedürfnisse und Vorlieben jedes Kunden zugeschnitten sind. Kunden erwarten zunehmend personalisierte Erfahrungen und sind eher bereit, mit Marken zu interagieren, die ihre Wünsche verstehen und darauf eingehen. Dies ermöglicht auch die Entwicklung von Produkten und Dienstleistungen, die anderswo nicht verfügbar sind.

Die persönliche Ansprache und maßgeschneiderten Erlebnisse sorgen dafür, dass sich deine Kunden verstanden und wertgeschätzt fühlen. Wenn du deine Kunden beim Namen nennst und ihnen relevante Produkte oder Dienstleistungen anbietest, die ihren Interessen entsprechen, entsteht ein Gefühl der Wertschätzung. Dies stärkt das Vertrauen in deine Marke und schafft eine emotionale Bindung zwischen deinem Unternehmen und deinen Kunden.

Personalisierung geht jedoch weit über die einfache Namensnennung hinaus. Es geht darum, die gesammelten Daten zu nutzen, um ein umfassendes Bild deiner Kunden zu erhalten und deren Präferenzen, Kaufhistorie, demografische Merkmale und Verhaltensmuster zu verstehen. Auf dieser Grundlage kannst du personalisierte Marketingbotschaften erstellen, die den Kunden genau in dem Moment ansprechen, in dem sie bereit sind, eine Kaufentscheidung zu treffen.

Ein gutes Beispiel für die Wirksamkeit der Personalisierung sind Empfehlungssysteme. Indem du basierend auf vergangenen Käufen oder dem Verhalten ähnlicher Kunden individuelle Produktempfehlungen aussprichst, steigerst du die Wahrscheinlichkeit, dass der Kunde erneut bei dir kauft. Solche personalisierten Empfehlungen schaffen einen Mehrwert für den Kunden und machen das Einkaufserlebnis angenehmer.

Es ist wichtig zu betonen, dass Personalisierung immer mit Respekt vor der Privatsphäre und den Datenschutzrichtlinien einhergehen muss. Kunden müssen darauf vertrauen können, dass ihre Daten sicher und verantwortungsvoll behandelt werden. Transparenz in Bezug auf die Datenerfassung und -verwendung ist entscheidend, um das Vertrauen der Kunden zu gewinnen und langfristige Beziehungen aufzubauen.

Personalisierung ist ein kraftvolles Instrument, um Kundenbindung und Markenloyalität zu stärken. Indem du deine Marketing-Inszenierung personalisierst, vermittelst du das Gefühl, dass jeder Kunde etwas Besonderes ist, und schaffst unvergessliche Erlebnisse, die deine Kunden schätzen und mit anderen teilen werden. Investiere in datenbasierte Personalisierung und erlebe, wie sich deine Kundenbeziehungen vertiefen und deine Marke in den Augen der Kunden an Bedeutung gewinnt..

Bündele Kräfte für mehr Wirkung
Suche nach Kooperationspartnern, um deine Marketing-Inszenierung noch wirkungsvoller zu gestalten. Zusammenarbeit mit anderen Marken oder Influencern kann neue Zielgruppen erschließen und deinem Marketing einen frischen Anstrich verleihen. Wähle Partner, die zu deiner Marke passen und eine ähnliche Zielgruppe ansprechen, um die größte Wirkung zu erzielen.

Corporate Identity – So erhält dein Unternehmen ein einzigartiges Profil

Wenn Unternehmen im Markt Ähnliches anbieten, reicht die Darstellung der Leistungen allein nicht aus, um sich den Kunden gegenüber zu profilieren. Die Strategie, allein über den Preis zu arbeiten, führt langfristig für die meisten nicht zum Erfolg, sondern ins Aus. Doch durch eine konstante, glaubwürdige und einheitliche Darstellung nach außen hast du die Chance, langfristig ein positives Image zu etablieren und genau die Kunden anzuziehen, die du haben möchtest.

Ist es wirklich so wichtig, auf ein gutes Image zu achten? Nun, wenn du als Neukunde einem Unternehmen einen Auftrag erteilst, gibst du ihm zunächst einen Vertrauensvorschuss. Erst später wird sich für dich zeigen, ob deine Wahl die richtige war. Der Grund für dieses Vertrauen liegt neben rationalen Gründen wie Preis, Lieferzeit und Leistungsspektrum darin, dass das Image des Unternehmens zu deinen unausgesprochenen Erwartungen passt – wie der richtige Schlüssel zum Schloss. Das Ziel ist es, mithilfe der „Corporate Identity"-Strategie ein hilfreiches und kundengewinnendes Image zu schaffen.

Bei einem Menschen wird die Persönlichkeit unter anderem durch sein Auftreten, sein Handeln und seinen Charakter sichtbar. Ähnlich wird bei deinem Unternehmen die Corporate Identity durch die Außendarstellung in Form von Drucksachen, Internetauftritt oder Arbeitskleidung (Corporate Design), die Art, untereinander und mit Kunden zu sprechen (Corporate Communication), das Verhalten der Mitarbeiter und Führungskräfte (Corporate Behavior) sowie die gelebten Werte im Unternehmen (Corporate Culture) erkennbar. Die Unternehmens-Persönlichkeit umfasst also alle Eigenschaften, in denen wir uns von anderen unterscheiden. „Corporate Identity" erschöpft sich also nicht darin, überall das gleiche Logo zu verwenden und einheitliche Farben und Schriften zu nutzen, obwohl das durchaus Teilaspekte sind.

Eine „Corporate Identity"-Strategie sorgt dafür, dass die Unternehmenspersönlichkeit nicht zufällig entsteht und „halt so ist wie sie ist", sondern aktiv von dir gestaltet wird und das Erreichen deiner Unternehmensziele unterstützt. Sie trägt dem Bedürfnis nach Orientierung Rechnung und ist Grundlage für deine Glaubwürdigkeit, Akzeptanz und Vertrauen. Und sie schafft ein „Wir-Gefühl", welches dein Verhalten und das deiner Mitarbeiter gezielter steuert, als es Kontroll- und Sanktionsmechanismen könnten.

Es gilt also, eine zu deinen Zielen passende Unternehmenspersönlichkeit zu gestalten und nach außen sichtbar zu machen. Einer der wichtigsten Aspekte dabei ist die Beständigkeit. Kaum etwas verwirrt Kunden mehr als permanente Veränderung. Ein Mangel an Beständigkeit in der Unternehmenskommunikation oder ein offensichtlicher Widerspruch zwischen Kommunikation und Handeln beeinträchtigen deine Glaubwürdigkeit stark. Beständigkeit und konstante Übereinstimmung von Verhalten und Kommunikation erzeugen dagegen ein Gefühl der Zuverlässigkeit.

Nehmen wir an, du versprichst in deiner Firmenbroschüre „Wir sind immer für unsere Kunden da". Ein potenzieller Kunde mit einem drängenden Problem versucht nun telefonisch bei dir jemanden zu erreichen, der ihm dieses Problem löst. Besetztzeichen, Anrufbeantworter, „leider ist Herr XY gerade in einer Besprechung", ein Rückruf wird versprochen, aber das Versprechen nicht eingelöst – letztlich wird die Bearbeitung bis zu einem bestimmten Termin zugesagt, dieser jedoch weit überzogen... Ob du einem Unternehmen mit diesem Kommunikationsverhalten wohl dein Vertrauen schenken würdest?

Schritt für Schritt zur positiven „Corporate Identity"

Da eine „Corporate Identity" so viele Facetten hat, kann man sie nicht einfach verordnen. Aber man kann in kleinen Schritten vorgehen und sich einen Aspekt nach dem anderen vornehmen:

Schritt 1: Sensibilisierung und Aufklärung

Wenn das Bewusstsein für den Nutzen nicht da ist, wird ein Corporate-Identity-Konzept nicht funktionieren. Im ersten Schritt sollten du und deine Mitarbeiter – vielleicht moderiert durch einen externen Berater – zusammenkommen, um das Thema einzuführen. Warum alle zusammen? Du stehst mit deiner Persönlichkeit, deinem Auftreten und deiner Fachkompetenz für das Image des Unternehmens. Durch das frühe Einbeziehen der Mitarbeiter, ihrer Bedürfnisse und Vorschläge wird das Corporate-Identity-Konzept überhaupt erst tragfähig. Ein externer Berater verhindert Betriebsblindheit und wird mit seiner Erfahrung hilfreiche Anregungen geben. Er kann Diskussionen strukturieren und straffen, ohne interne Verstimmungen auszulösen.

Schritt 2: Die aktuelle Situation erkennen
Wenn du navigieren willst, brauchst du zwei Dinge: Klarheit über deinen Standort und die Koordinaten des Ziels. So ist es auch hier. Es gilt, ein möglichst ungeschminktes Bild des aktuellen Images und der Situation deines Unternehmens zu gewinnen. Mach eine ergebnisoffene Mitarbeiterbefragung, frage Kunden nach ihrer Meinung und nutze externe Quellen (z.B. Testkunden, Auswertung unbezahlter Presseberichte). Trage alle Puzzleteile zusammen, um ein umfassendes Bild zu gewinnen.

Schritt 3: Ein Leitbild erarbeiten
Wo soll die Reise des Unternehmens hingehen? Das beschreibt das Leitbild. Es ist eine Art „Verfassung" deines Unternehmens und definiert sein Wertesystem. Möglichst knapp auf nur einer Seite sind hier in prägnanten Formulierungen die Visionen und Grundsätze deines Unternehmens festgehalten. Achte unbedingt darauf, dass hier kein wirklichkeitsfremdes „Bla Bla" steht, wie man es so häufig in Firmenphilosophien liest. Die Aussagen deines Leitbildes müssen tatsächlich bei konkreten – auch kritischen und schweren – Entscheidungen zur Orientierung dienen, sonst kannst du dir das Ganze schenken. Schönwetterphilosophie bringt nichts.

Dein Leitbild sollte ein generelles Bekenntnis zur Marktsituation und zur gesellschaftlichen Aufgabe deines Unternehmens enthalten. Die Einstellung zum Nutzen für die Kunden, zu Erträgen, technischem Fortschritt, Wachstum und Wettbewerb sowie die internen Verhaltensnormen und das Verhalten deines Unternehmens gegenüber seinen sog. Anspruchsgruppen wie Kunden, Lieferanten, Mitarbeitern, Angehörigen der Mitarbeiter und Nachbarn. Viele Aspekte des Leitbildes haben wir ja bereits abgehandelt.

Schritt 4: Entscheide, welche Maßnahmen angegangen werden sollen.
Der Vergleich der einzelnen Aussagen des Leitbildes mit dem Ergebnis der Ist-Analyse zeigt dir recht schnell die Maßnahmen, die zum Erreichen des Soll-Zustandes notwendig sind. Solche Maßnahmen können zum Beispiel sein:
- Verbesserung der Fort- und Weiterbildungsmöglichkeiten für Mitarbeiter
- Aufbau eines effizienten Informations- und Kommunikationssystems
- Verbesserung der Mitarbeiterführung durch entsprechende Schulungen
- Klare und akzeptierte Regelungen für Entlohnung, Beförderung und Beurteilung
- Verbesserung des Umgangstons, des Besprechungsstils und der Kritikfähigkeit durch Kommunikationstrainings
- Verbesserte Gestaltung der Räume und Unternehmensausstattung (Möbel, Technik, Farben, Lichtverhältnisse, Pflanzen, Kunstwerke etc.)
- Gestaltung oder Verbesserung von Unternehmenslogo, Geschäftspapieren, Unternehmensschild, Arbeitskleidung etc.
- Das Entwickeln einer Unternehmensbroschüre bzw. eines Leistungskatalogs.

Schritt 5: Umsetzung und Kontrolle der Maßnahmen
Nun ist es Zeit, die definierten Maßnahmen umzusetzen und eine möglichst breite Akzeptanz der erforderlichen Umstrukturierungen zu erzielen. Interne Veränderungen sollten mit entsprechenden Fragebögen oder Einzelinterviews überprüft werden:
- Selbstverantwortlichkeit, Belastbarkeit und Motivationsgrad der Mitarbeiter, Engagement für Unternehmensprobleme
- Qualität der Zusammenarbeit der Mitarbeiter bzw. zwischen Unternehmensführung und Mitarbeitern – Betriebsklima und Zugehörigkeitsgefühl
- Häufigkeit und Qualität interner Verbesserungsvorschläge

Externe Veränderungen sollten beobachtet werden hinsichtlich:
- Akzeptanz, Glaubwürdigkeit und Vertrauen
- Verhalten der Kunden
- Entwicklung des Kundenpotenzials

Du siehst: Eine starke Corporate Identity ist weit mehr als nur ein ansprechendes Logo oder einheitliche Firmenfarben; sie ist der Schlüssel zur Differenzierung deines Unternehmens in einem gesättigten Markt. Auch für KMU kann eine durchdachte Corporate-Identity-Strategie Wunder wirken, indem sie die Werte und die Vision ihrer Marke klar kommuniziert. Sie schafft ein unverwechselbares Image, das sowohl für Kunden als auch für potenzielle Investoren und Mitarbeiter sofort erkennbar ist. Dies fördert das Vertrauen und die Loyalität der Kunden, was essenziell ist, um erfolgreich zu sein.

Durch eine einheitliche Präsentation über alle Kanäle hinweg erleichtert eine konsistente Corporate Identity den Kunden die Identifikation mit deiner Marke. Sie wissen sofort, wer du bist und wofür du stehst, was die Entscheidungsfindung für sie vereinfacht und deine Produkte oder Dienstleistungen attraktiver macht.

Es mag Zeit und Anstrengung erfordern, die definierten Maßnahmen umzusetzen und eine breite Akzeptanz für Veränderungen zu erzielen. Doch wenn du einmal klar weißt, wohin du möchtest, wird jeder kleine Schritt in die richtige Richtung dein Image verbessern und den Erfolg deines Unternehmens verstärken. Denke daran, dass es nicht von heute auf morgen geschieht, aber mit Beharrlichkeit und Engagement wirst du auf lange Sicht die gewünschten Resultate erzielen. Bleibe deiner Corporate Identity treu, denn sie ist der Schlüssel zu einem unverwechselbaren Profil und nachhaltigem Unternehmenserfolg.

Corporate Design: Ein unverwechselbares Erscheinungsbild
Zum Erfolg eines Unternehmens gehört neben einer klaren Positionierung und Produkten bzw. Dienstleistungen mit erkennbarem Kundennutzen auch ein unverwechselbares optisches Erscheinungsbild. Während die Corporate Identity die Gesamtpersönlichkeit des Unternehmens darstellt, umfasst das Corporate Design das gesamte visuelle Erscheinungsbild eines Unternehmens oder einer Organisation.

Den Unterschied zwischen Corporate Identity und Corporate Design verdeutlicht der Vergleich mit der Persönlichkeit eines Menschen und seinem Kleidungsstil. Die Corporate Identity entspricht dabei der Gesamtpersönlichkeit des Menschen, die durch Werte, Eigenschaften, Kommunikationsstil und Verhalten geprägt wird. Das Corporate Design hingegen entspricht eher dem Kleidungs- und Einrichtungsstil einer Person. Es umfasst das gesamte visuelle Erscheinungsbild, das nach außen hin wahrgenommen wird.

Dein Unternehmen hat größere Chancen auf Erfolg, wenn du neben einer klaren Positionierung und Produkten bzw. Dienstleistungen mit erkennbarem Kundennutzen auch ein unverwechselbares Erscheinungsbild entwickelst. Corporate Design beinhaltet die Gestaltung aller Kommunikationsmittel, wie Firmenzeichen, Geschäftspapiere, Werbemittel und Verpackungen. Dabei sollten auch das Produktdesign, die Wahl der Firmenfahrzeuge und die Raumgestaltung einbezogen werden. Alle gestalterischen Elemente sollen einen hohen Wiedererkennungseffekt bei jeder Kontaktaufnahme erzielen. Das bedeutet, dass die Firmenfarben, das Firmenlogo oder ein anderes Grundmotiv auf allen Kommunikationsmitteln präsent sind – häufig an ähnlicher Position und in ähnlicher Anordnung.

Das Corporate Design soll nicht nur nach außen hin wirken, sondern auch bei den internen Kommunikationsmitteln Anwendung finden, um sicherzustellen, dass sich die Mitarbeiter mit dem Unternehmen identifizieren und das Unternehmensimage nach außen tragen. Dadurch entsteht ein Gefühl der Zusammengehörigkeit und Einheitlichkeit.

Von Anfang an die richtigen Weichen für das Corporate Design zu stellen, spart später viel Geld und macht einen positiven Eindruck auf deine Zielgruppe. Denn der Satz „Für den ersten Eindruck gibt es keine zweite Chance" gilt nicht nur im persönlichen Kontakt, sondern auch im Bereich des visuellen Erscheinungsbildes. Ein professionelles Corporate Design schafft Vertrauen, weckt Interesse und vermittelt den Kunden und Geschäftspartnern ein positives Bild deines Unternehmens.

Bei der Entwicklung deines Corporate Designs ist es entscheidend, die Zielgruppe und die Marktpositionierung deines Unternehmens zu berücksichtigen. Ein erfolgreiches Corporate Design sollte sowohl die Werte und Botschaften deines Unternehmens widerspiegeln als auch die Aufmerksamkeit deiner Zielgruppe ansprechen. Es sollte eine klare und einheitliche visuelle Sprache verwenden, um eine konsistente Markenidentität zu schaffen.

Insgesamt ist das Corporate Design ein entscheidender Faktor für deinen Unternehmenserfolg. Es trägt dazu bei, deine Marke zu stärken, das Unternehmensimage zu prägen und eine emotionale Bindung zur Zielgruppe aufzubauen.

Den richtigen Firmen- oder Markennamen wählen

Die Wahl des passenden Firmen- oder Markennamens ist eine der wichtigsten Entscheidungen und prägt den Erfolg deines Unternehmens. Oft wird dem Namen zu wenig Aufmerksamkeit geschenkt, und es werden Fehler gemacht, die katastrophale Auswirkungen haben können. Ein gut gewählter Firmenname kann hingegen viel Geld sparen und dabei helfen, Kunden zu gewinnen.

> »Der Name eines Unternehmens ist wie sein erstes Gesicht gegenüber der Welt; es ist das Erste, was gesehen und erinnert wird.« — Richard Branson

Ein guter Firmenname sollte möglichst einfach auszusprechen und leicht zu buchstabieren sein. Er sollte verständlich sein und den Unternehmensgegenstand beschreiben, um den Kundennutzen zu vermitteln. Zudem sollte der Firmenname eine Besonderheit kommunizieren und etwas über die Marktnische aussagen, in der sich das Unternehmen bewegt.

Es ist wichtig, dass der Name zur Zielgruppe passt, aber gleichzeitig nicht so trendy oder cool ist, dass ihn nur Insider verstehen. Namens-Trends sollten vermieden werden, um spätere Verwechslungen zu vermeiden und eine langfristige Identifikation mit dem Unternehmen zu ermöglichen. Hier sind einige Online-Tools, die dir das Entwickeln von Firmen- oder Produktnamen erleichtern können: NameMesh, Namelix, Shopify Business Name Generator, Squadhelp, BrandBucket, Panabee.

Abkürzungen sollten möglichst vermieden werden, um eine klare und einprägsame Identität zu schaffen und zukünftige Erweiterungen nicht zu begrenzen. Ein guter Firmenname sollte Bilder im Kopf erzeugen und leicht zu merken sein, sodass er bei den Kunden hängen bleibt. Es ist ratsam, dass der Name ungewöhnlich ist und Aufmerksamkeit erregt, aber gleichzeitig nicht leicht zu verwechseln ist. Negative Nebenbedeutungen sollten vermieden und negative Assoziationen mit fremden Sprachen oder Kulturen berücksichtigt werden.

Ein weiterer wichtiger Punkt ist, dass der Firmenname in Auflistungen leicht zu finden sein sollte, beispielsweise in Branchenverzeichnissen oder Suchmaschinen. Dadurch wird die Auffindbarkeit für potenzielle Kunden erleichtert.

Neben all diesen kreativen Überlegungen ist es auch von großer Bedeutung, dass der gewählte Firmenname die rechtlichen Rahmenbedingungen erfüllt. Es sollte sichergestellt werden, dass der Name nicht bereits von einem anderen Unternehmen geschützt ist, um mögliche rechtliche Konflikte zu vermeiden. Und dass er schutzfähig ist, man ihn also als Marke beim Deutschen Patent- und Markenamt (DPMA) eintragen lassen kann. Beispiele für gelungene Firmennamen, die viele der genannten Kriterien erfüllen, sind „Amazon", als klarer Bezug zum riesigen Angebot des Unternehmens, oder „Google", als leicht merkbarer und einprägsamer Name, der heute zu einer alltäglichen Suchmaschine geworden ist.

Insgesamt ist die Wahl des richtigen Firmennamens ein komplexer Prozess, der sorgfältige Überlegungen erfordert. Ein gut gewählter Name kann jedoch einen entscheidenden Beitrag zum Erfolg und zur Markenidentität eines Unternehmens leisten..

Checkliste für gute Firmen- und Markennamen
- *Einprägsamkeit:* Ist der Name kurz und knackig? Würdest du dich nach dem ersten Hören an den Namen erinnern?
- *Einzigartigkeit:* Hebt sich dein Name von anderen Marken oder Firmennamen ab? Vermeidet er Verwechslungen mit bekannten Namen?
- *Aussprechbarkeit:* Kannst du den Namen leicht aussprechen? Würden andere ihn ohne Schwierigkeiten aussprechen können?
- *Relevanz:* Passt der Name zu deinem Geschäft, deinen Produkten oder Dienstleistungen? Kommuniziert er die Hauptbotschaft deiner Marke?
- *Verfügbarkeit:* Ist die entsprechende Domain für den Namen verfügbar? Kannst du den Namen in deinen Zielmärkten als Marke registrieren?
- *Positive Assoziationen:* Ruft der Name positive Gefühle oder Gedanken hervor? Gibt es irgendwelche unerwünschten oder negativen Konnotationen?
- *Zukunftsorientiert:* Kann der Name das Wachstum und die Entwicklung deines Unternehmens begleiten? Schränkt er dich in irgendeiner Weise ein?
- *Kulturelle Sensibilität:* Funktioniert der Name in den Kulturen und Ländern, in denen du tätig bist? Hat er in verschiedenen Sprachen unerwünschte Bedeutungen?
- *Legalität:* Verstößt der Name gegen bestehende Markenrechte oder andere gesetzliche Bestimmungen?
- *Visuelle Anziehungskraft:* Kannst du dir vorstellen, wie der Name in einem Logo oder einer anderen Darstellung aussehen würde? Sieht der Name visuell ansprechend aus?
- *Authentizität:* Repräsentiert der Name authentisch die Werte und die Mission deines Unternehmens?
- *Suchmaschinenfreundlichkeit:* Ist der Name einzigartig genug, um in Suchmaschinen gut gefunden zu werden?

Farbwirkung verstehen: Ein Schlüssel zum erfolgreichen Branding

Wenn es um die Farbwirkung im Unternehmen geht, gibt es viele Aspekte zu beachten. Psychologen haben sich intensiv mit der Wirkung von Farben auf den Menschen beschäftigt, doch allgemein gültige Regeln sind schwer zu formulieren, da das Farbempfinden der Menschen stark variieren kann und von zahlreichen Faktoren abhängt. Ein kleiner Unterschied in der Helligkeit kann bereits völlig unterschiedliche Emotionen hervorrufen. Beispielsweise wirkt ein grelles Rot aggressiv und warnend, während ein dunkles Rot Wärme und Behaglichkeit vermittelt. Um das Thema Farbwirkung besser zu verstehen, empfehle ich dir das Buch „Wie Farben wirken" von Eva Heller (Rowohlt Verlag), das umfassende Informationen zu diesem Thema bietet.

Letztendlich ist es ratsam, vor der endgültigen Entscheidung alle möglichen Anwendungsbereiche zu bedenken, um sicherzustellen, dass die gewählten Farben sowohl die gewünschte Wirkung erzielen als auch vielseitig einsetzbar sind. Ein kohärentes und durchdachtes Farbkonzept im Corporate Design kann das Unternehmen positiv prägen und eine starke visuelle Identität schaffen.

Psychologische Wirkung von Farben in der Marketing-Kommunikation

Farben sind ein alltäglicher Bestandteil unseres Lebens. Tag für Tag werden wir von tausenden Aspekten unserer Umwelt in Farben beeinflusst. Die Natur, die Architektur und auch Werbungen wirken auf unsere Sinne ein. Doch es geht bei der Wahrnehmung von Farben nicht nur um die bloße Erkennung. Farben haben für uns einen tieferen, emotionalen Wert. Dies spiegelt sich auch in unserer Sprache wider: Wir können „gelb vor Neid" sein oder sogar „grün vor Eifersucht". Vielleicht lobt der Chef andere Mitarbeiter „über den grünen Klee", während er sich über dich „grün und blau" ärgert. Manchmal beschließen wir an einem „schwarzen Tag", uns „einfach mal blau zu machen", um unsere grauen Zellen nicht zu überanstrengen. Doch wenn wir am nächsten Tag zur Arbeit kommen, sieht unser Chef „rot". „Ach du grüne Neune!" Farben spielen in vielerlei Hinsicht eine Rolle. Sie können Emotionen verstärken oder dämpfen. Jeder Mensch kategorisiert Farben subjektiv nach ihrer Schönheit und Anziehungskraft und basiert dabei auf seinen eigenen Erfahrungen und Vorstellungen. Es bleibt selten nur beim reinen Erkennen einer Farbe.

Wie nutzt du also die Macht der Farben in deiner Werbung? Die erste Hürde bei der Farbwahl ist die Frage nach dem Einsatzgebiet. Für welche Branche möchtest du werben? Handelt es sich um ein Firmenlogo oder einen Werbetext? Sollen Visitenkarten bedruckt oder Produkte designt werden? Diese Frage ist von immenser Bedeutung, da Farben in verschiedenen Kontexten unterschiedlich wirken. Schwarz kann beispielsweise in manchen Branchen Trauer und in anderen Eleganz ausdrücken. Grün steht für Vitalität und Frische und eignet sich gut für Firmenlogos. Jedoch wirken grüne Werbetexte oder Produkte anstrengend und werden vom Kunden schnell verworfen.

Nachdem die Branche bzw. der Zweck festgelegt ist, geht es nun um die verschiedenen Ebenen, auf denen Farben wirken können. Die Wahrnehmung von Farbe ist generell subjektiv. Jeder von uns hat schon einmal erfolglos darüber diskutiert, ob ein betrachteter Gegenstand eher grün oder eher blau ist. Auch die Annahme, dass Farben an sich eine spezifische Wirkung auf Menschen haben, ist falsch. Farben lösen zwar in jedem von uns bestimmte Emotionen und Gefühle aus, aber die tatsächlich ausgelösten Zustände hängen von unseren Erfahrungen und Wünschen ab.

Trotz leichter interindividueller Unterschiede sind Farbwirkungen innerhalb einer Kultur sehr ähnlich. In unserer westlichen Kultur stehen beispielsweise Rot für Liebe, Grün für Hoffnung und Weiß für Unschuld. Im Buddhismus hingegen symbolisiert Weiß Trauer, während im Westen die Farbe Schwarz diese Bedeutung annimmt. Wenn deine Werbung international ausgerichtet ist, solltest du dich über mögliche Unterschiede in der Bedeutung von Farben informieren.

Auch innerhalb einer Kultur gibt es signifikante Unterschiede bei der Interpretation von Farben, zum Beispiel zwischen den Geschlechtern oder verschiedenen Generationen. Junge Menschen bevorzugen oft grelle Farben, während ältere Menschen Pastelltöne bevorzugen. Die Farbe, die du wählst, sollte also mit den Vorstellungen deiner Zielgruppe übereinstimmen. Gleichzeitig vermittelst du durch eine farbliche Abgrenzung von anderen Unternehmen in deiner Branche eine gewisse Einzigartigkeit. Achte jedoch darauf, dass deine Farbwahl möglichst simpel ist, da die meisten Menschen reine Farben bevorzugen. Blau ist zum Beispiel eine Farbe, die uns im Alltag ständig begegnet und auch in der Werbung häufig genutzt wird. Sie vermittelt ein Gefühl von Vertrautheit und wird daher von vielen Kunden positiv wahrgenommen.

Jede Farbe hat ihre einzigartige Wirkung, und die Entscheidung erfordert Fingerspitzengefühl, da sie über den Erfolg oder Misserfolg entscheiden kann. Dabei solltest du bedenken, dass Farben nicht isoliert betrachtet werden sollten, sondern im Kontext deiner Markenidentität und deiner Zielgruppe. Eine konsistente und gut durchdachte Farbwahl kann dein Markenimage stärken, Emotionen ansprechen und deine Werbung effektiver machen.

Denke daran, dass Farben nicht nur auf visueller Ebene wirken, sondern auch andere Sinne und Assoziationen ansprechen können. Farben können auch in Verbindung mit anderen Elementen wie Schriftarten, Bildern und Tönen eine stärkere Wirkung erzielen. Eine sorgfältige Abstimmung dieser Elemente kann deine Botschaft verstärken und das gewünschte Image vermitteln.

Die Wahl der richtigen Farbe ist ein spannender und faszinierender Prozess. Er mag zwar zunächst komplex erscheinen, aber er bietet auch eine Menge Spaß. Mit einem gut durchdachten Farbkonzept kannst du dein Marketing effektiver gestalten und deine Botschaft direkt ins Bewusstsein deiner Zielgruppe transportieren. Also, tauche ein in die faszinierende Welt der Farben und erlebe, wie sie deine Werbung zum Leben erwecken und deine Kunden begeistern können!

Wir können natürlich nicht alle Farben durchgehen, jedoch sind die gängigsten Farben und ihre Wirkung hier beschrieben:
- *Schwarz* – edle Distanz. Schwarz ist eine sehr vielfältige „unbunte" Farbe. Ihre Bedeutung hängt stark vom jeweiligen Kontext ab. Im Bereich der Bekleidung gilt Schwarz als Ausdruck von Trauer, das „kleine Schwarze" hingegen wirkt edel und reizvoll. Zudem impliziert Schwarz Simplizität, Funktionalität und Sachlichkeit. Aus diesem Grund findet

es häufig Anwendung in der Elektronikbranche, da deren Produkte rein optisch nicht zu sehr in den Vordergrund treten sollen.
- *Weiß* – vollkommene Reinheit. Als Gemisch aller Farben ist das unbunte Weiß ein Symbol der Vollkommenheit. Die Farbe steht im Produktbereich für Sterilität und für die Abwesenheit von etwas Schädlichem – zum Beispiel künstlichen Zusatzstoffen. Demnach findet man Weiß bei Diätprodukten, aber auch bei Waschmaschinen oder hautsensitiver Seife. In der Elektronik hingegen wird es von manchen Menschen als eher billig und plastikähnlich angesehen. Weiß eignet sich außerdem als Hintergrund, da es die Aufmerksamkeit auf den eigentlichen Inhalt lenkt.
- *Blau* – kühle Vertrautheit. Blau ist eine auf der ganzen Welt positiv besetzte Farbe. Diese Auszeichnung verdankt sie ihrer sachlichen, kühlen Wirkung. Die Farbe Blau steht ebenso wie Weiß für Reinheit und wird in diesem Zusammenhang ebenfalls gern für Diätprodukte sowie aufgrund ihrer kühlen Wirkung für Joghurt, Milch oder Wasser verwendet. Die vertrauenserweckende Wirkung macht Blau zum perfekten Begleiter eines seriösen Unternehmens, dessen oberste Maxime es ist, dem Kunden Sicherheit zu vermitteln, wie es zum Beispiel bei Versicherungen der Fall ist.
- *Gelb* – sonnige Kreativität. Die Sonnenfarbe steht für Vitalität, Einfallsreichtum und Wärme. Gelb versprüht eine gewisse Dynamik und ist daher eine Farbe des Wandels und der Entfaltung. Je nach Helligkeit symbolisiert Gelb jugendliche Frische oder entspannende Wärme. Aus diesen Gründen ist Gelb nicht auf einige wenige Branchen limitiert, sondern wird gern genutzt, wenn es um möglichst viel Aufmerksamkeit und eine gleichzeitige Vermittlung von Lebensqualität geht.
- *Rot* – feurige Liebe. Rot ist die kräftigste und zugleich aggressivste Farbe. Sie steht für Mut, Stärke und Leidenschaft, in Übermaßen jedoch für Reizbarkeit, Aggression und Stress. Daraus ergibt sich eine sehr stark polarisierende Wirkung. Es ist schwierig zu Rot keine Meinung zu haben. Genau das ist der Vorteil dieser Farbe. Durch das enge Auseinandersetzen mit den hervorgerufenen Emotionen bleiben die Farbe und, viel wichtiger, die damit verbundenen Produkte und Plakate im Gedächtnis haften. Rot wird also ähnlich wie Gelb eingesetzt, wenn es um Aufmerksamkeit und einen starken Wiedererkennungswert geht. In Russland werden mit Rot die Prädikate „wertvoll" und „teuer" assoziiert.
- *Grün* – erholsame Natur. Grün ist das farbliche Sinnbild der Natur. Es verleiht neue Lebenskraft, gibt Hoffnung und sorgt für Entspannung. Die Farbe Grün strahlt Frische aus und eignet sich für alle Produkte, deren Aushängeschild ein hoher Bezug zur Natur ist, etwa Biolebensmittel, naturbelassene Cremes oder Kleidung aus reinsten Naturstoffen. In muslimischen Ländern hingegen ist Grün allen religiösen Dingen vorbehalten.
- *Rosa* – kindliche Romantik. Diese Farbe drückt Verspieltheit in den Bereichen der Liebe und des Lebens aus. Ihr haftet ein gewisser Kitsch an, der jedoch zugleich edel und sinnlich wirken kann. Sprichwörter wie „etwas durch eine rosarote Brille sehen" zeugen von

der Leichtigkeit des Seins, die mit Rosa assoziiert wird. Rosa eignet sich demnach für Produkte aller Art, die Unbeschwertheit und spielerische Romantik ausstrahlen sollen.

- *Violett* – extravagante Mystik. Violett ist eine niedrigerregende und dennoch durchdringende Farbe. Sie verbindet wärmendes Rot mit kühlendem Blau und wirkt dadurch meist zweideutig und geheimnisvoll auf den Betrachter. Aufgrund ihrer relativen Seltenheit in der Natur wird sie als sehr wertvoll, eventuell aber etwas künstlich eingeschätzt. Violett ist zudem die Farbe des Feminismus und findet sich in vielen Religionen als Gewandfarbe. Am besten passt Violett zu Produkten, die mehr versprechen, als das bloße Auge zu erkennen mag.
- *Orange* – wärmende Erleuchtung. Als heitere, energetische Farbe steht Orange für jugendlichen Optimismus, Kontaktfreude und Gesundheit. Orange wirkt allein aufgrund der phonetischen Ähnlichkeit zur Frucht appetitanregend. Der Farbe kommt zudem eine hohe symbolische Wirkung zu: Im asiatischen Raum ist es die Farbe der erleuchteten Religiösen sowie politischer Würdenträger und in den Niederlanden wird Orange als die Farbe der Freiheit gesehen. In der Werbung sorgt Orange für erfrischend gute Stimmung und Aktivität und eignet sich hervorragend als Hauptfarbe für aufstrebende, dynamische Unternehmen.
- *Braun* – erdige Sachlichkeit. Aufgrund ihrer Erdverbundenheit wirkt Braun sehr vertraut auf uns. Braun steht für Häuslichkeit, Sicherheit und Bodenständigkeit als Sinnbild der Mutter Erde. Die Farbe passt hervorragend zu naturbelassenen Holzprodukten, aber auch zur Gastronomie und zum Essen im Allgemeinen – steht sie doch für knusprige Braten oder auch leckeren Kakao und Schokolade. Zudem eignet sich Braun aufgrund seiner heimeligen, vertrauten Wirkung gut für Firmen, die eine sachliche Konstanz und Zuverlässigkeit vermitteln wollen.
- *Grau* – glaubwürdige Neutralität. Das unbunte Grau kann sowohl elegant als auch langweilig, wertvoll sowie dreckig wirken. Es löst weniger Emotionen als bunte Farben wie Rot oder Gelb aus, symbolisiert jedoch Souveränität und Klasse. In der Mythologie steht es für den Übergang vom Bekannten ins Unbekannte, vom Leben in den Tod. In metallener Optik findet Grau erheblichen Anteil am Elektronikmarkt und auch sonst vermittelt es hohen Wert und Sachlichkeit.

Manchmal fällt es schwer, sich auf eine einzige Farbe festzulegen. Viele Unternehmen nutzen neben ihrer Hauptfarbe noch eine begleitende Zweitfarbe – meist mit Erfolg. Farbkombinationen besitzen den Vorteil, dass sie die teils konträren Eigenschaften einzelner Farben verbinden und so die Aussagekraft der Werbung erheblich steigern. So sorgt etwa die Kombination aus Gelb und Blau für einen Mix aus sonniger Wärme und kühlender Frische. Andererseits gibt es Kombinationen, denen bereits eine negative Symbolik anhaftet. Gelb und Schwarz sollten daher mit Vorsicht kombiniert werden, da hier die Assoziation mit Radioaktivität enorm groß ist. Das Buch „Color Harmony" von Bride M. Whelan ist ein guter Wegweiser für gelungene Farbkombinationen. Online-Tools zur Entwicklung von Farbpaletten können dir ebenfalls eine Hilfe sein (z.B. Adobe Color, Coolors, Colormind, Canva Color Palette Generator, Paletton und Color Hunt)

Farben sind weit mehr als visuelle Eindrücke. Du solltest dir bewusst sein, dass jede Farbe Menschen bestimmte Zustände und Emotionen suggeriert. Denke bei der Wahl deiner Farben nicht zuerst an deine Lieblingsfarbe, sondern an dein Unternehmen beziehungsweise dein Produkt. Frage dich, welche Eigenschaften und Werte deine Marke vertritt oder in Zukunft vertreten soll. Wähle dann aus der obigen Aufzählung eine dazu passende Farbe aus und überlege, warum gerade diese Farbe zu deiner Werbung passt. Eventuell steht gerade die Farbe, an die du zuvor nie gedacht hättest, für die Dynamik und Frische, die dein Unternehmen auszeichnet.

Achte am internationalen Markt besonders auf Deutungsunterschiede einzelner Farben, wie etwa Weiß in Asien oder Grün in muslimischen Ländern, um Missverständnisse zu vermeiden. Auch Farbkombinationen sind mit Vorsicht zu genießen. Sie können deiner Werbung mehr Inhalt verleihen, aber auch unangenehme Bedeutungen mit sich bringen. Verbessere dein Marketing und bekenne Farbe.

Das Firmenlogo und seine Aufgabe

„Ich brauche unbedingt ein Logo!" Das ist oft einer der ersten Gedanken von Unternehmensgründern, wenn es an die Umsetzung ihrer Gründungsidee geht. Doch wie wichtig ist ein Logo tatsächlich für den Erfolg? Und welche Kriterien muss ein Firmenzeichen überhaupt erfüllen? Hier bekommst du einige Antworten.

Zunächst einmal: Du benötigst nicht unbedingt ein Firmenlogo, um erfolgreich zu sein. Viel wichtiger ist die Einfachheit und Einprägsamkeit deines Firmennamens. Am besten wird dieser unterstützt durch einen pfiffigen Slogan oder eine erklärende Unterzeile, die dein Kerngeschäft exakt beschreibt. Die Botschaft muss also klar sein. Der potenzielle Kunde sollte nicht lange raten müssen, was sich hinter deiner Firmierung verbirgt. Erst wenn die Firmierung wirklich steht, kannst du weitergehen. Jeder folgende Gestaltungsschritt muss sich daran messen lassen, ob die Botschaft, die du vermitteln möchtest, dadurch deutlicher wird oder nicht.

Wenn ein Logo – so schön es auch sein mag – eher verwirrt als veranschaulicht, wird es besser weggelassen. Die Aufgabe eines Logos ist es, dass dein Unternehmen bei der angepeilten Zielgruppe, deinen zukünftigen Kunden, einen guten und bleibenden Eindruck hinterlässt. Es kommt also – sorry – weniger darauf an, ob es dir persönlich gefällt, sondern vorwiegend darauf, dass es deinen Kunden positiv auffällt und ihnen im Gedächtnis bleibt. Dass es nicht schadet, wenn du dich damit identifizieren kannst, versteht sich von selbst. Doch Vorsicht: Wenn du privat auf Designer-Möbel und Zen-Stil stehst, aber mit besonders günstigen Preisen werben willst, wird es wenig hilfreich sein, wenn sich dein privater Geschmack beim Logo-Design durchsetzt (so schön das vielleicht auch wäre...). Das musst du ein wenig im Hinterkopf haben, wenn du dich an die Gestaltung machst. Und du musst dich vielleicht auch gegen Einflüsterungen aus Familie und Freundeskreis durchsetzen, die bei diesem Thema nicht immer die besten Berater sind. Ein Logo, das allen gefällt, ist oft zu schwach! Es hat schon seinen Grund, dass die Gestaltung eines prägnanten Logos oder Signets unter Grafikern zur Königsdisziplin zählt. Im Idealfall ist das Logo die Essenz der Unternehmenswerte, die du nach außen kommunizieren möchtest.

Überlege doch mal, wie das Logo bei deiner Zielgruppe wirken soll. Welche Eigenschaften sollen mit dir, deiner Leistung und deinen Produkten verbunden werden (genau, dynamisch, einfach, teuer, besonders, laut, leise, stark, schwach, seriös, modern, freundlich, aggressiv, warm, kalt, lebenslustig, asketisch, verspielt, sachlich ...)?

Gute Anregungen für dein Logo findest du, wenn du möglichst viele Facetten deines Unternehmens auflistest. Von den Schwerpunkten deiner Leistungen über die Firmengröße, die Preislage deines Angebots, vorherrschende Branchenfarben, die Hausschrift, dein Wunsch-Image und vieles mehr. Je mehr Begriffe du zusammenträgst, desto besser. Dann sammle Bildmaterial zu diesen Begriffen. Ist Schnelligkeit bei dir ein Thema, so kann das ein Bild von einem Formel-1-Wagen sein oder vielleicht das eines Geparden. Wenn dir gar nichts einfällt, nutze die Bildersuche im Internet. Du wirst erstaunt sein, wie viele Anregungen du selbst zu abstrakten Begriffen erhältst. Wenn du nun aus diesem Material auf einer großen Tafel eine Collage machst, gewinnst du schnell ein optisches Profil deines Unternehmens. Das zu einem Zeichen zu verdichten, ist dann die Aufgabe.

Ein gutes Logo sollte unverwechselbar sein. Wenn es an Bekanntes erinnert, trägt das nicht gerade dazu bei, dass dein Auftritt an Profil gewinnt. Außerdem könnten „fremde" Assoziationen auch negativ wirken oder von dir ablenken. Und nicht alles, was einzigartig ist, ist auch leicht zu merken. Einfachheit ist einprägsam. Besonders spannend wird es, wenn du international auftreten möchtest. Zeichen haben eine starke Wirkung, und diese Wirkung hängt vor allem von dem Kulturkreis ab, aus dem heraus sie betrachtet werden.

Ein Feng Shui-Meister würde ein Firmenlogo nach der Harmonie der Elemente, der Ausgewogenheit von Yin und Yang, der Nutzung von Farben und Formen sowie der allgemeinen Energie (Chi) und deren Auswirkungen auf das Geschäft und seine Ziele beurteilen. Wenn du daran interessiert bist, wie Feng Shui dein Firmenlogo positiv beeinflussen könnte, gibt es einige Überlegungen, die du in Betracht ziehen solltest. Im Feng Shui geht es darum, Harmonie und Ausgewogenheit in deinem Umfeld zu schaffen, und das kann auch für dein Firmenlogo gelten. Stell dir vor, die fünf Elemente Holz, Feuer, Erde, Metall und Wasser sind nicht nur Teile der Natur, sondern auch Symbole, die bestimmte Energien in deinem Geschäft fördern können. Die Kunst liegt darin, diese Elemente so in dein Logo zu integrieren, dass sie deine Geschäftsziele unterstützen. So könnte beispielsweise die Verwendung von Metall- und Wasserelementen in einem Finanzunternehmenslogo Stabilität und Fluss symbolisieren.

Farben spielen ebenfalls eine große Rolle. Jede Farbe verkörpert eine eigene Energie und ist einem der Elemente zugeordnet. Indem du Farben wählst, die zu den Zielen deines Unternehmens passen, kannst du die gewünschte Ausrichtung und Atmosphäre fördern. Rot kann zum Beispiel Leidenschaft und Dynamik ausdrücken, während Grün Wachstum und Entwicklung symbolisiert.

Auch die Formen in deinem Logo sind nicht zufällig. Sie sind mit den Elementen verbunden und beeinflussen die Energie des Logos. Runde Formen, die Metall repräsentieren, fördern Klarheit und Effizienz, während quadratische Formen, die für Erde stehen, Stabilität und Vertrauen ausstrahlen.

Die Balance zwischen Yin und Yang, zwischen aktiv und passiv, zwischen dynamisch und ruhig, ist ein weiterer Aspekt, den du berücksichtigen solltest. Ein ausgewogenes Logo, das beide Kräfte harmonisch vereint, kann ein Umfeld schaffen, das sowohl einladend als auch energiegeladen ist.

Überlege dir, welche Schriftart und Ausrichtung deine Marke am besten repräsentiert. Manchmal kann die Richtung, in die ein Symbol oder Text zeigt, bestimmte Energien anziehen oder blockieren. Eine sorgfältige Auswahl kann dazu beitragen, die richtige Energie und den richtigen Charakter für dein Unternehmen zu vermitteln.

Die Symbolik in deinem Logo sollte positive Assoziationen wecken und genau die Intentionen widerspiegeln, die du für dein Unternehmen hast. Jedes Symbol und jeder Aspekt deines Logos sollte darauf ausgerichtet sein, positive Chi-Energien zu fördern, die deinem Geschäft zum Erfolg verhelfen.

Zuletzt spielt die Platzierung deines Logos eine Rolle. Es geht nicht nur darum, was in deinem Logo ist, sondern auch darum, wie es mit seiner Umgebung interagiert. Die richtige Platzierung kann dazu beitragen, positive Energien anzuziehen und zu unterstützen.

Indem du diese Überlegungen in die Gestaltung deines Firmenlogos einfließen lässt, kannst du ein Umfeld schaffen, das nicht nur visuell ansprechend ist, sondern auch die bestmöglichen Energien für den Erfolg und das Wohl deines Unternehmens fördert. Selbst wenn du dem Thema Feng Shui bisher skeptisch gegenübergestanden hast, könnte die Berücksichtigung dieser Prinzipien in deinem Firmenlogo eine überraschend positive Wirkung haben.

Technische Grundlagen für ein starkes Logo
Die Gestaltung des Logos ist die eine Seite, aber auch die technischen Aspekte sind unbedingt zu berücksichtigen. Dein Logo sollte auch in einer verkleinerten Darstellung von 20 mm Breite noch gut erkennbar und leicht lesbar sein. Anderseits sollte es auch für eine starke Vergrößerung geeignet sein, beispielsweise für Schilder oder Kfz-Beschriftun-

gen. Dies ist der Fall, wenn es als „Vektorgrafik" angelegt wurde. Eine Vektorgrafik ist eine Computergrafik, die aus grafischen Elementen wie Linien, Kreisen, Polygonen oder Kurven zusammengesetzt ist. Sie wird mit Zeichenprogrammen wie dem kostenlosen Open-Source-Programm „Inkscape" (inkscape.org/de) oder Adobe Illustrator erstellt. Du erkennst sie in der Regel an der Dateiendung „.eps" oder „.ai". Der Vorteil von Vektorgrafiken ist, dass sie aufgrund ihrer mathematischen Basis unbegrenzt skalierbar sind und aus ihnen alle anderen Bilddateien erstellt werden können. Für die Erstellung eines Logos sind pixelorientierte Programme, wie sie typischerweise für die Bearbeitung von Fotos verwendet werden, meist ungeeignet. Skalierst du ein Logo, das auf Pixelbasis erstellt wurde (meist mit Endungen wie .jpg, .tif, .png, .bmp), stark, treten unschöne Treppeneffekte auf. Wenn du ein Logo bei einem Grafiker erstellen lässt, achte darauf, dass du unbedingt die Vektordateien bei der Übergabe erhältst und natürlich die uneingeschränkten Nutzungsrechte.

Darauf solltest du achten – Checkliste für gute Firmenlogos
- *Einfachheit:* Ist das Logo klar und unkompliziert gestaltet? Kann man es auch aus der Ferne leicht erkennen? Ist es einfach zu merken?
- *Wiedererkennbarkeit:* Würdest du das Logo wiedererkennen, wenn du es erneut siehst? Hebt es sich deutlich von anderen Logos in deiner Branche ab?
- *Zeitlosigkeit:* Wird das Logo auch in 10 oder 20 Jahren noch modern und ansprechend wirken? Vermeidet das Logo kurzlebige Modefarben und Gestaltungstrends?
- *Vielseitigkeit:* Funktioniert das Logo in verschiedenen Größen, von Visitenkarten bis zu Werbetafeln? Sieht es sowohl in Farbe als auch in Schwarz-Weiß gut aus? Ist es kontrastreich gestaltet, ohne dünne Linien und Verläufe oder große Schwarzflächen?
- *Passend zum Unternehmen:* Verkörpert das Logo die Werte und die Persönlichkeit deines Unternehmens? Kommuniziert es die richtige Botschaft an deine Zielgruppe? Passen seine Symbolik und sein grafisches Element zu deiner Firma und deren Produkten oder Dienstleistungen? Wirkt es in den Kulturkreisen deiner Zielmärkte positiv?
- *Farbverwendung:* Wurden die Farben gezielt und mit Bedacht gewählt? Sind die Farben harmonisch und repräsentieren sie die Markenbotschaft? Sind die Farben so gewählt, dass später keine zu hohen Druckkosten entstehen?
- *Schriftart:* Ist die Schriftart im Logo gut lesbar? Passt die Schriftart zum allgemeinen Erscheinungsbild und Charakter deines Unternehmens?
- *Einzigartigkeit und Originalität:* Unterscheidet sich dein Logo von anderen Logos? Vermeidet es generische oder übermäßig verwendete Designelemente?
- *Balanziertheit:* Fühlt sich das Logo ausgewogen und harmonisch an? Sind alle Elemente des Logos proportional zueinander? Ist es in seiner Richtungswirkung thematisch passend? (Zum Beispiel wirkt eine in Leserichtung nach vorne weisende Ausrichtung positiv und dynamisch, während eine zentrale Anordnung statisch und stabil wirkt.)

- *Adäquate Darstellung:* Wird das Logo ohne Qualitätseinbußen in verschiedenen Medien (digital, Druck, Merchandise etc.) gut dargestellt? Ist es geeignet, um auf verschiedenen Materialien realisiert zu werden? Wie wirkt es auf einem Firmenschild, in Anzeigen, auf Drucksachen und im Internet?

Wenn du ein neues Firmenlogo gestalten lässt, solltest du die Entwürfe vielleicht besser nicht von Freunden, Familie und Bekannten beurteilen lassen. Erstens: So sehr deine Liebsten auch versuchen mögen, objektiv zu sein, kann ihre persönliche Beziehung zu dir ihre Meinung beeinflussen. Sie möchten dich nicht verletzen oder enttäuschen, was dazu führen kann, dass sie weniger kritisch sind und nicht das ehrliche, konstruktive Feedback geben, das du brauchst. Zweitens sind sie wahrscheinlich nicht deine Zielgruppe. Wenn dein Logo darauf abzielt, eine spezifische Kundengruppe anzusprechen, können Freunde und Familie, die außerhalb dieser Gruppe stehen, die Relevanz und Anziehungskraft deines Logos aus der Sicht potenzieller Kunden nicht bewerten. Drittens fehlt ihnen möglicherweise das fachliche Wissen über Designprinzipien und Markenstrategie. Sie können dir sagen, was ihnen gefällt, aber sie erkennen vielleicht nicht die technischen Aspekte oder die strategische Ausrichtung hinter dem Logo, die für dessen Erfolg entscheidend sind.

Da es oft sehr schwerfällt, Logos objektiv zu beurteilen, habe ich einen Bewertungsbogen entwickelt, den du hier herunterladen kannst: www.greinerteam.de/ressourcen/downloads/logo-bewertung.

Ein gut gestaltetes Logo kann dich von der Konkurrenz abheben und deine Marke langfristig prägen. Wenn du dich unsicher fühlst oder Unterstützung bei der Logoerstellung benötigst, kannst du auch professionelle Grafikdesigner oder Agenturen beauftragen. Sie verfügen über das Know-how, um ein aussagekräftiges und einprägsames Logo zu entwerfen, das perfekt zu deinem Unternehmen passt.

Gedrucktes für dein Unternehmen

Warum sollten wir in der digitalen Ära noch auf gedruckte Drucksachen setzen? Du magst denken, dass E-Mails, PDFs und das Internet alles übernehmen können, aber lass mich dir sagen: In der Unternehmenskommunikation spielen Drucksachen nach wie vor eine wichtige Rolle, auch in Zeiten der Digitalisierung. Überlege gut, welche Kommunikationssituationen im Unternehmensalltag auftreten könnten und welche Drucksachen in diesen Situationen erforderlich sind. Beispielsweise könnten Kundengespräche, Geschäftsmeetings, Messen, Veranstaltungen oder Mailings potenzielle Situationen sein, in denen Visitenkarten ein essenzielles Instrument sind, um sich und das Unternehmen professionell zu repräsentieren und Kontaktdaten unkompliziert weiterzugeben. Für Kundenpräsentationen und Geschäftsmeetings könnten hochwertige Imagebroschüren oder Produktkataloge notwendig sein, um das Leistungsportfolio ansprechend darzustellen und das Interesse der Kunden zu wecken. Auf Messen und Veranstaltungen können auffällige Flyer und Broschüren gezielt eingesetzt werden, um Aufmerksamkeit zu erregen und Informationen schnell zu vermitteln. Mailings wiederum könnten durch individuell gestaltete Infoblätter oder Gutscheine ergänzt werden, um den Empfängern einen Mehrwert zu bieten und eine persönliche Note zu vermitteln.

Letztendlich ist es wichtig, dass die gewählten Drucksachen das angestrebte Image des Unternehmens widerspiegeln und eine einheitliche Corporate Identity vermitteln, um einen professionellen und stimmigen Eindruck zu hinterlassen. In diesem Kapitel werden wir uns eingehend mit den Gründen befassen, warum Printmedien weiterhin ihre Relevanz behalten und wie sie dir helfen können, eine bleibende Wirkung bei deinem Publikum zu erzielen. Also lass uns gemeinsam eintauchen und entdecken, wie du das Beste aus gedruckten Drucksachen für dein Unternehmen herausholen kannst..

Visitenkarten

Visitenkarten sind ein oft unterschätztes Marketinginstrument, das Interesse wecken und Informationen bieten soll. Besonders beim Aufbau eines Kontaktnetzwerks spielen sie eine bedeutende Rolle. Der Vorteil liegt in ihrer kostengünstigen Herstellung, weshalb es ratsam ist, sie großzügig zu verteilen. Du solltest sie nicht nur im Rahmen geschäftlicher Kontakte austauschen, sondern auch bei anderen Gelegenheiten. Es sollte dir zur Gewohnheit werden, deine Geschäftskarten (vielleicht auch mit einem kontrastreichen vCard-QR-Code in etwa 1,5 x 1,5 cm Größe, Tool: qrcode-monkey.com) unaufdringlich zu verteilen und die der Gesprächspartner einzufordern, um die Kommunikation zu erleichtern. Eine geschickt platzierte Visitenkarte als Beilage, beispielsweise mit einem besonderen Angebot, kann ebenfalls effektiv sein.

Bei der Gestaltung der Visitenkarte ist es wichtig, relevante Informationen wie Logo, Anschrift, Telefonnummern, E-Mail-Adresse, Webadresse, Name, Funktion, Firmenslogan oder Leitspruch, Qualifikationen und Verbandszugehörigkeiten anzugeben. Die Rückseite der Karte bietet sich an, um weitere Informationen wie Öffnungszeiten zu präsentieren. Trotz aller Informationsdichte darf die Lesbarkeit nicht leiden.

Die Wahl des richtigen Papiers ist ebenfalls entscheidend, um einen hochwertigen Eindruck zu hinterlassen. Multiloft-Karten mit einem farbigen Papierkern sowie Heißfolienprägung steigern die Aufmerksamkeit. Für besondere Effekte können auch andere Materialien wie Plastik, Metall oder Holz verwendet werden – welches Material passt zu deinem Unternehmen?

Die Gestaltung sollte dem Firmenauftritt (Corporate Design) angepasst sein, um ein professionelles Gesamtbild zu vermitteln. Das übliche Format einer Visitenkarte beträgt 85 x 54 mm im Scheckkartenformat. Auch Klappkarten im gleichen Format als 4-seitiger Mini-Prospekt bieten sich an, um zusätzliche Informationen unterzubringen.

Insgesamt sind Visitenkarten ein vielseitiges und effektives Werbemittel, das bei geschickter Nutzung dazu beiträgt, das eigene Unternehmen bekannter zu machen, Kontakte zu knüpfen und langfristige Geschäftsbeziehungen aufzubauen. Die Verteilung sollte aktiv und regelmäßig erfolgen, um die maximale Wirkung zu erzielen, zum Beispiel bei Networking-Events, Geschäftstreffen, Messen, Konferenzen und Kundenterminen. Es gilt also: Verteilen, verteilen, verteilen. In der Schreibtischschublade bringen sie erfahrungsgemäß nichts.

Briefbögen
Auch im digitalen Zeitalter haben Briefbögen nicht an Bedeutung verloren. Sie zeugen von professioneller und seriöser Geschäftskorrespondenz und verstärken das Corporate Design deines Unternehmens.

Druckmaschinen bieten gegenüber Bürodruckern entscheidende Vorteile: Sie gewährleisten eine exakte Farbkonstanz und hochwertige Ergebnisse, die Bürodrucker oft nicht erreichen können. Bürodrucker sind in der Regel nicht in der Lage, bis zum Rand zu drucken, was einen weißen Rand hinterlässt. Farbverläufe und spezielle Farbtöne sind bei Bürodruckern ebenfalls problematisch, da sie meist nur begrenzte Farbpaletten unterstützen und keine Sonderfarben drucken können. Zudem kann es zu Schwankungen in der Druckqualität kommen, die das professionelle Erscheinungsbild der Geschäftskorrespondenz beeinträchtigen.

Die Qualität des Papiers spielt eine entscheidende Rolle: Nicht jedes Papier ist für den Druck in Laser- und Tintenstrahldruckern gleichermaßen geeignet. Während Bürodrucker Standardpapiere meist problemlos verarbeiten, können hochwertige oder spezielle Papierarten Herausforderungen darstellen. Bei Tintenstrahldruckern ist besonders auf eine geeignete Oberfläche und Grammatur zu achten, um unerwünschtes Verwischen oder Durchbluten der Farben zu vermeiden.

Ästhetische Aspekte sind bei der Papierauswahl ebenso wichtig. Eine ansprechende Kombination aus Papierqualität, Grammatur und Oberflächenstruktur kann den Empfänger beeindrucken und die Wirkung der Unternehmenskommunikation verstärken. Professionelle Druckereien oder Papierhändler können beratend zur Seite stehen und geeignete Papiersorten empfehlen, die den Anforderungen des Druckverfahrens entsprechen und den gewünschten visuellen und haptischen Eindruck erzeugen. Investitionen in hochwertiges Papier zahlen sich langfristig aus, indem sie das Image des Unternehmens positiv beeinflussen.

Zeit- und Kostenaufwand sind weitere wichtige Faktoren: Farbdrucke im Büro sind oft teurer als der professionelle Druck von Vordrucken, die dann im Büro nur noch mit günstigerer schwarzer Farbe bedruckt werden müssen.

Insgesamt ist es in den meisten Fällen ratsam, vorgedruckte Briefbögen zu verwenden, um eine einheitliche und hochwertige Geschäftskorrespondenz sicherzustellen. Dies ist besonders wichtig für Unternehmen mit einem anspruchsvollen Corporate Design und hohen

Qualitätsansprüchen. Professionelle Druckereien bieten die beste Lösung, um eine einwandfreie Farbkonstanz und hochwertige Ergebnisse zu erzielen.

Aufkleber
Aufkleber sind äußerst vielseitige Marketinginstrumente und bieten eine breite Palette an Einsatzmöglichkeiten, angefangen von Briefaufklebern bis hin zu Autoaufklebern. Sie können ganz unterschiedlich genutzt werden, wie beispielsweise zur Verbreitung von zeit-, orts- oder aktionsgebundenen Informationen, um Aufmerksamkeit zu erregen oder als praktisches Werbegeschenk, etwa in Form von Notfallaufklebern mit nützlichen Informationen.

Sei kreativ und überlege, wie sich Aufkleber für dich sinnvoll einsetzen lassen. Die Wahl der Farben spielt in Sachen Aufmerksamkeit eine große Rolle, auch ungewöhnliche Formen lassen sich realisieren. Berücksichtige, ob der Aufkleber im Innen- oder Außenbereich eingesetzt wird und wie farbecht und UV-beständig das Material und die Farben sein müssen. Bei der Produktion von Aufklebern ist auch der Untergrund zu berücksichtigen, auf sie wahrscheinlich geklebt werden. Auch die Frage, ob der Aufkleber leicht ablösbar sein soll oder nicht, spielt eine Rolle. Denk dran, dass alle relevanten Informationen wie Telefonnummer, Anschrift, Webadresse, Slogan und Handlungsaufforderungen auf dem Aufkleber enthalten sind. Die (Werbe-)Botschaft sollte sofort erfassbar sein, um die gewünschte Wirkung zu erzielen.

Schließlich kann überlegt werden, welchen Mehrfachnutzen die Aufkleber haben könnten. Sie könnten beispielsweise nicht nur als Werbemittel, sondern auch als nützliche Hinweise oder als Markierung dienen. Insgesamt bieten Aufkleber eine kostengünstige und flexible Möglichkeit, gezielt Werbung zu machen und die Aufmerksamkeit der Zielgruppe zu gewinnen.

Handzettel
Mit einem Handzettel kannst du blitzschnell und mit minimalem Aufwand auf aktuelle Angebote hinweisen. Das Ziel ist, durch eine aufmerksamkeitsstarke Gestaltung das Angebot brandaktuell zu präsentieren und dadurch Kaufimpulse auszulösen, sodass Kunden sofort aktiv werden. Die Einsatzmöglichkeiten für Handzettel sind vielfältig: Sie können eine breite Zielgruppe im lokalen oder regionalen Bereich ansprechen und dabei ansprechende oder zeitlich begrenzte Angebote wie Eröffnungen, Sonderaktionen oder Promotionen bewerben. Die Verteilung kann an alle Haushalte in der Region erfolgen oder durch Promotion-Teams in räumlicher Nähe zu den Verkaufsräumen, zum Beispiel auf Parkplätzen. Auch die Auslage und Aushängung in Verkaufsräumen oder als Beilage zu regelmäßigem Schriftverkehr mit Kunden sind bewährte Möglichkeiten. Zudem lassen sich Handzettel gut mit Probier- oder Gewinnspiel-Coupons kombinieren, um die Attraktivität zu steigern.

Die Vorteile von Handzetteln liegen darin, dass bereits kleine Auflagen genutzt werden können, um zielgenau in ausgewählten Gebieten zu werben, in denen die Zielgruppe lebt.

Die Realisierung ist preiswert und schnell möglich, und die direkte Kundenansprache ist effektiver als bei Anzeigen. Allerdings sollte man beachten, dass es schwierig sein kann, gehobene und kaufkräftige Zielgruppen zu erreichen, da das „billige" Image der Handzettel für exklusive Angebote ungünstig sein kann. Zudem sind Firmenzielgruppen schwer zu erreichen, und es könnte Schwarze Schafe unter den Verteilern geben, weshalb eine Kontrolle wichtig ist.

Führende Dienstleister für die Verteilung sind beispielsweise Deutsche Post Direkt mit ihrem Service „Postwurfsendung" oder „Direktwerbung", die Storck Vertriebs GmbH, Oppermann oder Verteilwerk.

Handzettel sind also eine kostengünstige Möglichkeit, aktuelle Angebote, Sonderaktionen oder Veranstaltungen schnell zu bewerben und direkt an potenzielle Kunden zu verteilen. Einzelhändler, Gastronomiebetriebe, Veranstalter und lokale Unternehmen können davon profitieren, indem sie Handzettel in Fußgängerzonen, auf Messen, bei Events und in Werbeaktionen einsetzen.

Werbepostkarte – aufmerksamkeitsstark, schnell und kostengünstig

Werbepostkarten sind ein praktisches Medium, um deine Werbebotschaften zu verbreiten – aufmerksamkeitsstark, schnell und kostengünstig. Sie eignen sich besonders für dein Unternehmen, wenn du gezielt neue Kunden gewinnen möchtest oder deine Produkte/Dienstleistungen bekannter machen willst. Werbepostkarten können vielseitig eingesetzt werden, sei es als Direktwerbung per Post, Beileger in Zeitschriften oder Teil von Mailings.

Die Vorteile der Postkarten-Werbung sind vielfältig. Erstens ist nur wenig Inhalt notwendig, da kurze und prägnante Botschaften oft gut geeignet sind, um deine Kunden zu erreichen und die Beziehung zu ihnen zu stärken. Zweitens bieten verschiedene Größen und ungewöhnliche Formate die Möglichkeit, zusätzliche Aufmerksamkeit zu erzeugen. Drittens benötigt die Werbepostkarte im Gegensatz zum E-Mail-Marketing kein explizites Einverständnis, um sie zu versenden. So kannst du sie an den „Bitte keine Werbung"-Aufklebern vorbei direkt an den Empfänger gelangen lassen.

Ein großer Vorteil von Postkarten-Werbung ist, dass die Werbebotschaft direkt sichtbar ist, ohne dass ein Umschlag die Sicht verdeckt. Du kannst somit deine Empfänger unmittelbar mit der Werbebotschaft konfrontieren, was zu einer höheren Aufmerksamkeit führt. Die geringen Kosten machen die Postkarten-Werbung besonders attraktiv für Soloselbstständige und kleine Unternehmen, da keine Kosten für Umschläge anfallen und das Porto für Postkarten niedriger ist als für Standardbriefe. Auch der geringere Papierverbrauch führt zu Einsparungen bei den Druckkosten.

Deine Werbepostkarte muss sich nicht an den Standard DIN C5 oder DIN lang halten – sie kann bis zu 235 x 125 mm groß sein – oder du kannst ein ungewöhnliches Format nutzen.

Durch unterschiedliche und auch besonders große Formate kannst du für zusätzliche Aufmerksamkeit sorgen. Ein auffälliges und ungewöhnliches Design kann die Neugierde deiner Empfänger wecken und die Chancen erhöhen, dass die Werbepostkarte gelesen wird.

Die Flexibilität bei der Gestaltung und dem Versand von Werbepostkarten ermöglicht es dir, kreative Ideen umzusetzen und deine Marketingstrategie effektiv zu gestalten. Ob du auf auffällige Farben, ansprechende Bilder oder einen humorvollen Spruch setzt – mit einer Werbepostkarte hast du die Chance, die Aufmerksamkeit deiner Zielgruppe auf dich zu ziehen und einen bleibenden Eindruck zu hinterlassen.

Die Anlässe für Werbepostkarten sind vielfältig und reichen von der Pflege von Kundenbeziehungen durch Geburtstags- oder Jubiläumsglückwünsche bis hin zu Verkaufsaktionen wie Sonderangeboten oder Gutscheincodes. Auch für Einladungen zu Veranstaltungen, Erinnerungen oder Save-the-Date-Karten sind Werbepostkarten bestens geeignet.

Nutze die Vorteile der Werbepostkarten, um deine Botschaft gezielt zu verbreiten und deine Zielgruppe direkt anzusprechen. Durch ihre Auffälligkeit, Schnelligkeit und Kosteneffizienz sind Werbepostkarten ein leistungsstarkes Instrument, um deine Marketingziele zu erreichen und den Erfolg deines Unternehmens zu steigern. Egal, ob du Kundenbeziehungen pflegen, Sonderangebote bewerben oder zu Veranstaltungen einladen möchtest – die Werbepostkarte bietet dir eine flexible und effektive Möglichkeit, deine Werbebotschaft gezielt zu platzieren.

Postwurf-Flyer

Postwurf-Flyer sind eine gezielte Methode, um eine breite Masse potenzieller Kunden zu erreichen und sie über Produkte, Dienstleistungen oder Veranstaltungen zu informieren. Diese Form der Werbung eignet sich besonders gut für lokale Unternehmen, Veranstalter von Events und andere Werbetreibende, die in ausgewählten Gebieten neue Kunden gewinnen oder bestehende Kunden über Neuigkeiten informieren möchten.

Flyer sind Werbemittel, die ähnlich wie Handzettel aus einem einzelnen Blatt bestehen. Als Postwurf können Flyer in A4-Größe oder auch in ungewöhnlichen Formaten wie Plakate, gerollte Flyer, Kalenderblätter oder aus anderen Materialien wie T-Shirts, Plastik oder Holz gestaltet werden. Auch Türhänger können als Flyer eingesetzt werden. Bei der Handverteilung sind kleinere Formate bis maximal A5, idealerweise A6 oder DIN lang, wirksamer und auch kostengünstiger als A4-Formate.

Es gibt verschiedene Möglichkeiten, Flyer einzusetzen. Für kleinere Events, Ausverkäufe, Biergärten, Badebereiche, Messen, Schulen (bitte auf Werbeverbote achten), Märkte, Stadien, gut besuchte Plätze, U-/S-Bahn-Eingänge, Arbeitsämter, Büro- und Geschäftshäuser, Parkplätze, Fußgängerzonen, Stadtfeste und Einkaufszentren eignet sich die Handverteilung von wenigen Dutzend bis zu Hunderten Flyern pro Person und Tag. Für höhere Auflagen und eine gezieltere Verteilung nach Region und Kaufkraft bietet sich der Postwurf über eine Verteilagentur an. Eine weitere Möglichkeit ist die Beilage der Flyer in Medien, die von der Zielgruppe genutzt werden.

Um mit Postwurf-Flyern erfolgreich zu sein, sollten folgende Praxistipps berücksichtigt werden: Biete ein besonderes Angebot an, sei es ein kostenloses Geschenk oder ein ideelles Angebot wie ein Gratis-Check. Die Gestaltung sollte auf die Zielgruppe abgestimmt sein und möglichst persönlich wirken. Eine auffällige und attraktive Gestaltung, die zur Corporate Identity des Unternehmens passt, ist entscheidend. Um aus der Masse herauszustechen, ist es wichtig, anders als die anderen zu sein und sich von der Konkurrenz abzuheben.

Eine Handverteilungsaktion kann durch besondere Verkleidungen oder ungewöhnliche Verteilorte zusätzliche Aufmerksamkeit erzeugen. Es sollte immer ein Response-Element in den Flyern eingebaut sein, wie ein Coupon, Gutschein, Antwortkarte, Gewinnspiel oder Rabatte, um die Interaktion mit den Kunden zu fördern. Verstärker-Worte wie „neu", „gratis", „unverbindlich" können die Neugier der Empfänger wecken und die Resonanz auf die Flyer steigern.

Mit kreativen Ideen und einer gezielten Ansprache der Zielgruppe können Postwurf-Flyer eine effektive Werbemaßnahme sein, um das Interesse potenzieller Kunden zu wecken und eine positive Resonanz zu erzielen..

Leporello-Faltprospekt
Der bekannte 6-seitige Faltprospekt (Leporello) im DIN-lang-Format (210 x 105 mm) ist ein effektives Werbemittel, das großzügigen Platz für detaillierte Informationen über deine Produkte, Dienstleistungen oder Unternehmensangebote bietet. Dieser handliche Prospekt ermöglicht es dir, deine Kunden umfassend zu informieren und deine Angebote ansprechend zu präsentieren. Aufgrund seiner praktischen Größe lässt er sich leicht verteilen und ist ideal für Messen, Veranstaltungen und Kundenbesuche.

Seine Beliebtheit verdankt der Faltprospekt der einfachen Handhabung und der Möglichkeit, ihn kostengünstig in Standard-Briefumschlägen zu versenden, was ihn zur perfekten Ergänzung für Werbebriefe macht. Du kannst den Inhalt nach der bewährten AIDA-Formel (Attention, Interest, Desire, Action) gliedern, um die Aufmerksamkeit der Leser zu gewinnen, Interesse zu wecken, Kaufwünsche zu stimulieren und zum Handeln anzuregen.

Je nach Inhalt dauert die Produktion des Prospekts etwa 2-5 Wochen, und die Reaktionen darauf variieren je nach Verteilart und -umfang, von einer Woche bis zu einem Jahr.

Es ist ratsam, genügend Exemplare zu verteilen, um eine spürbare Wirkung zu erzielen. Mit diesem vielseitigen Faltprospekt kannst du nicht nur informieren, sondern auch aktiv werben und so eine positive Resonanz bei deinen Kunden erzielen. Nutze die vielfältigen Einsatzmöglichkeiten dieses Formats, um dein Unternehmen erfolgreich zu präsentieren und langfristige Kundenbeziehungen zu fördern.

Prospekte

Prospekte sind ein effektives Marketinginstrument, um die einzigartigen Vorteile deines Unternehmens oder deines Angebots eindrucksvoll zu präsentieren. Im Vergleich zu einem 6-seitigen Flyer bieten Prospekte mehr Raum, um alle notwendigen und wissenswerten Informationen auf auffällige, lockere und imageträchtige Weise darzustellen. Ein gut gestalteter Prospekt macht abstrakte Ideen und Visionen greifbar und vermittelt sie realitätsnah. Zudem können Prospekte dazu beitragen, das Firmenimage zu formen und zu stärken.

Die Einsatzmöglichkeiten von Prospekten sind vielfältig:
- Informationsmaterial für den Fachhandel: Auf Messen, in Läden und bei Veranstaltungen können Prospekte dem Fachhandel wichtige Informationen liefern.
- Verkaufshilfe für den Außendienst: Prospekte unterstützen den Außendienst dabei, detaillierte Informationen zu vermitteln und potenzielle Kunden zu überzeugen.
- Informationsmaterial für Kunden: Prospekte bieten Kunden, die detaillierte Informationen wünschen, eine informative Darstellung von Produkten oder Dienstleistungen.
- Information für die Fachpresse: Prospekte können als Informationsmaterial für die Fachpresse dienen, um über Neuheiten oder besondere Angebote zu berichten.
- „Stummes" Verkaufsgespräch für die Kommunikation mit dem Verbraucher: Prospekte können effektiv eingesetzt werden, um dem Verbraucher das Angebot näherzubringen.

Hier sind einige Praxistipps für die Gestaltung deiner Prospekte:
- Wähle das Format möglichst nicht größer als A4, um die Ablage für den Leser zu vereinfachen.
- Bei häufigen Änderungen kannst du Loseblattprospekte in einer Kartonmappe verwenden oder Postkarten mit Angeboten und Fotos auf der Vorderseite nutzen.
- Experimentiere mit verschiedenen Papiergewichten, je nachdem, ob der Prospekt persönlich übergeben, ausgelegt oder per Post versandt wird.
- Nutze ungewöhnliche Faltungen, um Aufmerksamkeit zu erregen und das Interesse der Leser zu wecken.
- Gestalte die Titelseite ansprechend mit einem Eyecatcher, einer aussagekräftigen Überschrift, dem Firmenlogo und den wichtigsten Vorteilen oder Nutzen für den Kunden.
- Achte darauf, dass der Text alle unausgesprochenen Fragen der Zielgruppe beantwortet und leicht lesbar ist. Verwende dabei verstärkende Worte wie „billig", „gratis", „unverbindlich" etc.
- Erkläre deine wichtigsten Vorteile kurz, bündig, unterhaltsam, interessant und spannend, um das Interesse der Leser zu wecken und sie von deinem Angebot zu überzeugen.

Prospekte sind ein wertvolles Instrument, um die Vorteile deines Unternehmens, deiner Produkte oder Dienstleistungen hervorzuheben und deine Zielgruppe zu überzeugen. Sie eignen sich besonders gut für den Einsatz auf Messen, Ausstellungen, Kundengesprächen und in Mailings, um potenzielle Kunden zu erreichen und von deinem Unternehmen zu überzeugen. Ein gut gestalteter Prospekt kann das Interesse wecken und die Kaufentscheidung positiv beeinflussen..

Gedruckter Newsletter

Ein gedruckter Newsletter ist ein wertvolles Instrument zur Kundenbindung und -aktivierung. Im Gegensatz zu E-Mail-Newslettern besteht bei gedruckten Ausgaben kaum das Risiko, als Spam wahrgenommen zu werden. Sie bieten eine angenehme Leseerfahrung und sollten sowohl unterhaltsam als auch informativ sein. Ein Print-Newsletter kann deine Kunden dazu motivieren, mit dir in Kontakt zu treten und die Verbindung zu deinem Unternehmen zu pflegen. Durch den Newsletter demonstrierst du Fachkompetenz, bleibst auf dem neuesten Stand und adressierst die Bedürfnisse deiner Kunden.

Print-Newsletter eignen sich für viele Branchen, vorausgesetzt, du verfügst über aktuelle Adressen deiner Kunden. Hier sind einige Tipps für die Gestaltung und den Inhalt deines Print-Newsletters:

- Veröffentliche mindestens 4-6 Ausgaben pro Jahr, regelmäßige Erscheinungstermine sind dabei weniger wichtig als die Kontinuität.
- Das übliche Format ist DIN A4, wobei 2 oder 4 Seiten oft ausreichen.
- Wähle einen ansprechenden Namen für deinen Newsletter, der die Neugier deiner Kunden weckt. Nutze eine zweiteilige Überschrift: Der eigentliche Name bildet die Hauptüberschrift, darunter eine Unterzeile, die das Leitmotiv oder den Kundennutzen beschreibt.
- Biete einen Hauptartikel, der relevant und von Interesse für deine Kunden ist. Ergänze diesen mit Kurznachrichten, nützlichen Tipps und Kontaktinformationen.
- Nutze deinen Newsletter auch für Werbezwecke und integriere Handlungsaufforderungen für spezielle Angebote, wie Vorträge, Seminare, Berichte, neue Produkte oder Dienstleistungen.

Gedruckte Newsletter ermöglichen es dir, regelmäßig mit deinen Kunden in Verbindung zu bleiben, sie über Neuigkeiten und Angebote zu informieren und die Kundenbindung zu stärken. Dies ist besonders für Unternehmen mit einem etablierten Kundenstamm wichtig, um diesen aktiv zu halten. Du kannst Print-Newsletter vielseitig einsetzen, beispielsweise in Kundenmailings, als Teil eines Abonnementservices oder eines Kundenclubs. Indem du regelmäßig relevante und ansprechende Inhalte bietest, festigst du die Beziehung zu deinen Kunden und förderst das Interesse an deinem Unternehmen und seinen Angeboten.

Hauszeitung

Eine Hauszeitung wirkt ähnlich wie Prospekte, jedoch wird sie weniger aggressiv und eher als Informationsquelle denn als reine Werbung oder Spam wahrgenommen. Mit der richtigen Gestaltung wirkt sie imageträchtiger, eleganter und glaubwürdiger, was die Kontakthäufigkeit steigern kann. Heute kann man sie per Digitaldruck auch bereits in sehr kleinen Auflagen kostengünstig realisieren.

Du kannst eine Hauszeitung in verschiedenen Einsatzbereichen nutzen:
- Platziere die Hauszeitung an gut sichtbaren Stellen in deinem Unternehmen, damit Kunden und Besucher sie leicht mitnehmen können.
- Nutze die Hauszeitung als Mittel zur Kundenbindung und informiere deine Zielgruppe über aktuelle Angebote, Entwicklungen und Erfolgsgeschichten.
- Versende die Hauszeitung regelmäßig an deine Kunden, Interessenten oder speziell definierte Zielgruppen, um sie über Neuigkeiten und relevante Informationen auf dem Laufenden zu halten.

Hier einige Praxistipps zur Gestaltung deiner Hauszeitung:
- Es gibt kaum ein „zu oft" für Hauszeitungen. Du kannst sie regelmäßig veröffentlichen, um das Interesse deiner Leser aufrechtzuerhalten.
- Hauszeitungen müssen nicht teuer sein. Du kannst kostengünstige Varianten nutzen, wie beispielsweise A3-Kopien, die gefaltet werden, oder einen Druck-Service wie „wir-machen-druck.de" oder „flyerpara.de" verwenden.
- Gestalte deine Hauszeitung mit mindestens 4 Seiten und fülle sie mit interessanten und ungewöhnlichen Themen, Hintergrundinformationen und Neuigkeiten aus deinem Unternehmen. Überlege, was deine Zielgruppe interessiert.
- Wenn deine Hauszeitung dafür geeignet ist (mehr als 40 Seiten), kannst du sie auch offiziell als Periodikum anmelden. Dadurch ergeben sich Vorteile wie günstigeres Porto, das Interesse von Sponsoren und Anzeigenkunden sowie eine mögliche Aufnahme in den Zeitungshandel.
- Wenn die Hauszeitung ausschließlich für Kunden gedacht ist, kannst du die Exklusivität herausstellen und speziell auf deren Bedürfnisse und Interessen eingehen.
- Wähle einen passenden Namen für deine Hauszeitung und gestalte sie zeitungsähnlich mit einem ansprechenden Aufmacher auf der Titelseite, festen Rubriken und einem klaren Layout.
- Ein Forum für Leser/Kunden, Interviews und ein Impressum können deine Hauszeitung zusätzlich aufwerten.

Die Hauszeitung bietet dir die Möglichkeit, umfassende Informationen über dein Unternehmen, deine Produkte, Mitarbeiter, Events und Erfolgsgeschichten zu präsentieren. Sie eignet sich insbesondere für große Unternehmen, Organisationen und Vereine, um die interne Kommunikation zu stärken und das Wir-Gefühl zu fördern. Zudem kann sie als Mitarbeiterzeitschrift genutzt werden, um das Engagement und die Identifikation der Mitarbeiter zu fördern, oder als Kundeninformation, um eine enge Beziehung zu deinen Kunden aufzubauen und sie über wichtige Entwicklungen auf dem Laufenden zu halten.

Produktinfoblätter

Produktinfoblätter oder Infokarten sind äußerst nützliche Hilfsmittel, die als informative Zusammenfassung für deine Händler, Mitarbeiter und Kunden dienen. Ihr Hauptziel ist es, die Produktvorteile klar hervorzuheben und alle wichtigen Daten und Fakten zu deinen Angeboten und Leistungen übersichtlich und prägnant zu präsentieren. Ein Weinhändler könnte beispielsweise die wichtigsten Informationen zu einem Wein auf kleinen Karten zusammenfassen.

Produktinfoblätter bieten vielfältige Einsatzmöglichkeiten, z.B. als Informationsmaterial für Kunden, als Verkaufshilfe für deinen Außendienst, als Basisinformation bei internen Schulungen oder als gezielte Produktinformation auf Messen und Veranstaltungen. Sie eignen sich auch ideal als Presseinformation für Fachzeitschriften, die genaue Zahlen und Fakten über dein Produkt benötigen, oder zur Ergänzung und Aktualisierung umfangreicher Prospekte und Kataloge. Durch ihre kompakte und gezielte Darstellung helfen Produktinfoblätter dabei, dass deine Informationen schnell und effektiv vermittelt werden und dein Angebot in Erinnerung bleibt.

Salesfolder

Ein Salesfolder ist ein Marketing- und Vertriebsinstrument, das dazu dient, ein neues Produkt, einen verbesserten Artikel oder eine aktuelle Promotion bzw. Aktion einem potenziellen Kunden oder Handelspartner vorzustellen. Der Salesfolder enthält alle relevanten Detailinformationen und Argumente zu dem jeweiligen Produkt oder der Aktion und wird in komprimierter Form in Wort und Bild präsentiert.

Die Haupteffekte eines Salesfolders sind:

- Anschauliche Darstellung des Nutzens: Der Salesfolder fasst alle wesentlichen Vorteile, Argumente, Aspekte und Marktforschungsergebnisse in einer attraktiven und gut strukturierten Form zusammen. Dadurch können Interessenten schnell und unkompliziert einen Überblick über das Angebot erhalten.
- Unterstützung für den Außendienst: Der Salesfolder dient als wertvolles Hilfsmittel für den Vertrieb, insbesondere für den Außendienst. Vertriebsmitarbeiter können den Folder nutzen, um das Produkt oder die Aktion auf anschauliche Weise zu präsentieren und potenzielle Kunden von den Vorteilen zu überzeugen.
- Langfristige Nutzung: Der Salesfolder wird in der Regel dem Handelspartner oder Kunden übergeben und kann von diesen für weitere Zwecke verwendet werden. Beispielsweise kann er als Informationsquelle bei Einkaufssitzungen oder späteren Entscheidungsprozessen dienen.

Die Herstellung eines Salesfolders ist vergleichsweise kostengünstig und schnell umsetzbar, im Vergleich zu aufwendigeren Werbemaßnahmen. Salesfolder können in verschiedenen

Branchen und Unternehmen eingesetzt werden, um wesentliche oder neue Informationen über Produkte oder Aktionen auf anschauliche und kompakte Weise zu vermitteln.

Insgesamt ist der Salesfolder ein wichtiges Instrument, um potenzielle Kunden zu informieren, zu überzeugen und die Vertriebsaktivitäten zu unterstützen. Durch die klare Präsentation von Informationen kann er dazu beitragen, das Interesse zu wecken und die Entscheidungsfindung zu erleichtern.

Katalog

In Zeiten der digitalen Transformation und des rasant wachsenden E-Commerce hat die Sortimentspräsentation im Internet zweifellos an Bedeutung gewonnen. Die Möglichkeiten des Online-Marketings scheinen schier grenzenlos. Doch während die digitale Welt boomt, stellt sich die Frage: Wie steht es um die klassischen Print-Kataloge? Trotz der Dominanz des Internets und der fortschreitenden Digitalisierung spielen gedruckte Kataloge nach wie vor eine relevante Rolle im Marketing. Martin Gross-Albenhausen, stellvertretender Hauptgeschäftsführer beim E-Commerce-Verband bevh, meint: „Impulskauf liebt Print, Neuheiten lieben Print, emotionale Fotografie liebt Print, ‚Seele' liebt Print…"

Der Nutzen von Katalogen liegt darin, dass sie eine Übersicht über das Produktsortiment eines Unternehmens bieten. Kunden können so gezielt nach gewünschten Artikeln suchen und erhalten alle relevanten Informationen übersichtlich präsentiert. Dies erleichtert nicht nur die Kaufentscheidung, sondern kann auch als Referenzwerkzeug dienen.

Insbesondere für Unternehmen mit einem überschaubaren und hochpreisigen Produktsortiment sind Kataloge ein wertvolles Marketinginstrument. Sie können als Versandkataloge dienen, um Kunden direkt anzusprechen, als Verkaufshilfe für den Handel und den Außendienst verwendet werden oder als Auslage- und Mitnahmekatalog für den Endverbraucher dienen. Auch auf Messen und Veranstaltungen können Kataloge als vollständige Produktreferenz eingesetzt werden und dem Innendienst als tägliches Arbeitsmittel dienen.

Ein weiterer Vorteil von Katalogen ist die höhere Wertigkeit im Vergleich zu typischen Werbeprospekten. Die ansprechende Darstellung und umfangreiche Informationen vermitteln Kompetenz und Seriosität, was das Vertrauen der Kunden stärken kann.

Allerdings gibt es auch Bedenken hinsichtlich der Umweltaspekte von Print-Katalogen. Da sie gedruckt und versendet werden, verursachen sie einen gewissen Papierverbrauch und CO_2-Ausstoß. In der heutigen Zeit, in der Umweltschutz und Nachhaltigkeit immer wichtiger werden, stehen Print-Kataloge daher oft in der Kritik.

Es liegt an jedem Unternehmen, eine Abwägung zwischen dem Nutzen und den Umweltaspekten von Print-Katalogen vorzunehmen. Eine mögliche Lösung ist, verstärkt auf digitale Kataloge und Online-Präsentationen zu setzen. Eine Möglichkeit, die Effizienz von Print-Katalogen zu steigern und gleichzeitig gezielt potenzielle Kunden anzusprechen, ist der Einsatz von Katalog-Gutscheinen. Indem Sie potenziellen Kunden einen Gutschein anbieten, um Ihren Katalog kostenlos anzufordern, können Sie eine Art „Köderwirkung" erzielen und Erstkontakte aufbauen. Durch diese Vorselektion versenden Sie den Katalog nur an die Zielpersonen, die sich wirklich für Ihr Angebot interessieren. Das spart nicht nur Zeit und Kosten, sondern trägt auch dazu bei, den Katalog gezielt an relevante Interessenten zu verteilen. Der Katalog-Gutschein kann als Verstärker und Beileger von Mailings dienen, bei Promotion-Aktionen oder auf Messen verteilt werden, als Beileger/Beikleber in Zeitungen und Zeitschriften eingesetzt oder als Mitnahme-Gutschein in Ihren Verkaufsräumen oder im Handel angeboten werden. So können Print-Kataloge gezielt und effektiv eingesetzt werden, um potenzielle Kunden anzusprechen und gleichzeitig die Umweltbelastung zu reduzieren.

Insgesamt lässt sich sagen, dass die Zukunft der Print-Kataloge zwischen Nostalgie und Nutzen liegt. Unternehmen sollten die Vor- und Nachteile sorgfältig abwägen und je nach Zielgruppe und Marketingstrategie entscheiden, ob und in welchem Umfang sie auf Print-Kataloge setzen möchten..

Imagebroschüre
Eine Imagebroschüre ist trotz des digitalen Zeitalters keineswegs altmodisch, sondern bietet zahlreiche Vorteile. Sie sollte jedoch als Teil eines umfassenden Marketing-Mixes betrachtet werden, um ihre volle Wirkung zu entfalten. Gestalte eine hochwertige Imagebroschüre mit exzellenten Fotos, die vor allem eines vermitteln: Mit deinem Unternehmen kann man zuverlässig und erfolgreich Geschäfte machen. Die Broschüre unterstreicht die Kompetenz deines Unternehmens und schafft einen Vertrauensvorschuss bei den Kunden.

Das Hauptziel der Imagebroschüre ist es, Kunden, Geschäftspartner und Medien von den Leistungen deines Unternehmens zu überzeugen und die Grundlage für langfristige Geschäftsbeziehungen zu schaffen. Du kannst sie optimal als Akquisetool zur Gewinnung neuer Kunden, als Basisinformationsmaterial für Geschäftspartner, als Visitenkarte deines Unternehmens auf Messen und Veranstaltungen sowie als Mittel zur Selbstdarstellung gegenüber Banken, Behörden, Verbänden und Medien einsetzen.

Der Inhalt deiner Imagebroschüre sollte die Mission und die Hauptkompetenzen deines Unternehmens, Kundenprojekte und Referenzen, die Kapazitäten deiner Firma, eine kurze Entstehungsgeschichte, Angaben zu Inhabern und dem Managementteam, das Leitbild, Grundsätze und Werte sowie das Leistungsprogramm (mit Fokus auf den Kundennutzen) umfassen. Dabei ist es ratsam, sich auf das Wesentliche zu beschränken und weiterführende Informationen in Form von Produktdatenblättern, Infoflyern oder Visitenkarten beizufügen.

Eine Imagebroschüre bietet den Vorteil, dass du deinem potenziellen Kunden in gedruckter Form alle relevanten Informationen über dein Unternehmen vermitteln kannst. Dies ermöglicht dem Kunden, sich in Ruhe zuhause genauer zu informieren und verstärkt den Eindruck, den du im persönlichen Gespräch hinterlassen hast. Durch die haptische Erfahrung und die besondere Aufmachung einer hochwertigen Broschüre kannst du eine persönliche Bindung und Emotionen beim Kunden erzeugen, was dein Unternehmen positiv in Erinnerung bleiben lässt. Daher lohnt es sich, in eine qualitativ hochwertige Imagebroschüre zu investieren, da sie einen bleibenden Eindruck hinterlässt und die persönliche Bindung mit deinen Kunden stärkt.

Praktische Tipps zur Gestaltung und Inhaltsauswahl:
- Achte auf ein hochwertiges Design und professionelle Fotos, die das Image deines Unternehmens widerspiegeln.
- Halte den Text prägnant und leicht verständlich, um die wichtigsten Informationen hervorzuheben.
- Nutze aussagekräftige Überschriften und Zwischenüberschriften, um die Aufmerksamkeit des Lesers zu gewinnen.
- Verwende Infografiken oder Grafiken, um komplexe Informationen anschaulich darzustellen.
- Stelle Kunden und Projekte/Referenzen in den Fokus, um Vertrauen und Glaubwürdigkeit aufzubauen.
- Ergänze die Broschüre mit Kontaktdaten und einer klaren Handlungsaufforderung, um den Kunden zur Kontaktaufnahme zu ermutigen.
- Achte auf eine ansprechende Papierqualität und Veredelungsoptionen, um die Haptik der Broschüre zu verbessern und eine emotionale Bindung zu schaffen.
- Prüfe die Zielgruppe und passe den Inhalt entsprechend an, um die Bedürfnisse und Interessen der potenziellen Kunden zu adressieren.

Dialog per Brief

Direktmarketing per Brief bleibt auch heute noch eines der effektivsten Instrumente, um Kunden zu erreichen und potenzielle Interessenten anzusprechen. Obwohl die Rücklaufquoten bei Werbebrief-Aussendungen oft niedrig erscheinen, können einige wichtige Regeln die Erfolgschancen erheblich steigern. Professor Siegfried Vögele, ein anerkannter Direktmarketing-Experte und mein Professor für Direktmarketing an der Bayerischen Akademie der Werbung, entwickelte die „Dialogmethode". Diese Methode hilft dabei, Leser zu fesseln und eine höhere Responsequote zu erzielen.

Werbung in anderen Medien wie Anzeigen, Telefonwerbung oder E-Mails kann sich als weniger effektiv erweisen, entweder aufgrund rechtlicher Einschränkungen oder weil sie von vielen als störend empfunden wird. Der klassische Werbebrief bietet jedoch klare Vorteile: Er ist legal, kosteneffizient, und für eine kurze Zeit erhältst du die ungeteilte Aufmerksamkeit deines potenziellen Kunden.

Herausforderung Informationsüberlastung

Heutzutage sind wir einer ständigen Informationsflut ausgesetzt, und unser Gehirn scannt schnell, was für uns relevant und interessant ist. Innerhalb von nur zwei bis drei Sekunden entscheiden wir, ob eine Information es wert ist, weiterverfolgt zu werden. Daher ist es entscheidend, dass dein Werbebrief in diesem kurzen Zeitfenster das Interesse weckt.

Erfolgsfaktoren für Werbebriefe

Um einen erfolgreichen Werbebrief zu schreiben, sind einige Schlüsselfaktoren zu beachten:

- *Zielgruppenauswahl:* Dein Werbebrief muss an Personen gerichtet sein, die einen Bedarf an deinem Angebot haben. Die richtige Auswahl der Adressen ist daher von großer Bedeutung.
- *Timing:* Dein Brief muss zum richtigen Zeitpunkt eintreffen. Wenn du den Zeitpunkt nicht genau kennst, kann es hilfreich sein, die Aussendung in gewissen Abständen zu wiederholen und den Erfolg zu vergleichen.
- *Klarheit und Verständlichkeit:* Dein Werbebrief sollte die unausgesprochenen Fragen des Lesers in Sekunden beantworten, wie zum Beispiel die Seriosität deines Angebots, das Risiko und deine Leistungsfähigkeit.
- *Handlungsaufforderung:* Dein Brief benötigt eine klare und einfache Handlungsaufforderung. Es sollte für den Leser leicht sein zu wissen, wie er reagieren soll.
- *Am Sekretariat vorbeikommen:* In vielen Fällen ist es ratsam, das Sekretariat direkt anzuschreiben, um sicherzustellen, dass der Brief beim richtigen Entscheidungsträger landet.

Die Bedeutung der richtigen Adressen

Um den Leser erfolgreich anzusprechen, ist es wichtig, die richtigen Adressen zu verwenden. Die genaue Definition der Zielgruppe verbessert die Wirksamkeit deines Werbebriefs erheblich. Eine gut gepflegte Kundendatenbank kann wertvolle Informationen über die Bedürfnisse der Kunden oder die Einteilung in A-, B- oder C-Kunden liefern, was die Auswahl der Adressen erleichtert.

Du kannst Adressen selbst recherchieren, was jedoch recht mühsam sein kann, oder sie von Adressverlagen wie Schober oder Hoppenstedt erwerben. Im B2B-Bereich bieten oft die Firmendatenbanken der Industrie- und Handelskammern (z.B. für Bayern unter www.firmen-in-bayern.de) eine günstigere und aktuellere Alternative.

Die Kunst der persönlichen Ansprache

Dein Werbebrief sollte immer persönlich adressiert sein, denn kaum etwas wird so gerne gelesen wie der eigene Name. Stelle sicher, dass der Name korrekt geschrieben ist und die Anrede passend gewählt wird. Individuelle Daten können als Textbausteine geschickt eingesetzt werden, um den Brief persönlicher zu gestalten.

Die Bedeutung der Rücklaufquote

Bevor du eine Aussendung planst, solltest du überlegen, wie viele Adressaten du anschreiben möchtest. Es ist ratsam, die wahrscheinliche Rücklaufquote zu berücksichtigen und den potenziellen Ertrag aus einer Antwort zu kalkulieren. Wenn sich die Aktion auch bei niedrigeren Rücklaufquoten immer noch für dich rentiert, ist sie erfolgsversprechend.

Die Dialogmethode von Professor Siegfried Vögele

Siegfried Vögele (1931-2014) war ein visionärer Denker und Wegbereiter in der Welt des Dialogmarketings und der Werbewirkungs-Forschung. Mit seiner Entwicklung der Dialogmethode revolutionierte er die Art und Weise, wie Unternehmen und Marken mit ihren Kunden kommunizieren. Vögeles Ansatz zielte darauf ab, den schriftlichen Kundendialog durch die Anwendung von Prinzipien des persönlichen Verkaufsgesprächs zu optimieren. Diese Methode basiert auf der Idee, dass Briefe, Broschüren, Kundenzeitschriften, Kataloge und sogar Web-Auftritte so gestaltet sein sollten, dass sie einen echten Dialog mit dem Leser simulieren.

Ein Schlüsselwerkzeug in Vögeles Forschung war der Einsatz von Augenkameras, mit denen er den Leseablauf und die Aufmerksamkeitsmuster der Rezipienten genau analysieren konnte. Diese innovative Herangehensweise hat es ermöglicht, die Kommunikationsmittel so zu gestalten, dass sie nicht nur die Aufmerksamkeit der Leser fesseln, sondern auch deren Engagement und Reaktionen fördern.

Ich hatte das Privileg, Siegfried Vögele während meines Studiums an der Bayerischen Akademie der Werbung im Fach Dialogmarketing persönlich zu erleben. Seine Lehren haben nicht nur meine Sicht auf effektives Marketing geprägt.

Die „Dialogmethode" basiert unter anderem darauf, im Werbebrief die heimlichen, unausgesprochenen und möglicherweise auch unbewussten Fragen des Lesers zu beantworten, die entscheidend für sein Interesse am Angebot sind:

- *Wer schreibt mir?* Der Leser möchte wissen, von wem der Brief stammt und ob der Absender vertrauenswürdig ist.
- *Warum schreibt mir jemand?* Der Leser fragt sich, warum der Absender ihm schreibt und welches Anliegen oder Angebot dahintersteckt.
- *Was habe ich davon?* Der Leser interessiert sich für den konkreten Nutzen, den das Angebot ihm bringt und welche Vorteile er davon hat.
- *Soll ich den Brief überhaupt lesen?* Der Leser entscheidet innerhalb weniger Sekunden, ob der Brief für ihn relevant ist und es sich lohnt, weiterzulesen.
- *Was genau wird mir angeboten?* Der Leser möchte das Angebot genau verstehen und wissen, welche Produkte oder Dienstleistungen ihm angeboten werden.

- *Was kostet das Angebot?* Der Leser möchte wissen, welche Kosten auf ihn zukommen und ob das Angebot für ihn erschwinglich ist.
- *Ist das Angebot seriös?* Der Leser möchte sich vergewissern, dass das Angebot vertrauenswürdig und seriös ist.
- *Wie kann ich reagieren?* Der Leser erwartet eine klare und einfache Handlungsaufforderung, wie er auf das Angebot reagieren kann.

Wenn dein Brief die Bedürfnisse des Lesers überzeugend anspricht und seine Fragen beantwortet, erhöht sich die Wahrscheinlichkeit, dass sein Interesse bestehen bleibt und er die gewünschte Handlung ausführt. Das Ziel ist es, möglichst viele innere „Ja-Punkte" zu sammeln. Der Leser sollte im Idealfall beim Lesen immer leicht nicken und vielleicht sogar etwas lächeln. So wird er angeregt, den Brief bis zum Ende zu lesen und eine positive Reaktion zu zeigen, was natürlich die Response-Rate und damit die Wirksamkeit deiner Kampagne erhöht.

Die entscheidenden Stellen im Werbebrief

Dein Werbebrief sollte eine klare Struktur haben, und bestimmte Stellen sind besonders wichtig:

- *Blickstopper:* Nutze den ersten Blickfang, um mir sofort den Kundennutzen zu kommunizieren.
- *Betreffzeile:* Die Betreffzeile ist eine der entscheidendsten Stellen im Brief. Sie sollte die zentrale Aussage des Briefs enthalten und mich neugierig machen.
- *PS:* Das PS wird oft vor dem Brieftext gelesen und dient dazu, den zentralen Kundennutzen zusammenzufassen und eine Handlungsaufforderung hinzuzufügen.
- *Akzente im Text:* Nutze optische Hervorhebungen, um wichtige Passagen im Text zu markieren und meine Aufmerksamkeit zu lenken.
- *Persönliche Unterschrift und Länge des Briefs:* Je persönlicher der Brief ist, desto besser wirkt er. Eine Unterschrift in dunkelblauer Farbe vermittelt Authentizität. Dein Werbebrief sollte in der Ich-Form geschrieben sein und nicht länger als eine Seite sein.

Werbebriefe sind also nach wie vor ein wirksames Instrument im Direktmarketing. Durch die Beachtung der genannten Erfolgsfaktoren, die Auswahl der richtigen Adressen und eine klare, persönliche Ansprache kannst du die Responsequote deiner Werbebriefe erhöhen und erfolgreiche Dialoge mit deinen Kunden führen. Ein praktisches Beispiel:

Wie Sie Ihre Effizienz steigern und dabei auch noch Kosten sparen

Guten Tag, sehr geehrter Herr Mustermann,
als Geschäftsführer steht man immer wieder vor der Herausforderung, wie man die Effizienz im Betrieb maximieren und gleichzeitig Kosten reduzieren kann. Eine besonders effiziente und kostengünstige Lösung möchte ich Ihnen hier vorstellen:

Stellen Sie sich vor ...

Sie starten Ihren Arbeitstag ohne Verzögerungen durch technische Störungen. Ihre Systeme laufen reibungslos, und Ihre Mitarbeiter können sich auf ihre Kernkompetenzen konzentrieren, ohne von EDV-Fragen abgelenkt zu werden. Und besser noch: Sie reduzieren gleichzeitig Ihre Ausgaben für IT-Wartung und -Support, was Ihre Gesamtbetriebskosten spürbar senkt... würde Ihnen das weiterhelfen?

Seit [Jahreszahl] helfen wir Unternehmen wie dem Ihren, ihre Arbeitsabläufe durch optimierte IT-Lösungen zu verbessern und dabei Kosten zu senken.

Auch Sie können wir dabei aktiv unterstützen:

- *Wir beraten Sie unverbindlich über Ihre spezifischen Bedürfnisse und wie unsere Dienstleistungen Ihnen helfen können.*
- *Sie erhalten konkrete Vorschläge, welche Maßnahmen Sie als Erstes einleiten sollten, um sofortige Verbesserungen zu sehen.*
- *Plus: Sie bekommen bei Ihrem Erstauftrag einen Kennenlern-Rabatt von 15 %.*

Eine Liste hochzufriedener Kunden, die bereits von unseren Leistungen profitieren, finden Sie auf unserer Website: www.IhreAdresse.de.

Lassen Sie sich unverbindlich beraten und rufen Sie mich an unter: [Telefon]. Ihre Zeit ist mit Sicherheit gut investiert.

Mit freundlichen Grüßen

[Originalunterschrift in blauer Farbe]
[Vorname Name]
[Position]   *[QR-Code]*

PS: Profitieren Sie von schnelleren Abläufen und geringeren Kosten! Kontaktieren Sie uns noch heute, um zu erfahren, wie wir speziell Ihr Unternehmen unterstützen können.

> *»Merken Sie sich: Ein guter Werbebrief muss die heimlichen Fragen der Leser beantworten, noch bevor sie sich deren bewusst sind. Innerhalb der ersten drei Sekunden entscheidet der Empfänger eines Werbebriefes, ob er weiterliest oder nicht. Der Blick des Lesers startet beim Briefkopf, springt dann zur Unterschrift und geht anschließend zurück zum Anfang, um den Brief zu lesen. Adressieren Sie den Leser immer direkt und persönlich in Ihren Werbebriefen, um eine stärkere Bindung und höheres Engagement zu erreichen.«* Prof. Siegfried Vögele

Weitere nützliche Formen von Mailings

Hier stelle ich dir weitere Mailingarten vor, um mit deinen Kunden und Geschäftspartnern effektiv zu kommunizieren und dein Unternehmen erfolgreich zu präsentieren.

- *Nachfass- oder Erinnerungs-Mailing:* Mit einem Nachfass- oder Erinnerungs-Mailing hast du die Chance, Interessenten, die vielleicht vergessen haben, auf dein Mailing zu reagieren, doch noch als Kunden zu gewinnen. Du kannst es nach jedem Mailing einsetzen, um die Rücklaufquote zu erhöhen. Direkt im Anschluss an Messen und Veranstaltungen kannst du einen positiven Überraschungseffekt erzielen, indem dein Mailing bereits vorliegt, wenn der Besucher zurück in sein Büro kommt. Dies dient auch als Erinnerung an besprochene Details oder Terminabsprachen, als Dankeschön mit Beilage eines Werbegeschenks oder als Bestätigung für einen vereinbarten Vertreterbesuch.
- *Marktforschungs-Mailing:* Das Marktforschungs-Mailing bietet dir die Möglichkeit, Feedback von deiner Zielgruppe zu erhalten und zu erfahren, wie deine Kunden bzw. Geschäftspartner denken. Dies ermöglicht dir, Kundenwünsche zu ermitteln und dein Produktangebot besser darauf abzustimmen. Ein Marktforschungs-Mailing kann auch einen hohen Akquisitionseffekt haben, da potenzielle Kunden beeindruckt sein können, dass sich jemand für ihre Wünsche und Ideen interessiert. Es eignet sich besonders für die Einführung innovativer Produkte, um persönliche Daten, Wünsche und Verbesserungsvorschläge deiner Kunden zu sammeln, dein Image zu verbessern, nach einer Krise einen Turnaround einzuleiten, die Kundenbindung zu erhöhen oder Interessenten in Stammkunden zu verwandeln. Die Wirkung deines Mailings kannst du zusätzlich verstärken, indem du es mit einem Dankeschön-Präsent kombinierst.
- *Teaser-Mailing:* Teaser-Mailings zielen darauf ab, deine Kunden oder Partner neugierig auf eine bevorstehende Neuigkeit zu machen. Dies kann eine Produkteinführung, die Eröffnung eines neuen Shops, einer Niederlassung oder die Ankündigung einer geschäftlichen Kooperation oder Fusion sein. Ein Teaser-Mailing steigert das Interesse und die Vorfreude auf das Kommende.

- *Einführungs-Mailing:* Diese Art von Mailing wird verwendet, um ein neues Produkt oder eine Dienstleistung vorzustellen. Es enthält detaillierte Informationen und Vorteile des neuen Angebots und kann Sonderaktionen oder Rabatte enthalten, um den Verkaufsstart zu fördern.

- *Reaktivierungs-Mailing:* Ziel ist es, ehemalige Kunden wiederzugewinnen, die längere Zeit nicht aktiv waren. Durch personalisierte Angebote und Nachrichten, die auf ihre früheren Interaktionen mit deinem Unternehmen abgestimmt sind, können diese Kunden motiviert werden, erneut mit deinem Unternehmen Geschäfte zu machen.

Das Buch als Marketinginstrument

Ein Buch oder E-Book ermöglicht es dir, dein Fachwissen und deine Expertise einem breiten Publikum zugänglich zu machen. Wenn du dein Wissen zu einem spezifischen Thema veröffentlichst, wirst du als Experte auf diesem Gebiet wahrgenommen. Das stärkt deine Glaubwürdigkeit und positioniert dich als Autorität, was sich positiv auf dein Selbstmarketing auswirkt.

Durch die Veröffentlichung eines Buches oder E-Books kannst du deine persönliche Marke aufbauen und festigen. Leser verbinden deinen Namen und dein Gesicht mit deinem Thema und deiner Expertise, was langfristig zu einer gesteigerten Bekanntheit führt. Eine starke persönliche Marke kann dir helfen, dich von Mitbewerbern abzuheben und neue Möglichkeiten zu erschließen.

Deine Reichweite kann durch ein Buch oder E-Book enorm erweitert werden, da es auf verschiedenen Plattformen und in Buchhandlungen präsent sein kann. Die Sichtbarkeit deines Namens und deiner Expertise steigt somit, was dir neue Chancen eröffnen kann, beispielsweise als gefragter Speaker oder Interviewpartner.

Bücher und E-Books können als effektive Lead-Magneten dienen. Durch die Bereitstellung wertvoller Inhalte in deinem Buch ziehst du potenzielle Kunden an und gewinnst neue Kontakte. Die gewonnenen Leads kannst du dann in deine Marketingstrategie einbinden, um sie zu Kunden zu entwickeln.

Die Veröffentlichung eines Buches öffnet dir Türen für neue Netzwerkmöglichkeiten und Kooperationen. Andere Experten, Branchenkollegen oder potenzielle Geschäftspartner könnten auf dich aufmerksam werden und Interesse an einer Zusammenarbeit zeigen. Dies kann zu spannenden Projekten oder Joint Ventures führen, die dein Selbstmarketing weiter vorantreiben.

Ein Buch oder E-Book kann dir Zugang zu den Medien verschaffen. Journalisten und Redakteure suchen oft nach Experten, die zu bestimmten Themen Stellung nehmen können. Wenn du ein Buchautor bist, steigert das deine Chancen, in Medienberichten, Interviews oder Fachpublikationen präsent zu sein.

Die Veröffentlichung eines E-Books bietet dir die Möglichkeit, passives Einkommen zu generieren. Sobald das Buch veröffentlicht ist, kannst du kontinuierlich Verkäufe erzielen, ohne dass du aktiv daran arbeiten musst. Dies kann dir finanzielle Sicherheit bieten und dir Freiraum für andere Projekte verschaffen.

Das Schreiben eines Buches oder E-Books ist eine herausfordernde Aufgabe, die deine Schreib- und Kommunikationsfähigkeiten verbessert. Durch das Strukturieren von Inhalten, das Formulieren einer klaren Botschaft und das Schreiben für eine bestimmte Zielgruppe kannst du deine schriftlichen Fähigkeiten weiterentwickeln.

Zusammenfassend bieten Bücher und E-Books eine beeindruckende Bandbreite an Vorteilen und Einsatzmöglichkeiten für das Selbstmarketing. Sie unterstützen die Positionierung als Experte, den Aufbau einer persönlichen Marke, die Steigerung der Sichtbarkeit und bieten Chancen zur Generierung von Leads und zur Zusammenarbeit mit anderen Experten. Darüber hinaus können sie dir Zugang zu den Medien verschaffen und als passive Einkommensquelle dienen. Das Schreiben und Veröffentlichen eines Buches kann somit ein kraftvolles Instrument sein, um deine Karriere oder dein Business auf das nächste Level zu heben und deine Ziele im Selbstmarketing zu erreichen.

Aber was machst du, wenn du keine Zeit hast, ein Buch zu schreiben, und kein begnadeter Schriftsteller bist? Natürlich kannst du Ghostwriter einsetzen. Es gibt jedoch noch einen anderen Weg. Hier erhältst du eine Schritt-für-Schritt-Anleitung, wie du mit Hilfe eines Interviews und moderner Technologie ein Buch als effektive Marketingmaßnahme nutzen kannst::

1. *Die Wahl des Themas:* Das Fundament für dein erfolgreiches Buch ist ein Thema, in dem du sattelfest bist und das du als Marketinginstrument einsetzen möchtest. Das Thema sollte deine Zielgruppe ansprechen und deine Expertise unterstreichen. Wähle einen Schwerpunkt, der aktuell und relevant ist und deiner Zielgruppe einen Mehrwert bietet.
2. *Die provokante These:* Dein Buch sollte die Aufmerksamkeit des Lesers erregen. Formuliere eine provokante These oder Fragestellung, die zum Weiterlesen anregt und Interesse weckt. Eine starke These kann den Leser neugierig machen und ihn dazu bringen, dein Buch zu entdecken.
3. *Die Gliederung:* Strukturiere dein Buch mithilfe einer klaren Gliederung. Definiere Hauptkapitel- und Unterkapitelüberschriften und ordne deine Inhalte sinnvoll an. Die Gliederung gibt deinem Buch eine klare Struktur und erleichtert dir das Schreiben.
4. *Das Interview:* Um deine Expertise einzubringen und den Inhalt deines Buches zu gestalten, suche dir einen Interviewpartner aus deinem Bekanntenkreis. Dieser sollte auf dem Gebiet des Buchthemas versiert sein und Lust sowie Zeit haben, dich durch die Gliederung zu führen und geeignete Fragen zu stellen. Das Interview sollte etwa fünf Stunden dauern und wird die Grundlage für deinen Buchinhalt.

5. *Aufzeichnung des Interviews:* Nutze einen digitalen Audio-Recorder wie den Zoom H1n, Zoom F1-LP oder Tascam DR50x, um das Interview digital aufzuzeichnen. Dadurch kannst du dich voll und ganz auf das Gespräch konzentrieren, ohne wertvolle Informationen zu verlieren.
6. *Die Transkription:* Lasse das Interview von einem Transkriptionsservice wie „MeinTranskript" oder „Amberscript" transkribieren oder nutze dafür eine Software wie Whisper (OpenAI). So erhältst du eine schriftliche Version des Interviews, die du als Ausgangspunkt für dein Buch nutzen kannst.
7. *Die Bearbeitung:* Korrigiere und adaptiere den transkribierten Text. Hierbei kann dir ein professioneller Lektor helfen, der deinen Text auf sprachliche und inhaltliche Aspekte prüft und optimiert.
8. *Die Textverarbeitung:* Verwende ein geeignetes Programm wie „Scrivener", um den Text zu organisieren und zu strukturieren. Dies erleichtert dir das Schreiben und die Zusammenstellung der einzelnen Kapitel.
9. *Die Veröffentlichung:* Viele Informationen für Leute, die ihre Bücher selbst vermarkten wollen finden sich hier: indie-autoren-buecher.de Nutze einen Service wie BoD – Books on Demand (www.bod.de), Amazon KDP (www.kdp.amazon.com), epubli (www.epubli.de), neobooks (www.neobooks.com), tredition (www.tredition.de), Tolino Media (www.tolino-media.de), Bookrix (www.bookrix.de), Bookmundo (www.bookmundo.de), Twentysix (www.twentysix.de), Nova MD (www.novamd.de) oder myMorawa (www.mymorawa.com), um dein Buch als E-Book oder gedruckte Ausgabe zu veröffentlichen. So kannst du es einfach zugänglich machen und deine Zielgruppe erreichen.

Ein Buch oder E-Book kann ein mächtiges Marketinginstrument sein, um deine Expertise zu demonstrieren und deine Zielgruppe zu erreichen. Durch die Nutzung eines Interviews und moderner Technologie kannst du auch als weniger erfahrener Schriftsteller ein Buch verfassen und für deine Marketingstrategie nutzen. Lass deiner Kreativität freien Lauf und setze dein Wissen in die Welt.

Fachartikel als Alternative zum eigenen Buch

Du möchtest dich als Experte in deinem Fachgebiet positionieren, aber das Schreiben eines Buches bereitet dir Kopfschmerzen? Keine Sorge, es gibt eine ebenso effektive Alternative: Fachartikel! Durch das regelmäßige Verfassen von gut recherchierten und informativen Fachartikeln kannst du dein Image als Experte aufbauen, auch wenn du kein begnadeter Schriftsteller bist.

Beginne mit Themen, die dein Fachwissen widerspiegeln und für deine Zielgruppe relevant sind. Achte darauf, dass deine Artikel klar strukturiert und verständlich sind, denn Klarheit spricht oft mehr an als blumige Sprache. Nutze zudem die Möglichkeiten des Internets, um deine Artikel zu verbreiten. Veröffentliche sie auf deiner Website oder in einschlägigen Fachzeitschriften und Blogs. Durch kontinuierliches Schreiben und Teilen wirst du dich als kompetenter Experte etablieren und dein Image stärken, ohne dass du ein ganzes Buch verfassen musst. Und wer weiß – vielleicht kannst du die Artikel später zusammenfassen und als Basis für ein Buch nutzen?

Und so gehst du vor – Schritt-für-Schritt

1. *Themenrecherche* – Identifiziere ein Thema, das dein Fachwissen widerspiegelt und für deine Zielgruppe relevant ist. Führe gründliche Recherchen durch, um aktuelle Informationen, Statistiken und Studien zu finden, die deine Aussagen unterstützen.
2. *Zielgruppenanalyse* – Definiere deine Zielgruppe genau. Überlege, welche Fragen oder Probleme sie haben könnten und wie dein Artikel ihnen dabei helfen kann. Passe deinen Schreibstil und die Komplexität der Inhalte an die Bedürfnisse deiner Leser an.
3. *Strukturplanung* – Überlege dir eine klare Struktur für deinen Artikel. Ein typischer Aufbau beinhaltet eine Einleitung, in der du das Thema einführend erläuterst, den Hauptteil mit Unterkapiteln, die verschiedene Aspekte des Themas behandeln, und eine Zusammenfassung oder Schlussfolgerung am Ende.
4. *Einleitung* – Die Einleitung sollte die Leser neugierig machen und einen Überblick über das Thema geben. Stelle eine interessante Frage, zitiere eine relevante Statistik oder erzähle eine kurze Anekdote, um die Aufmerksamkeit des Lesers zu gewinnen.
5. *Hauptteil* – Teile den Hauptteil in gut strukturierte Abschnitte auf, die jeweils einen spezifischen Aspekt des Themas behandeln. Achte darauf, dass die Abschnitte logisch aufeinander aufbauen und eine klare Argumentationskette entsteht.
6. *Verständliche Sprache* – Vermeide wenn möglich Fachjargon und komplexe Ausdrücke, die deine Leser verwirren könnten. Verwende stattdessen klare und verständliche Sprache, um deine Ideen präzise zu vermitteln.
7. *Belege und Quellen* – Stütze deine Aussagen mit zuverlässigen Quellen, wie wissenschaftlichen Studien, Fachartikeln oder Experteninterviews. Das verleiht deinem Artikel Glaubwürdigkeit und Überzeugungskraft.
8. *Fazit* – Fasse die wichtigsten Erkenntnisse deines Artikels im Schlussteil zusammen. Zeige auf, welche Schlussfolgerungen gezogen werden können und welchen Mehrwert dein Artikel für die Leser bietet.
9. *Korrekturlesen* – Lies deinen Artikel gründlich durch, um Rechtschreibfehler, Grammatikfehler und Unstimmigkeiten zu entdecken. Eine sorgfältige Korrektur erhöht die Professionalität deines Fachartikels. Nutze dafür ggf. Tools wie www.scribbr.de.

10. *Veröffentlichung* – Veröffentliche deinen Fachartikel auf verschiedenen Plattformen wie deiner eigenen Website, in Fachzeitschriften oder auf relevanten Blogs. Nutze auch soziale Medien, um deinen Artikel zu bewerben und eine größere Reichweite zu erzielen.

Indem du diese Schritte befolgst, kannst du qualitativ hochwertige Fachartikel verfassen, die dein Fachwissen unterstreichen, deine Expertise zeigen und dein Image als Experte in deinem Bereich stärken.

PR – Tue Gutes und sprich darüber

Wenn du gute Umsätze erzielen möchtest, musst du in deiner Zielgruppe bekannt sein und ein gutes Image haben. Aber traditionelle Werbeformen können zeitaufwendig und teuer sein, um einen hohen Bekanntheitsgrad aufzubauen. Ich zeige dir einen effektiveren und kostengünstigeren Weg – die Nutzung der Medien.

Redaktionelle Texte, Radio- und Fernsehinterviews haben immer noch eine breite Reichweite und einen hohen Glaubwürdigkeitsfaktor. Doch wie schaffst du es, in den Medien präsenter zu sein und erfolgreiche „PR" zu betreiben?

Hast du dich schon einmal gefragt, warum bestimmte Personen, Firmen oder Institutionen immer wieder zu bestimmten Themen von den Medien befragt werden, während möglicherweise kompetentere Experten übersehen werden? Die Antwort ist einfach: Diese Personen haben es geschafft, bei Journalisten als „Experte für..." abgespeichert zu sein. Das bedeutet nicht unbedingt, dass sie die besten Experten in ihrem Fachgebiet sind, sondern dass sie von vielen Berichterstattern so wahrgenommen werden und ihre Themen mediengerecht vermitteln können. Wer häufig zitiert wird, bleibt auch den Medienschaffenden besser im Gedächtnis, wenn es darum geht, rasch zu einem verwertbaren Statement zu kommen.

Aber wie immer im Marketing, ist es auch bei der Presse- und Öffentlichkeitsarbeit von großer Bedeutung, sich zu fragen: Was möchtest du eigentlich erreichen? Wofür stehst du und wie möchtest du von wem wahrgenommen werden? Und bedenke bitte: Warum sollte jemand wertvolle Redaktionsfläche oder Sendezeit für dich und deine Themen kostenlos zur Verfügung stellen? Dies geschieht nicht aus reiner Freundlichkeit, sondern vor allem,

- weil das, was du sagst oder schreibst, wirklich wertvoll für die Leser, Zuhörer oder Zuschauer ist,
- weil du und deine Botschaft unterhaltsam sind, weil du Gutes tust und dies nicht nur bei den Journalisten gut ankommt,
- weil es für die hektische Medienwelt wesentlich kostengünstiger und schneller ist, deinen Text zu redigieren als einen Artikel komplett selbst zu recherchieren und zu schreiben, und
- weil hochwertiges Bild- und Videomaterial immer noch selten und teuer ist und man daher gerne auf dein kostenloses Material zurückgreift.

Indem du diese Aspekte berücksichtigst und deine Pressearbeit darauf ausrichtest, kannst du deine Chancen erhöhen, in den Medien präsent zu sein und erfolgreich kostenlose PR zu generieren. Zeige den Medien, dass du relevante und wertvolle Informationen lieferst, gleichzeitig unterhaltsam bist und einen positiven Beitrag leistest. Beachte zudem, dass du den Medienschaffenden Zeit und Kosten ersparst, indem du deinen Text gut aufbereitest und hochwertiges Bildmaterial zur Verfügung stellst.

Diese Gedanken im Hinterkopf können dir helfen, Themen zu sammeln und vorzubereiten. Als Fachmann verfügst du über wertvolles Wissen, das nur richtig aufbereitet werden muss. Stelle dir die Fragen: Welche Fragen werden dir immer wieder gestellt? Welche Probleme treten bei deinen Kunden regelmäßig auf? Hast du bemerkt, dass deine Kunden sich bestimmter Risiken nicht bewusst sind? Liegen dir die Nöte bestimmter Menschen am Herzen und möchtest du dich sozial engagieren? Gibt es eine Sportart, die du unterstützen könntest und deren Image gut zu deinem Unternehmen passt? Könntest du und dein Team vielleicht einen Rekord aufstellen? Welche Art von Veranstaltung könnte für die angestrebten Medien interessant sein? Wie wäre es, eine Umfrage oder Studie durchzuführen und die Ergebnisse zu veröffentlichen?

Wenn du ein neues Produkt hast, das du besser vermarkten möchtest, konzentriere dich nicht auf die technischen Details, sondern auf den Nutzen für den Anwender. Spart es Energie, Zeit oder Geld? Macht es das Leben sicherer oder bringt es einfach Spaß? Vielleicht setzt es einen neuen Trend? Wenn du eine Dienstleistung anbietest, erzähle nicht einfach, dass du der kompetente Ansprechpartner für ... bist, sondern schildere anschaulich, welche Probleme du löst und gib wertvolle Tipps! All diese Ansätze können Grundlagen für deine Pressearbeit sein.

Kontinuierliche Öffentlichkeitsarbeit prägt das Image deines Unternehmens und verstärkt die Kundenbindung. Oftmals werden jedoch die Ziele und Aufgaben von Public Relations und Werbung verwechselt. Während es bei der Öffentlichkeitsarbeit darum geht, Vertrauen aufzubauen und gegenseitiges Verständnis zu fördern sowie langfristige Meinungs- und Verhaltensänderungen herbeizuführen, zielt Werbung darauf ab, den direkten Verkauf zu fördern. Wenn du Public Relations betreibst, um kostenlose Werbung zu erhalten, verfolgst du den falschen Ansatz. Der Versuch, Redakteure mit Anzeigenaufträgen zu bestechen und zur Veröffentlichung von (werblichen) Texten zu bewegen, wird kaum Erfolg haben. Im seriösen Journalismus gibt es keine bezahlten Text- oder Bildbeiträge.e.

Mit Public Relations kannst du folgende Ziele erreichen:
- Profilierung deines Unternehmens
- Steigerung des Bekanntheitsgrads
- Untermauerung von Kompetenz, Leistungsfähigkeit, Glaubwürdigkeit und Verantwortungsbewusstsein

- Information deiner Zielgruppen
- Erreichen von Multiplikatoren wie Absatzmittlern, Handelsorganisationen und Meinungsbildnern
- Sanfte Stimulierung der Nachfrage

Hier sind einige Tipps für die Praxis:
- Beachte, dass Public Relations eine langsame Wirkung hat und nicht direkt am Umsatz gemessen werden kann.
- Gehe nur mit Themen auf Medien zu, die für deren Zielgruppe relevant sind.
- Sorge dafür, dass deine Botschaften klar, verständlich und interessant sind.
- Baue Beziehungen zu Journalisten auf und pflege sie kontinuierlich.
- Nutze verschiedene Kommunikationskanäle

Schritt-für-Schritt-Anleitung

1. *Zielgruppe verstehen:* Analysiere deine Zielgruppe(n) genau, um ihre Bedürfnisse und Interessen zu verstehen. Ermittele, über welche Medien deine Zielgruppe am besten erreicht werden kann (Print, Online, TV, Radio, Social Media).
2. *Botschaft entwickeln:* Formuliere eine klare und prägnante Botschaft, die das Alleinstellungsmerkmal deines Unternehmens hervorhebt. Lege fest, welches Image du vermitteln möchtest (innovativ, vertrauenswürdig, umweltbewusst usw.).
3. *Kreative Ideen für PR-Aktionen generieren:* Starte einen kreativen Brainstorming-Prozess mit deinem Team. Sammelt alle möglichen Ideen, unabhängig von Budgetbeschränkungen, und evaluiert sie später auf ihre Umsetzbarkeit im Low-Budget-Bereich. Nutze KI und das Internet, um nach inspirierenden Beispielen für Low-Budget-PR-Aktionen in deiner Branche oder anderen Branchen zu suchen. Schau dir Fallstudien, Blogbeiträge, Artikel oder Videos an, die erfolgreiche und kreative PR-Aktionen mit begrenzten Ressourcen präsentieren. Verfolge Social-Media-Kanäle und Gruppen, die sich mit PR und Marketing beschäftigen. Hier kannst du dich mit anderen Unternehmern austauschen, Ideen teilen und von den Erfahrungen anderer lernen. Suche auch nach Hashtags, die mit Low-Budget-PR oder kreativen PR-Ideen in Verbindung stehen. Besuche Branchenveranstaltungen, Konferenzen oder Seminare, bei denen PR-Themen behandelt werden. Dort hast du die Möglichkeit, dich mit Experten auszutauschen, von Best-Practice-Beispielen zu lernen und neue Ideen zu generieren. Baue ein Netzwerk mit anderen Marketingspezialisten oder Unternehmern auf. Regelmäßiger Austausch und Diskussionen können zu neuen Ideen und Perspektiven führen. Nutze professionelle Netzwerke wie LinkedIn, um Kontakte zu knüpfen und in Diskussionen einzusteigen. Halte regelmäßige Meetings oder Workshops mit deinem Team ab, um Ideen für Low-Budget-PR-Aktionen zu generieren. Jeder Mitarbeiter kann seine Vorschläge einbringen und gemeinsam könnt ihr die besten Ideen auswählen und weiterentwickeln. Höre auf das

Feedback deiner Kunden und nimm deren Anregungen ernst. Kunden können wertvolle Ideen für PR-Aktionen liefern, die auf deren Bedürfnisse und Interessen zugeschnitten sind. Nutze kreative Techniken wie Mind Mapping, Assoziationen oder Lateral Thinking, um neue und unkonventionelle Ideen zu generieren. Diese Techniken helfen dir, außerhalb der gewohnten Denkmuster zu denken und innovative Ansätze zu finden.

4. *Medienkontakte aufbauen:* Identifiziere relevante Journalisten, Blogger und Influencer in deiner Branche. Knüpfe persönliche Kontakte zu Medienvertretern, um Vertrauen aufzubauen.
5. *Pressemitteilungen:* Verfasse interessante und gut strukturierte Pressemitteilungen zu neuen Produkten, Erfolgen, Studien, Events usw. Versende diese regelmäßig an relevante Medien und Online-Portale.
6. *Expertenstatus aufbauen:* Biete dich als Experte für Fachartikel, Interviews und Gastbeiträge an. Veröffentliche Fachbeiträge in relevanten Fachmagazinen und Blogs.
7. *Social Media:* Nutze Social-Media-Plattformen gezielt, um deine PR-Botschaften zu verbreiten und mit der Zielgruppe zu interagieren. Setze auf visuelle Inhalte und kreative Kampagnen, um Aufmerksamkeit zu erregen.
8. *Auszeichnungen und Testimonials:* Bewerbe dich für branchenspezifische Auszeichnungen und Zertifizierungen. Zeige Kundenbewertungen und Testimonials, um Vertrauen zu stärken.
9. *Nachhaltigkeit und soziales Engagement:* Setze dich für soziale oder ökologische Projekte ein und kommuniziere darüber. Berichte über Nachhaltigkeitsmaßnahmen und -ziele deines Unternehmens.
10. *Events und Kooperationen:* Organisiere Events, Workshops oder Webinare, um dein Wissen zu teilen und Beziehungen aufzubauen. Suche nach Kooperationspartnern, um gemeinsame PR-Aktionen durchzuführen.

Anleitung zur PR-Begleitung eines Events

1. Starte mit einem Gratis-Eintrag bei einem Termindienst wie www.pressetext.com, um die Veranstaltung bekannt zu machen und an ein breites Publikum zu gelangen.
2. Versende eine ungewöhnliche Einladung an die wichtigsten Pressevertreter, insbesondere lokale Medien, um Aufmerksamkeit zu erzeugen und ihr Interesse zu wecken.
3. Veröffentliche etwa 10 Tage vor dem Event eine umfangreiche Presseaussendung auf Plattformen wie www.pressetext.com oder www.openpr.de und versende sie an deine eigenen Kontakte.
4. Nimm persönlichen Kontakt zu den wichtigsten Pressevertretern auf und lade sie telefonisch zur Veranstaltung ein, um Interesse zu zeigen und die Chancen auf Berichterstattung zu erhöhen.

5. Erstelle kurz vor der Veranstaltung eine weitere Aussendung, in der auf Referenten oder Highlights hingewiesen wird, um Vorfreude bei den Pressevertretern zu erzeugen.
6. Sorge während der Veranstaltung für professionelle Fotos und stelle sie online zur Verfügung, damit Journalisten sie für ihre Berichterstattung nutzen können.
7. Bereite eine Presseliste und eine Pressemappe mit den wichtigsten Informationen vor, die du den Pressevertretern während der Veranstaltung bereitstellst.
8. Führe nach der Veranstaltung eine Nachbearbeitung durch und analysiere, was über die Veranstaltung geschrieben wurde. Clipping-Dienste können dabei unterstützen, die Medienberichterstattung zu verfolgen und die Ergebnisse zu dokumentieren.
9. Schließe die PR-Aktion mit einer Presseaussendung über den Erfolg der Veranstaltung ab und veröffentliche die Highlights, um die Aufmerksamkeit weiter zu verstärken.

Beispiele für mögliche PR-Aktionen
Abhängig von Branche und Zielgruppe findest du hier einige Vorschläge für PR-Aktionen:
- Organisiere einen überraschenden *Flashmob* an einem öffentlichen Ort, der die Botschaft oder das Produkt deines Unternehmens in den Fokus rückt und die Passanten zum Staunen bringt.
- Nutze temporäre *Straßenkunst* oder *Graffiti*, um deine Botschaft kreativ in Szene zu setzen. Achte dabei darauf, dass es legal und im Einklang mit den lokalen Gesetzen ist.
- Organisiere unerwartete *Pop-up Events* oder *Installationen* an ungewöhnlichen Orten, um die Aufmerksamkeit der Zielgruppe zu gewinnen.
- Produziere ein einzigartiges und unterhaltsames *Video* oder eine *Social-Media-Kampagne*, die viral geht und die Menschen dazu anregt, darüber zu sprechen und es zu teilen.
- Führe ungewöhnliche und spektakuläre *Guerilla-Stunts* durch, die die Passanten zum Staunen bringen und die Medien anziehen.
- Setze *Street Teams* ein, um gezielt in belebten Fußgängerzonen oder bei Veranstaltungen auf dein Unternehmen aufmerksam zu machen.
- Kreiere *humorvolle PR-Parodien* von bekannten Werbespots oder Kampagnen, um die Aufmerksamkeit auf dein eigenes Unternehmen zu lenken.
- Verbreite *geheimnisvolle Botschaften* oder *Rätsel*, die die Neugier der Zielgruppe wecken und sie dazu bringen, mehr über dein Unternehmen herausfinden zu wollen.
- Platziere *auffällige Werbematerialien* oder Hinweise *an ungewöhnlichen Orten*, um die Aufmerksamkeit der Menschen zu fesseln.
- Führe soziale oder wohltätige *Charity-Aktionen* durch, die nicht nur positive Schlagzeilen in den Medien erzeugen, sondern auch zeigen, dass dein Unternehmen sich für die Gesellschaft engagiert.
- Führe *Online-Pressekonferenzen* für die Vorstellung neuer Produkte oder Innovationen durch, um Journalisten und potenzielle Kunden direkt zu erreichen.

- Veröffentliche *Whitepapers* oder *Studien* zu relevanten Branchenthemen, um deine Expertise zu demonstrieren und als vertrauenswürdiger Informationsanbieter wahrgenommen zu werden.
- Starte eine *Interviewserie* mit Experten zu aktuellen Trends, um wertvolle Einblicke zu teilen und deine Glaubwürdigkeit in der Branche zu stärken.
- Stelle *Social-Media-Challenges* oder *Gewinnspiele* auf die Beine, um die Interaktion mit deiner Zielgruppe zu fördern und deine Reichweite zu steigern.
- Kooperiere mit *Influencern* für Produktbewertungen und Empfehlungen, um deren Follower auf dein Unternehmen aufmerksam zu machen und das Vertrauen potenzieller Kunden zu gewinnen.
- Organisiere *Wohltätigkeitsveranstaltungen* oder *Spendenaktionen*, um nicht nur positive Schlagzeilen in den Medien zu erzeugen, sondern auch deine soziale Verantwortung zu zeigen.
- Setze *Sponsoring* im Rahmen deiner PR-Strategie ein, um bei deiner Zielgruppe positiv wahrgenommen zu werden. Besonders für Unternehmen, die eine emotionale Bindung zu ihren Kunden aufbauen möchten, ist Sponsoring sehr sinnvoll. Du solltest allerdings sorgfältig prüfen, ob die Veranstaltung, Person oder Organisation, die du sponsorn möchtest, wirklich zu deinen Werten passt. Eine unpassende Verbindung kann deinem Unternehmen schaden und zu einem Imageverlust führen.
- Nimm an *branchenspezifischen Messen und Veranstaltungen* teil, um deine Präsenz zu stärken, Kontakte zu knüpfen und deine Marke bekannter zu machen.
- Veröffentliche *Fachbücher* oder *Ratgeber*, um dein Fachwissen zu teilen und als Experte wahrgenommen zu werden.
- Biete *informative Podcasts oder Webinare* zu relevanten Themen an, um deine Zielgruppe zu informieren und zu binden.
- Gehe gezielte *Medienkooperationen* ein, z.B. Gastartikel oder Sponsored Content, um deine Botschaft in den Medien zu platzieren und eine größere Reichweite zu erzielen.

Das sind nur einige Aktionen die du durchführen und medial begleiten kannst. PR wirkt nicht sofort, sondern ist eine langfristige Strategie. Viel Erfolg!

Wie du einen Presseartikel schreibst, der von Redakteuren beachtet wird
Als ich noch Chefredakteur eines regionalen Wochenblattes war, sind mir im Laufe der Zeit so einige Pressemitteilungen auf den Tisch geflattert. Die meisten landeten in der „Runden Ablage". Und das waren die häufigsten Gründe dafür :
- Mangelnde Relevanz
- Fehlende Neuigkeiten
- Schlecht geschriebene Überschriften und Leads
- Werblicher Ton

- Unprofessionelle Gestaltung
- Fehlende Online-Version
- Keine Exklusivität
- Zu lange oder unübersichtliche Texte
- Fehlender Mehrwert
- Ignorieren von redaktionellen Richtlinien
- Fehlende Kontaktdaten für Rückfragen

Damit deine Pressemitteilungen auch als Artikel in Printmedien erscheinen können und von Redakteuren beachtet werden, gibt es einige wichtige Punkte zu beachten:

- Überlege, welche Neuigkeiten oder Ereignisse in deinem Unternehmen einen Nachrichtenwert haben könnten. Stelle sicher, dass deine Themen für die Zielgruppe der Publikation relevant sind und einen Mehrwert bieten.
- Die Überschrift ist der erste Eindruck, den der Redakteur von deinem Artikel erhält. Sie sollte kurz, prägnant und ansprechend sein, um das Interesse zu wecken. Vermeide vage oder langweilige Überschriften und konzentriere dich auf den Kern der Geschichte. Obwohl Headlines oft von der Redaktion umgeschrieben werden, solltest du dir dennoch besondere Mühe geben. Bedenke: Redakteure sind auch Leser.
- Der Lead, also die Einleitung deines Artikels, sollte knapp und prägnant sein, um den Leser sofort einzufangen und zum Weiterlesen zu motivieren. Beantworte die berühmten fünf W-Fragen: Wer macht was, wo, wann und warum?
- Organisiere deinen Artikel in Abschnitte, um eine klare und logische Struktur zu schaffen. Beginne mit den wichtigsten Informationen und arbeite dich zu den Details vor. Verwende Unterüberschriften, um den Artikel übersichtlich zu gestalten und den Redakteuren das Lesen zu erleichtern.
- Schreibe klar und präzise: Vermeide Fachjargon oder übermäßig komplexe Sätze. Verwende eine klare und verständliche Sprache, um sicherzustellen, dass deine Botschaft klar vermittelt wird. Halte den Artikel auf den Punkt und verwende aussagekräftige Beispiele oder Zitate, um deine Aussagen zu untermauern.
- Untermauere deine Aussagen mit Fakten, Daten und Statistiken, um deine Glaubwürdigkeit zu stärken. Verwende aussagekräftige Zahlen, um den Wert oder den Erfolg deines Unternehmens oder deiner Produkte zu verdeutlichen.
- Stelle sicher, dass dein Artikel einen Mehrwert für die Leser bietet. Gib nützliche Tipps, teile Expertenwissen oder biete Einblicke in aktuelle Branchentrends. Je relevanter und informativer dein Artikel ist, desto größer sind die Chancen, dass er von Redakteuren als wertvoll erachtet wird.
- Jede Publikation hat ihre eigenen Richtlinien und Vorlieben. Lies diese sorgfältig durch und beachte Themen, Schreibstil, Wortanzahl und Einreichungsformat. Erfülle spezi-

fische Anforderungen an die Struktur, wie Zwischenüberschriften, Zitate oder Bilder. Achte auf den Redaktionsschluss und reiche deinen Artikel rechtzeitig ein. Achte auf korrekte und transparente Quellenangaben, um die Glaubwürdigkeit zu erhöhen. Passe den Schreibstil deinem Artikel entsprechend an, um deine Chancen auf Veröffentlichung zu erhöhen und zeige Professionalität inhaltlich und formal.

- Versuche, den Artikel an einen bestimmten Redakteur oder Journalisten zu richten, anstatt ihn an eine allgemeine E-Mail-Adresse zu senden. Nimm dir die Zeit, um den Namen des Redakteurs zu recherchieren und einen persönlichen Bezug herzustellen. Dies zeigt dein Interesse und deine Wertschätzung für die Arbeit des Redakteurs.
- Visualisiere deine Geschichte, indem du hochwertige Bilder, Grafiken oder Videos hinzufügst, die den Artikel unterstützen. Bilder sind ein effektives Mittel, um die Aufmerksamkeit der Leser zu gewinnen und den Artikel ansprechender zu gestalten. Stelle sicher, dass du die erforderlichen Bildrechte besitzt oder verwende lizenzfreie Bilder. Achte darauf, dass die Fotos im Stil professioneller Pressefotografen gemacht wurden und nach Möglichkeit Menschen oder Produkte in realistischer Anwendung zeigen. Inszeniere deine Themen auf außergewöhnliche Weise und stelle sicher, dass die Bilder auch in Schwarzweiß gut aussehen. Technisch können die meisten Redaktionen digitale Bilder verarbeiten, aber es ist ratsam, sich vorab nach den Vorlieben der jeweiligen Redaktion zu erkundigen. Beachte auch, dass Pressefotos unverlangt eingesandt werden und die Redaktionen sie honorarfrei und ohne Copyright-Angabe verwenden können. Kläre das vorab mit den Fotografen, um Missverständnisse zu vermeiden.
- Ein Artikel mit Rechtschreib- oder Grammatikfehlern wirkt unprofessionell und mindert deine Glaubwürdigkeit. Nimm dir Zeit für eine gründliche Korrektur, um sicherzustellen, dass dein Artikel fehlerfrei ist.
- Überlege, ob es sinnvoll ist, den Artikel exklusiv bei einer bestimmten Publikation einzureichen oder ob du ihn parallel bei mehreren Publikationen einreichen möchtest. Informiere die Redaktion über deine Einreichung und gib eine Kontaktmöglichkeit an, falls Rückfragen auftauchen.
- Überprüfe regelmäßig den Status deiner Einreichungen und nimm bei Bedarf Kontakt zur Redaktion auf. Sei geduldig, da die Redaktion möglicherweise eine Vielzahl von Artikeln prüfen muss. Pflege gute Beziehungen zu den Redakteuren, indem du ihnen weiterhin interessante und relevante Geschichten anbietest.

Indem du diese Schritte befolgst, erhöhst du deine Chancen, dass dein Presseartikel von Redakteuren beachtet und veröffentlicht wird. Denke daran, dass die Qualität des Inhalts, eine klare und ansprechende Darstellung sowie eine maßgeschneiderte Ansprache für die jeweilige Publikation entscheidend sind, um die Aufmerksamkeit der Redakteure zu gewinnen.

Starke Wirkung mit Corporate Fashion

Corporate Fashion ist auch für kleine und mittlere Unternehmen ein äußerst wirkungsvolles Marketinginstrument. Du musst nicht unbedingt die gesamte Arbeitskleidung komplett durchgestylt gestalten; oft reicht schon ein Accessoire in den Firmenfarben oder mit dem Firmenlogo, um eine auffällige Wirkung zu erzielen.

Die Möglichkeiten, Corporate Fashion einzusetzen, sind vielfältig. Du kannst sie bei Kundenbesuchen, Events, Messen, Ausstellungen oder Infoständen verwenden. Gerade auch das Service- oder Kundendienstpersonal sowie Mitarbeiter mit häufigem Kundenkontakt können durch Arbeitskleidung das Markenimage stärken und die Wiedererkennung fördern.

Hier sind einige Tipps für die praktische Umsetzung von Corporate Fashion:

Denke darüber nach, wie du deine Hausfarbe harmonisch in deinen passenden Kleidungsstil einbauen kannst. Du könntest beispielsweise farblich abgestimmte Krawatten, Schals oder Schuhe wählen, um Akzente zu setzen. Achte darauf, dass die gewählte Kleidung sowohl zu deinen Unternehmenswerten als auch zur Branche angemessen ist. Und vor allem: Achte darauf, dass die Kleidung deine Mitarbeiter / Repräsentanten gut aussehen lässt. In manchen Fällen kann die Einführung einer bestimmten Art von Firmenkleidung oder Uniform ohne Rücksicht auf die Meinungen und das Wohlbefinden der Mitarbeiter zu Unzufriedenheit oder sogar zu öffentlichen Kontroversen führen.

- Stelle sicher, dass dein Firmenlogo auf der Arbeitskleidung dekorativ und gut platziert ist. Es sollte klar erkennbar sein und sich nahtlos in das Gesamtbild einfügen. Investiere in eine qualitativ hochwertige Umsetzung des Logos, um ein professionelles Erscheinungsbild zu gewährleisten.
- Informiere dich über Anbieter und Kataloge für Berufskleidung sowie Textilwerbefirmen. Prüfe verschiedene Optionen, vergleiche Qualität, Preise und Lieferzeiten, um die beste Wahl für dein Unternehmen zu treffen.
- Überlege, wie du dich mit deiner Arbeitskleidung positiv von Wettbewerbern abheben kannst. Schau dir andere Unternehmen in deiner Branche an und identifiziere mögliche Schwachstellen in ihrem Auftritt. Nutze diese Erkenntnisse, um eine einzigartige und ansprechende Corporate Fashion zu entwickeln.
- Berücksichtige auch den Einsatz von Accessoires, um deine Corporate Fashion zu ergänzen. Schmuck, Taschen oder individuell gestaltete Namensschilder können hier gute Optionen sein. Achte darauf, dass die Accessoires zur Corporate Identity passen und das Gesamtbild abrunden.

Die richtige Umsetzung von Corporate Fashion bietet zahlreiche Vorteile. Sie stärkt dein Markenimage, fördert die Wiedererkennung, schafft Einheitlichkeit in deinem Unternehmensauftritt und vermittelt Kunden und Geschäftspartnern einen professionellen Eindruck.

Internet-Marketing

Willkommen zum Kapitel über Internet-Marketing! In diesem Kapitel tauchst du in die spannende Welt des Online-Marketings ein und erfährst, wie du das Potenzial des Internets nutzen kannst, um deine Marketingstrategien auf ein neues Level zu heben. Das Internet hat die Art und Weise, wie Unternehmen mit ihren Kunden interagieren, revolutioniert. Egal, ob du ein gestandener Marketingexperte oder ein aufstrebender Unternehmer bist, dieses Kapitel wird dir wertvolle Einblicke und praktische Tipps geben, um im digitalen Zeitalter erfolgreich zu sein.

Wir werden gemeinsam die verschiedenen Facetten des Internet-Marketings erkunden, angefangen bei der Bedeutung einer starken Online-Präsenz und der Schaffung einer ansprechenden Website, über die Kunst des Social-Media-Marketings, bis hin zur Nutzung von Suchmaschinenoptimierung, um deine Reichweite zu steigern. Zudem werden wir uns mit der Welt des Content-Marketings beschäftigen und damit, wie du Inhalte erstellst, die deine Zielgruppe begeistern und binden.

Das Internet bietet eine Fülle von Möglichkeiten, deine Marke bekannt zu machen und deine Produkte oder Dienstleistungen effektiv zu vermarkten. Doch es ist auch wichtig, sich in der schnelllebigen digitalen Landschaft zurechtzufinden und mit den ständigen Veränderungen und Entwicklungen Schritt zu halten. Keine Sorge, wir werden dich mit den neuesten Trends und bewährten Strategien ausstatten, um dein Internet-Marketing auf Erfolgskurs zu bringen.

Bereit, deine Marketingstrategien zu revolutionieren? Dann tauche mit uns ein in die aufregende Welt des Internet-Marketings und entdecke die unendlichen Möglichkeiten, die dir zur Verfügung stehen. Lass uns gemeinsam deine Online-Präsenz stärken und deine Marke zu neuen Höhen führen!!

Webseiten-Projektchecklist

Die folgende Projektchecklist steht dir als praktisches Instrument zur Verfügung, um den Prozess der Website-Entwicklung und -Optimierung strukturiert anzugehen. Sie ist speziell darauf ausgerichtet, alle relevanten Aspekte und Anforderungen für dein erfolgreiches Webseiten-Projekt zu erfassen. Diese Checkliste führt dich Schritt für Schritt durch alle wichtigen Überlegungen, um eine effektive und ansprechende Online-Präsenz zu erschaffen. Nutze diese Checkliste um für Anfragen bei Webagenturen und Webdesignern alle erforderlichen Informationen bereit zu haben und sicherzustellen, dass sie auch das Beste aus deinem Webseiten-Projekt herausholen können. Aber auch wenn du dich entscheidest die Website selbst su erstellen, hast du damit alle erforderlichen Infos parat.

Projektgrundlagen
- Kontaktinformationen: Firma/Organisation, Adresse, Ansprechpartner, Telefon, Telefax, E-Mail.
- Ziele für den Internet-Auftritt (z.B. Firmendarstellung, Imagebildung, Kundenservice, Neukundengewinnung, Verkauf über den Online-Shop), gewünschter Online-Starttermin, Budget, entscheidungsbefugte Personen.

Zielgruppenanalyse
- Einteilung der Zielgruppen: Neukunden, bestehende Kunden, Endverbraucher, B2B, etc.
- Demographische Daten: Geschlecht und Altersstruktur der Zielgruppe.
- Bedürfnisse und Fähigkeiten: Spezifische Anforderungen und Präferenzen der Zielgruppe.

Marktsegment
- Branche: Branche der Firma.
- Produkte/Dienstleistungen: Was wird angeboten?
- Vision/Mission des Unternehmens: Was treibt das Unternehmen an?
- Faszination für Produkte/Leistungen: Was macht die Angebote besonders?

Inhalt und Struktur
- Website-Inhalte: Anzahl der geplanten Seiten, grundlegende Informationen (Unternehmensvorstellung, Leitbild, Ansprechpartner, Kontakt).
- Gesetzlicher Rahmen: Einhaltung rechtlicher Bestimmungen.
- Positionierung: Hauptaussage der Website.
- Content-Details: Produktinformationen, Serviceinformationen, Mehrwertseiten wie Newsletter, News/Aktuelles, Unterhaltungselemente, Funktionalitäten wie Suchfunktion, Kontaktformular und Downloads.

Design und technische Umsetzung
- Wird ein Content Management System (CMS) verwendet?
- Welches CMS passt am besten zu den Bedürfnissen des Projekts (z.B. WordPress, Joomla, inCMS, Drupal, Provider-CMS)?
- Sind spezifische Erweiterungen oder Plugins notwendig?
- Liegt das Logo als .svg-Datei vor?
- Sind Fotos und Texte bereitgestellt und liegen die Nutzungsrechte vor?
- Responsives Design: Optimiert für mobile Endgeräte.
- Barrierefreiheit: Zugänglichkeit berücksichtigt.
- Klare und intuitive Navigation implementiert.
- Domain und Hosting: Gibt es eine bestehende Website? Welche URLs müssen aus SEO-Gründen erhalten bleiben? Gewünschte Domain-Namen, Providerauswahl, Leistungspaket beim Provider, Zugangsdaten.

Rechtliche Konformität
- Impressum und Datenschutzerklärung: Vorhanden und aktuell.
- DSGVO-Konformität: Datenschutzvorschriften eingehalten.

Marketing und SEO
- Suchmaschinenoptimierung: SEO-Maßnahmen umgesetzt, Meta-Tags genutzt, Keywords integriert, Frames vermieden.
- Social Media: Soziale Medien eingebunden und verlinkt.
- Google Services: Google Analytics eingebunden, Website im Google-Index, Ads-Auswertungen vorhanden.

Sicherheit und Wartung
- Sicherheitsfeatures: SSL-Zertifikat implementiert.
- Wartung: Backup und Wartungspläne erstellt.

Performance und Monitoring
- Ladezeiten: Website ausreichend schnell, Ladezeiten optimiert.
- Monitoring: Statistische Daten des Providers vorhanden, regelmäßige Überprüfung der Website-Performance.

Veröffentlichung und Promotion
- Launch: Vorbereitungen für den Start der Website.
- Promotion: Pläne zur Bewerbung der Website, um die Sichtbarkeit zu erhöhen.

Diese strukturierte Checkliste stellt sicher, dass alle wichtigen Aspekte bei der Planung, Erstellung und Veröffentlichung einer Website berücksichtigt werden.)

Website-Analyse

Die kontinuierliche Analyse einer Website ist entscheidend, um den Erfolg deiner Online-Präsenz zu messen und zu optimieren. Sie hilft dir zu verstehen, wie Besucher mit deiner Seite interagieren, welche Inhalte sie ansprechen und wo Verbesserungsbedarf besteht. Dieses Wissen ermöglicht es dir, gezielte Anpassungen vorzunehmen, die Nutzererfahrung zu verbessern und deine Marketingziele effektiver zu erreichen. Angesichts der wachsenden Bedenken hinsichtlich Datenschutz und Nutzertracking ist es wichtig, ein Analysetool zu wählen, das sowohl leistungsfähig als auch datenschutzkonform ist. Hier bietet sich Matomo als hervorragende Alternative zu Google Analytics an. Matomo ermöglicht eine umfassende Datenerhebung und -analyse, ohne dass Nutzerdaten an Dritte weitergegeben werden müssen. Zudem gibt es dir die volle Kontrolle über die gesammelten Daten, was es einfacher macht, die strengen Anforderungen der Datenschutzgrundverordnung (DSGVO) einzuhalten.

Webseiten mit Schubkraft

Ohne eine gut gepflegte Website kommst du als Unternehmen heute kaum aus. Selbst wenn du eine persönliche Empfehlung erhältst, wirst du höchstwahrscheinlich erst im Internet recherchieren, bevor du zum Telefonhörer greifst. Das Internet ist mittlerweile für die meisten Menschen die zentrale Informationsquelle geworden. Eine Studie der Innofact AG zeigt, dass mittlerweile 42 % der Deutschen ihre Anbieter online suchen, während nur noch 7 % gedruckte Branchenverzeichnisse nutzen.

Egal, ob du den Einbau einer Solaranlage planst, den Ausbau des Dachgeschosses überlegst, Renovierungsarbeiten vorbereitest oder vielleicht eine Video-Gegensprechanlage installieren lassen möchtest – die meisten Menschen geben ihre Suchanfragen direkt in die schmale Google-Suchleiste ein. Die Anfragen könnten lauten: „Elektrikerarbeiten Augsburg", „Solaranlagenbau München Trudering" oder „günstig SAT TV installieren Berlin". Wenn du dann unter den ersten Suchergebnissen erscheinst, eine ansprechende Website hast und vielleicht sogar positive Bewertungen von zufriedenen Kunden vorweisen kannst, steigt die Wahrscheinlichkeit rapide, den Erstkontakt mit einem potenziellen Auftraggeber herzustellen. Doch wer bei Google nicht gefunden wird, ist schnell aus dem Rennen.

In Deutschland gibt es derzeit beispielsweise rund eine Million Handwerksbetriebe. Von ihnen sind bei weitem noch nicht alle im Internet vertreten, geschweige denn, dass sie eine qualitativ hochwertige Online-Präsenz haben. Wenn du jetzt also eine wirksame Internet-Strategie entwickelst, stehen deine Chancen gut, dich vom Wettbewerb abzuheben. Sei also klug und nutze die Schubkraft einer gut gestalteten Website, um dein Unternehmen erfolgreich im Internet zu präsentieren und neue Kunden zu gewinnen!

Was zeichnet eine gute Website aus?

Wenn du suchst, willst du schnell und einfach finden, ohne lange herumzuklicken. Deine Website sollte daher eine klare Struktur und eine benutzerfreundliche Navigation haben. Mehr als drei Klicks sollten nicht nötig sein, um die gewünschten Informationen zu erhalten. Natürlich sollten Adresse und Kontaktdaten auf jeder Seite sichtbar sein – das versteht sich von selbst.

Da die Internet-Gemeinde nicht besonders geduldig ist, muss deine Website sich schnell aufbauen. Innerhalb von 3-4 Sekunden sollte etwas passieren, denn mit jeder zusätzlichen Sekunde verlierst du etwa 10 % der Besucher. Achte darauf, Bilder immer in der benötigten Größe einzubinden, nicht größer. Verzichte auf animierte Spielereien und halte die technischen Anforderungen für die Betrachter gering. Einfachheit ist hier der Schlüssel. Schließlich wird niemand ein Programm herunterladen, um deine Seite anzusehen – er würde sie in der Regel einfach verlassen.

Bevor du dich um Suchmaschinen-Optimierung kümmerst, optimiere zunächst für deine Leser. Biete interessante, lesenswerte Texte auf deiner Website an und gib potenziellen Kunden wertvolle Tipps und Checklisten zu deinem Fachgebiet. Wenn du nicht weißt, über was du schreiben sollst, notiere dir einfach Antworten auf häufig gestellte Fragen und baue sie in deine Website ein. So bietest du echten Nutzen und das kommt gut an. Ein positiver Nebeneffekt: Auch Suchmaschinen schätzen guten Inhalt. Je mehr Seiten mit wertvollem Text du veröffentlichst, desto höher kletterst du im Ranking.

Achte auch auf die Qualität der Bilder auf deiner Website. Zeige Menschen und dokumentiere aussagekräftige Referenzprojekte mit professionellem Bild- und Videomaterial. Betrachte dein Präsentationsmaterial aus Kundensicht und achte auf die optische Gesamtwirkung, denn der berühmte „erste Eindruck" ist entscheidend.

Videomaterial ist besonders wertvoll. Bewegte Bilder erregen mehr Aufmerksamkeit und erhöhen die Verweildauer auf deiner Website. Ein informativer und unterhaltsamer Film von nicht mehr als 3-4 Minuten Länge reicht aus. Veröffentliche lieber mehrere kurze Filme. Falls du nicht selbst filmen kannst oder möchtest, ist eine kleine Filmproduktion heutzutage nicht mehr so teuer wie früher. Es gibt günstige Festpreis-Angebote, die du nutzen kannst. Erstelle ein YouTube-Konto, lade deinen Film dort hoch, versehe ihn mit einem ansprechenden Text und Stichworten und binde den Film dann auf deiner Website ein. YouTube gehört zu Google und eingebundene und häufig betrachtete Filme wirken sich positiv auf das Ranking deiner Website aus.

Optimiere deine Website weiter, indem du die Möglichkeit bietest, einen Newsletter zu abonnieren, einen Blog, einen Facebook-Like-Button und einen „Seite per Mail an einen Freund senden"-Button einbaust. Überprüfe auch, wie deine Website ausgedruckt aussieht, denn viele Internet-Nutzer drucken noch immer Inhalte aus.

Nutze die Beliebtheit des Apple iPhone, indem du eine hilfreiche oder unterhaltsame App zu deinem Fachgebiet programmieren lässt und über den AppStore von Apple kostenlos oder gegen eine geringe Gebühr zum Herunterladen anbietest. Verlinke die App natürlich auf deiner Website.

Eine gute Website ist nicht nur optisch eine Visitenkarte, die international abrufbar ist, sondern sie sollte auch leicht zu finden und die Informationen schnell abrufbar sein. Vermeide lange Ladezeiten und verwirrende Links und Seitenstrukturen, die den Betrachter ärgern könnten. Denke darüber nach, welche Fragen der Internet-Surfer an deine Seite stellen könnte:

- Bin ich hier richtig?
- Wo genau finde ich, was ich suche?
- Wie kann ich kaufen?
- Was ist das für ein Anbieter?

Die ersten Sekunden entscheiden. Viele Besucher verlassen eine Website schon nach kurzer Zeit, wenn sie mit Werbung oder chaotischem Inhalt überladen ist, einen wenig ansprechenden Eindruck hinterlässt, ungepflegt und veraltet wirkt oder die Zielgruppe emotional nicht anspricht.

Deine gesamte Website sollte eine konsistente Bedienoberfläche und ein einheitliches Design aufweisen. Der Inhalt muss sich zielgerichtet den Benutzergewohnheiten und Erwartungen der Besucher sowie der speziellen Zielgruppe im Besonderen anpassen. Verwende leicht lesbare und ansprechende Schrifttypen und eine angemessene Schriftgröße. Für das Internet wird üblicherweise eine Schriftgröße von mindestens 16 px empfohlen, da dies die Lesbarkeit auf verschiedenen Geräten verbessert, im Gegensatz zu 10 pt, die oft für den Druck verwendet wird. Gestalte das Layout ruhig und übersichtlich. Vermeide Flash-Intros und Animationen auf der Startseite. Binde deine Besucher durch interaktive Elemente ein und mache die Kontaktaufnahme so einfach wie möglich. Sorge für ein für Suchmaschinen optimiertes Webdesign, denn die Menschen suchen nicht nach dir, sondern nach deinem Angebot. Biete Nutzen und Know-how und halte deine Inhalte aktuell. Ändere regelmäßig etwas auf deiner Website. Bewerbe deine Website mit Google Ads oder Pressemeldungen.

Mit diesen Optimierungen wirst du eine Website schaffen, die deine Besucher begeistert, ihre Bedürfnisse erfüllt und dein Unternehmen erfolgreich repräsentiert.

Der richtige Domain-Name – Worauf du achten solltest

Eine Domain ist der Name und die eindeutige Adresse deiner Website. Die Wahl des Domainnamens ist aus verschiedenen Gründen entscheidend für den Erfolg deiner Website. Daher solltest du sorgfältig überlegen, welchen Domainnamen du für dein Angebot registrieren möchtest.

Suchmaschinen wie Google berücksichtigen den Domainnamen bei der Bewertung der Relevanz einer Seite für einen bestimmten Suchbegriff. Noch wichtiger sind jedoch die Bezeichnungen der Unterseiten der Domain, die ebenfalls eigene Adressen haben. Diese solltest du daher geschickt wählen, da sie einen erheblichen Einfluss auf die Suchmaschinenoptimierung haben können. Die Inhalte deiner Website und die Linkpopularität spielen dabei eine entscheidende Rolle.

Die Domain sollte vor allem einprägsam sein, damit du sie auch problemlos telefonisch weitergeben kannst. Vermeide die Verwendung von Markennamen, Namen anderer Unternehmen, Namen von Prominenten, vorhandenen Titeln oder Städtenamen in deiner Domain, um rechtliche Probleme zu vermeiden. Versuche, für deutschsprachige Inhalte immer eine .de-Domain zu registrieren, da diese für Nutzer in Deutschland als besonders vertrauenswürdig gilt.

Hier sind einige Tipps für die Wahl eines geeigneten Domainnamens:
- Suche nach einem kurzen Domainnamen, der leicht zu merken ist. Bindestriche können dabei helfen.
- Wähle einen Domainnamen, der deine Website und deine Geschäftsidee konkret beschreibt. Meistens wird es eines deiner zentralen Keywords (Schlüsselbegriffe) sein.
- Die Kombination aus Keywords und Informationen führt oft zu mehr Klicks. Wenn du Keywords im Domainnamen verwendest, landest du bei Google & Co häufig – aber nicht immer – weiter vorne.
- Wenn du bereits einen etablierten Firmennamen hast, kannst du ihn mit einem beschreibenden Wort verbinden.
- Wenn du dich hauptsächlich für Kunden aus deiner Region interessierst, kannst du den Domainnamen regional spezifizieren.
- Frage dich, welche Begriffe dein Geschäft charakterisieren und welche Begriffe deine Kunden verwenden.
- Vermeide Zahlen und Denglisch, da sie missverständlich sein können.
- Registriere am besten gleich mehrere Varianten und die gängigsten Vertipper deiner Domain.

Bevor du dich für einen Domainnamen entscheidest, überprüfe, ob die Domain noch frei ist. Du kannst dies bei deinem Provider oder unter www.denic.de tun. Prüfe auch, ob der Begriff vielleicht markenrechtlich geschützt ist. Dazu kannst du kostenlos in der Datenbank des Deutschen Patent- und Markenamtes recherchieren: register.dpma.de/DPMAregister/marke/uebersicht

Die Wahl des richtigen Domainnamens kann einen erheblichen Einfluss auf den Erfolg deiner Website haben. Also nimm dir die Zeit und wähle einen Domainnamen, der deine Website optimal repräsentiert und deine Zielgruppe anspricht.

Mit „Content Management" hast du deine Website im Griff

Eine Website muss lebendig und aktuell sein. Das ist kaum möglich, wenn du für jede kleine Änderung auf die Hilfe eines Webprogrammierers, deiner Werbeagentur oder eines Bekannten mit Programmier-Know-how angewiesen bist.

Die Lösung ist ein „Content Management System" (CMS). Mit einem CMS kannst du selbst Änderungen an deiner Website vornehmen, ohne programmieren zu müssen – einfache Computer-Kenntnisse reichen dafür aus. Um den Aufwand gering zu halten, empfehle ich dir, auf eine bewährte und kostenlose „Open Source"-Lösung wie Joomla, WordPress oder Typo3 zurückzugreifen. Erfahrungen haben gezeigt, dass Systeme wie Joomla (www.joomla.de) oder WordPress (wordpress.com/de) recht einfach zu handhaben sind. Alternativ dazu bietet das System inCMS (incms.com/de) eine nutzerfreundliche Option, die speziell für kleine bis mittelgroße Unternehmen entwickelt wurde und eine hohe Anpassungsfähigkeit in der Gestaltung bietet.

Bei CMS-Systemen sind Inhalt und grafische Gestaltung voneinander getrennt. Das bedeutet, wenn du die Gestaltung ändern möchtest, musst du lediglich die Gestaltungsvorlage – das „Template" – anpassen, und schon passen sich automatisch alle Seiten deines Internetauftritts an. Du kannst auf eines der vielen kostenlosen Templates zurückgreifen oder es passend zum Corporate Design deines Unternehmens gestalten lassen. Anbieter im Internet können dir ein Template nach deinen Vorgaben programmieren; je nach Anforderung liegt der Aufwand dafür bei 1-4 Tagen Arbeitszeit.

Ein CMS gibt dir die Freiheit, deine Website jederzeit zu aktualisieren und mit aktuellen Inhalten zu versorgen. Du kannst neue Artikel veröffentlichen, Bilder hochladen, Termine ändern und vieles mehr – alles in Eigenregie, ohne auf externe Hilfe angewiesen zu sein. Das spart Zeit und Kosten und ermöglicht es dir, flexibel auf Änderungen und Entwicklungen in deinem Unternehmen zu reagieren. Außerdem ermöglicht ein CMS eine einfache Verwaltung von Benutzerrechten, sodass du bestimmten Personen Zugriff auf die Inhalte und Funktionen deiner Website gewähren kannst. Dies hilft dir, Kollegen oder Mitarbeitern zu erlauben, Beiträge zu verfassen oder Termine zu aktualisieren, während du die volle Kontrolle über die Website behältst.

Darüber hinaus sind CMS-Systeme in der Regel suchmaschinenfreundlich gestaltet, was bedeutet, dass deine Website besser von Suchmaschinen gefunden werden kann. Dies trägt dazu bei, dass deine Website in den Suchergebnissen weiter oben erscheint und somit mehr Besucher auf deine Website aufmerksam werden.

Mit einem Content Management System hast du die volle Kontrolle über deine Website und kannst sie immer auf dem neuesten Stand halten. Es ist eine effiziente und kostengünstige Lösung, um deine Online-Präsenz erfolgreich zu gestalten und deine Kunden mit aktuellen Informationen zu versorgen. Greife also zu einem CMS wie Joomla, WordPress oder inCMS und erlebe die Vorteile einer gut gepflegten und dynamischen Website!

Die Schritt-für-Schritt-Anleitungen zur CMS-Installation

Viele Provider bitten Ein-Click-Installationen für die üblichen CMS-Systeme an. Wenn dein Provider das nicht anbietet können dir die folgenden Anleitungen helfen. Keine Sorge, es ist nicht wirklich dramatisch. Ich zeige dir hier die grundlegenden Schritte:

1. Vorbereitung

Stelle sicher, dass dein Webhosting-Anbieter die technischen Anforderungen für das gewünschte CMS erfüllt (z.B. PHP, MySQL/MariaDB).

Erstelle eine Datenbank über das Control Panel deines Hosting-Anbieters. Notiere dir den Datenbanknamen, den Benutzernamen und das Passwort.

2. Download
Lade die neueste Version des CMS von der offiziellen Website herunter (WordPress: wordpress.org, Joomla: joomla.org).

3. Upload
Entpacke die heruntergeladene Datei auf deinem Computer. Nutze ein FTP-Programm. Lade die entpackten Dateien über FTP (File Transfer Protocol) auf deinen Webserver in das gewünschte Verzeichnis (normalerweise das Wurzelverzeichnis oder ein Unterverzeichnis).

4. Installation
Öffne deinen Webbrowser und gehe zur Installationsseite deines CMS (dies geschieht in der Regel, indem du die URL deines Webspace gefolgt von dem Verzeichnisnamen, in das du das CMS hochgeladen hast, eingibst).
Folge den Anweisungen des Installationsassistenten. Dies umfasst in der Regel das Eintragen der Datenbankinformationen und das Festlegen grundlegender Konfigurationen wie Website-Name und Administrator-Zugangsdaten.

5. Konfiguration
Nach der Installation kannst du dich im Admin-Bereich des CMS anmelden und mit der Konfiguration deiner Website beginnen, z.B. Auswahl eines Designs (Themes) und Installation von Erweiterungen (Plugins bzw. Extensions).

6. Sicherheit und Wartung
Stelle sicher, dass dein CMS und alle installierten Erweiterungen stets auf dem neuesten Stand sind. Implementiere grundlegende Sicherheitsmaßnahmen, wie das Ändern des Standard-Admin-Pfades und das regelmäßige Erstellen von Backups.

Deutschsprachige Online-Tutorials
WordPress: Ein empfehlenswertes Tutorial für WordPress in deutscher Sprache findest du auf der Website WPDE.org. Dort werden dir Schritt-für-Schritt Anleitungen, Tipps zur Optimierung und zur Sicherheit deiner WordPress-Website bereitgestellt.
Joomla: Für Joomla bietet die offizielle Joomla-Community unter joomla.de detaillierte Anleitungen und Tutorials in deutscher Sprache. Diese Ressource ist ideal für dich, wenn du Anfänger bist oder als fortgeschrittener Benutzer lernen möchtest, wie man Joomla installiert, konfiguriert und effektiv nutzt.

Diese Anleitung und die genannten Ressourcen bieten einen guten Startpunkt für die Installation und Einrichtung eines CMS. Für detailliertere Informationen, besonders zu spezifischen Hosting-Umgebungen oder fortgeschrittenen Konfigurationen, ist es ratsam, die Dokumentation des jeweiligen CMS sowie die Support-Foren und Community-Ressourcen zu konsultieren.

Die Kraft der Templates – Individuelle Gestaltung deiner CMS-Website

In diesem Abschnitt werden wir uns damit beschäftigen, wie du mithilfe von Templates deine Joomla- oder WordPress-Websites individuell gestalten kannst, um eine einzigartige Online-Präsenz für dein Unternehmen zu schaffen.

Templates sind Designvorlagen, die das äußere Erscheinungsbild deiner Website bestimmen. Sie spielen eine entscheidende Rolle bei der Gestaltung des Layouts, der Farben, Schriften und Bilder. Indem du ein geeignetes Template wählst, kannst du den visuellen Eindruck deiner Website maßgeblich beeinflussen und an dein Unternehmensimage anpassen. Templates sind eine großartige Möglichkeit, deine Website professionell und ansprechend zu gestalten, ohne umfangreiche Kenntnisse in Webdesign oder Programmierung zu besitzen.

Bei der Auswahl eines Templates solltest du einige wichtige Aspekte beachten. Zunächst sollte das Template zu deinem Geschäftsfeld und der Art deiner Website passen. Wenn du beispielsweise eine Online-Boutique betreibst, ist ein Template mit einem modernen und stilvollen Design möglicherweise die beste Wahl. Wenn du dagegen eine informative Unternehmenswebsite hast, könnte ein schlichteres und professionelleres Template besser geeignet sein.

Ein weiterer Faktor ist die Funktionalität. Überlege, welche Features und Elemente du auf deiner Website benötigst. Manche Templates bieten integrierte Slider, Galerien, Kontaktformulare und mehr. Stelle sicher, dass das Template diese Funktionen bereits mitbringt oder leicht erweiterbar ist, um deine Anforderungen zu erfüllen.

In Joomla stehen zahlreiche Templates zur Verfügung, die du für deine Website nutzen kannst. Um ein Template zu installieren, gehe wie folgt vor:

- Suche ein passendes Template: Stöbere in den offiziellen Joomla-Templategalerien oder auf Plattformen (z.B. templatemonster.de) von Drittanbietern nach einem Template, das deinen Vorstellungen entspricht. Eine Liste von Anbietern findest du auch leicht über das offizielle Joomla-Forum (forum.joomla.de)
- Lade das ausgewählte Template als ZIP-Datei auf deinen Computer herunter.
- Template installieren: Gehe in das Administrationspanel deiner Joomla-Website und klicke auf „Erweiterungen" -> „Verwalten" -> „Installieren". Wähle die ZIP-Datei des Templates aus und installiere es.
- Template aktivieren: Nach der Installation kannst du das neue Template unter „Erweiterungen" -> „Templates" finden. Wähle es aus und klicke auf „Als Standard festlegen", um das Template für deine Website zu aktivieren.

Auch für WordPress gibt es eine Vielzahl von Templates, die du für deine Website nutzen kannst. So installierst du ein WordPress-Template:

- Suche ein passendes Template: Erkunde die riesige Auswahl an kostenlosen und kostenpflichtigen WordPress-Templates in der offiziellen Themes-Bibliothek oder auf externen Plattformen. Ein besonders vielseitig einsetzbares Template ist Avada (avada.com)
- Template herunterladen: Lade das gewünschte Template als ZIP-Datei auf deinen Computer herunter.
- Template installieren: Melde dich in deinem WordPress-Dashboard an und gehe zu „Design" -> „Themes" -> „Neues hinzufügen" -> „Theme hochladen". Wähle die ZIP-Datei des Templates aus und klicke auf „Jetzt installieren".
- Template aktivieren: Nach der Installation erscheint das neue Template unter „Design" -> „Themes". Klicke auf „Aktivieren", um das Template für deine Website zu verwenden.

Nach der Installation kannst du das Template individuell anpassen. Du kannst das Logo, die Farben, Schriften und Bilder ändern, um das Design deiner Website an deine Marke anzupassen. Die meisten Templates bieten auch Einstellungen für das Layout, die du nach deinen Vorstellungen anpassen kannst. Sei kreativ und gestalte deine Website so, dass sie einzigartig und ansprechend wirkt.

Suchmaschinenoptimierung (SEO) – so wirst du gefunden

SEO bleibt auch heute ein unverzichtbares Instrument, um die Sichtbarkeit von Webseiten in den Suchergebnissen zu verbessern und mehr Besucher anzuziehen. Google ist weiterhin die dominierende Suchmaschine, weshalb die meisten SEO-Bemühungen auf dieses Portal ausgerichtet sein sollten.

Beginnen kannst du mit der Optimierung deiner Website-Inhalte. Stelle sicher, dass deine Texte für deine Zielgruppe relevant, informativ und leicht zu lesen sind. Verwende Schlüsselwörter, die potenzielle Kunden bei der Suche nach deinen Produkten oder Dienstleistungen verwenden könnten, aber achte darauf, sie natürlich in den Text einzubinden, um eine Überoptimierung zu vermeiden. Auch die Struktur deiner Website spielt eine große Rolle. Sorge für eine klare Navigation und eine mobile Optimierung, damit Besucher und Suchmaschinen deine Inhalte leicht erfassen können.

Neben den Inhalten ist der technische Zustand deiner Website für SEO unabdingbar. Überprüfe die Ladezeiten deiner Seiten, denn schnelle Websites werden von Suchmaschinen bevorzugt. Tools wie Google PageSpeed Insights können dir helfen, Probleme zu identifizieren und zu beheben. Achte auch auf die Sicherheit deiner Website durch die Verwendung von HTTPS, da dies ein Rankingfaktor ist. Zudem ist die Erstellung von qualitativ hochwertigen Backlinks wichtig. Verlinke auf vertrauenswürdige und themenrelevante Websites und arbeite daran, Links von solchen Seiten zu erhalten. Dies steigert nicht nur deine Glaubwürdigkeit bei Suchmaschinen, sondern kann auch wertvollen Traffic bringen. Letztlich ist es wichtig, deine SEO-Maßnahmen regelmäßig zu überprüfen und anzupassen. SEO ist kein einmaliges Projekt, sondern ein fortlaufender Prozess. Nutze Analyse-Tools wie Google Analytics, um den Erfolg deiner Maßnahmen zu messen, das Verhalten deiner Besucher zu verstehen und deine Strategie entsprechend anzupassen. Behalte auch die Trends im Bereich SEO im Auge, da sich Algorithmen und Best Practices ständig weiterentwickeln.

Eine bedeutende Entwicklung im Bereich der SEO ist der verstärkte Einsatz von Künstlicher Intelligenz (KI). KI wird immer häufiger genutzt, um verschiedene Aspekte der Suchmaschinenoptimierung zu verbessern, wie die Auswahl von Keywords, die Content-Erstellung, die On-Page-Optimierung und die Datenanalyse. KI-SEO geht über die bloße Verwendung von Keywords hinaus und zielt darauf ab, die Bedürfnisse der Nutzer besser zu verstehen und die Suchergebnisse entsprechend anzupassen. KI kann beispielsweise dazu verwendet werden, Sprachsuchen besser zu verstehen und maßgeschneiderte Inhalte für diese Anfragen zu erstellen. Die KI-Technologie ermöglicht es auch, schnell auf Änderungen in den Suchalgorithmen zu reagieren. Da Suchmaschinen ständig ihre Algorithmen anpassen, ist es wichtig, dass die SEO-Strategie flexibel und anpassungsfähig bleibt. KI-Technologien können dazu beitragen, diese Anpassungen schnell und effektiv durchzuführen.

Durch den Einsatz von KI-Algorithmen können Unternehmen ihre SEO-Strategie verbessern und die Leistung von Keywords und Inhalten analysieren, um effektivere Strategien zu entwickeln und Ressourcen optimal zu nutzen. Die gezielte Verwendung von KI kann Unternehmen dabei unterstützen, ihre Online-Präsenz zu stärken, die Sichtbarkeit in Suchmaschinen zu erhöhen und letztendlich Umsätze zu steigern. Besonders der Einsatz von maschinellem Lernen und Algorithmen wie RankBrain von Google ermöglicht ein besseres Verständnis von Suchanfragen und liefert relevantere Ergebnisse. Um von den Vorteilen der KI in der SEO zu profitieren, stehen eine Vielzahl von KI-gestützten Tools zur Verfügung:

- *Surfer SEO:* Ein cloudbasiertes KI-SEO-Tool, das On-Page-Optimierungen unterstützt, um das Ranking bei bestimmten Keywords zu verbessern.
- *Jasper.ai:* Ein KI-Textgenerator, der hochwertige Texte für Meta-Beschreibungen, Seitentitel, Überschriften und Blogartikel erstellen kann.
- *SECockpit:* Ein leistungsstarkes KI-Tool von Swissmademarketing für die Keyword-Recherche, das umfassende Datenanalysen durchführt und die Wettbewerbsfähigkeit von Keywords bewertet.
- *RankSense:* Eine KI-gestützte SEO-Plattform, die Echtzeit-Änderungen an Webseiten vornimmt, um das Ranking zu verbessern, ohne Code-Änderungen vornehmen zu müssen.
- *MarketMuse:* Ein KI-Tool, das die Erstellung hochwertiger Inhalte unterstützt und Content-Lücken identifiziert, um die Suchmaschinen-Performance zu optimieren.

Durch den Einsatz dieser KI-gestützten Tools können Unternehmen ihre SEO-Strategie verbessern, Prozesse automatisieren und datengestützte Entscheidungen treffen, um ihre Online-Sichtbarkeit zu erhöhen und die Geschäftsergebnisse zu steigern.

Es ist wichtig, die SEO-Strategie kontinuierlich zu optimieren und an die sich ändernden Anforderungen von Suchmaschinen anzupassen. Die Nutzung von KI im SEO-Bereich, wie beispielsweise die Verwendung von ChatGPT zur Erstellung von automatisierten Landing Pages oder die Analyse von Konkurrenzdaten, kann Unternehmen dabei unterstützen, erfolgreich in den Suchergebnissen zu ranken.

KI-Tools können auch bei wiederkehrenden und zeitaufwändigen Aufgaben wie der Keyword-Recherche oder der Optimierung von Alt-Texten für Bilder auf der Webseite erheblich helfen. Zudem können sie Unternehmen dabei unterstützen, hochwertige Inhalte zu erstellen, die sowohl den Nutzern einen Mehrwert bieten als auch den Anforderungen der Suchmaschinen entsprechen.

Insgesamt ist der Einsatz von KI in der Suchmaschinenoptimierung eine wichtige Entwicklung, die das Potenzial hat, die SEO-Landschaft zu revolutionieren und Unternehmen dabei zu helfen, ihre Online-Präsenz zu stärken und ihre Umsätze zu steigern. Es ist entscheidend, die Vorteile von KI-gestützten Tools zu nutzen, um Wettbewerbsvorteile zu erzielen und langfristig erfolgreich in den Suchergebnissen zu ranken.

Traffic steigern – Wie du für mehr Besucher auf deiner Website sorgst

Du hast eine Website, aber niemand scheint sich dafür zu interessieren? Selbst die schönste Website ist nutzlos, wenn sie von niemandem beachtet wird. Deine Besucherzahlen sind gering, und Aufträge über die Website bleiben aus? Dann ist es höchste Zeit, deinen Traffic zu steigern und mehr Besucher auf deine Website zu locken. Aber wie kannst du das erreichen? Eine gezielte Werbestrategie ist ein wesentlicher Teil des Erfolgs deiner Website. In diesem Artikel lernst du verschiedene Möglichkeiten kennen, wie du den Traffic auf deiner Website erhöhen kannst. Es gibt zahlreiche bewährte Techniken und Tools, die dir dabei helfen, mehr Besucher anzuziehen und somit deine Online-Präsenz zu stärken.

- *Affiliatemarketing*: Installiere ein eigenes Partnerprogramm und melde dich als Publisher bei verschiedenen Diensten an, wie beispielsweise webgains.de, superclix.de, tradedoubler.com, adbutler.com, zanox.com, affili.net.
- *Nutze Alt Tags:* Verwende Alt-Tags und Titel-Tags für Bilder auf deiner Website. Das verbessert nicht nur die Barrierefreiheit, sondern ermöglicht auch eine bessere Positionierung deiner Bilder in den Google-Bildern.
- *Artikelmarketing:* Stelle hochwertige Fachartikel bereit und veröffentliche sie in Artikelportalen wie competence-site.de, brainguide.de, viando.de, online-artikel.de oder mister-info.com.

- *Bilderportale:* Erstelle ansprechende Bilder, Fotos und Screenshots und lade sie in Bilderportalen wie flickr.com oder fotocommunity.de hoch.
- *Blogging:* Veröffentliche regelmäßig Content über den Blog auf deiner Website, davon mindestens einen Top-Post pro Woche. Nutze Pinglisten wie pingomatic.com/ und veröffentliche .
- Trage deine Webseite in *Blogverzeichnisse* ein, wie zum Beispiel blogtraffic.de, topblogs.de, bloggeramt.de, Blogtotal.de oder bloggerei.de.
- *Cite/Zitat:* Nutze gelegentlich in deinem Fließtext Zitatformatierungen, um besonders wichtige Abschnitte hervorzuheben. Als Zitat gekennzeichnete Abschnitte gewinnen an Relevanz bei Google.
- *Collaboration:* Arbeite mit anderen Menschen zusammen und kooperiere bei der Contenterstellung. Plattformen wie www.mindmeister.com/de, www.zoho.com/de, Google Text & Tabellen können dabei hilfreich sein.
- Führe *Contest* und *Events* durch, um anregende On- und Offline-Events zu organisieren und dadurch für virale Verbreitung zu sorgen. Plattformen wie ubivent.com und expo-ip.com können dabei unterstützen.
- Nutze die *Meta-Description*, um eine kurze Zusammenfassung für jede Seite zu erstellen. Eine effektive Meta-Description sollte in kurzen und klaren Worten eine prägnante Zusammenfassung der Seite bieten. Mit maximal 150 Zeichen sollte sie relevante Keywords enthalten, den Inhalt treffend beschreiben und den Nutzer dazu ermutigen, die Seite zu besuchen. Eine einzigartige und ansprechende Meta-Description, die einen klaren Nutzen für den Suchenden bietet, trägt dazu bei, die Aufmerksamkeit zu gewinnen und das Ranking in den Suchergebnissen zu verbessern.
- Schalte *Display- und Bannerwerbung*, indem du Bannerkampagnen bei Agenturen wie hi-media.de, adpepper.com, stroeer.de, businessad.de buchst.
- Veröffentliche *gute Inhalte und Freebies* in verschiedenen Portalen wie qipit, doktus.de, slideshare.net, scribd.com.
- Achte darauf, dass ein wichtiges *Keyword in deinem Domainnamen* enthalten ist, um schneller und effektiver hohe Rankings in den Suchmaschinen zu erreichen.
- Bewirb dich als *Experte* in Expertenportalen und veröffentliche Beiträge auf Seiten wie viando.de, xing.com, competence-site.de, wer-weiss-was.de, brainguide.de.
- Verteile Inhalte über File-Sharing-Dienste wie DocShare, slideshare.net, dropbox.com, mediafire.com.
- Organisiere *digitale Flashmobs* im Web, um virale Aufmerksamkeit zu erzeugen. Plattformen wie groops.de, flash-mob.de, flashmob.tv können dabei behilflich sein.
- Nutze wichtige *Keywords im Fließtext* und formatiere sie kursiv oder fett, um ihre Relevanz zu unterstreichen.

- *Kommentiere* regelmäßig *Beiträge* in Nischenforen und helfe anderen Menschen, Probleme zu lösen.
- *Beantworte Fragen* in Plattformen wie willwissen.net, cosmiq.de, answers.yahoo.com, wer-weiss-was.de, gutefrage.net.
- Veröffentliche *Gastbeiträge* in anderen Blogs, um deine Reichweite zu erhöhen. Schreibe dafür Beiträge für Seiten wie karrierebibel.de, bing.com, yahoo.com, selbststaendig-im-netz.de, google.de.
- Nutze *Kleinanzeigen-Portale* wie dhd24.com, kalaydo.de, kleinanzeigen.de, ebid.net, local24.de, quoka.de, markt.de, um Werbung für dein Produkt, deine Leistung und somit deine Website zu schalten.
- Schalte „Pay-per-Click"-Anzeigen bei Suchmaschinen wie Google AdWords, mirago.com, miva.com, yahoo.com, Microsoft, um gezielte Besucher auf deine Website zu locken.
- Veröffentliche – wenn es zu deiner Branche passt – *Plugins*, *Addons* und *Erweiterungen*, um deine Reichweite zu erhöhen und Backlinks zu generieren.
- Erstelle und veröffentliche *Podcasts*, um deine Inhalte auch über Audioformate zu verbreiten. Lade sie in Plattformen wie itunes, last.fm, podcast.de, podster.de, podcastdirectory.com, podcastzentrale.de hoch.
- Nutze *virale Tools* und Techniken wie AddThis.com, retweet (Twitter), „gefällt mir" (Facebook), viralurl.de, Viralinviter, um Inhalte viral zu verbreiten.
- Veröffentliche *Pressemeldungen* und sorge dafür, dass wichtige Informationen über dein Unternehmen und deine Website in die Medien gelangen. Nutze dafür Plattformen wie firmenpresse.de, openpr.de, presseecho.de, prcenter.de, presseanzeiger.de, pr-inside.com.
- Beteilige dich an *Social Media Marketing*, indem du gezielte Kontakte in Communities aufbaust und optimierte Profile erstellst. Nutze Plattformen wie facebook.com, myspace.com, linkedin.com, xing.com, plaxo.com, studivz.net.
- Veröffentliche Inhalte in *Wikis*, um wertvolle Beiträge zu erstellen und Backlinks zu erhalten. Nutze Plattformen wie wikipedia.de, wikinews.org, mediawiki.org.
- Trage deine Seite in *Webkataloge* ein, um Backlinks zu generieren und deine Reichweite zu erhöhen. Nutze Plattformen wie web.de, aol.de, linkheim.de, bellnet.de, fireball.de, dmoz.de sowie regionale Plattformen. Achte auf deren Relevanz – denn es gibt auch Schwarze Schafe darunter.
- Achte darauf, dass die *ersten 50-100 Wörter* einer Seite wichtige Keywords und relevante Informationen enthalten, um die Aufmerksamkeit von Suchmaschinen zu erregen.
- Nutze verschiedene Tipps und Anregungen wie Kleinanzeigen mit Internet-Adresse, Internet-Adresse auf Briefumschlägen, Visitenkarten mit Webadresse und knappem Text, Aufkleber mit Webadresse, Hinweis auf die Website im Anrufbeantwortertext, personalisierte Serien-E-Mails an Kunden, kostenloser Ratgeber-Service, werbefreie nützliche Online-Beiträge, Suchmaschinenoptimierte und interessante Website, einfache E-Mail-

Adresse/Signatur, Mitgliedschaft in Diskussionsgruppen und Netzwerken, Mailbots (automatische Antwort per E-Mail auf Anfragen), Eintrag in Verzeichnislisten/Linktausch, um deine Website zu bewerben und mehr Besucher anzuziehen.

Indem du diese vielfältigen Ansätze nutzt, kannst du den Traffic auf deiner Website steigern und mehr Besucher anlocken. Es erfordert zwar Zeit und Engagement, aber die Mühe wird sich auszahlen, indem deine Website an Sichtbarkeit gewinnt und du potenzielle Kunden auf dich aufmerksam machst.

Der Online-Shop – deine globale Verkaufsfiliale im Internet

Möchtest du über das Internet verkaufen? Dann kommst du um einen Online-Shop nicht herum. Er ist deine Verkaufsfiliale im Internet und ermöglicht es dir, rund um die Uhr und an 365 Tagen im Jahr deine Produkte und Dienstleistungen anzubieten. Mit einem Online-Shop erweiterst du deinen Vertriebskanal und nutzt das Internet als leistungsstarkes Werkzeug, um Kunden weltweit zu erreichen.

Die Funktionen deines Online-Shops

Ein Online-Shop ist viel mehr als nur eine Website mit Produkten und Preisen. Es ist eine Plattform, die es dir ermöglicht, mit Kunden in Kontakt zu treten und ihnen eine Vielzahl von Funktionen anzubieten:

- *Produktpräsentation und Katalogfunktion:* In deinem Online-Shop kannst du deine Waren und Dienstleistungen mit detaillierten Beschreibungen, Abbildungen und anderen relevanten Informationen präsentieren. Dadurch bekommen deine Kunden einen umfassenden Einblick in das, was du anbietest.
- *Warenkorbfunktion:* Deine Kunden können ihre gewünschten Artikel in den Warenkorb legen und dort sammeln, bevor sie den Bestellvorgang abschließen. Dies ermöglicht ihnen eine bequeme und übersichtliche Einkaufserfahrung.
- *Bestellfunktion:* Durch die einfache und intuitive Bestellfunktion können deine Kunden ihre Waren direkt über den Online-Shop bestellen. Dies spart Zeit und Aufwand und erhöht die Wahrscheinlichkeit, dass sie tatsächlich kaufen.
- *Bezahlsystem:* Du kannst verschiedene Bezahlmethoden anbieten, wie z.B. Rechnung, PayPal, Nachnahme oder Kreditkarte. Die Integration eines sicheren und zuverlässigen Bezahlsystems ist entscheidend, um das Vertrauen deiner Kunden zu gewinnen und die Zahlung abzusichern.
- *Anbindung an ein Warenwirtschaftssystem:* Je nach Umfang deines Geschäfts kann es sinnvoll sein, deinen Online-Shop an ein Warenwirtschaftssystem anzubinden. Dadurch erleichterst du die Verwaltung deiner Bestände und behältst den Überblick über deine Verkäufe.

Die Vorteile deines Online-Shops

Die Einrichtung eines Online-Shops bringt viele Vorteile und trägt maßgeblich zur Steigerung deines Absatzes bei:

- *Erweiterung des Vertriebskanals:* Dein bestehender Vertriebskanal wird um eine Variante erweitert. Kunden, die dich bisher vielleicht nicht besuchen konnten, haben nun die Möglichkeit, bei dir einzukaufen.
- *Zugang zu bestimmten Zielgruppen:* Immer mehr Menschen bevorzugen den Einkauf im Internet, sei es wegen der Bequemlichkeit, der Zeitersparnis oder der größeren Produktauswahl. Häufig meiden sie es auch, spezielle Produkte in verschiedenen lokalen Geschäften zu suchen, aus Sorge, diese dort nicht zu finden. Mit einem Online-Shop kannst du gezielt diese Zielgruppen ansprechen und ihre Bedürfnisse effektiver erfüllen.
- *Neue Zielgruppen ansprechen:* Durch die Präsenz im Internet erreichst du nicht nur lokale Kunden, sondern kannst auch überregional und sogar global verkaufen. Dadurch eröffnen sich dir neue Absatzmärkte und Wachstumschancen.
- *24/7 Verfügbarkeit:* Dein Online-Shop schläft nie! Deine Kunden können zu jeder Tages- und Nachtzeit bei dir einkaufen, unabhängig von Öffnungszeiten oder Feiertagen. Das ermöglicht es dir, rund um die Uhr Umsatz zu generieren.

Ein Online-Shop kann ein mächtiges Instrument ist, um dein Geschäft auszubauen und neue Kunden zu gewinnen. Es eröffnet dir die Chance, nicht nur regional, sondern auch überregional und global zu verkaufen. Nutze diese Möglichkeit, um dein Unternehmen erfolgreich in die Zukunft zu führen und die Umsätze zu steigern.

Die rechtlichen Rahmenbedingungen für deinen Online-Shop

Als stolzer Besitzer eines Online-Shops gibt es einige wichtige rechtliche Aspekte, die du beachten musst, um dein Geschäft auf solider Grundlage zu führen und mögliche rechtliche Fallstricke zu vermeiden. Hier sind einige der wichtigsten rechtlichen Rahmenbedingungen für deinen Online-Shop:

- *Impressum und Anbieterkennzeichnung:* Jeder Online-Shop benötigt ein Impressum, das leicht zugänglich und klar lesbar sein muss. Es sollte Angaben wie deinen Namen bzw. Firmennamen, die Anschrift deines Unternehmens, eine E-Mail-Adresse und Telefonnummer enthalten. Auch die Handelsregisternummer und die Umsatzsteuer-Identifikationsnummer müssen, falls vorhanden, angegeben werden.
- *Datenschutzerklärung:* Der Schutz der persönlichen Daten deiner Kunden ist von größter Bedeutung. Du musst eine Datenschutzerklärung bereitstellen, die transparent darlegt, welche Daten du erhebst, wie du sie verwendest und wie du sie schützt. Hierbei musst du auch auf die Rechte der Betroffenen, wie das Recht auf Auskunft und Löschung, hinweisen.

- *Widerrufs- und Rückgaberecht:* In vielen Ländern haben Kunden ein gesetzliches Widerrufsrecht, das ihnen erlaubt, innerhalb einer bestimmten Frist den Vertrag zu widerrufen und die Ware zurückzusenden. Du musst deine Kunden klar über ihr Widerrufsrecht informieren und eine Rückgabemöglichkeit anbieten.
- *AGB* (Allgemeine Geschäftsbedingungen): AGB sind die vertraglichen Bedingungen, unter denen du deine Produkte und Dienstleistungen anbietest. Sie sollten klar und verständlich formuliert sein und alle relevanten Informationen für den Kaufvorgang sowie Regelungen zu Lieferung, Zahlung und Gewährleistung enthalten.
- *Preisangabenverordnung und Grundpreisangabe:* Du musst sicherstellen, dass die Preise deiner Produkte klar und eindeutig angegeben werden und alle Preisbestandteile enthalten sind. Auch bei Waren, die nach Gewicht, Volumen oder Länge verkauft werden (z.B. Lebensmittel), ist die Angabe des Grundpreises pro Mengeneinheit erforderlich.
- *Elektronischer Geschäftsverkehr und Verbraucherrechte:* Als Online-Händler unterliegst du besonderen Regelungen des elektronischen Geschäftsverkehrs und musst die Rechte und Pflichten der Verbraucher, insbesondere im Fernabsatz, respektieren.
- *Marken- und Urheberrecht:* Stelle sicher, dass du keine fremden Marken- oder Urheberrechte verletzt, wenn du Produktbilder, Texte oder andere Inhalte für deinen Online-Shop verwendest. Halte dich an die geltenden Gesetze bezüglich geistigen Eigentums.
- *Verpackungsgesetz (*falls zutreffend): In einigen Ländern gibt es Verpackungsgesetze, die sicherstellen sollen, dass Verpackungsabfälle ordnungsgemäß entsorgt werden. Informiere dich darüber, ob du als Händler solchen Regelungen unterliegst und erfülle die entsprechenden Pflichten.

Es ist wichtig, dass du dich gründlich mit den rechtlichen Anforderungen vertraut machst und gegebenenfalls rechtlichen Rat einholst, um sicherzustellen, dass dein Online-Shop alle erforderlichen rechtlichen Rahmenbedingungen erfüllt. Anbieter wie eRecht24.de oder der Händlerbund (www.haendlerbund.de/de) können dich da unterstützen. Eine rechtliche Absicherung trägt nicht nur dazu bei, mögliche Strafen und Abmahnungen zu vermeiden, sondern schafft auch Vertrauen bei deinen Kunden und fördert den langfristigen Erfolg deines Unternehmens im Online-Handel.

Plugins und Tools für Online-Shops

Für Joomla und WordPress gibt es eine Vielzahl von Tools und Erweiterungen, um Online-Shops zu erstellen und zu verwalten. Diese Tools bieten unterschiedliche Funktionen, um Produkte zu präsentieren, Zahlungen abzuwickeln, Versandoptionen zu verwalten und vieles mehr. Hier sind einige der wichtigsten Online-Shop-Tools für beide Plattformen:
- *VirtueMart* ist eine der bekanntesten E-Commerce-Erweiterungen für Joomla. Sie bietet umfangreiche Funktionen für die Verwaltung von Produkten, Kategorien, Kunden, Be-

stellungen und vieles mehr. VirtueMart unterstützt verschiedene Zahlungs- und Versandmethoden und lässt sich durch zahlreiche Plugins erweitern.

- *Hikashop* ist eine flexible und benutzerfreundliche E-Commerce-Lösung für Joomla. Sie bietet eine intuitive Benutzeroberfläche und leistungsstarke Funktionen zur Produktverwaltung, Mehrsprachigkeit, Anpassungsfähigkeit durch Themes und eine Vielzahl von Zahlungs- und Versandoptionen. Hikashop ist in einer kostenlosen Basisversion und in erweiterten Versionen mit zusätzlichen Funktionen verfügbar.
- *J2Store* ist ein weiteres beliebtes E-Commerce-Tool für Joomla, das sich durch seine Einfachheit und Flexibilität auszeichnet. Es ermöglicht es dir, Produkte direkt in Joomla-Artikeln zu erstellen und zu verwalten, ohne dass eine komplexe Produktverwaltung erforderlich ist. J2Store unterstützt eine Vielzahl von Zahlungsgateways und bietet erweiterte Funktionen wie Inventarverwaltung, steuerliche Anpassungen und Berichterstattung.
- *WooCommerce* ist das bei weitem beliebteste E-Commerce-Plugin für WordPress. Es verwandelt eine WordPress-Seite in einen voll funktionsfähigen Online-Shop mit umfangreichen Produktverwaltungs-, Warenkorb-, Checkout- und Versandoptionen. WooCommerce ist hochgradig anpassbar und kann durch Hunderte von Erweiterungen in Bereichen wie Zahlungsgateways, Versandmethoden, Buchhaltung und mehr erweitert werden.
- *Easy Digital Downloads* ist speziell für den Verkauf digitaler Produkte konzipiert. Es bietet eine einfache und intuitive Möglichkeit, digitale Produkte zu verwalten und zu verkaufen, inklusive Software, Dokumente, Fotos und Musik. EDD bietet leistungsstarke Funktionen zur Bestellverwaltung und zu Kundendaten sowie eine breite Palette von Erweiterungen für zusätzliche Funktionen.
- *WP eCommerce* war eines der ersten E-Commerce-Plugins für WordPress und bietet eine Reihe von Funktionen für den Aufbau eines Online-Shops. Es unterstützt verschiedene Zahlungsoptionen, hat flexible Versandeinstellungen und ermöglicht die Anpassung des Checkout-Prozesses. WP eCommerce kann für den Verkauf physischer und digitaler Produkte verwendet werden und lässt sich durch zusätzliche Plugins erweitern.

Diese Tools bieten eine solide Grundlage für den Aufbau und die Verwaltung eines Online-Shops, sowohl für Joomla als auch für WordPress. Je nach deinen spezifischen Anforderungen und dem Umfang deines Online-Geschäfts kannst du das Tool auswählen, das am besten zu deinen Bedürfnissen passt.

Externe Shopsysteme

Für den deutschen Sprachraum gibt es eine Reihe von externen Shopsystemen, die sich durch ihre einfache Integration in bestehende Websites und ihre Nutzerfreundlichkeit auszeichnen. Diese Plattformen bieten umfangreiche Funktionen zur Verwaltung eines Online-Shops, einschließlich Produktmanagement, Zahlungsabwicklung, Inventarverwaltung und Marketingtools. Hier sind einige der beliebtesten externen Shopsysteme:

- *Shopify* ist eine der bekanntesten E-Commerce-Plattformen weltweit und auch in Deutschland sehr beliebt. Es bietet eine umfassende Lösung für Online-Shops jeder Größe mit einer Vielzahl von Templates, Apps und Features. Die Integration in eine bestehende Website ist einfach, und es unterstützt verschiedene Zahlungsmethoden, die speziell für den deutschen Markt relevant sind.
- *Adobe Commerce* (früher Magento) bietet eine flexible und skalierbare E-Commerce-Plattform, die sich für Unternehmen jeder Größe eignet. Es ist besonders für seine Anpassungsfähigkeit und die umfangreiche Community bekannt. Adobe Commerce eignet sich für Unternehmen, die eine maßgeschneiderte Lösung mit spezifischen Funktionen für den deutschen Markt suchen.
- *PrestaShop* ist eine kostenlose, Open-Source-E-Commerce-Plattform, die für ihre Benutzerfreundlichkeit und Effizienz geschätzt wird. Sie bietet zahlreiche Anpassungsoptionen und Module, um den spezifischen Anforderungen des deutschen Marktes gerecht zu werden.
- *Shopware* ist eine in Deutschland entwickelte E-Commerce-Plattform, die sich durch ihre Benutzerfreundlichkeit und Flexibilität auszeichnet. Sie ist besonders bei deutschen Online-Händlern beliebt und bietet eine starke Community sowie zahlreiche Erweiterungen und Themes. Die Wartung des Systems kann aber durchaus herausfordernd sein.
- *Gambio* ist ein weiteres in Deutschland entwickeltes Shopsystem, das sich durch seine einfache Bedienung und Anpassungsfähigkeit auszeichnet. Es ist speziell auf die Bedürfnisse kleiner und mittelständischer Unternehmen im deutschsprachigen Raum zugeschnitten.
- *Digistore24* ist eine deutsche E-Commerce-Lösung, die sich auf digitale Produkte und Dienstleistungen spezialisiert hat. Sie bietet eine einfache Möglichkeit, Produkte online zu verkaufen und Affiliate-Programme zu verwalten, und ist besonders bei Anbietern von Online-Kursen, E-Books und Software beliebt.

Diese Systeme bieten jeweils unterschiedliche Schwerpunkte und Funktionen, sodass für jedes Geschäftsmodell und jede Unternehmensgröße passende Lösungen verfügbar sind. Die Wahl des richtigen Shopsystems hängt von den spezifischen Anforderungen deines Online-Geschäfts, deinem Budget und deinen persönlichen Präferenzen ab.

E-Mail-Marketing – Die Kraft der direkten Kommunikation

E-Mail-Marketing ist ein effizientes Werkzeug, um direkt mit deinen Kunden und Interessenten zu interagieren. Es ermöglicht dir, zielgerichtet Informationen zu verbreiten, Produkte sowie Dienstleistungen zu präsentieren und dauerhafte Beziehungen zu etablieren. Hier erfährst du, wie du das volle Potenzial dieses Instruments ausschöpfen kannst. In der modernen Marketingwelt ist es eine unverzichtbare Komponente jeder Strategie. Die unmittelbare Verbindung zu potenziellen Kunden fördert nicht nur die Produkt- und Dienstleistungspromotion, sondern stärkt auch die Kundenbindung und steigert den Umsatz.

Allerdings sind mit E-Mail-Marketing auch Herausforderungen verbunden, insbesondere im Hinblick auf Datenschutz und die Gefahr von Spam. In einer Ära, in der der Schutz personenbezogener Daten und die Einhaltung von Datenschutzvorschriften essentiell sind, ist äußerste Sorgfalt geboten. Unternehmen müssen einen angemessenen Ton wählen und die Privatsphäre ihrer Abonnenten wahren. Missbräuche können schwerwiegende Folgen nach sich ziehen, wie Reputationsschäden oder rechtliche Sanktionen.

Deshalb ist es entscheidend, E-Mail-Marketing-Strategien sorgfältig zu planen und umzusetzen, um eine verantwortungsbewusste Nutzung dieses Kanals zu gewährleisten. Nutze am besten E-Mail-Tools, die für den deutschsprachigen Raum geeignet sind und die DSGVO-Voraussetzungen erfüllen (z.B. CleverReach, Newsletter2Go, MailChimp). Eine durchdachte Vorgehensweise und professionelle Durchführung machen E-Mail-Marketing zu einem starken Pfeiler deines Online-Marketing-Plans. Nutze die Möglichkeiten der direkten Kommunikation, um Kunden zu begeistern, sie dauerhaft an dein Unternehmen zu binden und deinen Umsatz langfristig zu fördern.

E-Mail-Marketing als wichtiges Instrument
E-Mail-Marketing ist ein mächtiges Instrument in deinem Online-Marketing-Toolset. Es bietet dir die Möglichkeit, direkt in den Posteingang deiner Kunden zu gelangen und persönliche Beziehungen aufzubauen. Im Vergleich zu anderen Marketingkanälen ist E-Mail-Marketing kostengünstig und ermöglicht es dir, eine breite Zielgruppe anzusprechen, ohne große Investitionen tätigen zu müssen.

Die Basis für erfolgreiches E-Mail-Marketing ist eine qualitativ hochwertige E-Mail-Liste. Baue deine Liste kontinuierlich auf, indem du Website-Besucher und Kunden zur Anmeldung für deinen Newsletter einlädst. Stelle sicher, dass du relevante Inhalte anbietest, die für deine Zielgruppe von Interesse sind, um sie von einem Abonnement zu überzeugen.

Eine gute E-Mail-Liste ermöglicht es dir, deine Empfänger in verschiedene Segmente aufzuteilen. Durch die Segmentierung kannst du gezielte und personalisierte Inhalte versenden, die besser auf die individuellen Bedürfnisse und Interessen deiner Empfänger zugeschnitten sind. Das erhöht die Relevanz deiner E-Mails und steigert die Öffnungs- und Klickraten.

Deine E-Mails sollten immer wertvollen und relevanten Inhalt bieten. Vermeide reine Werbebotschaften und setze stattdessen auf informative und hilfreiche Inhalte. Teile nützliche Tipps, aktuelle Informationen, exklusive Angebote und Storytelling, um das Interesse deiner Empfänger zu wecken und eine langfristige Beziehung aufzubauen.

Nutze die Automatisierungsfunktionen deines E-Mail-Marketing-Tools, um den Versand deiner E-Mails zu optimieren. Automatisierte E-Mails können zum Beispiel bei der

Anmeldung für den Newsletter, beim Kaufabschluss oder zum Geburtstag des Kunden versendet werden. Achte auch auf den richtigen Zeitpunkt des Versands, um die höchste Öffnungs- und Klickrate zu erzielen.

Jede E-Mail sollte eine klare Handlungsaufforderung (Call-to-Action) enthalten. Ob es darum geht, auf einen Link zu klicken, ein Produkt zu kaufen oder sich für ein Event anzumelden – der Call-to-Action leitet den Leser zu einer gewünschten Handlung. Optimiere deine E-Mails kontinuierlich, um die Conversion-Rate zu erhöhen und die gewünschten Ergebnisse zu erzielen.

Beim E-Mail-Marketing ist der Datenschutz von größter Bedeutung. Stelle sicher, dass du die gesetzlichen Bestimmungen zum Umgang mit personenbezogenen Daten einhältst und die Einwilligung deiner Empfänger für den Erhalt von E-Mails eingeholt hast. Biete zudem immer eine Möglichkeit zum Abmelden (Opt-out) an, um den Wünschen deiner Empfänger gerecht zu werden.

Verwende die Analysefunktionen deines E-Mail-Marketing-Tools, um den Erfolg deiner Kampagnen zu messen. Achte auf Kennzahlen wie Öffnungs- und Klickraten sowie die Conversion-Rate. Diese Daten helfen dir, deine E-Mail-Kampagnen kontinuierlich zu optimieren und noch effektiver zu gestalten.

E-Mail Autoresponder

Ein E-Mail-Autoresponder ist ein automatisiertes Werkzeug, das im Bereich der E-Mail-Kommunikation eingesetzt wird, um auf eingehende Nachrichten ohne manuelles Zutun sofort zu antworten. Diese Softwarelösung ermöglicht es, vordefinierte Nachrichten zu versenden, sobald eine neue E-Mail empfangen wird. Die Einsatzmöglichkeiten eines E-Mail-Autoresponders sind vielfältig und reichen von der Bestätigung des Eingangs einer Kundenanfrage über die Bereitstellung sofortiger Antworten auf häufig gestellte Fragen bis hin zur Versendung von Informationen zu Produkten, Dienstleistungen oder laufenden Aktionen. Autoresponder in der E-Mail-Kommunikation bieten vielfältige Vorteile:

- Autoresponder können häufig gestellte Fragen sofort beantworten und Kunden somit schnelle Rückmeldungen geben, was das Kundenservicetelefon entlastet.
- Sie sind ideal, um Kunden automatisiert und zeitnah über Neuigkeiten, Sonderangebote oder kurzfristige Aktionen zu informieren.
- Durch personalisierte Autoresponder-Nachrichten lässt sich die Kundenbindung stärken. Sie können für Cross-Selling, Upselling und zur Förderung von Kundenloyalität eingesetzt werden.
- Sie ermöglichen es, die Reaktionen auf E-Mail-Kampagnen zu messen, zum Beispiel durch das Tracking von Öffnungsraten und Klicks, was wertvolle Einblicke für zukünftige Marketingstrategien liefert.

- Indem wiederkehrende Anfragen automatisch beantwortet werden, spart das Unternehmen Zeit und Ressourcen.

Insgesamt sind Autoresponder ein leistungsfähiges Werkzeug, um die Kommunikation zu automatisieren, den Kundenservice zu verbessern und Marketingmaßnahmen effektiver zu gestalten.

Google Ads – Effektive Werbung mit überschaubarem Budget

Google Ads ist eine äußerst effektive Methode, um neue Kunden zu gewinnen, selbst mit einem begrenzten Budget. Hier erfährst du, wie du das Beste aus deinen Google Ads-Kampagnen herausholen kannst:

- Erstelle eine umfassende *Keyword-Liste:* Beginne damit, eine Liste mit allen möglichen Suchbegriffen zu erstellen, die zu deinem Produkt, deiner Dienstleistung oder deinem Geschäftsfeld passen. Berücksichtige dabei auch häufige Rechtschreibfehler und Variationen in der Schreibweise, um zusätzliche Keywords zu finden.
- Optimiere deine *Anzeigenposition:* Strebe nach den Anzeigenpositionen 2 bis 4, da diese oft mehr Besucher und potenzielle Käufer anziehen, während die Kosten niedriger bleiben als bei den Top-Positionen.
- Nutze eine *aufmerksamkeitsstarke Titelzeile:* Die Titelzeile deiner Google Ads-Anzeige muss die Aufmerksamkeit auf sich ziehen. Verwende den relevanten Suchbegriff in der Titelzeile, um die Relevanz für den Suchenden zu erhöhen.
- Betone den *Nutzen* deines Produkts oder deiner Dienstleistung: Beschreibe in deinem Anzeigentext, welches Problem dein Produkt oder deine Dienstleistung löst und betone mögliche Vorteile wie günstige Preise oder kostenlose Versandkosten.
- Prüfe die *Keyword-Optionen:* Wähle die richtigen Keyword-Optionen, um die Zielgruppe besser anzusprechen. Du kannst zwischen weitgehend passenden Keywords, passenden Keywords, genauen Keywords und erweiterten Übereinstimmungen wählen.
- Verwende *„ausschließende Keywords":* Nutze ausschließende Keywords, um sicherzustellen, dass deine Anzeige nicht für Suchanfragen angezeigt wird, die nicht zu deinem Produkt oder deiner Dienstleistung passen.
- *Vermeide Preiskriege:* Setze auf gezielte Suchbegriffe, die aus mehreren Wörtern bestehen, um Preiskriege zu vermeiden und relevantere Suchanfragen zu erzielen.
- Erstelle spezifische *Landingpages* für jedes Keyword: Um die Messbarkeit deiner Kampagnen zu erhöhen, erstelle für jedes Keyword und jede AdWords-Anzeige eine eigene Landingpage mit passenden Inhalten.
- *Aktualisiere deine Anzeigen* bei Ereignissen oder Feiertagen: Halte deine Google Ads-Anzeigen aktuell, indem du sie bei bestimmten Ereignissen oder Feiertagen anpasst, um die Relevanz für deine Zielgruppe zu erhöhen.

- Erwähne den *Preis,* um Gratis-Sucher auszuschließen: Erwähne den Preis in deiner Anzeige, um Nutzer auszuschließen, die nach kostenlosen Optionen suchen.
- Wähle sparsam *Länder und Sprachen* aus: Selektiere sorgfältig die Länder und Sprachen, in denen deine Anzeigen erscheinen sollen, um die Kosten zu kontrollieren und die Effizienz zu steigern.
- *Deaktiviere Partnersites* bei hohen Kosten oder geringem Gewinn: Überwache die Leistung deiner Google Ads-Anzeigen und schalte Partnersites von Google aus, falls die Anzeige zu teuer ist oder nicht den gewünschten Gewinn erwirtschaftet.
- Nutze *KI-gestützte Keyword-Recherchen* und Optimierungen: Künstliche Intelligenz hat die Fähigkeit, große Mengen von Daten schnell zu analysieren und Muster zu erkennen. Du kannst KI-gestützte Tools verwenden, um umfassende Keyword-Recherchen durchzuführen und herauszufinden, welche Suchbegriffe am relevantesten und effektivsten für deine Google Ads sind. Dies ermöglicht es dir, deine Keyword-Liste kontinuierlich zu optimieren und gezieltere Anzeigen zu erstellen. Mit KI-gestützten Recherchen und Optimierungen kannst du das volle Potenzial deiner Google Ads-Kampagnen ausschöpfen und deine Werbeausgaben noch effektiver nutzen. Es lohnt sich, diese modernen Technologien zu nutzen, um deine Internet-Marketing-Strategie auf das nächste Level zu heben und deine Ziele zu übertreffen..

Das Telefon als unverzichtbares Werkzeug

In einer digitalen Welt, in der die Technologie ständig fortschreitet, bleibt das Telefon dennoch ein zentrales Kommunikationsmittel im Berufsalltag. Laut einer aktuellen Untersuchung nutzen 81 % der Berufstätigen in Unternehmen regelmäßig das Telefon, während 77 % auf E-Mails zurückgreifen. Doch das Telefon bietet mehr als herkömmliche Kommunikation. Es kann in der Unternehmenskommunikation und im Marketing einen entscheidenden Unterschied machen. In diesem Kapitel erfährst du, wie du das Telefon erfolgreich in deinem Business einsetzen kannst.

Die Cloud-Telefonanlage – Flexibilität und Kostenersparnis

Eine Cloud-Telefonanlage ist eine innovative Lösung, die alle Funktionen einer traditionellen Telefonanlage in einem Provider-Rechenzentrum hostet und über das Internet mittels VoIP bereitstellt. Der Hauptvorteil liegt in der Flexibilität und Ortsunabhängigkeit – du kannst die Anzahl der Nutzer nach Bedarf anpassen und zahlst nur für die tatsächlich genutzten Nebenstellen. Es sind weder analoge Telefonleitungen noch teure Hardware erforderlich; ein herkömmlicher DSL-Anschluss genügt. Mit Features wie Unified Communications übertrifft die Cloud-Telefonanlage traditionelle Systeme bei Weitem und ermöglicht den Zugriff von jedem Standort und jedem Endgerät aus.
Telefon-Cloud-Anbieter im deutschsprachigen Raum

- *Placetel:* Ein in Köln ansässiger Anbieter, der sich durch eine breite Palette an Funktionen und hohe Skalierbarkeit auszeichnet, ideal für kleine bis mittelgroße Unternehmen.
- *NFON:* Mit Sitz in München bietet NFON eine zuverlässige Cloud-Telefonanlage, die sich durch einfache Bedienung und hohe Sicherheitsstandards auszeichnet.
- *sipgate:* Ein Düsseldorfer Unternehmen, das flexible VoIP-Lösungen mit einer Vielzahl an nützlichen Features für Unternehmen jeder Größe bietet.

Risiken von VoIP-Anlagen

Obwohl VoIP-Anlagen zahlreiche Vorteile bieten, gibt es auch spezifische Risiken, die berücksichtigt werden müssen:

- *Ausfallzeiten:* VoIP-Systeme sind von der Internetverbindung abhängig. Bei einem Internetausfall sind auch die Telefonie-Funktionen nicht verfügbar.
- *Sicherheitsrisiken:* Da VoIP-Daten über das Internet übertragen werden, sind sie potenziell anfällig für Cyberangriffe wie Phishing, Malware und Denial-of-Service (DoS)-Attacken.
- *Qualitätsprobleme:* Die Qualität von VoIP-Anrufen kann durch Netzwerkprobleme wie Jitter, Latenz und Paketverlust beeinträchtigt werden, was zu unterbrochenen oder verzerrten Kommunikationen führen kann.
- *Kompatibilitätsprobleme:* Hardware- und Software-Komponenten müssen vollständig kompatibel sein, um optimale Funktionalität zu gewährleisten, was bei Updates oder Systemänderungen zu Herausforderungen führen kann.

Strategien für den Fall eines Ausfalls

Um die Kontinuität der Geschäftskommunikation sicherzustellen, ist es entscheidend, eine effektive Backup-Strategie zu implementieren:

- *Redundante Internetverbindungen:* Eine oder mehrere Backup-Internetverbindungen von unterschiedlichen Anbietern können sicherstellen, dass die VoIP-Services auch bei einem Ausfall der Hauptverbindung verfügbar bleiben.
- *Failover-Systeme:* Automatische Failover-Lösungen können nahtlos zwischen der primären und der sekundären (Backup-)Internetverbindung umschalten, ohne dass die Kommunikation unterbrochen wird.
- *Regelmäßige Datensicherungen:* Sichere regelmäßig Konfigurationsdaten und wichtige Informationen deiner VoIP-Systeme, um nach einem Ausfall schnell wiederherstellen zu können.
- *Lokale PSTN-Integration:* Für kritische Kommunikationsbedürfnisse könnte die Integration von herkömmlichen PSTN-Leitungen (Public Switched Telephone Network) in die VoIP-Infrastruktur eine zusätzliche Absicherung bieten. Allerdings wird das PSTN bis Ende des Jahres 2025 vollständig abgeschaltet. Ich sehe dies als einen ebenso riskanten Schritt an, wie die Vergabe von 5G-Aufträgen an chinesische Anbieter wie Huawei.

- *Distributed Cloud Solutions:* Nutze verteilte Cloud-Lösungen, die eine höhere Ausfallsicherheit durch geografisch verteilte Datenzentren bieten.
- *Regelmäßige Systemüberprüfungen und Updates:* Halte die Software deiner VoIP-Anlagen stets aktuell und überprüfe regelmäßig die Sicherheitseinstellungen, um Schwachstellen zu minimieren.

Durch die Implementierung dieser Strategien kannst du die Risiken, die mit der Nutzung von VoIP-Anlagen verbunden sind, minimieren und eine hohe Verfügbarkeit und Zuverlässigkeit deiner Kommunikationssysteme sicherstellen.

Neue Kunden per Telefon – Effektive Direktansprache

Das Telefon ist ein ausgezeichnetes Werkzeug zur Neukundengewinnung. Mit gezielten Anrufen kannst du nah am Kunden sein und B2B-Kontakte effektiv aktivieren. Das Telefon ermöglicht sofortige Reaktionen ohne Umwege und bietet die Möglichkeit, Zwischenziele wie Terminvereinbarungen oder den Versand von Angeboten zu erreichen. Setze dir klare Zielvorgaben und formuliere dein Anliegen kurz und prägnant in 1-3 Sätzen, um das Interesse deiner Gesprächspartner zu wecken.

Vorbereitung ist alles. Erstelle dir vorab ein Telefonscript (speziell für die Neukundengewinnung), das kann einen großen Unterschied machen. Nutze die Prinzipien des Direktmarketings und des „Elevator Pitches", um dich bestmöglich vorzubereiten.

Zuerst musst du dir darüber klar werden, was du mit dem Anruf erreichen möchtest: Ein Meeting vereinbaren, ein Produkt vorstellen oder Informationen sammeln? Starte das Gespräch mit einer freundlichen Begrüßung und stelle dich kurz vor. Dann kommt der spannende Teil – der „Elevator Pitch". In wenigen Sätzen präsentierst du überzeugend, was du anbietest und welchen Nutzen es für den potenziellen Kunden hat. Sei direkt und sprich den Kunden persönlich an.

Der Ablauf könnte folgendermaßen aussehen: Ein provokanter erster Satz, der den Finger auf die Wunde legt, gefolgt von der präsentierten Lösung. Erkläre, wie dein Produkt oder deine Dienstleistung dem Kunden helfen kann, seine Ziele zu erreichen oder Probleme zu lösen. Achte dabei auf Feedback und stelle gezielte Fragen, um die Bedürfnisse und Herausforderungen des potenziellen Kunden zu verstehen. So zeigst du, dass du an einer maßgeschneiderten Lösung interessiert bist. Denke daran, Fragen zu stellen und eine konkrete Handlungsaufforderung zu geben (Call to Action). Am Ende des Gesprächs versuche, eine konkrete Handlung zu vereinbaren, wie etwa einen Termin für ein weiterführendes Gespräch oder eine Produktdemonstration. Bedanke dich für die Zeit des Kunden und besprche das weitere Vorgehen, wie etwa das Zusenden weiterer Informationen. Mit dieser Vorgehensweise wirst du erfolgreich Neukunden gewinnen.

Das Telefonieren mit potenziellen Kunden birgt auch die Möglichkeit von Ablehnung, doch sie das bitte als Teil des Lernprozesses an. Jede Ablehnung bietet dir die Chance, deine Herangehensweise zu verfeinern und deine Kommunikationsfähigkeiten zu stärken. Lass dich nicht entmutigen – selbst erfahrene Vertriebsprofis hören gelegentlich ein „Nein". Wichtig ist, dass du aus jedem Gespräch etwas mitnimmst, sei es einen Einblick in die Bedürfnisse des Kunden oder eine Idee zur Verbesserung deiner Strategie. Mit Ausdauer und der Bereitschaft, aus Ablehnungen zu lernen, wirst du deine Fähigkeit, Neukunden zu gewinnen, kontinuierlich verbessern.

Kunden reaktivieren – Die Wiederbelebung von Geschäftsbeziehungen
Das Wiederbeleben alter Geschäftsbeziehungen kann der Schlüssel zu neuen Geschäftsmöglichkeiten sein. Mit einer sorgfältigen Vorbereitung und einem einfühlsamen Ansatz kannst du diese Kontakte erfolgreich reaktivieren und stärken. Starte das Telefonat mit einer herzlichen Begrüßung und erinnere dich an gemeinsame Erfolge oder besondere Momente. Zeige echtes Interesse an der aktuellen Situation deines Gesprächspartners und biete Lösungen an, die einen Mehrwert für ihn bringen könnten. Informiere über neue Entwicklungen in deinem Unternehmen, die für den Kontakt von Interesse sein könnten. Schließlich schlage ein persönliches Treffen oder eine Zusammenarbeit vor, um die Beziehung weiter zu vertiefen. Mit diesen praktischen Ansätzen kannst du alte Geschäftsbeziehungen erfolgreich wiederbeleben und neue Chancen schaffen.

Anrufbeantworter und Voicebox – immer erreichbar für deine Kunden
Um auch außerhalb der Geschäftszeiten für deine Kunden erreichbar zu sein, sind Anrufbeantworter oder die Weiterleitung auf eine Handy-Mailbox unverzichtbar. Mindestens zwei Texte sollten vorbereitet sein – einer für den Fall, dass der Anrufer eine Nachricht hinterlassen soll, und einer ohne Nachrichtenaufzeichnung, z.B. für Urlaubszeiten. Nenne deine Firma deutlich, vermeide Dialekte und achte auf klare, verständliche Sprache. Kurze und prägnante Formulierungen sollten den Anrufer dazu anleiten, das zu tun, was du von ihm möchtest. Teste auch die Tonqualität, um sicherzustellen, dass die Aufnahmen professionell klingen.

Das Fax als Auslaufmodell

Das Fax spielt im heutigen Geschäftsleben nur noch eine marginale Rolle, ist jedoch in bestimmten Branchen weiterhin relevant. Zu diesen Branchen gehören:
- Rechtswesen und Notariate: Hier wird das Fax oft für den offiziellen Dokumentenversand verwendet, da es als rechtsgültige Form der Kommunikation anerkannt ist.
- Gesundheitswesen: Einige medizinische Einrichtungen nutzen weiterhin Faxgeräte, um Patienteninformationen und Rezepte auszutauschen.
- Regierungs- und Verwaltungsbehörden: In einigen Ländern werden Faxe für den Austausch offizieller Dokumente zwischen Behörden und Institutionen genutzt.

In diesen Sektoren wird das Fax aufgrund seiner Zuverlässigkeit, der Möglichkeit zur direkten Zustellung physischer Dokumente und aus rechtlichen Gründen geschätzt.

Während Faxgeräte heute weitgehend an Bedeutung verloren haben, ist und bleibt das Telefon ein unverzichtbares Werkzeug in der Unternehmenskommunikation. Mit gezieltem Einsatz und klaren Zielen kannst du neue Kunden gewinnen, bestehende Kundenbeziehungen reaktivieren und deine Serviceleistungen rund um die Uhr zur Verfügung stellen. Die Cloud-Telefonanlage bietet dabei maximale Flexibilität und Kostenersparnis, während Autoresponder zusätzliche Unterstützung bieten. Nutze das Telefon als effektives Marketinginstrument und stärke deine Kundenbindung durch persönliche und direkte Gespräche.

Anzeigen – Teure Kommunikation mit gezielter Zielgruppenansprache

Anzeigen sind ein kraftvolles Instrument im Marketing, um gezielt mit deiner Zielgruppe zu kommunizieren. Du kannst sie um Response-Elemente wie Coupons oder Antwortkarten ergänzen, die es potenziellen Neukunden ermöglichen, einfach und direkt Kontakt mit deiner Firma aufzunehmen. Die Vielseitigkeit von Anzeigen erlaubt es, sie für verschiedene Zwecke einzusetzen und unterschiedliche Ziele zu verfolgen.

Vorteile von Print-Anzeigen

Print-Anzeigen, wie in Zeitschriften oder Zeitungen, werden oft als vertrauenswürdiger wahrgenommen, da sie in gedruckter Form vorliegen und nicht so leicht veränderbar sind wie digitale Inhalte. Mit Print-Medien kannst du gezielt bestimmte Zielgruppen ansprechen, da es spezialisierte Zeitschriften gibt, die sich auf bestimmte Interessen, Hobbys oder Branchen konzentrieren. Print-Anzeigen erzeugen eine bessere Aufmerksamkeit beim Leser, da dieser in der Regel bewusst das Magazin oder die Zeitung liest und nicht von Pop-ups oder Ablenkungen im Internet gestört wird. Gedruckte Anzeigen können länger in den Händen der Leser verbleiben und somit eine längere Wirkung haben als kurze digitale Anzeigen.

Nachteile von Print-Anzeigen

Print-Anzeigen können teurer sein, insbesondere in bekannten Magazinen oder Zeitungen mit großer Reichweite. Im Vergleich zu digitalen Anzeigen bieten Print-Anzeigen begrenzte Möglichkeiten zur Interaktion mit der Zielgruppe. Die Reichweite von Print-Anzeigen ist beschränkt auf die Anzahl der verkauften Exemplare der Zeitschrift oder Zeitung. Es kann schwierig sein, den Erfolg von Print-Anzeigen genau zu messen, da es keine sofortige Klick-Rate oder Ähnliches gibt..

Zielgruppen und Medienauswahl

Wenn deine Zielgruppe überwiegend älter ist und weniger online-affin, könnten Print-Anzeigen in Zeitungen oder Zeitschriften eine gute Wahl sein, da sie diese Gruppe besser erreichen. Für spezialisierte Zielgruppen, wie beispielsweise Technologie-Enthusiasten, könnten Anzeigen in Fachzeitschriften oder Branchenmagazinen effektiver sein, da diese Zielgruppe dort gezielt nach Informationen sucht. Wenn du eine breite Zielgruppe ansprechen möchtest und deine Botschaft schnell verbreiten willst, könnte eine Anzeige in einer regionalen oder überregionalen Zeitung sinnvoll sein. Beachte jedoch, dass die Medienauswahl auch von deinem Budget abhängt. Wenn du ein kleineres Budget hast, könnten lokale Anzeigen in kostenlosen Anzeigenblättern eine kosteneffiziente Möglichkeit sein, eine lokale Zielgruppe zu erreichen. Denke daran, dass eine klare Zielgruppenanalyse und die Wahl des richtigen Mediums entscheidend sind, um mit deiner Print-Anzeige die gewünschte Wirkung zu erzielen. Teste und optimiere deine Anzeigen, um herauszufinden, welches Medium am besten für deine Zielgruppe und Marketingziele geeignet ist.

Zeitschriften-Anzeige: Effektive Ansprache mit Response-Elementen
In Zeitschriften können Anzeigen als Response-Elemente gestaltet werden, um weiterführende Informationen zu Produkten oder Dienstleistungen anzufordern. Dieses Instrument eignet sich ebenfalls, um Neukunden zu interessieren, indem die Anzeige besondere Anreize wie Werbegeschenke oder kostenlose Musteranforderungen bietet. Als Direktwerbung mit Bestellmöglichkeit dient sie zudem dazu, den Umsatz kurzfristig anzukurbeln. Auch für den Direktvertrieb und als kleine „Marktforschung" können Anzeigen in Zeitschriften genutzt werden. Die gewonnenen Adressen ermöglichen es, eine Kundendatenbank aufzubauen oder zu aktualisieren. Diese zielgerichtete Ansprache sorgt dafür, dass Informationsmaterial nur von wirklichen Interessenten angefordert wird und Versand- und Produktionskosten gesenkt werden. Antwortkarten haben sich dabei als besonders wirksam erwiesen, da sie wie ein Lesezeichen im Heft wirken und die Seite den Lesern beim Blättern automatisch auffällt.

Tageszeitungs-Anzeige: Schneller Reichweitenaufbau mit Glaubwürdigkeit
Tageszeitungs-Anzeigen informieren schnell und aktuell über lokale Ereignisse und Neuigkeiten. Daher eignen sie sich besonders gut zur Ankündigung regionaler Aktivitäten. Als Ergänzungsmedium zu anderen klassischen Werbemedien ermöglichen Tageszeitungs-Anzeigen einen schnellen Reichweitenaufbau in lokalem oder regionalem Raum. Sie zeichnen sich durch hohe Glaubwürdigkeit aus und sind regional gut steuerbar. Tageszeitungen erreichen eine breite Zielgruppe und haben eine hohe Haushaltsabdeckung. Ihre aktuelle Berichterstattung erlaubt eine kurze Vorlaufzeit von etwa 3 bis 7 Tagen für die Schaltung von Anzeigen. Allerdings sollte beachtet werden, dass Tageszeitungs-Anzeigen einen relativ höheren Tausender-Kontakt-Preis haben und schnell an Aktualität verlieren.

Kleinanzeigen: Effiziente Werbung ohne große Kosten
Kleinanzeigen bieten dir eine tolle und kostengünstige Möglichkeit, dein Angebot oder deine Dienstleistung einem breiten Publikum zu zeigen. Sie ähneln privaten Kleinanzeigen und

enthalten oft nur Text. Der große Vorteil: Wenn du die Anzeige selbst textest, fallen keine zusätzlichen Gestaltungskosten an. Damit deine Kleinanzeige erfolgreich ist, ist die Wahl des richtigen Verkaufsarguments entscheidend. Konzentriere dich auf die Bedürfnisse und Wünsche deiner potenziellen Kunden. Überlege, was sie gerne hätten, sparen wollen, tun oder sein möchten, und baue diese Aspekte geschickt in deine Anzeige ein. Schreibe knapp und prägnant, füge eine klare Handlungsaufforderung hinzu und locke mit attraktiven Angeboten wie Garantien, Gratis-Mustern oder Gutschriften. So erhöhst du die Resonanz deiner Kleinanzeige und erreichst mehr Interessenten.

Stellenanzeigen: Eine Möglichkeit, dein Unternehmen zu profilieren
Stellenanzeigen sind ein unterschätztes Werbemedium, das dir eine hervorragende Möglichkeit bietet, dein Unternehmen zu präsentieren und dich gegenüber anderen Firmen zu profilieren. Wenn du eine Stelle zu besetzen hast, nutze diese Gelegenheit, um ohne großen Mehraufwand positive Werbung für dein Unternehmen zu machen.

- Achte darauf, dass der Stil deines Textes zum Unternehmen passt und der Interessent klar erkennen kann, was du von ihm erwartest. Verwende gut lesbare Schriftgrößen, platziere dein Firmenzeichen an einer guten Position und füge deine Anschrift hinzu. Integriere deinen Firmenslogan oder deine Unternehmensbotschaft, um deine Marke zu stärken.
- Prüfe sorgfältig die genauen Abmessungen der Stellenanzeige, um Missverständnisse zu vermeiden. Manche Werbeagenturen bieten Unterstützung bei der Schaltung von Anzeigen an und können auch Gestaltungskosten reduzieren, indem sie einen Teil der Verlagsprovision an dich weitergeben. Nutze diese Möglichkeiten, um eine ansprechende und effektive Stellenanzeige zu schalten und qualifizierte Bewerber anzuziehen.

Um Stellenanzeigen ansprechender für engagierte Kandidaten zu gestalten, solltest du folgende Punkte beachten:

- Formuliere die Anforderungen an die Position realistisch und basierend auf den tatsächlichen Bedürfnissen. Vermeide unrealistische Erwartungen an einen „Superkandidaten".
- Unterscheide zwischen „Muss"- und „Kann"-Anforderungen. Konzentriere dich auf die Kernkompetenzen, die für die Position unerlässlich sind, und lass Raum für die Entwicklung anderer Fähigkeiten.
- Ermutige Bewerber, sich zu bewerben, auch wenn sie nicht alle Anforderungen zu 100% erfüllen. Offenheit für Vielfalt und unterschiedliche Hintergründe kann die Auswahl talentierter Kandidaten erweitern.
- Zeige, dass dein Unternehmen bereit ist, in die Weiterentwicklung der Mitarbeiter zu investieren. Dies kann potenzielle Kandidaten anziehen, die bereit sind, Fähigkeiten zu erlernen und sich weiterzuentwickeln.
- Gib in der Stellenanzeige Informationen über dein Unternehmen, seine Kultur und die langfristigen Perspektiven, um Interesse zu wecken.

Ergänzende Hinweise für Online-Stellenanzeigen:
- Stelle sicher, dass deine Online-Anzeigen suchmaschinenoptimiert sind, um eine höhere Sichtbarkeit in Suchergebnissen zu erzielen.
- Nutze die Möglichkeit, interaktive Elemente wie Videos über das Unternehmen oder den Arbeitsplatz einzubinden.
- Biete einfache und direkte Bewerbungsmöglichkeiten an, wie z.B. Buttons für die sofortige Bewerbung über Online-Plattformen oder soziale Netzwerke.
- Achte darauf, dass deine Anzeigen für mobile Endgeräte optimiert sind, da viele Bewerber über Smartphones und Tablets suchen.
- Nutze Tracking-Tools, um den Erfolg deiner Anzeigen zu messen und um zu verstehen, woher die Bewerbungen kommen und welche Aspekte der Anzeige am effektivsten sind.

Durch die Kombination von Print- und Online-Stellenanzeigen kannst du ein breiteres Spektrum an potenziellen Kandidaten erreichen und deine Chancen verbessern, die richtigen Talente für dein Unternehmen zu gewinnen..

Fachanzeige mit Response-Element: Gezielte Ansprache ohne Streuverluste
Fachzeitschriften bieten die Möglichkeit, eine spezielle Zielgruppe ohne große Streuverluste anzusprechen. Fachanzeigen ermöglichen eine sehr spitze Zielgruppen-Ansprache und vermitteln umfassende Informationen. Der bewusste Leser wendet dem Inhalt bewusste Zuwendung zu. Fachanzeigen sind ständig verfügbar und können mehrmals genutzt werden. Allerdings erreichen sie keine breite Öffentlichkeit und haben einen langsamen Reichweitenaufbau. Eine Plattform um geeignete Medien zu finden ist www.fachzeitungen.de.

Teaser-Anzeigen: Neugier wecken und Spannung erzeugen
Teaser-Anzeigen sind spezielle Anzeigen, die darauf abzielen, gezielt Neugier zu wecken und Spannung aufzubauen. Dabei wird die Neuigkeit nicht gleich verraten, um eine erwartungsvolle Spannung in der Zielgruppe zu erzeugen. Teaser-Anzeigen werden häufig zur Ankündigung von Kampagnen oder bestimmten Events eingesetzt, um die Aufmerksamkeit und die Durchschlagskraft zu verstärken.

Anzeigen unterstützen also Imageaufbau, Umsatzsteigerung sowie Adressgenerierung. Eine durchdachte Strategie und ansprechende Gestaltung ermöglichen es dir, deine Marketingziele zu erreichen und dein Unternehmen optimal zu präsentieren.

Kreative Außenwerbung

Kreative Außenwerbung ist ein mächtiges Instrument in der Unternehmenskommunikation, um die Aufmerksamkeit potenzieller Kunden zu gewinnen und dein Unternehmen unvergesslich zu machen. Mit Außenwerbung kannst du deine Botschaften direkt an die Zielgruppe bringen, egal ob sie unterwegs ist, einkauft oder die Stadt erkundet.

Die Möglichkeiten für kreative Außenwerbung sind vielfältig und reichen von Plakatwänden über Litfasssäulen bis hin zu riesigen Leuchtreklamen an Fassaden. Der Schlüssel zum Erfolg liegt darin, aus der Masse herauszustechen und eine starke visuelle Identität zu schaffen, die dein Unternehmen einzigartig macht.

Einprägsame Bilder, clevere Slogans und ein ansprechendes Design sind entscheidend, um die Aufmerksamkeit der Passanten zu fesseln. Bedenke, dass Außenwerbung oft nur wenige Sekunden Zeit hat, eine Botschaft zu vermitteln, also halte deine Botschaft klar und prägnant. Humor und Kreativität können ebenfalls große Erfolgsfaktoren sein. Eine witzige oder überraschende Anzeige bleibt im Gedächtnis und fördert Gespräche über dein Unternehmen.

Achte auch auf die Standorte deiner Außenwerbung. Platziere sie an frequentierten Orten, an denen deine Zielgruppe regelmäßig vorbeikommt, um maximale Reichweite zu erzielen und die Wahrscheinlichkeit zu erhöhen, dass potenzielle Kunden auf deine Botschaft aufmerksam werden. Eine Möglichkeit verschiedene Standorte und Werbemöglichkeiten zu vergleichen bietet beispielsweise die Plattform crossvertise.com.

Eine weitere Möglichkeit, kreative Außenwerbung zu nutzen, sind Guerilla-Marketing-Aktionen. Diese unkonventionellen Werbeaktionen sorgen oft für Aufsehen und können viral gehen, was zu noch größerer Reichweite führt. Nutze auch die Möglichkeiten der Digitalisierung. Digitale Außenwerbung ermöglicht es dir, deine Botschaften in Echtzeit anzupassen und auf aktuelle Ereignisse oder Trends zu reagieren. Zudem kannst du interaktive Elemente einbauen, um das Publikum direkt einzubinden und die Aufmerksamkeit zu erhöhen.

Einige der ungewöhnlichen Werbeflächen umfassen Werbung auf Mülleimern, in oder an Hygieneeinheiten, auf Stromkästen, an Uhren und sogar auf den Rückenlehnen von Achterbahnen. Diese unkonventionellen Werbeplätze bieten Unternehmen die Möglichkeit, ihre Botschaften auf originelle und auffällige Weise zu präsentieren. Die Preise für solche ungewöhnlichen Werbeflächen beginnen oft schon bei 15 EUR pro Monat, was sie zu einer kostengünstigen Option macht, um die Aufmerksamkeit eines breiten Publikums zu erlangen.

Bus- und Bahnwerbung ist eine weitere interessante Möglichkeit, die breite Öffentlichkeit anzusprechen. Es wird traditionell von lokalen oder regionalen Firmen eingesetzt, aber auch überregionale Marken nutzen zunehmend dieses Medium. Es gibt verschiedene Formen der Verkehrsmittelwerbung, darunter Ganzbemalungen (langfristige Werbung über 2-3 Jahre), Rumpfflächen (mittelfristige Werbung, teilweise auch kürzere Laufzeiten möglich) sowie Deckenflächenplakate und Heckfensterplakate. Diese ermöglichen einen schnellen Reichweitenaufbau und eine hohe Kontaktfrequenz, da sie von einer breiten mobilen Öffentlichkeit wahrgenommen werden.

Allerdings ist die Zielgruppenselektion bei dieser Art von Werbung begrenzt, da sie sich in der Regel an die breite Öffentlichkeit richtet. Zudem kann die Abdeckung größerer Gebiete relativ teuer sein, und die Wahrnehmung der Werbung erfolgt oft unbewusst, da die Menschen unterwegs sind. Dennoch bleibt außergewöhnliche Außenwerbung eine kreative Möglichkeit, Menschen zu erreichen und eine nachhaltige Wirkung zu erzielen. Durch innovative und originelle Werbeideen können Unternehmen ihre Botschaften effektiv vermitteln und sich von der Konkurrenz abheben.

Kreative Außenwerbung bietet eine Chance, dein Unternehmen auf eine einzigartige und emotionale Weise zu präsentieren. Nutze diese Möglichkeit, um deine Marke zu stärken, neue Kunden zu gewinnen und einen bleibenden Eindruck zu hinterlassen. Kombiniere Kreativität mit strategischem Denken, um eine effektive Außenwerbung zu gestalten, die dein Unternehmen erfolgreich voranbringt..

Plakatwerbung – Der König der Außenwerbung
Plakatwerbung ist der König der Außenwerbung! Plakatwerbung bietet dir eine Vielzahl von Vorteilen, um schnell eine große Reichweite aufzubauen und eine hohe Kontaktdichte zu erreichen. Du erreichst damit die mobile und kaufkräftige Zielgruppe auch unterwegs und kannst unmittelbare Handlungsimpulse auslösen. Darüber hinaus ermöglicht Plakatwerbung eine effektive Selektion durch Mikro- und Geo-Marketing.

Damit deine Plakatwerbung auch wirkt und aus der Masse heraussticht, ist eine ansprechende und aktivierende Gestaltung entscheidend. Hier einige Tipps für erfolgreiche Plakatwerbung:

- Kombiniere visuelle und textliche Elemente: Kreiere eine intelligente und auffällige Werbebotschaft, die bei den Betrachtern auf den ersten Blick Interesse weckt.
- Zielgruppenspezifische Ansprache: Richte deine Werbebotschaft grundsätzlich an eine klar definierte Zielgruppe aus.
- Setze auf Großbuchstaben für die Kernaussage: Formuliere die wichtigsten Botschaften in Großbuchstaben, um die Aufmerksamkeit zu steigern. Das gilt allerdings nur für einzelne Worte oder ganz kurze Sätze, denn Großbuchstaben sind schlechter lesbar als Texte mit Groß- und Kleinbuchstaben.
- Ausrichtung auf die Zielgruppe: Passe die Plakatgestaltung an die Interessen und Bedürfnisse deiner Zielgruppe an.
- Corporate Design nutzen: Entscheide dich für Farben, die zu deinem Corporate Design passen, um ein einheitliches Markenbild zu vermitteln.
- Prominente Persönlichkeiten einbinden: Eine bekannte Person des öffentlichen Lebens, die zu deinem Produkt passt, kann deine Kampagne unterstützen.
- Beidseitige Bedruckung nutzen: Lass deine Plakate beidseitig bedrucken und nutze z.B. Glasflächen von Bushaltestellen, um deine Werbefläche bei gleichem Preis zu verdoppeln.

- Qualitätssicherung: Entscheide dich für hochwertiges Papier und eine erfahrene Druckerei, um sicherzustellen, dass die Qualität deiner Plakate stimmt.

Weitere Einsatzmöglichkeiten der Außenwerbung
Neben Plakatwerbung stehen dir als Werbetreibendem noch weitere Möglichkeiten und Werbeflächen für die Außenwerbung zur Verfügung:
- *Dauerwerbung:* Verwendung von Werbeflächen an feststehenden Trägern wie Hauswänden, Giebeln oder Ladengeschäften.
- *Verkehrsmittelwerbung:* Mobile Werbeform auf Transportmitteln des Massenverkehrs wie Bussen, Bahnen oder Taxis.
- *Stadtmöblierung:* Nutzung von City-Lights, beleuchteten Großflächen oder Säulen als Form der Außenwerbung.
- *Digital Signage:* Werbeträger in Form von digitalen Werbebildschirmen, die bewegte Inhalte mit Informationen, Werbung und Unterhaltung kombinieren.

Die geschickte Kombination verschiedener Medien der Außenwerbung, wie Großflächenplakate, City-Light-Poster und Werbe-Displays, ermöglicht es, Werbekampagnen noch höhere Reichweiten zu erzielen und das Markenbild zu stärken. Plakatwerbung bietet eine breite, mobile Öffentlichkeit und ermöglicht einen schnellen Reichweitenaufbau mit hoher Kontaktfrequenz. Du erzielst eine „plakative" überdimensionale Darstellung deiner Produkte mit hoher Durchschlagskraft. Dennoch solltest du berücksichtigen, dass eine gezielte Zielgruppenansprache kaum möglich ist und die Wahrnehmung oft unbewusst erfolgt.

Insgesamt bietet Plakatwerbung jedoch eine effektive Möglichkeit, um deine Werbebotschaften erfolgreich in die Welt zu tragen. Mit einer kreativen Gestaltung und einer gezielten Nutzung der verschiedenen Medien der Außenwerbung, kannst du deine Werbekampagnen auf das nächste Level heben und deine Marke oder Produkte effektiv präsentieren.

Fernsehwerbung für einen direkten Zugang zu einer breiten Zielgruppe

Das Medium Fernsehen ist ein mächtiges Instrument, um eine möglichst breite Bevölkerungsschicht zu erreichen. Es liefert nicht nur Unterhaltung, sondern auch vielseitige Informationen von allgemeinem Interesse. Für die meisten Menschen gehört die Nutzung des Fernsehprogramms zum festen Bestandteil des Tagesablaufs, vor allem während der „Prime Time" abends, wenn die passive Nutzung vorwiegend zu Hause stattfindet. In diesem Kapitel erfährst du, wie du Fernsehwerbung erfolgreich in deiner Unternehmenskommunikation einsetzen kannst, um eine breite Zielgruppe zu erreichen.

Vorteile von Fernsehwerbung für Unternehmen
Fernsehwerbung bietet Unternehmen eine einzigartige Plattform, um ihre Produkte und Dienstleistungen einem breiten Publikum vorzustellen. Eines der herausragenden Merk-

male des Fernsehens ist seine Fähigkeit, verschiedene Zielgruppen effektiv anzusprechen. Mit seiner umfassenden Reichweite erreicht das Fernsehen Menschen aller Altersgruppen, Geschlechter und Interessen, was es zu einem idealen Medium für Unternehmen macht, die eine diverse Kundenbasis ansprechen möchten. Darüber hinaus genießt das Fernsehen eine hohe Nutzungsrate, was bedeutet, dass Werbetreibende durch TV-Werbung eine große Anzahl potenzieller Kunden erreichen und somit die Bekanntheit ihrer Marke signifikant steigern können.

Ein weiterer Vorteil von TV-Werbung liegt in ihrer starken emotionalen Wirkung. Durch die Kombination von Bild, Ton und Musik haben Werbetreibende die Möglichkeit, berührende Geschichten zu erzählen und Emotionen zu wecken. Diese emotionale Ansprache kann die Markenbindung verstärken und das Image des Unternehmens positiv beeinflussen. Die audiovisuelle Natur der Fernsehwerbung ermöglicht eine kreative und vielseitige Präsentation der Unternehmensbotschaften, wodurch sich Produkte oder Dienstleistungen eindrucksvoll inszenieren lassen.

Ein weiterer entscheidender Aspekt ist die Möglichkeit zur sofortigen Messung von Reaktionen und Responses. Direct-Response TV-Werbung bietet Unternehmen die Chance, die Effektivität ihrer Kampagnen unmittelbar zu evaluieren, was schnelle Anpassungen und Optimierungen erlaubt. Zudem genießen TV-Spots, die auf renommierten Sendern ausgestrahlt werden, oft eine höhere Glaubwürdigkeit und vermitteln den Zuschauern ein Gefühl von Seriosität. Diese wahrgenommene Glaubwürdigkeit kann das Vertrauen potenzieller Kunden in die beworbene Marke oder das Produkt erheblich steigern.

Nachteile von Fernsehwerbung für Unternehmen

Fernsehwerbung bietet zweifelsohne viele Vorteile, aber es gibt auch einige Nachteile, die berücksichtigt werden müssen. Einer der offensichtlichsten Nachteile ist der hohe finanzielle Aufwand. Die Schaltung von TV-Spots zur Hauptsendezeit oder auf beliebten Sendern kann kostspielig sein. Darüber hinaus ermöglicht Fernsehen im Vergleich zu digitalen Werbeplattformen nur eine begrenzte Zielgruppenauswahl, was zu höheren Streuverlusten führen kann. Zudem bietet TV-Werbung nur einen flüchtigen Moment, um die Aufmerksamkeit der Zuschauer zu gewinnen, was die Herausforderung der Kreation und Platzierung eines effektiven Spots erhöht. Lange Werbeblöcke können außerdem zu Werbemüdigkeit führen, wodurch Zuschauer die Werbung ignorieren oder als störend empfinden. Ein weiterer Nachteil ist die Tatsache, dass einmal ausgestrahlte TV-Spots nicht einfach wiederholt oder verändert werden können, was eine gewisse Unflexibilität mit sich bringt. Die Erfolgsmessung von Fernsehwerbung gestaltet sich oft komplexer als bei digitaler Werbung, was die direkte Verbindung zwischen Investition und ROI erschweren kann. Trotz dieser Herausforderungen kann Fernsehwerbung, wenn sie strategisch und kreativ eingesetzt wird, eine äußerst wirksame Form der Unternehmenskommunikation sein und zu einer erheblichen Steigerung von Markenbekanntheit und Umsatz führen.

Der klassische TV-Spot – breite Zielgruppen-Ansprache und hohe Bekanntheit

Der klassische TV-Spot bleibt das Herzstück der Fernsehwerbung, bietet eine breite Zielgruppenansprache und ermöglicht einen schnellen Reichweitenaufbau. Mit einem TV-Spot kannst du eine hohe Bekanntheit deines Unternehmens oder Produkts erzielen, dank seiner starken Durchschlagskraft und der audiovisuellen sowie emotionalen Ansprache. Öffentlich-rechtliche Sender erreichen ein breites Publikum, insbesondere Männer und Frauen im Alter von 50+, was dem Bevölkerungsdurchschnitt ähnelt, während Privat- und Spartensender eine gezielte Ansprache spezifischer Zielgruppen ermöglichen.

Heute werden klassische TV-Spots jedoch zunehmend durch YouTube-Werbeclips ergänzt oder ersetzt, die eine ähnlich starke audiovisuelle und emotionale Wirkung bieten, jedoch mit dem Vorteil einer präziseren Zielgruppenansprache und der Möglichkeit zur Interaktion. YouTube ermöglicht es, Nutzer basierend auf ihren Interessen, ihrem Suchverhalten und ihrer Demografie gezielt anzusprechen.

Eine effektive Strategie könnte darin bestehen, sowohl TV-Spots als auch YouTube-Werbeclips zu kombinieren, um die Vorteile beider Plattformen zu nutzen. TV-Werbung könnte für eine schnelle und breite Markenbekanntmachung eingesetzt werden, während YouTube-Werbung für eine nachfolgende, gezielte Ansprache genutzt wird, um das Engagement zu vertiefen und zur Interaktion anzuregen. Diese Kombination ermöglicht es dir, sowohl eine breite als auch spezifische Zielgruppenabdeckung zu erreichen und die Wirkung deiner Werbebotschaften zu maximieren – wenn das Budget dafür da ist.

Direct-Response TV-Spots – direkter Verkauf und präzise Reaktionserfassung

Direct-Response TV-Spots sind eine besondere Form der Fernsehwerbung, die den Zuschauer direkt zum Handeln auffordert, zum Beispiel „Rufen Sie jetzt an..." oder „Besuchen Sie unsere Website". Diese Art von Werbung wird „Direct-Response-TV" genannt und eignet sich besonders gut für den direkten Verkauf von Produkten oder Dienstleistungen. Durch einzelne Response-Elemente kann die Reaktion der Zuschauer sofort und genau gemessen werden, was die Möglichkeit bietet, schnell auf Erfolg oder Misserfolg zu reagieren und die Kampagne zu optimieren. Auch die gewonnenen Adressen der Interessenten können für weitere Marketingaktivitäten genutzt werden.

TV-Verkaufsshows – emotional und überzeugend

TV-Verkaufsshows sind ein äußerst emotionales und psychologisch ausgefeiltes Instrument des „Hardselling". In solchen Shows werden Produkte mit beeindruckenden Präsentationen und zahlreichen Verbraucheraussagen (Testimonials) beworben, um die Einzigartigkeit des Produktes hervorzuheben und das Interesse der Zuschauer zu wecken. Diese Shows zielen vor allem darauf ab, erklärungsbedürftige Produkte, die im Direktvertrieb angeboten werden, erfolgreich zu verkaufen. Mit einer TV-Verkaufsshow kannst du schnell eine breite Reichweite erreichen. Auch hier bieten sich Möglichkeiten für eine gezielte Zielgruppenansprache, vor allem auf privaten und Spartensendern. Die Zielgruppe der Sender besteht vorwiegend aus älteren Zuschauern, insbesondere Frauen, mit mittlerem bis niedrigem Einkommen sowie einsamen oder sozial isolierten Personen. Die ethisch-moralische Komponente von Teleshopping ist allerdings ein sensibles Thema. Einerseits kann Teleshopping älteren Menschen die Möglichkeit bieten, bequem von zu Hause aus einzukaufen. Andererseits besteht die Gefahr, dass insbesondere ältere Damen mit begrenztem technischem Verständnis leicht zum Opfer von aggressiven Verkaufstaktiken werden. Es sollte daher selbstverständlich sein, dass du beim Thema Teleshopping ethische Standards einhältst und sicherstellst, dass die Produkte fair und transparent beworben werden.

Fernsehen als Marketinginstrument – auch für kleinere Unternehmen?
Fernsehwerbung besitzt die Kraft, eine breite Zielgruppe schnell und effektiv zu erreichen. Der klassische TV-Spot, mit seiner Fähigkeit, schnell eine große Reichweite zu erzielen und emotional zu berühren, bleibt ein wichtiger Bestandteil der Werbestrategien vieler Unternehmen. Direct-Response TV-Spots eröffnen darüber hinaus die Möglichkeit, direkt mit potenziellen Kunden in Kontakt zu treten und deren Reaktionen präzise zu messen, was besonders wertvoll für die Optimierung zukünftiger Kampagnen ist. TV-Verkaufsshows nutzen psychologische Elemente und direkte Verkaufsstrategien, um komplexe Produkte erfolgreich zu präsentieren und zu verkaufen. Für kleine und mittlere Unternehmen (KMU) stellt Fernsehwerbung jedoch oft eine Herausforderung dar. Hauptsächlich aufgrund der hohen Kosten und der Notwendigkeit, mit großen Marken um die Aufmerksamkeit der Zuschauer zu konkurrieren. Hier helfen Strategien wie Zielgruppenfokussierung, Kooperationen, Sponsoring sowie hybride Ansätze aus der Kombination zwischen Fernsehwerbung und digitalen Kampagnen.

Radiowerbung: Ein wirksames Marketinginstrument

Radiowerbung ist eine kraftvolle und effektive Marketingstrategie, insbesondere im regionalen Kontext, um deine Produkte und Dienstleistungen einem breiten Publikum vorzustellen. Wie bei jeder Werbeform gibt es sowohl Vor- als auch Nachteile, die du beachten solltest, um das Beste aus deiner Radiowerbung herauszuholen.

Vorteile von Radiowerbung

Radiosender bieten oft die Möglichkeit, Werbung gezielt auf bestimmte Regionen auszurichten, was besonders für lokale Unternehmen vorteilhaft ist. Im Vergleich zu anderen Werbeformen wie Fernsehen oder Print ist Radiowerbung oft kosteneffektiver und ermöglicht auch kleineren Unternehmen eine Präsenz in den Medien. Sie erreicht eine breite Hörerschaft und kann gut mit anderen Marketinginstrumenten wie Online-Marketing oder Social Media kombiniert werden, um die Werbebotschaft zu verstärken. Als „Überallmedium" begleitet das Radio Menschen in verschiedenen Situationen ihres Alltags, sei es beim Autofahren, bei der Hausarbeit oder am Arbeitsplatz, und erreicht sie an vielen Orten.

Nachteile von Radiowerbung

Im Gegensatz zu Fernseh- oder Printwerbung bietet Radiowerbung keine visuelle Unterstützung und muss allein durch den Ton überzeugen. Da Radio oft im Hintergrund läuft, besteht die Möglichkeit, dass Werbebotschaften von den Hörern nicht bewusst wahrgenommen werden. Zudem kann die genaue Messung des Erfolgs von Radiowerbung herausfordernd sein, da es schwierig ist, die Anzahl der Menschen zu ermitteln, die die Werbung gehört haben und daraufhin eine bestimmte Aktion ausgeführt haben.

Die Nutzung von Radiowerbung

Radiowerbung eignet sich gut für die Ansprache breiter Zielgruppen. Wenn du beispielsweise ein junges Publikum ansprechen möchtest, kannst du Radiosender wählen, die Musik aus den aktuellen Charts spielen. Für gezielte lokale Werbung kannst du dich für Sender entscheiden, die in deiner Region eine hohe Reichweite haben. Radiowerbung sollte kurze und prägnante Botschaften vermitteln, um die begrenzte Aufmerksamkeit der Hörer effektiv zu nutzen. Der Einsatz professioneller Sprecher und Teaser kann Neugier wecken und die Wirkung deiner Kampagne verstärken.

Zusammenfassend bietet Radiowerbung eine kosteneffektive Möglichkeit, eine breite Zielgruppe zu erreichen. Dabei sollten die fehlenden visuellen Möglichkeiten und die begrenzte Aufmerksamkeit der Hörer berücksichtigt werden. Mit gezielter Medienauswahl und klarer Botschaft kann Radiowerbung ein erfolgreicher Bestandteil deiner Marketingstrategie sein.

Kinowerbung – Möglichkeiten und Herausforderungen

Hier entdeckst du die vielfältigen Möglichkeiten, mit Kinowerbung spezielle Zielgruppen zu erreichen, insbesondere jüngere Altersgruppen zwischen 14 und 29 Jahren. Du erfährst, wie du wirksam für dein Produkt oder deine Dienstleistung werben kannst und welche Herausforderungen damit einhergehen.

Kino-Standbild – Starke Aufmerksamkeit und Emotionen

Kino-Standbilder bieten eine hervorragende Möglichkeit, lokale und regionale Zielgruppen anzusprechen. Im Kino sind die Zuschauer auf die Leinwand fokussiert, was die Aufmerksamkeit für die Werbung erhöht. Durch den Einsatz von audiovisuellen Medien kann die

Werbung eine emotionale Bindung zum Zuschauer aufbauen. Zudem sind Kino-Standbilder ein ausgezeichnetes Mittel, um spezifische regionale Zielgruppen anzusprechen. Neben dem Fernsehen ist das Kino das einzige Medium, das mehrere Sinne gleichzeitig anspricht. Allerdings gibt es auch Herausforderungen bei der Nutzung von Kino-Standbildern, wie die beschränkte Reichweite und Kontaktfrequenz. Die Anzahl der Personen, die die Werbung sehen, ist auf die Kinobesucher beschränkt und kann nicht so einfach skaliert werden wie bei digitalen Werbeformaten. Zudem eignen sich Kino-Standbilder besser für junge Zielgruppen und sind weniger effektiv, um eine breitere Altersgruppe anzusprechen. Die Kosten für Kino-Werbung können ebenfalls vergleichsweise hoch sein.

Kino-Ticketwerbung – Direkte Ansprache mit Kinobezug
Die Werbung auf Kinotickets ist eine weitere effektive Möglichkeit, um junge Zielgruppen direkt anzusprechen. Hier bietet sich die Chance, dein Produkt oder deine Dienstleistung direkt in die Hände der Zielgruppe zu legen, ohne dass die Konkurrenz in der Nähe ist. Eine gelungene Werbung sollte einen Bezug zur Erlebniswelt Kino herstellen und die Emotionen der Kinobesucher ansprechen.

Digitale Kinowerbung – Anpassung an moderne Medien
Mit dem Aufkommen digitaler Medien haben Kinobetreiber und Unternehmen aus der Film- und Entertainmentbranche ihre Marketingstrategien angepasst und ihre Kommunikation zunehmend ins Internet verlagert. Social Media hat eine signifikante Veränderung für das Kinomarketing gebracht, indem Anbieter wie Warner Bros. Filme erfolgreich über Plattformen wie Facebook und YouTube promoten.

Digitale Medien bieten Verleihern den Vorteil, dass sie kosteneffizienter sind und flexiblere Kommunikationsmöglichkeiten bieten. Es lohnt sich daher, die Möglichkeiten digitaler Medien in deine Marketingstrategie für dein Produkt oder deine Dienstleistung einzubeziehen.

Herausforderungen der Kinowerbung – Reichweite und Kosten
Trotz der vielen Vorteile, die Kinowerbung bietet, gibt es auch Herausforderungen, die du berücksichtigen solltest. Die begrenzte Reichweite aufgrund der Anzahl der Kinobesucher erfordert eine zielgerichtete Planung. Die Kinowerbung richtet sich in erster Linie an junge Zielgruppen und ist weniger effektiv, wenn du eine breitere Altersgruppe ansprechen möchtest. Darüber hinaus solltest du die Kosten sorgfältig abwägen und sicherstellen, dass die Kinowerbung in dein Gesamtbudget passt. Eine kluge Budgetierung ermöglicht es, die Vorteile der Kinowerbung optimal zu nutzen.

Zusammenfassend lässt sich sagen, dass Kinowerbung eine effektive Möglichkeit ist, junge Zielgruppen zu erreichen und ein starkes Image für dein Produkt oder deine Dienstleistung zu schaffen. Mit der richtigen Strategie kannst du die Vorteile der Kinowerbung erfolgreich nutzen und deine Zielgruppen im Kino optimal ansprechen. Buchen kann man Kinowerbung beispielsweise über die Plattform crossvertise.com – über die man Plakat-, Print-, Radio-, Online- bis zu Kino- und TV-Werbung vergleichen, planen und buchen kann.

Schaufenstergestaltung: Fasziniere Kunden mit kreativen Botschaften

Die Schaufenstergestaltung ist eine mächtige Marketingstrategie, um Kunden für dein Geschäft zu begeistern und neugierig zu machen. Indem du dein Schaufenster als kreative Leinwand nutzt, kannst du die Blicke der Passanten auf dich ziehen und sie zum Betreten deines Ladens animieren. Ein gut gestaltetes Schaufenster wirkt wie ein Einblick in eine andere Welt – eine Welt, die Kunden fasziniert und zum Kauf inspiriert. Hier erfährst du, wie du mit einer ansprechenden Schaufenstergestaltung die Aufmerksamkeit potenzieller Kunden gewinnst und deine Verkaufszahlen steigerst.

Die Magie eines Schaufensters

Dein Schaufenster ist wie ein Fenster in die Seele deines Geschäfts. Es bietet die erste Gelegenheit, Kunden von deinem Angebot zu überzeugen und ihnen einen Vorgeschmack auf das zu geben, was sie im Inneren erwartet. Mit einer kreativen Gestaltung kannst du Emotionen wecken und eine Verbindung zu deiner Zielgruppe herstellen.

Tipps für eine erfolgreiche Schaufenstergestaltung

- Überlege dir eine klare Botschaft oder ein Thema für dein Schaufenster. Vermeide Überladenheit und halte dich an eine Hauptaussage, die deine Kunden neugierig macht. Bedenke, dass du nur wenige Sekunden hast, um das Interesse des Passanten zu wecken.
- Erzähle eine Geschichte mit deiner Schaufenstergestaltung. Nutze visuelle Elemente, um eine Geschichte zu erzählen und Emotionen zu wecken. Kunden lieben Geschichten und werden eher zum Betreten deines Geschäfts motiviert, wenn sie sich mit deinem Schaufenster identifizieren können.
- Spiele mit Farben und Licht, um Aufmerksamkeit zu erregen. Leuchtende Farben ziehen die Blicke an und setzen starke Akzente.
- Stelle deine Produkte attraktiv in Szene. Nutze geschickte Platzierung und Arrangements, um die Aufmerksamkeit auf bestimmte Produkte zu lenken und Kunden zum Kauf zu verleiten. Der Blick beim Schaufensterbummel wandert oft von links oben nach rechts unten. Daher sollten die wichtigsten Artikel links oben positioniert werden, um sofort die Aufmerksamkeit zu erregen. Zudem sollten die wichtigsten Produkte auf Augenhöhe präsentiert werden, um eine sofortige Wirkung zu erzielen. Eine dynamische und dreidimensionale Wirkung kann durch das Platzieren von Produkten auf verschiedenen Ebenen erreicht werden.

- Passe dein Schaufenster regelmäßig an Jahreszeiten, Feiertage oder aktuelle Trends an. Kunden lieben Abwechslung und werden immer wieder neugierig auf deine neuesten Ideen sein. Das Hauptprodukt oder die Dienstleistung sollte jedoch stets auf den ersten Blick erkennbar sein, um eine klare Botschaft zu vermitteln.
- Binde die Kunden ein, indem du interaktive Elemente einbaust, wie QR-Codes, durch die sie sich weitere Informationen zu den Produkten holen oder an einem Gewinnspiel teilnehmen können.
- Spiegel können dein Schaufenster optisch vergrößern und für einen Wow-Effekt sorgen. Erschaffe eine ansprechende Szenerie, die die Fantasie der Kunden anregt.
- Auch Monitore können in der Schaufenstergestaltung sinnvoll eingesetzt werden, um dynamische und interaktive Inhalte zu präsentieren. Kreative Rahmen um die Monitore herum können die Aufmerksamkeit der Passanten erregen und das Schaufenster optisch ansprechend gestalten. Berücksichtige den Lichteinfall, damit der Betrachter den Bildschirminhalt erkennen kann. Durch die Integration von Monitoren in die Schaufenstergestaltung können Einzelhändler die Aufmerksamkeit der Passanten auf sich ziehen, sie über aktuelle Angebote informieren und gleichzeitig eine moderne und innovative Atmosphäre schaffen.

Nützliche Ressourcen zum Thema Schaufenstergestaltung:
- YouTube: *„7-Tipps der Schaufenstergestaltung"* (www.youtube.com/watch?v=IsiKjhxn-sIc): Ein Clip der Wirtschaftsagentur Impuls, der praktische Tipps und Anleitungen zur Gestaltung von Schaufenstern bietet.
- YouTube: *„So werden Schaufenster zu echten Hinguckern"* (Kanal Rocketpics, www.youtube.com/watch?v=dy88oiMLQqM
- *Retail Doc:* Umfangreiche englischsprachige Tipps, wie du deine Waren visuell darstellen und auffällige Schaufenster kreieren kannst. Es wird alles von der Planung deines Displays bis zur Auswahl der richtigen Themen und Requisiten diskutiert, um dein Schaufenster hervorzuheben. (www.retaildoc.com)

POS-Marketing: Direkte Verkaufsförderung am Point of Sale

POS-Marketing ist ein wirksames Instrument, um Zusatzverkäufe direkt am Ort des Einkaufsgeschehens zu generieren. Verkaufsfördernde Maßnahmen am Point of Sale sprechen deine Kunden genau im richtigen Moment an. Wenn ein Konsument dein Geschäft aufsucht, hat er bereits die Absicht, etwas zu kaufen. Dadurch steigt die Chance, dass er durch gezielte Impulskäufe zusätzliche Produkte entdeckt und kauft. Eltern wissen ein Lied davon zu singen, wenn ihr Kind beim Anstehen an der Kasse nach den Süßigkeiten greift…

Warum POS-Marketing funktioniert

Kunden, die den Point of Sale betreten, haben bereits eine Kaufentscheidung getroffen. POS-Marketing nutzt diese Situation, um sie zu weiteren Einkäufen zu animieren. Deine verkaufsfördernden Maßnahmen erreichen die Kunden genau in dem Moment, in dem sie kaufbereit sind, was die Erfolgschancen deutlich erhöht. Durch geschickt platzierte Aktionen und Hinweise können Impulskäufe angeregt werden, die den Umsatz steigern.

Verschiedene POS-Marketing-Maßnahmen

Deckenhänger lenken die Aufmerksamkeit auf ein Produkt oder eine Aktion und werden in unmittelbarer Nähe platziert. Sie sind ein deutlicher Blickfang und bieten attraktive Gestaltungsmöglichkeiten. Du kannst sie für besondere Aktivitäten im Markt einsetzen.

- *Displays* werden in frequenzstarken Bereichen platziert, um Kunden auf ein bestimmtes Produkt, oft ein Sonderangebot, aufmerksam zu machen und zum Kauf zu bewegen. Sie eignen sich besonders für Produkteinführungen oder Impulskäufe.
- *Regalstopper* heben Produkte durch ihre auffällige Gestaltung aus dem Konkurrenzumfeld heraus und weisen auf besondere Aspekte wie Preissenkungen oder Sonderangebote hin. Sie sind kostengünstig und lassen sich in verschiedenen Produktbereichen einsetzen.
- *Deko-Poster* werden in der Regel von Vertriebspartnern aufgehängt und dienen der kostengünstigen Erreichung vieler Zielpersonen sowie der positiven Imagewirkung. Sie können den Abverkauf unterstützen, neue Produkte einführen oder Verkaufsräume aufwerten.
- *Poster* im Geschäft weisen auf Aktionen oder spezielle Angebote hin und werden nur während des Aktionszeitraums eingesetzt. Sie sind eine schnelle und günstige Möglichkeit, die Aufmerksamkeit auf besondere Angebote zu lenken.
- *Sampling- oder Verkostungsaktionen* bieten sich an, um neue oder verbesserte Produkte direkt erlebbar zu machen. Sie ermöglichen eine gezielte Ansprache und die Erklärung der Produktvorteile.
- *Deko-Pakete* enthalten verschiedene Dekorationselemente, die dem Handel für Dekorationszwecke zur Verfügung gestellt werden. Es ermöglicht eine attraktive Gestaltung und wird vor allem im Fachhandel eingesetzt.

POS-Marketing bietet also eine breite Palette von Maßnahmen, um Kunden am Point of Sale gezielt anzusprechen und zusätzliche Verkäufe zu generieren. Durch geschickte Platzierung und attraktive Gestaltung kannst du die Aufmerksamkeit deiner Kunden lenken und den Erfolg deiner Verkaufsaktionen steigern.

Die Sinne – dein Fenster zur Welt

Multisensorisches Marketing ist eine facettenreiche und innovative Strategie, die darauf abzielt, eine tiefere und umfassendere Kundenbindung zu erreichen, indem sie mehrere Sinne anspricht. In einer Welt, in der Menschen täglich mit Tausenden von Werbebotschaften konfrontiert werden, bietet multisensorisches Marketing die Möglichkeit, sich von der Masse abzuheben und nachhaltig im Gedächtnis zu bleiben.

Durch die Ansprache verschiedener Sinne schafft es ein intensiveres und emotionaleres Erlebnis, das die Wahrnehmung einer Marke oder eines Produktes nachhaltig prägt. Dieser Ansatz wird besonders in der Erlebnisgastronomie, im Einzelhandel und in der Eventbranche angewendet, um Kunden ein Markenerlebnis zu bieten.

Die Bedeutung der Sinne im Marketing

Unsere Sinnesorgane sind das Tor zur Welt und spielen eine entscheidende Rolle bei der Wahrnehmung von Marken und Produkten. Sie ermöglichen es uns, komplexe Informationen aufzunehmen und zu verarbeiten:

- *Sehen:* Farben, Formen und visuelle Muster beeinflussen unsere Wahrnehmung und Entscheidungsfindung.
- *Hören:* Töne, Musik und Geräusche können Emotionen wecken und Erinnerungen hervorrufen.
- *Riechen:* Düfte sind stark mit Erinnerungen und Emotionen verbunden und können die Markenwahrnehmung beeinflussen.
- *Schmecken:* Geschmackserlebnisse bieten eine direkte und intensive Erfahrung, die mit einer Marke verbunden werden kann.
- *Tasten:* Die Haptik von Produkten und Materialien kann Qualität vermitteln und das Markenerlebnis bereichern.

Integration der multisensorischen Kommunikation

Um multisensorische Kommunikation erfolgreich in die Unternehmensstrategie zu integrieren, ist es wichtig, ein einheitliches Unternehmensbild zu schaffen, das sich in allen Sinneserfahrungen widerspiegelt:

- *Visuelle Reize:* Ein konsistentes visuelles Branding und auffällige Gestaltungselemente tragen dazu bei, die Marke visuell hervorzuheben.
- *Akustische Reize:* Markenspezifische Jingles, Melodien oder Geräusche können die Markenidentität stärken.
- *Duftmarketing:* Gezielter Einsatz von Düften in Geschäftsräumen oder bei Werbematerialien kann eine emotionale Bindung zur Marke aufbauen.
- *Geschmackserlebnisse:* Verkostungen oder geschmackliche Assoziationen können eine Marke erlebbar machen.

- *Haptische Erlebnisse:* Die Beschaffenheit von Produkten und Verpackungen spielt eine wichtige Rolle für die Markenwahrnehmung.

Herausforderungen und Chancen

Multisensorisches Marketing erfordert ein tiefes Verständnis der Zielgruppe und deren Präferenzen. Es ist wichtig, die Grenzen der Wahrnehmung, kulturelle Unterschiede und individuelle Präferenzen zu berücksichtigen. Obwohl die Implementierung solcher Strategien mit höheren Kosten und Komplexität verbunden sein kann, bietet multisensorisches Marketing ein enormes Potenzial, um die Aufmerksamkeit zu erhöhen, positive Emotionen zu wecken und das Markenimage zu stärken.

Das Costa Rica Modell von Philipp Menzel

„Costa Rica" steht für „Customer Oriented Situation Alignment based on Relevance, Incentives, Cognition & Audience analyses". Es ist ein ganzheitlicher Ansatz, der darauf abzielt, multisensorische Erlebnisse am Point of Sale zu gestalten. Die Grundidee ist einfach, aber revolutionär: Kundenzentriertes Design bedeutet, die Bedürfnisse, Denkweisen und Verhaltensweisen der Zielgruppe zu verstehen und dieses Verständnis in jeden Aspekt des Marketingprozesses zu integrieren.

Philipp Menzel, Geschäftsführer der Provera GmbH (proverda.com) nutzt Erkenntnisse aus der Neurowissenschaft und der digitalen In-Store-Kommunikation, um Ladengeschäfte in Aufmerksamkeitsmagnete zu verwandeln. Sein Modell setzt auf interaktive Service-Inseln, digitale Hotspots und Wegweiser-Monitore, um den Einkauf zu einem Erlebnis zu machen. „Retail is Detail", betont Menzel, und legt Wert darauf, dass jedes Element im Laden auf die multisensorischen Bedürfnisse der Kunden abgestimmt ist.

Ein Kernprinzip von „Costa Rica" ist die Nutzung von Synergieeffekten durch die Kombination verschiedener Sinnesansprachen. Dies reicht von visuellen und akustischen Reizen bis hin zu Düften und haptischen Erlebnissen. Menzel versteht, dass Kaufentscheidungen größtenteils unbewusst getroffen werden und dass emotionale Faktoren eine entscheidende Rolle spielen. Deshalb berücksichtigt sein Ansatz persönliche Präferenzen, Preiswahrnehmung und situativen Kontext, um ein Marketingkonzept zu erstellen, das perfekt zur Zielgruppe passt.

Ein weiteres wichtiges Element des Modells ist der Einsatz digitaler Medien. Menzel sieht digitale Kommunikation als ideales Werkzeug, um auf die dynamischen und flexiblen Anforderungen der Kunden reagieren zu können. Digitale Touchpoints ermöglichen eine Personalisierung des Einkaufserlebnisses und sprechen die emotionale Seite der Kunden an.

Das „Retail Theater", ein weiterer Aspekt des Modells, betont die Bedeutung der Inszenierung der Verkaufsfläche. Hierbei geht es darum, das Kundenerlebnis in den Mittelpunkt zu stellen und eine Geschichte zu erzählen, die Kunden involviert und bewegt.

Zusammenfassend lässt sich sagen, dass Multisensorisches Marketing eine ausgezeichnete Gelegenheit bietet, sich in der heutigen überfluteten Werbewelt abzuheben. Durch die Ansprache mehrerer Sinne können Unternehmen ein Markenerlebnis schaffen, das nicht nur die Aufmerksamkeit der Kunden erregt, sondern auch langfristig im Gedächtnis bleibt. Es erfordert Kreativität, ein tiefes Verständnis der Zielgruppe und eine kohärente Strategie, um effektiv zu sein. Das „Costa Rica"-Modell kann dabei eine zukunftsweisende Methode darstellen. Es bietet eine ganzheitliche und multisensorische Strategie, die nicht nur die Aufmerksamkeit der Kunden erregt, sondern auch eine langfristige Bindung schafft.

Events in der Unternehmenskommunikation

Events können ein kraftvolles Instrument sein, um dein Unternehmen, deine Produkte oder Dienstleistungen gezielt ins Rampenlicht zu rücken. Diese Veranstaltungen sind nicht nur ein Sprungbrett für den Umsatz, sondern tragen auch wesentlich zur erfolgreichen Gestaltung deines Brandings bei.

Eventmarketing ist eine besondere Form des Marketings, die eine systematische und zielgerichtete Planung, Organisation, Durchführung und Nachbereitung von Veranstaltungen umfasst. Ob sportlich, kulturell, wirtschaftlich, gesellschaftspolitisch, wissenschaftlich, touristisch oder im Bereich der Natur – Events haben das Potenzial, Kunden, Investoren und andere Stakeholder zu erreichen und zu begeistern.

Die Ziele, die du mit Events in der Marketing-Kommunikation verfolgen kannst, sind vielfältig. Du kannst das Markenprofil schärfen, den Umsatz steigern, Unternehmensziele vorantreiben, eine Neuausrichtung vermitteln, dein Unternehmen oder deine Marke hervorheben und ein positives Image aufbauen. Außerdem bieten Events die Möglichkeit, die Reputation zu fördern, Produkte zu bewerben, Produktinformationen zu vermitteln, Kundenbeziehungen zu stärken und Mitarbeiter zu binden. Nicht zuletzt helfen Events dabei, sich von der Konkurrenz abzuheben.

Lass uns einen Blick auf einige Arten von Events werfen, die du in der Unternehmenskommunikation einsetzen kannst:

Tag der offenen Tür: Die Türen öffnen und Beziehungen aufbauen

Ein „Tag der offenen Tür" ist ein vielseitiges Event, das sich sowohl für die Kunden-PR als auch für die Standort-PR und die interne Kommunikation eignet. Es bietet die Möglichkeit, das gesamte Unternehmen oder den Produktionsstandort zu besichtigen. Für verschiedene Zielgruppen wie Kunden, potenzielle Kunden, Mitarbeiter, ihre Angehörigen und Anwohner aus der Umgebung kannst du spezielle Programmpunkte vorsehen, um ihre Bedürfnisse zu berücksichtigen. Achte darauf, dass Anspruch und Realität übereinstimmen, denn alles, was den Besuchern gezeigt wird, sollte dem Image in der Öffentlichkeit entsprechen und es positiv verstärken.

Fest, Feier, Party: Geschäftsbeziehungen pflegen und stärken

Feste, Partys oder Show-Events sind hervorragende Möglichkeiten, um Geschäftsbeziehungen auf eine persönliche und lockere Art zu verbessern. In entspannter Atmosphäre werden Kaufentscheidungen leichter getroffen, und mögliche Konflikte können sich in Luft auflösen. Du kannst solche Veranstaltungen für Jubiläen, zur internen Mitarbeitermotivation, für Partner und Lieferanten, für VIP-Kunden oder als Anreiz für Neukunden nutzen.

Roadshow: Mobil und zielgruppenorientiert

Die Roadshow ist eine mobile Produkt-Promotion oder -präsentation, die an frequenzstarken Plätzen oder bei Großereignissen eingesetzt wird, um eine möglichst große Zahl von Zielpersonen anzusprechen. Es ist eine flexible und effektive Möglichkeit, um schwer erreichbare Zielgruppen trotzdem zu erreichen. Eine Kooperation mit Handelspartnern kann zusätzliche Unterstützung bieten. Die Roadshow eignet sich besonders für Produktneueinführungen, Relaunches von Produkten oder des Images sowie für technisch komplizierte und erklärungsbedürftige Produkte.

Rahmenveranstaltung: Deine Botschaft erlebnisreich inszenieren

Eine Rahmenveranstaltung bietet die Möglichkeit, deine Botschaft oder Neuigkeiten in einer erlebnisreichen Umgebung zu präsentieren, die deine Zielgruppe nicht so leicht vergessen wird. Sie schafft eine positive Atmosphäre und stärkt die Kundenbeziehungen. Du kannst Rahmenveranstaltungen nutzen, um Produkteinführungen für den Außendienst oder Händler zu gestalten, als Höhepunkt eines Jubiläums oder Tags der offenen Tür, zur Mitarbeitermotivation oder als Anreiz für Gäste, dich auf Messen oder anderen Veranstaltungen zu besuchen. Nutze diese Events auch, um die Kreativität und den Einfallsreichtum deines Unternehmens zu präsentieren und dich positiv von Mitbewerbern abzuheben.

Kundenbefragung: Kundenbindung und Imageverbesserung

Eine Kundenbefragung ist ein ausgezeichneter Weg, um die Zufriedenheit zu verbessern, die Kundenbindung zu stärken und das Image deiner Marke oder Firma zu fördern. Kunden fühlen sich wertgeschätzt, wenn sie um ihre Meinung und ihre Ideen gebeten werden. Du kannst Kundenbefragungen vor einer Neueinführung, bei passenden Gelegenheiten wie Messen oder Veranstaltungen oder bei der Lösung von Problemen oder Krisen durchführen. Sie dienen auch dazu, neue Ideen und Vorschläge zu entwickeln und zu testen.

Podiumsdiskussion mit Prominenten

Eine Podiumsdiskussion mit prominenten Persönlichkeiten bietet die Möglichkeit, Argumentationen zu einem Produkt oder Unternehmen im Kontext anderer Meinungen zu präsentieren. Prominente auf dem Podium erhöhen die Bedeutung der Diskussion und steigern deren Attraktivität für die Zuschauer. Diese Art von Veranstaltung kann besonders wirksam sein, wenn dein Produkt eine starke Marktposition besitzt, Meinungsführer aus Fachkreisen angesprochen werden sollen oder wenn es gilt, gängige Gegenargumente öffentlich zu widerlegen. Allerdings bringt die Einbindung von Prominenten auch Herausforderungen mit sich, wie den potenziellen Kontrollverlust über die Diskussionsrichtung, hohe Kosten für Gagen und Sicherheitsmaßnahmen sowie ein erhöhtes Reputationsrisiko, falls die Prominenten sich negativ äußern oder in Skandale verwickelt sind.

Vorträge: Bekanntheit und Expertenimage steigern
Vorträge bieten die Möglichkeit, Bekanntheit und Expertenimage zu fördern. Suche aktiv nach Gelegenheiten, bei Verbänden, Clubs, Handelskammern und Schulungsinstituten zu sprechen und verbinde das Referieren mit dem Publizieren von Fachbeiträgen. Inszeniere deine Vorträge wie eine Show, baue effektive Handlungen, Bilder, Worte oder Symbole ein und sorge für eine bildhafte, lebendige und aussagekräftige Kurzvorstellung deiner Person. Wähle Themen, die zu deinem Unternehmen und deinen Dienstleistungen passen und erzeuge eine Motivation vor Information, indem du das Publikum für dein Thema begeisterst.

Kundenseminare: Schulen und Motivieren
Kundenseminare richten sich nicht nur direkt an Endverbraucher und Kunden, sondern auch an zwischengeschaltete Verkäufer im Handel. Diese Seminare bieten die beste Gelegenheit, Verkäufer zu schulen und zu motivieren. Stelle sicher, dass deine Vertriebspartner das Produkt lebendig erklären können, und biete ihnen kostenlose Produktschulungen an. Bereite dich auf Fragen von unwissenden Kunden vor und beantworte diese in der Schulung, um das Verständnis und die Begeisterung für deine Produkte zu steigern.

Insgesamt sind Events ein unverzichtbares Instrument in der Unternehmenskommunikation, um deine Ziele zu erreichen und eine langfristige Beziehung zu deinen Kunden, Partnern und Mitarbeitern aufzubauen. Mit der richtigen Planung, Kreativität und einem klaren Fokus kannst du Events zu einem wirkungsvollen Element deiner Marketingstrategie machen und dich erfolgreich von der Konkurrenz abheben. Sei mutig und gestalte deine Veranstaltungen zu unvergesslichen Erlebnissen!

Die Messeteilnahme: Chancen und Herausforderungen
Die Teilnahme an einer Messe kann für dein Unternehmen eine großartige Gelegenheit bieten, sich selbst sowie deine Produkte oder Dienstleistungen einer breiten Zielgruppe zu präsentieren. Doch bevor du dich als kleines oder mittleres Unternehmen (KMU) entscheidest, an einer Messe teilzunehmen, solltest du die Vor- und Nachteile sorgfältig abwägen und wichtige Kriterien prüfen, um den größtmöglichen Nutzen aus der Veranstaltung zu ziehen. Auf diese Weise kannst du sicherstellen, dass die Messebeteiligung eine wertvolle Investition für dein Unternehmen wird.

- Überprüfe, ob die Messe die richtige Zielgruppe und die relevanten Marktsegmente für dein Unternehmen anspricht. Die Messe sollte dir die Gelegenheit bieten, deine Produkte oder Dienstleistungen den passenden potenziellen Kunden, Partnern und Branchenexperten zu präsentieren.

- Bewerte die Gesamtkosten der Messebeteiligung, einschließlich Standmiete, Standgestaltung, Transport, Unterkunft, Marketingmaterialien und Personal. Vergleiche diese Kosten mit dem möglichen Nutzen in Form von neuen Kontakten, Kunden, Verkäufen und Markenbekanntheit.
- Definiere klare Ziele und Erwartungen an die Messe. Dies kann die Generierung neuer Leads, den Aufbau von Markenbekanntheit, die Vorstellung neuer Produkte oder das Knüpfen von Netzwerken umfassen.
- Untersuche das Format der Messe und prüfe, ob es zu deinem Geschäftsmodell und deinen Marketingzielen passt. Informiere dich über die Messeumgebung, einschließlich der Größe, des Layouts und der angebotenen Dienstleistungen.
- Plane deine Messevorbereitung, einschließlich Standdesign, Trainings für das Standpersonal und Marketingaktionen. Ebenso wichtig ist die Nachbereitung mit der Auswertung der Kontakte und Leads sowie der Analyse des Erfolgs der Messebeteiligung.
- Erkundige dich, welche Wettbewerber an der Messe teilnehmen und wie du dich von ihnen abheben kannst. Dies kann Einfluss auf deine Standgestaltung, dein Produktangebot und deine Marketingstrategie haben.
- Prüfe, ob es vielleicht sogar Fördermittel oder Unterstützungsangebote gibt, die KMU bei der Messebeteiligung finanziell unterstützen können.

Die Vorteile einer Messeteilnahme

Messen bieten die perfekte Plattform, um neue Kunden zu gewinnen und wertvolle Geschäftskontakte zu knüpfen. Die hohe Besucherzahl auf Messen ermöglicht es dir, potenzielle Kunden direkt anzusprechen und von deinen Produkten und Dienstleistungen zu überzeugen.

Auf Messen kannst du deine Produkte oder Dienstleistungen live demonstrieren und den Besuchern hautnah vorführen. Dies ermöglicht es dir, potenzielle Kunden schneller von der Qualität und den Vorteilen deiner Angebote zu überzeugen. Ein erfolgreicher Messeauftritt hilft dir, den Bekanntheitsgrad deines Unternehmens und deiner Marke zu steigern. Die Präsenz auf einer Messe macht dich sichtbarer in der Branche und weckt das Interesse anderer Unternehmen.

Der persönliche Kontakt zu den Besuchern stärkt das Vertrauen in dein Unternehmen und deine Produkte. Durch direkten Austausch kannst du Fragen beantworten und Bedenken ausräumen, was die Kaufentscheidung für potenzielle Kunden erleichtert.

Die Herausforderungen einer Messeteilnahme
Messeteilnahmen können mit hohen Kosten verbunden sein. Neben der Standgebühr fallen Ausgaben für den Messestand, Werbematerial, Reise, Verpflegung und Personal an. Es ist wichtig, die Kosten sorgfältig zu kalkulieren und den Nutzen der Messe abzuwägen.

Die Vorbereitung und Durchführung einer Messeteilnahme erfordern viel Zeit und Personal. Die Planung, Organisation und Betreuung des Messestands müssen gut koordiniert werden, um einen erfolgreichen Auftritt zu gewährleisten.

Auf Messen konkurrieren viele Aussteller um die Aufmerksamkeit der Besucher. Oft entsteht bei den Besuchern eine Reizüberflutung, da sie von vielen verschiedenen Angeboten und Botschaften umgeben sind. Es ist daher wichtig, mit einer ansprechenden Gestaltung und einer klaren Botschaft aus der Masse herauszustechen.

Chancen nutzen, Herausforderungen meistern
Eine Messeteilnahme bietet viele Chancen, dein Unternehmen voranzubringen und neue Kunden zu gewinnen. Durch direkte Interaktion mit Besuchern kannst du Vertrauen aufbauen und dein Angebot besser vermitteln. Dennoch solltest du die Herausforderungen nicht unterschätzen, insbesondere die hohen Kosten sowie den Zeit- und Personalaufwand. Mit sorgfältiger Planung und kreativer Gestaltung kannst du jedoch das Beste aus deiner Messeteilnahme herausholen und erfolgreich neue Geschäftskontakte knüpfen.

Persönlicher Einsatz – Die Kraft hinter erfolgreichen Promotionen

Du weißt, wie wichtig es ist, deine Produkte nicht nur einfach in den Regalen stehen zu lassen, sondern aktiv auf sie aufmerksam zu machen. Eine der wirksamsten Methoden dafür ist die persönliche Präsentation. Steve Jobs, der legendäre Mitbegründer von Apple, war bekannt für seine außergewöhnlichen Produktpräsentationen. Einige der Schlüsselelemente, die seine Inszenierungen so besonders machten, können auch für Unternehmer von kleinen und mittleren Unternehmen (KMU) wertvolle Lektionen bieten:

- *Fokus auf das Storytelling:* Jobs war ein Meister des Storytellings. Er baute eine narrative Struktur um jedes Produkt herum auf, die die Zuhörer fesselte und eine emotionale Verbindung schaffte. Daraus kannst du lernen, deine Produkte und Dienstleistungen durch Geschichten, die mit den Bedürfnissen und Wünschen ihrer Zielgruppe resonieren, zu vermarkten.
- *Leidenschaftliche Präsentation:* Jobs' Begeisterung und Überzeugung in seinen Präsentationen waren ansteckend. Er glaubte fest an seine Produkte, was bei seinem Publikum Vertrauen weckte. Bring deine Leidenschaft in deine Präsentationen ein.
- *Einfachheit und Klarheit:* Apple-Präsentationen waren bekannt für ihre Einfachheit und Klarheit. Jobs vermittelte komplexe Informationen auf verständliche Weise. KMU kön-

nen von dieser Klarheit profitieren, indem sie komplexe Konzepte vereinfachen und ihr Angebot klar kommunizieren.
- *Design und Ästhetik:* Jobs legte großen Wert auf Design und Ästhetik, was sich nicht nur in den Produkten, sondern auch in deren Präsentation zeigte. Durch ansprechendes Design und ästhetische Präsentationen schaffst du eine stärkere Markenidentität.
- *Innovative Technologie:* Jobs nutzte innovative Technologien, um seine Produkte zu präsentieren. Nutze daher moderne Präsentationstechnik, um die Aufmerksamkeit und das Interesse deiner Kunden zu steigern.
- *Kundenfokus:* Jobs konzentrierte sich immer darauf, wie Apple-Produkte das Leben der Menschen verbessern können. Schaffe daher echten Wert für deine Kunden und kommuniziere das auch.

Wenn du einige dieser Prinzipien in deine Präsentationen einbaust, kannst du deren Eindruck auf deine Zuhörer noch mal deutlich verbessern.

Bei größeren Veranstaltungen – z.B. auf Messen – sorgt ein professioneller Moderator für eine höhere Kundenfrequenz und macht die Veranstaltung attraktiver. Mit Charme, Freundlichkeit und spielerischer Art kann der Moderator Produktargumente auf unterhaltsame Weise vermitteln und zum Kauf anregen. Das ist besonders wichtig, wenn du eine hohe Publikumsresonanz erzielen möchtest.

Es muss aber nicht immer die große Show sein. Stell dir vor, du hast jemanden vor Ort, der deine beworbenen Produkte erklärt, demonstriert, verkostet und sogar direkt verkauft. Durch diesen persönlichen Einsatz erreichst du ein viel intensiveres Erlebnis für deine Kunden. Das steigert nicht nur die Aufmerksamkeit, sondern auch die Kaufbereitschaft. Außerdem wirst du vom Handel viel eher akzeptiert, wenn du mit gut geschultem Personal auftrittst. Diesen Einsatz kannst du flexibel und kurzfristig nutzen. Ob indoor oder outdoor, in jeder Warengruppe, in der du höhere Abverkaufserfolge erzielen möchtest, kannst du auf Live-Demonstrationen setzen. Manche Produkte müssen einfach erlebt werden, um ihre Leistung oder Handhabung überzeugend darzustellen. Durch Live-Demonstrationen vor Ort im realen Umfeld kannst du zusätzliche Produktvorteile erklären und Fragen deiner Kunden direkt klären. So schaffst du Vertrauen und steigerst das Kaufinteresse.

Für wichtige Kundengespräche kannst du auch auf gut gestaltete Präsentationen und Booklets setzen. Mit farbigen Charts und professionellen Präsentationstechniken überzeugst du deine Kunden von deiner Kompetenz und Leistungsfähigkeit.

In Deutschland gibt es mehrere Agenturen und Portale, über die du Hosts und Hostessen für Messen und Veranstaltungen buchen kannst. Diese Agenturen bieten ein breites Spektrum an Dienstleistungen an, einschließlich der Vermittlung von erfahrenem Personal

für Veranstaltungen, Messen und Kongresse. Hier sind einige der Agenturen, bei denen du Hosts und Hostessen buchen kannst:
- *InStaff – Hostess Agency* (en.instaff.jobs/fair-hostesses-agency)
- *Glowstaff Hostess Agency* (glowstaff.de/en/hostess-agency)
- *Trade Show Hostess Berlin* (www.messehostessen.com.de)

Für die Buchung professioneller Moderatoren in Deutschland gibt es mehrere Portale, die erfahrene Moderatoren für verschiedene Arten von Veranstaltungen anbieten:
- *Moderatoren.org* (www.moderatoren.org): Eine Plattform, auf der du professionelle Moderatoren und Moderatorinnen direkt kontaktieren und buchen kannst
- *Redner.cc* (www.redner.cc): Bietet eine Auswahl an Moderatorinnen und Moderatoren, die in mehreren Sprachen fließend und akzentlos moderieren können.
- *Moderatoren-Agentur.com* (moderatoren-agentur.com)
- *Fiylo* (www.fiylo.de): Neben Eventlocations und Dienstleistern findet man hier auch professionelle Moderatoren, prominente Keynote Speaker und erfahrene Redner für Veranstaltungen.
- *getSpeaker* (www.getspeaker.com)

Muster, Werbe- und Streuartikel – die kleinen Helfer

Du kennst sie bestimmt: Die kleinen, praktischen und oft liebevoll gestalteten Artikel, die mit dem Logo oder dem Markennamen eines Unternehmens versehen sind. Streuartikel, Werbegeschenke und Sammlerartikel. Schauen wir uns an, wie diese Instrumente eingesetzt werden und welchen Nutzen sie für dein Unternehmen haben können. Dabei ist es wichtig, die gesetzlichen Bestimmungen zur erlaubten Höhe von Werbegeschenken zu beachten. In vielen Ländern dürfen Werbegeschenke einen bestimmten Wert nicht überschreiten, um steuerlich absetzbar zu sein und um sicherzustellen, dass sie nicht als Bestechung betrachtet werden. In Deutschland sind Werbegeschenke an Geschäftspartner bis zu einem Wert von 35 Euro pro Empfänger und Jahr (brutto) steuerlich als Betriebsausgaben absetzbar.

Streuartikel – Kleine Aufmerksamkeiten mit großer Wirkung

Streuartikel sind wie kleine Botschafter eines Unternehmens. Sie sind kostengünstig und schnell zu beschaffen und bieten eine ideale Möglichkeit, um sich bei der potenziellen Zielgruppe ins Gedächtnis zu rufen. Ob Luftballons für die Kleinen oder Kugelschreiber für die Erwachsenen – sie alle tragen das Logo oder die Anschrift des Unternehmens und schaffen eine positive Erinnerung. Die vielfältigen Einsatzmöglichkeiten reichen von Messen über Veranstaltungen bis hin zu alltäglichen Situationen.

Werbegeschenke – Wertschätzung und Kundennähe

Werbegeschenke sind höherwertige Produkte, die an gute Kunden oder potenzielle Geschäftspartner zu bestimmten Anlässen überreicht werden. Sie hinterlassen einen persönlichen und individuellen Eindruck und drücken Wertschätzung aus. Durch die gezielte Auswahl können die Interessen und Hobbys des Empfängers berücksichtigt werden, was die Attraktivität des Geschenks erhöht.

Werbegeschenk-Katalog – Die Kraft der Empfehlung

Empfehlungen sind wertvoll. Mit einem Werbegeschenk-Katalog können diese Empfehlungen noch verstärkt werden. Ob als Kundenwerbung oder als Bonusprogramm für den Außendienst und Handelspartner – der Katalog bietet zahlreiche Einsatzmöglichkeiten. Er motiviert dazu, das eigene Netzwerk für das Unternehmen einzusetzen und schafft einen Mehrwert für alle Beteiligten.

Der Demo-Koffer – Kompakte Präsentation für den Handel

Wenn ein neues Produkt oder eine Promotion vorgestellt werden soll, ist der Demo-Koffer das ideale Instrument. Hier sind alle wichtigen Elemente wie Salesfolder und Originalprodukte kompakt zusammengefasst. Einfach zu handhaben und praktisch, bleibt der Koffer beim Handel und kann in weiteren internen Gesprächen und Präsentationen genutzt werden. Der Demo-Koffer schafft eine attraktive Präsentationsmöglichkeit und vermittelt alle relevanten Informationen in ansprechender Form.

Sampling – Direkter Kontakt zur Zielgruppe

Eine Verteilaktion oder Verkostung bietet die Möglichkeit, die Vorteile eines Produkts unmittelbar erlebbar zu machen. Durch gezielte Aktionen kann die Zielgruppe breit erreicht und direkt angesprochen werden. Die Verbindung mit Werbe- und Promotion-Aktivitäten verstärkt den Effekt. Sampling eignet sich besonders für nationale und regionale Aktionen in großen Flächen mit einem hohen Kundendurchlauf. Die Verteilung über Kassenpersonal in verschiedenen Geschäften bietet eine kostengünstige Alternative, um die Zielgruppe direkt anzusprechen.

Sammler-Artikel – Langfristige Markenbindung

Sammler-Artikel, die den Produktpackungen beigefügt werden, sind wahre Schätze für Liebhaber. Sie bieten eine gezielte Ansprache der Zielgruppe und können bei hoher Aktualität sogar zu einer Verbrauchsintensivierung führen. Durch die Einrichtung eines Clubs oder von Sammler- und Tauschbörsen kann der Kundenbindungseffekt verstärkt werden. Sammler-Artikel sind ideal für kurzlebige Konsumgüter oder Lebensmittel mit hoher Umschlaggeschwindigkeit.

Insgesamt sind Muster, Werbe- und Streuartikel vielseitige Instrumente, um die Unternehmenskommunikation zu unterstützen. Sie schaffen Aufmerksamkeit, transportieren Markenbotschaften und tragen zur positiven Erinnerung an das Unternehmen bei. Egal, ob bei Messen, Events oder im täglichen Leben – diese kleinen Helfer spielen eine große Rolle im Marketing und sind ein wichtiger Bestandteil einer erfolgreichen Unternehmensstrategie.

Kundenorientiertes Reklamationsmanagement

Der Nutzen eines guten Reklamationsmanagements in der Unternehmenskommunikation ist enorm, und du als Marketingverantwortlicher kannst hier eine entscheidende Rolle spielen. Denn ein gut funktionierendes Reklamationsmanagement kann das Image deines Unternehmens erheblich verbessern und langfristige Kundenbindung sowie positive Mundpropaganda fördern.

In kleinen Unternehmen sollte das Beantworten von Reklamationsanfragen idealerweise Chefsache sein, denn nur so fühlt sich der Kunde wirklich ernst genommen. Wenn du die Bedürfnisse und Anliegen deiner Kunden im Rahmen einer Reklamation befriedigst, wird dein Unternehmen oder deine Marke für sie noch besser, länger und einprägsamer im Gedächtnis bleiben. Dies führt dazu, dass sie wahrscheinlich wieder bei dir bestellen oder kaufen und dich möglicherweise weiterempfehlen.

Damit das Reklamationsmanagement reibungslos funktioniert, muss dein Kunde die Möglichkeit haben, sich schnell und einfach mit dir in Verbindung zu setzen. Achte darauf, eine einheitliche Telefonnummer auf all deinen Geschäftspapieren anzugeben, damit Kunden problemlos Kontakt aufnehmen können. Beim Telefonat ist es entscheidend, den Kunden ausreden zu lassen und aktiv zuzuhören. Nenne ihn stets beim Namen und zeige Verständnis für sein Anliegen.

Empathie spielt eine zentrale Rolle im Umgang mit Reklamationen. Entschuldige dich aufrichtig für die aufgetretenen Probleme und zeige Verständnis für die Unannehmlichkeiten, die der Kunde erfahren hat. Analysiere das Problem genau, indem du offene Fragen stellst und den Kunden Schritt für Schritt nach dem genauen Problem fragst.

Die Lösungsfindung ist ein weiterer entscheidender Schritt. Biete dem Kunden Lösungsvorschläge an und frage explizit nach, ob er damit einverstanden ist. Erkläre das weitere Vorgehen transparent und verbindlich. Zum Ende des Gesprächs solltest du dich positiv verabschieden. Ein kleines Präsent oder ein Nachlass beim nächsten Einkauf können dabei eine nette Geste sein, die deine Kunden wertschätzen werden.

Neben dem Telefon bietet sich auch die Kommunikation per E-Mail an. Stelle sicher, dass du auf allen Dokumenten eine einheitliche E-Mail-Adresse angibst. Verlinke in digitalen Dokumenten, wie z.B. PDFs, auf das Kontaktformular deiner Webseite, um Kunden die Kontaktaufnahme zu erleichtern.

Sei offensiv mit dem Thema Reklamation um und unterbringe einen Hinweis in einem Abschlusssatz, der die Kunden ermutigt, ehrliches Feedback zu geben. So könnt ihr mögliche Unzufriedenheiten frühzeitig erkennen und angehen. Betrachte jede Reklamation als Chance, dein Wissen, dein Können und deine gefestigte Persönlichkeit unter Beweis zu stellen, um den Kunden zufriedenzustellen und möglicherweise sogar ein Zusatzgeschäft zu generieren.

Es ist wichtig zu beachten, dass einige Kunden in Reklamationssituationen respektlos sein könnten. In solchen Momenten ist es entscheidend, ruhig zu bleiben und professionell zu handeln. Bedanke dich für das Feedback des Kunden, entschuldige dich für mögliche Missstände und gehe dann in die Phase der Rückfragen und Problemlösung über. Wichtig ist auch, auf mögliche „Profireklamierer" zu achten und nicht übers Ohr gehauen zu werden. Bleibe stets fair und engagiert bei der Lösungsfindung.

Ein gut funktionierendes Reklamationsmanagement zeigt, dass du als Marketingverantwortlicher die Bedürfnisse deiner Kunden ernst nimmst und dich um ihre Zufriedenheit bemühst. Dadurch gewinnst du das Vertrauen deiner Kunden, stärkst deine Marke und steigerst die Chancen auf langfristige Kundenbeziehungen sowie positive Empfehlungen. Denke daran, dass jeder zufriedene Kunde eine wertvolle Ressource ist, die dein Unternehmen voranbringen kann. Nutze das Reklamationsmanagement als Chance, dein Unternehmen zu verbessern und deine Kunden noch stärker an dich zu binden.

> *»Reklamationen sind Geschenke. Sie bieten die Gelegenheit, die Bedürfnisse des Kunden besser zu verstehen und Verbesserungen vorzunehmen.«* Karl Albrecht

Der dynamische Zyklus des Erfolgs

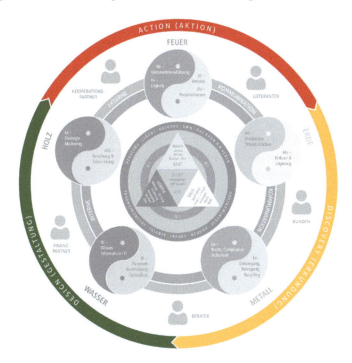

Action > Discovery > Design

Im Laufe dieses Buches haben wir gemeinsam eine Reise von der Selbsterkenntnis über die Möglichkeiten, das Selbst auszudrücken, bis hin zur sorgfältigen Gestaltung deines Unternehmens unternommen. Wir beleuchteten die Bedeutung authentischer Kommunikation und ich zeigte dir Wege, wie du deine Vision in die Welt tragen kannst. Nun, ausgestattet mit diesen Erkenntnissen, möchte ich dir einen letzten Baustein für deinen Weg zum authentischen Erfolg vorstellen: das dynamische Konzept von Action, Discovery und Design.

Dieses Konzept basiert im Kern auf der von Eric Ries entwickelten „Lean-Startup-Methode", einem Ansatz, der das Unternehmertum neu definiert, indem er einen schlankeren, agileren Prozess zur Entwicklung von Unternehmen und Produkten fördert. Es beginnt mit dem Minimum Viable Product, einer Grundversion eines neuen Produkts, das mit minimalem Aufwand erstellt wird, um schnell zu lernen, was Kunden wirklich brauchen und wünschen. Darauf aufbauend schafft der Build-Measure-Learn-Zyklus eine Feedbackschleife, die Unternehmen dazu anhält, schnell Prototypen zu entwickeln, diese zu testen und aus den gesammelten Daten zu lernen. Ergänzt wird dieser Prozess durch das Pivoting, eine strategische Richtungsänderung, um besser auf Marktbedürfnisse zu reagieren, sowie

Validated Learning und Innovative Accounting, die den Fokus auf empirisches Lernen und fortschrittliche Methoden zur Fortschrittsmessung legen.

Stelle dir vor, dein Unternehmen ist ein lebendiger Organismus, ständig in Bewegung, der sich anpasst und wächst. In diesem lebensbejahenden Zyklus ist das Handeln (Action) der Funke, der jede Reise entzündet. Es geht darum, voranzuschreiten und deine Ideen in die Tat umzusetzen, ohne zu zögern oder sich in endlosen Planungen zu verlieren. Denn nur durch das Handeln öffnen sich neue Pfade, und oft führt der erste Schritt zu Erkenntnissen, die zuvor unvorstellbar waren. Während du handelst, betrittst du die Phase der Entdeckung (Discovery). Diese Phase lädt dich ein, mit offenen Augen und wachem Geist durch die Welt zu gehen, zu beobachten, zu lernen und zu verstehen, wie deine Handlungen aufgenommen werden. Hier ist Neugier dein bester Begleiter, denn sie ermöglicht es dir, hinter die Oberfläche zu blicken und wertvolle Einblicke in das zu gewinnen, was wirklich zählt: die Bedürfnisse und Wünsche deiner Kunden, die Resonanz auf deine Angebote und die sich wandelnden Dynamiken des Marktes.

Aus der Entdeckung erwächst das Design. Diese Phase fordert dich heraus, kreativ zu sein und Lösungen zu gestalten, die nicht nur Probleme lösen, sondern auch begeistern. Es geht um mehr als nur Ästhetik; es geht um Funktionalität, Nutzen und letztlich um die Schaffung von Wert. Im Design manifestiert sich deine Fähigkeit, Gelerntes in konkrete Verbesserungen zu übersetzen, sei es in deinem Leben, deinen Produkten, deinen Dienstleistungen oder deinen Prozessen.

Das Konzept von Action, Discovery und Design ist ein Aufruf, schlank zu denken, Ressourcen weise einzusetzen und stets darauf bedacht zu sein, echten Wert zu schaffen. Durch die Anwendung dieses dynamischen Zyklus in deinem Unternehmen eröffnest du dir die Möglichkeit, kontinuierlich zu verbessern und zu wachsen. Es ist ein Prozess, der Mut erfordert – den Mut, Fehler zu machen, daraus zu lernen und es erneut zu versuchen. Doch genau hierin liegt der Schlüssel zu authentischem Erfolg.

Als Unternehmer stehst du an der Schwelle zu unzähligen Möglichkeiten. Jeder Tag bietet die Chance, zu handeln, zu entdecken und zu gestalten. Nutze den dynamischen Zyklus der Fünf Wandlungsphasen und des Action, Discovery, Designs als Orientierung auf deinem Weg. Lass dich von ihnen inspirieren und bereichere die Welt mit deinen Talenten.

Erinnere dich daran, dass der Weg zu authentischem Erfolg eine Reise ist, die Mut, Offenheit und die Bereitschaft erfordert, sich immer wieder neu zu erfinden. Doch mit jedem Schritt, den du setzt, mit jeder Entdeckung, die du machst, und mit jedem Design, das du kreierst, kommst du deinem Ziel ein Stück näher. Du gestaltest ein authentisches, erfolgreiches Unternehmen und ein Leben voller Bedeutung. Ich wünsche dir auf diesem Weg Kraft, Weisheit und vor allem Freude. Denn am Ende ist es die Freude am Schaffen, am Entdecken und am Gestalten, die den wahren Kern authentischen Erfolgs ausmacht.

Schlussgedanken

Im Lichte des Weges, den wir gemeinsam beschritten haben, nähern wir uns nun dem Ende unserer Reise durch die Aspekte des authentischen Erfolgs. Ein Weg, der von der uralten Weisheit des „Gnothi sauton" – erkenne dich selbst – ausgeht und uns zur Selbstverwirklichung in Körper, Seele und Geist führt. Er hat uns nicht nur gelehrt, uns selbst in unserem tiefsten Kern zu verstehen, sondern auch, wie wir dieses Selbst in die Welt tragen und in unseren Unternehmen zum Ausdruck bringen können.

Durch die Analogie der Fünf Wandlungsphasen haben wir gelernt, unser Unternehmen als ein dynamisches, lebendiges System zu betrachten, das gepflegt und entwickelt werden muss, ähnlich den Zyklen des Wachstums, der Reife und der Erneuerung in der Natur.

Die Essenz dieses Buches liegt jedoch nicht allein in der Anwendung antiker Weisheiten oder der Analogie natürlicher Zyklen auf unser Geschäftsleben. Vielmehr liegt sie in der Erkenntnis, dass der Schlüssel zu wahrem, nachhaltigem Erfolg in der Authentizität unserer Handlungen und unserer Kommunikation liegt. In einer Welt, die von Oberflächlichkeit und Schnelllebigkeit geprägt ist, ist es unser authentischer Kern, der uns unterscheidet und unsere tiefsten Verbindungen zu anderen Menschen und unseren Kunden schmiedet.

Wir haben die Kunst der Kommunikation erkundet, von der persönlichen Ebene bis hin zur Unternehmenskommunikation und den vielfältigen Werbemaßnahmen, die uns zur Verfügung stehen. Doch all diese Werkzeuge und Methoden dienen letztendlich einem einzigen Zweck: der echten, aufrichtigen Verbindung zu jenen, die wir erreichen möchten.

Zum Abschluss möchte ich euch ermutigen, die Lehren dieses Buches nicht nur als theoretisches Wissen zu betrachten, sondern als lebendige Praxis in euer tägliches Leben und Wirken zu integrieren. Erinnert euch daran, dass jeder Tag eine neue Gelegenheit bietet, authentisch zu sein, euch selbst und euer Unternehmen weiterzuentwickeln und tiefe, bedeutungsvolle Beziehungen aufzubauen.

Möge dieser Weg euch zu wahrem Erfolg führen – nicht nur im geschäftlichen Sinne, sondern in einem umfassenden, erfüllten Leben. Ich danke euch von Herzen für eure Begleitung auf dieser Reise und freue mich über jede Form von Rückmeldung, sei sie Lob oder konstruktive Kritik. Eure Erfahrungen und Einsichten sind für mich und für alle, die diesen Weg noch gehen werden, von unschätzbarem Wert.

In diesem Sinne wünsche ich euch alles Gute und viel Erfolg auf eurem weiteren Weg. Bleibt euch selbst treu, denn nur so könnt ihr wirklich authentisch erfolgreich sein.

Euer René Greiner

Dank

Zunächst möchte ich meinen Lesern meinen herzlichsten Dank aussprechen. Euer Interesse und Engagement sind die treibenden Kräfte hinter dieser Arbeit. Doch mein Dank reicht weit über das Lesepublikum hinaus. Er gilt jenen, die mich auf meinem beruflichen und persönlichen Weg begleitet und tief geprägt haben. Ich denke an all die großartigen Seminarleiter, Autoren, Schriftsteller und Wissenschaftler, deren Kurse, Bücher und Werke meinen Weg bereichert haben und von denen ich das Glück hatte, zu lernen.

Ein besonderer Dank geht an die zahlreichen Unternehmer, mit denen ich arbeiten durfte. Die Erfahrungen, die ich durch sie sammeln konnte – sowohl die positiven als auch die negativen –, waren unerlässlich für meine Entwicklung und die Erweiterung meines Horizonts. In der Tat sehe ich mich eher als einen Sammler von Weisheiten und Erkenntnissen, denn als einen Wissenden. Mein Weg durch die Welt der Ideen war stets einer des ständigen Lernens und des Staunens, nicht der Selbstgewissheit. Es ist diese Haltung des ständigen Suchens und Lernens, die mir ermöglicht hat, von so vielen bemerkenswerten Menschen zu lernen, für die ich tiefste Dankbarkeit empfinde.

Meiner Familie gebührt natürlich ein ganz besonderes Dankeschön. Ohne ihre Liebe, ihr Verständnis und ihre Unterstützung wäre mein Weg sicher ein anderer gewesen. Ganz besonders danke ich meiner Frau und Lebensgefährtin, Barbara, die immer an meiner Seite stand und vieles in meinem Leben positiv ermöglicht hat. Ihre Klugheit und Warmherzigkeit verblüffen mich immer wieder. Meinen Eltern danke ich für die Vermittlung der Liebe zu Büchern, die den Grundstein für mein lebenslanges Lernen gelegt hat. Zu nahezu jedem Thema, das mich interessierte, fand ich bei uns zu Hause ein Buch. Und nicht zu vergessen, danke ich meiner Tochter Manuela sowie meinen Enkeln, die mich täglich daran erinnern, was im Leben wirklich zählt.

Ebenfalls möchte ich meine Wertschätzung für meine engsten Gefährten ausdrücken. Ein tief empfundener Dank geht an Wolfgang Schröder, der lange Zeit ein geistiger Wegbegleiter war und von dem ich viel gelernt habe. Vor allem danke ich meinem Bro, Christian Gosciniak, der mich durch sein kritisches Hinterfragen, seine offene Geisteshaltung und seine Ideen so oft weitergebracht hat. Ich bin ihm besonders dankbar für seinen unerschütterlichen Glauben an meine Fähigkeiten. Sein Mut ist ein Vorbild für mich und hat mich immer inspiriert.

All diesen Menschen und vielen mehr danke ich von ganzem Herzen. Ihr habt mich unterstützt, inspiriert und gefördert. Ohne euch wäre dieses Buch nicht möglich gewesen.

> *»Lass uns dankbar sein gegenüber Menschen, die uns glücklich machen. Sie sind die liebenswerten Gärtner, die unsere Seelen zum Blühen bringen.«* Marcel Proust

Literaturverzeichnis

ABC-Kreativ, Birkenbihl Vera F, Goldmann Verlag, 01.05.2004
Abenteuer Business, Sonntag Isabella (Verfasser), Schönberg, WU-WEI-Verl., 2001
Abenteuer Sprache, Störig Hans Joachim (Verfasser), München, Humboldt-Taschenbuchverl. Jacobi, 1992
Alle Achtung! Littek Frank, Goldmann Verlag, 11.08.2008
Alles außer gewöhnlich, Förster Anja/Kreuz Peter, Econ Verlag, 09.03.2007
Allgemeinwissen für immer merken, Kürsteiner Peter, Piper Verlag, 10.12.2012
Always Ahead im Marketing, , Springer Gabler, 23.06.2015
Anleitung zur artgerechten Menschenhaltung, Berger Wolfgang (Prof. Dr.), Kamphausen Media GmbH, 15.09.2012
Anständig Essen, Duve Karen, Goldmann Verlag, 18.06.2012
Apokalypse jetzt! Taubert Greta, Eichborn, 14.02.2014
Auf der Serviette erklärt, Roam Dan (Verfasser), München, Redline-Verl., 2009
Aufwachen dein Leben wartet! Grabhorn Lynn (Verfasser), Freiburg im Breisgau, Bauer, 2001
Ballungsgebiete in der Krise, Vester Frederic (Verfasser), München, Dt. Taschenbuch-Verl., 1949
Basic management, Magretta Joan (Verfasser), München, Dt. Taschenbuch-Verl., 2004
Befreiung vom inneren Richter, Brown Byron, Kamphausen Media GmbH, 15.09.2001
Billige Tricks, Hinterhalte und andere Lektionen, Marc „Animal" MacYoung, Michael-Kahnert Verlag, 2001
Brain building, Finkeldey Reny Mitwirkender), Reinbek bei Hamburg, Rowohlt, 1994
Buchführung und Bilanzierung für Dummies / Michael Griga und Raymund Krauleidis, Fachkorrektur von Petra Mies, Krauleidis Raymund (Verfasser), Weinheim, Wiley-VCH Verlag GmbH & Co. KGaA, 2017
Business Model Generation, Osterwalder Alexander/Pigneur Yves, Campus Verlag, 15.08.2011
Charlie Munger, Griffin Tren, FinanzBuch Verlag, 15.02.2016
Coaching-Techniken, Kostka Claudia (Verfasser), Wien, Hanser, 1998
Computer-Forensik Hacks, Kuhlee Lorenz/Völzow Victor, O'Reilly Verlag GmbH & Co KG, 01.04.2012
Controlling-Instrumente von A - Z / von Hilmar J. Vollmuth, Vollmuth Hilmar J. (Verfasser), Zürich , Haufe, 2003
Corporate Film, Benkowitz Peter (Verfasser), München, UVK-Verl.-Ges., 2014
Das 1 x 1 der Erfolgsstrategie, Seiwert Lothar (Verfasser), Landsberg am Lech, mvg-Verl., 1994
Das 1 x 1 des Lebens, MacWilliams John-Roger MacWilliams Peter, Berlin, Ullstein, 1992
Das 4-Stunden-Startup, Plötz Felix, Econ Verlag, 26.02.2016
Das Beste was wir tun können ist nichts, Kern Björn, Fischer S. Verlag GmbH, 10.03.2016
Das Bierdeckel-Briefing, Aurel Gregey, ,
Das Birkenbihl-Alpha-Buch, Birkenbihl Vera F. (Verfasser), Landsberg am Lech, mvg, 2000
Das Buch der fünf Ringe / Miyamoto Musashi. Aus d. Engl. übers. von Jürgen Bode. Mit d. japan. Urtext vergl. u. bearb. von Siegfried Schaarschmidt), Schaarschmidt Siegfried Mitwirkender), Wien, Econ, 1983
Das Enneagramm, Palmer Helen (Verfasser), München, Droemer Knaur, 1991
Das Enneagramm, Ebert Andreas, München, Claudius, 1999
Das Feng-Shui-Praxisbuch, Walters Derek (Verfasser), Wien, Barth, 1996
Das Ganzhirn-Konzept für Führungskräfte, Herrmann Ned (Verfasser), Wien, Ueberreuter, 1997
Das große Buch der Überlebenstechniken, Buzek Gerhard (Verfasser), München, Orbis, 2001
Das große Laufbuch, Steffny Herbert (Verfasser), München, Südwest, 2011
Das Handbuch für den Neustart der Welt, Dartnell Lewis, Hanser Berlin, 25.08.2014
Das illustrierte I-ging / R. L. Wing. Aus d. Amerikan. übertr. von Jürgen Langowski), Wing R. L. Herausgeber), München, Heyne, 1987
Das kann doch weg! Sasaki Fumio, Integral, 12.02.2018
Das kann ich auch! Gebrauchsanweisung für moderne Kunst, Saehrendt Christian/Kittl Steen T, DuMont Buchverlag GmbH & Co. KG, 21.02.2013
Das Medizinrad, Wabun (Verfasser), München, Goldmann, 1997
Das Mind-map-Buch, Buzan Barry (Verfasser), Landsberg am Lech, mvg, 1996

Das senkrechte Weltbild, Dahlke Ruediger/Klein Nicolaus, Ullstein Verlag, 01.01.2005
DeBono's Denkschule, De Bono Edward (Verfasser), München, Orbis, 1995
Delphin-Strategien, Kordis Paul (Verfasser), Fulda, Paidia-Verl., 1991
Der 4-Stunden-(Küchen-)Chef, Ferriss Timothy, Gabal Verlag GmbH Jünger Medien, 25.09.2014
Der Atlas des Managements, Crainer/Dearlove, REDLINE, 25.03.2006
Der Ernährungskompass, Kast Bas, Bertelsmann C. Verlag, 05.03.2018
Der Hai im Management, Hass Hans (Verfasser), München, Wirtschaftsverl. Langen-Müller Herbig, 1988
Der Jungbrunnen des Dr. Shioya, Shioya Nobuo, Koha Verlag GmbH, 10.09.2006
Der kleine Lebenskompass, Wilson Paul R, Heyne Wilhelm Verlag, 02.01.2008
Der Klügere denkt nach, Wehrle Martin, Mosaik, 10.04.2017
Der natürliche Kompass, Gooley Tristan, Malik Verlag, 01.03.2011
Der persönliche Erfolg, Birkenbihl Vera F. (Verfasser), München, Knaur-Ratgeber-Verl., 2007
Der Sympathie-Schalter, Schafer Jack/Karlins Marvin, mvg Verlag, 10.08.2015
Der Weg des Künstlers, Cameron Julia (Verfasser), München, Droemer Knaur, 1996
Dialogmethode, Vögele Siegfried (Verfasser), Landsberg/Lech, Verl. Moderne Industrie, 1996
Die 4-Stunden-Woche, Ferriss Timothy, Econ Verlag, 01.03.2008
Die 6 Erfolgsfaktoren des Unternehmens, Nagel Kurt, Landsberg/Lech, Verl. Moderne Industrie, 1991
Die Bewegungen des Herzens, Larre Claude/LaVallée Rochat E de, Müller & Steinicke, 31.12.2002
Die Datenfresser, Kurz Constanze/Rieger Frank, Fischer S. Verlag GmbH, 09.11.2011
Die Egoisten-Bibel, Kirschner Josef, Droemer Knaur, 01.02.2002
Die Elemente, Treumann Rudolf A. (Verfasser), München, Dt. Taschenbuch-Verl., 1997
Die fünf „Tibeter", Kelder Peter (Verfasser), Wessobrunn, Integral, 1989
Die fünf Geheimnisse die Sie entdecken sollten bevor Sie sterben, Izzo John, Goldmann Verlag, 12.04.2010
Die Goldenen Regeln des friedvollen Kriegers, Millman Dan, Heyne Wilhelm Verlag, 02.01.2008
Die Grundlagen des Lebens, Köhler Bodo (Verfasser), Niebüll, Videel, 2001
Die Heilige Pfeife, Schwarzer Hirsch, Lamuv Verlag, Bornheim 1982
Die Kampagne, Urban Dieter (Verfasser), Stuttgart, Schäffer-Poeschel, 1997
Die Kultur der Reparatur, Heckl Wolfgang M, Goldmann Verlag, 19.01.2015
Die Kunst der richtigen Entscheidung, Wetterer Eva C, Murmann Verlag GmbH, 07.03.2005
Die Kunst des klaren Denkens, Dobelli Rolf, Carl Hanser Verlag GmbH & Co.KG, 26.09.2011
Die Kunst zu siegen ohne zu kämpfen, , Goldmann Verlag, 01.02.2003
Die Lehren des Don Juan, Castaneda Carlos, Fischer S. Verlag GmbH, 01.10.1973
Die Marke ICH, Beutelmeyer Werner (Verfasser), Frankfurt Main), Ueberreuter, 1999
Die Meisterkräutertherapie, Schröder Wolfgang (Verfasser), Ruhpolding, Verl. der Heilung, 2012
Die Musik in Dir, Reimann Michael, Schirner Verlag KG, 28.02.2003
Die neun Typen der Persönlichkeit und das Enneagramm / Richard Riso. Aus d. Amerikan. übers. von Bettina Braun, Riso Don Richard (Verfasser), München, Droemer Knaur, 1989
Die sieben geistigen Gesetze des Erfolgs / Deepak Chopra. Aus dem Amerikan. übers. von Annette Charpentier, Chopra Deepak (Verfasser), München, Heyne, 1998
Die sieben großen Religionen der Welt, Smith Huston, Goldmann Verlag, 01.09.2004
Die TOP100 Strategie für Social Media Marketing, Mühlenbeck Frank/Skibicki Klemens, Books on Demand, 16.08.2010
Die vier Elemente in Astrologie und Tarot, Banzhaf Hajo, Goldmann Verlag, 01.03.1994
Die Wandlungsphasen der traditionellen chinesischen Medizin, Band 1, Holz, Lorenzen Udo/Noll Andreas, Müller & Steinicke, 1992
Die Wandlungsphasen der traditionellen chinesischen Medizin, Band 2, Metall, Lorenzen Udo/Noll Andreas, Müller & Steinicke, 1994
Die Wandlungsphasen der traditionellen chinesischen Medizin, Band 3, Erde, Lorenzen Udo/Noll Andreas, Müller & Steinicke, 1996
Die Wandlungsphasen der traditionellen chinesischen Medizin, Band 4, Feuer, Lorenzen Udo/Noll Andreas, Müller & Steinicke, 31.12.2005

Die Wandlungsphasen der traditionellen chinesischen Medizin, Band 5, Wasser, Lorenzen Udo/Noll Andreas, Müller & Steinicke, 2000
Die Weisheit der Vielen, Surowiecki James, Goldmann Verlag, 11.06.2007
Digital filmen, Jovy Jörg (Verfasser), Bonn, Galileo Press, 2015
Digitale Fotografie, Hogl Marion (Verfasser), Bonn, Vierfarben, 2018
Digitalfotografie Licht und Beleuchtung, Freeman Michael (Verfasser), Köln, Taschen, 2005
Disruption, Dru Jean-Marie (Verfasser), New York, Campus-Verl., 1997
Do, Grün Jochen Mitwirkender), München, Atmosphären, 2005
Dokumentarfilm-Produktion, Lindenmuth Kevin J, Stiebner Verlag Gmbh, 16.02.2011
Dokumentarfilmregie / Michael Rabiger. Übers. Johannes Heinrich bearb. von Margarete Graf), Rabiger Michael (Verfasser), Mülheim an der Ruhr, Ed. Filmwerkstatt, 2008
Drehbuch für Meisterschaft im Leben, Smothermon Ron, Kamphausen Media GmbH, 31.12.1996
Dreißig Minuten für optimale Selbsorganisation, Seiwert Lothar (Verfasser), Offenbach, GABAL, 2001
Du musst dich nicht entscheiden wenn du tausend Träume hast, Sher Barbara, dtv Verlagsgesellschaft mbH & Co. KG, 01.02.2008
EASY! Action, Hagmaier Ardeschyr, Gabal Verlag GmbH Jünger Medien, 15.10.2010
Ein Lidschlag Ein Schnitt, Murch Walter, Alexander Verlag, 15.08.2009
Ein Paar – Ein Buch, Augustin Eduard/Keisenberg Philipp von, Goldmann Verlag, 15.11.2011
Ein Traumpaar für immer, Wolf Sharyn (Verfasser), München, Dt. Taschenbuch-Verl., 1999
Emotionale Erpressung, Forward Susan/Frazier Glynn Donna, Goldmann Verlag, 01.05.2000
Endlich Zeit, , Penguin Verlag, 11.06.2018
Entdecken was uns verbindet, Zink Jörg, Kreuz Verlag GmbH, 16.01.2008
Erfolgreich durch strategisches Marketing, Heinold Ehrhardt (Verfasser), Düsseldorf, Econ-Taschenbuch-Verl., 1989
Es ist leicht das Leben schwer zu nehmen. Aber schwer es leicht zu nehmen / Klug ist jeder. Der eine vorher der andere nachher, Peseschkian Nossrat (Prof. Dr.), Herder Verlag GmbH, 25.10.2006
Facebook Twitter & Co. / Sandra Cantzler ; Heiko Haupt ; Florian Oertel, Oertel Florian (Verfasser), Düsseldorf, Data-Becker, 2010
Film verstehen, Monaco James, Rowohlt Verlag, 01.10.2009
Fit ohne Geräte – trainieren mit dem eigenen Körpergewicht ; der neue Trend Bodyweight-Training) / Mark Lauren. Mit Joshua Clark. Übers., Lauren Mark (Verfasser), München, riva, 2011
Funktionenanalyse, Akiyama Kaneo (Verfasser), Landsberg, Verl. Moderne Industrie, 1994
Für deine Träume ist es nie zu spät, Sher Barbara, dtv Verlagsgesellschaft mbH & Co. KG, 01.09.2014
Gehirnflüsterer, Dutton Kevin (Verfasser), München, Dt. Taschenbuch-Verl., 2011
Gelassenheit in stürmischen Zeiten, ACTitude, www.actitude.de,
Geschäftsmodelle entwickeln, Choudury Michaela (Verfasser), München, Hanser, 2013
Gesund für immer, Tepperwein Kurt, Goldmann Verlag, 01.01.2005
Google AdWords / Alexander Beck, Beck Alexander (Verfasser), Heidelberg, mitp, 2008
Guerilla-Marketing – Ideen schlagen Budget, Patalas Thomas (Verfasser), Berlin, Cornelsen, 2006
Guerilla-Marketing des 21. Jahrhunderts, Levinson Jay Conrad (Verfasser), New York NY, Campus-Verl., 2008
Guerilla-Werbung, Levinson Jay Conrad (Verfasser), New York, Campus-Verl., 1995
Hagakure, Yamamoto Tsunetomo (Verfasser), München, Kabel, 2003
Handbuch für das Dritte Jahr 1000, Smothermon Ron, Kamphausen Media GmbH, 18.07.2014
Handbuch für die gefährlichsten Orte der Welt, Garthwaite Rosie, Berlin Verlag GmbH – Berlin, 10.09.2011
Handbuch für Erst-Autoren, Plinke Manfred (Verfasser), Berlin, Autorenhaus-Verl., 2008
Hollywood für Sparfüchse, Sauerland Frank (Verfasser), Konstanz, UVK-Verl.-Ges., 2008
I Ging, , Diogenes Verlag AG, 15.08.2006
I Ging, Zimmermann Georg, Diederichs, 28.02.2003
I-ging, Werle Fritz Übersetzer), Bindlach, Gondrom, 1993
I-Ging – das Buch vom Leben, Osten René van (Verfasser), Aitrang, Windpferd, 2000
Ich krieg dich! Martin Leo, Ariston Verlag, 08.03.2011
Ich schraube also bin ich, Crawford Matthew B, List Verlag, 15.04.2011

Ich weiß was du denkst, Havener Thorsten, Rowohlt Verlag, 02.03.2009
Im Alltag Ruhe finden, Kierdorf Theo Übersetzer), München, Knaur Taschenbuch, 2015
Imagine! Lehrer Jonah, Verlag C. H. BECK oHG, 19.10.2012
Informationen finden im Internet, Potempa Thomas Mitwirkender), Wien, Hanser, 2000
Internetwerbung die wirklich wirkt, Summer Jörg (Verfasser), Wien, Wirtschaft bei Ueberreuter, 2002
Intuition – die geheimnisvolle Kraft, Tepperwein Kurt (Verfasser), Heidelberg, mvgVerl., 2006
Joy at Work, Kondo Marie/Sonenshein Scott, Macmillan Publishers International Ltd, 10.04.2020
Kann man denn davon leben?, Holzinger Silvia (Verfasser), Charleston SC, CreateSpace), 2014
Kopf schlägt Kapital, Faltin Günter, Carl Hanser Verlag GmbH & Co.KG, 04.09.2008
Kreativ, Lindner David, Droemer Knaur, 01.08.2008
Kreativität / Mihaly Csikszentmihalyi. Aus dem Amerikan. von Maren Klostermann, Csikszentmihalyi Mihaly (Verfasser), Stuttgart, Klett-Cotta, 1997
Kurzfilm-Drehbücher schreiben, Melzener Axel, Sieben-Verlag, 15.10.2010
Lean Startup, Ries Eric, REDLINE, 10.10.2014
Lebe faul lebe länger, Hofmann Inge, Goldmann Verlag, 01.06.2004
Leben mit dem I-ging, Moog Hanna Herausgeber), München, Diederichs, 1996
Lebensnetz, Capra Fritjof (Verfasser), München, Droemer Knaur, 1999
Leitmotiv vernetztes Denken, Vester Frederic (Verfasser), München, Heyne, 1990
Lexikon des Überlebens, Lichtenfels Karl Leopold von, München, Herbig, 2000
Liebe dich selbst und es ist egal wen du heiratest, Zurhorst Eva-Maria, Arkana Verlag, 07.09.2004
Living Wild, Grylls Bear, Transworld Publishers Ltd., 27.05.2010
Lust am Lernen – Erfolg in der Schule, Piattelli-Palmarini Massimo (Verfasser), München, Dt. Taschenbuch-Verl., 1996
Machen – nicht denken! Wiseman Richard, Fischer S. Verlag GmbH, 14.06.2013
Magic Cleaning, Kondo Marie, Rowohlt Verlag, 01.03.2013
Magic Cleaning 2, Kondo Marie, Rowohlt Verlag, 19.12.2014
Marketing zum Nulltarif, Misner Ivan R. (Verfasser), Landsberg/Lech, mi Verl. Moderne Industrie, 1999
Mehr Mittel für den guten Zweck, Kröselberg Mathias (Verfasser), Bonn, Verl. Pro Sozial, 2005
Mit PEP an die Arbeit, Popp Margit Übersetzer), New York, Campus-Verl., 1996
Musashi, Yoshikawa Eiji (Verfasser), München, Droemer Knaur, 1984
Mysterienschulen, Dietzfelbinger Konrad (Verfasser), München, Diederichs, 1997
Nie wieder perfekt! De Wyze Jeanette (Verfasser), Zürich, Oesch, 1998
Normal ist ungesund, White Bowen F, Heyne Wilhelm Verlag, 25.09.2002
Online recherchieren, Steinhaus Ingo (Verfasser), Reinbek bei Hamburg, Rowohlt, 1997
Phänomen Stress, Vester Frederic (Verfasser), München, Deutscher Taschenbuch-Verlag, 1978
Power, Greene Robert, dtv Verlagsgesellschaft mbH & Co. KG, 01.10.2001
Power für Paare, Eggetsberger Gerhard (Verfasser), Zürich, Orac, 1997
Praxisbuch Beratermarketing, Weynad Giso (Verfasser), München, mi, 2010
Prozessmanagement und Logistik, Berning Ralf, Cornelsen Schulverlage GmbH, 15.04.2002
Psychologie & Chinesische Medizin, Hammer Leon, Joy Verlag GmbH, 15.10.2000
Psychopathen, Dutton Kevin, dtv Verlagsgesellschaft mbH & Co. KG, 01.05.2013
Rasierte Stachelbeeren, Sawtschenko Peter/Herden Andreas, GABAL, 03.03.2020
Realitätsschock, Lobo Sascha, Verlag Kiepenheuer & Witsch GmbH & Co KG, 12.09.2019
Rebel Without a Crew, Rodriguez Robert, Plume Books, 01.09.1996
Recherche im Internet, Steinhaus Ingo (Verfasser), München, Humboldt-Taschenbuchverl. Jacobi, 1998
Resilienz, Berndt Christina (Verfasser), München, Dt. Taschenbuch-Verl., 2013
Response! Geller Lois K. (Verfasser), Landsberg/Lech, mi Verl. Moderne Industrie, 1997
Schicksal als Chance, Dethlefsen Thorwald, Goldmann Verlag, 01.09.1998
So geht das! Survival, Pred Joseph, Edel Germany GmbH, 03.03.2011
So wird ihre Psyche fit, Hope R. Anthony (Verfasser), München, Droemer Knaur, 1997
Sog-Marketing für Coaches, Weyand Giso (Verfasser), Bonn, ManagerSeminare-Verl.-GmbH, 2007
Spirituelle Lebensqualität, Millman Dan (Verfasser), München, Ansata, 2001

Spirituelle Meister des Westens, Wehr Gerhard (Verfasser), München, Diederichs, 1995
Start-up! Guillebeau Chris, books 4 success, 08.04.2013
Stefan Hagen, Hagen Stefan, REDLINE, 19.04.2010
Strategeme, Senger Harro von (Verfasser), Wien, Scherz, 1988
Strategeme 19-36, Senger Harro von (Verfasser), Wien, Scherz, 2000
Stroh im Kopf?, Birkenbihl Vera F, Gabal Verlag GmbH Jünger Medien, 01.01.2000
Systemische Intervention, Exner Alexander Mitwirkender), Stuttgart, Klett-Cotta, 1998
The Art of Human Hacking, Hadnagy Christopher, MITP-Verlags GmbH & Co. KG, 25.10.2011
The Big Five for Life, Strelecky John, dtv Verlagsgesellschaft mbH & Co. KG, 01.02.2009
The Decision Book, Krogerus Mikael/Tschäppeler Roman, Profile Books Ltd, 30.10.2010
Tom Brown's Field Guide to Wilderness Survival, Brown Tom, Berkley Pub Group, 01.04.1989
Tools der Titanen, Ferriss Timothy (Verfasser), München, FinanzBuch Verlag, 2017
Train the trainer, Birkenbihl Michael (Verfasser), München, Verlag Moderne Industrie, 1977
Transformation statt Veränderung, Smothermon Ron, Kamphausen, 04.01.2006
Über den Anstand in schwierigen Zeiten und die Frage wie wir miteinander umgehen, Hacke Axel, Verlag Antje Kunstmann GmbH, 30.08.2017
Überleben ums Verrecken, Nehberg Rüdiger, Malik Verlag, 25.12.2004
Ukulele für Dummies / Alistair Wood. Übers. aus dem Engl. von Oliver Fehn, Wood Alistair (Verfasser), Weinheim, Wiley-VCH-Verl., 2012
Unsere Welt – ein vernetztes System / Frederic Vester, Vester Frederic (Verfasser), München, Dt. Taschenbuch-Verl., 1993
Unternehmensfilme drehen, Beller Hans Mitwirkender), Konstanz, UVK-Verl.-Ges., 2010
Unternehmenssignale, Ley Dirk (Verfasser), Landsberg/Lech, Verl. Moderne Industrie, 1994
Visionssuche. Das Raunen des Heiligen Flusses. Sinnsuche und Selbstheilung in der Wildnis. Steven Foster, Meredith Little, Arun, Engerda, 2002
Von der Seelenruhe, Seneca Lucius A, Insel Verlag, 20.11.2002
Wabi Sabi, Juniper Andrew, Lotos, 23.10.2003
Wabi-sabi für Künstler Architekten und Designer, Koren Leonard, Wasmuth & Zohlen Verlag UG, 25.06.2015
Wandlungsphasen Band 3 Erde, Udo Lorenzen / Andreas Noll, ,
Wandlungsphasen der traditionellen chinesischen Medizin 5, Lorenzen Udo/Noll Andreas, Müller & Steinicke, 25.06.2000
Was Oma und Opa noch wussten / Udo Ulfkott, Ulfkotte Udo (Verfasser), Rottenburg, 2012
Was tun, , Verlag Antje Kunstmann GmbH, 12.07.2017
Was würde Apple tun?, Beckmann Dirk, Econ Verlag, 02.03.2011
Website-Konzeption, Jacobsen Jens (Verfasser), Boston Mass. u.a.), Addison-Wesley, 2009
Weisheit der Völker, Holzhausen Ingrid Herausgeber), München, Diederichs, 1991
Wenn es leicht ist ist es Liebe, Schneider Stephanie (Verfasser), München, Goldmann, 2010
Wenn nicht jetzt wann dann?, Lesch Harald/Kamphausen Klaus, Penguin Verlag, 11.11.2019
Why not?, Amend Lars, Gräfe und Unzer, 11.10.2017
Wie findet man ohne großen Aufwand eine Million Lösungen, Norbekov Mirsakarim, Goldmann Verlag, 11.01.2010
Wie man Aufträge angelt und mit Fischen spricht ... / Volker Remy, Remy Volker (Verfasser), Berlin, Graco-Verl., 2007
Wie man einen verdammt guten Roman schreibt, Frey James N, Emons Verlag GmbH, 25.06.1997
Wie man mit schmalem Budget erfolgreich wirbt, Böhm Michael (Verfasser), Berlin, Cornelsen, 2004
Wie man wird was man ist, Yalom Irvin D, btb Verlag, 20.11.2017
Wie Navy SEALS dem Tod entrinnen, Emerson Clint, Riva Verlag, 11.07.2016
Willst du normal sein oder glücklich?, Betz Robert, Heyne Wilhelm Verlag, 08.04.2011
Wo ein Wille da ein Weg, Holzer Sepp, Goldmann Verlag, 07.07.2008
Wu wei, Fischer Theo, Rowohlt Verlag, 20.05.1994
Zufriedenheit, Berndt Christina (Verfasser), München, dtv, 2016

KI-Tools

Adobe Sensei – KI und maschinelles Lernen in Adobe-Produkten, um kreative Prozesse zu verbessern (kein direkter Link verfügbar).
Adobe XD (www.adobe.com/products/xd.html) – Ein Benutzererfahrungs- und Design-Tool von Adobe.
ai Training institute – (www.aitraining.institute) – Ein Institut, das Schulungen im Bereich KI anbietet.
Aiprmt – (www.aiprm.com) – Eine Plattform, die Benutzern als eine Art „Cheat Code" dabei hilft, passende Prompts für ChatGPT zu finden, zu speichern und zu nutzen.
Aiseo – (aiseo.ai) – Der AISEO KI-Kunstgenerator ermöglicht das Erstellen einzigartiger und beeindruckender Kunstwerke mit moderner KI-Technologie.
beautiful.ai (www.beautiful.ai) – Ein Tool zur Erstellung von visuellen Präsentationen mit KI-Unterstützung.
BERT (github.com/google-research/bert) – Ein NLP-Modell von Google zur Textverarbeitung.
Canva (www.canva.com) – Online-Design-Tool, das KI nutzt, um Benutzern bei der Gestaltung von Grafiken zu helfen.
Chatbase.co (www.chatbase.com) – Bietet Analytics für Chatbots, um die Performance und Benutzererfahrung zu verbessern.
ChatGPT (www.openai.com) – Plugins, die ChatGPT in verschiedene Geschäftsanwendungen integrieren.
Clarifa (www.clarifai.com) – Plattform für maschinelles Sehen, die es Entwicklern ermöglicht, KI-Modelle für ihre eigenen Bedürfnisse zu trainieren.
DeepArt.io (deepart.io) – Wandelt Fotos in Kunstwerke um, basierend auf verschiedenen Stilen.
GetResponse (www.getresponse.com/de) – Marketing-Tool, das KI nutzt, um die Automatisierung und Personalisierung von E-Mail-Kampagnen zu verbesser.
Google AI Platform (cloud.google.com/ai-platform) – Plattform von Google für das Training, Hosting und den Einsatz von ML-Modellen.
H2O.ai (www.h2o.ai) – Bietet eine Reihe von KI- und ML-Tools für Unternehmen.
Jasper AI (www.jasper.ai) – KI-basierter Textgenerator, ideal für das Erstellen von Marketinginhalte.
Lobe.ai (lobe.ai) – Einfache visuelle Plattform für das Erstellen, Trainieren und Versenden von tiefen Lernmodellen.
Lumen5 (lumen5.com) – Ein KI-basiertes Tool, das Textinhalte in Videoinhalte umwandelt.
midjourney – (docs.midjourney.com) – Midjourney ist ein Text-zu-Bild-Tool, das mithilfe künstlicher Intelligenz Bilder aus Textbeschreibungen generiert und Aufgaben in der digitalen Bildgestaltung automatisiert.
OpenAI Gym (gym.openai.com) – Eine Toolkit zur Entwicklung und Vergleich von Verstärkungslern-Algorithmen.
Pixelhunter (pixelhunter.io) – Pixelhunter ist ein durch künstliche Intelligenz gesteuerter Bildskalierer für soziale Medien, der Bilder automatisch erkennt und intelligent zuschneidet, um sie für verschiedene Plattformen anzupassen.
profilepicture.ai (www.profilepicture.ai) – Ein Tool zur Erstellung oder Verbesserung von Profilbildern mithilfe von KI.
SurferSEO (surferseo.com) – SEO-Software, die darauf abzielt, die Content-Optimierung von Webprojekten durch Bereitstellung von Keyword-Daten, Echtzeit-Bewertungen und personalisierten, KI-basierten Empfehlungen zur Verbesserung von Google-Rankings zu unterstützen.
TensorFlow (www.tensorflow.org) – Eine Open-Source-Softwarebibliothek für maschinelles Lernen und neuronale Netze.
UiPath (www.uipath.com) – Plattform für Robotic Process Automation (RPA) mit KI-Integration.
Zapier (zapier.com) – Automatisiert Aufgaben zwischen verschiedenen Online-Tools und Diensten, einschließlich Marketing-Plattforme.

Bitte beachte, dass einige Webadressen nicht mehr aktuell sein könnten, da die Entwicklung in der KI-Branche rasant ist und sich Webseiten, Produkte oder Dienstleistungen ständig ändern können.